Karl Bosl · Europa im Mittelalter

Kaiser Otto III.,
thronend zwischen geistlichen und weltlichen Würdenträgern
aus Evangeliar Otto III.,
München, Staatsbibliothek

KARL BOSL

EUROPA im Mittelalter

Weltgeschichte eines Jahrtausends

GONDROM VERLAG BAYREUTH

Lizenzausgabe für Gondrom Verlag Bayreuth aufgrund
freundlicher Vereinbarung mit dem Carl Ueberreuter Verlag, Wien
2. Auflage der Lizenzausgabe, Bayreuth 1978

Druck und Bindung: Mohndruck
Reinhard Mohn OHG, Gütersloh
Printed in Germany
ISBN-Nr. 3-8112-0033-X

INHALT

III

Grundlegung einer neuen Herrschaftswelt durch die Germanen auf den Trümmern des Römischen Westreiches (493—568)

IV

Chlodwig, der neue Grossherrscher des Westens (482—511). Francia und Germania

V

Das fränkische Grossreich der Merowinger und Karolinger (7. und 8. Jahrhundert)

XV

DAS ZEITALTER DER UNRUHE, KRITIK, SPANNUNG, DER STÄNDISCHEN BEWEGUNG, REFORMEN, RELIGIOSITÄT IM 14. UND 15. JAHRHUNDERT

VORWORT

von Karl Bosl, ord. Prof., Universität München
Mitglied der Bayr. Akademie der Wissenschaften

EUROPA UND DAS MITTELALTER

Zwei Weltkriege im 20. Jahrhundert haben die Nationen und Völker darüber belehrt, daß das politische, wirtschaftliche, geistig-kulturelle Übergewicht dieses Kontinents in der Welt erschüttert sei und zu Ende gehe. Sie besannen sich deshalb darauf, was Europa eigentlich bedeute und wie es geschichtlich wurde; sie stellten fest, daß es politisch überhaupt keine Einheit darstellte, und sie begannen zu wünschen und zu hoffen, daß sich dieser Kontinent wirtschaftlich und staatlich einige, damit er zwischen zwei großen Machtblöcken und inmitten erwachender Völker auf der ganzen Welt überlebe und ein Wort im »Rate« dieser Nationen mitspreche. Der Franzose Paul Valéry hat die ängstlich-hoffnungsvolle Frage gestellt: »Wird Europa zu dem werden, was es eigentlich ist, nämlich ein kleines Vorgebirge des asiatischen Kontinents? Oder wird es bleiben, was es scheint, nämlich der edelste Teil des Universums, die Perle der Welt, das Hirn eines großen Körpers?« Diese erregende Frage wiederholt nur, was die Geographen seit Jahrhunderten gesagt haben: Halbinsel am Rande des asiatischen Kontinents.

1. Der antike und der mittelalterliche Europabegriff

Europa wurde von den Phöniziern entdeckt, deren Seefahrten, Piratenzüge, Handelskontore sich über die Säulen des Herkules, die Meerenge von Gibraltar bis zu den Kanarischen Inseln, zur Bretagne, den Britischen Inseln und der Nordsee erstreckten und ausbreiteten. Die Griechen waren es, die dem Kontinent den Namen der von ihrem Gott den Phöniziern geraubten Prinzessin gaben. Im Drama des griechischen Dichters Äschylus beschreibt 472 v. Chr. ein Held den Übergang über den Bosporus mit den Worten: »Du hast den Boden Europas verlassen und stehst von jetzt ab auf dem Kontinent Asien.«

Begriff Europa–Asien

Seitdem reicht für die Geographen der Antike bis Strabon Europa von Gibraltar bis zum Schwarzen Meer. Asien-Kleinasien und Europa sind ihrer Entstehung nach zwei Begriffe der Mittelmeerwelt, in der die Wiege der europäischen »Kultur« steht, so wie wir sie heute verstehen. Von dort ist dieser Begriff gewandert und hat sich mit der Ausdehnung der von der Antike und dem Christentum mitgeprägten Kultur gleichsam die ganze Halbinsel am äußersten Rande des asiatischen Kontinents erobert, die heute den Namen Europa trägt.
In der Römerzeit war die Idee eines gemeinsamen Europa, die bei den Griechen Hippokrates (Arzt), Aristoteles (Philosoph), Isokrates (Redner) anklingt, verdrängt vom Römischen Reich, das Orient und Okzident als zwei geographisch

und verwaltungsmäßig abgegrenzte Gebiete des nämlichen Staates umschloß. In einer Inschrift, die auf der Insel Phylae in Ägypten gefunden wurde, wird Augustus »Herrscher von Europa und Asien« genannt.

Orient und Okzident

Die Begriffe Orient und Okzident haben im Laufe der Zeiten aber noch mehr geschwankt als das Wort Europa; sie bezeichneten nicht nur Verwaltungshälften des Römerreiches seit der Reichsteilung durch Arkadius und Honorius (395), sondern seit der Trennung Roms von Byzanz auch kirchliche Hälften.

In mystischer Schau werden dem Orient alle geistigen und lichtbringenden Eigenschaften, dem Okzident das Dunkle und Materielle zugelegt. Erst im 2. Jahrhundert n. Chr. nannte der Christenfeind Celsius die Europäer wieder; er sah im Universalismus der Christen den grimmigsten Feind des Nationalismus. Doch erst der Aquitanier (Südwestfrankreich) Sulpicius Severus († 410), der Verfasser der Biographie des größten »europäischen« Heiligen der Frühzeit, des Martin von Tours, wies Europa eine Stelle im »Reiche des Heils« an.

Indem Martin von Tours, der aus Pannonien (Ungarn) stammte, und Vitalis von Ravenna, Ambrosius von Mailand oder die Märtyrer der Thebaischen Legion, die nach einer Reise durch Europa in Agaunum (St-Maurice) um des Glaubens willen hingerichtet wurden, den Mystikern des »Orients« ebenbürtig zur Seite traten und Europa eine neue heilsbetonte Würde gaben, verlor der Okzident seinen schlechten literarischen »Ruf« und wandelte sich zum christlichen Europa.

Europa in fränkischer Zeit

Name und Begriff Europa tauchen bis zum Reich Karls des Großen immer häufiger in feierlichen Anreden an Päpste, kirchlichen Lobgesängen, Heiligenleben auf. »Blume ganz Europas« nennt der Ire Columban um 600 n. Chr. Papst Gregor den Großen; im 7. Jahrhundert umschreiben die burgundischen Annalen von Avenches die fränkischen Völker und den Kontinent, den Rhein und Donau bewässern, mit dem Namen, und nach Isidor von Sevilla, dem letzten Enzyklopädisten der ausklingenden Antike, zitterten die Völker »Europas« vor den Goten.

Der anonyme Fortsetzer der Chronik Isidors, dessen Text heute die Mozarabische Chronik von 754 heißt, beschreibt die große Araberschlacht Karl Martells bei Poitiers (732) und bezeichnete dabei erstmals die Europäer als kontinentale Gemeinschaft (Europenses) der Völker nördlich der Pyrenäen und der Alpen, die sich gegen einen gemeinsamen Feind verteidigten. An die Stelle eines entwerteten Begriffes »Okzident« trat ein europäisches Bewußtsein, das vor allem durch das Großreich Karls des Großen und seine Eroberungen 768–814 ausgeweitet und vertieft wurde.

Der angelsächsische Kirchenhistoriker Beda (675–755) benannte Gallien, Germanien und Spanien, später auch Italien als Teile Europas, schloß aber die Britischen Inseln und den skandinavischen Norden noch aus. Karl der Große nannte sich nach der Eroberung des Langobardenreiches König von Italien, vorher war er König von Neustrien (Nordwestfrankreich), Aquitanien (Südwestfrankreich) und Austrasien (Nordostfrankreich und Eifelgebiet, Maas- und Moselraum). Sein Reich ging über den alten Limes weit hinaus und überschritt die Pyrenäen, im Westen hatte es seine Grenze am Kanal und an der Nordsee, im Norden an Eider und Schlei. Die Chronisten feierten ihn als »Herrn Europas« und setzten Reich und Europa in eins; sein »Weltreich« ruhte auf römisch-antiken, christlichen, imperialistischen und universalistischen Vorstellungen, Ideen, Theorien und Glaubensinhalten. Schon 775 galt Karl der Große als der zum »Ruhme des Reiches

Europa« von Gott Erwählte, und am Ende des 8. Jahrhunderts pries ihn der Hofpoet Angelbert als König, Vater Europas.

Christliches Reich und Davidskönigtum

Dieses Reich, das nicht Europa im geographischen Sinne umfaßte, war im Bewußtsein der führenden Geister der Zeit ein einziges, christliches Reich, das außerhalb Roms und des Römerreiches, dessen Nachfolge es antrat, geschaffen wurde und unter fränkischer, d. h. frankogermanischer Vorherrschaft stand. Es war keine Rede mehr von einem Teil der Alten Welt, die aus Europa, Libyen-Afrika und Asien bestand. Dieses mit dem Reich Karls des Großen identische Europa war ein autonomer Lebensbereich mit eigenem geistigen Gesicht geworden.

In ungezählten Aufrufen und Festkundgebungen kündigte sich ein europäisches Selbstbewußtsein an. Dem gab der größte Geist an Karls Hofe, sein angelsächsischer Hoftheologe Alkuin (735–804), Ausdruck, als er Europa den Kontinent des Glaubens nannte, der dem Orient Jesu Christi näherstünde als dem antiken Okzident, der unterbewertet war. Selbstbewußt maß sich der Westen, das neue germanisch-romanische »Europa«, am Mutterland des christlichen Glaubens und der Kultur. Europa war als neue Gesellschaft und Kultur geboren.

Das Königtum Karls des Großen versteht sich deshalb als Davidskönigtum und greift zu seiner geistigen Begründung viel mehr auf das Alte als auf das Neue Testament oder die römische Reichsideologie zurück.

Vielfalt der Reiche Christliches Europa

Diesem ersten Aufbruch einer europäischen Idee tut es keinen Abbruch, daß in den Reichsteilungen seines Nachfolgers Ludwig des Frommen das Bild Europas wieder verblaßte und die Königsherrschaft Karls über Europa beim Spanier Theodulf den Reichen Europas Platz machte. Indem sich aber die Idee der Vielfalt begrenzter Königreiche, des weltlichen Staates mit mehreren Reichen entfaltete, wandelte sich die karlische Idee des »Reiches Europa« in die mittelalterliche Vorstellung der »christianitas«, der Christenheit des Reiches der Seelen unter geistlicher Führung des römischen Bischofs und unter dem weltlichen Schutz des (deutschen) König-Kaisers.

Karls geistlich und weltlich zugleich geeintes Europa zerfiel in eine Gemeinschaft von Fürsten, an deren hegemonialer Spitze der Römische Kaiser Deutscher Nation stand. Diesem weltlichen Bund setzte das Papsttum seine geistliche Einheit entgegen. Schon 843 rief Papst Gregor IV. »alle Kirchen Europas« gegen das Reich der Byzantiner auf. Das Mittelalter selbst aber lebte vom sehnsüchtigen Traum der karolingischen Vergangenheit, als Kaiser und Päpste die »europäische« Welt mit ihrem Kampf erfüllten. Der Sinn des Wortes »Europa« wurde dabei immer rhetorischer und nahm einen geographischen Inhalt an.

Nur kurz war die Idee eines »europäischen Volkes« nach Kaiser Otto III. aufgelebt, der römischer »Imperator« sein wollte. Als der sächsische Kaiser Heinrich II. (1002–1024) Italien 1022 eiligst verließ, da begleiteten ihn nur jene, die »Mutter Europa« ihm zu Hilfe geschickt hatte. Auf seinem Sternenmantel wurden die Worte eingestickt: »Heiliger Kaiser Heinrich Du, Zier Europas, der Herr des ewigen Reiches möge Dir gewogen sein.« Ein rheinischer Dichter brach bei seinem Tode in die Klage aus: »Es beweine ihn das enthauptete Europa.« Das folgende Mittelalter hatte ein europäisches Bewußtsein. Erst Türken- und Mongolengefahr weckten wieder die Ideen Europas und der Christenheit.

2. Europa als Reich. Christenheit und Vielfalt der Nationen und Bekenntnisse

Europa als Friedensidee und seine Verteidigung

Seitdem die geistige Einheit Europas, das seit Karl dem Großen ein kirchliches Reich war, im Investiturstreit Mitte des 11. Jahrhunderts zerfiel und Europa zum geographischen Begriff wurde, rangen Kaiser und Päpste um die Vorherrschaft; sie beide erhoben den Anspruch, die Idee der Christenheit zu vertreten, die in diesem Streit trotz allem das gemeinsame Band war. Im 14. Jahrhundert kamen als dritte Kraft die nationalen Königsherrschaften hinzu, nachdem das Papsttum die schützende Universalmacht des Kaisertums ausgeschaltet hatte, das Papsttum selbst aber der Gefangene des stärksten nationalen Königtums auf dem Kontinent, Frankreichs, geworden war.

Zur selben Zeit, da die Kreuzzüge des französischen Königs Ludwig IX. des Heiligen scheiterten (nach der Mitte des 13. Jahrhunderts), erweiterte sich der geographische Horizont der Europäer mit der Entdeckung Chinas durch Marco Polo ganz beträchtlich. Dem christlichen Bewußtsein Europas waren seit dieser Zeit zwei Aufgaben gestellt: Sicherung des Friedens unter den christlichen Völkern sowie gemeinsamer Kampf gegen die Ungläubigen, den Islam. Europäische Unions- und Friedenspläne hängen deshalb bis in das 18. Jahrhundert mit der Idee des Verteidigungskrieges gegen die Türken und der Wiedereroberung des Heiligen Landes zusammen.

Von dem französischen Juristen Pierre Dubois (um 1250–1320) und dem Böhmenkönig Georg Podiebrad (1420–1471) bis zu Papst Leo X. und dem Universalgenie Leibniz (1646–1716) begegnen wir als europäischen Leitgedanken: Friede unter den Christen, Kreuzzug, Kampf gegen die Hegemonie einer Macht in und über Europa.

In der Welt der harten Tatsachen traten die regionalen, dynastischen, staatlichen Sonderinteressen immer stärker in den Vordergrund, und die Spannungen nahmen nationalen Charakter an. Erstmals nannte Aeneas Silvius Piccolomini (Papst Pius II., 1405–1464), einer der bedeutendsten Humanisten seiner Zeit, Europa wieder. Unter dem Eindruck der Eroberung Konstantinopels durch die Türken (1458) wurde ihm der geographische Begriff Europa wieder zur menschlichen und historischen Einheit. Seine Länder- und Kulturkunde bezog den Balkan und Byzanz in Europa ein. Christentum und Europa wurden dem Papst wieder identisch. Griechenland, Italien, Christenheit, anders ausgedrückt Athen, Rom, Jerusalem, waren Grundelemente Europas und seiner gemeinsamen Kultur.

Europaidee im Zeitalter der Entdeckungen und der Reformation

Das 16. Jahrhundert veränderte die alten Vorstellungen von der Welt und den Beziehungen der Völker. Die großen Entdeckungen, die Reformation und das Mißlingen einer neuen Reichsgründung hatten auch Rückwirkungen auf das traditionelle Europabild. Die Eroberungen förderten das Bewußtsein einer überlegenen europäischen Zivilisation, aber der Wirtschaftsimperialismus tötete die Idee eines heiligen Reiches auf dem Kontinent. Die Entdeckungen erzeugten kein vertieftes Bewußtsein der überragenden Stellung Europas. Gesetz des Handelns wurde das Staatsinteresse. Den großen Geistern der Zeit waren Europa und seine universale Vormachtstellung eine unbestrittene Selbstverständlichkeit.

Die schwere geistige Krise der Reformation bedrohte nicht Europa, höchstens das Christentum, in Wirklichkeit nur die kirchliche Einheit, die nach dem universalen Kaisertum und Papsttum und der Aufsplitterung in nationale Königsherrschaften eine Vielfalt der Bekenntnisse in der religiösen Einheit des Glaubens an Christus brachte. Weder Calvin noch Luther, noch Ignatius von Loyola sprachen von Europa und seiner Einheit. Nur einem Campanella (1568–1639) wurde es am Ende des 16. Jahrhunderts bewußt, daß die Reformation die Einigkeit der Völker und Fürsten in einem einst nur katholischen Europa zerbrochen und darum die Widerstandskraft gegen die Türken geschwächt hatte. Beim Tode Karls V. (1558), der bei seiner Thronbesteigung (1519) über drei Viertel des westlichen Kontinents gebot, befand sich das Reich in voller Auflösung, war die Vision einer neuen Universalmonarchie mit einem geeinten europäischen Mutterland zerflossen, war die Einheit der Kirche dahin. Europa erlitt in der schamlosen Ausbeutung der Neuen Welt durch die Eroberer seine folgenschwerste Niederlage.

Der ehedem mythologische Begriff wurde zur geographischen Bezeichnung, die sich ständig weitete, wurde parallel zum Begriffspaar Orient und Okzident eine religiös-kirchliche Idee, reicherte sich mit politischen Elementen an und bezeichnete schließlich die gemeinsame Kultur und Zivilisation einer Vielfalt von nationalen Königsherrschaften und christlichen Bekenntnissen nach dem Zusammenbruch eines kaiserlichen, eines päpstlichen und eines kirchlichen Universalismus.

3. Der Mittelalterbegriff. Anfang und Ende. Gesellschaft und Kultur. Das Weltbild des Mittelalters

Die Überlegung über den Europabegriff des Mittelalters, der sich mit dem modernen vielfach nicht zur Deckung bringen läßt, hat bereits viele Elemente des Mittelalterbegriffes aufgezeigt, der noch einer Klärung bedarf. Da dieser eine wissenschaftliche Konstruktion der Epochenbildung ist und ihn die östliche Geschichtsschreibung in soziologisch-idealtypische Einteilungsschemata aufgelöst und ersetzt hat, da die vernunftstolze Moderne das Mittelalter mit dem Makel der Finsternis und des Dunkels behaftete und eine europäische Geschichtsschreibung sich mit diesem Begriff nicht ganz leicht, eine Weltgeschichtsschreibung aber schon schwer tut, muß man heute vorweg sagen, was man unter Mittelalter versteht.

Wann endet das Mittelalter?

Man kann weder seinen Anfang noch sein Ende chronologisch genau fixieren. Es gibt sehr gute Gründe dafür, das »Mittelalter« als eine Form der Gesellschaft und Kultur erst mit dem Sieg der Aufklärung im 18. Jahrhundert auslaufen zu lassen; denn erst der Rationalismus, der Absolutismus und die Anfänge des industriellen Zeitalters haben die Grundstrukturen des Lebens der europäischen Völker, die »altständische Gesellschaft« aufgelöst, deren Wurzeln in den Anfängen des Mittelalters stecken. Wer etwa das Mittelalter mit dem Zerfall der kirchlichen Einheit in christliche Konfessionen beenden möchte, muß immerhin feststellen, daß die Reformation eine Intensivierung des religiösen Lebens und Erlebnisses brachte und dem Staat neue religiöse Aufgaben stellte, damit die Trennung von geistlichem und weltlichem Bereich sogar in den katholischen Staaten wieder überwindend (Staatskirchentum); er muß auch feststellen, daß erst mit der Aufklärung eine Säkularisierung des Geistes einsetzte, die das Religiöse als bestimmende Kraft des öffentlichen Lebens außer Kraft zu setzen begann.

Niemand kann heute mehr das Wort »Mittelalter« nur als Epochenbezeichnung chronologischen Charakters für die Zeit etwa von 568 bis 1500 verwenden. Bezeichnet man damit aber besondere historische Formen des Menschseins, des Lebens und Denkens, eine eigene Struktur der Gesellschaft und einen individuellen Abschnitt unserer gewordenen Kultur, dann ist es sehr schwer zu sagen, wann die Antike geendet und das Mittelalter begonnen hat.

Wann beginnt das Mittelalter?

Es gibt gute Gründe, im 7. Jahrhundert den eigentlichen Anfang des Mittelalters als Gesellschaft und Kultur zu sehen, weil hier sich erstmalig neue Schichten zeigen, die führend werden, und das Restgut der Antike weitgehend verschwindet. Doch ist es ebenso gerechtfertigt, mit Chlodwig († 511) einzusetzen, der ein neues fränkisches Reich der Eroberung errichtet und zu seinem Auf- und Ausbau sich des vorhandenen Restes an Staats- und Kultureinrichtungen der Alten Welt bedient. Wer aber kann dem widersprechen, der mit Diokletian (284–305) die eigentliche Antike beendet und mit dem Toleranzedikt Kaiser Konstantins (313) den Anfang einer Übergangsperiode zum Mittelalter setzt, die im 6. Jahrhundert ausläuft. Zwei Erscheinungen kennzeichnen diese Epoche vor allem, die innere Auflösung von Staat und Gesellschaft und deshalb das enge Bündnis von Reich und institutionalisierter Kirche und dann das allmähliche Zurücktreten der Laien im geistig-kulturellen Leben, vor allem der Verlust einer literarischen Laienkultur, der parallel läuft einem Einschrumpfen der Schriftlichkeit des Rechtsverkehrs und des geprägten »Geldvolumens«.

Das Weltbild

Wer ein Weltbild des europäischen Mittelalters zu zeichnen unternimmt und den Begriff »Welt« nicht nur geistig, sondern auch geographisch, wirtschaftlich, im ganzen gesehen strukturell sieht, kann nicht darauf verzichten, auch die Umwelt zu sehen, mit der menschliche, politische, geistige Kontakte von einem Ausmaß bestanden, daß man von Kulturströmen reden muß. Deshalb wird in einem Weltbild des europäischen Mittelalters Byzanz nicht nur eine Rolle spielen, weil sein Machtbereich sich auch auf den Balkan erstreckte, und wird die Welt des Islam nicht nur bei der Abwandlung der Kreuzzüge zu streifen sein. Es gibt keinen Aufbruch der europäischen Vernunft in der Scholastik ohne den von Arabern und Juden vermittelten Aristoteles, keinen Anfang der Naturwissenschaft ohne die Muselmanen, keinen Handel und Wandel im Mittelmeer und Osteuropa ohne Byzanz und die Muselmanen. In ein Weltbild des Mittelalters gehören schließlich auch die Slawen, und zwar nicht nur weil der hier zugrundeliegende Europabegriff auch deren Staaten- und Völkerwelt umfaßt, sondern weil auch ihre Kultur, besonders soweit sie in den westlich-christlichen Kreis eingegliedert ist (Ostmitteleuropa), zur ganzen Kulturbewegung Europas zählt.

Wenn in diesem Buch das Mittelalter etwa um 1500 mit der Entdeckung der Neuen Welt und der Aufgliederung des kirchlichen Christentums in Konfessionen traditionell beendet wird, so ist das aus oben angedeuteten Erwägungen nur relativ zu verstehen; der Verfasser neigt an sich dazu, die mittelalterliche Welt im 18. Jahrhundert auslaufen zu lassen, übersieht aber nicht im vorreformatorischen 15. Jahrhundert tiefe Einschnitte des geschichtlichen Ablaufs.

Grundsätzlich wird Mittelalter hier als eine Form von Gesellschaft und Kultur verstanden, die eine archaische, eine aufgeklärte und eine kritische Phase hat. Der politische Ablauf ist nur Rahmen; man wird vieles nicht oder anders lesen, als es in den altvertrauten Büchern steht. Niemand aber wird Europa selbst in der Gegenwart verstehen, der nicht seine mittelalterlichen Grundlagen kennt.

Im Sommer 1970

Auf der Vorderseite:
St. Donat in Kärnten
Verschmelzung spätkeltischer und frührömischer Kultur.
2./3. Jahrhundert v. Chr.

Votivkrone des Westgotenkönigs Rekkeswind (653),
Madrid, Archäologisches Museum

I

RÖMERREICH – SPÄTANTIKE – CHRISTENTUM ALTE GRUNDLAGEN EINER NEUEN KULTUR IM MITTELMEERRAUM (300–375 n. Chr.)

1. Kaiser Konstantin und die christliche Kirche (274–337)

Staat und Kirche

Durch das Mailänder Edikt von 313 verkündeten die beiden römischen Augusti (Kaiser) Konstantin und Licinius für alle Religionen Toleranz; heidnisch-altrömische oder orientalische Religionen und Sekten waren nicht länger imstande, dem Reich und seiner Gesellschaft eine einheitliche Welt- und Lebensauffassung zu geben. Deshalb verband sich fortan der römische Staat immer stärker mit der christlichen Religion. Je mehr er sich verchristlichte, um so stärker institutionalisierte sich die Kirche unter seinem Einfluß; sie wurde zur hierarchisch geordneten religiösen Heilsanstalt und erfüllte religiöse wie staatlich-politische Funktionen. Auf diesem Wege wuchs die Kirche auch in die Rolle der Erbin und Bewahrerin der staatlichen sowie geistig-kulturellen Tradition des römischen Weltreichs hinein. Der Bund mit Kirche und Christentum, das Kaiser Theodosius am Ende des 4. Jahrhunderts zur alleinigen Staatsreligion erhob, gab dem römischen Staat noch einmal genug Kraft, trotz härtester Einbrüche an den Grenzen und tiefgehender innerer Auflösung für mehr als eineinhalb Jahrhunderte zu überleben. Der Sieg Konstantins an der Milvischen Brücke bei Rom (312) über seinen Gegner Maxentius und das Mailänder Toleranzedikt haben tatsächlich eine Grundlage der christlichen Welt des Mittelalters gelegt, das die Gestalt Konstantins immer in ehrfürchtiger Scheu als den ersten christlichen Kaiser verehrte.

Konstantin und das Christentum

In der Verteidigung Galliens, der kulturträchtigsten Provinz, groß geworden, setzte Kaiser Konstantin sich in Kämpfen mit dem Mitkaiser Licinius zuletzt bei Skutari (324) nochmals als Alleinherrscher im römischen Weltreich durch. Weisheit und Berechnung, aber auch der Einfluß seiner Mutter Helena haben den Skeptiker gegen das Alte wie das Neue dem Christentum genähert. Bei der berühmten Kreuzkirche von Santa Croce in Rom stehen heute noch die Mauern des Palastes der Kaiserinmutter Helena, die dort eine Unterkirche mit einem Boden aus Palästina erbaut und dem Gotteshaus seinen reichen Schatz an Partikeln vom Kreuze Christi geschenkt haben soll. Unweit dieser Kirche aber übergab der Kaiser dem römischen Bischof einen großen Bezirk, auf dem heute die Lateranbasilika und der Lateranpalast stehen, einst Sitz des Papsttums und der Kurie. Die reichen Schenkungen des Herrschers an die römische Kirche verzeichnet das berühmte Papstbuch (Liber pontificalis), das die Lebensbeschreibung der Päpste enthält. Der Konstantinsbogen zu Rom zwischen den alten Kaiserpalästen auf dem Palatin und der Kolossalruine des Kolosseums gemahnt an die weltbedeutende Entscheidung des Kaisers, der vermutlich erst auf dem Sterbebett Christ wurde.

Weil ihm die Reichseinheit am Herzen lag und er nach einem geistigen Bindemittel dafür suchte, weil er für seine Macht eine Seele und für sein Regiment ergebene Helfer benötigte, darum schloß dieser freie Geist den Bund mit der Kirche, wie es auch der Eroberer Chlodwig und der königliche Hausmeier Pippin, wie es selbst die Herren der Goldenen Horde im moskowitischen Rußland des Spätmittelalters taten. Der Politiker Konstantin, der die Reichskonzilien einberief und präsidierte, der der mehrheitlichen Meinung zum Siege verhalf, ließ sich beeindrucken von der Überzeugungskraft christlicher Lehre und Lebenshaltung, der Reinheit und Mystik des christlichen Kultes, der gehorsamen Hingabe der Christen an priesterliche Führung und der Geduld in der Anerkennung der Ungleichheiten des Lebens. Er betrieb moralische Aufrüstung von Familie und Ehe gegen Sittenverfall und Klassenkampf.

Die christliche Theokratie

Die Christen waren ein Element des Ausgleichs in Staat und Gesellschaft, weil sie Gehorsam gegen die Staatsgewalt forderten und dem absolutistischen Monarchen an Stelle einer fragwürdig gewordenen »Göttlichkeit« eine neue religiöse Würde und Legitimation, ja Legitimität verliehen; der Gottkaiser, dem die Christen Opfer darzubringen sich weigerten, wurde zum kaiserlichen Stellvertreter des Christengottes auf Erden, zum weltlichen Allherrscher. Die neue Form der christlichen »Theokratie«, die auch Karl der Große (um 800) übte, war geboren; in Byzanz wurde sie am klarsten entwickelt, weil ihr nicht wie im Abendland der geistliche Anspruch des römischen Bischofpapstes Widerpart leistete. Nur kurze Zeit führte im 11. Jahrhundert der deutsche König-Kaiser seit dem sächsischen Heinrich II. (1002–1024) den Titel »Stellvertreter Christi auf Erden«. Die absolute Monarchie Konstantins und seiner Nachfolger gewann in der Hierarchie und der weltweiten Autorität der Großkirchen Werkzeuge der Reichseinheit, des Reichsfriedens und der Reichsherrschaft sowie in der Weltherrschaft Christi die geistige Entsprechung für die Weltherrschaft des Kaisers.

Die Grundgedanken der mittelalterlichen Kaiseridee und Reichstheorie waren damit schon gefunden, das neue Verhältnis von Staat und Kirche war geistig-religiös begründet. In Dankbarkeit für die Beendigung der Christenverfolgungen und für reiche Privilegien fanden sich Klerus und Kirche bereit, eine Mitverantwortung für Staat und absolute Herrschaft zu übernehmen, die sie ebenso belastete wie eine allzugroße philosophische Hypothek.

Urbanität und Christentum

Bis Konstantin, dem Schöpfer der monarchischen Form einer christlichen Theokratie, war der antike »Stadtstaat« die Keimzelle politischen Lebens und blieb bis zum Ende des Reiches das Einteilungsprinzip des Weltstaates. Die antike Kultur war eine urbane, städtische, bürgerliche Form des Lebens. Im *municipium* (= Stadt), das in *civitas* (= urbanen Siedelverband) und *pagus* (Gau = ländliches Stadtgebiet) zerfiel, übte die Gemeinschaft freier Bürger politische Herrschaft kraft Delegation der freien Genossen. Die Stadt, nicht eigentlich das Land, war das Wirkungsfeld des sich ausbreitenden und einsickernden Christentums. Dieses nahm Formen urbanen Lebens an und wurde vornehmlich zu einer Stadtreligion, die sich lange auch im Frühmittelalter nicht der vorherrschenden Agrarstruktur anpassen konnte.

Sakralherrschaft

Konstantin ersetzte den Prinzipat des »besten« und die Autorität des »reichsten« Mannes bei der freien Bürgergemeinde durch das Gottesgnadentum des Herrschers, das ihn weit über alle »Untertanen« hinaushob. Hier knüpfte er auch an unantike, orientalische Traditionen des »Priesterkönigtums« an und entwickelte gedanklich und institutionell Formen einer christlichen »Sakralherrschaft«, die ihm Macht über die Menschen seines Reiches gab. Diesen präsentierte er sich als »Apostelgleicher« und »Stellvertreter Christi« und forderte von ihnen Anerkennung für seine göttlich legitimierte Universalherrschaft. Konstantinopel, nach ihm benannt, wurde 326 die neue Hauptstadt seines Weltreiches mit hellenistischer Weltkultur. Er verstand sich als Mittelpunkt des Kreises der zwölf Apostel in der Apostelkirche seiner neuen Reichsmetropole und leitete daraus, obwohl noch ungetauft, für sich das Recht ab, auf dem ersten ökumenischen Konzil zu Nizäa 325 den Vorsitz über die Bischöfe zu führen.

Das byzantinische Hofzeremoniell und der Thronsitz für zwei Personen symbolisieren die Tatsache, daß dieser Kaiser die »weltliche Einheit der Kirche« und die »geistliche Einheit des Reiches«, die er beide schuf, in der »Apostolischen Majestät« und im »Vikariat Christi auf Erden« verankerte.

In der sakralen Theokratie Konstantins des Großen war die politische Theorie und Theologie Europas bis zur Französischen Revolution angelegt, die erst das echte Königtum abschaffte. Sie war ein weitreichendes Erbe der christlichen Spätantike an die europäische Welt.

Der Bund kaiserlicher Universalherrschaft und hierarchischer Heilsanstalt bewirkte ein neues Verhältnis zwischen Gott, Religion, Kirche, Recht, Dienst einerseits, Welt, Macht, Herrschaft andererseits. Diese neue Ordnung überlebte unter kirchlichem Vorzeichen den Zusammenbruch des römischen Weltreiches und das langsame Versickern seiner Weltkultur. Deshalb gab es auch keine Katastrophe am Ende der antiken Welt, sondern einen lange vorbereiteten Übergang, ein Auslaufen im Merowingerreich auf dem Boden der römischen Provinz Gallien. Diese Ordnung wurde ein neuer Weg für das Werden Europas seit dem 7. Jahrhundert. Das Christentum, seine Bindung an den spätantiken Staat und dessen Kultur wurden Grundelemente der neu sich bildenden europäischen Gesellschaft, die alle Stämme und Nationen umfaßte, die in dem kleinen, vielfältig gestalteten Kontinent das im Christentum verwandelte Erbe der Antike übernahmen und schöpferisch weiterentwickelten.

In einer weithin heidnischen Welt begann das Christentum sowohl in der Antike wie bei den Germanen seinen stärksten einigenden Einfluß auf die Gleichschaltung der religiösen Volkstraditionen auszuüben; dadurch empfahl es sich Konstantin wie Chlodwig als Werkzeug und geistige Kraft. Als Religion für Individualisten wie für Massen hatte es sich von der Umklammerung popularer Mysterienreligionen, Kultgenossenschaften und Riten allmählich befreit und auch seinen Tribut dabei an die großstädtische Weltzivilisation der Spätantike mit ihrem Skeptizismus, ihrer Nervosität, ihrem extremen Kollektivismus und Individualismus gezollt.

2. Die geistige Welt der Mönche und Einsiedler und die Häresien

Protest des Mönchtums

In Augustinus, dem Bischof im afrikanischen Hippo, dem echtesten Kind dieser Welt des Ausgangs und Übergangs, erstand um die Wende vom 4. zum 5. Jahrhundert der Geist der Synthese, der wie keiner die Spannungen der alten Gesellschaft, des Römertums und Griechentums, der Bibel und Platos auf dem Grunde einer schöpferischen Weltuntergangsstimmung in sich austrug. In der Auseinandersetzung mit der Welt entbanden Christentum und Kirche seit Ende des 3. und Anfang des 4. Jahrhunderts neue Kräfte, Ideen und Formen, die Sonderform des Mönchtums, das Schisma der Donatisten und die Häresie des Arianismus. Die Verstrickung in die Welt, den Staat, den Reichtum, die enge Berührung des Geistes mit dem Fleisch rief den gesunden, wenn auch gefährlich mystischen Protest des Mönchtums wach, das zum asketisch-ethischen Gesundbrunnen in einer sich auflösenden Gesellschaft und in einer dadurch stets gefährdeten Kirche wurde. Dem wachsenden Reichtum der Kirche und dem hierarchisch-politischen Ehrgeiz ihrer Bischöfe setzte der Mönch Versenkung in die ewigen Dinge, Askese, Armut entgegen, wie es Antonius, der Vater der Anachoreten = Einsiedler (seit 275), und Pachonius, das Haupt der Zönobiten (Brüder vom gemeinsamen Leben), um 325 in der ägyptischen Wüste vorlebten.

Severin

Die Kirche mußte nach anfänglichem Widerstreben diese innere Form religiösen Lebens dulden, weil die großen Figuren der damaligen politischen Welt nach einem tätigen Leben in höchsten Beamten- und Regierungsstellen in die Schule der Wüstenmönche gingen und nach einem Leben innerer Läuterung zu neuen kirchlichen Aufgaben in die Welt zurückkehrten. Leuchtendes Beispiel dieser Männer, die die antike Welt friedvoll liquidierten und dadurch die Reste ihrer Kultur bewahrten, war in den heute österreichischen Donaulanden, der römischen Provinz Ufernoricum, der heilige Severin, der die Rückführung der Romanen aus den invasionsgefährdeten Gebieten an der Stromgrenze in die gesicherten Fluchtgebiete der Alpen und Aquilejas als »Flüchtlingskommissar« organisierte.

Donatus

Eine ernste Gefahr für die Einheit der kaum erstarkten Kirche war das Schisma (Trennung) des Bischofs Donatus im afrikanischen Karthago. Im Grunde war es eine Reaktion der reinen ungebrochenen Kirche der Märtyrerzeit gegen die kompromißbereiten Mitläufer unter den Bischöfen, die vielleicht dem Ausgleich mehr dienten als die intransigenten Integralisten. Auf einem Bischofskonzil im provenzalischen Arles führte Konstantin 314 einen Schlag gegen die abtrünnigen Gemeinden, mit denen eine radikale Bauernbewegung in Nordafrika zusammenging. Freilich mußte er die Strafe des Vermögensverlustes und der Aberkennung bürgerlicher Ehrenrechte zurücknehmen, da sie dem Mailänder Toleranzedikt widersprachen. Der Donatismus konnte so bis zum Arabersturm überleben.

Arianismus

In der hellenistischen Weltstadt Alexandria im heutigen Ägypten erstand in der Bewegung des asketischen Predigers und Priesters Arius der Kirche die größte Gefahr. Seine Lehre von der Wesensungleichheit Christi mit dem Schöpfer erschreckte um 318 die offizielle Kirche; sie war um so bedrohlicher, als bei Arius der Platonismus, der bislang das theologische Denken so stark befruchtet hatte, in Gegensatz zur Heilsanstalt trat und Klerus sowie Laien in zwei Lager trennte.

Diesen Generalangriff gegen die Lehre von der Dreifaltigkeit unter der Formel Wesensgleichheit oder Wesensähnlichkeit parierte der um Reichs- wie Kircheneinheit gleichermaßen bemühte Konstantin mit der Einberufung des Reichskonzils 325 nach Nikaia (Nizäa) in Bithynien, nahe der Reichshauptstadt Nikomedia. Der Westen war vom Streit weniger berührt, und der römische Bischof Silvester I. befand sich wegen Krankheit nicht unter den 318 bischöflichen Konzilsvätern. Der kaiserliche Präsident eröffnete die Kirchenversammlung mit einem Aufruf zur Einheit. Der wortgewaltigste Redner war Athanasios, der Erzdiakon des Bischofs Alexander von Alexandria, der fast alle davon überzeugte, daß sich die Vernunft dem Mysterium der Trinität unterordnen müsse. Es wurde ein Glaubensbekenntnis (Symbolum) gebilligt, das 362 zu der heute geläufigen Form des Credo revidiert wurde. Arius blieb standhaft, wurde gebannt und des Landes verwiesen, seine Bücher verbrannt und deren Besitz mit dem Tode bestraft.

Dieser siegreiche Schlag für die Einheit der Kirche entschied mehrheitlich gegen eine dynamische Weiterentfaltung der christlichen Lehre und zugunsten einer starren Orthodoxie, die allein eine Institution wie die Reichskirche tragen konnte. Seitdem gewann die mittelalterliche Kirche den Namen »Katholizismus« = Ganzheit.

Die Entscheidung für Orthodoxie und Dogma ersetzte die alte nationale Götterreligion mit Kaiserkult. Auf und in den Ruinen oder Gebäuden der alten Göttertempel erstanden jetzt christliche Kirchen in basilikalem Stil, deren Simse auf antiken Säulen ruhten; auf dem Boden einer erschöpften Weltkultur erwuchsen Gesellschaft und Lebensform der Übergangszeit und des Mittelalters mit einer neuen religiösen Seele.

3. Das alte und das neue Rom. Die Provinzen

Das neue Rom

Zum Erbe der Antike an die Zukunft gehört Konstantinopel, das »neue Rom«, das Konstantin 326 auf den Trümmern von Byzantion erbauen ließ. Seit 330 war es Reichshauptstadt. In orientalischer Prachtentfaltung hielt der Sohn der Helena dort Hof. Der kluge Kulturpolitiker und maßvolle Despot gründete eine Universität für die Ausbildung von Reichsbeamten. Es wurden Griechisch und Latein, Literatur und Philosophie, Rethorik und Recht gelehrt; es gab eine Begabtenförderung für das Universitätsstudium, Architekturschulen erstanden, in den Reichsprovinzen wurden Ärzte und Lehrer gefördert, Künstler ausreichend unterstützt. Die Museen der Reichshauptstadt stellten die Kunstschätze des Imperiums zur Schau.

Das römische Museum

Rom selbst verlor dadurch an Glanz und Bedeutung, es trat allmählich in den Hintergrund, sein Bischof wurde einer der Patriarchen der Reichskirche ohne besonderen Vorrang. Doch gemahnt an Konstantin in der Tiberstadt die vom Gegner Maxentius 306 begonnene Konstantinsbasilika, Höhepunkt klassischer Baukunst im Westen. Vielleicht regte Konstantin die Erbauung der römischen Kirche San Lorenzo fuori le mura, einer der vier Hauptbasiliken der Stadt, an. Seinen Sieg an der Milvischen Brücke will der Konstantinsbogen von 315 dokumentieren. Aber das Kolossalstandbild vom Konservatorenpalast in Rom kann trotzdem nicht verleugnen, daß sich Intelligenz und Weltkultur bereits mit barbarischen Formen paarten. Rom trat jetzt aus der Mitte des Reiches und wurde zu dessen »historischem Museum«.

Provinzen. Übergewicht des Ostens

Der Schwerpunkt verlagerte sich in die Provinzen, wo Diokletian die Hauptresidenzen Nikomedia, Syrmium (Mitrovica), Mailand und Trier errichtet hatte. Der Osten überrundete wirtschaftlich und kulturell den Westen, dem der Ruf der Dunkelheit und des Materiellen anhaftete (s. o.). Das *sacrum palatium* (= der Palast des Selbstherrschers) konnte nur noch im alten Byzantion sein, wo zwei Erdteile aneinanderstießen und Welthandelsstraßen einander kreuzten. Konstantinopel ist ein Erbe Konstantins an das Mittelalter. Der Prestigeverlust Roms hemmte nicht nur den Aufstieg seines Bischofs zum Primat, denn lange saß dort später ein byzantinischer Reichsvertreter des Exarchen von Ravenna, sondern trug auch wesentlich dazu bei, daß sich der politische Schwerpunkt aus dem Mittelmeerraum nach Norden in die altgallischen Provinzen an Rhone, Garonne, Loire und Seine verlagerte und ein Zusammenhang mit der dort neu erstehenden Großmacht erst spät hergestellt wurde.

4. Spätrömische Verwaltung und Reichsverteidigung

Reichsgliederung

Die Verwaltung des in einhundert bis einhundertzwanzig Provinzen eingeteilten Reiches leitete ein Hofkanzler, dem Finanz-, Domänen- und Justizminister nachgeordnet waren. Die Provinzialverwaltung, von der Rom und Konstantinopel mit ihrer Bannmeile unter eigenen Stadtpräfekten ausgeschlossen waren, lag in den Händen kaiserlicher Statthalter. Die Provinzen waren zu fünfzehn Diözesen zusammengefaßt; einer Präfektur (Sprengel) von mehreren Diözesen stand ein *praefectus praetorio* aus den Kreisen der höchsten zivilen und militärischen Berater und Stellvertreter des Kaisers mit vizekaiserlicher Gewalt vor.

Die gallische Präfektur umfaßte ganz Westeuropa, Britannien, Gallien, Spanien mit dem Zipfel der nordwestafrikanischen Küste; ihre Hauptstadt war bis zum Ende des 4. Jahrhunderts Trier an der Mosel. Militär- und Zivilgewalt befanden sich noch nicht in einer Hand; der Befehl über die Streitkräfte lag bei den höheren Offizieren. Mißtrauen, Bespitzelung, bürokratische Zentralisierung beherrschten die Reichsverwaltung; auf festem Instanzenzug und Beamtenhierarchie ruhte der kaiserliche Absolutismus. Der Herr der absoluten Macht wurde von der spätantiken Massengesellschaft ertragen, weil er den Heiden Gott, den Christen oberster, mit göttlichem Amt beauftragter Vertreter Christi war; in jedem Fall war es ein Sakrileg, gegen ihn zu handeln. Eine strafforganisierte Geheimpolizei überwachte die Verwaltung.

Reichsverteidigung

Das Hauptproblem der *Reichsverteidigung* war die Anfälligkeit der langgezogenen Grenzen, die nur dünn besetzt sein konnten, gegen Invasionen; hier konnte man nur eine Strategie der Aushilfen entwickeln. Perser, Goten, Franken, Alemannen konnten nach dem Durchbruch des Grenzwalles (Limes) bis tief in das Innere des Reiches vordringen. Es fehlte vor allem an Geld und Menschen. In den Grenzprovinzen war die Verteidigung tief nach hinten gestaffelt; die Limitanen (= Grenzbesatzung) wurden durch ein bewegliches Feldheer ergänzt, das im Frieden im Reichsinneren garnisoniert war und das Gefolge des Herrschers stellte.

Der schweren persischen Panzerreiterei mit Schwert und Stoßlanze, die die Alanen am Kaukasus und die Goten nördlich des Schwarzen Meeres übernahmen, war die schwerfällige Legionsinfanterie der Römer nicht mehr gewachsen und mußte durch eine gemischte Truppe aus leichter Kavallerie, berittenen Bogenschützen und schweren Panzerreitern ersetzt werden. Der Panzerreiter beherrschte fortan bis zur Höhe des Mittelalters das Feld und bestimmte sogar maßgeblich die Gesellschaft.

Die Bevölkerung der Grenzlande wurde durch die Berührung mit Heer und Grenztruppen mehr oder minder stark romanisiert. Das Bürgerheer war durch ein Berufs- und Söldnerheer abgelöst worden, das sich aus Soldatensöhnen, Angehörigen unterworfener Grenzstämme, barbarischen Militärkolonisten, die in Gallien und Italien sehr zahlreich saßen, Kriegsgefangenen, Germanen verschiedenster Stämme, die vom Kaiser in entvölkerten Landstrichen auf Staatsland angesiedelt worden waren (Franken in Gallien zwischen Seine und Loire), Sarmaten und anderen unter dem Sammelnamen Gentiles (bedeutet später Heiden) zusammensetzte. Die Großgrundbesitzer konnten aus ihren Bauern Rekruten stellen, dafür aber auch Ablösungsgelder zahlen. Im Grenzland wie jenseits der Grenze gab es immer genug Freiwillige zum Anwerben; denn guter Sold, Abenteuer, Beute lockten besonders die Germanen an. Soldat und Barbar wurden gleichbedeutend.

Germanisierung

Dieser Prozeß der *Germanisierung* weiter Gebiete und Lebensbereiche im römischen Westen hat die Intensität und das Ausmaß der Übernahme antiker Kultur und Zivilisation auch in den Unterschichten in Gallien, Britannien, am Rhein und an der Donau stark gefördert und die Durchdringung auch Italiens mit germanischen Elementen schon vor dem Untergang des Reiches durchgesetzt. Das römische Heer war ein entscheidendes Mittel der Durchdringung römischen Reichsbodens mit barbarischen Elementen und einer Anreicherung vieler Barbarenvölker und -generationen mit römischen Lebens- und Denkformen. Der mächtigste Mann im Reiche aber wurde besonders unter schwachen Herrschern im Westen der Oberbefehlshaber der Streitkräfte. Über die hohen Kommandostellen stiegen im Westen die Barbaren, vor allem die Germanen, zu höchster Macht empor und höhlten das römische Weltreich aus.

5. Umschichtung von Wirtschaft und Gesellschaft. Der Zwangsstaat

Versagen des Staates

Entscheidende Anlässe für das Versagen des römischen Staates lagen in Wirtschaft, Währung, Steuersystem, deren Zusammenbruch im 3. Jahrhundert bereits die große Heeres- und Verwaltungsreorganisation Diokletians notwendig machte. Letztere aber verwandelte Wirtschaft und Gesellschaft des ausgehenden Reiches von Grund auf. Seine größte Einnahme bezog der Staat von der auf dem landwirtschaftlichen Besitz ruhenden Grund- und von der Kopfsteuer, die an Hand eines umfassenden Steuerkatasters alle fünfzehn Jahre neu geschätzt wurde. Arbeitskraft des Menschen und Durchschnittsertrag waren die Berechnungseinheiten.

Die Hauptsteuer hatte in der Spätantike der Boden abzuwerfen; dazu kamen indirekte Steuern auf Umsätze und Zölle, dann ungemessene persönliche Dienste und Naturalleistungen, die der Bürger dem Staat schuldete. Persönliche Dienste waren Hand- und Spanndienste für öffentliche Bauten, Truppenverpflegung, Herbergs- und Quartierpflicht für marschierende Truppen und reisende Staatsbeamte, Stellung von Zugtieren für die kaiserliche Post. Aber von all diesen Lasten waren Reichsadel, Großgrundbesitz und Kirche befreit, sie genossen Immunität. Dadurch wurde der »immune« Besitz der drei Vorzugsklassen zu einer Art »Enklave« im Staat; die Steuer- und Dienstpflicht lastete auf den Mittel- und Unterschichten.

Für die bürgerliche Gesellschaft des Römerreiches wurde es entscheidend, daß die städtische Führungsschicht der wohlhabenden Bürger schon in der Revolutions- und Inflationszeit des 3. Jahrhunderts zusammenschmolz und sich dann auf dem Lande und als Mitglied der Senatorenklasse der Vernichtung ihres Restvermögens entzog; diese Wohlhabenden führten Verwaltung in Stadt und Landgebiet ehrenamtlich und hafteten mit ihrem Privatvermögen für die Aufbringung des Steuersolls, sie zahlten auch Restschulden aus eigener Tasche. Die Mitglieder des Stadtrates hafteten für die Schwächen ihrer Amtsführung mit dem eigenen Vermögen.

Zwangsstaat

Dieser Umschichtungsprozeß führte zu einer Proletarisierung und Nivellierung des städtischen Bürgertums, zu einer finanziellen, gesellschaftlichen, kulturellen und moralischen Ausleerung der Stadt, der Grundzelle des römischen Staates, ihrer Gesellschaft und Kultur. Wenn das Römerreich überleben wollte, mußte es ein Zwangsstaat werden. Um die Ämterflucht zu verhindern, machte man städtische Verwaltung zum erblichen Frondienst für den Bürger und dehnte solche Dienstverpflichtung auch auf andere Bereiche des Lebens aus. Die Folge war eine »kastenmäßige« Gesellschafts- und Lebensordnung, weil jeder Mensch, besonders der im Dienste des Staates stehende (Soldat, Beamter), durch Gesetz erblich an den Beruf gebunden wurde. Da der Staat immer mehr Großunternehmen wie Bergwerke, Waffenfabriken, Münzstätten in eigene Regie nahm, wurden die Zwangsdienstverpflichteten Legion. Das lähmte die Privatinitiative in der Wirtschaft; der unaufhaltsame Rückgang des Geschäfts sowie die Einschrumpfung des freien Marktes zwangen den Staat, als Hauptabnehmer in die Bresche zu springen.

Allein in Trier, der Metropole der *praefectura Galliarum*, gab es an staatlichen Regiebetrieben eine Münzerei, zwei Webereien und drei Waffenfabriken. Da infolge von Verlusten und schlechten Arbeitsbedingungen Angebot und Nachfrage auf dem Arbeitsmarkt einander nicht mehr entsprachen, fesselte der Staat seine Arbeiter an Arbeitsplatz und Beruf, errichtete ein staatliches Zunft- und Gewerkschaftswesen und überwachte so die Arbeiterbewegung.

Diese Regelung griff auch im privaten Versorgungs- und Transportgewerbe, im Baugewerbe und sogar in der Unterhaltungsindustrie Platz. Das Leben verlor seine Freizügigkeit und damit seine Freiheit. Die städtischen Massen blieben so lange ruhig, als der Staat sie fütterte und eine angenehme »Freizeitgestaltung« durchführte. Panem et circenses (= Brot und Spiele) war die Parole.

Verlust der Freiheit

Wenn der Städter etwas zu essen haben wollte, mußte auch der freie Pachtbauer auf dem Lande durch Erbpacht an die Scholle gebunden werden, damit der Boden angebaut und abgeerntet, die fällige Steuer bezahlt wurde; denn der Mangel an ländlichen Arbeitskräften war riesengroß. Das freie Mittel- und

Kleinbauerntum war längst untergegangen, und der Großgrundbesitz hatte den größten Teil des Bodens erworben. In den Provinzen teilten sich in den Landbesitz die Domänen von Staat, Kaiser, Senatorenaristokratie, der Potentes (= Mächtigen), der Stadtgemeinden, der Tempel und Kirchen. Die Steuerkataster verzeichneten neben den Besitzeinheiten und der Viehstückzahl auch die schollegebundenen Pachtbauern als unveränderliches Zubehör von Hof und Gut, das nur noch mit dem Hof im ganzen verändert werden konnte.

Diese wirtschaftliche und soziale Struktur des bäuerlichen Landes und seiner Menschen setzte sich vor allem in Gallien, aber auch in Italien bis in das Mittelalter fort und beeinflußte auch die »Grundherrschaft« im ganzen Frankreich, genauso wie das spätantike Steuerwesen.

Die Zwangsgesellschaftsordnung der Spätantike mit ihren kontrollierten Berufsständen, erblichen Genossenschaften und fixierten Leistungen für die Öffentlichkeit verhinderte jeden sozialen Wechsel und Aufstieg, jede Mobilität, jede gesunde Dynamik. Diese »statische« Gesellschaft ohne eigene Kraft und Antrieb wurde reif für Überschichtung und Assimilation, für einen langsamen Ausgang und Übergang in eine neue Kultur. Für die antike Welt bedeutete dies Abstieg und Ende, für die germanisch-provinziale Welt, die viele Elemente aus dem antiken Gesellschafts-, Wirtschafts-, Staats- und Kulturgefüge übernahm, aber war es Werkzeug und Grundlage der eigenen Gesellschaft und Kultur. *Übergang*

Weil das Römerreich im Westen sich gesellschaftlich, wirtschaftlich, politisch und geistig zu so einfachen, statischen Formen zurückentwickelt hatte, darum konnte sich trotz Invasionen, germanischer Eroberung und Reichsbildung auf römischem Boden der Übergang zum neuen Mittelalter so reibungslos vollziehen. Chlodwigs Frankreich wird den Beweis für diese Feststellung bringen.

6. Niedergang des Römerreiches im 4. Jahrhundert

Das Römerreich ging an seiner Größe zugrunde, weil es seine Gesellschaft nicht mehr mit Leben erfüllen konnte. Aus der Not der Zeit und der Anfälligkeit des Reiches nach innen und außen erwuchs der Zwangsstaat, der persönliche Freiheit, aber auch schöpferische Kraft hemmte oder tötete. Immer kleiner wurde der Kreis der Menschen, die noch in Freiheit, Anmut und Würde leben und sich der geistigen Bildung, Literatur und Kunst hingeben konnten. Je mehr die Werte der Bildung ihre Wirkung verloren, um so stärker wurden Form und Wort zur leeren Hülle, die, durch Tradition zwar geheiligt, den Zusammenhang mit den geistigen Nöten der spätantiken Menschen verlor. *Bildungsverlust*

Der griechische Osten war im 4. Jahrhundert noch lebendiger und kraftvoller als der lateinische Westen, in dem die geistige Regsamkeit in breiten Volksschichten erstarb. Die Folge war, daß der personale Mensch, auf der Suche nach neuen Gehalten alter Form, nur noch in der Religion Zuflucht und Anregung fand. Deren große Stunde kam jetzt; denn der Bund des kaiserlichen Zwangsstaates mit der christlichen Religion gab den Priestern eine neue Funktion in einer Reichskirche, die nach dem Absterben des Staates im Westen die Reste der alten Formen mit neuem Inhalt und neuer Zielsetzung an neue oder verwandelte Herren, Menschen, Völker als Erbe und Bausteine für eine neue Welt weitergab. Freiheit flüchtete sich in Religion, wo allein noch Freiheit in der Verehrung dessen bestätigt werden konnte, was man sich kraft eigener Entscheidung erkor. Ein ähnlicher Vorgang wie nach dem Sieg der Goldenen Horde in Rußland, die das Leben der Menschen so knechtete und verelendete, daß ihnen allein Kirche und Religion als Freistatt des Fühlens und Denkens blieb! Die Folge waren reichste Schenkungen an sie und letztlich sogar die Anerkennung der Gewaltherren.

In Vollendung der Staatsformen Diokletians überwand Konstantin das Chaos durch absolute Monarchie und theokratischen Zwangsstaat und schuf damit Voraussetzungen dafür, daß das Reich des Westens sich noch 150 Jahre am Leben erhalten konnte. Dieser Zeitgewinn aber steht an weitreichender Wirkung in keinem Vergleich mit seiner anderen Tat, die das alte Reich mit dem neuen Leben einer jungen Religion und Ethik erfüllte; denn dadurch wurde das Christentum nicht nur Kirche, sondern auch Staat, und deswegen ist wohl das mittelalterliche Europa bis zum 18. Jahrhundert christlich gewesen und europäische Kultur christlich erfüllt worden.

Elemente des Niedergangs

Der Niedergang Roms ist ein vielschichtiger Prozeß aus vielerlei Ursachen. Der Wandel seines Volksbestandes und seiner Ethik, das Schrumpfen des Handels, der bürokratische Despotismus, die lähmenden Steuern und vernichtende Kriege sind Hauptursachen der Umschichtung und des Verfalls. Man muß weiter an die Barbareninvasionen, an das Absinken der Edelmetallzufuhr nach Rom infolge jahrhundertelangen Abbaus der Vorkommen, an Einschrumpfung des Bauernstandes, an Verwaltungschaos besonders in Mittel- und Süditalien denken, wo Entwaldung, Erosion, Zusammenbruch des Bewässerungssystems schlimmste Folgen zeitigten. Das Nachlassen der agrarischen Produktion und Bodenkultur ist aber nicht auf Erschöpfung der Erde oder Klimawechsel, sondern auf das Nachlassen der Arbeitsmoral und die sinkende Kinderzahl entmutigter Menschen zurückzuführen. Menschenmangel und Entvölkerung ganzer Landstriche in Ost und West verursachten Masseneinfuhr und -ansiedlung von Barbaren und Orientalen; Freie und Sklaven nahmen zahlenmäßig ab. Pest, Revolutionen, Kriege, Geburtenbeschränkung auch im Proletariat und sogar beim gallischen Bauerntum dezimierten die Bevölkerung. Moskitos und Malaria in Latium und in der Toskana forderten weitere Verluste an Menschenleben.

Barbarisierung. Inneres Proletariat

Das römische Weltreich wurde von innen her besonders im Westen barbarisiert; man sprach von einem »Inneren Proletariat«. Während sich Italien orientalisierte und die geistig überlegenen, körperlich unterlegenen Orientalen die Kultur zersetzten, assimilierten sich die Germanen Norditaliens und im Heer sehr schwer und blieben körperlich und sittlich unberührt und überlegen. Wenn auch das Christentum an dem chaotischen Religionswirrwarr Roms beteiligt war, ist sein Aufstieg doch eine Folge von Roms Zerfall. Nicht christliche Hoffnung auf das Jenseits oder christliche Ethik der Friedensliebe und Widerstandslosigkeit, sondern die unsoziale, das heißt profeudale Haltung des Staates vor allem in der Besteuerung und der Privilegisierung der Oberschichten, zerstörten das Vertrauen in seine Gerechtigkeit und Funktion. Diesen Mangel an Kredit konnte er nur wettmachen, indem er zum mildtätigen Versorgungsstaat wurde. Die Religion sollte in diesem »Jammertal« Trost spenden und die Menschenwürde erhalten. So kam es, daß das Christentum die Seele, die Germanen vor allem der Leib der auslaufenden und der neuen Gesellschaft und Kultur wurden.

Auflösung des Wirtschafts- und Herrschafts-systems

Dem Wandel der Volkssubstanz und der gestörten sozialen Ordnung traten gefährliche Symptome wirtschaftlicher Auflösung zur Seite. Das auf Rom zentralisierte Wirtschaftssystem brach zusammen, Handel und Verkehr gingen zurück, die Provinzmärkte gingen an provinziale Konkurrenten verloren, die Provinzen erstarkten und wurden immer selbständiger.

Mit der Wirtschaft verlagerte sich auch das militärische und politische Schwergewicht in die Provinzen. Provinzgeneräle rivalisierten um das Kaisertum; Roms Heere wurden zu Provinz- und Barbarenarmeen, die nicht mehr für Heimat und Götter kämpften, sondern um Geld, Sold, Beute. Die Söldner aus Bauernstand und Arbeiterklasse ließen in ihrem sozialen Haß den fremdländischen Eindringlingen nur noch wenig zur Zerstörung übrig. Die Residenzen wurden in die an Bedeutung zunehmenden Grenzgebiete verlegt. Die Vielzahl dieser Hauptstädte und Hand in Hand damit die Aufsplitterung der Gewalten machte eine zentrale Regierung und Verteidigung des Reiches zunichte und leitete seine Auflösung ein. Da Gallien und Britannien sich der Germanen- und Schotteninvasionen selbst erwehren mußten, gewannen Feldherren mit unumschränkter Macht dort die Oberhand, während Spanien und Afrika den Barbaren kaum Widerstand leisteten.

7. Das Erbe der Antike an das archaische Europa im Mittelalter

Modellstaat

Rom hat das Mittelmeer und seine Randzonen erobert, dessen Kultur angenommen, Friede und Ordnung dort garantiert für zweihundert Jahre und die Barbaren für weitere zwei Jahrhunderte von seinen Grenzen ferngehalten; dann gab es seine Kultur an den Westen weiter. Es schuf das Modell eines Staates und Reiches, in dem Exekutive und Legislative bereits geteilt waren, in dem zeitweise sogar eine funktionierende Verbindung von Monarchie, Aristokratie und Demokratie gelang. Rom entwickelte auch einen Idealtypus der bürgerlichen Stadt mit Selbstverwaltung, der aber mit dem Neuansatz der europäischen Stadt im Mittelalter ganz wenig gemein hat. Die Pax Romana, Inbegriff von Wohlstand, Zivilisation und Frieden, ruhte auf dem Grund von Duldsamkeit und Gerechtigkeit; sie war das Herzstück einer hellenistisch-römischen Reichs- und Weltkultur. Rom gab dem Mittelalter seine Sprache, das Latein, das als heilige Kultsprache der Kirche und als Gelehrtensprache zum Gefäß europäischer Geistigkeit und Seele bis in das 13. Jahrhundert wurde. Indem sich Roms Sprache vulgarisierte, wurde sie zum nationalen Idiom Italiens, Rumäniens, Frankreichs, Spaniens, Portugals, Lateinamerikas. Heute spricht die Hälfte der weißen Welt eine lateinische Mundart; Latein blieb die Sprache der Gelehrten bis in das 18. Jahrhundert; Botanik, Zoologie, Medizin gewannen von da ihre internationale Terminologie.

Die Kirche als Erbe Roms

Die siegreiche Kirche übernahm das kirchliche Gefüge des Heidentums, die Tempel und viele Formen, sie schmolz antike Vorstellungen in ihr Denken ein.

Das Papsttum übernahm von dem absterbenden Kaisertum den Apparat und die Kunst des Regierens; die Macht des Wortes ersetzte den Schlag des Schwertes. In geistlicher Form erkannten christliche Provinzen Roms Oberherrschaft an.

Ost- und Westreich

Für den Aufstieg des Mittelalters wurde es entscheidend – auch das gehörte zum Erbe der Antike –, daß das römische Weltreich endgültig seit 395 in eine West- und Osthälfte politisch zerfiel, daß das Ostreich sich aber am Leben hielt, während das Westreich 476 zu Ende ging und damit führerlos wurde, daß auch innerhalb der Reichskirche sich geistig und politisch immer größere Verschiedenheiten auftaten. Konstantin hatte bei seinem Tode 337 das Reich unter seinen Söhnen geteilt und damit die getrennten Wege von Ost und West eingeleitet. Im Inneren der Kirche herrschte wilder Streit, besonders im Osten, in dem sich theologische Gegensätze und Machtfragen vermengten; das war vor allem bei Athanasius, dem führenden Kirchenfürsten von Alexandria, der Fall, der 328–373 die nikänische Rechtgläubigkeit verfocht.

Glaubensbewegung und Orthodoxie

Alexandria war vor Konstantinopels Aufstieg die führende Stadt und die bedeutendste Kirche des Ostens, ja der mächtigste Bischofsitz der ganzen Reichskirche. Darum ging es in den Auseinandersetzungen des 4. und 5. Jahrhunderts. Den Westen beherrschte die Orthodoxie des Nizänums, der Osten fand lange keine Ruhe, Zeichen seines dynamischen Glaubens. Die Rechtgläubigkeit setzte sich im Osten erst dann durch, als die alten Kämpfer gestorben waren und die großen Theologen der Zeit, vorab in Syrien und Kleinasien, ihr beitraten. Die in sich gespaltenen Arianer blieben schwach.

Endgültige Ruhe in der Glaubenswelt schuf erst Kaiser Theodosius, ein Westler, der 380 durch Edikt den Glauben an die Dreifaltigkeit für seine Untertanen verordnete; das Nicaenum wurde der offizielle Glaube auch des Ostens, das Christentum Reichsreligion. Ketzer wurden fortan verdammt, der Arianismus verfiel der Ausrottung, obwohl dies nicht leicht war und wohl zwei Menschenalter dauerte. Nur bei den Germanen hielt sich diese Lehre, mit Ausnahme der Franken, und die Langobarden hielten in Oberitalien bis in das 7. Jahrhundert an ihm fest.

Die besonders unter Julian Apostata (361–363) nochmals aufflackernde nationale, heidnische Reaktion war der Kirche weniger gefährlich als die innerkirchliche Auseinandersetzung mit Sektierern und Ketzern seit der zweiten Hälfte des 4. Jahrhunderts; sie bedrohten immer zugleich die Reichseinheit.

Das Christentum war in der westlichen Reichshälfte lange in der Minderheit – die High-Society im alten Rom hielt besonders standhaft am alten Glauben fest; der Osten war dagegen überwiegend christlich und wurde zum Schauplatz heftiger Massenausschreitungen gegen das Heidentum. Doch langsam wurde auch hier aus der pluralistischen Toleranzgesellschaft des 4. die uniforme, homogene Welt des 5. Jahrhunderts, wandelte sich die heidnische Einheit von Glaube und Kultur in die christliche Einheit gegen Heidentum und Häresie.

Kaiser Justinian konnte dann 529 die gefeierte hohe Schule von Athen, die Heimstatt klassischer griechischer Philosophie und Bildung, die die berühmtesten christlichen Denker des 4. Jahrhunderts gelehrt hatte, schließen, weil in Alexandria und Gaza der neue Typ des christlichen Professors entwickelt worden und ein neuer Bildungsbegriff gewachsen war; zwar bereitete man für die Erziehung des Christen die besten Elemente klassischer Tradition, doch sollten sie nur Christen lehren und in christlichem Rahmen darstellen. Das schuf die christliche Gesellschaft, in der nichts rein weltlich sein kann. Justinians Glaube an das Weiterwirken der klassischen Vergangenheit wurde zum Grundelement der *byzantinischen Kultur* und der Rolle der orthodoxen Kirche im Reiche von Byzanz. Kontinuität der Vergangenheit in die Gegenwart – Einheit von Glaube und Kultur.

Der Kaiser hatte den Titel eines Oberpriesters des staatlichen Kultes abgelegt (Pontifex maximus), der nun auf die Bischöfe überging. Vom Heidentum erhielten sich die in christlichen Kirchen umgewandelten Tempel, wie jenes Minervaheiligtum auf der Insel Ortygia in Syrakus, der heutige Dom mit seinem eingemauerten antiken Säulenumgang. Der Staat schützte die künstlerisch wertvollen alten Tempel vor dem Bildersturm, nahm ihnen aber die religiöse Würde des lebendigen Kultes. In abgelegenen Landstrichen des Westens wie in Syrien und Kleinasien hielten die Bauern noch so zäh am alten Glauben fest, daß das spätantike Wort für Landbewohner gleichbedeutend mit heidnisch wurde. In den Unterschichten lebten noch viele alte Glaubensinhalte und Kultformen unterschwellig weiter.

Der große Konvertit des Westens, Augustinus, aber gemahnte den Staat immerfort an seine Pflicht, im Notfall die Menschen mit Gewalt zur Kirche zu führen. Als sich das Papsttum des 16. Jahrhunderts gegen die Reformation darauf berief, führte das nicht mehr zur Einheit, sondern zum Verlust derselben.

Das Römische Reich um 200 n. Chr.

II

DIE INVASION DER BARBAREN IN DAS REICH UND DIE KULTURWELT DER RÖMER IM 4. UND 5. JAHRHUNDERT

1. Grenzverteidigung und die friedliche Unterwanderung des Reiches

Die Ursprünge der europäischen Völkerwelt

Rom konnte nur mit Mühe die fünfzehntausend Kilometer seiner Reichsgrenzen verteidigen, hinter denen Völker standen, die auf seinen Zusammenbruch warteten. Mit den Persern sind die Römer nie recht fertig geworden; neben ihnen drängten die Araber, die einmal das halbe Römerreich und ganz Persien erobern sollten. Äthiopier, Libyer, Berber, Numider und Mauren standen auf afrikanischem Boden zum Sprung ins Reich bereit. Spanien, das Rom fest in seiner Hand glaubte, wurde schon im 4. Jahrhundert germanisch und im 8. mohammedanisch. Gallien, die reiche, wohlgeordnete, nationalbewußte römische Provinz mit einer hohen Blüte lateinischer Literatur stand in hartem Abwehrkampf mit Germanen. Schwache Streitkräfte schützten die Insel Britannien gegen Skoten und Pikten, gegen norwegische und sächsische Seeräuber. Die Goten zogen von Südschweden und vorgelagerten Inseln nach dem Weichselgebiet, als Ostgoten wanderten sie in das Land zwischen Don und Dnjestr (Südrußland), als Westgoten siedelten sie an der Donau. Im Raum zwischen Weichsel, Donau und Rhein saßen und regten sich west- und ostgermanische Stämme, die bald die Nordwestgrenzen des Römerreiches überspülten; aus ihnen wurde mit den Romanen und Slawen die neue Völkerwelt Europas: Thüringer, Burgunder, Angeln, Sachsen, Jüten, Friesen, Gepiden, Quaden, Wandalen, Alemannen, Sueben, Langobarden und nicht zuletzt die Franken.
Wichtiger als die Invasionen und Einbrüche aber wurde die friedliche Unterwanderung des Römerreiches, dessen höherer Lebensstandard die Menschen der geburtsstarken Völker vor den Grenzen anzog; den Germanen war römische Kultur nicht mehr fremd, als sie dessen politisches Erbe antraten, sie lernten früh die Formen einer Herrschaft und Verwaltung nach Gesetzen. Die Stämme wurden von einer adeligen Oberschicht geführt und repräsentiert, die aus ihren Reihen in Notzeiten Heer- oder Sakralkönige kürte. Höhere Kultur reicherte sich an deren Herrschaftszentren an.

Die Stämme

Der einzelne Stamm umfaßte viele unfreie Mitglieder. Seine Menschen lebten in einer archaischen Religiosität, sie glaubten an die göttliche Abstammung und das göttliche Heil ihrer Könige und der adeligen Führungsschicht. Dieser »Adel« hatte Sinn und Verständnis für Kunst und Literatur; ja Germanen wie Stilicho und Rikimer, die im römischen Reichsheeresdienst hochkamen, hatten schon ein inneres Verhältnis zur römischen Reichskultur und schrieben ein Latein, das selbst die römische Elite entzückte. Es ist eine bedeutende Feststellung, daß die Goten bereits so zivilisiert und aufnahmefähig waren, daß sie nicht nur die Überlegenheit der römischen Kultur ohne Hemmung anerkannten, sondern sie auch nachzuahmen suchten.

Romanisierung – Barbarisierung

Die Übernahme römischer Kultur setzte bei den Germanen eine durch lange Begegnung und Erfahrung gewachsene Disposition dafür voraus, jedoch auch ein Niveau der römischen Zivilisation, das man bequem aufnehmen konnte. Das ist und war der Weg einer wesensverwandelnden, schöpferischen Kulturübernahme und Einschmelzung ohne Gewalt; indem die Führungsschichten Gehalte und Formen der Fremdkultur übernahmen, wurden sie auch beispiel- und tonangebend für die Unterschichten. Die römischen Kaiser hatten entlang der Grenze südlich der Donau und nördlich der Alpen Germanen angesiedelt oder aufgenommen. Am Ende des 4. Jahrhunderts waren Balkan und Ostgallien bereits überwiegend germanisch, desgleichen die römische Armee. In vielen hohen zivilen und militärischen Kommandostellen saßen bereits Germanen. So versteht man, daß sich nicht nur die Germanen romanisierten, sondern die Römer selbst barbarisierten.

2. Hunnen und Westgoten. Die Endvölkerwanderung (375–568)

Hunnen

Die germanischen Völker waren schon jahrhundertelang vor der sogenannten Endvölkerwanderung (375–568) in Bewegung geraten. Das dauerte von 500 vor bis zirka 550 nach Christus. Die Endwanderung hat das westliche Römerreich, aber nicht seine Kultur ausgelöscht. Den Anstoß dazu gab die Hunnenwelle (Hsiung-nu oder Hiung-nu), Teilgruppen der Turanier aus den mongolischen Ebenen. Diese nomadisierenden Viehzüchter und Reiter siedelten im 3. Jahrhundert nördlich des Baikal- und Aralsees, brachen um 355 in Rußland ein, unterdrückten dort die Alanen und griffen in der Ukraine die Ostgoten an. Nach dem Tode ihres Königs ergab sich der eine Teil des Großstammes, der andere wich nach Westen in das Siedelland der Westgoten nördlich der Donau aus. Am Dnjestr überrannten die Hunnen ein Heer der Westgoten; deren Reste ließen sich südlich der Donau auf römischem Boden in Moesien und Thrakien nieder. Die Römer behandelten diese Menschen schamlos; um nicht zu verhungern, mußten sie ihre Kinder in die Sklaverei verkaufen.

Westgoten

Der westgotische Heerkönig Frithigern trieb die verzweifelten Westgoten zum Krieg an, nachdem er selbst einem Mordanschlag fast zum Opfer gefallen wäre. Thrakien erlag ihren Plünderungen und ihrem Gemetzel. Auf der Ebene von Adrianopel besiegten die Westgoten 378 ein römisches Söldnerheer unter Kaiser Valens, die schwerste römische Niederlage seit Cannae (216 v. Chr.), ein Sieg der Kavallerie über die Infanterie. Die Römer mußten die Legionstaktik aufgeben und zur beweglichen Kriegführung übergehen. Die Goten, die gegen Konstantinopel zogen, konnten jedoch die Verteidigungssperren vor der Hauptstadt nicht durchbrechen. So wandten sie sich, Hunnen und Ostgoten im Rücken, ungehindert nach dem Balkan und drangen bis an die Grenzen Italiens vor.
In Italien hatte der 375 frühverstorbene Kaiser Valentinian I. die Grenzen ver-

stärkt, ebenso in Gallien, und die Germanen über den Rhein zurückgetrieben. Nach einem kurzen Zwischenregiment korrupter Generäle und Beamter setzte der kraftvolle neue Kaiser des Ostens, Theodosius, Valentinian II. auf den Thron des Augustus zu Mailand. Dieser bewährte spanische Feldherr genoß hohes Ansehen in der halben Welt; er vermochte sogar die Westgoten in sein Heer einzugliedern. Valentinian II. aber stand unter der Kontrolle seiner Ratgeber und hoher Beamter, vor allem des fränkischen Heermeisters Arbogast, der in Gallien sich als Kaiser aufspielte und Valentinian 392 in Vienne ermordete. Arbogast hatte Eugenius als Schattenkaiser eingesetzt. Mit einem Heer, das sich aus Goten, Alanen, Kaukasiern, Iberern und Hunnen zusammensetzte, in dem der Gote Gajas, der später Konstantinopel eroberte, der Wandale Stilicho, der Rom verteidigte, und der Westgote Alarich, der es 410 plünderte, Unterfeldherren waren, obsiegte Theodosius am Frigidus bei Aquileja. Kurz vor seinem Tode in Mailand übertrug er die westliche Reichshälfte seinem Sohne Honorius, die östliche dem Arkadius. Seitdem waren Ost- und Westreich politisch getrennt. Die politische Distanz wurde kulturell noch vertieft.

Ost- und Westreich

Westgoten im Anmarsch auf Rom

Solange das Weltreich, das im Osten und Westen zum Spielball ehrgeiziger Minister wurde, die Goten beschäftigte und bezahlte, gaben sie Ruhe. Als sie aber im Westgoten Alarich, der als Diplomat und Feldherr den Römern weit überlegen war, den geeigneten Führer für ihre arbeitslosen Heermannen fanden, da wurden sie zur tödlichen Gefahr. Er führte die Goten Thrakiens auf die Peloponnes, wo er den Demetertempel in Eleusis zerstörte; Athen kaufte sich 396 durch ein hohes Lösegeld frei. Kaiser Arkadius gab ihnen Siedelland in Epirus, dessen Waffenschmieden den Germanen die Rüstung lieferten. Alarich brach 401 in Italien ein; die Menschen flüchteten sich mit ihrer Habe und ihrem Vieh hinter die schützenden Mauern von Mailand, Ravenna, Rom und anderer Städte; die Reichen wichen nach den Inseln Korsika, Sardinien, Sizilien aus.

Mit einem schnell zusammengekratzten Heer konnte Stilicho bei Pollentia die Goten nicht aufhalten, die er beim Beten überraschte. Nochmals erkaufte sich Kaiser Honorius mit viel Geld den Abzug der Goten aus Italien; diese setzten gerade zum Marsch auf das unverteidigte Rom an. Honorius hatte aus Mailand Zuflucht in Ravenna gesucht, dem von Sümpfen, Lagunen und Seebänken geschützten Adriahafen, der nun zur letzten großen Hauptstadt des Westens aufstieg.

Kaum hatte sich Alarich zurückgezogen, drang der Barbar Radagais mit zwanzigtausend Alanen, Quaden, Ostgoten und Wandalen über die Alpen und wurde bei Florentia von Stilicho zum Stehen gebracht. Am Hofe des Honorius aber gingen Korruption, Luxus, Intrige desungeachtet weiter; eine Kamarilla von Patriziern, Prinzessinnen, Bischöfen, Eunuchen und Generälen gab dort den Ton an.

Die Germanenheere waren bunt zusammengewürfelt aus lockeren Stammesverbänden und Gefolgschaftshaufen verschiedenster Herkunft; vielfach bildeten sich die neuen Großstämme, deren Namen wir kennen, erst auf Wander- und Kriegsfahrten; Gefolgschaftswesen und Gefolgschaftsnormen waren Mittel und Weg zu Reichs- und Großstammbildungen, die das Wanderzeitalter hervorbrachte.

Auf der nächsten Seite:
Oben: Alberobello bei Bari,
Kegelhäuser im östlich-byzantinischen Baustil, genannt „Trulli".
Feldsteine ohne Mörtel; manche Häuser gehen ins 9. Jahrhundert zurück.
Unten: Palast des Ostgotenkönigs Theoderichs des Großen (500), Ravenna

Kaiserkrone des Heiligen Römischen Reiches Deutscher Nation,
(um 1000) Wien, Kunsthistorisches Museum,
Schatzkammer

3. Alarichs Marsch auf Rom

Nachdem der Heermeister Stilicho, der dreiundzwanzig Jahre lang Roms Heer siegreich geführt und den Westen gerettet hatte, zusammen mit Tausenden seiner Anhänger, darunter unentbehrlichen Führern von Barbarenlegionen, einem Intrigenspiel des ravennatischen Kanzlers Olympius zum Opfer gefallen war, kam die große Stunde Alarichs für den Aufbruch nach dem Westen und den Marsch auf Rom.

Stilicho

Der germanische Sturmwind fegte über das geplünderte Aquileja und Cremona hinweg auf der Via Flaminia bis vor die Tore der »Ewigen Stadt«. Der Ingrimm über den Mord an ihren Führern beflügelte die Kampfeswut von zusätzlichen dreißigtausend Söldnern, die die Schlagkraft Alarichs verstärkten. Er machte die »Urbs« in mehreren Belagerungskampagnen, die jeweils mit Unsummen von Geld und Waren abgelöst wurden, sturmreif; zum ersten Male nach 800 Jahren fiel die mit mächtigen Festungsmauern bewehrte Stadt einem fremden Eroberer 410 zum Opfer.

Die Einnahme Roms

Die Peters- und Paulskirche blieben unberührt bei der dreitägigen Plünderung durch das vierzigtausend Mann starke Heer, in dem auch Hunnen und Sklaven vertreten waren. Unter den Gefangenen befand sich auch Galla Placidia, die Halbschwester des Kaisers Honorius, die später den Westgotenkönig Athaulf heiratete und beherrschte; ihr Grabmal zu Ravenna bei San Vitale zählt zu den großen Kostbarkeiten der Kunst dieser Zeit.

In diesem Sturm wurden in Rom viele Kunstdenkmäler wegen ihres Edelmetallgehaltes eingeschmolzen, und große Meisterwerke der Bildhauerei und Baukunst wurden von haßerfüllten Sklaven zerstört. Nachdem Alarich seine Truppen wieder unter Kontrolle bekommen hatte, brach er nach der Kornkammer Sizilien auf und starb an Malaria im kalabrischen Cosenza. Sklaven, die man nach der Bestattung der Geheimhaltung wegen tötete, begruben seinen Leichnam im Flußbett des Busento.

Alarichs Tod

Über Gesellschaft und Kultur im damaligen Rom, die schon lange stagnierten, berichtet uns der letzte klassische Geschichtsschreiber der Antike, der syrische Grieche Ammianus Marcellinus, der 365 in der Stadt eintraf, mit unbedingter Tatsachentreue. Er verachtet den luxuriösen Lebenswandel der Stadt, in der Musik die große Mode war. Das Leben der Stadt kam ihm unwirklich vor, hinter der Tünche beobachtete er Verderbnis bis ins Mark.

Den Schwanengesang auf Rom zu singen war der Dichter Claudianus berufen (seit 394), ein Grieche von Geburt, der ein flüssiges Latein schrieb, Hofdichter des Kaisers Honorius, Angestellter des Wandalen Stilicho, Ehemann einer reichen und vornehmen Hofdame. In einem Preisgedicht auf Stilicho rühmt er die Stadt als »Mutter des Krieges und des Rechtes, als Quelle der Herrschergewalt und Wiege der ersten Gesetze für die Erdenbewohner«.

Wie in Alexandria und Athen lebten auch in Rom zu Ende des 4. Jahrhunderts noch starke heidnische Minderheiten und standen noch 700 heidnische Tempel. Symmachus, einer der Führer dieser religiösen Minderheit, zeigt in seinen Briefen eine fast rokokohafte, charmante Aristokratie in Rom, die sich am Vorabend des Untergangs für unsterblich hielt. Für diese reichen Villen- und Großgrundbesitzer, deren Güter über ganz Italien verstreut waren, bildeten römische Kultur und altrömischer Glaube eine Einheit. In der Plünderung Roms durch Alarich sahen diese Kreise eine Rache der mißachteten Götter, die zur Strafe die stolze Hauptstadt demütigten. Die Weltstadt konnte tatsächlich nicht länger mehr die Hauptstadt sein, sie schien reif für ihr Schicksal.

Das Reich von Toulouse

Alarichs Bruder und Nachfolger Athaulf, der Galla Placidia zur Frau nahm, führte die Westgoten nach Südgallien in den Raum von Narbonne, Toulouse und Bordeaux und errichtete 414 das Westgotenreich von Toulouse, das er nur ein Jahr beherrschte. Placidia regierte als Verweserin für ihren Sohn Valentinian III. daraufhin das Reich. Diese Tochter des Kaisers Theodosius war die glühendste Feindin des wandalischen Heermeisters Stilicho.

Galla Placidia

4. Stilicho und die germanische Einordnung in die römische Welt

Stilichos Fall († 408) ist typisch für die Germanen, die die Assimilation an die römische Welt und ihre Kultur vom Barbarentum getrennt hat, ohne daß sie gleichzeitig für die Romania annehmbare Partner oder Römer wurden. Stilichos Ehrfurcht vor der kaiserlichen Autorität war so groß, daß er sich widerstandslos hinrichten ließ. Seine Assimilationspolitik hatte versagt; nach ihm schwur kein Barbar mehr seinen Ursprüngen und seiner Abstammung ab zugunsten der undankbaren römischen Gesellschaft. Er ist aber auch ein Zeugnis dafür, daß die Germanen führende Köpfe hervorbrachten, als die Römer nur noch Bürokraten, Professoren, Kurtisanen zeugten. Diese barbarischen Naturen waren brutal und grausam, aber auch intelligente und geniale Persönlichkeiten. Neben der Kirche haben diese germanischen und barbarischen Gestalten es zuwege gebracht, daß römische und germanische Welt sich am Ende gegenseitig durchdrangen und daß daraus Grundlagen des neuen Europa wurden. Europäische Kultur aber konnte erst erblühen, wenn jedes Volk sich seiner Persönlichkeit, seines Genius und seiner Eigenart bewußt wurde. Doch dieses Bewußtsein erstarkte erst in der größeren Einheit der Nation, so gefährlich dies auch sein konnte.

Barbarische Assimilationsversuche

Den Germanen fehlte ein eigenes Reichsgefühl, mit dem sie allein den Gentilismus (Stammesdenken) überwinden konnten. Das römische Christentum war für sie eine Hilfe, die Verschmelzung barbarischer und römischer Welt zu bewerkstelligen; ohne diesen Vorgang wäre Europa nicht geworden. Den Gang der Ereignisse, Völkerwanderung, Hunnendruck auf die Romania und auf das Barbarenland führten die Germanen zwangsläufig in das Reich und zur Nachfolge innerhalb des Reiches.

5. Der Einbruch der Germanen in Südfrankreich und Spanien

Beim gewaltsamen Tode Athaulfs 415 hatten die Westgoten schon die Pyrenäen überschritten und standen im spanischen Barcelona. Sie wollten nach Afrika übersetzen und überquerten unter Wallia ganz Spanien; auf der Höhe von Cadiz zerschellte ihre Invasionsflotte. Deshalb begab sich der Westgotenkönig in die Dienste des Kaisers Honorius und verpflichtete sich vertraglich gegen 600 000

Das westgotische Spanien

Scheffel Getreide die Iberische Halbinsel von Wanderhorden, die seit 409 hier sengten und brannten, zu säubern. Er rottete die wandalischen Silingen aus und dezimierte die Alanen so stark, daß sie aufhörten, ein Volk zu sein; es blieben nur noch die wandalischen Asdingen und die Sueben in Spanien übrig, die in Galizien konzentriert waren. Der Name der heutigen spanischen Provinz (W)andalusien erinnert noch an die Wandalen.

Honorius übertrug sodann 418 dem erfolgreichen Wallia die Verteidigung der gallischen Atlantikküste gegen sächsische Seeräuber und zog ihn dadurch vom Mittelmeer ab. Wallias Nachfolger Theoderich I. emanzipierte sich wieder vom Römerreich und belagerte 425 Arles. Aber dem Kaiser erstand ein neuer großer Verteidiger des Reiches in dem in Mösien (Dobrudscha) gebürtigen Provinzialrömer Aëtius, der eine Frau gotischen Geblüts geheiratet, bei Alarich gelernt und bei den Hunnen als Geisel gelebt hatte; dieser zwang Theoderich, das Bündnisverhältnis mit dem Kaiser wieder zu erneuern.

Aëtius

Die wandalische Wanderung

Während die Westgoten durch Südeuropa vom Balkan bis Spanien zogen, ging der Wanderweg der Wandalen vom mittleren und östlichen Preußen (Anfang des 4. Jahrhunderts) nach Ungarn, wo sie von den Westgoten zwar vernichtend geschlagen wurden, aber von Konstantin Siedelland erhielten. Mit Alanen und Sueben zogen sie 406 über den Rhein (Mainz) nach Gallien und Belgien, wobei sie die alte Kaiserstadt Trier plünderten und den Städten Reims, Amiens, Arras und Tournay dasselbe Los zufügten, und erreichten die Kanalküste. Dann setzten sie über die Seine und Loire und drangen in Aquitanien ein, wo ihnen das von seinem Bischof heldenhaft verteidigte Toulouse widerstand.

Am Fuße der Pyrenäen zogen sie nach Osten, plünderten Narbonne und fielen 409 mit etwa hunderttausend Mann in Roms blühendste Provinz Spanien ein; dessen Städte Merida, Cartagena, Cordoba, Sevilla, Tarragona zählten zu den wohlhabendsten und kultiviertesten des Imperiums, obwohl auch hierzulande drückende Steuerlast, Latifundienwirtschaft und eine Überzahl an Sklaven, Leibeigenen und verarmten Freien eine Klassenkampfsituation heraufbeschworen hatten.

Die Wandalen, Sueben und Alanen drangen bis zur afrikanischen Küste vor, und die Wandalen setzten 429 nach Afrika über, um dem römischen Statthalter Bonifatius Hilfe gegen den Reichsfeldherrn Aëtius zu leisten.

Ihr König Geiserich, der lahme, stolze und asketische Bastard eines Sklaven, nahm die Mauren in den wandalisch-alanischen Verband auf. Bonifatius wurde vernichtend geschlagen und zog sich nach Hippo zurück, wo der greise Bischof Augustinus 430/431 einen heldenhaften Widerstand organisierte. Kaiser Valentinian in Rom sah sich aber letzten Endes doch gezwungen, die afrikanischen Eroberungen der Wandalen anzuerkennen.

Geiserich nahm 439 das reiche Karthago; Adel und katholische Geistlichkeit machte er durch Enteignung, Verbannung, Versklavung gefügig. Mit seiner großen Flotte beherrschte er das ganze westliche Mittelmeer bis nach Griechenland, das den Namen Wendelsee (= Wandalenmeer) erhielt. Afrika war die Kornkammer Roms und Ravennas; deshalb mußte der Kaiser Frieden schließen. Rom aber, das vor seiner Zerstörung stand, erwachte nicht aus seinem Taumel.

6. Attilas Hunnenreich und der Aufstieg der Kirche zur politischen Macht

Zur selben Stunde, da Geiserich auf dem Höhepunkt seiner Macht nach der Ewigen Stadt griff, pochten auch die Hunnen an Italiens Tore. Der Mösier Aëtius (s. u.), der als Geisel und seit 432 als Emigrant bei ihnen gelebt hatte, konnte sich auf ihren Beistand stützen und die Macht in Westrom an sich reißen. Zum Dank wies er ihnen als Gästen des Imperiums Westungarn (Pannonien) als Siedelland an. Solange der östliche Balkan und Kleinasien den plündernden Horden dieses Reitervolkes noch etwas zu bieten vermochten und der Kaiserhof zu Byzanz in der Form der Subsidien schmachvolle Tribute zahlen konnte, war das Verhältnis zu Attila gut.

Balkan

Doch als aus Byzanz nichts mehr herauszupressen war, wandte sich der schlaue und leidenschaftliche Hunnenheerkönig Attila nach dem Westen und stieß quer über die Mittelzone Europas bis an die Küsten des Atlantiks vor. Sein Hof wurde zum Asyl aller Feinde des Westreiches, das ist Ravenna, und auch die Germanen suchten seinen Schutz. Aëtius trat Attilas Ansprüchen auf die Hälfte des Westreiches kraftvoll entgegen. Und als darauf 451 der Hunnensturm mit einem großenteils germanischen Heer (Gepiden, Ostgoten, Rugier, Skiren, Heruler, Sueben, Thüringer, Burgunder, Franken) über Gallien hereinbrach, da trat ihm der weströmische Generalissimus ebenfalls mit einem germanischen Heer von Burgundern (Sapaudia), Franken (Anführer vielleicht Merowech), Alanen, Sachsen, Sarmaten, Armorikaner entgegen, die er zum größten Teil aus in Gallien bereits ansässigen Stammesangehörigen ausgehoben hatte. Vermutlich bei Troyes (gewöhnlich spricht man von den Katalaunischen Feldern, die aber bei Chalons liegen) besiegte er (451) den Hunnenkönig, wobei die Westgoten sich hervorgetan haben sollen, und ließ ihm den Rückzug offen. Aëtius, Prototyp eines sich germanisierenden Reiches, trieb die Politik eines Barbarenführers im gleichen Geiste; er endete auch wie ein Barbarenführer durch Mord, den ein Römer verübte. Der Sieg von Troyes aber verlieh ihm bis heute den Nimbus des Verteidigers Galliens und eines Retters Europas. Wäre Gallien verloren gewesen, wäre jedenfalls jetzt schon das Imperium zusammengebrochen.

Schlacht von Troyes

Attila fiel nach seiner Niederlage in Italien ein und zerstörte dabei die Grenzmetropole Aquileja so gründlich, daß sie sich nicht mehr erholte. Verona und Vicenza kamen besser weg, und Pavia sowie Mailand kauften sich mit ihrem ganzen beweglichen Vermögen los; der Weg nach Rom lag dem Eroberer offen. Aëtius vermochte keinen Widerstand aufzubauen. Da Attila am Po zu lange verhielt, konnte der unfähige Kaiser Valentinian aus Rom eine Gesandtschaft des Papstes Leo I. und zweier Senatoren an ihn abordnen, die den Hunnenkönig zum Rückzug bewogen.

Es ist ein Symptom dieser Zeit, daß in höchster Not und Unsicherheit die Bischöfe immer stärker in den Städten die Verantwortung für die Verteidigung, Ernährung und Ordnung übernahmen. Diese Übernahme politisch-verantwortlicher Führung hat die Verselbständigung der Kirche des Westens in den Zeiten des Niedergangs gefördert. Durch ihre selbständige Initiative wuchs sie aus einer dienenden Rolle dem Reiche gegenüber in eine herrschende, mindestens in eine Teilhabe an der Herrschaft hinein. Deshalb fand sich der römische Bischof nach dem Untergang

Kirche und Reichsverteidigung

des Westreiches zum Teil in die Stellvertretungsrolle des Westkaisers hinein, auch wenn Byzanz in Ravenna noch einen Brückenkopf hielt und im griechischen Unteritalien seine Herrschaft aufrechterhielt. Deshalb entwickelte sich auch auf Grund solcher Vorbedingungen seit Leo I. (450) eine politische Theorie des Papsttums, die Gelasius in seiner Zweischwerterlehre niedergelegt und konzipiert hat.
Attila führte seine Streitmacht in die ungarische Tiefebene zurück und starb plötzlich (453), bevor er ein zweites Mal auf der Apenninenhalbinsel einfallen konnte. Seine unfähigen Söhne teilten das mächtige Reich, das in wenigen Jahren auseinanderbrach und sich auflöste, bevor allen Griechen und Römern, Germanen und Galliern recht zu Bewußtsein gekommen war, welche Gefahr ihnen gedroht hatte.

7. Das Ende des Westreiches und der Dynastie des Theodosius

Aëtius und die Endphase des Westreiches

Selbst ein so fähiger Mann wie Aëtius konnte das blutleer gewordene Reich nicht mehr am Leben erhalten; es schrumpfte auf Italien ein, da Aëtius den Wandalen Mauretanien und Numidien abtreten, die Sueben in Andalusien einmarschieren, die Unabhängigkeit der Westgotenherrschaft in Aquitanien anerkennen, die Alanen in Valence und Orleans, die Burgunder in der Sapaudia (Savoyen), die salischen Franken in Tournay und die Sachsen in Britannien sich festsetzen lassen mußte.
Aëtius war gezwungen, das Westreich zu liquidieren. Er fiel in Ungnade, weil ihm die militärische Macht und das Geld fehlte, um Attila von der Apenninenhalbinsel fernzuhalten. Aëtius verlor alles Prestige, und das Westreich befand sich nach Attilas Tod in einem Zustand der Erschöpfung. Der unfähige Kaiser Valentinian III. tötete ihn in seinem Palast 454 mit eigener Hand. Mit Valentinian endete die Dynastie des Theodosius, in Wirklichkeit aber erlosch damit auch das Reich.

Riccimer

Fortan waren Barbarenführer die einzigen Herren, die nicht einmal mehr den Kaiserthron zu besetzen brauchten, da Kaiser sowieso nur noch Werkzeug oder Strohpuppen waren. Ein solcher Herr war der Suebenprinz Riccimer, Enkel des Westgotenkönigs Wallia, Onkel des Burgunderkönigs Gundobad; nach Erfolgen im Kampf gegen die Wandalen auf Korsika und Sizilien wurde ihm das Kommando der mehr germanischen als römischen Armee in Italien übertragen. Dort genoß er in den sechzehn Jahren seines Wirkens mehr Autorität als Stilicho und Aëtius. Er ging den Hofintrigen aus dem Wege und starb 472 eines natürlichen Todes. Während seiner Diktatur (457–472) setzte er nach Willkür Kaiser ein und ab.

In seiner Hand wurde die Herrschaft germanisch, er regierte mit seiner Gefolgschaft im Westen wie ein Barbarenkönig. Politisches Gewicht hatte ihm gegenüber nur der grundbesitzende Feudaladel, der eine absolute Macht über seine schollegebundenen und zur Leibeigenschaft absinkenden Pachtbauern ausübte und sich selbst mit einer Leibgarde von Getreuen umgab. Doch war diese »Kaste« nicht mehr stark genug, ihr Recht der Kaiserwahl auszuüben. Riccimer, der Suebe, war der letzte Träger der Herrschaft in Italien und Rom; vier Jahre nach seinem Tode war alles zu Ende.

8. Odoaker, König der »Barbarenvölker«, in Rom und Ravenna

Odoaker und Severin

Der Skire Odoaker wurde zum eigentlichen Vollstrecker des geschichtlichen Schicksals an Rom. Dieser Sohn des Königs Edelka trat nach Attilas Tod in die Westarmee ein. Ein Wikingerleben führte ihn mit Herulern auf Piratenfahrt in das Mittelmeer, mit sächsischen Seeräubern in den Atlantik von Gibraltar bis Nordengland, loireaufwärts bis Angers in Gallien, das er plünderte. Der Beutezüge müde, ging er auf dem Balkan wieder an Land. Zwischen Plattensee, Salzach und Inn (Provinzen Pannonien und Ufernoricum) wirkte damals der Eremit Severin, den Odoaker um Rat fragte, bevor er 470/471 seine Dienste in Italien anbieten wollte. Severin starb 482; er war der Prototyp eines »defensor civitatis«, eines Verteidigers von Stadt und Staat, in dem sich die nahe Verschmelzung von Römern und Germanen, von kirchlicher und weltlicher Herrschaft ankündigte.

Odoaker gab 488 den Befehl, die römische Bevölkerung aus den gefährdeten Donauprovinzen nach Italien zurückzuführen. Als »Flüchtlingskommissar« hatte der Heilige dort den letzten Widerstand organisiert. Severins Schüler nahmen beim Rückzug die Leiche ihres Meisters mit und übergaben sie in Lucullanum bei Neapel der geweihten Erde eines Klosters. Dessen Abt Eugippius hat in einer Biographie Severins das eindrucksvollste Zeugnis des Zusammenbruchs der Römerherrschaft in den Donauländern und zugleich des Wirkens großer geistlicher Führer niedergeschrieben, die aus Pflichtbewußtsein und unter dem Gebot der Stunde höchste Verantwortung für ihre leidenden Mitmenschen übernahmen.

Donaulinie

Die Donaulinie war härtestem Druck der Germanen und der Asiaten ausgesetzt, mehr als der Rhein. Aufgegeben von der Reichsverwaltung und ohne den Schutz eines Reichsheeres waren Dörfer und Städte Pannoniens und Ufernoricums (Westungarn, Nieder- und Oberösterreich und Ostbayern bis zum Inn) sich selbst überlassen.

Die obere Donau konnte sich länger als die untere Donau halten, da dort als eine Macht der Bewahrung die kirchliche Organisation bestehen blieb. Auf den Trümmern des Westreiches übten nur noch Barbaren und initiativfreudige Kirchenmänner wirkliche Macht aus.

Odoakers Aufstieg zum Herrn in Italien

Odoaker ließ sich für die Armee in Ligurien anwerben, wo Orestes, ein halbbarbarischer Provinziale aus Pettau an der Drau Provinzstatthalter war; Orestes hängte seine Loyalität immer nach dem Wind; am Hunnenhofe Attilas war er Barbar, im römischen Pannonien gab er sich als Römer, ein Bürokrat reinsten Wassers, der überall und so lange diente, als es Vorteil brachte und gefahrlos war. In seiner Leibgarde verhielt sich Odoaker als Lanzenträger so lange loyal, bis dieser seinen graziösen Sohn Romulus Augustulus zum Kaiser ausrufen ließ.

Die ligurischen Truppen, die sich aus Herulern, Franken, Burgundern, Alanen und Skiren zusammensetzten, traten in den Aufstand, da man ihnen kein Siedelland versprach, riefen 476 Odoaker zum König aus und töteten den widerstrebenden Orestes. Der Skire wies dem schönen Romulus Lucullanum als Zwangsaufenthalt an, wo er sich den Tafelfreuden ergeben durfte. Nach der kurzen, blutigen Revolte war Odoaker Herr in Ravenna, Rom und in Italien.

Außerhalb der Apenninenhalbinsel gab es kein römisches Reich mehr, und deshalb war es auch für Odoaker sinnlos geworden, sich zum Imperator Augustus =

Kaiser ausrufen zu lassen; er hatte auch kein Reichsvolk, da ihn Söldner, kein Reichsheer auf den Schild erhoben hatten. Als Königssohn wollte er König sein und nannte sich »rex gentium« (= König der [Barbaren-]völker). Als Militärdiktator suchte er Ruhe und Ordnung herzustellen und ließ in legaler Form seinen Soldaten Land anweisen. Seine Absicht war es, vom rechtsmäßigen Kaiser in Ostrom in seinem Königsamt legal investiert, eingeführt und bestätigt zu werden. An Kaiser Zeno übersandte er die kaiserlichen Insignien und anerkannte ihn damit als Oberherrscher, den er bitten ließ, ihm den höchsten Amtstitel des Patricius zu übertragen. Da der Kaiser zögerte, legte sich Odoaker den Titel selbst bei und übernahm die Regierung Italiens im Namen des Kaisers Zeno.

Damit war das Westreich endgültig erloschen. Odoaker wollte ganz Römer sein und als solcher anerkannt werden. Er richtete in der Kaiserpfalz zu Ravenna eine kaiserliche Regierung mit allen Ämtern ein, umgab sich mit einem Rat, pflegte die Zusammenarbeit mit der römischen Aristokratie und stärkte damit seine Autorität; auch vermied er jeden Zusammenstoß mit der Kirche, obwohl er selbst Arianer war. Sein Ziel war die Wiederherstellung der Macht in Italien; deshalb kaufte er von Geiserich die Kornkammer Sizilien zurück. Als die Gallia Narbonensis sich gegen ihn erhob und Kaiser Zeno sie dem Westgotenreich von Toulouse übergab, besetzte Odoaker zur Vergeltung Dalmatien, das bis dahin eine stete Bedrohung Italiens gewesen war. Als er aber bis Noricum vorstieß, witterte Ostrom Gefahr.

Der oströmische Anspruch auf das erloschene Westreich

Deshalb mobilisierte es gegen den ketzerischen Barbarenherrscher den Ostgoten Theoderich, der auf diese Stunde gewartet hatte. Der Heerkönig eines mächtigen Volkes, der auf das mythische Königsheil einer Amaler-Sippe pochte, verachtete den kleinen Skiren, der ihn am Isonzo besiegte, sich nach Ravenna zurückzog, erneut zum Schlage vor Pavia ausholte und sich wieder in der Kaiserstadt einschloß. Dort wurde Odoaker 493 bei einer Konferenz erwürgt und seine Familie ausgerottet.

Auf dem Wege der Gewalt wurden die Germanen Erben der Römer. Odoaker setzte an, Theoderich machte einen ersten Versuch, aber erst Karl dem Großen gelang ein neuer Wurf. Um 480 war nicht nur das Imperium, sondern auch die imperiale Würde im Westen erloschen.

9. Italiens Lage am Ende des 5. Jahrhunderts und die primitive Welt

Italien war am Ende des 5. Jahrhunderts durch Invasionen, Hungersnöte und Pestepidemien erschöpft; das Land blieb unbestellt, die Bauernhöfe verödeten, viele Städte (Modena, Bologna, Piacenza) waren menschenleer; Norditalien hatte besonders stark gelitten. Aber auch Roms Bevölkerung war in hundert Jahren von eineinhalb Millionen auf dreihunderttausend Einwohner zurückgegangen. Die Einwohner der Campagna um Rom hatten sich hinter sichere Stadtmauern geflüchtet, jedoch auch der Umfang der Städte schrumpfte ein, um sie besser befestigen und verteidigen zu können. Theater, Basiliken, Tempel wurden zu Steinbrüchen. Selbst nach der Plünderung von 455 durch Geiserich war Rom noch wohlhabend; ja Rom und andere Städte Italiens konnten sich unter Theoderich und den Langobarden sogar wieder erholen.

Einschrumpfen der Stadtkultur

Um 470 herrschte trotzdem allgemeine Armut in Stadt und Land, bei Senatoren und Proletariern. Zynismus, Kinderlosigkeit, Feigheit, Lebensangst beherrschten die Menschen; Unfähigkeit zum Herrschen, Egoismus, Bestechlichkeit kennzeichneten das politische Leben. Die Germanen hatten Italien erobert, die Wandalen Afrika, die Westgoten Spanien, die Angeln und Sachsen Britannien, die Franken Gallien. Mit dem Erlöschen des Reiches schrumpften Handel und Verkehr ein, das Wirtschaftsleben bildete sich zurück; Ackerbau, Viehzucht, Jagd, Krieg beherrschten das Feld. Die antike Stadtkultur und Urbanität erloschen oder wurden so bedeutsam gemindert, daß die mittelalterliche Stadt einen Neuanfang darstellt.

Neue Völker

Neue Völker entstanden durch neue Mischung. Italien, Gallien, Spanien nahmen starke germanische, Rußland, Balkan, Ungarn asiatische Elemente auf. Der Lebensstandard des Menschen sank auf niedrigstes Niveau herab, neue, primitive Lebensformen setzten sich durch. Der Rechtsschutz durch das Gesetz eines hochentwickelten Staates wich der Gewaltherrschaft und Autorität des starken Individuums; die Gewalt wurde zum legitimen Mittel der Politik und Verwaltung. Veraltete und hohlgewordene Lebens- und Kulturformen gingen unter. Der Boden war für einen Neubeginn bereitet. Aus dem erlöschenden Römerreich im Westen erwuchsen die Keime für die romanisch-germanischen Staaten, für die Kulturwelt einer archaischen, mittelalterlichen Gesellschaft.

10. Glaube und Staatskirche

Christentum und Kirche überdauerten als Geist und universale Institution den Übergang, wurden Born einer neuen Kultur und gaben einer neuen Gesellschaft ein neues Ethos und eine neue Sittlichkeit mit übernatürlicher Sanktion. Die Kirche führte die Barbaren aus Mythos, Wunder, Furcht und Scheu zu gehobeneren Leit- und Menschenbildern; sie bändigte und humanisierte die Naturgewalt und Urleidenschaft der Völker aus dem Norden und Osten. Ihr universales Reich des Glaubens band alle Menschen, nachdem der Zauber Griechenlands und die Macht Roms erloschen waren. Die Kirche war seit Konstantin Ergebnis, Werkzeug und Träger der Macht geworden; trotzdem befriedigte sie damals den geistigen Hunger der von Armut gequälten und im Daseinskampf zermürbten Menschen, kam ihrer Lebens- und Todesangst mit Trost und Mysterium entgegen. Sie war eine mächtige Institution unzähliger Gemeinden mit festen kleinen und großen Vorstehern, an deren Spitze die Patriarchen von Konstantinopel, Antiochien, Jerusalem, Alexandrien und Rom standen.

Staatsreligion

Patriarch oder Kaiser beriefen die Bischöfe zu Synoden und Konzilien. Ansehen und Macht der Kirche ruhten in der Überzeugung der Gläubigen, die um so stärker war, je mehr es ihr gelang, ihre Ideale mit der realen Welt abzustimmen und mit dem »Staat« zusammenzuleben. Ein Ausgleich zwischen staatlicher und kirchlicher Macht gelang in Wahrheit nur, wenn eine der beiden sich unterordnete; im Osten tat das die Kirche, im Westen kämpfte sie um Selbständigkeit und dann um Vorherrschaft. Der Bund zwischen Staat und Kirche war von einem Wandel der christlichen Ethik begleitet. Einmal wandte sich die gewaltlose und friedebringende Kirche an den »weltlichen Arm«, um ihre Mission zu erfüllen;

als sie reich geworden war, brauchte sie den Staat zum Schutze ihres Vermögens. Die Kirche wahrte ihren Reichtum über den Zusammenbruch des Staates hinaus, da sich die Barbaren aus religiöser Scheu selten daran vergriffen; das Wort erwies sich letztlich stärker als das Schwert.

Die siegreiche Kirche wurde intolerant wie der absolute Staat. Häresien galten nicht nur als religiöse Gefahr, man erblickte in ihnen auch Anzeichen revolutionärer Haltung gegen die Reichsgewalt (Monophysiten Syriens und Ägyptens, Donatisten Afrikas). Die Staatsreligion bekämpfte den Nationalismus, die Ketzerei verteidigte ihn, die Kirche erstrebte Einheit und Zentralisierung, die Ketzerei Unabhängigkeit und Freiheit.

Arianismus

Von Goten in Kleinasien gefangene Römer vermittelten den Germanen die Lehre des Arius, die ihre Herzen gewann. Der Arianismus wurde Staatsreligion in den germanischen Reichen auf dem Balkan, in Gallien, Spanien, Nordafrika und Italien. Die von Wulfila († 393) besorgte Übersetzung der griechischen Bibel in das Gotische stellt das erste literarische Werk in germanischer Sprache dar.

Der Gegensatz zwischen Arianismus und Orthodoxie beherrschte auch die Politik des 5. und 6. Jahrhunderts. Der Arianismus verlor seine Wirkung und seine Geltung erst, nachdem seine Hauptbastionen fielen, das Westgotenreich in Gallien vor dem Franken Chlodwig († 511) kapitulierte, Nordafrika und das ostgotische Italien von dem oströmischen Reichsfeldherrn Belisar erobert wurden und der Westgotenkönig Reccared in Spanien 589 zum Katholizismus übertrat.

Manichäismus

Der Manichäismus hatte viele, auch todesbereite Anhänger in Ost und West im 4. Jahrhundert, die seine Lehre vom Bösen und unverdienten Leid, vom Dualismus zwischen Gut und Böse ansprach. Bei Bogomilen und Albigensern lebte er im Hochmittelalter wieder auf. Der afrikanische Donatismus war im 7. Jahrhundert noch lebendig und verhinderte einen Widerstand gegen die arabische Invasion.

Monophysitismus und Nestorianismus in den Ländern am östlichen Mittelmeer

Die folgenschwerste Häresie war der Monophysitismus des Eutyches, eines Klostervorstehers aus der Nähe von Konstantinopel, der in Christus nur *eine* göttliche Natur annahm. Das zweite Konzil von Ephesos (449), von Papst Leo I. darum als »Räubersynode« gebrandmarkt, billigte diese Lehre, das Konzil von Chalkedon (451) verwarf sie und kehrte zum Dogma von der Doppelnatur Christi zurück. Das Chalcedonense sprach dem Bischof von Konstantinopel die gleiche Autorität wie dem von Rom zu und löste damit einen langen Kampf zwischen beiden Sitzen aus.

Der Monophysitismus wurde zur Nationalreligion des christlichen Ägyptens und Abessiniens und herrschte im 6. Jahrhundert auch in Westsyrien und Armenien vor; der Nestorianismus mit seinem Zweifel an der Gottesmutter eroberte sich Mesopotamien und Ostsyrien. Dies hatte aber eine wichtige politische Folge: halb Ägypten und der Nahe Osten begrüßten die Araber im 7. Jahrhundert als Befreier vom religiösen, politischen und finanziellen Joch der byzantinischen Hauptstadt.

11. Das Werden des Papsttums

Erst mit Leo I. (440–461) gewannen die Bischöfe von Rom wieder Macht und Würde. Er bestimmte bei seinen Auseinandersetzungen mit Bischof Hilarius von Poitiers Kaiser Valentin III. zu dem epochalen Dekret, das die Machtbefugnisse des römischen Bischofs über alle Kirchen kraft kaiserlicher Autorität bestätigte. Doch konnte der Westkaiser dies nur für das Westreich aussprechen, dessen Bischöfe sich im allgemeinen beugten; doch die Ostbischöfe versagten sich. Sprach- und Verkehrsschwierigkeiten vergrößerten die Kluft zwischen Ost- und Westkirche; die Patriarchen von Konstantinopel, Antiochien, Jerusalem und Alexandrien beanspruchten die gleichen Befugnisse, wie sie der römische Bischof besaß. Die Westbischöfe erlangten in den Notzeiten des Übergangs immer größere Herrschaftsrechte, bis zum 7. Jahrhundert ließen sie sich auch vom Kaiser bestätigen. Doch war Ostrom so weit entfernt, daß sich die römischen Päpste eine Vorherrschaft sichern konnten, die ihr mutiges politisches Auftreten und Wirken in der Zeit der Invasionen bedeutend verstärkte. Die Bekehrung der Germanen im Westen aber gab ihnen eine umfassende Autorität. Die christlichen Könige und der christliche Adel machten ihnen zudem reiche Schenkungen. Prächtige Basilikalkirchen zierten um 400 die alte Hauptstadt, in der sich eine hochfeine christliche Gesellschaft ausbildete; nur eine Minderheit nahm es mit einem Leben nach den Evangelien ernst. Die Päpste errichteten Klöster nach dem Vorbild der Mönchsväter des Ostens (Antonius, Schenute, Pachomius) und regten auch die reiche und fromme Laienwelt zu Stiftungen und asketischem Leben an.

Der römische Bischof und seine Stellung in der Weltkirche

12. Das Wirken von Kirchenlehrern und Mönchen im Westen und Osten

Der Kirche erwuchsen einige führende Geister, die christliches Denken und antiken Geist verbanden und eine Literatur schufen, die für das christliche Mittelalter kanonisch und klassisch wurde: Hieronymus, Ambrosius, Paulinus, Augustinus und verschiedene Dichter.

Hieronymus

Hieronymus aus Strido bei Aquileja (* um 340), gilt als einer der größten Gelehrten und Schriftsteller der christlichen Kirche, als der letzte große Liebhaber der lateinischen Klassik und zugleich einflußreichster Befürworter eines asketischen Lebens. Er besuchte die hohen Schulen in Trier und Rom und ging wie viele führende Kirchen- und Geistesmänner der Zeit in ein Wüstenkloster im Nahen Orient (Chalcis bei Antiochien), wo er die heidnischen Klassiker studierte. Nach dieser asketischen Schulung wurde er Sekretär des Papstes Damasus in Rom und übersetzte in dessen Auftrag das Neue Testament in ein besseres Latein. Er war ein gründlicher und kritischer Beobachter der römischen Gesellschaft, aber auch des geistlichen Rom. Von dem lockeren Leben angewidert, verließ er die Hauptstadt und gründete 385 in Bethlehem ein Mönchs- und ein Nonnenkloster. Als Abt des ersteren schrieb er über fünfzig theologische Werke und vollendete seine Bibelübersetzung, die *Vulgata*, die größte literarische Leistung des 4. Jahrhunderts, auf der die Sprache der Theologie und der Literatur des ganzen Mittelalters aufbaute.

Ambrosius

Neben ihm zeugt Ambrosius, der in Trier geborene Sohn des Präfekten von Gallien und dann selbst Provinzstatthalter Norditaliens mit dem Sitz in Mailand, für die große Anziehungskraft der Kirche auf Männer der »High-Society«. Innerhalb einer Woche wurde er getauft und zum Bischof geweiht; dieses Amt führte er mit der Kraft und Würde des geborenen Staatsmannes, der auch in die hohe Politik mächtig eingriff. Durch seine Predigten faszinierte er Augustinus vor seiner Bekehrung, er dichtete einige der frühesten und edelsten kirchlichen Hymnen.

Vielleicht am zukunftsträchtigsten für das neue Europa wurde der römische Einfluß in der Provinz Gallien; denn hier wurde die mittelalterliche Gesellschaft und Kultur geboren, hier erreichte sie auch ihren ersten großen Höhepunkt im 11. und 12. Jahrhundert. Grundlegend wurde die Tätigkeit großer Bischöfe im 4. Jahrhundert, des Hilarius von Poitiers, des Remigius von Reims, des Euphronius von Autun, des Martin von Tours.

Martin von Tours

Den Merowingerkönigen und ihrem Hofadel verdankt Martin seine Erhebung zum Reichsheiligen der Franken, dessen Patrozinium fast 4000 Kirchen und dessen Namen 425 Dörfer Frankreichs tragen. Um 316 in Pannonien (Ungarn) geboren, steckte ihn der Vater in eine Kaserne; nach fünf Jahren lebte er zuerst in Italien, dann nahe Poitiers als Mönch. Zum Bischof von Tours 371 bestellt, sah er die höchste Pflicht seines Amtes in karitativer Fürsorge für die Menschen. Persönliche Askese lebte er in seinem Eigenkloster Marmoutier vor. Vom Martinskloster in Poitiers (gegründet 362) gingen zahlreiche Neugründungen im Lande aus.

Cassianus

Johann Cassianus hatte die Mönchsideen aus dem Osten nach Marseille verpflanzt, wo er 415 ein Männer- und ein Frauenkloster begründete; hier schrieb er *vor* Benedikt von Nursia die erste westliche Mönchsregel nieder. Noch vor Cassianus Tode (435) lebten im Kulturland der Provence bereits 5000 Mönche. Diese fanden in dem nach 400 auf der Mittelmeerinsel Lerins vor Cannes errichteten Kloster ein überragendes geistiges Zentrum, dessen Bedeutung noch wuchs, als nach der Aufgabe Triers und der Nordprovinzen die römische Führungsschicht nach Südgallien strömte und in Lerins ein religiös-geistiges Asyl fand. So sammelten sich hier Geist und Kultur des antiken Provinzialismus wie in einem Brennspiegel und strahlten wieder auf das gallische Festland zurück.

Lerins

Die gesellschaftliche Funktion des Mönchtums im Umbruch

Dadurch entstanden neue Formen der Religiosität und Geistigkeit, und diese wurden Grundelemente einer neuen Kultur; es erwachte in jenen Stätten der Besinnung der Wille zu einem neuen tätigen Leben in Gemeinschaft und geselliger Beschäftigung mit dem Geistesgut der Antike; auf diese Weise wurden die Menschen der Einsamkeit, dem Pessimismus entrissen und für eine optimistische Lebenshaltung gewonnen.

Diese Zentren asketisch-klösterlichen und geistigen Lebens haben Leben und Denken der kommenden Führungsschichten maßgebend vorbereitet. Hier wurde entschieden, daß an die Stelle des freien Laientums der Spätantike der hochgebildete, asketische Mönch als Vermittler von Geist und Bildung, als Lehrer und Vorbild für neue Menschen trat, die nicht mehr schöpferisch dachten, aber für Übernahme von Traditionen lernbegierig und bereit waren. Darum wurden vor allem die Klöster in der archaischen Zeit Europas die Brennpunkte des geistigen wie des religiösen Lebens.

Die Askese des Mönches wurde zur Richtschnur für ein ideales christliches Leben; der Märtyrer und der Mönch wurden in den Heiligenviten der neuen Oberschichten als Modell vorgestellt. Die Übergangszeit des 5. und 6. Jahrhunderts hat vielen Ballast abgeworfen, aber auch vieles an Traditionen bewahrt, das zu einer Neugestaltung der Religion beitragen konnte.

Das Mönchtum war im Ostreich viel mehr eine erregende Kraft der verchristlichten Massen als im Westen. Die Macht der institutionalisierten Kirche über sie war sehr gering, schon darum, weil ihre Verbindungen mit der Welt zu eng geworden waren. Die Mönche wanderten von Stadt zu Stadt und predigten Askese, trieben Handel mit Reliquien und setzten Synoden unter Druck, hetzten schwache Gemüter auf, zerstörten heidnische Tempel und Bilder. Sie wirkten in einer nervösen Gesellschaft als Störenfriede und fielen der Kirche zur Last; diese mußte deshalb gegen ihre Exzesse einschreiten. Die Reichskirche reglementierte in zunehmendem Maße das individuelle religiöse Leben der Laien.

Die Häresie

Der heidnische Kult erlosch zwar fast überall im Osten, aber es wucherten dafür die Häresien, und die Christen kamen sich zusehends in die Haare. Der Osten war im ganzen religiös erregter als der Westen; in jeder Werkstätte und auf den Straßen diskutierte man lebhaft die Streitfragen der christlichen Lehre. In der Reichshauptstadt Konstantinopel waren die Mönche bereits um 400 eine Macht und ein Schrecken zugleich. Die hohen kirchlichen Würdenträger waren im ganzen gebildeter und streitsüchtiger als die des Westens. Als Typus ragt der adelige Antiochier Johannes Chrysostomos heraus, der seine Gemeinde zu christlicher Unruhe und Bewegung aufrief, die Reichen zu Almosen aufforderte, Zügellosigkeit und Luxus des Klerus anprangerte und die Mönche von der Straße in die Klosterzellen wies. Seit diesem unbeugsamen und hochgebildeten Verfechter christlicher Moral diente die Ostkirche mit wenigen Unterbrechungen dem byzantinischen Kaiserstaat.

Augustinus und seine geistige Wirkung

Der erregendste und in seiner Wirkung weitreichendste Geist der Westkirche war Augustinus aus dem nordafrikanischen Tagaste. Nach Studien in Karthago begab er sich auf eine Bildungsreise nach Rom und wurde Lehrer in Mailand, wo er die Predigten des Ambrosius hörte, Theologie zu studieren begann und zunächst vom manichäischen Dualismus ergriffen wurde. In Platon und Plotin vertiefte er sich so intensiv, daß er der große Vermittler der neuplatonischen Philosophie und ihrer Skepsis an die Nachwelt bis zu Äbalard, dem Pariser Professor (Magister) im 12. Jahrhundert wurde. Das Studium der Bibel und der Paulusbriefe heilte ihn von der Skepsis und führte ihn zum Christentum (387).

Nach Afrika zurückgekehrt, begründete er in Tagaste eine religiöse Gemeinschaft und gab ihr Regeln, die in den Augustinerorden weiterlebten. Als Bischof von Hippo (396–430) bewahrte er sich sein feingestimmtes, erregbares Temperament, das mit kühner Phantasie und scharfem Verstand gepaart war. Jetzt schrieb er seine Werke, die Theologie und Geist des Mittelalters aufs stärkste beeindruckt haben. Er versuchte die kirchliche Lehre, die er als einzige Stütze der gesellschaftlichen Ordnung in einer verderbten Welt ansah, mit den Vernunftgesetzen in Einklang zu bringen. Ihn beschäftigte vor allem das Dilemma zwischen Willensfreiheit und göttlicher Vorherbestimmung. Aus eigenem Erleben entwickelte er den Glauben an die Heilung des bösen Urwillens der Menschen durch göttlichen Gnadenakt. Sein religiöses Weltbild war erlebt, erlitten, nicht erdacht. In 230 Abhandlungen hat dieser universale Geist fast jedes philosophische und theologische Problem durchdacht und in einer höchst persönlichen Sprache dargestellt.

Seine »Bekenntnisse« zählen zu den berühmtesten aller Selbstbiographien, und seine Geschichtsphilosophie des »Gottesstaates« ist ein Standardwerk der Weltliteratur geworden. Geschrieben unter dem Eindruck der Plünderung Roms durch Alarich (410), die eine Katastrophenstimmung hervorrief, suchte er darin die Grundlagen einer christlichen Theologie zu retten. Bei der Belagerung Hippos durch den Wandalenkönig Geiserich verstarb Augustinus, der in sich das mystische und das philosophische Wesen des Christentums vereinigte. Auf ihn beriefen sich Wiclif, Hus, Luther, Calvin und Thomas a Cempis.

Substrat einer neuen Kultur

In ihrer Auseinandersetzung mit der spätantiken Welt formte die Kirche die alten Kultformen christlich um, machte vielfache Konzessionen an die Gefühls- und Glaubenswelt des einfachen Volkes, prägte eine neue Sittlichkeit, veränderte Sexualität und Ehemoral, milderte die Sklaverei und übte Werke der Karitas an einer notleidenden Menschheit. Es wirkte als eine »romantische« Reaktion auf einen »klassischen« Vernunftglauben. Zusammen mit dem Germanentum und mit Hilfe des antiken Geisteserbes wurde die christliche Kirche zum Substrat einer neuen Kultur.

Völkerwanderungen im 5. Jh.

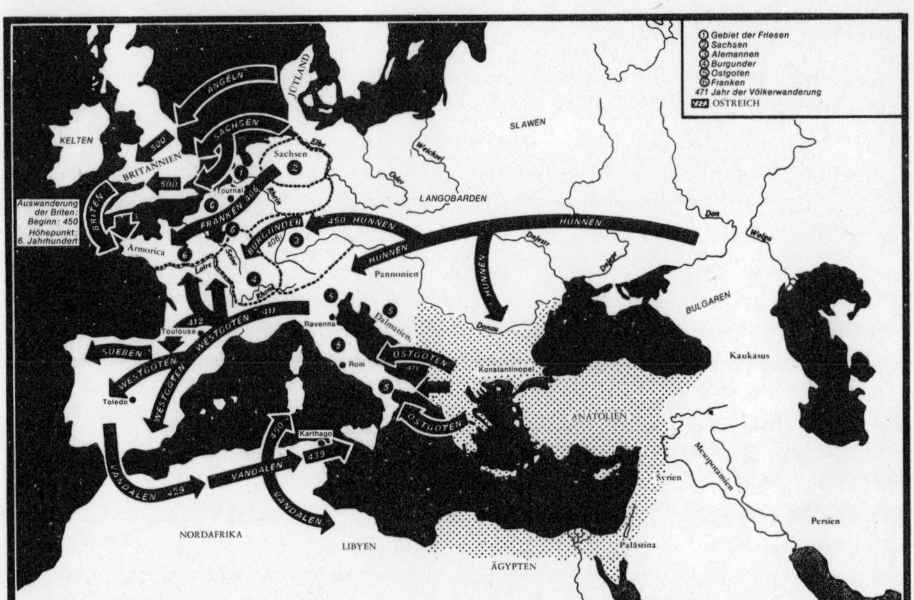

III

GRUNDLEGUNG EINER NEUEN HERRSCHAFTSWELT DURCH DIE GERMANEN AUF DEN TRÜMMERN DES RÖMISCHEN WESTREICHES (493–568)

1. Theoderich und die Ostgoten in Italien

Der junge Amaler und Ostrom

Beim Tode Attilas 453 gewannen die ihm untergebenen Ostgoten ihre Freiheit wieder. Als im nächsten Jahre (454) Theoderich I. zur Welt kam, saßen sie, in drei Großstämmen organisiert, in Pannonien unter der Schirmherrschaft der Königssippe der Amaler; deren Ahnenreihe eröffnete Gaut (Capt); das war der Beiname des bei den Goten besonders verehrten Gottes Odin. Die Urheimat des Volkes lag in Skandinavien (Gotland). Um die Mitte des 5. Jahrhunderts saßen sie in Pannonien, das zum Römischen Reich gehörte. Dieses achtete ihre Unabhängigkeit, wies sie zu Fremdenrecht in ihr Siedelland ein und zahlte jährliche Hilfsgelder aus der kaiserlichen Kasse. Die mit Ostrom geschlossenen Verträge wurden durch Geiseln garantiert, zu denen auch Theoderich zählte. Er wurde so im Alter von sieben Jahren nach Konstantinopel gebracht und am Kaiserhof erzogen. Hier bildeten sich seine politischen Urteile, hier sammelte er Erfahrungen für seine zukünftige Politik. Er sah die Schwäche Ostroms und die Stärke der Barbaren.

Beim Tode des Vaters ernannte Kaiser Zeno den Siebenundzwanzigjährigen zum Patricius und Chef der Reichsinfanterie, adoptierte ihn zum »Waffensohn« und ließ sein Standbild im Kaiserpalast aufstellen. Der Balkan wurde Theoderich und seinen Ostgoten bald zu eng; nach einer Niederlage am See von Ochrida söhnte er sich mit Kaiser Zeno aus, der ihn gegen die Bulgaren brauchte, und ging ein zweites Mal in die Reichshauptstadt. Der Herrscher spielte ihn dann seit 488 gegen Odoaker in Italien aus und ließ es zu, daß Theoderich die Apenninenhalbinsel eroberte und dann der Welt um die Wende vom 5. zum 6. Jahrhundert das merkwürdige Schauspiel bot, daß ein germanischer Barbar altrömisches Erbe bewahrte.

Theoderich König der Goten und Römer

Theoderich nannte sich König der Goten und Römer, er wollte damit ausdrücken, daß er mit den Goten das alte Römerreich zu erneuern suchte. Der oströmische Kaiser aber sah in ihm nur seinen Stellvertreter in Italien, das ihm so lange zugehörte, als es keinen weströmischen Kaiser gab.

Theoderich gab sich wie ein Kaiser, die italienischen Münzen dieser Zeit tragen auf der Vorderseite das Bild des Kaisers, auf der Rückseite das Monogramm des Theoderich. Daß er Ostrom zu schwach einschätzte, verraten die Ereignisse nach seinem Tode. Seine Goten hielt der König nicht reif für die Früchte römischer Zivilisation; deshalb verbot er ihnen den Besuch von Schulen und das Erlernen der lateinischen Sprache. Er isolierte sie von der Umwelt.

Der Ostgotenkönig Theoderich I. (493–526) war der erste Germane, der erste Barbar, der die Idee einer größeren Aufgabe in sich trug. Dieses Haupt der ostgotischen Königssippe der Amaler dachte erstmals an ein germanisches Reich in Nachfolge und in den Formen des erneuten Römerreiches und seiner großen Vergangenheit. Die militärisch-politische Kraft der Germanen sollte die durch den Zusammenbruch entfesselten, anarchischen Triebe bändigen. Kernland des neuen Reiches sollte Italien sein, das darum aufgebaut werden mußte. Von der alten Kaiserpfalz Ravenna aus betrieb der Gotenkönig eine Barbarenpolitik mit Verträgen, Allianzen, Heiraten, bewaffneten Interventionen. Ihr Ziel war es, die widerstreitenden Königsgeschlechter für seine ehrgeizigen Pläne zu gewinnen und sie durch Heiraten zu einer politischen »Großfamilie« umzugestalten, deren Haupt er war.

Gegen Franken und Ostrom

Der Westgotenkönig Alarich II. war sein Schwiegersohn, der Burgunderkönig Sigismund ebenfalls; seine Schwester Amalafrida verheiratete er mit dem Wandalenkönig Thrasamund und eine Nichte mit dem Thüringerkönig. Er selbst nahm die Schwester des fränkischen Merowingerkönigs Chlodwig Audofleda zur zweiten Frau. Im Zentrum des Netzes von Heiratsverbindungen wollte der Amaler das Sippenhaupt, den Schiedsrichter und Protektor spielen und zugleich von Italien aus die westliche Welt gegen den fränkischen Eroberer organisieren sowie gegen die oströmische Macht im Mittelmeer und auf dem Balkan immunisieren.

Nach Chlodwigs Sieg über die Alemannen 496 sammelte Theoderich I. deren Reste in Vindelikien und im östlichen Helvetien. Gegen den oströmischen Kaiser waren Kontakte mit Slawen, Skandinaviern, Finnen und einem Abkömmling Attilas gerichtet. Aber sein Versuch mißglückte, und sein Werk überlebte kaum seinen Tod; es scheiterte an der Macht des Franken Chlodwig und an Ostrom.

Zu ungleich waren die Welten, die Theoderich I. vereinigen wollte, die von ihm verfolgte Politik der Trennung der Völker und Rassen und deren Verschmelzung in seiner Person schlug fehl. Die Goten haßten die Römer und verteidigten darum ohne innere Zustimmung die römische Welt; die Römer verachteten das ihnen fremde, arianische Volk. Ein Ausgleich zwischen dem schwachen Arianismus der Eroberer und dem starken römisch-italienischen Katholizismus glückte nicht; die religiösen Leidenschaften verhinderten das, und Theoderich I. verkannte das Gewicht der religiösen Frage. Ohne Einheit des Glaubens gab es keine Verschmelzung. Der innere Grund seines Versagens war sein unbeherrschtes Temperament. Aus Angst vor einem Komplott ließ er seinen Freund und Minister, den Philosophen Boethius, hinrichten; Papst Johannes überantwortete er bei dessen Rückkehr aus Konstantinopel dem Gefängnis, und zuletzt sagte er 526 dem Katholizismus den Kampf an. Noch im gleichen Jahr starb der Amaler Theoderich I. vermutlich durch Gift. Der bedeutende byzantinische Historiker Prokop rühmt ihn in einem Nachruf als Hüter von Recht und Gesetz, als Verteidiger des Landes gegen die Barbaren, als einen weisen und tapferen »Tyrannen«, der in Wirklichkeit Kaiser war.

Die territoriale Basis seiner Politik war Italien; seine Goten massierte er im Raum zwischen Alpen und Po mit Vorposten in den Rätischen Alpen (Südtirol); so konnte sich sein germanisches Heer rasch nach allen Seiten bewegen. Er selbst rückte von der Kaiserstadt Ravenna nach Verona herauf; deshalb nennt ihn auch die Heldensage Dietrich von Bern (= Verona).

Kulturpolitik in Italien

Um die Einwohner Italiens zu gewinnen, mußte sich Theoderich I. als Römerkönig geben, er umgab sich mit römischen Räten, vornehmlich gelehrten, wie dem Philosophen Boethius, dessen Büchlein »Über den Trost der Philosophie« zu den meistgelesenen Büchern des Mittelalters zählt; sein Privatsekretär war der universalgebildete Literat Cassiodor, der eine Gotengeschichte schrieb, die in Auszügen erhalten ist. In dem Bestreben, sich selbst zu kultivieren, näherte sich der Häretiker Theoderich I. der römischen Aristokratie sowie der Kirche und dem Papst. Noch intensiver als Chlodwig regierte er Italien in den Formen römischer Staatsverwaltung und nach römischem Gesetz. Ganz im alten Stil der römischen Kaiser zog er Mitte Mai 500 in der Stadt Rom ein, ließ sich von den Senatoren in feierlichen Ansprachen begrüßen und hielt im Circus Maximus Spiele ab. Selbst der Papst zog ihm entgegen, und der Arianer Theoderich I. kniete am Petersgrab nieder. In einer Ansprache feierte er auf dem Forum Romanum begeistert die Ruhmestaten der Heiligen. Sodann übertrug er einem Baumeister die Denkmalpflege.

Ravenna, das Theoderich I. großzügig erweiterte, sollte zur Rivalin von Konstantinopel werden; in Italien sollte der Wohlstand wieder einkehren. Dazu mußten die Bewässerungsanlagen wiederhergestellt, die Campagna getrocknet, die verfallenen Bergwerke wieder in Gang gesetzt, Handel und Verkehr neu belebt werden. Es schien, als setze eine Renaissance der Antike, ihres geistigen und künstlerischen Erbes, ein. Theoderich I. verbrauchte sich an diesem Werk; aber seine Absicht überdauerte als Leitbild seinen frühen Tod, sie blieb im Gedächtnis der Nachwelt. Seine Politik scheiterte an einer Fehleinschätzung Ostroms. Deshalb wurde Italien für achtzehn Jahre zum Schauplatz eines harten Krieges, als 535 der große Kaiser Justinian (527–565) seine Wiedereroberung einleitete. Unter ihren Königen Viteges, Totila, einer bedeutenden Gestalt mit großer Seele, und Teja leisteten die Goten verbissenen Widerstand, bis sie im Frühjahr 553 bei Neapel endgültig kapitulieren mußten. Verona und Brescia hielten sich noch zehn Jahre, aber das Volk verschwand aus der Geschichte. Die Byzantiner rissen Theoderichs I. Leichnam aus seinem Grabe in Ravenna, das seitdem leersteht, und zerstreuten seine Gebeine. Sein Bild aber verschwand nicht aus dem Gedächtnis der Menschen. Es war eine große Geste, daß Karl der Große, der fränkische Nachfolger Konstantins und des Augustus, sich aus Ravenna das Reiterstandbild des germanischen »Römerkönigs« Theoderich holte und inmitten des Haupthofes seiner Pfalz in Aachen aufstellen ließ. Er hat damit bekundet, daß Theoderich einen Anfang gesetzt habe in der Übertragung des Reiches an die Germanen, an die Franken, und zwar im Kernland Italien.

2. Das westgotische Spanien

Beim Tode des Westgotenkönigs Eurich, eines hervorragenden Gesetzgebers und Organisators, war sein Reich 484 die bedeutendste Militärmacht des Westens; sie erstreckte sich vom Ebro bis zur Loire, vom Atlantik bis zur Côte d'Azur. Der

Rechts:
Bischofsstuhl im Dom von Torcello bei Venedig
(um 900)

Links:
Kaiserstuhl Karls des Großen
im Münster zu Aachen
(um 800)

Lorsch am Rhein,
Königshalle um 810,
Überreste des
in Gegenwart Karls
Großen
geweihten Klosters

Oviedo in Spanien,
Königshalle und Pal
des Westgotenkönig
Ramiro I (850),
später S. Maria Nara

Westgotenkönig Theoderich II. wurde 455 in der Hauptstadt Arles zum Kaiser ausgerufen; der Germane Riccimer zwang ihn aber wieder zur Abdankung und degradierte ihn zum Bischof von Piacenza.

Nach der westgotischen Niederlage von Vouillé (507) waren die Westgoten auf die spanische Halbinsel beschränkt. Kaum daß Theoderich I., der Ostgote, tot war, besetzten Chlodwigs Söhne den letzten Streifen westgotischer Herrschaft nördlich der Pyrenäen, Septimanien. Seit Amalrich, dem Sohne Alarichs II., dem letzten Sproß der Königssippe der Balten, war das Königtum schwach und den undisziplinierten Forderungen des Adels nicht gewachsen; der Arianismus verhinderte eine Integration der römischen und germanischen Untertanen. Auf dem Konzil von Toledo 589 erfolgte der Übergang zum Katholizismus, er leitete eine rasche Verschmelzung ein, aus der die spanische Nation hervorging.

Der Einfluß Ostroms

Die Westgoten haben sich unter allen Germanen am meisten als aufnahmefähig gezeigt. Der oströmische Kaiser Justinian konnte zwar seit 554 Teile der spanischen Ostküste (Baetica und Chartagena) mit den Hauptstädten Malaga, Chartagena, Cordova und wahrscheinlich auch Sevilla für kurze Zeit zurückerobern; aber seine Truppenmacht war zu schwach, um den spanischen Brückenkopf dem Reich zu erhalten. Die Königsresidenz, die zuerst in Barcelona gewesen war, wurde in das Landesinnere nach Toledo verlegt.

Was von dieser Episode blieb, war eine Stärkung des Reichseinflusses. Am Hofe des Königs Leovigild setzte sich in Kleidung, Münze, Schmuck das oströmische Muster durch. Unter seinem zweiten Sohn Reccared geschah die Konversion zum Katholizismus; König Rekkeswint (* 672) schuf die bedeutendste barbarische Rechtskodifikation in der *Lex Visigotorum* (= Westgotenrecht) und stellte darin die Rechtseinheit für Römer und Germanen her. Mischehen, tagtägliche Berührung, gemeinsamer Gebrauch der lateinischen Sprache hatten die Wege dafür bereitet. Im westgotischen Spanien blieben römische Provinzialeinteilung und Fiskalverwaltung erhalten. Die Geistlichkeit rekrutierte sich aus Römern und Germanen, die Kultur trug römisches Gepräge. Allein im westgotischen Adel erhielten sich alte Stammestradition und germanisches Lebensgefühl. Aus der Verschmelzung von Westgoten und Römern erwuchs in einem gemeinsamen Vaterland ein neues Nationalgefühl.

Araber in Spanien

Dieses Westgotenreich brach nach 711 schnell unter den Schlägen der Araber zusammen und war seit 713 offiziell muselmanisch. Die »Ungläubigen« stießen darüber hinaus 719 bis Rousillon und in das untere Languedoc nördlich der Pyrenäen vor. Die in das Bergland von Galizien und Asturien zurückgedrängten Christen eröffneten von Oviedo aus den »Heiligen Krieg« unter Führung des Königs Pelajo (Pelagius); sein Vorgänger war Roderich, der bei Janda oder Quadaleta zwischen Cadix und Algesiras 711 vernichtend geschlagen worden war; Sevilla fiel danach in die Hände der Araber.

Anfänge christlicher Reiche

Mit dem Sieg des Westgoten Pelajos begann die große Bewegung der Reconquista, die Spaniens mittelalterliche Geschichte ausmacht. Als legendärer Held tritt darin ein zweiter Rodrigues, der *Cid*, auf († 1099). Die Persönlichkeiten eines Roderich in Spanien und eines Rurik im Norden zeigen den Aufstieg des germanischen Volkselementes im werdenden Abendland und seine Wirkung als Ferment der neuen europäischen Völker und Nationen an. Die Heimat des spanischen Heldenepos ist vermutlich Kastilien, wo sich epische Gesänge der Westgoten erhalten haben müssen. Diese gingen in kastilianische Heldenlieder ein, die den Unabhängigkeitskampf des Landes im 10. und 11. Jahrhundert besingen. In den »cantares« lesen wir von germanischen Bräuchen, wie dem der Blutrache. Die Germanen haben, wie gerade die Westgoten zeigen, zum Aufbau eines neuen europäischen Volkskörpers im Mittelalter wesentlich beigetragen. Die alte Reichsidee der Römer konnten nur begabte und energische Männer aufnehmen, die selbst schon ein antikes Kulturbewußtsein in sich trugen. Die Zahl weitblickender Führergestalten war gering; sie begegneten noch dazu dem Mißtrauen ihrer Völker, die ihre Kulturpolitik nicht verstanden und die in den Römern die Feinde ihrer Rasse, Tradition und Religion sahen. Die Zeiten waren für die Verschmelzung noch nicht reif, die letztlich von religiösen Motiven vorangetrieben wurde. Die Germanen verlangten Siedelland im Reiche, ihre Könige aber wünschten das Reich selbst und bestanden auf den Herrschaftsrechten.

3. Britannien und die Sachsen

Britannien hatte unter römischer Herrschaft eine Blüte erlebt. Seit dem 4. Jahrhundert aber bedrohten es Invasionen von allen Seiten, die sich 364–367 verstärkten. Der angelsächsische Kirchenhistoriker Beda bezeichnet 409 als Jahr des Untergangs der Römerherrschaft auf der Insel; das war die Folge des Abzugs römischer Truppen auf andere Kriegsschauplätze. Britannien war ein Hauptzielgebiet der Raubzüge der Sachsen (Sax = Leute, Schwert). Der antike Geograph Ptolemäus setzte die Sachsen in Westholstein und auf den Inseln der Elbemündung an. Gemeinsame Plünderungen mit den Salfranken an der Nordküste Galliens 286 machten sie dem antiken Geschichtsdenken erstmals bewußt. Rom schickte gegen sie den romanisierten Bataver-General Carausius und seine Flotte, die den Sachsen ihre Beute wieder entriß; 287 rief Carausius sich selbst zum Kaiser aus; er war der erste historisch bekannte König von England. Die Piratenschiffe der Sachsen, die wegen ihrer See-Erfahrung und der Schnelligkeit ihrer Bewegungen gefürchtet waren, verheerten Galliens Küsten und fuhren auch landeinwärts die Flüsse hinauf; sie gründeten Niederlassungen wie zum Beispiel bei Bayeux in der Normandie. In Germanien bedrängten sie zur selben Zeit das Thüringerreich.

Sächsische Piratenzüge

Sachsen von der Elbe, Angeln von Schleswig, Jüten von Jütland rief der Britenführer Wortigern gegen großangelegte Pikteneinfälle zur Hilfe. Nach einer unsicheren Überlieferung trieben Jüten in der Gefolgschaft der Brüder Hengist und Horsa 449 Pikten und Skoten gegen Lohn zurück. Die Kunde davon lockte weitere Heer- und Volkshaufen an. Erst nach einem Jahrhundert voller Kleinkriege zwischen Eingeborenen und Eindringlingen mit wechselndem Erfolg setzten sich 577 die Angeln in der Schlacht von Deorham endgültig durch. Dadurch bekam das Land später den Namen Angeln-Land (= England). Die unterworfenen Briten verschmolzen mit der germanischen Erobererschicht, eine unbeugsame Minderheit setzte den Kampf im Bergland von Wales fort oder suchte jenseits des Ärmelkanals neues Siedelland auf der Halbinsel, die daher den Namen Bretagne trägt. Mit dem Verfall von Handel, Gewerbe und ihrer städtischen Zentren und dem Rückgang von Recht und Ordnung bildete sich auf den Britischen Inseln die römische Kultur zurück und verschwand das Christentum.

Die Sprache in Britannien wurde germanisch, seit 1066 (normannische Eroberung) kam ein kräftiges französisches Element hinzu; aber in Charakter und Physiognomie, Literatur und Kunst wirkten keltische Züge weiter. In der Sage von König Artus und seinen Rittern lebt die Erinnerung an die Schrecken jener Invasionszeiten fort. *Germanen und Kelten*

4. Die Kelten in Irland

In der Geschichte des frühen Mittelalters spielen die »Grüne Insel« und die Iren als kultureller Strahlungspunkt eine nicht unerhebliche Rolle. In der irischen Tradition wurde »die Insel der Nebel und Fruchtbarkeit« lange vor Christus von Griechen und Skythen besiedelt. Um 500 v. Chr. drangen von Gallien und Britannien her Kelten ein und brachten die Hallstattkultur (Eisen) mit.

Ihr gesellschaftliches und politisches Leben war von Clans (Stammesverwandtschaft) beherrscht; deshalb konnte sich auf diesem klassischen Boden der Clan-Kämpfe keine Großherrschaft bilden. Wie aller keltische, germanische, indogermanische Adel verstanden sich die ältesten Sippenhäuptlinge Cuchulain, Conor, Conall als Göttersöhne, und das Volk glaubte an ihr göttliches Heil. Ihre Toten bestatteten die Kelten in Waffenrüstung und in aufrechter Haltung. Bei jedem Clan wurden dessen Verwandte und Ahnen, Könige, Schlachten und Heiligtümer aufgezeichnet. Die keltische Herrenschicht teilte ihre Clans auf die fünf Königreiche Ulster, Nord- und Süd-Leinster, Munster und Connaught auf. Königskrönung und Adelsversammlung fanden zu Tara in Meath statt, das die gemeinsame Hauptstätte war.

Die erste historische Persönlichkeit ist Tuathal, König von Leinster und Meath, aus der Zeit um 160 n. Chr. Um 358 unternahm König Niall Beutezüge nach Wales und Gallien, wo er an der Loire den Tod fand; auf ihn gehen die meisten späteren Könige zurück. Bereits 431 kam, wie Beda berichtet, der von Papst Cölestin als Missionsbischof entsandte Palladius nach Irland; Patrick, der spätere Landesheilige, war nicht der erste Christ, obwohl er dem Christentum zum Siege verhalf.

Um 389 als Sohn eines römischen Bürgers im westenglischen Dorfe Bonnaventa geboren, wurde Patrick mit sechzehn Jahren von skotischen Piraten nach der Grünen Insel entführt, wo er, dem asketischen Ideal der Spätantike folgend, in der Einsamkeit eine große religiöse Wandlung erlebte. Dann nahmen ihn Matrosen nach Gallien, vielleicht auch nach Italien mit; nach England zurückgekehrt, litt es ihn dort nicht lange. Er ging in das Kloster Lerins (vor Cannes) und wurde 432 in Auxerre zum Bischof geweiht. Was für Severin und seinesgleichen die ägyptische Wüste als Stätte der Einkehr bedeutete, war für die westliche Welt Lerins, wohin der Adel aus den zusammenbrechenden Provinzen Germaniens und Galliens flüchtete, wo römische Bildung und Kultur sich mit östlicher Regelweisheit zu einer neuen Auffassung des Christentums und klösterlicher Lebensform vor Benedikt von Nursia, dem Mönchsvater des Abendlandes, verband. *Patrick*

Leary, ein aufgeklärter Heide auf dem Königsthron von Tara, gestattete dem mit Reliquien Peters und Pauls nach Irland entsandten Patrick die Mission, ungeachtet des Widerstandes der Priesterkaste der Druiden, die um ihre Wahrsagekunst und ihr Zauberwerk bangten und kämpften. Die von ihnen gehütete Religion war ein animistischer Polytheismus. In ihrer Pflege stand eine reiche, mündlich überlieferte Literatur aus Sage und Dichtung. Die Druiden wirkten als Berater der Könige, als Richter, als Stilisten der Gesetze, als Priester für die öffentliche Ordnung und konnten dadurch einen bedeutenden politischen Einfluß am Königshof ausüben. Die Iren glaubten an Wiedergeburt und Paradies.

Das Leben des heiligen Patrick († 461), der im Alter »Bekenntnisse« schrieb, ist von vielen Sagen und Wundergeschichten umrankt. Er gründete viele Kirchen und Klöster für Männer und Frauen und schuf in ihnen Zentren des Christentums gegen das Heidentum, das sich zäh hielt. Nach 558 nahmen Irlands Könige, ihrer Kultur nach Heiden, das Christentum an.

5. Herrschafts- und Stammesbildung der Wandervölker in West und Ost

Herrschaftsbildung auf römischem Provinzialboden

Siedlung und Herrschaftsbildung der germanischen Wanderstämme vollzog sich auf römischem Provinzialboden in zwei verschiedenen Formen und mit zwei verschiedenen Ergebnissen. Ost- und Westgoten, Wandalen, zum Teil auch Burgunder errichteten ihre Herrschaften um das westliche Mittelmeer in den dichtest bevölkerten und am intensivsten romanisierten Gebieten des alten Römerreiches. Zahlenmäßig waren diese Germanen eine große herrschende Minderheit; die Verschiedenheit des Glaubens und der notwendige Abschluß nach außen verhinderten eine Germanisierung der Eingeborenen. Bedeutende Teile der Goten und Burgunder waren außerdem schon romanisiert, weil sie schon lange als verbündete Grenzvölker im Reiche gesessen hatten. Die innere Struktur dieser germanischen Großstämme war zwar noch intakt, aber sie waren zu lokal und regional isoliert. Die Germanenreiche im Mittelmeerraum konnten vor allem den Haß der Römer nicht überwinden.

Volkssiedlung und Germanisierung

Ganz anders vollzog sich die Herrschaftsbildung der Westgermanen. Die wandernden Franken, Langobarden, Alemannen, Sachsen, Thüringer besetzten die nördlichen Provinzen des Römerreiches, die weniger dicht besiedelt und dünner romanisiert waren. Deshalb waren hier die Voraussetzungen für volksmäßige Siedlung günstiger; diese zog sich über 300 Jahre hin, und zwar in den Formen des Einsickerns und Einströmens aus der germanischen Nachbarschaft. Das Ergebnis war deshalb die Germanisierung dieser Regionen.

Die Franken siedelten im Raum vom Rhein bis zur Somme, die Alemannen am Mittel- und Oberrhein, an der oberen Donau und in einem Teil der Alpenländer; über eine Einwanderung der Bayern ist nichts bekannt. Man muß auch länger dauerndes Einsickern von Germanen verschiedener Stämme in den Raum zwischen Donau und Alpen vermuten, der von romanisierten Kelten besetzt war, die sich in den Oberschichten bis in das 9. Jahrhundert hielten, deren christliche Unterschichten sich mit den christlichen Bayern vermischten; für dieses Mischvolk taucht dann erstmals in der Mitte des 6. Jahrhunderts der Bayernname auf. Die Angeln, Jüten und ein Teil der Sachsen eroberten teilweise Britannien, die einheimischen Kelten wanderten nach Wales oder dem gallischen Festland (Armorica) aus, das sie wieder keltisierten (Bretagne). Der größere Teil der Sachsen, Thüringer und Friesen aber blieb in Germanien. Die Friesen breiteten sich von der Niederweser zum Rhein, zur Mosel und zum Scheldedelta aus.

Seit dem ausgehenden 6. Jahrhundert besetzten slawische Stämme die Länder jenseits der Elbe, Böhmen, das Gebiet der mittleren Donau, aus dem die Germanen zumeist ausgewandert waren. In Pannonien (Ungarn) brachen die Awaren in der 2. Hälfte des 6. Jahrhunderts ein; sie überlagerten die Slawen oder schoben sie vor sich her. Nördlich der unteren Donau setzten sich die Bulgaren, ein Teil des hunnischen Reitervolkes fest, und beherrschten dort slawische Untertanen. *Slawen und Awaren*

Die Mittelzone Europas, einst zum größten Teil dem Römerreich und seiner Einheit zugeordnet, war am Ende des 5. Jahrhunderts von einer Vielzahl verschiedener Völker und Großstämme besiedelt und beherrscht, die voneinander unabhängig waren und sich befehdeten. Die Bevölkerungsstruktur des Westens, der Mitte und des Südens Europas begann ihre mittelalterliche Zusammensetzung und ihr volkliches Gesicht anzunehmen. Das gleiche gilt für Ostmitteleuropa und den Balkan, wenn auch letzterer noch lange unter dem Einfluß Ostroms stand.

Von den umwälzenden Neubildungen des Westens, die von den Wanderungen ausgelöst waren, wurde das römische Ostreich zwar auch oft kräftig berührt, aber nicht grundlegend betroffen und verwandelt. Trotz mancher Gebietsverluste hielt es den verwüstenden Invasionen aus dem Osten sowohl in Europa wie in Asien und Afrika stand. Ohne seine Universalreichsansprüche je aufzugeben, wartete Ostrom nur auf die günstige Stunde, den Barbaren ihre Eroberungen wieder abzunehmen. Odoaker und Theoderich sollten Werkzeuge Ostroms zur Erneuerung der Einheit im Westen sein. Kaiser Justinian aber führte im zweiten Viertel des 6. Jahrhunderts eine aktive Politik um die Rückkehr Afrikas und der spanischen Küste in das Reich. Das war freilich der letzte politische und militärische Versuch zu diesem Zweck. *Ostrom und die Wandervölker*

6. Die Langobarden und Italien

Als letzte Wandergermanen bedrohten die Langobarden den östlichen Nachfolger des Westreiches auf dem Boden Italiens. Der Sage nach war Skandinavien ihr Ausgangsland. Nur ganz wenige germanische Völker haben eine gleich vollständige Tradition über ihre eigene Geschichte wie sie. Der Langobarde Paul Warnefried (= Paulus Diaconus) hat sie im 1. Kapitel seiner »Langobardengeschichte« dargelegt. Sie schälten sich aus dem großen germanischen Kultverband der Ingwöonen heraus, der im 1. Jahrhundert an der Niederelbe saß; dadurch waren sie mit den Sachsen verwandt. Auf ihrer Südwanderung drangen sie in den böhmischen Raum ein, stießen am Anfang des 6. Jahrhunderts nach Pannonien vor, wo sie fast ein halbes Jahrhundert siedelten und als Föderaten im Dienste Ostroms dem Reichsfeldherrn Narses einen stattlichen Heerhaufen zum Kampf gegen den Ostgotenkönig Totila 552 zuführten.

Ihr König Alboin schloß mit dem Reitervolk der Awaren, das 558 in die Donauebene einbrach, ein Bündnis gegen die Gepiden, das einer Unterwerfung gleichkam. Das war der Hauptanlaß zum Aufbruch nach Italien, das Alboin 568 mit Unterstützung von Sachsen und Donausueben eroberte. Der oströmische Schachzug, ihnen die Franken auf den Pelz zu hetzen, mißlang. So verloren die Oströmer Ravenna und konnten nur noch die Lagune von Venedig und Rom halten.

In Rom aber saß der Papst als Erbe des Westreiches. Durch den Ausfall von

Byzanz wurde der Bischof von Rom vollends autonom, mußte aber die Verteidigung gegen die langobardischen Eindringlinge selbst organisieren. Das führte seit Papst Gregor I. (590–604) zur Entstehung des *Kirchenstaates* (756). Der entscheidende Einfluß der Königin Theodolinde führte die teils heidnischen, teils arianischen Langobarden zum Katholizismus im 7. Jahrhundert. Gerade dieser Entschluß aber lieferte den nun rechtgläubigen Langobardenkönigen den Vorwand, zum Schutz des Papstes das Reich in Italien zu erneuern. Das fränkisch-päpstliche Bündnis in der Mitte des 8. Jahrhunderts hinderte sie daran und gab dem fränkischen Karolinger Karl dem Großen einen guten Grund, das Langobardenreich 774 zu zerstören und den König Desiderius abzusetzen.

»Reichsitalien«

Die Beseitigung der Langobardenherrschaft schuf Frieden in Italien und Voraussetzungen für eine Neubelebung christlicher Zivilisation. Die langobardische Herrenschicht, die sehr kriegerisch war und in steten Auseinandersetzungen mit dem Königtum lag, saß vor allem in den Städten Norditaliens. Sie trat seit 774 zurück, fränkische, alemannische und auch bayerische »Reichsaristokratie« wurde hierher berufen, überlagerte den Stammesadel und begründete selbst eine starke Herrschafts- und Machtposition. Der langobardische Adel aber führte lange und harte Kämpfe für die Unabhängigkeit der Städte, in denen er den Ton angab. Oberitalien nahm von diesem Volk den Namen »Lombardei« an.

Die fränkische Oberherrschaft begründete das »Reichsitalien« des Mittelalters. Die Ottonenkaiser (ab 936) zogen den langobardischen Adel wieder zu Reichsaufgaben heran, da die »Reichsaristokratie« zu mächtig geworden war. Im Werden der italienischen Nationalität und des italienischen Patriotismus wurde der Geist des langobardischen Feudaladels ein bestimmendes Element.

7. Die Alemannen

Die Geschichte der Alemannen und Burgunder gibt die Antwort auf die Frage, warum die Franken das »Reichsvolk« werden und in Nachfolge der Römer ein neues Großreich bilden sollten. Man nimmt an, daß die Alemannen von den Semnonen abstammen; letztere siedelten um Christi Geburt westlich der Elbe und gegen die Böhmischen Berge; unter dem römischen Kaiser Marc Aurel wurden sie 178 ein letztes Mal genannt. Teile von ihnen waren damals schon in Bewegung auf die Mainlande zu. Sie führten fortan den Namen »Alemannen«, was einen politisch-religiösen Bund verschiedener Rheinstämme andeutet.

Alemannische Eroberung

Am Untermain stießen sie 213 auf die Grenzen des Römerreiches, dem ihre zahlreichen, beweglichen Gefolgschaftshaufen zu Pferd bald gefährlich wurden. Seitdem sie 250 den Limes durchbrachen und Raubzüge in das Land zwischen Rhein und Donau unternahmen, wo die Römer keltische Gallier angesiedelt hatten, dadurch die Befestigungslinie des Limes zum Einsturz brachten, hatte das Weltreich in diesem Grenzabschnitt keine Ruhe mehr. Auf der Suche nach fruchtbarem Siedelland im Süden oder Westen stießen die Alemannen 259/260 quer durch Helvetien und Gallien bis Italien und bis vor Ravenna vor. Kaiser Claudius II. fing sie 268 am Gardasee ab, jedoch unter Valentinian bedrohten sie 392 abermals Mailand. Für Italien waren die Alemannen eine Gefahr, aber Gallien bedrohten sie unmittelbar, da sie dort Siedelland suchten. Trotz des blutigen

Sieges, den 357 Kaiser Julian vor Straßburg (Argentoratum) über sie errang, setzten sie sich 455 endgültig im Elsaß fest, verknechteten die dortigen Galloromer und germanisierten sie. Von da stießen sie nordwärts bis Koblenz und Köln vor und beanspruchten die Sequanaise, ja sie siedelten in der zweiten Hälfte des 5. Jahrhunderts anscheinend auch auf dem Hochplateau von Langres.
Burgunder und Franken verhinderten ein weiteres Eindringen der Alemannen nach Gallien; ihre Barbarei war bei Römern und Gallorömern legendär geworden. Fast will es scheinen, daß sie am entschiedensten römische Kultur und Christentum ablehnten. Die so tiefe Zersplitterung in Clans hinderte die alemannischen »Recken« an einer Reichsbildung. Bis zu fünfzehn Kleinkönige ohne größeres Ansehen gab es bei ihnen; das ließ eine geschlossene Macht unter einheitlichem Kommando nicht aufkommen.
Ohne zu einer politischen Einheit zu gelangen, unterwarf der Merowinger Chlodwig die Alemannen endgültig 496/497, während Theoderich für sie intervenierte.

8. Zentrallandschaft Schweiz

Da sich die Alemannen in Gallien nicht niederlassen konnten, drängten sie seit 259/260 um so stärker nach Helvetien (Schweiz). Sie zerstörten Augusta Rauracorum (Augst bei Basel), plünderten und besetzten Aventicum (Avenches), die Hauptstadt des Landes, eine der schönsten römischen Städte des Westens, zweimal, zuletzt 354, wovon sie sich nicht mehr erholte. Erst zwischen 500 und 700 scheinen die Alemannen siedlungsmäßig die Westschweiz besetzt zu haben, nachdem sie um 470 die Nordschweiz fest in ihre Hand nahmen. Im 6. Jahrhundert saßen sie an den Seen von Zürich, Brienne und Thun, waren aber noch nicht in die Alpen und den Jura eingedrungen. Dem ersten Vorstoß folgte ein langsames Einsickern.

Verschmelzung von Barbarentum und Romania

Vor diesen skrupellosen Eroberern flohen die gallorömischen Grundherrn ebenso wie die kleinen Leute in die Berge der Hochalpen; sie verstärkten dort das römische Element, dessen Reste uns heute noch in der rätoromanischen Sprache begegnen. Vom rechten Rheinufer aus trugen die Alemannen die Siedlung in getrennten Gruppen vor und bildeten in der deutschen Schweiz deshalb verschiedene Dialekte aus. Im Tal Urseren verschwand das »Romunsche« (= rätoromanische Sprache) erst im 15. Jahrhundert, nachdem die Leute von Uri dieses kleine Gebiet der Abtei Disentis abgelöst hatten; das nämliche war in Chur, der Hauptstadt Rätiens, der Fall. Die Schweiz ist ein Musterbeispiel der Verschmelzung von Barbarentum und Romania, besonders das Land des Kantons Fribourg, das Hochplateau zwischen Alpen und Jura. Die Doppelortsnamen in diesem Gebiet – der Ort Cressier, benannt nach dem Gallorömer Criscius, heißt auch Grissach, die Bevölkerung spricht zum Teil französisch, der Ort ist aber von alemannischen Siedlungen umgeben – zeigen, daß die Alemannen hier die Vorbevölkerung nicht verdrängen konnten und sich neben sie setzen mußten.
Das langsame Vordringen der Alemannen in die Alpen trennte Rätien und Gallien, am Fuß der Alpen verlief die Grenze zwischen Alemannen und Romanen, die heutige Schweiz. Von Genf bis Chur sprach man damals eine lateinische

Sprache in verschiedenen lokalen Mundarten; in der Mitte dieser Linie brach das Alemannische ein. Galloromern und Burgundern verdankt die Westschweiz ihre französische Sprachkultur. Bis in das 7. Jahrhundert sperrten sich die Alemannen gegen eine Assimilation an die Romania. Die irischen Wanderprediger Columban, Gallus und ihre Gefährten, die auf einer Linie von Basel über Zürich nach Bregenz zu wirken begannen, förderten diesen Prozeß. Vor der Mitte des 8. Jahrhunderts konnte sich keine kirchliche Organisation in der heutigen Schweiz bilden, die ersten Bistümer waren Basel und Konstanz.

Drei Alemannien

Der Rhein schied die Alemannen in die (später so genannten) Schwaben und in die Südalemannen oder Deutschschweizer bzw. Elsässer, die früher christianisiert wurden und sich über Frankreich, die Bourgogne, die Provence und Italien der lateinischen Zivilisation annäherten. Das Kloster St. Gallen war eine Hauptstätte solcher Begegnung. Als Land der Mischung wurde die Schweiz zu einem »Knoten des Westens«. Die Burgunder, unversöhnliche Feinde der Alemannen, haben ebenfalls einen Anteil an der Bildung der »europäischen Zentrallandschaft der Schweiz«, als Ferment der französischen Schweiz und des Berner Landes.

9. Das Burgunderreich und das Nachleben der »Burgundia«

Die Insel Bornholm in der Ostsee bewahrt in ihrem Namen noch die Erinnerung an die ostgermanischen Burgunder und ihre Urheimat. Im 1. Jahrhundert v. Chr. saßen sie in Norddeutschland; der Geograph der Antike, Ptolemäus, setzte sie in das Land zwischen Oder und Weichsel. In den ersten zwei Jahrhunderten nach Christus drangen sie von Brandenburg aus über die Lausitz bis Schlesien vor, wo sie von den Gepiden besiegt wurden. Im Gefolge von Wandalen und anderen Volksstämmen setzten sie sich im Maintal fest, wo sie mit den Alemannen in Streit kamen. Seit dem 4. Jahrhundert unterhielten sie gute Beziehungen zu den Römern und unterstützten diese gegen die Alemannen.

Der Teil der Burgunder, der im Norden seßhaft blieb, ging später in den Langobarden auf; niemals sind Großstämme ganz aus ihrer Heimat ausgezogen. Ein anderer Teil der Burgunder Schlesiens wanderte in das Schwarzmeergebiet und wurde dort von den Ostgoten vernichtet. Die Wandalen rissen um 406 die Burgunder nach Westen fort; letztere ließen sich am Oberrhein um Mainz, Worms und Speyer nieder und zwangen die Römer, sie in ein Föderatenverhältnis aufzunehmen. Die Kaiser schlossen mit ihnen Hilfsverträge ab und wiesen ihnen das Gebiet am nördlichen Oberrhein als Siedelland zu.

Seßhaftmachung

Als die Burgunder 435 in Belgien einfielen, besiegte sie Aëtius und hetzte die Hunnen gegen sie. Bei dem Blutbad, das diese unter ihnen anrichteten, soll auch ihr König Gundahar, der Gunther der Nibelungensage, den Tod gefunden haben. Der römische Generalissimus Aëtius wies ihnen dann 443 in der Sapaudia (Savoyen) Siedelland an. In die leergewordenen Räume am linken Rheinufer drangen die Alemannen ein. Die Seßhaftmachung der Burgunder inmitten einer gallorömischen Bevölkerung vollzog sich ganz legal in den Formen des römischen Einquartierungssystems. Diese juristische Konfiskation des Besitzes beließ den Bebauern eines Landgutes zum Beispiel zwei Drittel und gab den Barbaren ein Drittel; dabei blieben Wälder und Weiden ungeteilt, Weingärten und Gärten wurden aber geteilt. Die Burgunder behandelten den gallorömischen Adel rücksichtsvoll und bedrückten auch das Volk nicht. Dadurch wurde eine stille Verschmelzung möglich.

Burgunder und Gallorömer

Nach der Unterwerfung der Burgunder suchte die merowingische Königsgesetzgebung die Trennung nach dem Grundsatz der Personalität des Gesetzes noch aufrechtzuerhalten; sie verordnete das römische Recht für die römischen Eingeborenen, das germanische für die Burgunder; doch der Prozeß war schon im vollen Gange und ließ sich nicht mehr aufhalten. Als Aëtius 454 starb, schützten die Burgunder auch die Gallorömer gegen die Alemannen, trieben diese aus der Sequanaise in das Elsaß zurück und marschierten rhoneabwärts bis Durance, um die Goten aufzuhalten. Hilferufe der Einwohner der Lyonnaise führten sie 457 bis in die Gegend vom Amberieux und 461 oder 465 nach Lyon, immer ohne Blutvergießen und Plündern.

Das zweite Reich der Burgunder, die Burgundia, später Bourgogne, umfaßte ein Gebiet zwischen oberer Loire, Aare, Rhone und Rheinquellen. In einem Brief des Ostgoten Theoderich I. an den Burgunderkönig Gundobad, der zeitweise sogar die Provence mit dem Hafen Marseille besetzt hielt, erscheint 507 zuerst der Name Burgundia; er bezeichnete einen Nachfolgestaat des Römerreiches. Der Burgunderkönig war nur für die Burgunder König, für die Gallorömer war er nur Heermeister oder Patricius (ein römischer Amtstitel!) und betrachtete sich dabei als Vertreter des Kaisers.

Romanisierung und Christianisierung

Die Burgunder nahmen im Gegensatz zu den Alemannen und nach dem Rat des Ostgotenkönigs sehr rasch von den Gallorömern Kunst und Wissenschaft an; sie beschäftigten Künstler, Goldschmiede, Baumeister von Kirchen, zählten nach dem römischen Jahr und gebrauchten den römischen Münztyp. In der Anlehnung an den Kaiser und die römische Kultur suchten die Burgunder Hilfe gegen die nahen und gefährlichen Franken; dabei hatten sie den Vorteil, daß der Kaiser fern in Konstantinopel residierte.

Der Übertritt vom Arianismus zum Katholizismus hat die Romanisierung der Burgunder und ihre Verschmelzung mit den Gallorömern möglich gemacht. Schon am Mittelrhein waren sie oberflächliche Christen geworden. In der Burgundia bestanden zunächst die arianische Staatskirche der Barbarenkönige und die alte »Reichskirche« ihrer gallorömischen Untertanen, die von den Franken gestützt wurde, nebeneinander. Unter dem Einfluß seiner katholischen Frau verständigte sich König Gundobad mit dem katholischen Episkopat und führte Religionsgespräche mit dem heiligmäßigen Bischof Avitus von Vienne. Erst sein Sohn Sigismund vollzog aber offiziell den Übertritt. Doch wurde schon 534 die Burgundia dem Frankenreich einverleibt.

Die Burgunder zeigten eine große Fähigkeit zur Anpassung an die Tradition des Reiches. Ihre militärische Kraft und ihre wendige Politik gegenüber Gallorömern und Byzanz, ihre Aufgeschlossenheit für lateinische Kultur, der Einfluß König Gundobads in Rom empfahlen sie als Träger und Repräsentanten. Aber ihr Reich hatte zu lange, schwer zu verteidigende Grenzen, und ihre fränkischen Nachbarn waren ihnen an Macht überlegen.

In Zeiten des Übergangs und des Zusammenstoßes verschiedener Kulturen haben psychologische Momente der Abneigung und der Überlegenheit bis in Äußerlichkeiten hinein oft eine entscheidende Rolle gespielt. Nicht der Ideenaustausch und die Anpassung wirken in erster Linie, es müssen sich die Menschen körperlich mischen, sich in Lebensformen und Alltäglichkeiten annähern, damit neue Völker und Gesellschaftskörper entstehen.

Vor allem König Gundobad, der Gesetzgeber, hat der »Burgundia« so viel Inhalt gegeben, daß sie nach der Eroberung durch die Franken 534 im Merowingerreich auch ein Volk, eine Nation blieb. Sie bildete fortan zusammen mit Neustrien, Austrasien und Aquitanien einen wesentlichen Teil des Frankenreiches und behielt ihren Namen auch in der offiziellen Amtssprache. Die *Lex Gundobad* (= Gesetz des Königs Gundobad) ist neben dem Westgotenrecht die vollständigste und humanste Rechtskodifikation unter allen Germanenrechten. Sie lebte lange fort im Volks- und Gewohnheitsrecht von Burgund. Neben der gallofränkischen Landschaft Neustriens, neben der gallogotischen Aquitaniens entstand die galloburgundische Landschaft. In der Folgezeit hat die Ausdehnung der Burgundia (= Bourgogne) oft gewechselt; sie wuchs nach Gallien hinein und war dann wieder auf Saône- und Rhonetal beschränkt. Sie war ein Schild vor der neuentstehenden Francia (Frankenreich, galloromisch-fränkische Welt) gegen Osten vom Mittelmeer bis zum Jura.

Die vier Burgund des Mittelalters

Der fränkische Hausmeier Karl Martell trennte die Burgundia in vier Bezirke: Arles, Vienne, das alemannische und das burgundische Burgund. Nach seinem Willen sollte sie ein Sperrblock gegen die Araber und eine fränkische Festung sein. Daraus erwuchsen die verschiedenen Burgunds des Mittelalters: das Königreich, genannt Bourgogne oder Arles mit der Provence, die Dauphiné oder Savoyen, das herzogliche Burgund, das gräfliche Burgund oder die Franche Comté, später noch das helvetische oder zähringische, wo Berthold IV. von Zähringen Freiburg und Berthold V. Bern gründeten.

10. Die Franken und die gallorömische Provinzialkultur

Die blühende römische Provinz

Für den Aufgang Europas im Mittelalter wurde es wichtig, daß Gallien im 4. und 5. Jahrhundert die wirtschaftlich wie geistig fortschrittlichste unter den weströmischen Provinzen war, daß eine große Kauffahrteiflotte die Produktion seiner Landwirtschaft und seiner Gewerbe über Flüsse und Meere trug, daß auf vielen hohen Schulen in Narbonne, Arles, Bordeaux, Toulouse, Lyon, Marseille, Poitiers und Trier, mit einem starken Übergewicht des Südens also, Bildung und Wissen vermittelt wurden, daß es dank Dichtern wie Ausonius und Sidonius im literarischen Leben der Zeit, dem 4. und 5. Jahrhundert, führend war.

Das Römische Recht und die Barbaren

Im letzten Drittel des 5. Jahrhunderts kam Gallien vollends in die Hände der Barbaren. Das Leben ging zwar weiter, und die Wirtschaft brach nicht ganz zusammen; denn es überlebte auch der Überseehandel vom Rhonetal in das östliche Mittelmeer, und die Münzprägung setzte nicht aus. Sidonius, seit 469 Bischof von Clermont, anerkannte die Ordnung und Zivilisation im Westgotenreich Südwestgalliens (466–507). Maßstäbe des Rechts und der Vernunft beherrschten noch das Breviarium Alarici von 506, eine Gesetzessammlung des Westgotenreiches, die das Verhältnis zwischen Galloromern und Westgoten regelte. Dasselbe ist auch von den Burgundern und ihrer Gesetzessammlung von 510 zu sagen.

Je mehr sich freilich die Welt wandelte, um so stärker trat das Römische Recht in den Hintergrund; trotzdem verspüren wir seine Wirkung als Vulgarrecht noch in den Stammesrechten des Frankenreiches; aber im ganzen beherrschen doch gotisches, burgundisches und (sal)fränkisches Recht den sich vereinfachenden zwischenmenschlichen Verkehr. Erst im 11. und 12. Jahrhundert entdecken die Juristen von Bologna das Römische Recht von neuem für Europa, und seit dem 15./16. Jahrhundert tritt es dann seinen Siegeszug durch Europa an. Menschen mit symbolischem Denken, die sich an handgreifliche und förmliche Wahrzeichen gebunden sahen und fühlten, wurden von der Sachlichkeit und Abstraktheit römischer Rechtsgedanken nicht mehr angesprochen. Mit dem Versinken der Schriftlichkeit des Rechtsverkehrs im Westen kam das Römische Recht außer Übung und wurde vergessen. Ein bedeutsamer Vorgang, dessen einschneidende Wirkung man dann voll begreift, wenn man überlegt, daß erst mit dem 11. und 12. Jahrhundert ein neuer rationaler Trend durch die erwachenden Völker Europas zieht und die Schriftlichkeit sich langsam wieder im Rechtsgeschäft durchsetzt.
Für die Zukunft Europas wurde es entscheidend, daß die dem Großverband der Istwäonen zugehörigen westgermanischen Franken religiös mit Rom in Beziehung traten.

Urheimat und Urgeschichte der Franken

Der »Frankenname« bezeichnet einen Bund von Stämmen (Chamaver, Chattuarier, Brukterer, Angrivarier, vielleicht auch Chatten und Chauken). Chlodwig war um 481 König der salfränkischen Sugambrer, die älter als die Franken waren und an der Spitze eines Bundes von Stämmen mit einem gemeinsamen Heiligtum der Fruchtbarkeitsgöttin Taufana standen. Als Cäsar 55 v. Chr. gegen diese Stämme über den Rhein zu Felde zog, siedelten sie zwischen Lippe und Lahn (um Dortmund und Neuwied). Sie lieferten die Usipeter und Tenkterer, die bei ihnen Schutz gesucht hatten, nicht aus und zogen sich vor den Römern in die Wälder zurück. Unter Augustus kreuzigten sie römische Kaufleute, verheerten gallisches Land und eroberten den Adler der 5. römischen Legion (= Division). Später wurden sie als Föderaten in das Reich aufgenommen und latinisierten sich zum größten Teil. Bei den jenseits des Rheins verbliebenen Resten ging die Erinnerung an gemeinsame Abstammung verloren; der Völkerbund der Sugambrer war ja zerfallen, nur ihr Name lebte noch in der gelehrten Tradition fort als Bezeichnung für die Franken, die Germanen, die Barbaren.
Gregor von Tours legte bei der Erzählung der Taufe Chlodwigs dem wissenschaftlich und rhetorisch ausgebildeten Bischof Remigius von Reims die damals literarischen Worte in den Mund: »Beuge milde deinen Hals, Sigamber (= Chlodwig), bete an, was Du bisher angezündet, verbrenne, was Du bislang angebetet hast.« (Historia Francorum.)
Die Stämme, die später mit dem Sammelnamen »Franken« bezeichnet wurden, saßen staffelförmig aufgereiht zwischen Nordsee und mitteldeutscher Gebirgsschwelle (Hercynischer Wald). Als Wiege des Frankenreiches bezeichnet man die Ebenen der heutigen Niederlande entlang dem Ozean und dem Niederrhein, stromaufwärts das Land um Köln in Sicht des Bergischen Landes rechts und der vulkanischen Eifel links bis zu den grünen Ardennen und der Charbonnière. Die Siedler in diesen einförmigen, unkultivierten, kaum besiedelten Ebenen konnten der Versuchung des fruchtbaren gallischen Bodens nicht widerstehen.
Der Frankenname bezeichnete einen politisch-kriegerischen Bund; »Franke«

Frankenbund und Einheitsgedanke

bedeutete später »frei« oder »adelig«, früher meinte man wohl den kühnen Krieger. Der »Einheitsgedanke«, der im Großstamm der Franken seinen bündischen Ausdruck fand, ließ alle teilstämmischen Namen und Unterschiede verblassen. Am Ende des 5. Jahrhunderts gab es nur noch drei fränkische Königreiche, am Ende des 6. verschmolzen auch diese zu einer Großherrschaft.

Wenn das grausame und harte Barbaren- und Kriegervolk der Franken, das in nichts den Alemannen und Sachsen nachstand, zum »Reichsvolk« der neuen Welt aufstieg, dann muß das das Werk einiger intelligenter und kraftvoller Heerkönige gewesen sein. Zwar hatten fränkische Stämme seit 253 gelegentlich Einfälle nach Gallien bis zu den Pyrenäen unternommen, waren 275 sengend und brennend durch die Lande gezogen; zwar mußte Kaiser Probus (267–282) siebzig Städte zurückerobern, bevor er die Franken wieder über den Rhein zurücktreiben konnte – jedoch erst zwischen 408 und 423 begannen sie den Strom im ganzen zu überqueren und sich an dessen linkem Ufer niederzulassen.

Vor 406 gab es zwei fränkische Gruppen, die durch die Reichsgrenze voneinander geschieden waren. Die einen dienten als Föderaten zur Beherrschung von Straßen und Städten und zur Abwehr germanischer Eindringlinge; die anderen, die freien Franken, saßen noch in germanischem Land. Beide Gruppen vereinigten sich, als 406 die Wandalen, Sueben, Alanen trotz des Widerstandes chattischer Föderaten die Rheinlinie eindrückten. Die Römer hatten Gallien zeitweise aufgegeben, da sie es allein nicht mehr verteidigen konnten. Die Franken waren nie in der gallorömischen Bevölkerung aufgegangen, da sie die Verbindung mit dem Altsiedelland nicht unterbrachen.

Salfranken und Ripuarier

Als ihr Vortrupp zogen die Salfranken (sal = Salzwasser) aus der Meergegend scheldeaufwärts; von Kaiser Julian 357 besiegt, wurden sie schließlich im nördlichen Brabant angesiedelt und übernahmen als »ständige Hilfsvölker« die Verteidigung dieses Raumes. Die Grenzwehr übertrugen die Römer immer Germanen und fremdstämmigen Verbündeten. Die Salfranken drangen unaufhaltsam in Belgien weiter vor. Aus ihren Reihen gingen Chlodwig und sein Geschlecht hervor.

Eingekeilt zwischen Meerfranken und Alemannen saßen die Ripuarier (ripa = Uferland), in denen die Brukterer aufgingen, gewissermaßen als »Reserve« in der Kölner Bucht. Nach dem Tode des Aetius, des Siegers über Attila, rückten die Salfranken an die Somme, die Ripuarier (= Rheinfranken) bis Mainz vor, in dessen Umland sie den Rheingau und die südliche Wetterau schon früher besetzt hatten. Um 459 fiel Köln in ihre Hände, um 475 war auch die römische Kaiserstadt Trier mit Metz und Toul, die einst der fränkische Heermeister Arbogast beherrscht hatte, einem fränkischen Reich eingegliedert. Köln wurde zur Hauptstadt fränkischer Könige, die den ganzen Raum bis zum breiten Waldgürtel zwischen Untermain und Neckar beherrschten, der Alemannen und Franken trennte.

Die Franken in der römischen Provinz Gallien

Gallien war in der Spätantike die wichtigste Provinz des weströmischen Reiches. Die Römer suchten sie deshalb bis zuletzt zu halten. Der römische Generalissimus Majorian versuchte um 425 den Vormarsch der Salier zwischen Tournay und Cambrais aufzuhalten; aber König Chloio behauptete die beiden Städte und griff bis zur Somme aus. Unter dem Kommando des letzten großen römischen Befehlshabers, des Patricius Aetius, nahmen die Salfranken vielleicht an der Hunnenschlacht teil. Sein Nachfolger, der Gallorömer Ägidius, war mit Chlodwigs Vater Childerich verbündet. Im Dienste der Römer nahm die fränkische Politik Profil an. Childerich wehrte als Heerführer des Reiches Angriffe der Barbaren ab, kämpfte 463 im Tal der Loire an der Seite des Ägidius gegen die Westgoten, nach dessen Tod gegen die Sachsen, die loireaufwärts bis Angers gezogen waren. Childerich war schon halb romanisiert. Seine Waffen und seinen Schmuck fand man 1653 im Königsgrab zu Tournay. Unter den kostbaren Arbeiten im germanischen Stil fand sich ein mit Goldbienen übersäter Purpurmantel, ein Gürtel mit Börse, darin mehr als 300 Gold- und Silbermünzen mit Kaiserbildern. Unter Childerich, der Verständnis für die katholischen Gallorömer und ihre Bischöfe zeigte, begannen die Franken in Nordgallien seßhaft zu werden, ein Reich aufzubauen und eine eigene Kultur auszuformen. Sie stellten die Einheit Galliens, wie sie die Römer geschaffen hatten, wieder her und legten dadurch den Grund für das mittelalterliche Europa.

Rom siedelte fränkische Söldner als Militärkolonisten an. Gar mancher von ihnen machte militärische Karriere. Zusammen mit Romanen oder auch in eigenen Brigaden waren sie zur Reichsverteidigung eingeteilt und mußten die römischen Legionen auffüllen. Die Reichsverwaltung suchte diese fränkischen Krieger an das Land zu binden und sie von den Städten fernzuhalten, wo sie nur das Proletariat vermehrt hätten; man fesselte sie an den Soldatenstand, ließ sie nur unter sich heiraten und bewahrte damit ihren germanischen Charakter, verhinderte also eine Assimilation. Sie hatten ihre eigenen Reihengräberfriedhöfe. Aber die Franken verspürten in dieser aufgezwungenen Isolierung die Macht ihrer Waffen. Solange sie gut bezahlt und ihre Wünsche befriedigt wurden, unterwarfen sie sich der Beamtenwirtschaft und dem Mandarinentum der Römer, die sie verachteten. Auf der anderen Seite aber waren die Franken vom Reich und seiner Kultur fasziniert.

In Gallien waren nur noch die Beamten und das militärische Kommando römisch; der Heermeister Arbogast war schon ein romanisierter Franke. Wendigkeit und Ausdauer der Reichsbeamten retteten römische Tradition in Politik, Verwaltung, Heerwesen und machten es möglich, daß die Reichsverwaltung fast lautlos in die Frankenherrschaft hinüberglitt. Diese konnte darum so viele Elemente römischer Staatskunst übernehmen und bewahren. Als es nach 476 nur noch einen legitimen Ostkaiser ohne Einfluß in Gallien gab, da standen die Franken wie die Gallorömer, vorab die Senatoren- und Gutsherrenaristokratie und der hohe Klerus, vor der bangen Frage, wer die Nachfolge des Reiches in der Nordwestecke des Kontinents übernehmen sollte.

Vor dem Untergang des Römerreiches fühlten sich die Gallorömer zusehends als die Römer des Westens. Die Verwüstungen des 5. Jahrhunderts hatten der Wirtschaft der Provinz schwere Wunden geschlagen. »In den Gehöften, auf den Landgütern, auf den Feldern und allen Kreuzungspunkten des Verkehrs, in allen Gauen (= den Landgebieten einer Stadt) herrschen allüberall Tod, Schmerz, Vernichtung, Katastrophe, Brand und Trauer, ganz Gallien raucht wie ein einziger Trümmerhaufen.«

Absterben der Stadtkultur

Die Stadtkultur war im Absterben, auch wenn sich im Süden in Städten wie Nimes, Narbonne, Arles, Vienne urbanes Leben unter dem Schutze gewaltiger Festungsmauern noch weiterfristete; im allgemeinen konnten auch die nicht zerstörten Städte ihre alte Stellung nicht mehr aufrechterhalten. Auch vor den Grabmälern der Toten machte die Verwüstung nicht halt und erschütterte die Menschen. Die Häuser und Tempel in den Städten, wo heiteres Leben geherrscht hatte und kultische Feiern abgehalten worden waren, waren leer; Traditionen und Erinnerungen erloschen.

Im 4. Jahrhundert Opfer der Wirtschaftskrise und der Entvölkerung, kamen die gallorömischen Städte im 5. Jahrhundert auch äußerlich herab und schrumpften räumlich ein; sie wurden zu beengten Festungen mit dicken Mauern, Schutzwehren und niederen Tortürmen. Autun wurde gegenüber der Ummauerung des Augustus auf ein Zwanzigstel verkleinert; Nimes schrumpfte von 200 auf 30 Hektar zusammen. Stadt und Land, im römischen Munizipialsystem eine wirtschaftliche, gesellschaftliche, administrative Einheit, traten jetzt auseinander.

Die spätantike Kirche stützte sich vornehmlich auf die Städte, die Zentren ihrer Bistumsorganisation waren. Der Verfall der Städte traf also auch die Kirche. Städte wie Tongern, Köln, Mainz, Worms, Speyer, Straßburg, Basel hatten keine Bischöfe mehr.

Die Christianisierung des 6. und 7. Jahrhunderts war auf dem Lande vielfach überhaupt ein Neuanfang. Als die Reichsgewalt erschüttert wurde und erlosch, fanden in den Nordprovinzen vor der Germanengrenze große Absetzbewegungen besonders unter Odoaker aus den Donaulanden (Noricum und Rätien) statt. Auch die Bischofssitze wurden aus dem bedrohten Flachland in das Gebirge zurückverlegt (in Kärnten, Tirol, Graubünden, Provence, wo Venasque mit seiner berühmten Merowingerkirche ein schönes Beispiel ist).

Friedenssehnsucht

Zur gleichen Zeit hatte sich in Gallien Syagrius, der Sohn des Ägidius, noch einmal mit römisch-fränkischen Truppen behauptet und sich durch Usurpation zum letzten römischen König in Gallien aufgeschwungen; Abenteurer dieses Schlages regierten in den Grenzprovinzen kaum anders als die Barbarenherrscher.

In den stürmischen Zeiten wurde die Sehnsucht der Gallorömer nach Friede und Ordnung immer mächtiger. Angst vor Anarchie und Auflösung erfaßte die Einwohner dieses fruchtbaren, gewerbereichen Landes mit reichen historischen Denkmälern. Man rief nach dem kraftvollen Arm, der das Unheil bannen könnte.

Nur die Franken konnten diese Situation meistern, mochten sie noch so hart und grausam sein. Die fränkische Oberschicht war zudem dem Katholizismus aufgeschlossen, während Burgunder und Westgoten Arianer, Alemannen und Sachsen heidnische Briganten und Piraten waren, zu denen man keinen Zugang hatte.

Die Kirche als Vermittlerin

Zwischen Franken und Gallorömern vermittelte die Kirche, deren Organisation allein noch funktionierte. Die Bischöfe, Angehörige der gallorömischen Senatorenaristokratie, waren die »Verteidiger der Städte«, ihre anerkannten Oberhäupter, Hirten des Volkes, geworden. Sie waren die Träger alter Kulturtradition, beherrschten Regeln und Weisheit römischer Staatskunst und römischen Rechts, sie konnten dieses Erbe an neue Völker und eine neue Welt weitergeben. Als gelernte Verwaltungsleute und begabte Diplomaten meisterten sie nicht nur die Not in den Städten, sie hatten schon reiche Erfahrungen im Umgang mit den Barbaren gesammelt; im Zusammenbruch der Reichsverwaltung fiel die politische Macht ihnen zu, da sie allein imstande waren, in ihren begrenzten Sprengeln Ernährung, Verteidigung, Verwaltung und Polizei aufrechtzuerhalten. Dadurch hatte die Kirche ein ungewöhnliches Ansehen und gewaltigen Einfluß in dieser gefährdeten Gesellschaft gewonnen. Da sich ihre Organisation schon früh an die staatliche angeschlossen hatte, trat sie auch in Not- und Übergangszeiten in die staatliche Macht ein und ersetzte sie. Die Kirche wurde so in Gallien, später auch in Italien, zu einem Reichsersatz.

In der Zeit der Schrumpfung des Geldumlaufs stieg der Wert der Sachgüter, vor allem von Grund und Boden, gewaltig in die Höhe; die reichen Landschenkungen der Gläubigen an die Kirche wogen deshalb doppelt schwer. Dadurch erhielt die Kirche die Mittel zur Organisation der öffentlichen Hilfsdienste, der Aufrechterhaltung der Ernährung in den Städten, zur Wiederherstellung der Festungswerke. Die Franken Childerichs und Chlodwigs sahen diese Männer hoher senatorischer Abkunft in Tournay, Cambrais, Reims, Amiens, Paris und anderswo tagtäglich am Werke und erkannten, daß auch sie deren Hilfe bedurften, wenn sie in dieser einst blühenden Provinz das Leben notdürftig in Gang halten und eine primitive Herrschaftsführung aufbauen wollten.

Die Kirche bot ihre Dienste deshalb im eigenen Interesse an, weil sie ihre geistliche Mission nur in geordneten Verhältnissen erfüllen konnte. Wollte sie die neue Welt verchristlichen, dann brauchte sie nach ihren bisherigen Erfahrungen Einfluß in der neuen Herrschaftswelt, vor allem Beziehungen zum König und zur Oberschicht. Deshalb ging sie das erfolgreiche Risiko der Zusammenarbeit mit den Kräften ein, denen die Zukunft gehörte, auch wenn diese zunächst ihre Gegner waren. Dadurch sind die neue Gesellschaft und Kultur, ist das neue Reich wesenhaft christlich geworden.

Fränkisches Reich um 500

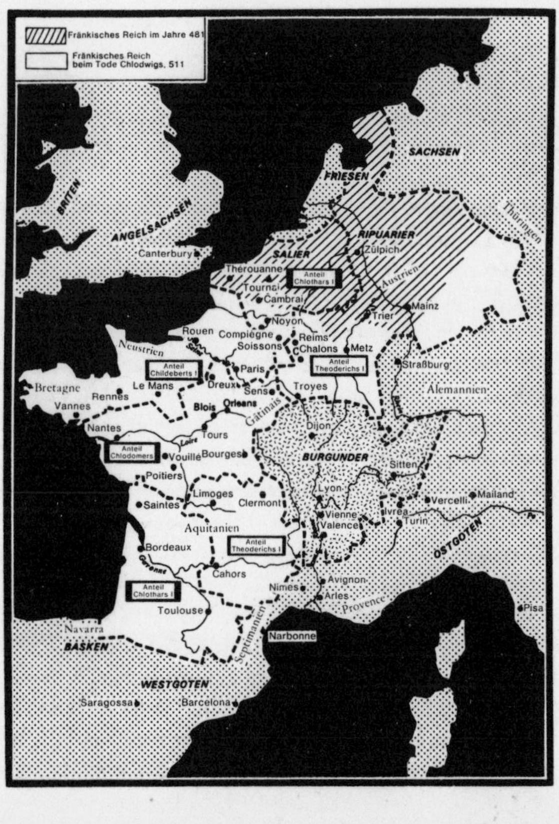

IV

CHLODWIG, DER NEUE GROSSHERRSCHER DES WESTENS (482–511) FRANCIA UND GERMANIA

1. Der Herrscher

Im Bunde mit der Kirche gelang dem Merowinger Chlodwig (486) die Begründung einer neuen politischen Ordnung im Westen. Indem er sich für die Religion Roms ohne den Umweg des Arianismus entschied, gewann er Zugang zu seinen ehedem römischen Untertanen und gab durch seine Taufe dem Katholizismus seine universale Weltbedeutung zurück. Das wurde der Weg für die Verschmelzung von Barbarenwelt und Antike. Chlodwig schlug ein neues Kapitel in der Geschichte des Christentums auf. Er war ein Barbar, der sich zivilisierte und kultivierte, ein Germane, der sich teilweise romanisierte, ein Heide, der sich ein christliches Gewand umlegte.

Über Chlodwigs Wirken berichtet Bischof Gregor von Tours, aus der gallo-römischen Senatorenaristokratie der Auvergne, in seiner »Frankengeschichte« (538–594), die ein europäisches Kulturdenkmal ersten Ranges ist. Der Bischof war Prototyp einer Gesellschaft des Übergangs. Das Reich sah er noch als den römischen Staat, sich selbst als Römer.

Fränkisch-gallorömische Verschmelzung

Fränkisch-gallorömische Verschmelzung ist das Hauptkennzeichen der merowingischen Epoche. Schon im Namen Chlodwigs (= Hludovicus = Ludwig) kommt das zum Ausdruck. Um 466 vielleicht zu Tournay geboren, trat Chlodwig 482 die legitime Nachfolge und Herrschaft seines Vaters in einem organisierten Königreich an; er übernahm von ihm die Pflege der guten Beziehungen zur gallisch-römischen Kirche und zu den einheimischen Galloromern. Chlodwig, der nach Abstammung, Sprache, Sitte und Temperament Germane, Franke, war und blieb, zählte zu den großen Begründern europäischer Geschichte, er leitet die archaische Epoche europäischer Gesellschaft und Kultur ein. In ihm lebte das geistige und moralische Erbe seiner Ahnen, wirkten deren Traditionen, deren Glaube, Spruch- und Lebensweisheit, die er in Gesängen fränkischer Barden aufnahm. Auf die heidnisch-germanische Unterweisung folgte die christliche Lehre, und im täglichen Umgang unterlag er den Wirkungen römischer Kultur. Trotz Taufe blieb er noch lange Barbar und war es intensiver als sein Schwager, der Ostgotenkönig Theoderich I. der Große.

Chlodwig, dieser intelligente, aufgeschlossene Geist war grausam, hinterhältig und skrupellos. Er beseitigte alle, die sein Einigungswerk störten, und er war in der Wahl seiner Mittel nicht ängstlich. Das erfuhren der König Chararic von

EGICA REX
VIGILA SCRIBA

Papst Gregor der Große (590 bis 604), Registrum Gregorii (um 900), Trier, Stadtbibliothek

Auf der Vorderseite:
Darstellung von neun westgotischen Königen, Codex Vigilano (976), El Escorial, Spanien

Tongern und sein Sohn, die er in ein Kloster sperren und nach mißlungenem Racheakt töten ließ. Chlodwig spaltete eigenhändig den Schädel des gefangenen Königs Ragnacharis von Cambrais; dessen Krieger hatte er durch kupferne Halsketten und Schwertgehänge, die er für Gold ausgab, bestochen.
Das Christentum hatte die Natur dieses Merowingers nicht umgebildet. Zivilisation, Kultur und Bildung hatten Gefühl und Temperament noch nicht entschärft und Gefühl mit Verstand noch nicht ausgeglichen. Chlodwigs Herrschaft ruhte auf dem strikten Gehorsam. Er starb im frühen Alter von 45 Jahren.

2. Chlodwigs Verhältnis zu Religion, Christentum und Kirche

Das Verhältnis dieses überragenden Merowingers zum Christentum ist nicht mit dem modernen Begriff der Bekehrung zu deuten. Dieser verschlagene Germane war nicht vom Skeptizismus spätantiker Intelligenz oder unserer Bildungsschicht angekränkelt. In der kraftvollen Brust dieser affektgeladenen, einfachen Menschen war Platz für zwei Religionen und Kulturen; ob das Schicksal zwischen Odin oder Christus entscheide, das überließen sie dem Schicksal. Bekehrungen sind die Frucht äußerer Umstände und innerer Erfahrungen. Der Vater Chlodwigs unterhielt herzliche Beziehungen zur Kirche, zu Ste-Geneviève (hl. Genoveva) und besonders zum heiligen Remigius, der auch großen Einfluß auf den Sohn gehabt haben mag. Ein wesentlicher Anstoß zur Taufe kam von Chlodwigs Heirat mit der katholischen Prinzessin Chrotechilde (Clotilde) aus der burgundischen Königssippe; der Episkopat hatte beide zusammengeführt.

Arianismus der Germanen

Vom Arianismus hielt Chlodwig die Tatsache ab, daß seine burgundischen und westgotischen Rivalen in Gallien, aber auch sein ostgotischer Schwager Theoderich I., dessen Reichsplänen er mißtraute, Arianer waren. Man kann nicht übersehen, daß der Arianismus für einen Germanenherrscher Vorteile bot, so den einer romfreien, allein dem Herrscher untertanen Staatskirche, dann den Vorzug des Kompromisses zwischen christlichem und heidnischem Glauben; der Kult war volkssprachlich, Christus wurde nicht als Gott, sondern als Heros verstanden, die Lehre paßte sich an Geist und Tradition der Barbaren an.

Göttersproß und Bekehrung

Chlodwig war im Glauben seiner Franken Sproß eines Göttergeschlechts. Der Stammvater Merowech war der legendäre Sohn eines Meergottes. Chlodwig pflegte diesen Kult, der ihn in den Augen seiner Untertanen legitimierte. Wenn dieser Herrscher christlich wurde, dann konnte das nur so geschehen, daß ihm der Christengott, dem seine Frau ergeben war, überlegene Stärke gegenüber den anderen Göttern bewies und daß er ihn zum Träger eines besonderen Heils auserwählt hatte. Die Gelegenheit dazu kam, als der Merowinger sich anschickte, ganz Gallien zu erobern und dies den Widerstand der Burgunder, Westgoten, Alemannen und Sachsen, die alljährlich die Nordküste verheerten, hervorrief.
Wunder und Erfolg waren für die Menschen des 5. und 6. Jahrhunderts Beweis und Erfüllung ihres Glaubens. Das Heilszeichen des Sieges führte dem Eroberer die Menschen Mittel- und Südgalliens zu. In diesem Sinne war diese Bekehrung mit europäischen Folgen nicht nur politisches Kalkül, sondern Folge eines inneren Ringens; beides war eine psychologische Einheit, politische Religiösität, die die archaische Epoche beherrschte.

Dieser Schritt hat letztlich die Eroberung des Westens durch den Islam verhindert. Die Taufe Chlodwigs vom 25. Dezember 496 hatte der gallische Episkopat, vorab der Bischof von Reims, vorbereitet. Chlodwigs Gespür ging auf diese Initiative zur rechten Stunde und in Übereinstimmung mit ihren Forderungen ein.

3. Chlodwigs Reichsgründung

Germanische Eroberung

Im germanischen Verstand war »Reich« Groß- und Überherrschaft über König-, Stammreiche, Völker. Ausgangsbasis der Reichsgründung Chlodwigs war das Land um Rhein und Schelde; der Rhein wurde erst unter den Karolingern zur Reichsachse. Chlodwig war auch an Germanien interessiert und breitete seine Einflußsphäre bis zu den Sachsen und nach Mitteldeutschland, bis nach Augsburg und zu den bayerischen Alpen aus. Der Rhein war fast ganz bis auf das Quell- und Mündungsgebiet in Rätien (Schweiz) und Friesland (Niederlande) in seiner Hand. Er unterwarf die Alemannen, die ihn vom Rücken her bedrohten.

Wie jeden Barbarenkönig faszinierte auch ihn die Idee des Römerreiches. Die Intervention Theoderichs I. verhinderte sein Eingreifen im westgotischen Spanien, verhinderte auch eine verfrühte Überspannung und Schwächung seiner Kräfte. Sein Werkzeug war ein schlagkräftiges Heer, dessen Oberbefehl in seinen Händen lag. Chlodwig rottete den fränkischen Adel nicht aus, er nahm ihm nur seine regionalen Führer. Bereits sein Vater hatte die Expansion nach Westen bis zur Armorica (Bretagne und zur Loiremündung vorbereitet, wo als letzter römischer Herrscher Syagrius regierte. Der junge Chlodwig eroberte diesen letzten Rest römischer Macht und verlegte seine Residenz von Tournay nach Soissons und schließlich nach Paris.

Der Großkönig

Dieses Großkönigtum erweiterte er zum gallorömischen Reich durch seine Kriege gegen die arianischen Burgunder und Westgoten. Dabei fand er die Unterstützung der katholischen Gallorömer und des Episkopats, besonders des heiligen Avitus in Burgund (Vienne). Er intervenierte in den blutigen Streitigkeiten zwischen Gundobad und seinen Brüdern und heiratete in die Familie ein. Dann griff er die Westgoten an und besiegte sie 507 unter Alarich II. bei Vouillé; die Westgotenherrschaft in Südfrankreich brach zusammen, die Franken besetzten Aquitanien.

4. Die »Francia« und ihre volkliche Ordnung

Die Siege Chlodwigs schufen die *Francia*, das Land der Franken, das zur Hälfte germanisch, zur Hälfte gallorömisch war. Seine Beziehungen zu den Gallorömern waren vorher ohne Beispiel bei den Germanen; sie waren möglich und begründet in seiner legitimen Königsherrschaft schon vor den Siegen. Seine Taufe legte die Mauern des Mißtrauens und der Mißachtung nieder. So erschien Chlodwig den Gallorömern unter burgundischer und westgotischer Herrschaft als Befreier. Für die Bischöfe aber war er Verteidiger des Glaubens und der Kirche; er galt nicht als Eroberer, wie die Germanen in Britannien, Spanien und Italien.

Die Franken waren keine herrschende Minderheit, die eine Vermischung mit der unterworfenen Majorität vermeiden mußte. Sie waren keine Reichsfeinde, da sie in einem Niemandsland ohne Reichsgewalt, Reichsheer, Reichskirche operierten. Chlodwig konnte deshalb von Grund auf eine neue Ordnung aufbauen und eine neue Herrschaft errichten, die fränkisch und gallisch, römisch und katholisch zugleich war und darum eine Synthese brachte.

Achtung vor Recht und Gesetz

Grundbesitzeradel und Episkopat der Gallorömer hatten in Chlodwig zunächst einen barbarischen Föderatenführer gesehen, der aber kraft kaiserlicher Delegation die Belgica Secunda, eine gallische Teilprovinz, beherrschte, dort die Einheimischen nach Reichsrecht, die Kämpfer nach germanischem Recht behandelte, der als Funktionär des Reiches Abgaben erhob. So bestand von Anfang an ein Modus vivendi des Zusammenlebens. Choldwig respektierte wie sein Vater das Gesetz. Die Gallier wurden nicht verknechtet und blieben in der gleichen sozialen Stellung wie vorher. Sklaven und Pachtbauern blieben, was sie waren, die »Freien« blieben frei.

Zwar haben die Franken auch geplündert, Gold, bewegliche Güter, Sklaven nach Kriegsrecht beschlagnahmt, aber keinen Boden konfisziert und das Eigentumsrecht der Gallorömer unangetastet gelassen. Die alte Villa (= Gutshof) blieb intakt, sie wurde nicht zwischen gallischen Eigentümern und fränkischen Invasoren aufgeteilt; Aristokratie und Kirche verloren keinen Grundbesitz, der sich des gleichen Schutzes wie der fränkische Adel erfreute. Nach dem Recht des Eroberers galten die Franken als Herren.

Der fränkischen Uraristokratie trat der gallorömische Senatorenadel als geschlossene Gruppe gegenüber. Eine neue fränkische Reichsaristokratie hat sich erst durch Dienst und Leistung für König und Herrschaft im 6. und 7. Jahrhundert ausbilden müssen, nicht zuletzt wegen des Aussterbens der gallorömischen Führungsschicht.

Gallorömer und Franken

Es hat den Anschein, daß in Gallien zwei Völker ohne Unterwerfung nebeneinander lebten, gehorsam dem König, aber nicht den Germanen. Gallorömer und Germanen bewahrten ihre eigene Sprache, ihre Gewohnheiten, ihre Gesetze; im Alltag standen beide auf gleicher Stufe. Die Franken haben die Gallorömer nicht entwaffnet, da diese in den Städten ihre eigenen Milizen weiter behielten. Mit dem Tage der Taufe Chlodwigs begann die Vermischung der Völker, es entstand eine eigenartige Volks- und Herrschaftsstruktur, die organisch wuchs und Nährboden einer neuen Gesellschaft und Kultur wurde.

5. Chlodwigs Verhältnis zum Reichsgedanken und zu Ostrom

Beziehungen zum oströmischen Kaiser

Chlodwig unterhielt gute Beziehungen zum Reich und seinem Kaiser im Osten. Gregor von Tours erzählt, daß der oströmische Kaiser Anastasios dem Frankenkönig den Titel eines Konsuls verlieh und daß Chlodwig in der Basilika des heiligen Martin in Tours die Purpurtunika und den Mantel anlegte, sich die Krone aufs Haupt setzte, sich zu Pferde dem Volke zeigte und mit eigener Hand Gold und Silber unter die Menge freigebig warf. Von dort zog Chlodwig nach Paris und schlug hier 496 seine »cathedra regni«, seinen festen Königssitz, seine Pfalz (= Residenz) auf. Ostrom wollte den Franken für seine Siege über die Westgoten auszeichnen, die auch im Sinne Ostroms lagen. Diese Ehrung verfehlte ihre Wirkung auf den König und seine Franken nicht.

Der politische Zweck dieser Kontaktaufnahme war schließlich der Aufbau einer gemeinsamen Front gegen den Ostgoten Theoderich, dessen Reichspläne Byzanz und dessen westgotische Politik die Franken beunruhigten. Politik und Religion schufen bei Franken und Oströmern gemeinsame Interessen; denn unter Kaiser Anastasios obsiegte der Monophysitismus, der gegen den Arianismus, die Religion der Goten und Burgunder, gerichtet war. Trotz Konsulinsignien aber waren Chlodwig und die Franken davon überzeugt, daß ihre Königsherrschaft nur von Gott und ihrem Schwert herrühre; dessenungeachtet aber stellten die Insignien ein Wegzeichen zum Gipfel des Reiches in einem neuen Europa für die Franken auf.

Wandel der Reichsidee im Westen

Für die Franken gab es trotz Teilung und Verschwinden des Westkaisers noch ein Reich. Vor 476 nannten sich alle Römer. Da es bis dahin nur einen Kaiser in zwei Personen, Ost- und Westkaiser, gab, bestand noch Einheit, Einmütigkeit. Die Gleichheit der Kaiser war nicht absolut, da sich der Ostkaiser in seiner neuen Hauptstadt Konstantinopel, dem neuen Rom, für christlicher hielt als der im alten und weil er deswegen den Primat für sich in Anspruch nahm. Der Westkaiser holte beim Regierungsantritt die Zustimmung des Ostkaisers ein. Seit 476 war das Reich theoretisch wieder geeint, da es nur noch einen Kaiser hatte; aber seine Macht im Westen schmolz dahin. Es blieb Quelle des Rechts und verflüchtigte sich zu einer Lebens- und Denkform, zu Idee, Ideal, Ideologie, Anspruch, es wurde ein Element der Kultur. Byzanz wahrte sein Ansehen im Westen, vor allem Klerus und Episkopat des Westens betrachteten seine Herrschaft nur zeitweilig als aufgehoben und erwarteten seine Wiedergeburt, wenn Gott es gefiel.

Das Reichsvolk

Die Kirche konnte den Großherrscher Chlodwig für berufen, für ein Werkzeug Gottes halten; deshalb feierte ihn Remigius als »Sieger über die Völker«. Kaiser- und Reichsidee blieben im Denken des Westens lebendig; es bedurfte nur des Mannes, der sich als neuer Kaiser darbot. Chlodwigs Königsherrschaft und Großreich, sein Übertritt zum Katholizismus machten die Franken zum auserwählten Reichsvolk von morgen, dessen imperiale Mission es wurde, das Reich zu erneuern.

Trotz Dekadenz und Zwiespalt schuf die Dynastie der Merowinger den Rahmen für dieses neue Reichsvolk, das sich aus Franken und Gallorömern mischte und eine Dauerherrschaft über alle Einzelgewalten aufrichtete. Die Erneuerung konnte nur auf dem Boden der alten römischen Provinz Gallien reifen, auf dem das herrschaftsbegabte Volk der Franken einwurzelte.

6. Das fränkische Königtum. Seine Gesellschafts- und Herrschaftsordnung

Übergang

Das Merowingerreich wurde sehr oft als Epoche der Barbarei im moralischen Sinn, der Dekadenz und Korruption abgewertet. Man vergaß dabei, daß Niedergang und Neuwerden hier fast zusammenfallen. Das Grab der alten Welt wurde die Wiege der neuen, Gallien wurde zum Schauplatz des Werdens einer neuen Gesellschaft und Kultur. Chlodwigs Reichspolitik zwang die Franken, sich dem Milieu der Umwelt anzupassen, alte Sitten und Einrichtungen aufzugeben. Das

Frankenreich war Chlodwigs persönliches Werk und sein Besitz. Dieser aus Frankentum, Gallorömertum, Christentum zusammengesetzte Bau war so festgefügt, daß er die Zerreißprobe der Streitigkeiten innerhalb der Dynastie überlebte und aus sich selbst ein neues politisches Ordnungssystem entwickelte.

Das Frankenreich hatte genug Zeit zum Ausreifen und zum Ausleben seiner Geburtswehen in den ersten Jahrhunderten der Merowingerherrschaft. Italien lag in Anarchie, Germanien war entleert und stand zum Teil noch auf frühgeschichtlicher Kulturstufe. Das Westgotenreich in Spanien verlor zusehends an Kraft. Byzanz, vollbeschäftigt mit seinen inneren Nöten und der Abwehr barbarischer Invasionen von außen, konnte im Westen kaum mehr eingreifen. Die Rückeroberungen Kaiser Justinians (527–565) erreichten nur noch die Küste Spaniens, aber nicht mehr Galliens.

Zentrale Macht und geistiger Mittelpunkt der im Frankenreich geeinten Völker und Stämme war das Königtum. In der neuen zivilisierten Umgebung mußte es die Lebensformen von Klein- und Großstämmen, das System der Gefolgschaftshaufen und Heeresversammlungen aus der kriegserfüllten Wanderzeit in neue Institutionen und Dauereinrichtungen überführen. Die Institutionen des römischen Staates waren zusammengebrochen, entleert oder ließen sich nicht übernehmen; trotzdem waren sie vielfach Hilfe und Stütze für den Aufbau einer archaischen Herrschaftsordnung. Die Art ihres Ausbaus und der dabei erfolgten und notwendigen Veränderung spiegelt Kulturwandel und Neuschöpfung zugleich.

Heerkönigtum und archaischer Staat

Die Franken hatten vor allem keinen Sinn für die abstrakte Idee von Staat und Christentum. Ihr Denken war personal, symbolisch; das Reich war persönliche Leistung, persönlicher Besitz des Königtums, sanktioniert und geweiht durch Sippendenken und Glauben.

Der germanische Heerkönig, dessen göttliches Heil allen offenkundig geworden war, vertrat auch den römischen Kaiser und galt als der Auserwählte der Kirche, die seit dem 4. Jahrhundert Reichskirche war. Chlodwigs Königtum war erblich, schloß aber die gewohnte Mitsprache des germanischen Adels nicht aus; denn dieser erhob den Heerkönig und Herrscher auf den Schild und kürte (wählte) ihn so.

Je tiefer die Risse in der Dynastie wurden, um so größer wurden Macht und Einfluß eines neuen Hof- und Dienstadels. In der fränkischen Königsherrschaft, die das Volk als heiligen, von den Vätern ererbten Besitz betrachtete, flossen die ursprünglich archaischen und patrimonialen Formen germanischer Herrschaft zusammen: Haus-, Grund-, Gefolgschafts-, Leib-, Schutz- und Kirchenherrschaft. Sie alle wuchsen aus der urtümlichen Herrschaftsgewalt des »Hausvaters« einer Großfamilie, die seinem Schutzrecht unterworfen war und dafür abgestufte Dienste leistete. Dieser Hausvater hatte auch absolute Verfügungs- und Gerichtsgewalt über seine Hausgenossen. Aus der gleichen Wurzel erwuchs auch der archaische römische Staat wie vermutlich alle »Staatlichkeit« nicht nur im indogermanischen Raum.

Herrschaft über Land und Leute

Herrschaft über Land und Leute, die Grund- und Leibherrschaft, wurde zu einer Grundform von Wirtschaft, Gesellschaft, Herrschaft Europas bis zum 18. Jahrhundert. Der König war der größte Grundherr mit dem meisten Land und den zahlreichsten Leibeigenen. Der Adel, zumeist Dienst- und Gefolgschaftsadel, sowie die reichbeschenkte Kirche, Bischöfe und Klöster, taten es ihm an Größe ihrer Grundherrschaften bald gleich. König, Adel und Kirche erweiterten ihre Herrschaft durch Rodung und Siedlung, zu denen sie ihre Leibeigenen ansetzten. In Grenzgebieten und in menschenleeren, verlassenen Räumen Galliens ging das Königtum durch eine Art «Staatskolonisation» beispielhaft voran. Gerade in der Grundherrschaft mischten sich germanische und provinzialrömische Formen.

In der Staatskolonisation lebte das römische Steuerwesen, zusehends verdünnt, weiter, einst Hauptmittel römischer Reichspolitik. Kopf- und Grundsteuer, wie wir sie am Ende des Römerreiches in Ägypten und Gallien noch am entwickeltsten vorfinden, gaben ein Modell für die fränkische Steuer ab, die überall, auch östlich des Rheins, erscheint, wo der König Herr von Land und Leuten ist oder vorher war. Auch das Wergeld, die Geldbuße für Menschentötung und -verletzung, wurde in gemünztem Geld ausgedrückt. Dies übernahmen die Germanen von den Römern.

Allmählich gewann in der Merowingerzeit das ungemünzte »Gold« in Barrenform, das gewogen werden mußte, die Oberhand; dadurch verblaßte der monetäre Charakter der alten Wirtschaftsform, wenn sich auch reine Naturalwirtschaft nicht durchsetzte.

Gefolgschaft. Ausbildung des Lehnswesens

Der an der Spitze seiner Gefolgsmannen auf Beute ausziehende und für alle neues Siedelland suchende Heerkönig stand mit seinen Leuten in einer Art Gefolgschaftsverhältnis auf Gegenseitigkeit. Indem sich die römischen Formen der Grundleihe und der Kommendatio beim seßhaften Volk damit verbanden, entstand das fränkische Lehnswesen, auf dem eine feudale Gesellschaft aufbaute. Obwohl keltisch-germanische Formen des Dienstverhältnisses und der Unterordnung stark überwogen, blieben doch auch die Gedanken der Gegenseitigkeit und der damit verknüpfte Gedanke der Treue aus der germanischen Gefolgschaft wirksam; sie wurde sogar verstärkt und parallelisiert durch die christliche Idee des Amtes, des Dienstes und Gehorsams.

Nicht nur die Aussicht auf reiche Beute und Profitgier hielten die Gefolgschaften zusammen. Da der Gefolgsherr die Mannen unterhielt und sie an der Beute wie am eroberten Land beteiligte, waren sie zur »Treue« schon deswegen verpflichtet, da sie sonst die Fährnisse und Risiken nicht überstehen konnten, die vor allem dann eintraten, wenn weder Beute gemacht noch neues Siedelland gewonnen werden konnte. Der Herr war den Mannen ebenso zur Treue verpflichtet wie diese ihm. Germanisches, Keltisches, Römisch-Christliches mischten sich auf dem lehenrechtlichen Feld herrschaftlich-zwischenmenschlicher Beziehungen zu einer grundlegenden Strukturform von Gesellschaft und Kultur.

Teilungsprinzip Lokalismus Archaismus

Die Frühformen der Herrschaft fanden im merowingischen Königtum noch nicht zur Einheit. Chlodwigs Reich war noch wesentlich germanisch und unterstand der Verfügungsgewalt des obersten Heerkönigs. Es galt das Realteilungsprinzip, das keine Rücksicht auf Raum, Sprache, Volkstum, Religion und Kirchenorganisation nahm. Das hatte Unsicherheit und chronische Anarchie zur Folge. Die Teilreiche selbst waren nicht von Bestand. Die Teilkönige lieferten sich blutige Kriege ohne Erbarmen. Die Teilreiche waren voneinander unabhängig, und man konnte am Hofe des feindlichen Königs Zuflucht nehmen, weil man im Ausland war. Das durchlöcherte die Einheit des Reiches und der Großherrschaft. Regionalismus und Lokalismus setzten sich von oben nach unten in Herrschaft, Wirtschaft, Gesellschaft, Kultur durch. Die integrierenden Kräfte verloschen oder schwanden, die Menschen wuchsen im Denken und in ihren Lebensformen auseinander; sie sahen sich bald mit schwindender Mobilität des Reiches und abnehmender Fluktuation des Verkehrs in die engsten Grenzen von Haus und Hof eingesperrt; der Horizont ihres Denkens wurde immer schmaler und reichte kaum mehr über Kleinstsiedlungen hinaus.

Die Teilungen hatten darin eine ganz reale Ursache, daß das Reich zu schnell gewachsen und die archaische Königsherrschaft eine so große Ausdehnung, wie sie das Reich angenommen hatte, herrscherlich nicht bewältigen konnte; sie war personal, nicht institutionell. In Auseinandersetzung mit den Resten römischer Verwaltungskunst und durch Übernahme einer Reihe ihrer Einrichtungen entwickelten sich auf gallischem Boden Mischformen einer neuen germanisch-römischen Königsherrschaft. Aber bevor die Idee des (römischen) Staates begriffen und ergriffen werden konnte, mußten Bildung und Kultur ein höheres Niveau erreichen. Chlodwigs vier hinterlassene Söhne Theoderich, Chlodomer, Childebert und Chlothar erhielten je einen Teil des väterlichen Erbes zwischen Rhein und Loire; Aquitanien wurde gesondert aufgeteilt. Sie wählten sehr nahe beieinander ihre Herrschaftssitze zu Paris, Soissons, Orleans und Reims, um sich gemeinsam beraten zu können. Die politischen Schwerpunkte des Frankenreiches lagen in den nordgallischen Landen.

Gentiles Reich

Chlodwigs Söhne und Enkel eroberten im 6. Jahrhundert die noch freien Gebiete der Alemannen, dann Bayern, Thüringen, das Königreich Burgund und die Provence. Damit umschloß das Frankenreich ganz Gallien mit Ausnahme Septimaniens zwischen Pyrenäen und Rhone, das Herz Germaniens und seinen Süden. In diesem gentilisch (nach Völkern und Stämmen) zergliederten Reich hatten nur Norden und Osten (= Südniederlande, Nordbelgien, Teile von Nordfrankreich, das Elsaß, ein Teil Lothringens und »Rhenanien«) eine fränkische oder alemannische Bevölkerung. Diese Gebiete hatten daher einen germanischen Charakter angenommen.

Über alle Teilungen hinweg erhielt sich ein gewisses Bewußtsein fränkischer Einheit, das sich nach dem Schrumpfen der Teilreiche wieder verstärkte. Hauptnutznießer der Teilungen war die germanische und galloromische Aristokratie, die im Herzen des Reiches ihre eigenen Herrschaften ausbaute. Die Teile entwickelten dadurch ein Sonderbewußtsein, da der eingesessene Adel ein Distanzgefühl zur Aristokratie der anderen Königreiche entfaltete.

Königsgleiche Stammesherzogtümer

Die inneren Streitigkeiten um die Wende vom 7. zum 8. Jahrhundert machten es den Randgebieten (Bayern, Alemannien, Aquitanien, das ist das Land südlich der Loire) möglich, sich weitgehend selbständig zu machen, königsgleiche Stammesherzogtümer zu werden und ein eigenes Volksbewußtsein zu entwickeln. In Aquitanien wurden die wenigen eingedrungenen Germanengruppen von der seit Jahrhunderten romanisierten und christianisierten Bevölkerung rasch assimiliert; das Kollektivbewußtsein einer den Nordleuten überlegenen Kultur fiel dabei entscheidend ins Gewicht.

V

DAS FRÄNKISCHE GROSSREICH DER MEROWINGER UND KAROLINGER
(7. und 8. Jahrhundert)

1. Die Anfänge einer europäischen Kultur seit der Wende vom 6. zum 7. Jahrhundert

a) Die Ausdehnung des Merowingerreiches und seine Mittelmeerkontakte

Ostrom

Das Merowingerreich hatte um die Mitte des 6. Jahrhunderts seine größte Ausdehnung erreicht; es beherrschte fast ganz Gallien mit Ausnahme der Bretagne und Septimaniens und hatte seinen östlichen Grenzgürtel bis an Elbe, Saale, Böhmerwald und Enns vorgetrieben. Merowingische Hoffnungen, sich in den Auseinandersetzungen zwischen Kaiser Justinian und den Ostgoten in Oberitalien festsetzen zu können, hatten getrogen; nur kurze Zeit gelang es ihnen, Stützpunkte in Ligurien und Venetien zu halten. Der Reichsfeldherr Narses, ein Armenier, behauptete in vollem Umfang die Nordgrenze Italiens (535). Engere Berührungen mit Byzanz auf dem Balkan und in den Donauprovinzen verboten sich allein schon wegen der weiten Entfernung.

Awaren

Dagegen erstand der Merowingerherrschaft in den mittleren Donaulanden im Reitervolk der Awaren ein wilder Gegner; diese hatten sich in Pannonien (Westungarn) festgesetzt und drangen von dort aus bis Thüringen und an die Elbe vor. Vielfach konnten sich die Franken ihres ungezügelten Ansturms nur durch Tributzahlungen erwehren. Die Awaren setzten der fränkischen Expansion nach Osten eine Grenze. Ostwärts Elbe, Böhmerwald, Enns und Ostalpen lag die Machtsphäre dieses Reitervolkes, das die Slawen unterwarf, die in die von den Germanen geräumten Gebiete seit dem Ende des 6. Jahrhunderts einsickerten und die verbliebenen Germanenreste einschmolzen. Erst Karl der Große hat durch seine Kriegszüge gegen die Awaren, durch die Unterwerfung der Sachsen und seine offensiven Markengründungen im Nordosten diese feste Ostgrenze wieder aufgerissen und eine Ostbewegung entfacht, die auch eine Kulturbewegung war, weil mit der Frankenherrschaft auch das westliche und römische Christentum kam.

Der Balkan als Kontaktzone

Im südlichen Ostmitteleuropa, wo Slawen und Bulgaren siedelten, entstand eine Pufferzone zwischen den Großreichen der Franken und Byzantiner. Südlich der mittleren Donau und in Illyrien berührten sich lateinischer Westen und griechischer Osten; in Serbien sprach man im 6. Jahrhundert noch lateinisch, die Sprache der Römer war und blieb weit in die Balkanprovinzen hinein gebräuchlich; ja ein Teil dieser Lande gehörte kirchlich zum Sprengel des römischen Patriarchen. In

diesem Zwischenraum hatten kürzer oder länger Germanen gesiedelt; die Ostgoten waren hier christlich geworden und hatten dann donauaufwärts Germanenmission betrieben. Auf diesem Wege kamen gotische und griechische Lehnwörter in germanische Idiome und wurden auch sonstige Einflüsse auf die Germanen spürbar.
Die Awaren trennten Osten und Westen, jagten den Völkern dieses Raumes panischen Schrecken ein und unterbanden Austausch und Berührung.
Im Westen hatte zwar das Mittelmeer seine verbindende Funktion zwischen allen Anrainerstaaten noch nicht eingebüßt, aber der Kontakt mit dem Osten lockerte sich merklich bei Romanen und Germanen Italiens, Galliens, Spaniens; das Reich der Römer hatte seine politische Wirkung auf die germanische Welt völlig eingebüßt. Deren Könige regierten jetzt kraft eigener Macht nach dem Recht des Eroberers und erließen ihre eigenen Gesetze. Die politische Loslösung vom Reich konnte sich ohne Wandel der inneren Ordnungen in den germanischen Herrschaften vollziehen.

b) Der Übergang von spätantiker Provinzialstruktur zu archaischen Lebensformen in Stadt und Staat

Kontinuität und Übergang

Im Gefolge ihrer Konsolidierung setzte sich seit der zweiten Hälfte des 5. Jahrhunderts als Reaktion eine tiefergreifende Romanisierung der Germanen durch. Dies vollzog sich in der Weise, daß sowohl der Einzelgermane von der zahlenmäßig überlegenen Bevölkerung Sprache und Lebensform übernahm, als auch das politische Leben trotz des Wechsels der Herren seinen alltäglichen Gang in Verwaltung, Wirtschaftsweise, Gesellschaftsaufbau ohne Bruch weiterging. Und darauf baute eine neue Gesellschafts-, Herrschafts- und Kulturbewegung und -ordnung auf. Dies war nur möglich, weil die Verheerungen des 4. und 5. Jahrhunderts in weiten Teilen des Reiches und der Aderlaß an Blut und Gut durch Kriegs- und Raubzüge fremder und eigener Truppen nicht so zerstörend waren, daß sich nicht eine gewisse Grundsubstanz erhalten konnte.
Tatsächlich wurden meist nur gewisse Landstriche entlang den Heerstraßen und Völkerwegen von Zerstörung betroffen. Es gingen Welt und alte Kultur im Westen nicht unter, sie wandelten sich nur, und das schon seit Jahrhunderten; die Menschen waren andere geworden, die alten Führungsschichten, die Träger der Tradition, des Geistes, des alten Lebensstils schrumpften ein, und viele Kulturelemente verloschen unversehens. Trotzdem bewahrte das öffentliche Leben auf gewandeltem Grunde noch lange sein altes Gesicht. Kirche, Klerus und die bischöfliche Oberschicht aus altem Adelsstand retteten die Restbestände der Kultur in christlichem Geist in die neue Bewegung hinüber, so daß keine Katastrophe entstand, das Alte langsam auslief und das Neue in diesem Prozeß organisch wuchs. So vollzog sich der Übergang von spätantiker Provinzialzivilisation zu den archaischen Lebens- und Denkformen Europas, die im 7. Jahrhundert allmählich sichtbar werden.

Großgrundbesitz und Gutsherrschaft

Leben und Wirtschaft gingen trotz Verkleinerung des Wohnraums hinter starken Mauern, vielfach getrennt vom offenen Land, in den Städten Galliens und am Rhein (Köln, Mainz, Trier, auch Regensburg oder Salzburg) weiter. Die neuen germanischen Herren hatten überall schnell erkannt, daß sie das Erbe römischer Kultur zu ihrem eigenen Vorteil erhalten mußten, daß das Leben unter römischen

Gesetzen ihnen diente. Die Germanen haben also am Erbe römischer Kultur weitergebaut. Es blieb zunächst aus der Spätantike die Wirtschaftsform des Großgrundbesitzes mit abhängigem Bauernbetrieb erhalten, der sich ständig mit staatlichen Hoheitsrechten anreicherte und sich dabei zur germanischen Grundherrschaft verwandelte. Indem sich die Staats- und Königsmacht entleerte, Adel und adelsbeherrschte Kirche schon im spätantiken Staat sich immer mehr am Grundbesitz beteiligten, der Staat also dezentralisiert werden mußte, war schon in der Übergangszeit die Form der mittelalterlichen Grundherrschaft entwickelt.

Der Großgrundbesitz hatte ja nicht nur die Last der germanischen Truppeneinquartierungen zu tragen, in Italien und Südgallien wurden viele seiner Pachthöfe den Einwanderern abgetreten. In den menschenleeren Landstreifen Galliens konnten die Germanen auf verlassenem Boden siedeln, und ihre Könige übernahmen den reichen Landbesitz des kaiserlichen Fiskus. Germanen und romanische Grundbesitzer betrieben dann ihre Güter in gleicher Weise mit den gleichen Pachtbauern. In Gallien, Italien und am Rhein verzehrten die Grundherrn die Erträgnisse ihrer Güter auf dem ländlichen Herrenhof oder in der Stadt. Deshalb entstanden weder in Gallien noch in Italien germanische Bauernhöfe; auf diese Weise erhielten sich die römische Flureinteilungen zum Teil bis heute; deshalb lebten auch die alten römischen Ortsnamen an Rhein, Seine, Loire und Rhone weiter.

Der Übergang läßt sich am besten in Stadt und Staat zeigen. Die Stadt war die Grundeinheit der römischen Reichsverwaltung gewesen. Zu jeder Stadt gehörte ein Landbezirk (= Gau). Die Stadtsiedlung schrumpfte jetzt räumlich ein, ein kurzsichtiges Steuersystem ließ ihre Bevölkerung verarmen, sie entvölkerte sich. Aber am Meer und an binnenländischen Zentren des Fernhandels in Südgallien und Spanien ging die Stadtwirtschaft weiter, blieben Handel und Handwerk in Schwung, strömte Bargeld in das Land, das die Könige durch Verkehrs- und Wegezölle sowie Steuern sich weiter nutzbar machten. Das war der Grund, warum sich die Merowinger um die Provence und Aquitanien immer wieder stritten.

Südgallien blieb ein Land der Stadtkultur, eines regen Übersee- und Binnenverkehrs, einer funktionierenden Selbstverwaltung. Nicht so war es im langobardischen Italien. Das westgotische Spanien kannte noch um 650 die römischen Kurialen, das waren angesehene, zur Übernahme städtischer Selbstverwaltung verpflichtete Bürger.

Freilich war die bürgerliche Selbstverwaltung im ganzen schon seit dem 4. Jahrhundert im Erlöschen. Königsbeamte regierten fortan den Stadtbezirk als Verwalter, Richter und Militärkommandanten in Italien, Gallien und Spanien. Der Königsbeamte in der Stadt hieß bei den Langobarden *Dux* (nicht Herzog, sondern höherer Militärbefehlshaber), in Gallien und Spanien aber hat er den Titel *Comes* (Stadtgraf), der ursprünglich nur an Herren im persönlichen Gefolge des Kaisers, dann an höhere Offiziere und Beamte bis hinunter zu den obersten Aufsehern von Staatsressorts verliehen wurde.

Die Germanenkönige zogen den romanischen Adel, in Gallien die Senatorenaristokratie zu Beratung, Gericht und hoher Verwaltung heran und ernannten sie mit schriftlicher Bestellung gegen Gehalt und auf Widerruf. Mit deren Hilfe setzten sie Autokratie (Alleinherrschaft) durch.

Der Umbau des spätrömischen Staates

Da die Städte der Spätantike auch die kirchlichen Mittelpunkte bildeten und das auch bei den Germanen trotz einiger Veränderungen im ganzen so blieb, kann man am Sprengel der mittelalterlichen Bistümer Frankreichs noch die römische Stadtverfassung in Gallien ablesen. So blieb der Unterbau der römischen Provinzialverwaltung erhalten, es verschwand nur der Oberbau, die Reichspräfektur Gallien mit dem Reichsstatthalter, der ganz Westeuropa von den Britischen Inseln bis Mauretanien mit kaiserlicher Machtfülle regiert hatte, dessen Sitz zuerst Trier, dann Arles in der Provence gewesen war. Ihn ersetzte jetzt der fränkische Erobererkönig Chlodwig (511–531).
Die Merowinger übernahmen von den Westgoten den Amtsdukat (Amtsherzogtum), vor allem in Grenzgebieten, wo er mehrere Stadtbezirke zusammenfaßte, aber auch bei den unterworfenen Alemannen, Bayern, Thüringern. Da der König zu ferne war, konnten sich diese »Herzogtümer« im östlichen Grenzgebiet fast zu autonomen Herrschaften aufschwingen, obwohl deren Herzöge zunächst nur Statthalter der Merowinger im eroberten Land waren. Sie vereinigten Verwaltung, Gericht und Militärbefehl in einer Hand.

Die merowingische Königspfalz

Mittelpunkt der Königsherrschaft war der Königshof, die Pfalz. Konstantinopel wurde das große Vorbild, auch in seinen Beamten und Hofleuten. An der Spitze der Hofhaltung stand der Majordomus, der Befehlshaber der Palasttruppen. Es gab Kammerherren und Leibgardisten, Leibärzte, Hofkapläne, Hofmusiker. Nachfahre des römisch-kaiserlichen Justizministers war der Pfalzgraf oder Pfalzrichter. In der Königskanzlei der Merowinger arbeiteten Schreiber unter der Leitung von vortragenden Räten. In Form und Sprache, Urkunden- und Aktenwesen, in der Bürokratie erfolgte vorerst überhaupt kein wesentlicher Wechsel. Unter Beiziehung römischer Juristen wurden die Königs- und Volksrechte in lateinischer Sprache zusammengestellt.
Freilich nahm die Schriftlichkeit im Staatsapparat und Rechtsverkehr zusehends ab, das Latein wurde immer ungelenker. Steuern wurden als tributum bezeichnet, was die Abgabe unterworfener Völker bedeutete, Zeichen dafür, daß die Steuereintreibung immer mehr die Form von Plünderungen annahm. Die im Römerreich üblichen Naturalleistungen, die körperlichen Hand- und Spanndienste des Volkes lebten weiter; die Post brach zusammen, aber die Pflicht der Pferdestellung für reisende Königsbeamte, auch Herbergs- und Unterhaltspflicht der Herren blieben. Großmagnaten und Kirchen waren von diesen Auflagen befreit, sie genossen Immunität und entwickelten diese zu autonomen Herrschaftsrechten für ihre Ländereien. In Spanien, Italien und Gallien besaßen die Herrscher reiches Königsgut. Das Königsgut wurde dort von eigenen Beamten verwaltet.

Landeskirche

Die römische Staatskirche mit ihren großen Ländereien wurde übernommen, aber in Landeskirchen aufgeteilt; ihre Organisation blieb intakt; ihr Gottesdienst wurde auch in den germanischen Gebieten in lateinischer Sprache abgehalten. Die Bischöfe Burgunds, Südgalliens und Spaniens veranstalteten weiter ihre Synoden, Geistliche und Kirchen genossen besondere Vorrechte. Franken- und Westgotenkönige beriefen wie der römische Kaiser Bischofsversammlungen ein und gaben deren Beschlüssen königliche Rechtskraft; die Bischofswahl wurde von der Zustimmung des Königs abhängig.
Die Kirche diente der Königsherrschaft.

c) Der Wandel der Führungsschichten. Die Entstehung eines germanischen Dienst-, Reichs- und Provinzialadels am Königshof und im Bund mit der Kirche

Der Wandel der Gesellschaftsordnung war schon seit der Spätantike in vollem Gang und vollzog sich ohne gewaltsamen Bruch. In den Notzeiten verarmten ganze Bevölkerungsschichten, wurden deklassiert und verknechtet; andere wurden reich. Die breiten Unterschichten bestanden aus leibeigenen Knechten und schollegebundenen Pachtbauern, denen nicht persönliche Freiheit, aber Freizügigkeit fehlte; sie konnten mit dem Bauerngut, auf dem sie saßen, vererbt, verschenkt, vertauscht, verkauft werden. Daneben gab es die Freigelassenen, dienstverpflichtete Leute unter dem Schutz eines großen Herrn, dessen Schutzleute sie waren; er sorgte für die Sicherheit ihrer Person und ihres Eigentums. Es gab noch Stadtbürger, kleine Handwerker und Krämer, reichere Leute mit Liegenschaften und Kapital, die im Strafprozeß ein besseres Recht hatten.

Über alle erhob sich eine dünne Führungsschicht grundbesitzender Aristokraten, die in Staat, Heer und Kirche den Ton angaben, den König berieten und beeinflußten, Staats- und Kirchenämter als ihr Privileg unter sich verteilten, weite Ländereien mit vielen abhängigen Leuten beherrschten. Diese Oberschicht verfügte über große Machtmittel und konnte ihren Leuten Schutz und Hilfe gewähren. Sie behauptete auch über den politischen Wechsel hinweg ihre Stellung. Großgrundbesitz und hohe Staatsämter hatten schon im Römerreich senatorischen Adelsrang eingebracht.

Die gallorömische Senatorenaristokratie beherrschte weite Gebiete, in die kein Staatsbeamter hineinregieren konnte. Der fränkische König berief diese Leute in die höchsten Hof- und Verwaltungsstellen und besetzte die Bischofsstühle mit ihnen. Erst im 7. Jahrhundert bildete sich in Nordgallien, vor allem um die zentrale Königspfalz von Paris, ein neuer germanisch bestimmter Hof- und Reichsadel aus.

Römisches und germanisches Recht

Am Recht der einheimischen Romanen änderte sich wenig, sie lebten in den Germanenreichen nach römischem Recht. Für die germanischen Untertanen ließ man die Stammesrechte aufzeichnen, in die viel Königsrecht, aber auch römische Rechtsgedanken einflossen. Auch die einfacheren Gesetze der Franken, die für Nordgallien und das Rheinland galten, das Salierrecht (Lex Salica) und Ripuarierrecht (Lex Ripuaria) enthalten römische Rechtsgrundsätze; im Alltag des fränkischen Gallien waren überhaupt römische Rechtsnormen noch stark im Gebrauch.

Die gallorömische Aristokratie als Lehrmeister

Den fränkischen Königen blieben Unruhen erspart, weil die gallorömische Senatorenschicht in nichts zurückgesetzt worden war und in ihren hohen Stellungen blieb. Der Adel der Auvergne, der der westgotischen Eroberung zuerst den zähesten Widerstand entgegengesetzt hatte, kämpfte 507 an der Seite Eurichs in der Schlacht von Vouillé gegen Chlodwig. Romanen waren die bedeutendsten Heerführer der älteren Merowinger, Romanen waren königliche Räte, Stadtgrafen. Nur in Nordgallien traten zahlreicher Germanen an ihre Stelle. Aber bei den Langobarden vermochte der senatorische Adel keine Rolle mehr zu spielen, soweit seine Vertreter nicht überhaupt nach Konstantinopel oder Rom ausgewandert oder gestorben waren.

Die Aristokratie wohnte in Italien in der Stadt. Anderswo verbanden gemeinsame Interessen Germanenkönige und alteingesessene Adelsschicht. Erstere konnten ihre für germanische Vorstellung übergroßen Reiche nur mit diesen Leuten beherrschen und verwalten. Es war das Werk der römischen Senatorenaristokratie, wenn sich in Gallien und Spanien seit dem Ende des 5. Jahrhunderts das tägliche Leben so schnell normalisierte. Eine Rechtsangleichung verhinderte die Auflösung der römischen Verwaltung. Die Germanen lebten sich rasch in die römische Kultur ein.

Der senatorische Adel wurde der Lehrmeister der aufsteigenden germanischen Führungsschicht, vor allem des Hofadels, die sich der Aristokratie in Gewohnheit, Lebensführung, Sprache assimilierte und mit ihr sogar zu einem neuen geschlossenen Landadel verschmolz. Gegenseitige Heiraten haben diesen Prozeß beschleunigt. Die Germanen lernten Latein, allen voran der König, um mit den einheimischen Räten und Beamten vor allem auf den Kirchensynoden verhandeln zu können. Auch in Nordgallien mit seiner germanischen Majorität muß der Adel zweisprachig gewesen sein. Das alles aber war die Folge einer zahlenmäßig geringen germanischen Erobererschicht. In Spanien machten die Goten nur den fünfzigsten Teil der Gesamtbevölkerung aus.

Romania und Gallien als europäischer Kulturverband

Die germanischen Reiche des Westens waren keine neuen Staaten, sondern Restbestände des Römerreiches, und darum waren Nordgallien, Südgallien, Oberitalien und Spanien so verschieden, wie sie es schon in römischer Zeit waren. Die älteste und am gründlichsten romanisierte Provinz des Römerreiches, die Provence, blieb trotz jahrhundertelanger Zugehörigkeit zu Frankreich das, was sie war; ihr römischer Provinzialcharakter ist ihr bis heute in ihr räumliches Antlitz geschrieben. So erhielt sich im ganzen nicht nur die Romania; sie wurde das erste Grundelement des neuen Europa. In den Germanenreichen des Westens vollzog sich ein ruhigerer Übergang von der Spätantike zu einer neuen Kultur. Gallien wurde so im besonderen der europäische Kulturherd in der politischen Gestalt Frankreichs.

d) *Antike Laienbildung, Klosterkreise, Klerikerwissen im Übergang. Unliterarische Adelsbildung und neue Kulturbewegung*

Laienbildung im 6. Jh.

Seit dem Untergang des römischen Westreiches lebte der Westen abgeschnitten von der Bildung des Ostens, bewahrte sogar die Überreste der alten Bildung noch länger als Italien. In Gallien und Spanien gab es noch eine Laienbildung. Seit dem 8. Jahrhundert aber waren die Karolinger auf den Klerus für die Ausübung der Regierungsgeschäfte angewiesen und schufen neue Grundlagen und Zentren für deren Ausbildung. Der Franken-, Westgoten- und Langobardenkönig konnte lesen, schreiben und Latein sprechen. Höhere Schulen wirkten im 6. und 7. Jahrhundert nur in Ravenna und in Neapel. In der Palastschule am Königshof zu Paris wurde der Nachwuchs für den Verwaltungsdienst im Recht, Amtsstil, spätrömischer Kursive (= eiliger Geschäftsschrift), in den tironischen Noten (= antiker Kurzschrift für Briefkonzepte), im rhythmischen Satzschluß und in Reimprosa ausgebildet.

In den inneren Auseinandersetzungen seit dem neustrischen König Chilperich II. versank die feinere Bildung des 6. Jahrhunderts. Trotzdem ging in Italien und Gallien auch im 7. Jahrhundert der antike Geist nicht ganz unter. Noch am Ende dieser Epoche schrieb Fredegar eine mannigfach fortgesetzte Weltchronik, die in die Geschichte seiner eigenen Zeit ausmündet, einen beachtlichen Horizont verrät, der vom westgotischen Spanien bis zu den Awaren und Slawen reicht. Ähnlich war es in Spanien, wo seit dem Übertritt der Westgoten zum römischen Christentum Ruhe, Friede und Wohlstand herrschten. Der Westgotenkönig Sisebut, selbst literarisch tätig und für Naturwissenschaften interessiert, regte den gelehrten Bischof Isidor von Sevilla zu seiner »Naturlehre« an. Noch am Hof Karls des Großen war der spanische Westgote Theodulf der gewandteste und geistvollste Dichter seiner Zeit und berühmt wegen seiner ungewöhnlichen Kenntnis der antiken Literatur. Doch fehlte dieser ganzen Epoche die Kraft zu schöpferischem und selbständigem Denken; man ahmte die alten Muster nach; so blieb nur die Form antiker Bildung, Vers und Kunstprosa, übrig.

Neben den schwindenden Resten antiker Laienbildung setzten sich schließlich allein kirchliche Bildung und Literatur durch, die aber auch unfruchtbar und unselbständig, eng und einseitig war. Sie berief sich ängstlich auf die Kirchenväter der Frühzeit als Autoritäten.

In der Bildungstradition der gallischen Senatorenaristokratie steht noch der Verfasser der »Frankengeschichte«, Bischof Gregor von Tours († 594), der mit dem Oberitaliener Venantius Fortunatus in anregendem Gedankenaustausch stand. In Sprache und Stil lebte noch die alte Überlieferung, aber Inhalt und Denkform seiner Werke zeigen eine Welt des Wunderglaubens und der Rechtgläubigkeit eines Kirchenmannes. Als »Weltgeschichte« begreift er die Wundertaten der Märtyrer und Heiligen, die Kriege der Könige, die Unglücksfälle der Völker. Seine Zeit wurde aber immer befangener, vorurteilsbelasteter, engherziger.

In die neuentstehenden Klosterkreise Galliens traten nicht nur altadelige Provinzialen aus Weltschmerz, sondern auch germanische Adelige aus unbefangener Gläubigkeit ein; sie wurden zunehmend Hauptträger der Überlieferung und einer geistigen Kulturbewegung im Frankenreich.

Die archaische Zeit Europas war ihrer Gesamtanlage nach aristokratisch, ihrem Geiste nach christlich, ihrer Gelehrsamkeit nach theologisch-kirchlich.

Orientalischer Geist im südfranzösischen Mönchtum

Hauptträger der geistigen Kulturbewegung im Frankenreich seit dem 6. Jahrhundert waren die Klöster. Das altgallische Mönchtum zerfiel in den aquitanischen Kreis um St-Martin in Tours, das Heiligtum des fränkischen Reichsheiligen, und in den Rhonekreis, dessen Mittelpunkt das Kloster Lerins auf einer Insel vor Cannes war. Lerins hatte nach 400 die Flüchtlinge der nordostgallischen Oberschicht aufgenommen; im 6. und 7. Jahrhundert gingen dort Adel und Mönchtum eine enge Verbindung ein. Beide Mönchskreise lebten aus dem christlich-orientalischen Geist der Antike, berührten und verflochten sich am stärksten in Poitiers vor 590, am Vorabend vor der Ankunft des irischen Mönchvaters Columban in Gallien. Das Rhonemönchtum lebte am stärksten nach orientalischen Vorbildern und war in einer größeren Regularität organisiert.

Irofränkischer Klosterkreis

Columban begründete einen neuen dritten Klosterkreis in Gallien und fand die Unterstützung des fränkischen Königshofes und des Pariser Hofadels besonders für sein Hauptkloster Luxeuil in den Vogesen. Von dort aus wurden mehr als hundert Klöster gegründet oder reformiert, von dort kamen auch Bischöfe. Hier entstand eine columbanisch-benediktinische Mischregel, die den irofränkischen Klosterkreis prägte, dessen Wirksamkeit und Geist auf dem engen Kontakt zwischen Bischöfen, Mönchen und dem Hof von Paris beruhte.

Paris war unbestritten die Hauptstadt des Frankenreiches und Neustriens, das Pariser Becken der Brennpunkt des Columbanischen Mönchtums. Hohe Adelsbeamte der Pariser Pfalzzentrale besetzten viele wichtige Bischofstühle (Rouen, Noyons, Reims, Tours, Bourges, Autun, Lyon, Metz usw.) mit Männern des irofränkischen Geistes. Zu den berühmten Klöstern dieses Kreises zählten Jumièges, Pavilly, Montivillers, Noirmoutier, St-Benoît de Quincay, Germes de Flay und Insula (= St-Pierre au Bois), St-Wandrille, Rouen, St-Pierre, Noyons, St-Quentin, Paris St-Martial, Lagny, Peronne, Maubeuge, Mons, Meaux St-Faron, Solignac (bei Limoges), Chamatières (bei Clermont), Jouarre, Rabais, St-Cyrin, Bourges St-Sulpice und St-Amand in Cahors. Der Pariser Hofkreis, das heißt die ihm entstammenden Bischöfe und Klostergründer haben in Austrasien und Burgund keine aktive Klosterpolitik entfaltet; dort baute sich auch auf diesem Gebiet die Macht der karolingischen Hausmeier auf, wenn auch in Verbindung mit Paris.

Luxeuil und Paris

Arnulf von Metz, Ahnherr der Karolinger, der selbst ins Kloster ging und Bischof war, wurde Vertrauensmann Chlothars II. und Hauptratgeber Dagoberts (629–639). Als austrasischer Unterkönig stand er an der Spitze des dortigen Adels, der den König veranlaßte anzuerkennen, daß die Hofbeamten in jedem Bereich aus dem Kreis des einheimischen Adels genommen werden müßten. Mit der Festigung der Hausmacht der Karolinger wuchs das politische und geistig-kulturelle Eigengewicht Austrasiens.

Der austrasische Kreis

Das Königtum erreichte mit seinen Klöstern den Westhang der Vogesen; das östlich anschließende Elsaß war ein Grenzraum fränkischer Macht, in dem die Herzöge merowingischen Einfluß stoppten. St-Maurice-Agaunum (Burgund), Lerins, Luxeuil, St-Marcel in Châlons und vielleicht Rebais en Brie waren die »Musterklöster« der merowingischen Kirchengeschichte.

e) Reichsheiliger, Reichskultur, Reichsmission

Hl. Martin

Die Geschichte des Mönchtums in Gallien und auf dem Kontinent begann mit dem heiligen Martin. Im 5. Jahrhundert war seine Verehrung noch auf Aquitanien und das Gebiet der Garonne, auch auf Irland beschränkt. Durch Chlodwigs Eroberung Südgalliens wurde Martin der merowingische Königs- und dann der gallisch-fränkische Nationalheilige, Symbol der fränkischen Reichskirche und Reichsheiliger. Schon vor der Ankunft der römischen Mönche Augustins 597 gab es im angelsächsischen Canterbury eine Martinskirche, auch in Rom gründete Papst Symmachus (498–514) eine Kirche mit dem Namen dieses Heiligen (San Martino ai Monti). Dort muß Benedikt vor seiner Wendung zur Askese den Martinskult kennengelernt haben; denn er gründete an der Stelle eines alten Apolloheiligtums ein Martins- und Johannesoratorium, die Keimzelle des benediktinischen Großklosters Monte Cassino.

Auch die Pfalzkirche San Apollinare Nuovo in Ravenna war im 6. Jahrhundert eine Martinskirche mit einem Frauenkloster. Martin wurde auch der Reichsheilige für die Landesausbaugebiete im Osten des Frankenreiches und wurde nicht nur überall dort wesentlicher Bestandteil fränkischer Reichskultur, sondern geradezu Kennmarke für die Ausbreitung des fränkischen Einflusses, des fränkischen Königsgutes, Hauptheiliger der aristokratischen Reichskirche und Reichsmission, Exponent der wachsenden germanisch-romanischen Mischkultur.

Im ältesten Kultbuch des Inselklosters zu Oberzell auf der Reichenau im Bodensee (8. und 9. Jahrhundert) ist nur Martin neben ältesten römischen Heiligen verzeichnet. Ein Kranz von Martinsklöstern legte sich im 7. und beginnenden 8. Jahrhundert um die Nord- und Ostgrenze des Kern-Frankenreiches, beginnend in St-Omer, Wormhuilt und Utrecht bis zur Reichenau, Disentis, Martigny im Wallis.
Am Martinspatrozinium und seiner Wanderung läßt sich das Vorrücken der archaischen fränkischen Reichskultur von der Nordsee bis zu den Schweizer Alpen auf breiter Front zeigen. Das austrasisch-karolingische Metz war dabei ein Strahlungszentrum. Martin, der aquitanische Regionalheilige des 5. Jahrhunderts, wurde im 6. Jahrhundert merowingischer Königs- und Sippenheiliger, von 590–730 merowingisch-karolingischer Reichs- und Missionsheiliger.

f) Der austrasische Adel, das neue karolingische Kraftfeld, die neue Mischkultur

Arnulf von Metz

Zum Kreis derer, die 613 König Chlothar II. von Neustrien (Paris) zur Gesamtherrschaft im Frankenreich verhalfen, gehörte auch Bischof Arnulf von Metz, Ahnherr der Karolinger und Führer des austrasischen Adels. Sein Freund Romarich vertrat die austrasischen Interessen am Pariser Hof, der seit der Einherrschaft Chlothars II. erst zum großen Strahlungszentrum irofränkischer Kloster- und Reichskultur auf dem Boden der columbanisch-benediktinischen Mischregel über das Frankenreich hin geworden ist. Als mit Dagoberts I. Tod (639) der Niedergang des merowingischen Königtums einsetzte, da verließen die Hauptsäulen des Klostergeistes den Hof.
Pippin der Ältere, Hausmeier, und der Moselaner Kunibert, der zuerst am Hofe Dagoberts I. tätig war und dann Bischof von Köln wurde, waren bei der politischen Neuordnung des Merowingerreiches nach Dagoberts Tod die stärksten Verfechter der austrasischen Adelsbelange.
Hinter den Widerständen und Angleichungen der Regel- und Klosterkreise verbergen sich Kulturunterschiede, die sich erst im 7. Jahrhundert ausglichen. Daß sich vom Norden her eine irisch-fränkisch-angelsächsische Mischregel italienisch-benediktinischen Gepräges im differenziert bleibenden Kulturraum des alten Gallien durchsetzte, ist Symptom des Neubildungsprozesses einer Mischkultur. Mischregel und Mischkultur wirkten dann über den Rhein, wo ihnen die reine Regel der Angelsachsen mit einer römischen und einer germanischen Komponente entgegenwirkte. Die Klöster waren personal und kulturell Schmelztiegel für die germanischen und romanischen Oberschichten des Frankenreiches, die hier eine neue geistige Gemeinsamkeit und ein neues Ethos entwickelten und erlebten.
In den Klöstern des 7. Jahrhunderts wirkten merowingisches Königtum und irisches Mönchtum wie zwei Magnetpole in einem Kraftfeld. Für die Entwicklung einer europäischen Gesellschaft und Kultur wurde es entscheidend, daß sich Romanen und Germanen im Kloster auf gleichem Lebensniveau erstmals geistig begegneten. Iren und Angelsachsen waren dabei die Katalysatoren. Voraussetzung dieser geistigen Assimilation war das gesellschaftliche Zusammenwachsen der neuen germanisch-romanischen Oberschicht, die die Merowingerherrschaft trug.
Dieser Prozeß ebbte nach Dagoberts I. Tod (639) ab, gewann aber neue Kraft durch die erfolgreiche Politik der Karolinger, die durch den Sieg von Tertry

Auf der nächsten Seite:
Book of Lindisfarne (um 800),
irische Buchmalerei, London, British Museum

Links:
Kaiser Justinian,
Mosaik in S. Vitale in Ravenna (um 540)

Unten:
Kaiserin Theodora,
Mosaik in S. Vitale in Ravenna (um 540)

(687) die Reichseinheit sicherten. Voraussetzung für diesen Neuansatz über den Rhein hinüber war der Aufbau des karolingischen Kraftfeldes im Kernraum dieser Adelssippe zwischen Rhein, Mosel, Maas und Schelde, in dem keine andere, fremde Adelsfamilie mehr hochkam.

g) Ansätze einer neuen Gesellschaft und Kultur im 7. Jahrhundert

Mönchtum als Vermittler

Im 7. Jahrhundert wuchsen die Grundelemente einer neuen Gesellschaft und Kultur. König und Adel bestimmten bei allem Wechsel der herrschenden Persönlichkeiten diese fortan. Mönchtum, kirchliche Hierarchie und Regelgeist waren die Vermittler; die Kirche wurde zum Element der Einheit von Reich und Welt; ihre Kultsprache, das Latein, blieb die Weltsprache des Westens. Das 7. Jahrhundert war keine »dunkle Epoche«, sondern Zeit des Auslaufens alter Kräfte und Beziehungen und zugleich Morgenrot einer neuen Welt mit neuer Führungsschicht, neuer Gesellschaft, neuem Ethos, neuer Leistung im Westen.

Das 7. Jahrhundert kein dunkles Jahrhundert

Eine Kulturzäsur und Katastrophe trat zwischen Spätantike und archaischer Periode Europas nicht ein, sondern es fand ein langsamer, steter Übergang auf allen Gebieten statt. Es setzten im 7. Jahrhundert Rodung und Landesausbau ein, der Handel mit England nahm zu und schrumpfte im Mittelmeer nicht ein. In Italien lag der wirtschaftliche Tiefpunkt im 6. Jahrhundert. Im kirchlich-religiösen Raum wurde der Aufschwung des Mönchtums entscheidend; es entstanden Aufzeichnungen und Sammlungen des Kirchenrechts in Spanien, an die im 8. Jahrhundert Bonifatius und die Karolinger anknüpften. Gefördert von Königtum und Adel, wurden die kirchlichen Kräfte zum Prinzip einer geistigen, religiösen, politischen Einheit, einer neuen Welt, die sich jetzt stärker vom Osten abhob. In Gallien entstand eine neue germanisch-romanische Führungsschicht, die personal Kirche und »Staat« beherrschte, auch wenn Normandie und Bretagne und das Land südlich der Seine im 7. und 8. Jahrhundert ganz oder überwiegend von fränkischen Siedlungen freigeblieben sein sollten.

2. Der Beitrag Italiens und Spaniens zur Kulturentwicklung Europas in der archaischen Zeit

a) Romanisierung und Entfremdung vom Osten

In Spanien hielt sich die politische und militärische Führungsschicht als echte Aristokratie von der Vermischung mit der römischen Provinzialbevölkerung frei, war aber schon vor der Landnahme in Spanien völlig romanisiert. Galliens Führungsgruppe mischte sich aus romanischen und germanischen Elementen. Die von Westgoten geschaffene politische Einheit des Landes blieb trotz Arabersturm in Erinnerung und wurde eine Triebkraft der Rekonquista. Die sprachliche Romanisierung der Langobarden war die Folge der zahlenmäßigen und kulturellen Überlegenheit der romanischen Bevölkerung; aber es kam zu keiner gesellschaftlichen Vermischung, weil die Langobarden an ihrer Führerstellung festhielten. Nicht erst Bilderstreit und Ikonoklasmus des 8., sondern bereits das 7. Jahrhundert machte eine deutliche Kluft zwischen Ost und West sichtbar. Zwar ging der westliche Mittelmeerhandel mit Byzanz in dieser Zeit noch weiter,

Kluft zwischen Ost und West

aber die Auseinandersetzungen des Papsttums mit der römischen Reichsgewalt über dogmatische Fragen vertieften die geistige Kluft.

Der lateinische Geist des Westens

Die Entfremdung von Byzanz hat die Geschichte der westlichen Welt entscheidend beeinflußt. Obwohl in Italiens Kunst westliche und östliche Strömungen noch ineinander gehen, machten sich vulgärlateinische Sprachelemente zusehends breit, und in den Städten zeigten sich Formen, die auf die sogenannte »karolingische Renaissance« hinweisen. Von Irland, wohin sich antikes Erbe geflüchtet hatte, wehte ein neuer Geist nach dem fränkisch-langobardischen Kontinent, und das anders strukturierte England begann auf den karolingischen Kontinent und seine Ostgebiete zu wirken.

b) Schule, Seelsorge, Wissen im Niedergang des 6. Jahrhunderts

In Italien war seit den Gotenkriegen des 6. Jahrhunderts ein tiefer Niedergang erfolgt, es fehlten die geistigen Köpfe und ein aufnahmebereites Publikum. Bei den römischen Adelsfamilien, den letzten Trägern einer patriotischen Bildung und Literatur, riß die Tradition ab, nur in der Kirche und hinter Klostermauern wurde ein Großteil des alten Geisteserbes bewahrt, soweit er kirchlichen Bedürfnissen und Vorstellungen entsprach.

Cassiodor

Der bedeutendste Bewahrer in diesem tiefen Wandel war Cassiodor (um 500), ein Freund des Boethius, Herr aus großem Hause, der unter Theoderich und Athalarich als hoher Staatsbeamter gedient und sich einen literarischen Namen gemacht hatte. Sein Vorhaben, nach dem Modell der alten Theologenakademien von Alexandrien und Antiochien eine hohe Schule für die Ausbildung von Theologen in Rom zu errichten, scheiterte an der Verarmung Roms. Nach dem Untergang des Ostgotenreiches (550) gründete er auf seinem kalabrischen Landgut Vivarium bei Squillace ein Kloster, das eine Heimstatt der Wissenschaft werden sollte und eine stattliche Bibliothek lateinischer und griechischer Handschriften aufwies. Es wurde für die Zukunft wichtig, daß er auch den weltlichen Wissenschaften bei der Ausbildung und dem Studium der Mönche noch einen Platz einräumte, dadurch wurde ein Gutteil der antiken Literatur erhalten. Weltliche Wissenschaft hatte keinen Selbstzweck mehr, sondern diente nur der Schriftauslegung, die zum Monopol der Kleriker wurde. Nach eigenen Schulheften konzipierte Cassiodor den Gang der »Sieben freien Künste« an weltlichen Schulen. Seiner »Einführung in die weltlichen Wissenschaften« ist zu danken, daß dieser antike Lehrgang in den mittelalterlichen Schulen noch ein Jahrtausend festgehalten wurde, zum Teil sogar mit Lehrbüchern, die Cassiodor empfohlen hatte.

Benedikt

Benedikt von Nursia (540) war ein Zeitgenosse Cassiodors. Seine Regel bot vielen Menschen eine Lebensform, die Kulturarbeit und religiöses Leben in Ordnungen fügte, die für den Kulturaufstieg Europas bedeutsam wurden. Hauptklöster dieses westlichen Mönchsvaters waren Monte Cassino (gegründet 529), Sacro Specu und Subiaco.

Gregor I.

Ein markanter Vertreter der Kirche und ihres Geistes in der zweiten Hälfte des 6. Jahrhunderts war Papst Gregor der Große (590–604). Sohn einer römischen Senatorenadelsfamilie, hochgebildet, Inhaber eines hohen Staatsamtes, der wie so viele der Welt den Rücken kehrte und dann als Papst zu einer großen Figur selbständiger Seelsorgepraxis und -organisation wurde. Das brauchte seine Zeit, nicht dürre Gelehrsamkeit und ausgeleierten Regelkram. Auf sein elegantes

Latein, seine Bildung und saubere Sprache war er nicht stolz, aber er konzentrierte Interesse und Arbeit auf die harten Nöte seiner Zeit. Sein Handbuch der Seelsorge hat Mission und Seelsorge des Mittelalters entscheidend beeinflußt; darum erklärte ihn dieses wohl zu Recht zum Kirchenvater. Er war kein spekulativer Dogmatiker, aber Realist und Politiker. Predigt und Bibelerklärung erforderte die Zeit, deren Gebot dieser Kirchenmann erkannte.

Spanien
Isidor von Sevilla

Geist und Bildung der Spätantike konnten sich fast am längsten in Staat und Kirche des westgotischen Spaniens erhalten. Dessen lebhafte Beziehungen zu Afrika brachten gar manche spätlateinische geistliche und weltliche Werke in das Abendland. Schon 570 flüchteten afrikanische Mönche mit ihren Büchern vor den Mauren auf die Iberische Halbinsel, seit der Mitte des 7. Jahrhunderts kamen Flüchtlinge vor den Arabern hinzu. Auch das Frankenreich und das angelsächsische Britannien nahm afrikanische Schriftsteller auf. Im Gegensatz zu Italien und Gallien war Spanien im 7. Jahrhundert noch eifrig literarisch tätig. Isidor und Alfons von Sevilla trieben kirchliche Literaturgeschichte, Isidor und Tajo von Saragossa stellten Handbücher der Glaubens- und Sittenlehre zusammen, Vorbilder für die Sentenzenwerke des Mittelalters. Das seiner Zeit noch zugängliche weltliche und geistliche Wissen faßte der fleißigste und gelehrteste, vielwissende Spanier, Bischof Isidor von Sevilla (599–636), halb Gote, halb Romane, in seinen zwanzig Büchern »Etymologiae« zusammen, eine für das Mittelalter unentbehrliche Realenzyklopädie, die zum größten Teil aus Schulbuchlektüre geschöpft war.

3. Die zweite Welle fränkischer Machtausdehnung und Kulturbewegung unter den Karolingern

a) Dagobert I. (629–639) und der Sklavenhändler Samo

Über ein Jahrhundert lagen die fränkischen Teilkönige von Neustrien, Austrasien und Burgund in immer wieder aufflackerndem Kampf. Mit Hilfe des austrasischen Adels konnte Chlothar II. (592–629) das Reich nochmals einen. Ihm folgte der letzte kraftvolle Merowingerkönig Dagobert I.

Ostgrenze des Frankenreiches

Dieser stand in hartem Kampf mit dem fränkischen Kaufmann Samo, vermutlich einem großen Sklavenhändler, der sich zum Beherrscher aufständischer Sklaven gegen die Awaren aufwarf und ein loses Reich begründete, das von Kärnten bis zum Wendenland zwischen Saale und Elbe reichte und seinen Kern in Böhmen, Mähren und Niederösterreich hatte. Samo besiegte den angreifenden Dagobert und hetzte die Wenden gegen die thüringischen Grenzlande des Frankenreiches, wo um Erfurt vermutlich ein fränkischer Grenzherzog saß, der am Ende des 7. Jahrhunderts seinen Amtssitz nach Würzburg an den Mittelmain zurückverlegte. Dagobert und die Awaren mußten harte Schlappen einstecken. Mit Samo, der vielleicht auch Beziehungen zu Byzanz unterhielt, sank sein Reich wieder zusammen. Die Awaren mußten sich auf das Tiefland um Donau und Theiß im Karpatenbogen beschränken.

Nach Dagobert folgten schwache Merowingerkönige, die zumeist auf ihren Pfalzen im Seine- und Oisetal saßen. Aber das Thronfolgerecht der götterentstammten Sippe der langhaarigen Merowinger war fest begründet.

b) Die Wendung zum Westen und der Anbruch der archaischen Zeit

Einschrumpfen des Mittelmeerhandels seit dem 7. Jh.

Im 7. Jahrhundert schrumpfte der Seeverkehr im Mittelmeer ein, die Mittelmeerhäfen Südgalliens verödeten teilweise. Seit dem Ende des 7. Jahrhunderts reiste man von der Provence nach Italien über die Alpenstraßen. Seit 698 Karthago gefallen und 711 Spanien arabisch geworden war, beherrschten die Sarazenen das westliche und mittlere Mittelmeer, setzten sich im südgallischen Küstenland fest und bedrohten das Umland. Die alten Bindungen zum Osten hörten allmählich auf, der Konsum orientalischer Erzeugnisse geriet in Vergessenheit; der Wohlstand südgallischer Handels- und Gewerbestädte schwand dahin. Stadt- und Geldwirtschaft, wie sie die Antike entwickelt hatte, führten fortan ein kümmerliches Dasein; die agrarische Grundstruktur wurde bestimmend. Grundbesitz wurde für lange Zeit die Grundlage von Reichtum, Macht und Prestige. Die Folge war, daß die Könige aus dem Süden keine reichen Geldeinnahmen mehr erhielten, daß das Luxusleben der älteren Merowinger, die über viel Bargeld, Gold und Großkapital verfügten, aufhörte. Damit schwand auch ihr Interesse an Aquitanien und Südgallien, dem Land der Handelsstädte und Seehäfen.

Das Tor zum antiken Weltmeer schloß sich langsam, und die Küstenländer des Mittelmeeres wurden zur Fremde. Damit vollzog sich eine Wendung zum Westen und zur Mitte des Kontinents, es entwickelte sich mit Hilfe der Bruchstücke der Antike eine eigene, neue Zivilisation. Die politische und kulturelle Expansion drehte nach Norden und Osten, nach dem Auslaufen der ersten irischen Welle trat das angelsächsische Britannien als Strahlungszentrum in den Vordergrund. Der Handel entwickelte sich nach Norden und Westen, mit Skandinaviern und Friesen.

Der Anfang der archaischen Welt

Die archaische Zeit der europäsichen Geschichte brach an, Adel und Kirche trugen sie, die Karolinger, die zwischen Romania und Germania standen, repräsentierten sie; ihre »Heimat« breitete sich um die alte römische Kaiserstadt Augusta Treverorum (= Trier), und von da aus durchstießen sie erfolgreich die alte römische Kulturgrenze an Rhein und Donau und drangen bis Elbe und Böhmerwald vor. Diese neue Welt hing nur lose und kriegerisch mit dem griechisch-slawischen Osten zusammen, dessen Zentrum die Weltstadt Konstantinopel war, die dem Westen ihre Reichsideologie schroff entgegenhielt.

Ebenso stark war der Westen von der großen Kulturwelt des Islams getrennt. Der Westen hatte im Latein eine gemeinsame Kult- und Gelehrsamkeitssprache; in ihm breitete der Bischof von Rom durch Mission und Organisation seine kirchliche Autorität aus und sicherte sie in Bischofssitzen, die er an sich zog. Die Klöster aber waren die eigentlichen Stätten der Religiösität, die zunächst auf den Adel und über ihn auf die anderen Menschen wirkten. Die archaische Welt war bäuerlich, aristokratisch, christlich, klösterlich.

c) Adelsherrschaft und Personenverband, die Grundstruktur einer feudalen Gesellschaft

Das Personalprinzip

Die politische Grundstruktur der Anfangsepoche war die Adelsherrschaft. Erfahrung und Idee des römischen Staates als eines unpersönlich-abstrakten Körpers mit gemeinsamem Staatszweck, gemeinsamen Lebensformen und gemeinsamer Kultur waren dahin. Persönliche Bindungen an Herrenhof, Adelssitz und Bischofsstadt beherrschten fortan das Leben der Menschen: Familie, Sippe, Hausgemeinschaft, Hausherrschaft, Gefolgsherrschaft über durch Eid und Schwur treueverpflichtete Gefolgsmannen, die nach der Reichsbildung königliche Paladine und Hofadel wurden, in den Lehensverband einmündeten, der ein Dienstverhältnis auf Gegenseitigkeit begründete – die Schutzherrschaft des mächtigen Herrschaftsträgers über die Schutzgenossen und als Grund aller Herrschaftsrechte die Grund- und Leibherrschaft über den Boden und die Menschen.

Bis sich ein abstrakter, transpersonaler Staatsbegriff wieder völlig durchsetzte, hat es bis in das Barockzeitalter des 17. und 18. Jahrhunderts gedauert. Luther kannte nur die Obrigkeit und nicht den Staat, und unter ersterer verstand er den fürstlichen Landesherrn und seinen Rat im Schloß und die allmählich bürgerlich werdenden Amtmänner auf dem Lande.

Abhängigkeiten

Abhängigkeitsverhältnisse, grob und undifferenziert, prägten das Leben der sich seit dem 8. Jahrhundert durchsetzenden feudalen Gesellschaft. Der Herr gebot unumschränkt über seine Untergebenen und anerkannte keinen Herrn über sich. In dieser Welt herrschte das Schwert und gebot die Zahl der Streiter, die man einzusetzen vermochte.

König

Der König kam aus dem Kreis dieser Mächtigen und lebte von ihrer Loyalität, Treue und Mithilfe; sie anerkannten zwar das Geblütsrecht in der Herrschafts- und Thronfolge, aber sie vollzogen auch in der Huldigung, die sie leisteten oder ablehnten, eine Art Wahl. Dagegen suchte sich der König durch seine Siege, durch den religiös-kirchlichen Glauben der Untertanen, schließlich durch kirchliche Salbung und Weihe zu sichern und zu legitimieren.

Der König war das Haupt des Adelskreises. Nur wenige Herrscher wie Karl der Große oder Otto der Große konnten sich durch persönliche Fähigkeiten, überlegene Macht und Erfolge über den Adel hinausheben. Ihr Haupthelfer war die Kirche, die sie beherrschten, und ihre reichen Mittel, über die sie verfügten, boten ihnen die Möglichkeit, ihre Herrschaft auszubauen.

Das Frankenreich und seine Nachfolgestaaten wie auch die slawischen Fürstentümer regierte ein »Herrenstand«. Wenn sich der Adelige dem König fügte, tat er das gegen Teilhabe an der Königsmacht, gegen Belohnung mit Rechten, Gütern, Privilegien. Dadurch schmolz so oft die reale Macht des Königs in jener Zeit zusammen, sein Königsgut, seine Höfe, Kirchen, Handelsplätze, Städte und Leibeigenen verringerten sich durch Schenkungen.

Adelsherrschaft

Der Übergang vom zentralistischen Beamtenstaat der Spätantike zum losen Bund der archaischen Adelsherrschaften vollzog sich in der alten Römerprovinz Gallien deshalb so leicht, weil sich hier der römische Staat des 4. und 5. Jahrhunderts schon in Adelsherrschaften aufzulösen begann. Außerdem war der Großteil der Menschen schon in verschiedenen Abhängigkeiten von anderen befangen und durch diese gegenüber Staat und Bürokratie vertreten. Die Abhängigkeit, die durch Schutz vergolten wurde, verpflichtete zu Dienst und Abgaben aller Art. Auch die germanische Königsherrschaft begründete ein Schutzverhältnis.

Kirchenherrschaft

Den Adelsherrschaften waren im Frankenreich die Kirchenherrschaften der Bischöfe und Äbte gleichgestellt. Deshalb standen sehr viele Menschen unter der Leib-, Grund-, Schutz- und Gerichtsherrschaft der Kirche. Aus frommer Gesinnung und berechtigtem Interesse beschenkten König und Adel die Kirche reich mit Gütern und Menschen, befreiten sie von öffentlichen Abgaben und Diensten, vom Eingriff der Königsbeamten.

Die Gutsverwalter der Kirchen übten die Gerichtsbarkeit über deren scholle-

Immunität

gebundenen und freizügigen Leibeigenen aus. Diese ganze Befreiung wurde als *Immunität* bezeichnet und der Kirche vom König privilegienweise durch Urkunde verliehen. Der Adel hat solche Privilegien nicht erhalten, es gibt kaum Urkunden solchen Inhalts, er hatte sie nicht nötig. Aber die Kirche wurde durch die verliehene Immunität in den Stand des Adels erhoben. Deshalb hielten sich die Söhne, Brüder, Vettern des Laienadels, die Bischöfe und Äbte waren, auch ein gewappnetes Gefolge, zogen an deren Spitze mit ihren Sippengenossen auch gegen den König zu Felde und führten ein Herrenleben im Stile der weltlichen Aristokratie.

Genauso wie in der Spätantike die einträglichen hohen Staatsämter fast ausschließliches Vorrecht der vornehmen großen Herren waren, übertrug auch der fränkische König Ämter am Hof und in der Provinz auf Widerruf an die Höflinge und die großen Herren ohne Unterschied der Abstammung, sogar an Unfreie, wenn es ihm gefiel. Sie benützten ihr Amt, um sich zu bereichern und ihre Macht zu vergrößern, besonders wenn der König schwach war. Im 7. Jahrhundert bereits wurden die »Ämter« zu Eigenherrschaften. Die überkommenen römischen Einrichtungen wurden mit der Zeit zu starren Formen, die in den Händen einer neuen Oberschicht ihren Inhalt änderten. Die Adelsherrschaft, Kirchenherrschaft mit eingeschlossen, wurde das Strukturprinzip der politischen Ordnung im Frankenreich; die Königsherrschaft war wesensgleich und nur durch größere Machtfülle und Reichweite, höheres Prestige religiöser Art überlegen.

d) Der Aufstieg der Karolinger bis 741. Die Hausmeier von Austrasien, Neustrien und Burgund. Zweisprachigkeit und Heldendichtung. Der Islam im Frankenreich

Autonomie der Reichsteile

In der zweiten Hälfte des 7. Jahrhunderts kam der Schrumpfungsprozeß des Frankenreiches zum Stillstand. Die Randgebiete gingen ihre eigenen Wege, und das Restreich, bestehend aus dem altfränkischen Gebiet und den ersten Eroberungen Chlodwigs, war in Auflösung.

Aquitanien war 629 ein selbständiges Herrschaftsgebiet mit der Hauptstadt Toulouse geworden und reichte bis zu den Pyrenäen. Gerade hier bildeten sich autonome Herrschaften.

Den gleichen Weg gingen die rechtsrheinischen Stammesgebiete der Alemannen, Thüringer und Bayern, wo die Merowinger als königliche Statthalter Grenzherzoge eingesetzt hatten, die sich weitgehend selbständig machten. Dies war besonders in Bayern der Fall, wo sie harte Grenzkämpfe mit Südslawen und Awaren, auch mit den etschaufwärts vordringenden Langobarden zu bestehen hatten. Die Herzöge im thüringischen Erfurt waren in Kämpfe mit den slawischen Sorben und den Sachsen verwickelt.

Stammesrechte

Das fränkische Königtum hat die noch nicht festgefügten rätoromanischen und germanischen Volksteile zu Stammeseinheiten zusammengeschlossen, ihnen einen königlichen Statthalter gesetzt und ein eigenes Recht gegeben, die sogenannten Stammes- oder Volksrechte. Die Überlieferung setzt die Aufzeichnung des alemannischen und bayerischen Stammesrechts in das erste Drittel des 7. Jahrhunderts (Chlothar II. und Dagobert I.), älteste Teile gehen sogar auf Gesetze Chlodwigs zurück.

Die harten Kämpfe mit den Slawen in der Steiermark und in Kärnten stärkten die Stellung der bayerischen Agilolfingerherzoge sehr. Im 8. Jahrhundert verfügte der bayerische Herzog über eine eigene Herrschaftsorganisation, aber sein westlicher Herrschaftsraum stand unter der Kontrolle eines fränkisch versippten und frankophilen Adels, der viele Klöster gründete.

Gegen die Elbslawen hatte König Dagobert um 634 einen Herzog in Thüringen eingesetzt, der sich bald so selbständig gebärdete, daß ihn der austrasische Hausmeier hart zur Ordnung rufen mußte. Später saßen die Herzoge in Würzburg am Mittelmain.

Bei den Alemannen waren die Dinge nicht anders als bei den Bayern. Im Elsaß war seit den letzten Jahrzehnten des 7. Jahrhunderts die einheimische Familie der Etichonen im erblichen Besitz des Herzogamtes.

Neustrien und Burgund, das Land von der bretonischen Grenze bis zur Schelde sowie das Rhoneland, wurden in der zweiten Hälfte des 7. Jahrhunderts in der Regel gemeinsam von einem Hausmeier regiert.

Austrasien

Austrasien, das Land von der Champagne bis zum Rhein, führte schon seit Chlothar II. († 629) und Dagobert I. († 639) unter eigener Regierung ein selbständiges Leben, das ein kraftvoller Adel bestimmte. Die Zentrallandschaften Austrasiens, Champagne und oberes Moselgebiet, mit Reims und Metz als Hauptorten, waren überwiegend, Burgund fast ganz romanisch.

Neustrien

Neustrien mit den altfränkischen Landen an der Rheinmündung, der unteren Schelde und Maas, die rheinfränkisch besiedelt waren, hatte im nördlichen Gallien überwiegend romanische Bevölkerung. Die großen Herren Austrasiens waren Franken, sprachen fränkisch und lebten nach fränkischem Recht, auch wenn sie Latein oder Romanisch verstanden. Das Westfrankenreich war jahrhundertelang zweisprachig, und zwar schon in der frühen Merowingerzeit bei Germanen und Romanen. Freilich schrumpfte diese Zweisprachigkeit allmählich auf den Adel und dann allein den diplomatisch tätigen Hochadel ein. In der späteren Karolingerzeit war es im Inneren Frankreichs schon schwer, Deutsch zu lernen, aber trotzdem lebte bis zum Ende des 9. Jahrhunderts die germanische Sprache im Westfrankreich, wenn auch im Rückzug begriffen; im Mittelraum Lotharingien hielt sie sich noch länger.

Heldendichtung

Zwischen 500 und 900 kam auch romanisches und germanisches Erzählgut in Berührung, und auf diese Weise entstanden die Stoffe auch der germanischen Heldendichtung. Heldendichtung eignet dem Adel, ist gemeineuropäisch und findet sich bei West- und Nordgermanen, Romanen, Slawen und Byzantinern. Wie an den germanischen Höfen der Wanderzeit die ausklingende lateinische Dichtung der Spätantike gepflegt wurde und germanische Könige lateinische Verse machten, wurden germanische Heldensage und Heldenlied an den Adelshöfen Nordfrankreichs bekannt und wirkten auf die lateinische Literatur.

Die Hausmeier

In der Zeit des merowingischen Königsstreits, dessen Mittelpunkt Brunechilde war, hatte sich die Herrschaft großer Adelsfamilien gefestigt; als Grafen, Äbte, Bischöfe beherrschten sie das Land. Sie rivalisierten um die Spitzenstellung ihres Reichsteiles, das Hausmeieramt.

Stritten sich um die Wende vom 6. zum 7. Jahrhundert die Könige, so am Ende des 7. Jahrhunderts die Hausmeier. Der letzte starke Merowingerkönig war Dagobert I. gewesen; nach ihm setzen die Quellen fast aus. Im frühen 7. Jahrhundert war in Austrasien Pippin der Ältere der mächtigste Herr; sein Sohn Grimoald strebte nach der Königswürde und scheiterte am Widerstand des Adels.

In Neustrien übte zwanzig Jahre der Hausmeier Ebroin ein Schreckensregiment aus, wobei er alle weltlichen und geistlichen Gegner kaltblütig über die Klinge springen ließ. Auch er mußte dem Widerstand des Adels unter Führung des burgundischen Bischofs Leodegar von Autun weichen. Ebroin wie Leodegar wurden in Klöster gesperrt, die Staatsgefängnisse für Rebellen in damaliger Zeit.

Skrupellose Machtgier und barbarische Grausamkeit beherrschten die Führer des Adels, von einer mildernden Wirkung des Christentums war nichts zu spüren.

Wiederherstellung der Einheit

Pippin der Mittlere († 714), aus dem Geschlecht der Arnulfinger-Karolinger, der mächtigste Mann im östlichen Reichsteil, wurde 687 von einer neustrischen Adelsgruppe gegen Ebroin zu Hilfe gerufen und schwang sich nach einem Sieg bei Tertry nahe St-Quentin an der Somme über seinen Rivalen zum Herren beider Reichsteile auf. Seine Machtbasis lag um Maas und Mosel von der Eifel bis Metz und Verdun.

Der Sieger von Tertry wies die Expansion der Friesen, die an der Nordseeküste zwischen Wesermündung und Rheindelta saßen, in das Land bis Utrecht zurück; er begünstigte in seinem Interesse die Mission der Angelsachsen. Von 709 bis 712 unternahm er vier Feldzüge gegen die Alemannen und scheint das thüringische Herzogtum der Hedene beseitigt zu haben.

Nach Pippins Tode schien das alte Chaos wieder hereinzubrechen, alle Reichsteile waren in Aufruhr, und an das südliche Tor pochte die harte Faust der Muselmanen.

Im Osten hatte 718 die Weltstadt Byzanz ein volles Jahr zu Wasser und zu Lande dem Ansturm des Islams widerstanden; sie war zum Bollwerk der Christenheit geworden. Wenige Jahre danach fielen die Muselmanen in Südgallien ein, eroberten Narbonne, das vier Jahrzehnte ihr Hauptstützpunkt nördlich der Pyrenäen wurde. Dann drangen sie rhoneaufwärts bis zum burgundischen Autun vor. Das Frankenreich wäre genauso die Beute des Islams wie das westgotische Spanien geworden, hätte es nicht in Karl (714–741), zubenannt Martell (Hammer), dem Sohn Pippins, seinen Retter gefunden.

Karl Martell

Während der Angriffe der Neustrier, Friesen und Sachsen beim Tode seines Vaters, befreite er sich aus Klosterhaft, besiegte den neustrischen Hausmeier 717 bei Cambrais, erzwang die Herausgabe Kölns und des väterlichen Schatzes. Er hielt sich Sachsen und Friesen vom Leibe, besiegte 719 nochmals die Neustrier bei Soissons und wurde so der alleinige Herr des Reiches. Nach einem Jahrhundert zwang er die Adelsherrschaft wieder unter einen höheren Willen.

Die karolingische Kernlandschaft

Ungern beugten sich die großen Herren, vor allem in Neustrien, dem übermächtigen Sieger, dessen Hauptbesitz in der Eifel und den Ardennen, an Sambre und Maas, um Lüttich und Namur lag, wo wir die Kernlandschaft der Karolinger ansetzen. Hier saßen die Gefolgsleute und Mannen der Familie, die ihre Schlachten schlugen und die großen Posten der Reichsverwaltung bis hinunter in das langobardische Italien besetzten. Ein solch wehrhaftes Gefolge hatten alle großen Herren im Frankenreich. Darauf beruhten auch Macht und Erfolg des Hausmeiers Karl.

e) Das Lehnswesen des 8. Jahrhunderts und die königliche Kirchenherrschaft, Kronvasallität und Reichsaristokratie

Das Lehnswesen entstand aus der Gewohnheit der Mächtigen, Dienstleuten oder Schutzbefohlenen Land zu leihen, nicht zu eigen zu geben. Daraus erwuchs eine neue Form der Bindung zwischen Herrn und Gefolge, Oberherrn und Gefolgschaften. Die Landleihe war ein Gnadenerweis auf Widerruf.

Diesen Weg, den König, Adel und geistliche Herren schon beschritten hatten, schlug auch der Hausmeier Karl (717–741) ein, um die Zahl der verfügbaren Krieger zu vermehren. Da aber das verfügbare Land nicht genügte, veranlaßte er die Kirchen, ihm aus den reichen Landschenkungen von König und Adel wieder Teile zur Weitervergabe zur Verfügung zu stellen. Das war keine eigenmächtige Sonderaktion, weil die Merowinger die Kirche als Eigen- und Reichskirche behandelten und auch der Adel Klöster gründete, um sie zu nutzen.

Reichsleistungen der Kirche

Freilich waren die Landforderungen Karls für seine Gefolgsleute, die man jetzt gallisch Vasallen zu nennen pflegte, ungewöhnlich groß. Seit dem 9. Jahrhundert ersetzte man dieses Verfahren durch Landschenkungen an die Kirche mit der Aufgabe, Panzerreiter zu stellen, Königshof und Königsgefolge zu beherbergen, die Hoftage zu besuchen, das Schreibpersonal und die obersten Beamten der Königskanzlei zu stellen. Daraus entstand die fortgeschrittene Form der Reichskirchenherrschaft des Königs, der im 8. Jahrhundert noch viele willkürliche Züge der Gewalt anhafteten.

Der Hausmeier Karl lockte durch die reichen Landvergaben auch an große Herren, die dann mit ihren Heermannen auf seine Seite traten, viele an, in Kriegs-, Hof- und Reichsverwaltungsdienst zu treten, dafür Land in Leihe zu nehmen und eine Dienstverpflichtung einzugehen.

Das Lehnsband der archaischen Feudalgesellschaft

Indem sich alte Unterwerfungsformen mit dem christlich begründeten Dienstgedanken verbanden, entwickelte sich ein neues ethisches Band. So entstand das Lehnswesen, die Grundlage der archaischen Feudalgesellschaft, die sich vom 9. bis zum 12. Jahrhundert voll auslebte. Daß sich Beutegier und ungeordnete Machtwillkür einer Form des »Dienstes« und einem höheren Ziel unterordneten, war zwar eine Folge eines höheren Druckes zwingender Umstände und unausweichlicher Notwendigkeit, aber im Endergebnis vor allem ein großer Schritt vorwärts zu einer neuen Gesellschaft und Kultur.

Dieser von ihm geförderten Entwicklung verdankte der Hausmeier Karl seine großen Erfolge. Mit diesem Werkzeug beherrschte und einigte er das Frankenreich, ja waltete er seit 737 als ungekrönter König und verteilte das Reich an seine Söhne. Dieser große Hausmeier hatte fähige Söhne und einen großen Enkel als Nachfolger, die seine Grundlagen des Lehnswesens zum System der Beherrschung des Frankenreiches ausbauten. Sie machten die Krongutsbeamten, die Königskommissare im Ostteil zu Grafen, die im Westen die alten Stadtgebiete leiteten. Die Bischöfe und Herzöge in den Mark- und Stammesgebieten wurden als Kontrollorgane des Reiches zu Vasallen des Königs. So entstand eine Kronvasallität und ein belehnter Beamtenadel, der an der Spitze der Feudalgesellschaft stand und mit dem König das Reich regierte (Reichsaristokratie).

Kronvasallität

Die politische Funktion des Lehnswesens in Europa

Das Lehnswesen wurde zur Grundform der Ausübung politischer Herrschaft und der Verwaltung großer Gebiete. Dies setzte sich in Frankreich und Deutschland, im normannischen England seit 1066, in den Normannenreichen Siziliens und Unteritaliens durch. Eine besonders straffe und wirksame, Frankreich und England erfassende Form des Lehnswesens wurde seit dem 10. Jahrhundert im Herzogtum der Normandie entwickelt. Diese Form machte den König zum obersten Lehnsherrn aller Vasallen. Frankreich kannte im 11. Jahrhundert keinen freien und unbelehnten Herrn mehr, das adelige freie Erbgut war verschwunden, alles Land war Lehnsland geworden. Diese Straffung gewann das deutsche Lehnswesen nicht; in ihm gewann der Dienstgedanke nicht die Oberhand; er wurde durch die Eigenherrschaft ausgehöhlt. In Deutschland behielt die Adelsfamilie neben dem Lehnsgut ihr freies »Erb und Eig«, an das ihre »Edelfreiheit« geknüpft war, und das zu einer Zeit, da Herzogtümer, Grafschaften, Bistümer und Königsklöster längst Lehen waren. Hier wurde mehr das Amt als das Land zum Lehen.

Mit der Expansion Europas wanderte das Lehnswesen nach dem slawischen Osten und der Levante; auch die Kirche konnte sich diesem Modell nicht entziehen. In Deutschland wie in England wurden die Bischöfe Kronvasallen des Königs, und das hierokratische Papsttum seit Gregor VII. wollte sich die Könige und Reiche dieser Erde als Lehnsmänner und Vasallenstaaten unterordnen, daraus ein politisches Prinzip der Weltordnung entwickeln. 1059 wurden die Normannen Unteritaliens Vasallen des heiligen Petrus, und das Königreich Sizilien blieb im ganzen Mittelalter ein Lehen des päpstlichen Stuhls. Wilhelm der Eroberer aber lehnte es ab, Vasall des Papstes zu sein; freilich hat der englische König Johann ohne Land zu Beginn des 13. Jahrhunderts sein Knie vor einem päpstlichen Legaten als Lehnsmann beugen und dem Papst Lehnszins zahlen müssen, doch damit den Widerstand des Adels hervorgerufen. Noch im 18. Jahrhundert empfing der Kaiser, auf dem Throne sitzend, in der Wiener Hofburg die Lehnshuldigung der Reichsfürsten, und im »Handgang« legen heute noch Englands Barone und Bischöfe bei der Königskrönung kniend ihre gefalteten Hände in die des Herrschers.

Adelsherrschaft und Lehnswesen

Chlothar II. hatte 614 im Edikt von Paris dem Adel zusichern müssen, das Grafenamt nicht an fremde Leute, das heißt aus der Umgebung des Königs, von der Königspfalz, sondern an die eingesessenen Herren des jeweiligen Bezirkes zu vergeben. Damit standen diese, die Land und Leute beherrschten, zwischen dem Monarchen und der großen Masse der Untertanen, die leibeigen und schollegebunden waren.

Außer Adel, Bischöfen, Äbten und den Leibeigenen auf den Königsgütern mit den sogenannten »Königsfreien« hatte der Herrscher seit den Merowingern keine direkten Untertanen mehr. Dabei war der Adelige kein Untergebener, sondern Teilhaber an der Macht, als »Amtsträger« war er kein Diener, sondern »Besitzer« des Amtes, wenn auch lehnsweise. Es gab noch keinen »Staat«.

Im Lehnswesen als der Klammer einer primitiven Gesellschaft wuchsen Formen und Gedanken des keltischen und germanischen Dienstwesens, der germanischen Gefolgschaft aus Kriegs- und Wanderzeiten und Institutionen des römischen Güterrechts zusammen. Der Treueid, der Lehnsherr und Lehnsmann festlegt, bindet personal, das Leihegut sachlich.

Auch in der Kirche steigt man in die Ämterhierarchie durch einen Gehorsamsakt und die Anflehung der göttlichen Gnade auf. »Vasallität«, ist also ein Ergebnis der Mischkultur des 7. Jahrhunderts. Das Lehnsband vergrößerte das Heer, band die Herrschaftsträger an den König, hinderte die höchsten »Amtsträger« des Reiches, eine autonome Machtstellung zu errichten und schuf eine Kontrolle über die Reichsaristokratie.

Selbst die Mitglieder der Königsfamilie leisteten als Unterkönige in den Teilreichen dem König den Vasalleneid. Auch Bischöfe und Äbte mit reichem Grundbesitz und großem Gefolge wurden mit ihren Immunitätsherrschaften wie die Laien als Vasallen in das System der Königsherrschaft eingeordnet und dem Königsschutz durch Handgang und Treugelöbnis unterstellt.

Das persönliche Lehnsband löste an sich nur der Tod; das leistete aber der Erblichkeit des Lehens Vorschub, zuerst im Westreich unter Karl dem Kahlen (9. Jahrhundert), dann im Ostreich. Die Könige ließen dies zu, weil sie damit ihre Herrschaft intensivierten und auf eine breitere Basis stellten.

f) Das Heer des Königs und Hausmeiers. Die Araberschlacht

Karl Martells Erfolge wurden durch ein neues Heer erzielt. Damit kettete der austrasische Hausmeier Neustrien und Burgund an sich, eroberte die verlorenen Provinzen des Ostens und Südens zurück und wehrte feindliche Invasionen ab. Chlodwig hatte noch mit römischen Truppenteilen, die rasch zusammenschmolzen, Gallien erobert. Im 5. Jahrhundert waren sehr zahlreich in verschiedenen gallischen Landschaften germanisch-fränkische Wehrsiedler angesiedelt worden. Diesem Beispiel folgend, setzten die fränkischen Könige kleine Leute (Leibeigene) auf Fiskalland im Grenzgebiet an oder wiesen ihnen zur Sicherung militärisch wichtiger Punkte im eroberten Gebiet Land an; ja sie setzten sie sogar in Feldzügen ein. Diese Wehrbauern unter Königsschutz wurden »Freie« genannt; sie waren wenig einsatzfähig und schlecht bewaffnet; um dem Wehrdienst zu entgehen, ergaben sie sich gern in die Herrschaft der Kirche; dadurch schmolzen Zahl und Bedeutung dieser Gruppe zusammen. *Die Freien*

Die militärische Hauptmacht des Königs stellten seit dem 6. Jahrhundert Königsgefolge und Adelsaufgebot, die im 7. Jahrhundert an Zuverlässigkeit und Schlagkraft verloren. Das Lehnswesen des 8. Jahrhunderts ermöglichte die Aufstellung eines größeren, besser ausgerüsteten und relativ schnell schlagkräftigen Panzerreiterheeres, das vor allem aus den kleinen Vasallen des Adels und der Kirche bestand. Der Vasall war mit so viel Land ausgestattet, daß er frei leben, sich bequem ausstatten und über weite Strecken eingesetzt werden konnte. Das Panzerreiterheer garantierte den Hausmeiern und Königen den Sieg über Friesen, Sachsen, Alemannen, Bayern und Langobarden. *Das Vasallenheer*

Mit dieser Waffe wehrten sie auch die Araber ab, die 725 bei Autun standen und 732 Bordeaux angriffen und vermutlich zerstörten. Beim Dorfe Cenon nördlich Poitiers trat ihnen Karl Martell mit den austrasischen Streitkräften entgegen; der arabische Ansturm brach sich an der Mauer der fränkischen Panzerreiter. Dieser Sieg hatte eine gleiche Bedeutung wie die Abwehr der arabischen Belagerung von Konstantinopel fünfzehn Jahre vorher. Trotzdem beunruhigten die Sarazenen von ihren Stützpunkten an der gallischen Südküste aus noch jahrzehntelang das Rhonetal, die Städte Nîmes, Arles, Avignon in der Provence sowie die Bistümer und Kirchen bis Lyon. *Die Araberschlacht bei Cenon*

Der Hausmeier Karl hat die kaum aufkeimende Kultur des Westens vor Überlagerung und Einfrieren bewahrt. Er starb 741 und hinterließ ein geeintes Reich *Reichseinheit* seinen Söhnen Karlmann und Pippin, die zunächst fünf Jahre lang den aufflackernden Widerstand im Süden, Osten und Norden niederkämpfen mußten; dabei bewährte sich das fränkische Vasallenheer.

g) Fränkische Kulturbewegung nach dem Osten im Zeichen angelsächsischen Geistes

Das angelsächsische Benediktinertum

Es war ein Zeichen schöpferischer Kraft, daß die fränkische Kulturbewegung auch immer stärkere Wellen aus dem gallischen Zentralraum nach dem Osten schlug; dabei waren die Klöster Strahlungspunkte und Zentren, deren Gründungen auch in der Zeit der Adelsfehden des 7. Jahrhunderts weitergingen. Die Christianisierung des Schelde- und Maasraumes hatte Bestand, aber fränkische und einheimische Kräfte trugen jetzt die Bewegung. Mit Pippin dem Mittleren († 714) und seiner Gemahlin Plektrudis setzte sich das angelsächsische Benediktinertum durch; seine bedeutendsten Vertreter waren Willibrord und Bonifatius († 714). Damit begann der Einfluß des irofränkischen Luxeuil-Mönchtums zu erlöschen; es wurde durch ein reines Benediktinertum abgelöst. Dies kam entweder durch Augustinus, den Prior des von ihm gegründeten Andreasklosters in Rom 596/597, oder durch Theodor von Tarsus, der ab 609 Bischof von Canterbury war, nach England und trat von dort aus seinen Siegeszug auf dem Kontinent an.

Ansatzpunkt der angelsächsischen Benediktinermission war Friesland; doch Dauererfolg sicherte erst das Zusammenwirken der Angelsachsen mit der fränkischen Herrschaftsgewalt der Hausmeier Austrasiens. Mit Pippin dem Mittleren arbeitete bei der Eroberung Westfrieslands bis zum Altrhein (Friesenherzog Radbod) Willibrord aus dem englischen Kloster Ripon zusammen.

Das Kloster auf dem Lande

Die altgallischen und irofränkischen Klöster lagen noch innerhalb der alten Stadtmauern oder nahe davor, ihre Mönche waren noch adelig und städtisch. Die Angelsachsen aber blieben wie die Karolinger und ihr Adel auf dem Lande sitzen und errichteten ihre Klöster auf den Grundherrschaften der der Antike und ihrer Stadtkultur schon weit entrückten großen Herren Austrasiens. Willibrord gründete sein Kloster nicht in Trier, der guterhaltenen Insel der Romania, sondern in Echternach an der Sauer.

Anders als die Merowinger errichteten die Karolinger ihre Pfalzen als Verwaltungsmittelpunkte in ihren Königsgutsbezirken und Forsten. Von der austrasischen Hauptstadt Metz abgesehen, ordneten sich diesem System auch die Klöster ein.

Chrodegang von Metz

Neben den Karolingern gründete auch der Adel Klöster, so Bischof Chrodegang von Metz Gorze in Lothringen. Obwohl Chrodegang Bonifatius und die Angelsachsen persönlich ablehnte, führte er doch deren Reform in die fränkische Reichskirche ein. Dieser Mann aus dem karolingischen Haspengau war Referendarius am Hofe des Hausmeiers Karl Martell und an den fränkischen Reformkonzilien seit 755 maßgeblich beteiligt. Seine Klöster waren Gorze, Lorsch (Rheinebene); Gorze aber war der moderne fränkische Klostertyp seit dem 8. Jahrhundert, erwachsen aus der Initiative einer der bedeutendsten Familien der fränkischen Reichsaristokratie und begünstigt vom Wohlwollen der Karolinger, seit 750 an römischen Vorbildern orientiert.

h) Bonifatius († 754), die romverbundene Landeskirche und die Klöster

Die religiös-geistige Unentschiedenheit und Gärung des Merowingerreiches fing der Angelsachse Winfrit (= Bonifatius) im 8. Jahrhundert auf und stellte eine engere Verbindung zum römischen Bischof her. Er begann als Missionar bei den Friesen und in Thüringen, gründete 725 Kloster Ohrdruf, dann Fritzlar im Schutze der nahen Büraburg, dann ebenfalls im Bunde mit der fränkischen Macht das Großkloster Fulda. Zwischen 732 und 735 errichtete er das Nonnenkloster Tauberbischofsheim.

Mit der Gründung des Bistums Würzburg (741/742) setzte eine aktive Epoche der Kirchenorganisation im Raume östlich des Rheins ein, die später auch in das südliche Sachsen hineinwirkte. Bei dieser Gründung wirkten Bonifatius, fränkische Herrschaft und römisches Papsttum zusammen; gerade die Hausmeier Karlmann und Pippin haben Würzburg überreich mit Eigenkirchen, Königshöfen beziehungsweise deren Einnahmen sowie Steuerleistungen ausgestattet.

Der erste Bischof von Würzburg war der karolingertreue Schüler des Bonifatius Burkard; dort wurde der Kult eines neuen ostfränkischen Reichsheiligen, des Iren Kilian, aufgebaut; hier flossen altgallische, fränkische, irische und angelsächsische Kulturströme zusammen und assimilierten sich zu einer neuen geistigen Form, die das Abendland prägte. Zur selben Zeit gründete Bonifatius auch Bistümer in Büraburg und Erfurt, die wieder eingingen, aber das Bistum Eichstätt im Altmühltal blieb am Leben.

Seitdem die beiden Hausmeierbrüder die Herrschaft von ihrem Vater übernommen hatten, widmete sich der zum päpstlichen Legaten berufene Angelsachse Bonifatius staatlich-organisatorischen Aufgaben. Klöster aber blieben und wurden weiter Träger von Mission und Seelsorge, Brennpunkte religiösen Lebens und einer sich anreichernden Geisteskultur und Bildung, Pflegestätten höherer Lebensauffassung, Arbeitsmoral und Gesittung. Deshalb haben sie Könige, Hausmeier, Bischöfe, Reichs- und Regionaladel so intensiv gefördert und geschützt.

Monte Cassino

Bonifatius schickte 747/748 seinen bayerischen Schüler Sturmi nach dessen dreijährigem Wirken als Abt in Fulda in das benediktinische Mutterkloster Monte Cassino; die Verbindung dorthin hatte der wichtigste Mitarbeiter des Legaten seit 741, Willibald, der erste Bischof von Eichstätt, hergestellt, der in den dreißiger Jahren in der Mutterabtei geweilt und wesentlich zu ihrer Reform beigetragen hatte. Papst Zacharias hatte deren geistige Erneuerung durch Bücherschenkungen gefördert und die von den Langobarden nach Rom gebrachte Urschrift der Benediktinerregel dorthin geschenkt. Die beiden Angelsachsen leiteten von dort den Quellstrom eines erneuerten Benediktinertums in den germanischen Raum zurück. Die bonifatianischen Klöster bedeuteten deshalb so viel, weil sie im karolingischen Herrschaftsaufbau mitzuwirken vermochten.

Benedikt von Aniane und die monastische Einheitskultur

Bonifatius setzte auf dem Generalkonzil von 743 die Benediktinerregel von Monte Cassino in den angelsächsischen Klöstern durch. Am wirksamsten hat Benedikt von Aniane im frühen 9. Jahrhundert ihre Geltung gefordert, durch Reichsgesetz durchgesetzt und damit eine monastische Einheitskultur im Frankenreich für zweieinhalb Jahrhunderte begründet und gesichert.

Die romverbundene Landeskirche

Die missionarische, organisatorische und reformistische Wirkung des päpstlichen Legaten Bonifatius war im östlichen Frankenreich von weitreichenden Folgen. Er hat die »römisch verbundene Landeskirche« auf später deutschem Gebiet aufgebaut. So errichtete er 739 eine bayerische Landeskirche mit den Bistümern Regensburg, Freising, Salzburg, Brixen und Passau kanonisch, die erst am Ende des Jahrhunderts unter Erzbischof Arn von Salzburg, einem Vertrauten Karls des Großen, zum Metropolitanverband zusammengefaßt wurde.

Diese bayerische Landeskirche von Salzburg hat im Zusammenwirken mit dem Patriarchat Aquileja (vor der Lagune von Grado) erfolgreich in Mission, Organisation, Kultur und Landesausbau des Südostens (Kärnten, Steiermark, Niederösterreich, Westungarn, Westjugoslawien, Slowakei, Böhmen und Mähren) gearbeitet und diese Gebiete für das Christentum und die Zivilisation des Westens gewonnen. Das hat den Eintritt der West- und Südslawen in den abendländischen Völker- und Kulturkreis vorbereitet und gefördert.

Bonifatius hat aber auch den herrschaftlich noch halberschlossenen Raum Hessens und Thüringens sowohl an die römische Kirche angeschlossen als auch in das nach Osten drängende Frankenreich eingebaut. Seine Gehilfen bei der Reform und Reinigung eines noch sehr barbarischen Christentums waren die angelsächsischen Landsleute. Karl Martell versagte sich dem Reformauftrag, den Papst Gregor II. 732 Bonifatius bei der Weihe zum Erzbischof gegeben hatte.

Die Generalsynode

Erst als sich seine Söhne zur Unterstützung bereit erklärten, gelang das Werk nach einer Generalsynode im austrasischen Teilreich (742/743). Leerstehende Bistümer sollten wieder besetzt, die Sprengeleinteilung durchgeführt und Jahressynoden abgehalten werden.

Seelsorge der Mönche

Da ein niederer Klerus erst aufgebaut werden mußte, kam alles auf das Wirken der Klöster an. Bonifatius konnte nur dadurch erfolgreich sein, weil ihm seine angelsächsische Heimat Geistliche, Mönche, Lehrer, Nonnen sandte, die Schulen und Klöster gründeten und einrichteten, Bücher mitbrachten und die nächste Generation des Klerus und Mönchtums erzogen.

i) Der römische Bischof. Ostrom. Die Langobarden und die Wendung der Franken nach Rom und Italien

Der römische Bischof und das karolingische Königtum

Die Verbindung mit Rom war den Angelsachsen seit Begründung ihrer Kirche am Ende des 6. Jahrhunderts geläufig. Aber das westgotische Spanien und das merowingische Gallien hatten zum Bischof von Rom, der Untertan des oströmischen Kaisers war, keine besondere Beziehung unterhalten, ja diese war seit 600 überhaupt abgerissen. Bonifatius hat erst die Verbindung um die Mitte des 8. Jahrhunderts angeknüpft. Politische Ereignisse haben sie gefestigt und dauerhaft gemacht. Pippin der Jüngere, seit 747 Alleinherrscher, hatte seine Macht so gesichert, daß alle Welt fragen konnte, warum er noch immer das Schattendasein eines merowingischen Königs duldete. Er benutzte für seinen Staatsstreich die Autorität des römischen Bischofs gegen das im Heilsglauben des Volkes verankerte Prestige des Merowingergeschlechts. Durch Burkard von Würzburg und Fulrad von St-Denis, Paris, ließ er den römischen Bischof um ein Gutachten über die Frage bitten, ob es gut sei, daß der Frankenkönig keine Macht mehr habe; die Antwort lautete, daß *der* König sein solle, der die tatsächliche Macht besitze.

Daraufhin riefen die fränkischen Großen Pippin 751 zu ihrem König aus, was einer Wahl gleichkam. Kirchliche Salbung mit heiligem Öl sollte Pippins Mangel an königlichem Geblüt und Heil ersetzen. Dieses politische Engagement des in seiner politischen Stellung gefährdeten Bischofs von Rom war eine Option für die aufsteigende fränkische Großmacht, für den Westen und gegen die Weltherrschaftsansprüche des byzantinisch-oströmischen Kaisers.

Fränkische Garantie für die europäische Stellung des Papstes

Im Gefolge dieser Hilfe vollzog 754 die fränkische Politik eine entscheidende Wendung nach Rom und Italien, die ein weiteres Strukturelement Europas schuf. Eine solche Politik war ohne Vorbild; die römische Kirche, die eine Garantie ihrer politischen Stellung in Italien erhielt, konnte dadurch auch ihre Stellung in Europa aufbauen.

Papst Gregor der Große hatte sich am Ende des 6. Jahrhunderts von der kaiserlichen Oberhoheit weitgehend freigemacht. Zwar mußten sich seine Nachfolger auf dem römischen Stuhl noch oft dem Kaiser oder seinem Stellvertreter in Italien, dem Exarchen in Ravenna, unter schweren Demütigungen beugen. Papst Martin I. starb 655 in der Verbannung auf der Halbinsel Krim, weil er die östliche Lehre des Monoteletismus (»in Christus war nur ein Wille«) verwarf.

Das durch den Sieg des Islams geschwächte Byzanz konnte die Herrschaften des Papstes in Italien seither nicht mehr vor den Angriffen der Langobarden schützen. Deshalb suchten die römischen Bischöfe die Franken als neue Schutzmacht zu gewinnen, als Rom unter Stefan II. (752–757) ein langobardisches Bistum zu werden drohte.

Ostrom und die Langobarden

Zwar standen die Langobarden bislang in gutem Einvernehmen mit den Franken, aber das persönliche Erscheinen des Papstes im Frankenreich überwand den Widerstand der Großen. Ostrom war zudem einer fränkischen Intervention gegen die unbequemen Langobarden nicht abgeneigt. Es beherrschte auf der Apenninenhalbinsel neben Apulien, Kalabrien und Sizilien im Süden die Umgebung Roms mit dem römischen Dukat am unteren und mittleren Tiber, ferner die sogenannte Pentapolis an der Adria und das Gebiet um Ravenna, wo der kaiserliche Exarch residierte, schließlich noch Venetien und Dalmatien. Das übrige Italien war in den Händen der Langobarden, deren Besitz ebenso zerstückelt war; die Hauptmasse lag in Oberitalien und der nördlichen Toskana, davon getrennt waren die fast unabhängigen Herzogtümer Spoleto und Benevent. Die Reste der Reichsländer quer durch die Halbinsel von der Tiber- zur Pomündung trennten das Langobardenreich in zwei Hälften, deren Vereinigung das politische Ziel der Langobardenkönige sein mußte.

Luitprand, Ostrom und der römische Bischof

Luitprand (712–744), der bedeutendste Langobardenkönig, nutzte die prekäre Lage des von Revolution geplagten Ostreiches aus. Drückende Steuerlasten reizten auch Italiens größten Grundherrn und Steuerzahler, den Bischof von Rom, zum Widerstand gegen den Kaiser; es brandeten die Wogen des Bilderstreits an Italiens Grenzen, und der Kaiser erschien als gottloser Ketzer und Kirchenverfolger. Seine Beamten und Offiziere in Ancona, Venetien, Rom, Neapel und Ravenna bekamen es zu spüren. Diese Lage kam Luitprand gerade recht; er konnte zwischen den Fronten lavieren, die fast unabhängigen Herzöge von Spoleto und Benevent unterwerfen, Rom mit seinem Heerhaufen in Panik setzen und den griechischen Papst zu einem Waffenstillstand auf zwanzig Jahre nötigen. Dabei anerkannte Rom den Langobardenkönig als Schutzherrn, der unter günstigen Umständen zum Landesherrn werden konnte.

Luitprands Nachfolger Aistulf überrannte 749 Ravenna und drängte das kaiserliche Heer auf einen schmalen Brückenkopf um die Lagune Venetiens und die Halbinsel Istrien zusammen. Er kontrollierte Roms Handels- und Geschäftsverkehr mit der Außenwelt sowie die Lebensmittelversorgung der Stadt und zog den Ring um sie immer enger. Der Bischof rief den Kaiser vergeblich um Hilfe an, dessen Maßnahmen verfehlten völlig ihre Wirkung auf Aistulf. Doch konnte letzterer den Papst nicht an einer Reise in das Frankenreich hindern.

In der Königspfalz zu Ponthion an der Marne warf sich Papst Zacharias 754 vor König Pippin auf den Boden und flehte ihn um Beistand an. Nachdem der Papst die Königssalbung vor drei Jahren an Pippin und seinen Söhnen Karl und Karlmann wiederholt hatte und damit die fränkische Monarchie unter dem Schutze des heiligen Petrus stand, stimmte ein Reichstag dem Hilfsbegehren zu.

Beim Feldzug des Spätsommers 754 konnten die Franken die langobardischen Grenzfestungen an den Alpenpässen zuerst nicht überrennen; ein Umgehungsmanöver warf allerdings Aistulf auf seine Hauptstadt Pavia zurück. Dort wurde ein Friede geschlossen, an den sich Aistulf nicht hielt. Als er 756 Roms Belagerung für drei Monate wiederholte, rückte Pippin abermals heran und schloß seinen Gegner in Pavia ein. Auf Intervention fränkischer Großer bekam Aistulf abermals einen glimpflichen Frieden, mußte aber ein Drittel seines Königsschatzes ausliefern, sich zur Tributzahlung verpflichten und Ravenna, die Pentapolis und die Städte um Rom an den Papst abgeben. Pippin stellte darüber eine Schenkungsurkunde an den Bischof von Rom aus, die Fulrad von St-Denis als fränkischer Emissär am Grabe des Apostelfürsten mit den Schlüsseln der von den Langobarden förmlich übergebenen Städte niederlegte.

Pippinische Schenkung

Pippin wurde fortan mit dem Titel eines kaiserlichen Patricius ausgezeichnet; er schenkte kraft Erobererrecht die Reichsbesitzungen von Byzanz an den Papst und stellte den »Kirchenstaat« auf eine feste Grundlage. St. Peter wurde so weltlicher Herrschaftsträger in Mittelitalien. Es gibt Gründe für die Annahme, daß damals (laut anderen Quellen: nach 816) die römische Kirche in einer berühmten Fälschung, der sogenannten »Konstantinischen Schenkung« des Kaisers Konstantin (306–337) an Papst Silvester I., auf fränkischem Boden gefälscht, dem Frankenkönig und der Welt beweisen wollte, daß der Langobarde Aistulf dem Heiligen Stuhl die Güter wegnahm, die dieser seinerzeit zum Dank für Heilung vom Aussatz und für die Bekehrung geschenkt bekommen hatte; es waren dies die Stadt Rom, alle Provinzen Italiens und der westlichen Welt.

k) Die Stellung des römischen Bischofs in der Kirche, der germanische Peterskult und der Kirchenstaat

Die Stellung des römischen Bischofs hatte sich durch den Peterskult ganz bedeutend verstärkt. Mit der Welt hatte in den letzten Jahrhunderten auch das Christentum germanische Züge angenommen. Das war nicht die erste Verwandlung, die es erlebte. Bei seinem Siegeszug im Westen hatte es zunächst viele orientalische Merkmale abgelegt und sich von griechischer Spekulation vergeistigen lassen. Dadurch entwickelten sich Theologie und Dogma der alten Kirche, die durch die Berührung mit römischer Rechtspraxis auch ein System des Kirchenrechts erhielt. Das gab ihr die Kraft, den Bund mit dem römischen Kaiserreich einzugehen und Weltreichskirche zu werden.

Aber die Verchristlichung der Germanen stellte ihr abermals neue Aufgaben und zwang sie zu einer neuen Verwandlung; denn die Germanen kannten weder

Links:
Begegnung der vier Kaiser,
Diokletian — Maximilian — Constantius — Chlorus

Rechts:
Kaiser Karl der Große (um 800),
Reiterstandbild, vergoldet,
Paris, Louvre

Auf der Vorderseite:
Trifels, bayrische Pfalz,
Burgruine aus dem 11. Jahrhundert. Sitz Kaiser Heinrichs IV., 1076, und Gefangenschaft König Richard Löwenherz' von England, 1193/94

Buße noch Sünde, hatten eine andere Sittlichkeit und andere Wertvorstellungen, die in Familie, Sippe, Gefolgschaft ausgebildet waren. Die Germanen konnten mit dem leidenden, wehrlosen Christengott noch bis in das 12. Jahrhundert nichts anfangen; der Gott, der Hölle und Teufel siegreich besteht, lag ihnen näher.

Peterskult

Zu den mächtigsten Schützern und Gefolgsherren zählte aber der Apostelfürst Petrus, ein vollendeter Kriegsmann. Man pilgerte zu seinem Grab in Rom, Könige legten dort Kronen nieder und wurden Mönche. Petrus stand im Mittelpunkt des angelsächsischen Christentums vor allem; angelsächsische Mönche brachten den Petruskult auf das Festland, wo vorher Martin von Tours, rhoneaufwärts Stephan in Gallien, und Michael bei den Langobarden (Monte Gargano) verehrt wurden. Die Karolinger verbanden sich mit Petrus.

Aber der Herr des Petrusgrabes galt als Erbe der Macht und als Stellvertreter des Heiligen auf Erden. Deshalb verehrten ihn schließlich die Germanenvölker und gelobten ihm Gehorsam; darin aber wurde die Stellung des Nachfolgers Petri im Glauben und Recht der westlichen Kirche erst richtig begründet. Dies basiert auf einem tiefen Wandel von Glauben und Frömmigkeit.

Die Patriachate des Ostens und Westens

In der alten Welt genossen alle Gemeindegründungen der Apostel höchstes Ansehen als Hort apostolischer Tradition. Noch um 250 lehnte Cyprian von Karthago einen Vorrang des Bischofs von Rom ab. Das Reichskonzil von Chalcedon bestimmte endgültig den Vorrang der Stühle von Konstantinopel, Alexandria, Antiochia, Jerusalem und Rom, setzte aber deren Inhaber, die Reichspatriarchen, einander gleich; nur der Kaiser mit der Reichssynode aller Bischöfe stand über ihnen. Der römische Patriarch hatte nur einen Ehrenrang unter den fünf als Haupt der ersten Stadt des Reiches, aber Herrschaftsrechte über die Ostkirchen besaß er nicht; er war auf den lateinischen Westen beschränkt.

Das geistige Gewicht lag bei den Kirchen des Ostens; nur Afrika (heute Tunesien) mit seiner Hauptstadt Karthago konnte im Westen geistig Schritt halten. Rom hat zu Dogma, Theologie, Kirchenverfassung der alten Welt ganz wenig beigesteuert. Der römische Patriarchatsprengel umfaßte anfänglich nur Mittel- und Süditalien mit etwa sechzig Bischöfen. In Oberitalien aber beanspruchten Mailand und Ravenna als Kaiserresidenzen energisch Autonomie. Die große und blühende afrikanische Kirche mit mehreren hundert Bischöfen unter dem Primat von Karthago hat niemals zum römischen Patriarchat gehört. Erst am Ende des 4. Jahrhunderts verordnete der Kaiser eine oberrichterliche Stellung Roms im lateinischen Westen, die 445 der Westkaiser wiederholte; die Kirche sollte das zerbröckelnde Reich zusammenhalten. In den germanischen Bereichen konnte Rom anfangs diese Funktion nicht mehr wahrnehmen, weil die Germanen Arianer und die katholischen Könige derselben ihre Landeskirchen selbst regierten.

Der Jurisdiktionsbereich Papst Gregors I. endete um 600 an der langobardischen Grenze. Sein Widerstand gegen die kaiserlichen Steuern und den Bildersturm kostete Papst Gregor II. um 650 Süditalien und Sizilien. Der römische Bischof war tatsächlich auf Mittelitalien beschränkt und in Gefahr, ein langobardischer Landesbischof zu werden.

Der allmähliche Aufstieg des römischen Bischofs

Eine neue Entwicklung zugunsten Roms und des heiligen Petrus ging von den Britischen Inseln aus und eroberte das Festland. Aus alten Mutterkirchenrechten, Synodalbeschlüssen und Kaisererlassen erwuchs ein Patriarchalrecht des römischen

Bischofs. Für Angelsachsen und Franken war die Zugehörigkeit zur römischen Kirche bereits eine Frage des Glaubens und Gehorsams. Der römische Bischof, größter Grundherr Mittelitaliens, die eigentliche Kraft der Verwaltung und Verteidigung Roms und darum auch der eigentliche Herrscher dortselbst, wurde nun Träger der Herrschaft im Namen Petri und des Reiches, und zwar auf Kosten des Kaisers. Dieses Patrimonium Petri (Kirchenstaat) bedurfte des fränkischen Schutzes und dessen Garantie.

Seit 756 ließ sich Pippin nicht mehr in die italienischen Verhältnisse hineinziehen. Mit den mächtigen Familien Roms und seines Umlandes sowie deren Freunden und Verwandten am päpstlichen Hof der Kurie mußte der Papst tagtäglich selbst fertig werden; diese haben noch lange den »Heiligen Stuhl« beherrscht und besetzt.

Fränkisches Großreich der Merowinger

VI

KARL DER GROSSE – CHARLEMAGNE UND SEIN REICH

1. Pippins wegbereitende Erfolge

Pippins des Jüngeren Aufgabe war es, das fränkische Reich der Merowinger wiederherzustellen. In Thüringen und Alemannien verschwand das Herzogtum, in Bayern regierte ein Schwestersohn Pippins, Tassilo III., der zu Compiègne 757 mit den Großen seines Landes den Vasalleneid leistete. Nach hartem Kleinkrieg um die sarazenische Hauptfestung Narbonne eroberte er das Küstenland, Septimanien und Aquitanien zurück, wohin sich die Rebellen immer in Sicherheit gebracht hatten (760–768). Die Unterwerfung des gallischen Südens schuf eine wichtige Grundlage für das kommende Werden des französischen Volkes und Staates, dessen Urväter Caesar, Chlodwig, Pippin sind. Bei Pippins Tod 768 hinterließ er das Reich seinen Söhnen Karlmann und Karl, die sich schlecht vertrugen. Der frühe Tod des ersteren 771 sicherte die Reichseinheit.

2. Die Eingliederung der Sachsen

Ein halbes Jahr später eröffnete Karl der Große den Krieg um die Eingliederung der Sachsen, der mit Unterbrechungen 30 Jahre dauerte. Nach ersten Einschüchterungsversuchen, die keinen Dauererfolg zeitigten, ließ er 775 in der Pfalz zu Quierzy den Sachsenkrieg bis zum Endsieg und bis zur völligen Unterwerfung und Christianisierung beschließen. Wenn auch die eigentliche Eroberung 785 abgeschlossen war, endeten die Kriegshandlungen erst 804.

Stammesstruktur der Sachsen

Die Sachsen standen kulturell noch auf altgermanischem Niveau. Ihre Hauptstämme, die West- und Ostfalen (bis zur Elbe), die Engern (um die Weser) und die Nordalbinger (nördlich der Unterelbe) zerfielen in kleinere Gruppen mit Häuptlingen an der Spitze. Ein reicher und mächtiger Grundherrenadel, gering an Zahl, überlagerte eine breite Masse von Leibeigenen, die schollegebunden und zinspflichtig waren; die Herren saßen mit ihren Gefolgsleuten auf Burgen, das heißt umwallten Befestigungsanlagen, die in Notzeiten für alle Leute Schutz boten. Um solche Herrenfluchtburgen drehten sich die Kämpfe im Sachsenkrieg; mit allen Sachsen auf einmal hatte Karl es nie zu tun. So konnte er einen Gegner nach dem anderen niederringen. Den Großen, die sich kampflos ergaben, vertraute der Sieger später die Verwaltung des Landes an. Mit den ersten Unterwerfungen waren Massentaufen verbunden.

Widukind

Dann hielt der westfälische Widukind 770, der den sächsischen Widerstand organisierte, Karl eine Zeitlang in Atem, stieß über den Rhein vor und verheerte alles Land von Deutz bis zur Mosel. Karl sah die Notwendigkeit einer planmäßigen Eroberung entlang von Nachschubstraßen ein, an denen er befestigte Königshöfe mit fränkischer Besatzung anlegte und in deren Umkreis er Militärkolonisten ansiedelte.

Nach Paderborn konnte 782 der nächste große Reichstag an den Quellen der Lippe abgehalten werden. In der hier wohl erlassenen Capitulatio für Sachsen sicherte er Kirche und Geistlichkeit, führte er den Zehnt als Kirchenabgabe ein und beschenkte die Kirche mit reichen Ländereien. Als 782 eine fränkische Truppe auf dem Marsche am Süntelgebirge aufgerieben wurde, ließ sich Karl an der Allermündung in die Weser bei Verden die Rädelsführer ausliefern und diese hinrichten (Blutbad von Verden). Widukind, der nicht dabei war, unterwarf sich 785 in der Pfalz zu Attigny und nahm die Taufe nach zwei Jahren zermürbenden Kampfes an.

Widukinds Taufe bedeutete praktisch das Ende des Kampfes; das Land wurde nach fränkischer Art verwaltet, Bistümer wurden eingerichtet und die Mission fortgesetzt. An der Nordseeküste und Unterelbe brach der Sturm zwar 792 nochmals los; Karl bekämpfte ihn wieder systematisch jahrelang. Die widerspenstigen Nordalbinger wurden zu Tausenden in sichere Gebiete des Reiches deportiert und dort als Kolonisten zwangsweise angesiedelt; an ihrer Stelle kamen fränkische Herren und Siedler in das freigewordene Land.

Die Eingliederung der Sachsen in das Frankenreich

Nun waren die Sachsen als Stamm wie Alemannen und Bayern in ein nach Stämmen geteiltes Reich mit eigenem Stammesrecht und eigener Gesellschaftsordnung eingegliedert. Die alte Religion wurde ausgerottet. Natürlich lebte im Volk das Heidentum als religiöse Denkform und Brauchtum noch lange fort, aber die adelige Oberschicht war christlich, und das entschied. Sachsen nahm sehr rasch aktiv am politischen Leben und der geistigen Kultur des Frankenreiches teil. Hundert Jahre später wurde ein Sachsenherzog König im nunmehr deutschen ostfränkischen Reichsteil. Die Unterwerfung der Sachsen legte erst den Grund für das Werden des deutschen Volkes und Reiches, das fortan Franken, Schwaben, Bayern, Thüringer, Sachsen und schließlich Lothringer bildeten.

3. Bayerns Unterordnung und der Awarenkrieg

Der Bayernherzog Tassilo III. führte trotz Vasalleneid eine ziemlich autonome Herrschaft. Seitdem er 763 den fränkischen Heerbann auf einer Kriegsfahrt gegen Aquitanien verließ, negierte er die fränkische Oberhoheit, die zunächst nicht zur Geltung gebracht werden konnte. Aber die Eroberung des Langobardenreiches beraubte den Herzog seiner Rückendeckung, ja ein unsicheres Bayern, das die nördlichen Paßstraßen beherrschte, wurde fortan zur Gefahr für die Frankenherrschaft in Oberitalien. Deshalb übten Karl und der Papst seit 781 einen politisch diplomatischen Druck auf Tassilo III. aus, den dieser so lange negierte, bis Karl 787 zum konzentrischen Angriff ansetzte.

Bayern wird fränkische Reichsprovinz

Der Adel der Bayern war zum großen Teil schon lange fränkisch orientiert. Der Herzog mußte die fränkische Oberhoheit anerkennen und mit seinem Volk den

Treueeid leisten. Bayerns Selbständigkeit war damit erloschen. Der auf einer Reichsversammlung zu Ingelheim verhaftete Herzog wanderte mit seiner Familie in die Staatsgefängnisse des Frankenreiches, in Klöster. Auf einem Reichstag zu Frankfurt mußte Tassilo 794 nochmals Verzicht leisten. Bayern war seit 788 fränkische Provinz mit einem Präfekten (Statthalter) an der Spitze; das Stammesgebiet wurde damals unter der Führung des Erzbischofs Arn von Salzburg in einem Metropolitansprengel kirchlich zusammengefaßt.

Awarenkrieg Karls des Großen

Karl übernahm Bayerns Hauptaufgabe, den Awarenkrieg, und führte ihn in zwölf Jahren mit Streitkräften aus Sachsen und Italien siegreich zu Ende. Zwar wurde 795 der Awarenring, eine riesige Befestigungsanlage, mit dem Königsschatz darin eingenommen, aber erst innerer Streit und slawischer Druck zwangen die Awaren endgültig, um Frieden zu bitten. Sie erhielten Reservate zwischen Steinamanger und Preßburg an der Donau zugewiesen und verloren sich später im südöstlichen Volkstum.

Mission und Siedlung in Ungarn und der Slowakei

Die Randgebiete der ungarischen Tiefebene standen nun bayerisch-fränkischer Mission und Siedlung offen. In die menschenleere Steppe zwischen Donau und Theiß zogen am Ende des 9. Jahrhunderts die Magyaren (Ungarn) ein. Der Awarensieg Karls des Großen hat das Tor zum Balkan für das Einströmen westlicher und christlicher Kultur aufgetan und auch die Wege nach der Slowakei (Nitra), nach Mähren und Böhmen geebnet.

So kam es, daß die beiden byzantinischen Lehrer aus Thessaloniki, Kyrill und Method, bei ihrer Ankunft 863 in Pannonien und Mähren das Christentum und Kirchen bereits vorfanden. Sie brauchten die christliche Lehre nur zu vertiefen, zu reformieren und zu organisieren.

4. Die Spanische Mark

Karl Martell und Pippin hatten die Sarazenen über die Pyrenäen zurückgedrängt, aber Spanien blieb bis auf den gebirgigen Norden in den Händen des Islams. Die Gegner des Emirs von Cordoba forderten Karl den Großen in Paderborn zum Eingreifen auf. Der zog 778 mit einem aus allen Reichsteilen zusammengewürfelten Heer in zwei Stoßkeilen über die Pyrenäen, aber vor dem Ebrobrückenkopf Saragossa blieb der Angriff liegen. Dem zurückmarschierenden Heer setzten die Basken hart zu. Ihr Überfall, von der Sage in das Tal von Roncesvalles verlegt, fand im Rolandslied seinen Niederschlag, um das sich ein Kranz von Sagen wob.

Gegen mögliche maurische Vergeltungsschläge setzte man Aquitanien in Verteidigungszustand, siedelte dort gotische, spanische und auch arabische Militärkolonisten unter dem Kommando fränkischer Grafen und Herren an. Gerona, Vich und Urgel wurden als vorgeschobene Stützpunkte südlich des Gebirgskammes gehalten.

Die Sarazenen stießen 793 über Navarra nach Carcassonne vor. Gegen diese Überfälle sicherte man das Land durch einen starken Grenzfestungsgürtel in den Pyrenäentälern und auf der Südseite des Gebirges und setzte dorthin 795 einen Grenzbefehlshaber gegen die Sarazenen ein. So entstand die *Spanische Mark*, die spätere Markgrafschaft Barcelona, die bis in das 12. Jahrhundert ein Lehnsstaat der französischen Könige war.

Aber die Ebrogrenze war trotz Einnahme des mauerbewehrten Barcelona 801, trotz Eroberung des Hochlandes von Navarra 806 und der zeitweiligen Einnahme von Tortosa am unteren Ebro 811 gegen die Sarazenen nicht zu halten.

5. Das Langobardenreich und die fränkische Schutzpflicht gegen die Kirche

Sachsen-, Awaren- und Spanienkrieg waren Karls des Großen größte militärischen Leistungen. Der Langobardenkrieg in Italien aber drängte sich auf als Folge der Schutzpflicht für die römische Kirche. Die Langobarden hatten 768 Rom in einem überraschenden Handstreich nochmals genommen. Desiderius erschien 771 abermals vor Rom. Doch traf er hier auf den kraftvollsten Papst der archaischen Epoche, Hadrian I., einen römischen Aristokraten, der Rom in Verteidigungszustand setzte und Karl um Hilfe anrief.

Der Schutz der römischen Kirche gegen die Langobarden

Karl versuchte zunächst durch diplomatische Missionen an den Hof der Langobarden zu Pavia seinen Willen zur Geltung zu bringen, da er in Sachsen stark engagiert war, und bot vierzehntausend Goldsolidi an. Da er keinen Erfolg damit hatte, eröffnete er 773 den Krieg, wurde aber zunächst an den Alpenpässen und Grenzsperren von den Langobarden aufgehalten. Dann verteidigte sich Desiderius hartnäckig in Verona und Pavia, aber ohne Erfolg. Karl zog 774 in Rom ein, von Papst und Volk feierlich empfangen.

Spoleto, Ancona und die Pentapolis fielen nacheinander ab. Damit löste sich das Langobardenreich auf. Rom hoffte dabei, die noch ausstehende Hälfte des Langobardenreiches im Süden, und zwar von Spezia über den Apennin und den Po bis Venetien, zu gewinnen.

Schließlich zog Karl nach Pavia, eroberte es, setzte Desiderius gefangen, unterwarf sich das Langobardenreich und setzte sich die Eiserne Krone der Könige der Langobarden aufs Haupt. Das jüngste Reich der Völkerwanderungszeit wurde zur fränkischen Provinz mit einem Sonderstatus.

Karl war fortan Langobardenkönig; Recht und Verwaltung blieben langobardisch. Die rebellischen langobardischen Herzöge und Grafen wurden durch Franken, Schwaben und Bayern ersetzt, und fränkische Besatzungen wurden im eroberten Land stationiert. Wenig später erhielt das langobardische Italien eine eigene Regierung, zu deren König Karl seinen Sohn Pippin (781–810) bestellte.

Reichsitalien

Kontaktzone

Damit wurde der Grund für Reichsitalien gelegt, das Reichsaristokraten aus dem Frankenreich verwalteten und beherrschten. Das italische Königreich blieb ein Nebenland des Frankenkönigs; es stellte zu allen Kriegszügen Karls Truppen. Kulturell aber wurde es zu einer wichtigen Kontaktzone zwischen Germanen und Romanen.

6. Kirchenstaat und Papsttum

Das langobardische Unternehmen führte Franken und Papst noch enger zusammen. Karl zog sich nach der Einnahme von Pavia rasch nach Norden zurück, ohne sein Versprechen, nach Rom zu kommen, einzulösen. Er vermied es auch 776 nach Rom zu gehen, als ihn ein Aufstand in die Lande nördlich des Po rief. Die an Rom gefallenen Landschaften lehnten den neuen päpstlichen Herrn ab. Ravenna, Spoleto und Benevent dachten nicht daran, sich zu unterwerfen. Papst Hadrian I. gab deshalb den utopischen Plan eines Kirchenstaates von Benevent bis zum Po auf und verzichtete auf Spoleto und den nördlichen Teil der Toscana (Tuszien). 781 wies ihm Karl Steuereinnahmen aus diesem Gebiet und Stadtgebiete in der überwiegend römisch besiedelten südlichen Toscana und in der Sabina nördlich von Rom zu, fügte 787 noch Orte in Campagnien und Grundherrschaften im Bereich von Benevent hinzu. Das alles bildete die eigentliche Grundlage des Kirchenstaates.

Entwicklung des Kirchenstaates

Papst Hadrian I. trat gegen Karl den Großen wie gegen den byzantinischen Kaiser sehr selbstherrlich auf. Karl hatte darum erst wieder Gelegenheit zum Eingreifen in Rom, als die Lage Papst Leos III. (795–816) dort unhaltbar geworden war und er den Frankenkönig um Hilfe anrufen mußte. Gegen Leo waren schwere Vorwürfe erhoben worden, die ihn zwangen, bei Karl Schutz zu suchen. Dieser verfügte zwar die Wiedereinsetzung Leos in das Papsttum, behielt sich aber eine gründliche Untersuchung des Falles an Ort und Stelle vor. Eine gemischte geistlich-adelige Kommission führte das Verfahren durch, aber Karl allein konnte die Entscheidung erzwingen. Er zog im Herbst 800 nach Rom, das ihn beim Einmarsch mit dem Patriciustitel ehrte. Bei einer neuerlichen Untersuchung des Falles unter Karls Vorsitz gab man dem Papst die Möglichkeit, sich durch einen Reinigungseid von den Anklagen zu befreien; Karl achtete den kirchlichen Rechtsbrauch, daß der Papst von niemandem gerichtet werden dürfe. Aber im Grunde handelte er in Fragen des Kirchenrechtes und der Glaubenslehre genauso autoritativ wie sein byzantinischer Rivale, ja er handelte in Rom wie ein Kaiser. In diesem Augenblick stellte sich deshalb mit anderem Inhalt die von Pippin aufgeworfene Frage nochmals, ob derjenige König ein Kaiser sein solle, der die wirkliche Macht im Westen besäße.

7. Die Kaiserwürde des Frankenkönigs und der Ostkaiser

Es lag sehr nahe, Karl zum Kaiser auszurufen, da man in ihm einen machtvollen Schutzherrn gewann, die augenblickliche Situation retten, den byzantinischen Kaiser loswerden und an seiner Stelle den mächtigsten Herrscher des Westens für sich gewinnen konnte. Diesen Überlegungen muß gar kein großer Plan oder eine weitschauende Konzeption zugrunde gelegen haben. Nach dem Weihnachtsgottesdienst in St. Peter am 25. Dezember 800 begrüßten die Römer in dem Augenblick, da der Papst nach alter Festsitte dem König die Krone wieder aufsetzte, den Frankenherrscher im üblichen liturgischen Hymnus mit dem Augustustitel der römischen Kaiser.

Die Kaiserkrönung von 800

Der Papst warf sich ihm darauf nach römischem Hofzeremoniell zu Füßen, damit seine Untertänigkeit bekundend und dem Kaiser seine Verehrung bezeigend. Der Papstbiograph stellt fest, daß Karl von allen Honoratioren zum *Kaiser* eingesetzt wurde. Der Franke mag zunächst überrascht gewesen sein, gebrauchte aber später doch den Kaisertitel. Die Gegner Leos III. verurteilte er und verbannte sie in das Frankenreich. In seiner für den Todesfall getroffenen Reichsteilungsordnung von 806 erwähnte Karl das Kaisertum nicht, obwohl er seinen drei Söhnen den Schutz der römischen Kirche übertrug.

Die Übertragung von Reichsbesitzungen an den Papst durch Pippin (730), die fränkische Schutzherrschaft über Rom und die Kaiserproklamation von 800 waren feindliche Akte gegen den ideellen Träger einer Gesamtkaiserherrschaft im Osten, gegen Byzanz.

Der oströmische Rivale in Italien

Der Ostkaiser schickte sich vorläufig in das Unvermeidliche; er konnte gegen die Großmacht des Westens damals nicht auftreten, da innere Wirren das Ostreich lähmten und die seit 780 für ihren unmündigen Sohn Konstantin VI. regierende Kaiserin Irene den seit einem Halbjahrhundert tobenden Bildersturm beenden mußte. Mit dem Untergang des Langobardenreiches 774 waren Franken und Byzantiner im westlichen Venetien und Istrien Grenznachbarn geworden.

Dem Ostkaiser treu blieben in Italien Kalabrien, Südapulien und Otranto, deren Bevölkerung in Sprache, Kirchenwesen und Gesinnung griechisch war, ebenso Neapel, Amalfi, Gaeta; Sizilien, der Sitz des kaiserlichen Statthalters für die westlichen Reichsländer, besaß starke Militärlager und Flottenstützpunkte der Byzantiner, durch die man Kampanien und Rom unter Druck halten konnte. Das fast unabhängige Herzogtum Benevent trennte das kaiserliche Italien des Ostens und das Patrimonium Petri (Kirchenstaat); es legte sich über fast ganz Süditalien von den Abruzzen bis zum Golf von Tarent.

Kaiserin Irene bot dem Frankenherrscher ein Bündnis und die Ehe ihres Sohnes Konstantin VI. mit Karls ältester Tochter Rotrud an, wozu es nicht kam. Ohne Gegenschlag besetzte der Franke die byzantinische Provinz Istrien; die fränkische Reichssynode zu Frankfurt 794 hatte sich gegen die Wiederaufnahme der Bilderverehrung durch eine griechische Reichssynode erklärt. Solange die byzantinische Flotte allerdings die Adria und Venedig beherrschte und zusammen mit den Mauren die Küste des westlichen Tyrrhenischen Meeres beunruhigte, konnte sich Karl in Venetien und Dalmatien nicht sicher fühlen.

Darum schloß Karl mit Kaiser Nikephorus Frieden; die Urkunden nahmen byzantinische Gesandte 812 im Marienmünster zu Aachen in Empfang; diese huldigten Karl in griechischer Sprache mit dem Basileus (= Kaisertitel) und anerkannten damit die Kaiserwürde des Frankenkönigs.

Karl beabsichtigte weder die Erneuerung des Römerreiches noch die Errichtung eines christlichen Reiches. Einen Machtzuwachs bedeutete diese Kaiserproklamation nicht. Karls Kaisertum war nicht abendländisch-europäisch; sein Großreich war ein Werk der Eroberung. Die Reichs- und Romideologie entwickelte sich erst viel später.

8. Kaiser- und Reichsidee des mittelalterlichen Westen. Der christliche Universalismus: Gegenkräfte und »Freiheit der Kirche«

Das »Heilige Reich des mittelalterlichen Westens« existierte wesentlich in der politischen Theologie, Theorie und Ideologie und ist in der Form des Kaisergedankens und der Reichsidee eine historisch lebendige Idee bis in unsere Tage geblieben.

Das mittelalterliche »Imperium Romanum« (Römische Reich) formte sich als Realität und Idee von Karl dem Großen bis zum Investiturstreit (800–1050) und in salisch-staufischer Gestalt (1050–1250) aus, als Idee in einem dritten spätmittelalterlichen Ansatz (1300–1500).

Das Reich als Symbol der Kultur- und Glaubenseinheit

In seiner größten Zeit am Anfang faßte das Reich, das heißt die Großherrschaft Karls, das »Abendland« als eine Art Kultur- und Glaubenseinheit gegenüber Byzanz zusammen. Zwischen 950 und 1050 wahrte es dem Papsttum einen weltweiten Charakter im Westen. Karls Erobererreich war die größte christliche Macht Europas; bildhaft-religiös war es jedoch eher die mystische Gottesstadt Jerusalem denn Rom.

Der byzantinische Kaiser war nicht der Papst des Ostens; die Bischöfe formulierten das Dogma und verwalteten die Sakramente, dem Kaiser oblag die letzte Verantwortung für die Reinerhaltung von Lehre und Kult.

Im Westen stand um 800 eine Kirchenherrschaft des fränkischen Großkönigs bevor; aber der westliche Kaiser wurde nicht geistiger und geistlicher Herr der unterworfenen Völker. Der Westen kannte zwar die politische Theorie der Byzantiner, konnte sich aber nur ein kaiserliches Verfügungsrecht über Besitz, Sachen und Leben der Kirche, ein Eigenkirchenrecht, vorstellen.

Auf der Synode zu Frankfurt 794 trat Karl als kirchlicher Gesetzgeber und oberster dogmatischer Schiedsrichter auf. Durch die Kaiserproklamation von 800 legitimierte das Papsttum den Frankenherrscher als Vor- und Schutzmacht des Westens, vermittelte ihm seine universale Einheitsidee und band diese an Rom. Die Anerkennung der politischen Großmacht sollte die geistliche Überordnung des höchsten Priesters nicht stören, sondern ein Zusammenwirken ermöglichen.

Die päpstliche Kaiseridee

Die päpstliche Idee des Kaisertums verhinderte eine Verschmelzung von Herrschaft und Religion, wie sie sowohl in der politischen Theorie der Byzantiner wie im mystisch-sakralen Denken germanischer politischer Religiösität verkörpert war.

Die päpstliche Politik einer Erneuerung des Westkaisertums bereitete die christliche Universalität vor und parallelisierte die Vorherrschaft eines Volkes. In der von Papst Gelasius I. formulierten Zweigewaltentheorie oder Zweischwerterlehre blieb für immer ein Raum geistiger, nicht nur geistlicher Bewegungsfreiheit offen.

Der schwache Papst Leo III. (795–815) wollte das »Reich« auf Rom hin wiederbegründen. In der Mitte des 9. Jahrhunderts erstand in Nikolaus I. (858–867) ein Papst, der diesen Anspruch stärker geltend machen wollte und darob den Beinamen »Pontifex imperator« (= Papstkaiser) gewann.

Als der deutsche König Otto I. das Frankenreich Karls des Großen in Rom durch seine Kaiserkrönung 962 erneuerte, war dies gegen ein lokalrömisches Papsttum gerichtet, das sich bis in die Mitte des 11. Jahrhunderts in den Händen des stadtrömischen Adels befand und durch Korruption, Laster und Bluttat in seinem Ansehen und Wirken schwer beschattet war.

Rückkehr des Papsttums zu universaler Kirchenführung

Es waren die deutschen Kaiser von Otto I. bis Heinrich III. (936–1056), die als Schutzherren der römischen Kirche und im Bunde mit den erwachenden Kräften des Geistes in jener Zeit, dem Mönchtum von Cluny und den italienischen Eremiten, zum Schaden für ihre eigene Herrschaft, das Papsttum wieder auf den Weg universaler Kirchenführung zurückzwangen. Römische Adelspäpste wurden durch deutsche Reichsbischöfe abgelöst; römische Aristokratenfamilien interessierten sich für Reformideen.

Daß Rom seit dem endenden 9. Jahrhundert in Ohnmacht und Chaos lag, zeigt sich nirgends klarer als im Absterben der Liturgie und dem Verschwinden von Schreibstuben für liturgische Bücher. Seit dem Ende des 10. Jahrhunderts herrschte in Italien und Rom eine römisch-fränkische Mischliturgie. Die fränkisch-deutsche Kirche hatte für die Kirche die Liturgie gerettet und bereichert. Die Idee des christlichen Universalreiches, die das Papsttum dem Frankenherrscher Karl nahelegte, die die deutschen Ottonen- und Salierkaiser wieder aufnahmen und vertraten, rettete das Papsttum aus seiner stadtrömisch-mittelalterlichen Isolierung.

Im Zusammenwirken Kaiser Ottos III. und Papst Silvesters II. (um 1000), des ersten Polyhistors der europäischen Geistesgeschichte, wurde kurze Zeit eine Eintracht der beiden Gewalten sichtbar; sie zeigte in einem Missionsprogramm für die ostmitteleuropäischen Völker ihre Früchte, bei dem die Bekehrung nicht mehr zu einer Funktion der Unterwerfung wurde. Die neu errichteten Erzbistümer Posen/Gnesen (Polen) und Gran (Ungarn) wurden als autonome Landeskirchen errichtet, das heißt, sie wurden nicht mehr der deutschen Reichskirche eingegliedert, wie es bei Prag 973 geschah, das dem Mainzer Metropolitanverband zugeschlagen wurde.

Die universale Idee wurde zur Ideologie, da sie sich nicht durchsetzen konnte und in Deutschland, Europa und Rom Gegenkräfte wirksam wurden. Westeuropa, vorab Frankreich, lagen im 10. Jahrhundert in tiefer gesellschaftlicher Gärung, aus der eine neue Welt und Geistigkeit geboren wurde, die den Archaismus überwand. Der deutsche Kaiser Heinrich III. (1039–1056) griff im Bunde mit dem französischen und italienischen Reformmönchtum tief in die Grundstruktur der Kirche ein, als er drei Päpste ab- und deutsche Reichsbischöfe nacheinander als Päpste einsetzte.

Der Papst als Träger der Universalidee

Darauf entwand das reformierte und erstarkte Papsttum dem deutschen König-Kaiser die Durchführung der Universalideologie, setzte die geistliche Obergewalt an die Stelle der weltlichen in der Führung und Leitung der »Welt« und verteidigte gegen Kaiser Heinrich IV. (1056–1106) mit Erfolg seine Auffassung von der rechten Ordnung in der christlichen Welt. Das geschah unter dem Motto der Libertas, der Befreiung der Kirche vom Übergewicht der weltlichen Macht.

Freiheit der Kirche

Da Kirche und christliche Welt gleichgesetzt wurden, mußte im Denken des Reformpapsttums die Entscheidung im Widerstreit zwischen religiösen und moralischen Forderungen einerseits, politischen Entscheidungen andererseits der geistlichen und nicht der weltlichen Spitze zufallen. Der Sieg der geistlich-kirchlichen Macht im Ringen zwischen politischer und kirchlicher Religiosität, zwischen weltlichem und geistlich-klerikalem Anspruch, zwischen diesseitigrealer und jenseitig-idealistischer Lebensauffassung um die Hierarchie der Werte hat auch das Wesen des Kaisertums grundlegend verwandelt.

Bis zum Streit um die Investitur, (Einführung der hohen Geistlichkeit in ihre Ämter durch Kaiser oder Papst seit 1059 beziehungsweise 1070) war der Kaiser Garant und Schutzmacht christlicher Einheit. Mit Papst Gregor VII. (1073–1085) aber wurde der Bischof von Rom erst richtig »Primas der christlichen Welt« und deren unbestrittene Spitze, er übernahm damit zu seiner universal-religiösen die universal-politische Aufgabe des Kaisertums hinzu. Das hatte zur Folge, daß das auf den rein politischen Raum verdrängte Kaisertum des deutschen Königs gezwungen wurde, seine herrschaftlich-staatlich-politische Macht auszubauen und durchzusetzen.

Päpstlicher Primas der christianitas

Das staufische Kaisertum gewann unter Friedrich Barbarossa (1152–1190) und Heinrich VI. (1190–1197) zwar neue politische Kraft, verlor aber zugleich an europäischem Ansehen und ideeller Vorrangstellung; seine Hegemonie wurde im Westen abgelehnt. Im ganzen verlor trotz »moderner« Ansätze und Erfolge der deutsche König-Kaiser das Ringen zwischen partikularer Adelsherrschaft und zentralstaatlicher Königspolitik. Das deutsche König-Kaisertum verbrauchte sich unter der Last seiner archaischen Traditionen und Verpflichtungen, die es trotz allem Fortschritt in den Augen des »aufgeklärten« Westens und Südens als reaktionäre Macht erscheinen ließen. Dieser Eindruck gewann um so stärkeres politisches Gewicht, weil der Kampf mit den Gegenkräften in Italien, Papst und Gemeinden, nicht erfolgreich bestanden wurde. In Frankreich und England setzte sich dagegen die Königsherrschaft mit Hilfe eines zentralisierenden Lehnrechts gegen die Partikulargewalten durch. Das »Reich« blieb auf die Ländertrias Deutschland, Italien, Burgund beschränkt; dabei war vor allem in beiden letztgenannten die kaiserliche Herrschaft großen Schwankungen und steter Minderung ausgesetzt.

Ideologisch umgab sich das Stauferreich unter dem Einfluß byzantinischer Vorstellungen und des in Bologna erneuerten römischen Rechtsdenkens mit einer neuen weltlichen »Heiligkeit«, die aber nicht unchristlich war.

Das kam darin zum Ausdruck, daß sich das Reich das altrömische Beiwort »sacrum« (imperium) beilegte, während sich die Kirche »sancta« (ecclesia) nannte. Als Glieder des einen mystischen Leibes Christi waren Kaiser und Papst, die Spitzen der Christenheit, im Denken des archaischen Zeitalters vereint; seit dem Ende des 12. Jahrhunderts traten sie auseinander, ohne den christlichen Gedanken einer sakralen Ordnung der Welt außer Kraft zu setzen. Jedoch am Hofe Friedrichs I. und vor allem Friedrichs II., etwa um 1200, bildete sich eine neue Auffassung von kaiserlicher Majestät aus. Sie erschien als die Quelle kosmischer Ordnung, als Mittler zwischen Christus und der Menschheit, als Symbol des unausweichlichen Naturgesetzes. Diese Betonung des Weltlich-Sakralen war die natürliche Antwort auf die sich ständig steigernden Hegemonieforderungen der Päpste.

Weltliche Heiligkeit des Stauferreiches

Kaiser und Papst kamen nie zu einem Kompromiß in ihren Machtansprüchen, weil sie immer Endlösungen anstrebten, die mit politischer Leidenschaft verfochten wurden und von der apokalyptischen Mystik des Antichrist- und Messiasdenkens angefacht waren. Im Kampf um die Leitung Europas und um seine Einheit hatten die beiden universalen Einheitsmächte – Papsttum und Kaisertum –

Der Machtanspruch von Papst und Kaiser

ihre Kräfte verbraucht; es hatten sich auch die von Papst und Kaiser mitgeprägten kulturschöpferischen Kräfte des 12. und 13. Jahrhunderts in einer staunenswerten Entfaltung erschöpft. Franz von Assisi (1182–1226) und Thomas von Aquin (1225–1274) lehnten das orientalisch-antikisch-sinnliche Welt- und Lebensgefühl Kaiser Friedrichs II. ab, Walther von der Vogelweide und Dante aber fehlte jedes Verständnis für den Weltherrschaftsanspruch der hierokratischen Päpste.

9. Um die Einheit Europas

Idee und Realität der Einheit Europas sind schon öfter mit der Erneuerung des römischen Weltreiches durch Karl den Großen mit Kaiser- und Reichsgedanken in Verbindung gebracht worden. Der Europabegriff, der unter Karl zuerst begegnet, war anfangs politisch und ideologisch gefaßt. Politisch gesehen war das »Reich« nie ein Staat, es umfaßte nie das ganze christliche Europa. Kaum ein Kaiser hegte Weltherrschaftspläne, und seit 1043 umfaßte das Reich nur Deutschland, Reichsitalien und Burgund. Man sollte freilich die politisch organisatorische Leistung Karls nicht unterschätzen. Neben dem fränkisch-deutschen König waren auch der byzantinische Kaiser und der Papst Träger universaler Ansprüche. Die Kirche sah vielfach im Reich den weltlichen Gegenspieler. Das Reich war zugleich ein Faktor der Integration in den von ihm kontrollierten Gebieten, der Desintegration bei denen, die es ablehnten (England und Frankreich im 12. Jahrhundert).

Pluralismus Europas

Vielfalt in der Einheit ist das Hauptkennzeichen europäischer Gemeinsamkeit. Ein Grundelement derselben ist das Christentum, auch wenn dieses seiner Lehre nach an keine Gesellschaft, Kultur und Tradition gebunden ist. Erst seit ungefähr 1000 ist Europa im ganzen christlich geworden, aber das lateinische, römische und westliche Christentum fand in Ostmitteleuropa zugleich seine Grenze.

Europa ist nicht aus gleichen Wurzeln gewachsen, aber zu einer kulturellen Einheit geworden. Die lateinische Sprache, die scholastische Philosophie oder das kanonische Recht trugen ebenso zu einer vielfältig differenzierten Einheit bei wie die adelige Herrschaftsstruktur, die europaweite höfisch-ritterliche Kultur oder der Aufstieg von Stadt und Bürgertum im Zusammenhang mit Wanderbewegung, Fernhandel und Ostbewegung.

Zunächst war der Klerus Träger einer einheitlichen, der lateinischen Bildung, dann setzte sich die ritterliche Laienkultur daneben und erlebte in den Kreuzzügen eine über Europa hinausgehende Expansion und nationale Bewußtwerdung zugleich.

Byzanz und Islam

Nicht nur Europa und Rom, auch Byzanz und der Islam waren Erben der antiken Kultur, die man auch zu den gemeinsamen Grundlagen zählen darf. Freilich war ihre Wirkung in Europa dem Grade, der Intensität, der Reichweite nach sehr verschieden.

Europäische Kultur ist aus dem Zusammen- und Widerspiel römischer Tradition und germanischer wie slawischer Ursprünglichkeit erwachsen; es gibt auch einen germanischen und slawischen Beitrag zu europäischer Gesittung.

Die katholische Kirche hat vielfach zwischen den drei Kulturkreisen und -bewegungen vermittelt. Europäische Einheit ist allmählich aus einer Vielfalt verschiedener Elemente, Kräfte, Ideen geworden; sie war nie politisch, sondern eine Einheit des Bewußtseins, des Geistes, der Kultur, die aus der fruchtbaren Spannung und Wechselwirkung divergenter Kräfte im sogenannten Mittelalter geboren wurde und sich bis heute immer wieder daraus regeneriert.

10. Karl, Vater des Abendlandes. Seine Kultur- und Bildungspolitik

Karl im französischen und deutschen Bewußtsein

Karls Persönlichkeit und organisatorische Leistung sind im Gedächtnis der europäischen Völker lebendig geblieben und als große Kulturtat und gesetzgeberische Ordnung gefeiert worden. Das 12. Jahrhundert gab ihm den Heiligenschein. Zwanzig Jahre nach seinem Tode schrieb sein Freund Einhard eine verklärende, panegyrische Biographie. Vergessen waren seine Grausamkeit und Härte. Den Völkern Frankreichs, Deutschlands, Norditaliens gab er für ein Jahrhundert gemeinsame Grundlagen staatlichen und geistigen Lebens. Aus seinem Großreich der Eroberungen gingen sowohl Frankreich wie Deutschland hervor; sie beide feiern ihn als große Gründergestalt ihrer Geschichte.
Karl der Große entwickelte die politischen Herrschaftsformen der Merowinger weiter und übertrug sie auf die Lande der Rodung und des Landesausbaus rechts des Rheins. Die Zwischeninstanzen zwischen Herrscher und Reichsvolk, Hausmeier und Herzöge, verschwanden.
In der Karolingerzeit laufen die Reste antiker Zivilisation endgültig aus; es wandelten sich die Führungsschichten; den merowingischen Gefolgschaftsadel löste ein karolingischer Reiter-, Amts-, Reichs- und Lehensadel ab. In den Schreibstuben der Karolinger saßen Geistliche, ihre Großherrschaft regierten sie mit einer Reichsaristokratie, die nicht den Stammeslandschaften entstammte und den Provinzial- und Stammesadel überlagerte und kontrollierte. An »Rat« und Willen der »Großen« war auch Karl gebunden, als er 806 sein Reich für den Todesfall teilte oder 794 auf der Nationalsynode zu Frankfurt in die Lehre der Westkirche eingriff.
Karls Pläne und Ideen eilten der Zeit weit voraus, sein Wille band die Kräfte zusammen; aber nach seinem Tod trat der Adel in den Teilräumen wieder in den Vordergrund; ja um die Wende vom 9. zum 10. Jahrhundert beherrschten seine Spitzenleute im königsgleichen Stammesherzogtum wieder völlig das Feld.

Elemente der Reichseinheit

Zur Reichsführung wurden fortan nicht nur Franken herangezogen, in Italien treffen wir daneben auch Alemannen und Bayern an. Durch die Kodifizierung der Stammesrechte, durch seine Gesetze und Verordnungen schuf Karl Ordnung und Norm und stellte ein Programm für die Fortentwicklung des Reiches auf. Er ließ, wie alle Großreiche, den Stämmen und Landen bestimmte Sonderheiten, um sie politisch um so fester an seinen zentralen Willen zu binden. Im letzten Jahrzehnt seines Lebens überließ er die Kriegführung seinen Söhnen und den höchsten Lehensbeamten. Auf den jährlichen Reichsversammlungen beriet er mit den geistlichen und weltlichen Großen die Politik und traf seine Entscheidungen.
Geistliche und weltliche »Sendboten« aus dem höchsten Lehensadel überwachten

die Reichsverwaltung. Karl besetzte die hohen Kirchenstellen mit Leuten seines Vertrauens.

In der fränkischen Reichskirche herrschte Karl noch unumschränkter als im Reich, in dem die Kirche eine mächtige Stütze der Vereinheitlichung war; denn von den Pyrenäen bis zur Nordsee war Latein die Kultsprache, wurden die gleichen Glaubenslehren und Moralgrundsätze verkündet. Die Kirche war die Lehrerin und Erzieherin der Reichsvölker. Mit der Unterwerfung waren Taufe und Unterweisung verbunden. Es war die Aufgabe der Kirche, höhere Bildung und Gesittung zu vermitteln, eine geläuterte Religion zu lehren und eine geordnete Reichsverwaltung zu sichern.

Um die Geistlichen für diese Führungsaufgabe zu befähigen, mußte Karl ihnen eine entsprechende Ausbildung vermitteln; deshalb ließ er an seinen Hofschulen den Inhalt einer neuen Bildung aus dem antik-römischen und frühchristlichen Erbe erarbeiten; ihre entwickelte Literatur und ihr durchgebildetes Denksystem empfahlen sie dafür.

Am Ende des 8. Jahrhunderts war das Frankenreich die wirksamste Pflegestätte von Literatur und Wissenschaft im Westen geworden, ein Neuanfang von Theologie, Geschichtsschreibung und Dichtung war getan. Das 9. Jahrhundert sah nicht nur gelehrte, sondern auch schriftstellernde Laien. Diese erste Bildungswelle in Europa war nicht schöpferisch, sondern rezeptiv. Man nennt sie die »Karolingische Renaissance«. Die Initiative des Herrschers sicherte allein den Erfolg. Er berief »Gelehrte« aus Italien und Spanien, aus Britannien stammten die wichtigsten Mitarbeiter seines Bildungswerkes.

Karolingische Renaissance

An der Tafelrunde Karls in der Königspfalz versammelten sich um den bildungsbeflissenen König die großen Geister der Zeit und wirkten gleichzeitig an der Hofschule (schola palatina), die jetzt eine neue Blüte erlebte und als Modell für Kloster- und Bischofsschulen wirken sollte. Dadurch erst wurden die Klöster des Westens Pflanzstätten der Bildung.

Das Bildungsstreben führte zu einer Literaturpflege, wie sie bis zur Scholastik nicht wieder blühte. Der Ertrag dieser Beschäftigung schlug sich in Dichtung und Geschichtsschreibung, Heiligenleben, Streitschriften, Fürstenspiegeln, Grammatiken, naturwissenschaftlichen und theologischen Abhandlungen nieder. Der Angelsachse Alkuin eröffnete die Geschichte der Bildung und des Unterrichts im aufgehenden Europa. Sein theologisches Hauptwerk behandelte die Trinitätslehre; er war an der Neugestaltung der kirchlichen Liturgie maßgeblich beteiligt.

In seine Fußstapfen trat im 9. Jahrhundert sein Schüler Rabanus Maurus, Abt von Fulda und dann Erzbischof von Mainz, Praezeptor Germaniae, das heißt Lehrer Deutschlands. Als dritter gesellt sich beiden Hinkmar bei, als Erzbischof von Reims der vornehmste Metropolit des Westens (seit 845). Er griff in den Streit der Theologen um die Vorherbestimmung des Menschen (Prädestination) ein, schrieb zwanzig Jahre lang die Annalen des Westreiches, war der wichtigste Berater des westfränkischen Königs Karl des Kahlen, Verfasser gewichtiger politischer Denkschriften, Kenner des Kirchenrechts, stets treuer Paladin des karolingischen Herrscherhauses. Gegen Papst Nikolaus I. wahrte er sich seine Unabhängigkeit. Aufgabe und Ziel dieser karolingischen Bildungswelle waren Überliefern und Weitergeben.

Karl der Große hat nicht nur die lateinische Bildung erneuern lassen, sondern

auch der germanischen Sprachpflege, Heldensage und Spruchweisheit sein Interesse geschenkt. In diese Zeit fallen die Anfänge deutscher christlicher Dichtung, der sächsische »Heliand« und der rheinfränkische »Krist« des Otfried aus dem elsässischen Kloster Weißenburg, trotz ihrer Volkssprache zwei gelehrte Dichtungen. Zum erstenmal wird damals die Volkssprache im Gegensatz zum Lateinischen als »deutsch« bezeichnet.
Karl der Große starb im Alter von 72 Jahren am 28. Januar 814. Ihm folgte sein Sohn Ludwig der Fromme in der Herrschaft, die mit ihm zu zerfallen begann. Karls Kulturpolitik blieb ein Torso, legte aber den Grund für eine neue Entwicklung. Sein Reich blieb unfertig, es mußte erst geordnet und Rechtssicherheit in ihm durchgesetzt werden. Karl hat wie jeder andere König dieser Zeit sein Reich wie ein persönliches Eigen 806 unter seine Söhnen geteilt. Als er starb, war nur noch der schwächste am Leben.

11. Charakter und Schicksal des Karlsreiches

Archaisches Niveau mit fortschrittlichem Programm

Für das damalige Niveau von Wirtschaft und Verkehr war dieses Reich zu groß, um zentral und rational verwaltet werden zu können. Die Herrschaft des Königs war personal, lokal, beweglich, das heißt ein an keinen festen Residenzmittelpunkt gebundenes Wanderkönigtum, das dort nur intensiv wirkte, wo der Hof gerade weilte; deshalb konnten die lokalen und regionalen Amtsgewalten die längste Zeit nach eigenem Ermessen handeln. Sie waren zudem nicht mehr als Kommissare. Jede Vorstellung eines modernen Staates mit funktionierendem Beamtenapparat ist auch beim Reiche Karls des Großen falsch. Es war und blieb noch lange Jahrhunderte eine Aristokratie mit monarchischer Spitze.
Nach einer Zeit höchster Kraftanstrengung zeigten sich unter Ludwig dem Frommen Ermüdungserscheinungen. Der Herrscher war oft entschlußlos und darum Spielball in den Händen seiner zumeist geistlichen Ratgeber; der Kaiser, der kirchlich orientiert war, suchte durch Reformen die Ordnung aufrechtzuerhalten. Es sollte dabei auch der Weltklerus an Kathedralen und großen Klöstern zu einem gemeinsamen Leben nach klösterlichem Vorbild zusammengefaßt werden. Durch seine Erbfolgeordnung von 817 gab er Anlaß zu einem großen Streit innerhalb des Herrscherhauses. Die Kirche war am meisten an der Einheit des Reiches interessiert und ein Gegner der Teilungen, weil diese den Königsbesitz, die Grundlage der Herrschermacht, betrafen, also den Herrschaftskörper ohne Rücksicht auf die kirchlichen Sprengel zerrissen. Die Kaiserwürde sollte ihrem Träger einen Vorrang vor den übrigen Erben sichern und so die auseinanderstrebenden Reichsteile zusammenhalten.

Kirche als Vertreter der Reichseinheit

In den folgenden Auseinandersetzungen traten die drei Teilreiche der Erbordnung von 817 als selbständige Monarchien nebeneinander. Der älteste Sohn Lothar (818–855) wurde 818 in der zu Aachen erlassenen Reichsordnung feierlich zum Mitregenten des Vaters ernannt und zum Kaiser gekrönt; Pippin und Ludwig (der Deutsche) erhielten für ihre Teilreiche den Königstitel. Es begann ein Tauziehen aller Interessentengruppen, das vor allem Westfranzien in Unruhe versetzte. Im Klostergefängnis zu St-Medardus in Soissons mußte der Kaiser vor den Großen des lotharischen Reichsteiles ein Schuldbekenntnis ablegen.

Doch damit waren die Grenzen des Zumutbaren überschritten. Die beiden anderen Brüder zwangen Lothar, den Vater freizusetzen.

Nach dem Tode Kaiser Ludwigs (840) brach das Karolingerreich in seine kulturell und volksmäßig sehr verschiedenen Teile auseinander, die von da ab auch herrschaftlich-politisch ihre eigenen Wege gingen. Die Einheit überlebte den Eroberer und Organisator nur um wenige Jahrzehnte; so waren West- und Mitteleuropa nur kurze Zeit miteinander verklammert.

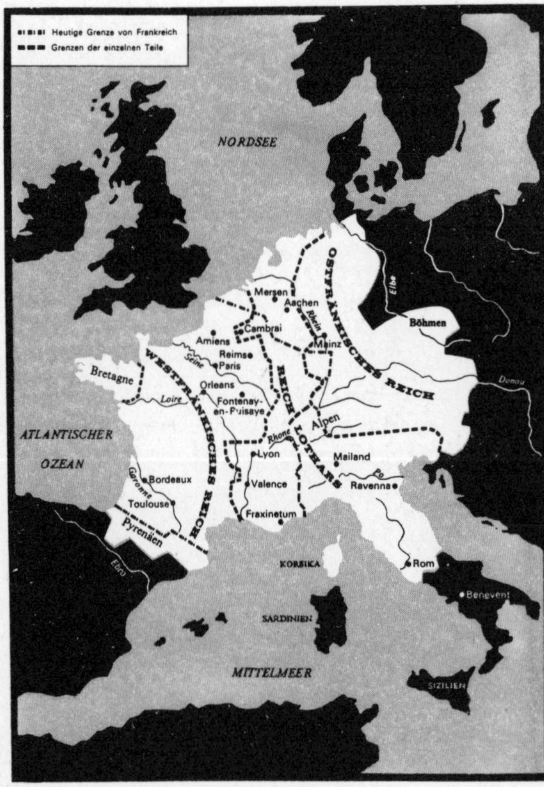

Die Reiche nach dem Vertrag von Verdun

Normannenburg
Chepstow Castle,
Monmonthshire,
England,
12. Jahrhundert

Auf der
nächsten Seite:
isches Spanien,
auf die Dächer
ler königlichen
Gemächer,
mbra, Granada
(um 1280)

VII

DER MITTELMEERRAUM (von 500 bis 1100)

1. Das Reich der Byzantiner (ab 527)

Das Mittelmeer war der zentrale Schauplatz der antiken Geschichte und die Querachse des Weltreiches der Römer gewesen, das Vorderasien, Nordafrika und Südeuropa beherrschte. Es blieb auch ein Haupttheater der mittelalterlichen Geschichte bis zur Entdeckung der Neuen Welt. Der Atlantik lag bis dahin weithin außerhalb des geographischen Horizonts der Europäer; Nordsee und Ostsee waren zwar die Wege eines Nordeuropa umgreifenden Handels und Verkehrs bis nach Rußland, Kiew und Byzanz, aber deren Träger waren die nordgermanischen Wikinger zusammen mit den Friesen und den mehr passiven Bewohnern der Britischen Inseln.
Das Karolingerreich hatte keine Flotte und war deshalb anfällig für die Invasionen der Sarazenen und der Wikinger; es war eine Kontinentalmacht. Anders sein Rivale im universalen Kaisertum, Byzanz, das Land- und Seemacht zugleich war und sein mußte, um die Einheit des Reiches verteidigen zu können.

a) *Kaiser Justinian und Kaiserin Theodora. Die Einheit von Ost und West und die Erneuerung des Römerreiches. Der Gesetzgeber*

Nach dem Erlöschen des Westkaisertums vor 500 machte Kaiser Justinian von Konstantinopel im zweiten Drittel des 6. Jahrhunderts den folgenreichen Versuch, das in Ruinen liegende Italien zurückzuerobern und die Reichseinheit neu zu begründen. Italien und Spanien wurden dadurch an den Osten gebunden und empfingen reiche geistige und künstlerische Anregungen, deren Ergebnis wir heute noch in den großartigen Bau- und Kunstdenkmälern von Ravenna bewundern können.

Die oströmische Seemacht. Ihre Wendung nach Osten

Ostrom brach die wandalische Seeherrschaft im westlichen Mittelmeerbecken und eröffnete dadurch wieder den lange gestörten Handels- und Schiffsverkehr nach dem östlichen Becken. Über italienische und provenzalische Häfen, über die Languedoc und Spanien kamen wieder östliche Erzeugnisse nach Nordwesteuropa, nach den Britischen Inseln. Die Beigaben des 1939 unweit London ausgewerteten germanischen Königsgrabes von Sutton Hoo in East-Anglia zeigen solche Importe. Indem es griechische und kleinasiatische Elemente in sich aufnahm, verwandelte sich die Kultur des Ostreiches von Byzanz. Die Kaiser ließen sich allmählich durch harte Tatsachen belehren, daß ihr politisches Feld nicht das Mittelmeer, sondern der Balkan, Osteuropa und Kleinasien sei und daß

Bulgaren, Slawen, Awaren, Perser und Araber ihre Hauptgegner und Rivalen seien.

Codex Theodosianus

Das römische Ostreich hatte sich in der ersten Hälfte des 5. Jahrhunderts unter der vormundschaftlichen Regierung der Kaiserin Pulcheria und ihrer Schwägerin Eudokia (für den Sohn des 408 verstorbenen Kaisers Arkadios) einer auffälligen Ruhe erfreuen dürfen. Aus dieser Zeit (438) stammt die Kodifikation aller Reichsgesetze seit Konstantin dem Großen, die seit 429 eine Gruppe von Rechtsgelehrten durchführte. Dieser sogenannte *Codex Theodosianus* war im Westen ebenso anerkannt wie im Osten und blieb bis zur umfassenderen Gesetzessammlung des Kaisers Justinian in Kraft.

Die Persönlichkeit Justinians

Kaiser Justinian (527–565) war der Sohn einfacher illyrischer (oder slawischer) Bauern aus der Umgebung von Sofia (Sardica); er diente als Offizier im kaiserlichen Heer und als Helfer seines Onkels, des ungebildeten Usurpators Justinos. Mit 45 Jahren bestieg er den Thron, ein asketischer Einsiedler und unermüdlicher Arbeiter mit vielseitigen Interessen für Musik, Baukunst, Dichtung, Rechtswissenschaft, voll des Aberglaubens seiner Zeit, kein militärisches Genie, aber ein verschlagener Diplomat, der den Rat seiner Freunde und deren Dienstleistung gut zu gebrauchen wußte.

Der Bauernsohn liebte den Pomp und umgab sich mit einem festen Hofzeremoniell, das ideell die orientalische Auffassung von der Göttlichkeit der Herrscherwürde ausdrückte. Er nannte sich und sein Eigentum »heilig«; die Päpste übernahmen für sich diese »Heiligkeit« aus dem byzantinischen Hofzeremoniell. Sie ließen sich auch nach dem Muster des byzantinischen Kaisers von knienden Leuten den Saum des Purpurgewandes oder die Füße küssen und tun es noch bis heute. Der Patriarch von Konstantinopel krönte den Kaiser mit einem Perlendiadem. Dieses Zeremoniell verfehlte weder in Byzanz noch in Rom seine Wirkung auf ein ehrfürchtig gehorsames Volk.

Hofzeremoniell

Doch warf sich in Rom am Weihnachtstag des Jahres 800 zuerst der römische Papst Leo III. vor Kaiser Karl auf den Boden, küßte den Saum seines Kleides und die Füße und setzte ihm dann die während des Gottesdienstes abgelegte Krone wieder auf das Haupt. Am Wandel des byzantinischen Hofzeremoniells, der auch sonst im Westen eintrat, erkennt man am deutlichsten die Verschiedenheit der Herrschaftsauffassung, der Machtverhältnisse und des Verhältnisses von Staat und Kirche zwischen Ost und West.

Kaiserin Theodora

Eine gleichbedeutende Rolle wie der Kaiser spielte Justinians Frau Theodora, die liebreizende Tochter eines Bärendompteurs, die im Zirkus aufgewachsen war. Justinian holte sie aus einem Bordell in Alexandria und scheute sich nicht trotz des Schweigens der Priester, sich mit ihr in der Hagia Sophia zum Kaiser von Ostrom krönen zu lassen. Sie war die einzige, die ihn liebte, ihm in allen Lagen zur Seite stand, aber auch ihre eigenen Meinungen vertrat. Sie war zwar geld-, macht- und prunksüchtig, beherrschte ihren Gemahl, betrieb aktive Diplomatie und Kirchenpolitik, berief und entließ Päpste und Patriarchen, setzte ihre Gegner ab, begünstigte ihre Lieblinge auch gegen den Willen des Kaisers, stiftete mit Vorliebe Ehen; im Alter aber wurde sie zu einer strengen Hüterin der Moral. Sie gründete ein Kloster »der Reue« für gefallene Mädchen.

Im Bürgerkrieg der Grünen und der Blauen Partei (benannt nach ihren Jockeys) von 532 bewog den zur Flucht bereits entschlossenen Justinian allein Theodora

zum Ausharren. Ein Truppenkontingent unter dem Kommando des späteren Reichsfeldherrn Belisar stellte mit blutiger Hand für dreißig Jahre die Ruhe und Ordnung in der Hauptstadt wieder her.
Justinian suchte zu versöhnen, aber Liebe fand er nicht im Volk. Sein Bemühen um die Einheit der Ost- und Westkirche vermochte Theodora nicht zu verstehen, schon weil sie die Doppelnatur Christi nicht begriff und deshalb dem Monophysitismus anhing, aber auch weil sie den Reichtum und die Stärke der kleinasiatisch-syrisch-ägyptischen Provinzen des Reiches realistisch gegenüber den Westteilen abwog.

Erneuerung des Römerreiches

In der Einheit der Ost- und Westkirche sah Justinian die entscheidende Voraussetzung für eine Erneuerung des Römerreiches. Er nahm die Bedingungen des Papstes an und versuchte Arianer, Monophysiten und andere Sektenanhänger zusammenzuführen. Sollte die restaurative Politik des Kaisers erfolgreich sein, dann mußte er es mit einer Welt von Feinden im Westen aufnehmen, den Wandalen in Afrika, den Westgoten in Spanien, den Franken in Gallien, den Angelsachsen in Britannien und anderen Barbarenvölkern. Er mußte römische Zivilisation und römisches Recht neu beleben und dazu die Bahn der Eroberung beschreiten.
Dafür brauchte er Geld, das ihm ein großer Staatsschatz, eine harte Steuerschraube und Sparsamkeit beschafften. Er hatte tüchtige Feldherren, die ein aus hunderterlei Barbarenvölkern bunt zusammengewürfeltes Reichsheer befehligten, das sich vom Kriege selbst ernährte, dem aber eine zündende Idee fehlte. Sein Reichsfeldherr Belisar, wie der Kaiser ein illyrischer Bauernsohn, war ein genialer Stratege und Taktiker und ein überlegener Truppenführer.

Die Perser

Zuerst kämpfte Belisar die Perser nieder, die nach hundert Jahren des Friedens ihre Hand nach den Handelsstraßen in die Länder Innerasiens und Indiens ausstreckten; der Kaiser beendete dieses Unternehmen plötzlich und kaufte sich mit 10 000 Pfund Gold von Chosroes Nuschirwan los; denn bei der stets feindlichen Bevölkerung waren im Osten keine bleibenden Erfolge zu erzielen; man mußte froh sein, die Grenzen zu sichern.

Das westliche Mittelmeer

Im Westen dagegen konnten die Byzantiner damit rechnen, als Befreier von den verhaßten arianischen Barbaren begrüßt zu werden. Belisar erhielt darum 533 den Auftrag, das reiche Kronland Afrika, in dem sich seit Geiserichs Tod (477) römische Lebensform (Theater, Baukunst) besonders in seiner Hauptstadt Karthago wieder entfaltete, zurückzuerobern und das westliche Mittelmeer dem byzantinischen Exporthandel und dem internationalen Schiffsverkehr wieder zu öffnen.
Die Seemacht von Byzanz war siegreich. Belisar stach mit einer Flotte von 500 Transport- und 92 Kriegsschiffen vom Bosporus aus in See und stellte im karthagischen Nordafrika bis zum Arabersturm die Herrschaft der Byzantiner wieder her. Ein Bündnis mit den Ostgoten für die Dauer der Operation sicherte den Erfolg des Unternehmens.

Italienischer Kriegsschauplatz

In gleicher Absicht schloß er auch mit den Franken ein Abkommen, um sie vom italienischen Kriegsschauplatz fernzuhalten, dem sich Belisar nun zuwandte. Von Nordafrika aus setzte er 536 nach Sizilien und Italien über und brachte Neapel in seine Hand. Die Römer, Volk und Klerus, begrüßten Belisar als gottgesandten Befreier vom Joch der Ostgotenherrschaft.

Der Kaiser wurde eifersüchtig auf seinen siegreichen Feldherrn, dessen Ruhm und Macht er jetzt fürchtete und dessen glänzendes Gefolge ihm Angst einjagte. Er sandte ihm darum zuwenig Unterstützung und obendrein unzuverlässige Subalterngeneräle. So konnte der Ostgotenkönig Totila mit einem von den Straßen aufgelesenen Heer verstreuter Barbaren 543 Neapel zurückerobern und Rom abermals belagern. Er hielt dabei sein Heer in strenger Zucht und hinderte seine Mannen an Übergriffen auf die Einheimischen. Dadurch gewann er die Zivilbevölkerung, die sich nach Theoderichs Tagen zurücksehnte. Belisar allein konnte da Abhilfe schaffen. Zwar konnte er den Einzug des Gotenkönigs Totila 546 in die »Ewige Stadt« nicht verhindern, Belisar konnte dafür das aufgegebene Ravenna besetzen. Aber während seiner Abwesenheit auf dem persischen Kriegsschauplatz nahm Totila 549 Rom abermals ein und besetzte fast die ganze Halbinsel nebst Sizilien, Sardinien und Korsika. Nun entsandte Justinian den Feldherrn Narses, einen Eunuchen, nach dem Westen, der nach achtzehn Jahren den Gotenkrieg siegreich zu Ende führte und den Goten freien Abzug aus Italien gewährte; diese versickerten dann in fremden Volkstümern.

Nach diesem Krieg war der Ruin Italiens und Roms vollständig. Die Millionenstadt hatte nur noch 40 000 Einwohner, die halb von päpstlichen Almosen lebten. Dörfer und Städte waren wirtschaftlich zugrunde gerichtet, der Boden war verwüstet und ernährte das Volk nicht mehr, Hunderttausende verhungerten, die aristokratische Oberschicht war so dezimiert, daß sie den Senat nicht mehr besetzen konnte, der 579 einging. Die Wasserleitungen verfielen, deren Ruinen noch heute gespenstisch in den Abendhimmel der römischen Campagna ragen, die von da an bis in unsere Tage ein malariaverseuchtes Sumpfland blieb. Die Thermenbäder, der Stolz des kaiserlichen Rom (Thermen des Caracalla) überlebten nur, wenn sich eine Kirche darin einnistete, wie in Santa Maria degli Angeli. Ihre Porphyrbadewannen dienten oft als Altargrundlage wie in Santa Croce zu Rom aus dem Palast der Kaiserin Helena, der Mutter Kaiser Konstantins. Gar manche Säule wanderte aus verfallenen Tempeln und Prachtbauten in die frühbasilikalen Kirchen; die Meisterwerke der Plastik, die den Sturm Alarichs und Geiserichs (410–450) überlebt hatten, wurden in Kriegsmaschinen und Wurfgeschosse umgegossen. Die kurze Zeit der Italienherrschaft des Ostkaisers Justinian war mit der Zerstörung von Kunst- und Kulturwerten und dem Niedergang der Wirtschaft teuer erkauft.

Justinian ist nicht als Kriegsherr, sondern als großer Gesetzgeber in die Geschichte eingegangen. Unter dem Einfluß des Christentums sowie durch den grundstürzenden Wandel von Wirtschaft, Gesellschaft, Lebensform war der bereits genannte Codex Theodosianus (Ende des 4. Jahrhunderts) hundert Jahre später schon völlig veraltet, und es klaffte eine Lücke zwischen dem römischen Bürgerrecht und dem Recht der Völker des Reiches. Viele Gesetze paßten nicht zur hellenistischen Tradition des Ostens. Auch diese Widersprüche beschleunigten den Auseinanderfall des Reiches. Deshalb gab Kaiser Justinian 528 zehn Rechtsgelehrten den Auftrag, die Gesetze zu verbessern und zu ordnen; der bestechliche, atheistische Quästor Tribonian war dabei der Hauptberater des Herrschers. In einem Codex Constitutionum von 529 wurde das geltende Reichsrecht zusammengestellt. Die Kommission sammelte die Entscheide bedeutender römischer Juristen und faßte sie 533 zu einem System in den Digesta und in den Pandectae zusammen. Mit den beiden Arbeiten wollte der Kaiser seine absolutistischen Herrschaftsansprüche sichern. Die Institutiones von 553 sollten den Richtern ein brauchbares Handbuch des Zivilrechtes bieten, ausgehend von den Kommentaren des Gajus aus dem 2. Jahrhundert.

Codex Justiniani

Die neuerlassenen Gesetze Justinians wurden 534 in einer revidierten Ausgabe des Codex Justiniani vorgelegt und nach seinem Tode durch die Novellae (= Nachtragsgesetze) ergänzt. Die Gesetzessammlungen waren lateinisch, nur die Novellen griechisch abgefaßt. Das bedeutete, daß im byzantinischen Reich das Griechische über das Latein als Rechtssprache triumphierte. Alle diese Arbeiten gingen unter dem Namen *Corpus iuris civilis* oder *Codex Justinianeus* in die Weltgeschichte des Römischen Reiches ein. Christentum und kirchliche Führung des Römischen Reiches wurden in dieses Gesetzeswerk eingebaut, aber auch die kirchliche Obergewalt des Kaisers und der Gedanke festgelegt, daß der Kaiserthron die Quelle des Kirchenrechtes sei.

Kirchliche Ämter und Personen, Gläubige und Ketzer unterstanden kaiserlicher Verordnung. Das Recht nivellierte die alten Standesunterschiede und gliederte die Gesellschaft der Freien in *honestiores* (= Männer von Rang und Stand) und *humiliores* (= Gewöhnliche). Den Wohlstand der Kirche förderte die Bestimmung, daß Kirchenbesitz unveräußerlich sei. Straf- und Prozeßrecht wurden teils verbessert, teils barbarisiert.

Justinian war dennoch der letzte große, wahrhaft römische Kaiser, eine überragende Herrscherfigur, neben der Theodora, seine Frau, zu nennen ist. Der Tod der Gemahlin 548 machte ihn zum theologischen Grübler, der in den noch siebzehn Jahren seines Lebens den Untergeneralen die Regierung überließ.

Einheit des Reiches und der Kirche

Die alte Einheit des Römerreiches um das Mittelmeer war sein politisches Programm, diesem Ziel diente die kirchliche Einheit zwischen Ost und West. Er vertrieb die Barbaren und schuf Ordnung und Recht. Afrika, Dalmatien, Italien, Korsika, Sardinien, Sizilien und die spanische Ostküste kehrten nochmals zum Reich zurück, die Perser wurden aus Syrien vertrieben.

Symbol seiner Herrschaft und Kirchenpolitik war die Hagia Sophia, die Kirche der Heiligen Weisheit zu Konstantinopel, dem Residenzmittelpunkt seines Reiches. Justinians straffe, weitgespannte Politik überforderte die finanziellen und militärischen Kräfte seines Reiches; er konnte nur einen kurzen Aufschub des endgültigen Zerfalls erreichen.

Der Verlust der Westprovinzen

Bald fielen Afrika an die Berber, Syrien, Palästina, Ägypten, Spanien an den Islam und Italien an die Langobarden. Das Nilland ging lange vor den Arabern dem Reich schon dadurch verloren, daß das Patriarchat von Alexandrien zwar noch in den Händen der Katholiken war, das flache Land aber monophysitisch wurde. Kaiserin Theodora neigte dieser Sekte zu; unter ihrem Einfluß wurden die Kampfmethoden milder. Dem kaiserlichen Erlaß der »Drei Kapitel« versagte deshalb Papst Vigilius, obwohl er Byzantiner war, die Anerkennung. Darauf gingen Ost und West für ein Jahrhundert getrennte Wege. In Annäherung und Abstoßung gestaltete sich seitdem das Verhältnis zwischen Byzanz und dem Westen.

b) Wirtschaft und Kultur. Die Weltstadt, Vermittlerin zwischen Asien und Europa

Byzanz hat durch seinen Staat, vor allem durch Wirtschaft und Kultur auf die europäische Welt im Mittelalter starke Wirkungen und einen großen Anreiz ausgeübt, es hat die slawische Welt mit seinem Geist und seiner Religiosität erfüllt. Die Wirtschaft war eine Mischung von Privatunternehmung, Staatslenkung und Staatsbetrieb. Die Landwirtschaft kam allmählich in die Hand des feudalen Großgrundbesitzes. Die Bodenschätze gehörten dem Staat, wurden aber von Privatpächtern abgebaut. In Thrakien, am Pontus und auf dem Balkan waren die wichtigsten Bergwerksbetriebe. Die Sklaverei spielte im Haus und in der Wirtschaft noch eine Rolle; die Arbeitskräfte waren frei, doch konnten die Bewässerungsanlagen in Syrien, Ägypten und Nordafrika nur mit Zwangsarbeitern instand gehalten werden. Staatliche Regiebetriebe erzeugten den Warenbedarf für Heer, Bürokratie und Hof.

Durch Nestorianermönche aus Innerasien ließ Kaiser Justinian um 552 die Seidenraupenzucht und Seidenproduktion einrichten. Der Peloponnes wurde das Hauptproduktionsgebiet, weswegen man ihn Morea (= Maulbeerland) nannte. Die Kontrolle der Handelsstraßen nach China und Indien spielte für Griechenland und Rom eine große Rolle. Die Nordroute nach dem Fernen Osten hieß »Seidenstraße«; Serica (= Seidenland) nannten die Römer China, und das Land zwischen China und Indien hieß Serindia. Seide war ein wichtiges Produkt der spätantiken Wirtschaft. Da teure Seidenstoffe und gefärbte Gewebe nur den hohen Staatsbeamten, die kostbarsten Stoffe allein der kaiserlichen Familie vorbehalten waren, wurde ihre Herstellung Staatsmonopol in Werkstätten nahe oder um den Kaiserpalast. Justinian kontrollierte Löhne und Preise und verfügte in Notzeiten Lohn- und Preiserlässe.

Konstantinopel war vom 5. bis zum 15. Jahrhundert der größte Handelsplatz und Schiffahrtshafen der Welt. Ein erfolgreicher Straßen- und ein intensiver Schiffsbau dienten einem hochentwickelten Binnenhandel und Export. Nach der Hauptstadt hatten Antiochien und Alexandrien das zweit- und drittgrößte Handelsvolumen. In Syrien, dem Verbindungsland zwischen Byzanz, Persien und Ägypten, blühten ebenfalls Handel und Gewerbe. Der syrische Kaufmann zeigte hohes Geschick und Initiative; gerade er hatte viel zur Orientalisierung von Kunst und Brauchtum im Reich beigetragen.

Gegen das feindliche Persien, das die indischen Häfen kontrollierte und die Verbindung Syriens dorthin sperren konnte, förderte Justinian die Häfen am Schwarzen Meer, die den Warenstrom nach Kolchis leiteten, wo ihn Karawanen aufnahmen und nach Sogdien transportierten; dort konnten chinesische und westliche Kaufleute ohne persische Störung miteinander Handel treiben. Der steigende Handelsverkehr auf dieser Nordroute begründete die wirtschaftliche und künstlerische Blüte Serindias im Mittelalter.

Gesellschaftsschichten

Den Handel begünstigte eine wertbeständige kaiserliche Münze und ein hochentwickeltes Bankwesen mit niedrigsten Zinssätzen. Die senatorische Grundbesitzeraristokratie, die großen Handelsherren und Unternehmer im Ostreich waren reicher und entfalteten mehr Luxus als die Oberschichten des Westens. Der byzantinische Adel war gebildeter, er besaß mehr Geschmack und bessere Umgangsformen als seine Standesgenossen im Westreich. Der Adel des Ostens kleidete sich auch eleganter und reicher. Ein zermürbter Mittelstand aber stöhnte unter der Steuerlast, und fleißige Beamte mußten sich plagen; eine bunte Schar aufdringlicher Mönche beunruhigte oft das Volk, ein breites Proletariertum lebte von Staatsalmosen. Byzanz war eine Weltstadt, die nicht ihresgleichen hatte.

Eigenart und Mischung byzantinischer Kunst

Die Farbenfreude und düstere Leuchtkraft byzantinischer Kunst verbreiteten einen mystisch-majestätischen Zauber. Diese Formen kamen aus Syrien und Kleinasien; die Ansatzpunkte dieser neuen Kulturbewegung des Ostens nach dem Westen lagen im sassanidischen Persien, im nestorianischen, gewerbefleißigen Syrien und im koptischen Ägypten. In Byzanz entfaltete sich diese Bewegung zuerst und sehr wirkungsvoll zur vollen Blüte. Dabei siegte die symbolische Dekoration des Ostens über den hellenistischen Naturalismus, die Farbe über die Linie, Gewölbe und Kuppel über das holzgezimmerte Dachgebälk, reicher Zierat über strenge Einfachheit, Seidengewand über glatte Toga. Der Absolutismus der persischen Monarchie eroberte sich durch Diokletian und Konstantin den Westen. Die Kunst der neuen Hauptstadt Konstantinopel orientierte sich an Kleinasien und Ägypten; der barbarische Westen verlor an Strahlkraft. Die persischen Siege Schapurs II. und Chosroës Nuschirwans bereiteten das Einströmen orientalischer Kunstformen vor. Edessa und Nisibis waren Zentren mesopotamischer Kultur. Hier mischten sich iranische, armenische, kappadokische und syrische Elemente. Kaufleute, Mönche, Handwerker brachten diese Formen nach Antiochien, Alexandrien, Ephesos, Konstantinopel, Ravenna und Rom. Die Säulenordnung der klassischen Kunst wich der Architektur der Gewölbe und Kuppeln. Kaiser und Patriarch waren fast die einzigen Auftraggeber der Kunst, sie bestimmten die Themen und stellten die Aufgaben. Sie sollte die christliche Lehre ausdeuten und die Allmacht des Herrschers zur Schau stellen. In Mosaik und Wandbild, Gewand und Wandbehang behandelte sie Christus, Maria, Apostel und Märtyrer, deren Gräber die Kirchen bargen. Als vielfältiger Schmuck des Herrscherpalastes überwältigte sie den staunenden Untertanen durch majestätischen Prunk. Christus und Maria wurden durch sie Kaiser und Kaiserin.

Diese Staatskunst, meist Werk eines Teams anonymer Meister, erzeugte Stolz und Demut zugleich. Ihre Unterwerfung unter die Ideologie absolutistischer Herrschermacht und ihrer Staatskirche büßte sie mit Formalismus, Enge und Stagnation. Der byzantinische Architekt war Meister im kreisförmigen Kuppelbau über vieleckig-polygonalen Anlagen, womit er den Basilikastil im Osten verdrängte. Die Wandbilder, welche die leeren Flächen mit der Kunst der bunten Steine oder Glaswürfel (Mosaik) auf goldenem oder blauem Hintergrund ausfüllten, wollten erbauen und erschüttern. In der Plastik trat an die Stelle individueller Schönheit der Gestalt die Abstraktheit des Symbols.

Die byzantinische Kunst schwelgte in Farbe und Zierat, sie sprach sich in dunklen Symbolen aus; sie zwang die Seele zu mystischer Schau und führte sie weg vom rationalen Denken. Als Mischung griechischer, orientalischer und christlicher Motive und Gedanken erreichte sie unter Justinian ihre Vollendung.

Baukunst

Im 6. Jahrhundert, in dem im Westen eine alte Kultur langsam erlosch, erlebte im Osten die Baukunst schon allein in der Zahl der Neubauten eine große Blüte. Den Sieg des Christentums über die Heiden, der orientalisch-byzantinischen Form über den griechischen Stil verkünden neben der Hagia Sophia Kirchen in Ephesos, Antiochien, Gaza, Jerusalem, Alexandrien, Saloniki, Ravenna, Kertsch auf der Krim, Sfax in Nordafrika und anderswo. Syrien erlebte seine Renaissance vom 4. bis zum 6. Jahrhundert; Antiochien, Berytos (Beirut), Edessa und Nisibis besaßen berühmte Schulen. Von der damaligen Schönheit von Alexandrien, dem Welthafen mit stetig steigendem Umsatz, hat sich nichts erhalten.

Ravenna

Kaiser Honorius hatte 404 Ravenna zur Metropole des westlichen Kaisertums erhoben, in der sich Kunst und Stil von West und Ost mischten. Das Mausoleum der Galla Placidia von 450 zeigt einen typisch orientalischen Kuppelgrundriß. Um 458 erstand die Baptisteriumskuppel der Basilica Ursiana mit individuellen Mosaikbildnissen. Theoderich erbaute um 500 eine Kathedrale zu Ehren des legendären Gründers der Kirchengemeinde von Ravenna, Apollinaris, mit weltberühmten Mosaiken im byzantinischen Stil. Nach der Einnahme der Stadt durch Belisar wurde 547 die byzantinische Kirche von San Vitale unter der Beihilfe Justinians und Theodoras fertiggestellt. Eine zweite Kirche für den heiligen Apollinaris im Hafenviertel, San Apollinare in Classe, die zum römischen Basilikalbau zurückkehrte, wurde 549 eingeweiht. An diesem Ort hatte die römische Adriaflotte ihren Hauptstützpunkt.

In der byzantinischen Kunst hatte der Osten Kopf und Herz Griechenlands überwunden, sie ist Ausdruck einer Mischkultur. Deren Hauptkennzeichen sind autokratische Herrschaft, hierarchische Gesellschaftsordnung, scheinbares Stagnieren von Wissenschaft und Philosophie, religiöse Grundhaltung des Volkes, prunkvolle Zeremonien und Gewänder, Klangfülle und Bildhaftigkeit im Ritual, Monotonie der Musik und Rausch der Farben, Imagination (statt Naturalismus), dekorative Kunst – lauter Elemente, die sich in archaischen und zivilisatorischen Gesellschaftskörpern zugleich finden. Darum konnten Kultur und Staat von Byzanz auf das archaische und das erwachende Europa starke Wirkung und Anreiz ausüben und die Welt der Slawen mit ihrem Geist und ihrer Religiosität erfüllen.

c) Byzanz im 7. und 8. Jahrhundert. Die Verteidigung des Reiches. Die byzantinische Flotte. Weltreichsideologie

Justinian war ein Höhepunkt und in manchem auch der Anfang von Byzanz; politisch war es nach ihm in stetem, langsamem Rückzug begriffen, aber Wesen und Kultur von Byzanz haben sich erst zu dem geformt, was wir unter byzantinischer Eigenart verstehen. Jeder Verfall oder Niedergang – Begriffe, die ein Historiker mit Vorsicht verwendet – setzt auch Neuanfang und Aufstieg.

Seit der zweiten Hälfte des 6. Jahrhunderts hatten die byzantinischen Kaiser alle Hände voll zu tun mit Awaren und Slawen, die südlich der Donau Städte und Landstriche des Reiches besetzten. Zur selben Zeit bedrohten die Langobarden Ravenna und Süditalien, begannen die Perser, Westasien zu überrennen, und wurde Spanien endgültig an die Westgoten verloren. Hungersnot, Pest, Armut, Barbarei, Krieg lähmten Handel und Verkehr, Literatur und Kunst.

Weltreichs-ideologie

Trotz dieser schwierigen Lage hielt das alte Ostreich seinen Weltherrschaftsanspruch auch auf das verlorene Westreich aufrecht und verkündete eine zäh festgehaltene Weltreichsideologie gegen neue Rivalen, den Bischof von Rom und den Frankenkönig.

Justinians tüchtige Nachfolger in der Kaiserwürde, Justinus (565–578), Maurikios (582–602) und Herakleios (610–642) stemmten sich der persischen Invasion entgegen, griffen die einbrechenden Awaren an, unterlagen einer Revolte von Heer und Pöbel (602), die die Kaiserfamilie des Maurikios ausrotteten, und stürzten den Revolutionshelden Phokas, Herakleios rettete den Staat aus den Trümmern, hob die Kampfmoral des Volkes, das lieber ins Kloster ging, verbesserte Heer und Staatseinkünfte und siedelte Bauern an, sobald sie ihren ältesten Sohn zum Militär schickten. Gegen die Perser, die 614 Jerusalem erobert hatten und vor Chalcedon standen, rettete die byzantinische Flotte, die das Meer beherrschte, Konstantinopel und Europa. Die Awaren verheerten bereits die Vorstädte von Konstantinopel, und mit dem Hinterland und Ägypten verlor die Hauptstadt ihre Korngebiete. *Seemacht*

In dieser Situation eröffnete Herakleios 622 den Krieg gegen die Perser; dabei erwies er seine Meisterschaft als Stratege und Taktiker. Nach der erfolgreichen Abwehr einer gemeinsamen persisch-awarisch-bulgarisch-slawischen Belagerung von Konstantinopel 626 durch einen Sieg seines Expeditionsheeres bei Chalkedon und nach dem Tod des Sassanidenherrschers Chosroës II. Parwes (628) zwang Herakleios die Perser zum Frieden und zur Herausgabe der entrissenen Gebiete. In mörderischen Kriegen hatten sich Byzanz und Persien ausgeblutet und konnten den 634 in Syrien einsetzenden Vormarsch der Araber nicht aufhalten, die 641 Jerusalem eroberten, das wieder den Besitzer wechselte. *Perserkrieg*

In den entscheidenden Jahren der Auseinandersetzung 673–678 rettete erstmals das »Griechische Feuer« Byzanz und Europa. Die neue Waffe, eine Art Flammenwerfer, angeblich eine Erfindung des Syrers Kallinikos, ein Gemisch aus Naphta, ungelöschtem Kalk, Schwefel und Pech, wurde gegen Truppen und Schiffe in Pfeilen geschossen, auf eisernen Kugeln geschleudert, mit Rohren verblasen oder auf kleinen, angezündeten Booten gegen die Schiffe des Feindes getrieben.

Im Jahre 717 belagerte ein Heer von 80 000 Arabern und Persern Konstantinopel vom Rücken her, es hatte bei Abydos über den Bosporus gesetzt; eine arabische Flotte von 1500 Schiffen fuhr in die Meerenge ein. Der neue kraftvolle Kaiser Leon der Isaurier (717–741), vermutlich jüdischer Abstammung, ließ von einer kleinen byzantinischen Flotte aus mit Griechischem Feuer die arabische Armada in Brand schießen, entsetzte zu Lande durch einen gelungenen Ausfall die Metropole und trieb die Araber nach Syrien zurück. Dieser erfolgreiche Entsatz hatte die gleiche weltgeschichtliche Bedeutung wie zehn Jahre später der Sieg Karl Martells zwischen Tours und Poitiers. Die arabische Expansion nach Südost- und Nordwesteuropa war aufgehalten. *Die Araber vor Konstantinopel*

d) Kaiser Leon III. und der Bildersturm (726)

Leon III., geboren im kilikischen Distrikt Isaurien, war nicht nur ein ehrgeiziger, willensstarker Feldherr, sondern auch ein begabter, kundiger Staatsmann und Gesetzgeber, der die Steuereinnahmen hob, die Leibeigenschaft minderte, durch Landverteilung den bäuerlichen Grundbesitz erweiterte und Ödland besiedelte. Seine nüchterne Auffassung widerstrebte dem Zeremoniell, dem Aberglauben und dem Bilderkult des volkstümlichen Christentums. Seit Konstantin hatte das *Heiligenbild* seinen Siegeszug besonders im Osten angetreten, neue Kultformen und Zeichen entstanden, das *Kreuz* wurde Gegenstand der Verehrung, Reliquien, Bilder, Statuen fanden beim Volk phantasievolle, abgöttische Verehrung, und Heiligenbilder hingen allüberall in Kirchen, Klöstern, Häusern, Läden des griechischen Ostens; bei Epidemie, Hungersnot, Krieg vertraute man auf ihre Heil- und Wunderkraft mehr als auf menschliche Tatkraft und Vernunft. Kirchenmänner und Konzilien wetterten gegen diese Auswüchse, Muselmanen, Juden und christliche Sekten spotteten bissig über den Aberglauben des Volkes. *Bilderkult und Volksglaube*

Der Ikonoklasmus und seine Folgen

Leon, davon tief betroffen, verbot 726 mit Zustimmung eines Konzils alle Heiligenbilder in den Kirchen; er hoffte damit die Macht der Mönche über das Volk zu treffen und Nestorianer wie Monophysiten für sich zu gewinnen. Mit dem niederen Klerus revoltierte das Volk entsetzt über die Entweihung der teuersten Symbole seines Glaubens. In Griechenland und auf den Kykladen wurde ein Gegenkaiser ausgerufen, eine Flotte stach gegen die Hauptstadt in See; Leon konnte sie vernichten. In Venedig, Ravenna, Rom wurden die kaiserlichen Beamten vertrieben, Papst Gregor II. und ein Westkonzil bannten alle Ikonoklasten, alle Bilderstürmer.

Der Patriarch von Konstantinopel ergriff die Partei der Bilderverehrer; er sah darin eine Chance, die Ostkirche vom Kaiserstaat zu trennen. Leons Sohn Konstantin V. (741–775) verschärfte die Religionspolitik des Vaters, ließ alle Heiligenbilder in den Kirchen oft sehr taktlos entfernen oder zerstören, widerstrebende Mönche foltern, den Patriarchen 767 enthaupten, Klöster schließen und ihren Besitz säkularisieren. In Ephesos wurden Mönche und Nonnen zur Heirat gezwungen.

Kaiserin Irene

Kaiserin Irene stellte während ihrer klugen Regentschaft für den unmündigen Sohn Konstantin VI. (780–797) in aller Stille die Durchführung des Bildersturmedikts wieder ein; sie ließ Klöster wiederaufleben und auf dem zweiten Konzil von Nizäa 787 durch 350 Bischöfe unter Führung eines päpstlichen Legaten die Verehrung, nicht den Kult, der Heiligenbilder als erlaubten Ausdruck christlicher Frömmigkeit und Glaubens wieder gelten.

Beim Regierungsantritt schickte sie ihr Sohn für zwei Jahre in die Verbannung; nach ihrer Rückkehr (792) teilte sie sich mit ihm in die Regierung und ließ ihn 797 einkerkern und blenden; dann führte sie bis 802 sehr geschickt allein das Regiment unter dem Titel »Kaiser«. Heer und Bilderstürmer erzwangen ihren Rücktritt und riefen ihren Schatzkanzler Nikephoros zum Kaiser aus. In der Verbannung auf der Insel Lesbos brachte sich Irene kärglich als Schneiderin durch und starb dort einsam und mittellos. Kaiserin Irene hat den Bruch zwischen Ost und West geheilt, den der Bildersturm heraufbeschworen hatte.

e) Die Politik der byzantinischen Kaiser vom 9. bis 11. Jahrhundert. Abwehr und Vermittlung, Expansion und Mission

Verteidigung der Grenzen gegen Muselmanen, Slawen, Bulgaren

Die Politik der byzantinischen Kaiser von 802 bis 1057 ist trotz schwerer Intrigen, Palastrevolutionen und Morde durch ein langes Bemühen gekennzeichnet, die Schrumpfung des Reiches aufzuhalten und Süd- wie Nordgrenze gegen Muselmanen, Slawen und Bulgaren zu verteidigen. Byzanz lag an einer neuralgischen Nahtstelle des Gesamtschauplatzes mittelalterlicher Weltgeschichte. Mit seinem Doppelgesicht nach Kleinasien, Balkan und Mittelmeer erfüllte es die Doppelfunktion der Abwehr und Vermittlung, einer geistig-missionarischen Expansion. Byzanz hielt bis 1453 Wacht am Bosporus. In den lateinischen Westen griff es mit seiner Weltreichsideologie weiter ein und verfocht auf der Apenninenhalbinsel bis in das 12. Jahrhundert reale Handels- und Herrschaftsinteressen, wovon die griechischen Dialekte Süditaliens bis heute zeugen. Durch seine Politik hatte das Reich der Byzantiner das griechische Erbe bewahrt und eine dauerhafte Wirtschaftsordnung sichergestellt. Seine Kultur war nur scheinbar erstarrt und wurde eine organisch-lebensvolle Kraft der Kontinuität in einem sehr bewegten Raum.

Kaiser und Patriarchen rangen zäh um die Herrschaft im Staat; Macht und Mythos, Schwert und Rede trafen hart aufeinander. Die Kirche stand aber unter der Herrschaft der Kaiser.

Die Makedonenkaiser

Mit der interessanten und großen Gestalt des Kaisers Basileios (867–886) trat die längstregierende byzantinische Herrscherdynastie der Makedonen auf die politische Bühne. Basileios war Bauernsohn aus der Umgebung von Hadrianopel wie Leon der Isaurier, verbrachte seine Jugend im damaligen Makedonien bei den Bulgaren, begann nach seiner Flucht in Konstantinopel als Stallknecht eines Diplomaten, den er auf seinen Reisen nach Griechenland begleitete. Er zähmte ein Pferd des Kaisers Michael III. (842–867) und wurde ohne alle Bildung dessen Kammerherr. Durch Diensteifer und Verbrechen schwang er sich zum Mitregenten und 867 zum Alleinherrscher empor. Der erfolgreiche Staatslenker, Gesetzgeber und Finanzpolitiker schmückte seine Hauptstadt mit Kirchen und Palästen.

Eine der machtvollsten Persönlichkeiten der byzantinischen Geschichte wurde der Sohn Romanos II. (958—963) und der Theodora, Basileios II. (* 958. Regierung 967–1025). Die innere und äußere Lage war zunächst verzweifelt. Im Inneren tobten Revolten, die Muselmanen hatten fast alle verlorenen Gebiete zurückerobert, die ihnen in Syrien abgejagt worden waren. Die Bulgaren bedrängten auf dem Höhepunkt ihrer Macht das Reich von Ost und West. Basileios unterdrückte die Aufstände, eroberte Armenien zurück und zerschlug in einem dreißigjährigen Krieg die bulgarische Macht. Am Vorabend einer Flottenexpedition gegen das sarazenische Sizilien überraschte ihn der Tod. Das Reich hatte die Größe wie unter Herakleios, die Stärke wie unter Justinian zurückgewonnen.

Zoe und Theodora

Basileios Töchter, Zoë und Theodora, regierten unter drei Kaisern von 1028 bis 1055 das wieder verfallende Reich mit großem Geschick. Sie rückten der Korruption in Staat und Kirche zu Leibe und nahmen unterschlagene Gelder den Beamten ab. Beim Patriarchen Alexis fand man nach dem Tode 100 000 Pfund Silber im Wert von ungefähr 100 Millionen Mark in seinen Gemächern. Zoë heiratete mit 62 Jahren Konstantin IX. (1042–1055), und Theodora ging nach Zoës Tod (1050) ins Kloster. Ihrem Schwager Konstantin verdankte die Hagia Sophia eine Verschönerung, er erbaute Krankenhäuser und Asyle für die Armen, förderte Literatur und Kunst. Nach seinem Tode wurde Theodora aus dem Kloster geholt und gekrönt, sie starb aber schon 1056. Der Palastadel und das Heer erhoben je einen Kaiser; der Heerkaiser Isaak Komnenos setzte sich 1057 durch. Damit ging die Makedonenherrschaft zu Ende.

Manzikert

Der Sieg der Türken bei Manzikert 1071 kostete Kaiser Romanos IV. Freiheit und Leben. Unter seinem Neffen Alexios Komnenos I. (seit 1081) schien das Reich dem Zusammenbruch nahe. Die Türken hatten 1076 Jerusalem eingenommen und marschierten durch Kleinasien auf Konstantinopel vor. Von Norden stießen Patzinaken und Kumanen auf die Hauptstadt zu, die Normannen, die schon seit Jahrzehnten in Süditalien saßen und auf Sizilien vordrangen, griffen die byzantinischen Außenposten an der Adria an. Mut und Scharfsinn des Kaisers, die venetianische Flotte, eingezogene Kirchenschätze und ein neues Heer halfen aus dieser gefährlichen Lage. Alexios reorganisierte den Staat und sein Verteidigungssystem, die noch ein Jahrhundert überlebten.

Isaurier und Makedonen hatten das Reich von Byzanz wieder auf die Höhe und Ausdehnung des Anfangs gebracht. Es umfaßte jetzt Süditalien und Großgriechenland, Kleinasien, das nördliche Syrien, Zypern, Rhodos, die Kykladen, Kreta und den Balkan. Das griechisch-orthodoxe Christentum hatte den Balkan und Rußland fest erobert, also Bulgaren und Slawen.

f) Millionenstadt Konstantinopel. Welthandelsplatz – Welthafen – Metropole eines Weltreichs

Weltgeschichtlich war die Wende vom 10. zum 11. Jahrhundert um das Mittelmeer byzantinisch bestimmt. Konstantinopel war die Weltstadt geworden und hatte als Handels- und Gewerbeplatz an Reichtum, Luxus und Kunst im 11. Jahrhundert das antike Rom, den Welthafen Alexandrien und die damaligen Zentren muselmanischen Lebens, Bagdad und Córdoba, weit überholt. Es war fast eine Millionenstadt geworden, wo Armenier, Kappadokier, Syrer, Juden, Bulgaren, slawisierte Griechen wohnten, wo sich Händler und Soldaten aus dem germanischen Skandinavien, aus Rußland, Italien und den Ländern des Islams trafen. Über alle lagerte sich eine hauchdünne Führungsschicht griechischer Aristokraten.

Das Antlitz der Stadt

Auf den Märkten dieser Stadt wurden die Waren der Welt gehandelt. Glanzvolle Kaiserpaläste und Prachtstraßen mit prunkvollen Herrenhäusern, Hunderte von Kirchen zierten diese Stadt. Im nie erlöschenden Schein von Ampeln und Kerzen erstrahlte die Hagia Sophia, eine Weltkirche, die von eindrucksvollen Gesängen widerhallte. In der Reihe der Großstädte des Ostens, Südens und Westens steht diese Metropole eines »Weltreiches« obenan. In den Stadtpalästen des Adels und der Großkaufleute, den Villen am Meer und den Landsitzen im Inneren gab es alles, was kultiviertes Leben höchsten Grades ausmacht: Marmor, Wandmalereien, Mosaiken, Skulpturen, erlesene Keramik, Gobelins, Teppiche, Seidendamast, Türen mit eingelegten Silber- und Elfenbeinarbeiten, Kunstmöbel, goldene und silberne Tafelservice. In bunte Seide mit Spitzen und Pelzwerk gehüllt, bewegte sich die vornehme byzantinische Gesellschaft in Anmut und Ränkespiel in einem Leben voll Luxus. Zierat und Zeremoniell gaben dem Leben Feierlichkeit; Prozessionen, Empfänge, Schaustellungen, Spiele jagten einander; Protokoll und Etikette regelten alles bis in Einzelheiten.

Der byzantinische Großstädter

In dieser Stadt mögen sich zwei Drittel des Reichtums der damaligen Welt befunden haben; auch der Mann auf der Straße war stolz auf sie, und selbst der Bettler dünkte sich hier ein König gegenüber dem Nichtgriechen. Alle Gegensätze trafen prall aufeinander. Der Adel zeigte auf der Rennbahn und im Palast die neuesten Moden, fuhr in Prachtequipagen auf den Landstraßen, unbekümmert um den Haß der wandernden Proletarier und die Verwünschungen der Prälaten, die Gott in ihrem reich verzierten Kult recht und schlecht dienten. In dieser Millionenstadt am Meer zwischen den Welten des Orients und Okzidents herrschte naturgemäß auch das Laster. Grausamkeit und Frömmigkeit, Korruption, Gewalttat, Mord, Blutdurst, Aufruhr wohnten nebeneinander. Die Arbeitsscheu wurde durch staatliche Korn-, Öl- und Weinspenden unterstützt, die Menge durch Pferdehetzen und Rennspiele unterhalten.

Aber man darf nicht übersehen, daß in dieser extrem frommen und sinnenfreudigen Gesellschaft die ehrenwerten Bürger und besorgten Eltern überwogen, daß die Kaiser nicht nur blendeten, sondern auch Kranken- und Waisenhäuser,

Altersheime und Herbergen reich beschenkten. Der Adel stellte dem Staate tüchtige Beamte, Feldherren, Politiker und hielt im Verein mit dem Großbürgertum das Wirtschaftsleben auf dem höchsten Stand, den es in der christlichen Welt des »sogenannten Mittelalters« gab.

g) Gesellschafts- und Wirtschaftsstruktur im 10. und 11. Jahrhundert

Anhänger häretischer Sekten aus Vorderasien wurden in Thrakien und Griechenland angesiedelt und große Landstriche mit Barbarenhaufen kolonisiert: Thrakien und Illyrien mit Goten, Pannonien mit Langobarden, Makedonien und Griechenland mit Slawen. Der Peloponnes war im 10. Jahrhundert vorwiegend slawisch, auch in Attika und Thessalien siedelten viele Slawen. Sklaverei war im Hausdienst der Hauptstadt noch im Schwunge. Das größte Hindernis für die Ausbildung eines freien, unabhängigen Bauerntums waren die Latifundien, die im 10. Jahrhundert in den Ostgebieten des Reiches in den Händen extensiv wirtschaftender Großgrundbesitzer, der Kirchen, Klöster und Krankenhäuser massiert waren. Sklaven und persönlich freie, aber schollegebundene Bauern bewirtschafteten diese Güter.

Staatssiedlung

Bauerntum und Latifundienwirtschaft

Die Herrscher versuchten im Staatsinteresse die Zusammenballung von Großgrundbesitz und Reichtum zu verhindern, aber bei Hungersnöten verkauften die Bauern zu Schleuderpreisen ihre Höfe an die Latifundienbesitzer. Im 11. Jahrhundert bestand neben einem gemäßigten Feudalismus ein arbeitsames Freibauerntum.

Der Agrarstruktur Europas nördlich der Alpen stand eine städtische und halbindustrielle Wirtschaftsstruktur des Ostreiches gegenüber. Konstantinopel und Saloniki hatten ein klassenbewußtes, revolutionäres Proletariat, aber tragend war eine Mittelschicht fleißiger, wohltätiger, intelligenter, streng konservativer bürgerlicher Arbeitgeber. Arbeiter, Künstler, Handelsleute, Rechtsanwälte, Geldverleiher waren in Gewerkschaften (systemata) organisiert, die den großen Wirtschaftskörpern des modernen Korporationsstaates verwandt waren.

Mittelklasse und Proletarier

Die stabilste Währung in der damaligen Welt hatte Byzanz. Der Staat überwachte Schiffsbau und Häfen, Versicherungswesen und Darlehensgeschäft, er bekämpfte energisch die weitverbreitete Seeräuberei. Byzanz hielt so die Meere offen, schuf freie Bahn dem internationalen Handel und förderte damit die Blüte seiner gewerblichen Wirtschaft. Der Staat kontrollierte zwar den ganzen Handelsverkehr, besteuerte Export und Import und monopolisierte einige Handelszweige, gestattete aber fremden Kaufleuten, Armeniern, Syrern, Ägyptern, den Handelsleuten aus Amalfi, Pisa, Genua, Venedig, den Juden, Russen, Katalanen, in oder nahe der Hauptstadt fast selbständige Faktoreien oder Handelsniederlassungen zu unterhalten; tatsächlich trug der fremde Kaufmann den größten Teil des byzantinischen Handels. Es blühte auch das Bankwesen, und die Geldverleiher von Konstantinopel haben zum Ausbau des Wechselverkehrs in der Welt ebensoviel wie die Lombarden beigetragen. Der Osten hatte vor dem 13. Jahrhundert das ausgedehnteste Kreditsystem der Welt.

In der Südzone Europas ging das geistige, wirtschaftliche und staatlich-politische Kulturgefälle von Ost nach West; in der Mittelzone des Kontinents ging es seit dem 7. Jahrhundert von West nach Ost; erst im 12. Jahrhundert hatte sich in Frankreich, dem Nachbarland des muselmanischen Spanien, so viel eigene,

Ost-westliches Kulturgefälle im Mittelmeer

originale Kultursubstanz angereichert, daß sich das Gefälle nun auch in der Südzone umzudrehen begann. Aber noch im 12. Jahrhundert fühlten sich die Byzantiner den Kreuzfahrern aus dem Westen, die sie »Franken« nannten, geistig, kulturell und zivilisatorisch turmhoch überlegen und übergossen die »barbarischen« Westler mit beißendem Hohn und Spott.

h) Die Blütezeit byzantinischer Kunst

Die byzantinische Kunst erreichte vom 9. bis zum 11. Jahrhundert ihre höchste Blüte. Der Bildersturm (726–842) hatte die eine positive Wirkung, daß die Künstler sich von der Beschränkung auf religiöse Themen befreiten. Jetzt boten sich Hausleben und Landschaft, Tiere und Pflanzen, historische Ereignisse, adelige Mäzene und die Herrscherfamilie als Stoffe an. Im 9. Jahrhundert entstand die wiederentdeckte Auskleidung der Hagia Sophia, deren mittlere Kuppel nach einem Erdbeben von 975 neu gebaut und mit dem Mosaik-Christus auf dem Regenbogen geschmückt wurde. Die gleichen Bronzetore, wie sie 838 ebendort eingesetzt wurden, bestellten sich aus dem Westen das Kloster Monte Cassino, 1070 die Bischofskirche in Amalfi und die große römische Basilika San Paolo fuori le mura in Rom. Der »Heilige Palast« und die Pfalzkapelle in Byzanz wuchsen mit jedem Kaiser. Der Trikonchos-Thronsaal mit muschelförmigen Apsiden auf drei Seiten war nach einem syrischen Grundriß erbaut. Ihre Prunkliebe ahmte ähnliche Dinge im Kalifenpalast Harun al Raschids nach. Trotz seiner Abschließung durch die Orthodoxie hat Byzanz vom Islam viel übernommen und in sein eigenes Wesen eingeschmolzen; es hatte ja auch früher vom sassanidischen Persien (220 v. Chr.) viel gelernt.

Die reichgewordenen Klöster entfalteten große Pracht, im 10. Jahrhundert die Athosklöster Laiwra und Iwiron. Auch in Kleinasien, Georgien, Armenien erstand byzantinische Kunst, und die öffentlichen Bauten von Antiochien regten die Muselmanen an. In Ägypten errichteten koptische Christen auch unter der Herrschaft der Araber Kuppelkirchen. In diesem Land verschmolzen Stilelemente der Pharaonen, Ptolemäer, Römer, Byzantiner und Mohammedaner.

Einfluß auf Italien und den Osten

In Süditalien hatte das Papsttum ungezählte Mönche, Emigranten des Bildersturms, im 8. und 9. Jahrhundert unter seinen Schutz genommen. Sie und orientalische Kaufleute vermittelten dem Westen die Kunst von Byzanz, wie man in Bari, Otranto, Benevent, Neapel und Rom, aber auch in Castelseprio, Bergamo und Malls feststellen kann. Die ganze Welt in West und Ost bewunderte die Werke und Formen byzantinischer Kunst. Karls des Großen »Mantel« in der Kathedrale zu Metz und zarte Seidenstoffreste zu Aachen waren byzantinischer Import.

Papst und Kurie haben vom byzantinischen Hofzeremoniell, von Kunst und Formen, vom Geist und den Ideen bereits in jenen Jahrhunderten vieles übernommen. Vom 6. bis 8. Jahrhundert saßen viele Griechen auf Roms Bischofsstuhl, und auf dem Aventin residierte der Vertreter des byzantinischen Exarchen von Ravenna. In Rom gab es um 800 sechs griechische Klöster. Byzanz war bis zum 13. Jahrhundert in der Welt führend in der Goldschmiede- und Gemmenkunst; Stücke davon zeigt der Schatz der Patriarchalkirche San Marco in Venedig.

Den Bildersturm überlebten manche Ikonen, in Tempera auf Holz gemalte und in Email- oder Goldrahmen gefaßte Heiligenbilder. Die Buchmalerei charakterisiert eine neue Kenntnis des menschlichen und tierischen Körpers, eine unerhörte Farbensattheit und ein lebendiges Spiel der Phantasie.

Religiöse Grundhaltung

In der wesenhaft religiösen Grundhaltung ist der einmalige Einfluß der byzantinischen Kunst auf die christliche Welt von Kiew im Osten bis Cadiz im Westen begründet, die von der ernsten Feierlichkeit, der Leuchtkraft der Farben und der Unvergleichlichkeit des Zierats beeindruckt war. Der syrisch-byzantinische Stil hat auch zur Architektur, zum Mosaik und zur Zierkunst des Islams beigetragen. Nach dem Vorbild der Apostelkirche in Konstantinopel ist die Patriarchalkirche San Marco in Venedig gebaut, das seit Anfängen byzantinisch war.

In Frankreich und Aachen wirkte byzantinische Baukunst. Die Bulgaren übernahmen mit dem Glauben die Zierkunst, und seit der Bekehrung Wladimirs zum griechisch-orthodoxen Christentum drangen Kunst und Religion von Byzanz auf vielen Wegen zu den Russen.

i) Byzantinische Eigenart

Geist der Gesellschaft

Die Weltbedeutung der byzantinischen Kultur vom 5. bis 12. Jahrhundert wurde von den Europäern fast vergessen, obwohl das christliche Europa in Verwaltung, Diplomatie und Steuerwesen, in Sitte, Kunst und Religiosität davon tief beeindruckt wurde. Sklaven und Leibeigene haben auf und unter der Erde für Paläste und Kultbauten Gold geschürft und Marmor gebrochen. Diese Gesellschaft, fromm und grausam zugleich, war aristokratisch ihrer beherrschenden Oberschicht nach. Hinter ihren erhabenen und feinen Formen verbargen sich Aberglauben, Fanatismus, Unwissenheit der Volksmassen. Die Freiheit von Wissenschaft und Philosophie hatte ihre Grenze in Unwissenheit, Einseitigkeit, Orthodoxie. Deshalb hat der griechische Geist auch ein Jahrtausend lang nichts mehr zur Erkenntnis der Menschheit beigetragen; kein Werk der byzantinischen Literatur hat so wie einige muselmanische Bücher die Phantasie der Menschen angeregt.

Leben in starren Formen und aus tiefster Glut und strengem Glauben

Das Erbe war drückend. Die Offenbarung Christi verlor in den Fesseln der Theologie ihre Ursprünglichkeit. Buchstabe und Wort waren so heilig-sakrosankt, daß darob die Einheit des Christentums und auch das Ostreich zerbrachen, weil jede Ketzerei als Hochverrat galt, da Staat und Kirche eins waren. Aber hinter starren Formen lebten glühende Frömmigkeit und tiefe Religiosität, die große Völker packten und formten. Es ist ein Irrtum aufklärerischer Historie, diese Gesellschaft und Zivilisation starr und statisch zu nennen. Schuld daran trägt der unhaltbare Klassikbegriff. Byzanz überlebte das Sassanidenreich, den Verlust Syriens, Ägyptens, Siziliens, Spaniens an den Islam.

Der religiöse Glaube gab den Byzantinern Ordnung und Selbstbeherrschung, umgab den Staat, das heißt Kaiser und Reich, mit einem ergreifenden Nimbus von Heiligkeit, stellte den Kaiser als Beauftragten Gottes und Stellvertreter an die Spitze der Reichskirche über den Patriarchen, so daß er jederzeit die religiösen Kräfte für die Aufgaben des Staates mobilisieren konnte. Die Erhaltung der religiös begründeten Einheit von Staat und Kirche im umkämpften, aber geistig homogenen Reich von Byzanz sicherte Gesellschaft und Kultur eine stete, ruhige Entfaltung.

Neben Religion und Reichstheologie war eine ungebrochene Beamtenhierarchie und Bürokratie in allen Krisen ein starkes Element der Stabilität in Staat, Wirtschaft, Steuerwesen. Die gewaltige Abbasidenherrschaft der Muselmanen zerbrach nach drei Jahrhunderten, weil sie keinen Staatsapparat entwickeln, die Verbindungswege nicht aufrechterhalten konnte. Aber das byzantinische Reich bestand fast tausend Jahre.

Byzanz war das Bollwerk Europas gegen Persien und den östlichen Islam. Es pflegte das Erbe des griechischen Geistes (Klassik und Hellenismus) in Schulen, Bibliotheken, Kanzleien, auf dem Gebiete der Philosophie, der Naturwissenschaft, Literatur und gab es an den Westen weiter bis zur Plünderung durch die Kreuzfahrer.

Im Bildersturm brachten fliehende Mönche griechische Handschriften nach Süditalien und verbreiteten die Kenntnis griechischen Schrifttums in der mittelalterlichen Welt. Griechische Gelehrte und Professoren, die vor Muselmanen und Kreuzfahrern nach Italien auswichen, ebneten die Wege für die Wiederentdeckung des griechischen Geistes in Europa, das sich an seiner Freiheit berauschte.

Byzanz und die slawische Seele

Byzanz gab den Bulgaren und Slawen seine Form des Christentums und fügte die slawische Seele und Kraft dadurch in den Verband europäischer Gemeinschaft. Byzanz hat die Kultur des Mittelalters befruchtet und geführt; es war vor dem 13. Jahrhundert die Weltstadt des Christentums trotz Spaltung und lag geographisch an einer Nahtstelle der mittelalterlichen Weltgeschichte.

2. Der Vordere Orient und die Südküste des Mittelmeeres. Die Welt des Islams

a) Die Kultur des Sassanidenreiches

Byzantiner und Araber, Christentum und Islam haben wesentliche Anregungen von den Persern der Sassanidenzeit empfangen, deren Gesellschaft und Kultur in kurzen Strichen darum zu zeichnen ist.

Das Leben in den Zentren

Das Reich der Sassanidenkönige, das eine einzigartige aristokratische Kultur bewahrte, umfaßte im 3. Jahrhundert Afghanistan, Belutschistan, Sogdien, Balch und den Irak, lag also hinter Euphrat und Tigris. Ktesiphon war die glänzende Hauptstadt, daneben blühten Ekbatana, Rayy, Mosul, Istachr (= Persepolis), Susa, Seleukia. Die Perser aller Schichten liebten Farbe und Zierat; Kleider machten bei ihnen Leute. Zeremoniell und Umgangsform des Sassanidenhofes bestimmten weitgehend auch Leben und Treiben am byzantinischen Kaiserpalast. Viele Bräuche der westlichen Diplomatie haben ihre Urheimat am Perserhof. Die Ehe war besonders heilig. Dieses Kriegervolk brauchte Menschen und Soldaten.

Besonders gepflegt wurde der Ahnenkult. Der Islam übernahm die persische Sitte, daß die gesetzmäßigen Ehefrauen auf die Frauengemächer beschränkt waren. Die Macht der Frauen über die Männer beruhte auf ihrer außergewöhnlichen Schönheit. Die Kindererziehung war religiös, der Sport nahm im Leben des jungen Mannes einen breiten Raum ein. Musik begleitete Religion, Liebe und Krieg.

Den ersten Unterricht vermittelten Priester in den Tempelschulen; Literatur,

Borgund, Norwegen, Stabkirche um 1150

Auf der Vorderseite:
Kaiser Lothar (844 bis 855), Lothar Evangeliar,
Paris, Bibliothèque Nationale

Wissenschaften

Medizin, Naturwissenschaft und Philosophie studierte man an der berühmten Akademie Dschund-i-Schapur; die Söhne der Feudalherren und Satrapen wurden am Königshof erzogen. Man sprach Pahlavi, die indoeuropäische Sprache der parthischen Perser.

Die Sassanidenkönige waren aufgeklärt, sie förderten das Studium der griechischen Philosophie. Die Akademie von Dschund-i-Schapur zog Studenten und Professoren aus aller Welt an. Nestorianische Christen brachten dorthin syrische Übersetzungen griechischer Mediziner und Philosophen. Aus dem Neuplatonismus erwuchs die Sufi-Mystik. Eine blühende Ärzteschule sammelte die medizinische Weisheit Indiens, Persiens und Griechenlands. Astrologie und Magie beherrschten die Menschen. Die Sassaniden gaben der Lehre des Zarathustra ihre alte Autorität wieder.

Religion

Religion war wie in Byzanz und im archaischen Westen die Seele der Herrschaft, des Staates. Eine Priesterkaste lenkte das geistige Leben und die Seele der Massen, die nach Heiligkeit und Reinheit streben sollten.

Um 540 wurden aus Indien Zuckerrohrbau und Zuckerherstellung in Persien eingeführt; diese übernahmen die Araber und brachten sie über Ägypten, Sizilien, Marokko und Spanien nach Europa. Der Perser war ein großer Vieh- und Pferdezüchter. In der Sassanidenzeit vollzog sich der Übergang von der gewerblichen Haus- zur Stadtwirtschaft. Persische Seide, Teppiche, Edelsteine, Rouge waren in der ganzen Welt gefragt; chinesische Händler tauschten sie gegen Rohseide im Iran ein, Juden waren die Zwischenhändler zwischen Persien, Byzanz und Rom.

Gepflegte Straßen, Staatspost und Handelskarawanen verbanden die Hauptstadt mit allen Teilen des Reiches. Hafenplätze am Persischen Golf beschleunigten den Handel mit Indien. Die lebenswichtigen Güter standen unter staatlicher Preiskontrolle.

König und Adel

Die übermäßig reiche Oberschicht zerfiel in die Feudalherren, deren Lehensgefolgschaften die Kriege des Reiches führten, und die Hochadeligen, die als Satrapen die Provinzen des Reiches regierten und die Minister stellten.

Die Sassanidenkönige verfügten über mehr Geld als die byzantinischen Kaiser. Grundlage des Reichsrechtes war das altavestische Gesetzbuch, das die Priester offiziell auslegten und anwendeten. Das Königtum war eine Theokratie und führte seine Macht auf die Götter zurück.

Die Könige des Sassanidenreiches

Der fähigste, intelligenteste und kraftvollste König der langen Sassanidenreihe war Schapur oder Sapor I. (241–272); er hat den Euphrat als römisch-persische Grenze befestigt; es gelang ihm jedoch nicht, Syrien zu erobern. Seiner Initiative verdankten die Perser den Staudamm von Schuschtar am Karun, eines der bedeutendsten Bauwerke der Alten Welt, der bis in das 20. Jahrhundert in Betrieb war. Schapur II. (309–374) führte Persien auf den Gipfel seiner Macht und seines Ruhmes. Er führte seit 337 unablässig Krieg mit Rom, und zwar um die Beherrschung der Handelsstraßen nach dem Fernen Osten. Als Rom und Armenien christlich wurden, verschärfte sich der Kampf. Er nahm den Römern ihre Provinzen am Tigris und in Armenien ab. Im 5. Jahrhundert wurde die Ostgrenze bedroht, seitdem ein Turaniervolk das Land zwischen Oxus und Jaxartes eroberte und seine Herrschaft vom Kaspischen Meer bis zum Indus erweiterte; Hauptland war Gurgan, dessen größte Stadt Balch war.

Chosroës

Der größte Sassanidenkönig Chosroës, zubenannt Nuschirwan (= der Unsterbliche) war ein überragender Reformer von Heer, Staat und Wirtschaft, ein Förderer der hohen Schule Dschund-i-Schapur. Nach der Eroberung Afrikas und Italiens durch den Byzantiner Belisar verlangte er von Kaiser Justinian Anteil an der Beute auf Grund des »Ewigen Friedens«, den sie beide 532 geschlossen hatten – Justinian war vor allem an diesem Vertrag gelegen, um sich den Rücken im Osten freizuhalten. Wegen Vertragsverletzung erklärte Chosroës 539 Justinian den Krieg und unternahm einen Blitzvorstoß an das Mittelmeer, das er zur »Westgrenze Persiens« erklärte, wiederholte einen Feldzug 542/543 in die römische Provinz Asia. Justinian erkaufte sich 562 für fünfzig Jahre Frieden, Persien verzichtete auf die Gebiete bis zum Kaukasus und Schwarzen Meer. Chosroës befreite Südwestarabien von abessinischer Herrschaft und machte es zur persischen Provinz. In den Kämpfen mit Kaiser Justinos II. ereilte ihn 579 der Tod.

Chosroës II. und Byzanz

An der Ostgrenze des Perserreiches standen damals schon die Türken zum Angriff bereit. Die Araber übernahmen bei der Eroberung Persiens das geordnete Staatensystem Chosroës'. Seinen Enkel Chosroës II. aber führte ein byzantinischer Kaiser, Maurikios, auf den Thron zurück. Doch dieser Chosroës Parwes (der Siegreiche) eroberte zwischen 603 und 613 Amida, Edessa, Hierapolis, Aleppo, Apameia und Damaskus und proklamierte den Heiligen Krieg gegen die Christen,

Die Türken

plünderte Jerusalem, ermordete 90 000 Christen, ließ die Kirche »Zum Heiligen Grab« niederbrennen und nahm das echte Kreuz Christi nach Persien mit. Die Perser eroberten ferner 616 Alexandrien und hatten 619 ganz Ägypten in ihrer Hand. Gleichzeitig überrannte der »König der Könige« Kleinasien, nahm 617 Chalcedon und bedrohte von da aus Konstantinopel zehn Jahre lang. Die Kunstschätze zerstörter Kirchen ließ er nach Persien bringen, Westasien powerte er mit Steuern aus. So machte er tatsächlich diese Lande »reif« für den Arabersturm. Der »Siegreiche« aber verbrachte seinen Lebensabend in dem Luxuspalast Dastagirt (100 km nördlich Ktesiphon) mit der Kunst und seinen dreitausend Ehefrauen, vorab der schönen Christin Schirin, der er Kirchen baute. Die Perser schwiegen, denn der König hatte ihnen reiche Beute und Sklaven gebracht. Byzanz, das nur noch über wenige Häfen in Asien verfügte und ein paar Fetzen Landes beherrschte, lebte in Angst und Verzweiflung.

b) Der Anbruch einer neuen Epoche der Weltgeschichte im 7. Jahrhundert

Der Niedergang Persiens

Herakleios (610—641), der Vater eines neuen byzantinischen Staates und Heeres, griff Persien mit seiner Schwarzmeerflotte vom Rücken her an und nahm Vergeltung für die Zerstörung Jerusalems. Im Geburtsort Zarathustras Klosumia löschte er 624 das heilige Ewige Feuer aus. Chosroës Parwes floh nach Ktesiphon und wurde dort 628 vom eigenen Sohn getötet. Er mußte alle Eroberungen und das Kreuz herausgeben. Am gleichen Tage aber, an dem Herakleios die ehrwürdigsten Reliquien der Christenheit wieder an der alten Kultstätte aufstellen ließ, griffen Araber eine griechische Garnison am Jordan an. Zwanzig Jahre Krieg hatten das Perserreich erschöpft und demoralisiert, es war reif für die arabische Eroberung.

Kalif Omar in Persien

Nachdem 632 Mohammed, der Begründer eines neuen arabischen Staates, gestorben war, lenkte 634 ein syrischer Feldherr die Blicke des Kalifen Omar, des zweiten Nachfolgers des Propheten, auf das Perserreich. Sein Beduinenheer rieb die Perser bei El-Bowayd bis zum letzten Mann auf. Bei Kailisiya stellten sich nochmals 120000 Perser zu einer viertägigen Schlacht, einer der entscheidendsten in der asiatischen Geschichte. Nach dem dritten »Sieg der Siege« 641 bei Navahad war ganz Persien in der Hand des Kalifen Omar. Der letzte Sassanide floh nach Balch und erbat chinesische Hilfe, die versagt wurde; 652 ermordeten ihn Türken wegen seines Schmuckes. Byzanz war seinen großen Gegner an der Ostgrenze losgeworden, erhielt aber sofort wieder einen neuen.

Der Ausgriff der Omajaden-dynastie

Zur gleichen Zeit begann eine neue Epoche der Weltgeschichte, da Omar (634–644) neben Irak und Persien auch Syrien, Palästina, Ägypten und die Cyrenaika eroberte. Beflügelt vom religiösen Schwung einer nationalen Religion griffen die Kalifen der Omajadendynastie (661–750) in der zweiten Hälfte des 7. Jahrhunderts nicht nur bis Turkestan und Indien aus, sondern eroberten das byzantinische Afrika (698 Fall von Karthago) und Mauretanien bis zum Moghreb; 711 drangen die Araber auch in Spanien ein und unterwarfen es fast mühelos, ja sie standen sogar im südfranzösischen Septimanien.

Im Mittelmeerraum hatte sich ein Umsturz der Verhältnisse vollzogen, die alte Einheit der Mittelmeerländer zerbrach endgültig. An seinen West-, Süd- und Ostküsten herrschten fortan Menschen anderen Glaubens, anderer Lebensauffassung und anderer Kultur. Die muselmanischen Flotten beherrschten das römische Meer und störten die Schiffahrtsrouten aus dem östlichen Becken nach Marseille und Spanien, wenn sie auch diese nicht unterbrechen konnten, da Byzanz noch Flottenstützpunkte in Sizilien besaß und Handels- und Geleitzüge nach dem Westen beschützen konnte. Auf dem westlichen Kontinentsteil hatten sich am Anfang des 8. Jahrhunderts alle Verhältnisse so gewandelt, daß Sklaven von den Ländern östlich des Rheins fast der einzige Exportartikel blieben. Die von den Angelsachsen verkauften Sklaven durchquerten Gallien bis Marseille. Daneben vermittelte auch Venedig im 7. und 8. Jahrhundert den Moslems eine große Anzahl von Sklaven. Der Handel kam nicht ganz zum Erliegen, weil auch die Muselmanen am Austausch interessiert waren.

Der Hauptgrund für das Einschrumpfen der Wirtschaftsbeziehungen ist das Sinken des Gesamtniveaus im Westen. Vom Reichtum des Sassanidenreiches der Schapurs und Chosroës zeugen nur noch die Überreste der Kunst. Über Byzanz und die Araber gelangten viele Elemente persischen Stils, ihrer Kultur und Lebensform in die westliche Welt nach Rom, in das Frankenreich, zu den Inseln und zu den Slawen. Sie lebten auch weiter in Indien, Turkestan, China, in Syrien, Kleinasien, Konstantinopel, auf dem Balkan, in Ägypten und Spanien. Das Ornament der Byzantiner, Gewölbe, Kuppeln, Stützmauern haben ihre Urheimat wohl in Persien gehabt; in den Moscheen der Mohammedaner, in den Palästen und Tempeln der Moguln lebten die großen Portale und Kuppeln sassanidischer Baukunst fort.

c) Der Islam und die Bekehrung der halben Mittelmeerwelt. Mohammed, der Prophet.

Land und Leute vor Mohammed

Zu den entscheidenden Ereignissen der mittelalterlichen Weltgeschichte zählen die fast eruptive Bekehrung und Eroberung des halben Mittelmeers durch die Araber und ihre Religion, den Islam. Arabien, geologisch eine Fortsetzung der Sahara und Teil eines Landgürtels, der über Persien bis zur Wüste Gobi reicht, war die Heimat des großen Propheten Mohammed, der 569, fünf Jahre nach Kaiser Justinians Tod, zur Welt kam. Entlang den Küsten der Halbinsel erblühten die alten arabischen Königreiche, erstanden im Westen, im Gebiet von Hedschas, die Städte Mekka und Medina. Drei Viertel des Landes waren Wüste, in der dünn Nomaden siedelten. Neben Königen im Süden und Norden beherrschten das vorislamische Arabien Großfamilien, die sich zu Sippen und Stämmen zusammenschlossen und von Scheichs angeführt wurden. Im Lande wurden edle Früchte und aromatische Pflanzen gezüchtet.

Die Einwohner in den Küstenstädten betrieben den Rotmeerhandel mit Ägypten und Indien. Fünf Sechstel der Bevölkerung waren nomadisierende Beduinen, denen das Kamel der treueste Begleiter war, die aber auch feurige Pferde liebten. Liebes- und Kriegsabenteuer beherrschten das Leben der Stämme. Zu bestimmten Zeiten herrschte »Gottesfriede«, sobald sich der Araber auf Pilgerfahrt begab oder Handel trieb.

Mohammed und Mekka

Die Araber verehrten heilige Steine; Mekka, ein Karawanenplatz, 75 Kilometer vom Roten Meer entfernt, war Mittelpunkt des Steinkultes, der sich in rituellen Handlungen in dem quadratischen Bau der Kaaba um den heiligen schwarzen Stein vollzog. Dort wurde auch Allah, der Stammesgott der führenden Quaraich, die den Weg zum Monotheismus ebneten, verehrt. Zu Anfang des 6. Jahrhunderts splitterte sich die Quaraich in die Partei des reichen Händlers Haschim und die seines Neffen Umayya auf. Nach Haschims Tod wurde schließlich sein Enkel Abdallah einer der Häupter Mekkas. Er heiratete 568 Amina, die nach seinem frühen Tod Mohammed, (den Gepriesenen) gebar. Dieser, vermutlich Analphabet, diktierte den Koran, das bedeutendste Buch in arabischer Sprache. Er besaß die seltene Fähigkeit der Menschenführung. In Syrien lernte er die jüdische und christliche Lehre kennen. In einer ungewöhnlichen Einehe schenkte ihm die fünfzehn Jahre ältere Händlerswitwe Chadidscha zwei Söhne und vier Töchter, die alle ohne Nachkommen starben, ausgenommen Fatima, die Stammmutter des Herrschergeschlechtes der Fatimiden.

Die neue Religion. Glaube, Herrschaft, Nation

Der Vergleich mit dem jüdischen Monotheismus, der christlichen Ethik, lehrte ihn die Notwendigkeit einer neuen Religion, die die Stämme zusammenbinden konnte. So gab er den Sehnsüchten seiner Zeit Ausdruck, die nach einer göttlichen Norm und einer starken Nation verlangten. Vierzigjährig, hatte er in einer Höhle am Fuße des Hira im heiligen Monat Ramadan das entscheidende Erlebnis seiner religiösen Sendung als Gesandter Allahs. Es war schwer, die Araber für die neue Ethik und den Monotheismus zu gewinnen. Entscheidend für die neue Religion wurde die Bekehrung des Omar ibn al Chattab, eines mächtigen Gegners. Vor der Sippe der Umayya mußte der Prophet 622 aus Mekka nach Medina fliehen (16. Juli 622 = Hedschra); der Kalif Omar begann mit dem ersten Tag der Flucht die mohammedanische Zeitrechnung.

Der Prophet ersetzte die alten Blutsbande durch eine religiöse Bruderschaft in einem theokratischen Staat und führte die Menschen in der geheiligten Einheit der Moschee zusammen. Diese begründete er in der Unterwerfung der Seele unter Allah (= Islam); Muslimin (Muselmanen) waren alle, die sich Gott ergaben, mit ihm Frieden schlossen. Da in der neuen Religion wie im Judaismus Welt und Religion eng verbunden waren, Gesellschaft, Herrschaft und Glaube zusammenfielen, begründete Mohammeds religiöse Autorität zugleich eine Herrschaftsgewalt, er wurde Christus und Cäsar in einem. Anstelle Jerusalems erhob er 624 Mekka und Medina zu heiligen Stätten seines Glaubens. Mohammed bewährte sich als Feldherr und Diplomat. Acht Jahre nach der Flucht setzte er sich ohne Blutvergießen in den Besitz Mekkas und verbot fortan allen Ungläubigen, den heiligen Boden der Kaaba zu betreten. Dann unterwarf der verfolgte Prediger ganz Arabien seiner Befehlsgewalt und seiner Religion. Die Christen des Landes wurden gegen mäßigen Tribut unter den Schutz des Propheten genommen, doch war ihnen die Zinsgeldleihe verboten.

Am 7. Juni 632 starb der Mann, der wie wenige die Welt verändert und Geschichte gemacht hat. Im Frankenreich herrschte damals der letzte kraftvolle Merowinger Dagobert. Religion war für Mohammed der Weg, sein Volk sittlich und kulturell zu heben, es aus der Vielheit seiner Götzenkulte zur monotheistischen Einheit zu führen, in ihm das Feuer eines glühenden nationalen Glaubens zu entfachen. Altarabische Tradition, Judaismus und Zarathustralehre verwuchsen im Islam zu einer einfachen Religion und entwickelten ein Ethos harten Draufgängertums und rassestolzer Haltung. Das machte die Araber in hundert Jahren zu Herren eines Weltreiches.

Der Koran

Was den Juden und Christen die Bibel, war den Arabern der Koran, eine Sammlung gottgeoffenbarter Wahrheiten, von Mohammed allein verfaßt in den letzten Jahrzehnten seines Lebens. Dieses heilige Buch wird in der im Auftrage des Kalifen Othman 651 angeordneten Redaktion mit ehrfürchtiger Sorgfalt und Worttreue bis heute bewahrt. Die reine Sprache machte es zu einem Standardwerk arabischer Prosa.

Als illustrierte Schulfibel wurde der Koran für 1300 Jahre das Kernstück aller arabischer Bildung. Er begründete einen Glauben ohne Idolatrie und Priesterherrschaft, also keine institutionelle Rechtskirche, wie sie die christliche Kirche des Ostens und Westens war. Der einfachste Mensch kann diese Religion ohne viel Mystik und Ritus erfassen; deshalb hob sie auch das geistig-ethische Niveau der Anhänger und gab den Muselmanen ein hohes Maß von Besonnenheit und Beherrschung. In diesem Glauben ertrugen die Menschen klaglos die Mühsal des Lebens; er befähigte sie zur großartigsten Eroberungspolitik der Geschichte von höchster Dauer. Die Normen des Koran sind so allgemein, daß sie auch Jude und Christ bejahen können.

Drei Weltreligionen des Mittelalters

Drei Weltreligionen haben das sogenannte Mittelalter geistig geformt: Judentum, Christentum, Islam. Ihnen ist gemeinsam die Überzeugung, daß eine gesunde Gesellschaft auf dem Glauben an eine sittliche Führung der Welt, an die leitende Kraft der Vernunft, an ein gerechtes und gutes Ende begründet sein müsse. Alle drei glauben an einen einzigen allmächtigen Gott, an eine den Kosmos ordnende geistige Kraft. Der Christengott wird in drei Personen gedacht, der Muselman und Jude verfechten mit Leidenschaft die Einheit und Einzigkeit Gottes. Allah ist Quelle des Lebens und Gedeihens auf Erden, der Gott der Macht, Gerechtigkeit und Gnade, der Allwissenheit.

Die Welt von 600 bis 1300 war eine religiös begründete Glaubenswelt, eine religiöse Gesellschaft. Bibel, Talmud, Koran, alle drei semitisch und zum Teil sogar überwiegend jüdisch, traten auf der Bühne dieser 700 Jahre in geistige Konkurrenz, die blutig ausgetragen wurde. Darin ist das sogenannte Mittelalter im besonderen Sinne Weltgeschichte und großer Schauplatz der Menschheitsgeschichte.

d) Der Siegeslauf des Islams. Das Kalifat des Ostens

Weltgeschichte hat der Islam politisch durch seine Eroberungen gemacht. Abu Bekr (573–624), der erste Kalif (Vertreter) des Islams nach des Propheten Tod, stampfte gegen die meuternden Stämme Arabiens 632 vor Medina ein Heer aus dem Boden und führte die Halbinsel zum rechten Glauben, zur Buße und zur Erlegung des verweigerten Tributs zurück. Dann trat er zur Eroberung Westasiens an und trieb den hungernden Beduinenkrieger auf die Bahn weltweiter Unternehmungen im Zeichen des Islams. In Syrien und Arabien schürte er gegen Byzanz.

Anlässe zu einer Expansion nach außen gab es mehrere. Da die Bewässerungsanlagen in Arabien verfallen waren, trocknete der Boden aus und konnte die zunehmende Bevölkerung nicht mehr ernähren. Die Muselmanen brauchten neues Siedelland. Der Niedergang von Persien und Byzanz lockte die geeinten Stämme Arabiens – die von Steuern ausgesaugten Provinzen waren sturmreif. In Syrien und Mesopotamien wohnten genug Araber, die durch Übertritt zum Islam Sprengkörper und Helfer der Eroberung wurden. Die byzantinische Religionspolitik trieb Monophysiten und Nestorianer in Syrien und Ägypten dem Islam in die Arme. Christliche Ethik und Mönchsmoral hatte die Kampfbereitschaft im Nahen Orient stark vermindert; sie unterlagen auch deshalb der Disziplin arabischer Truppen und ihrer besseren Führung.

Die Siege der arabischen Heere brachten eine Lawine ins Rollen, mobilisierten ungezählte hungrige, landsuchende, ehrgeizige Mitstreiter, was wieder Tempo und Dauer der arabischen Expansion steigerte. Syrien wurde das Sprungbrett des aufsteigenden Reiches der Muselmanen (634 Sieg am Yarmurk, 90 Kilometer südwestlich Damaskus).

Omar und das Kalifat der Omajadendynastie

Abu Bekrs Nachfolger im Kalifat, der leidenschaftliche, trotzdem kalt berechnende und puritanisch-tugendhafte Omar (634–644), verzehrte sich für die Ausbreitung des Glaubens mit Feuer und Schwert. Die überlegene Kampfmoral, Taktik und Schnelligkeit der arabischen Reiter hatte 641 Syrien, Persien und Ägypten erobert (Damaskus 634/635, Antiochien 636, Jerusalem 638).

In persönlichen Verhandlungen zu Jerusalem bestätigte Omar den Christen den friedlichen Besitz ihrer Heiligtümer gegen mäßigen Tribut, wählte aber auch einen Platz für die Omar-Moschee in der Heiligen Stadt aus. Es kamen arabische Einwanderer nach Syrien und Palästina nach, die mit Jüdinnen und Christinnen ihre Harems füllten, deren Kinder wurden als legitime Erben behandelt. Schon 644 gab es in Arabien und Persien eine Million Araber. Omar verbot seinen Kriegern den Landerwerb und entschädigte sie mit vier Fünftel der Kriegsbeute.

So erwuchs ein reicher Kriegerstand, der sich Luxuspaläste in Mekka und Medina baute oder tausend Pferde und zehntausend Sklaven sein eigen nannte.

Omars Ermordung brachte zunächst einen Stillstand, ja Rückschritt, die Einheit zerbrach. Auch Othman, Omars schwacher Nachfolger, wurde 656 erschlagen, und Ali übernahm ein schweres Erbe. Er verlegte seinen Regierungssitz nach Kufa, nahe dem alten Babylon. Auch er wurde ermordet; die Todesstätte wurde zum Heiligtum der Sekte der Schia, die ihn als Wadi (= Stellvertreter Allahs) verehrten.

Der Kalif Murawiya machte Damaskus zur Hauptstadt und umgab seinen Hof mit dem Prunk und Zeremoniell der byzantinischen Kaiser. Aus der theokratischen »Republik« der Nachfolger des Propheten wurde eine weltliche Erbmonarchie, das Kalifat der Umayyaden (Omajaden). Bei wachsendem Wohlstand erloschen die Stammesfehden, und die arabische Macht festigte sich vom Oxos bis zum Nil.

Der letzte bedeutende Staatsmann der Umayyadendynastie, Hischam (724–743), hinterließ einen großen Staatsschatz. Unter diesem Geschlecht erreichte die Herrschaft des Islams ihre größte Ausdehnung; aber es verlor die Gewalt über den arabischen Individualismus, der sich früher in Stammeshader, jetzt in Parteienzwist entlud. Haß und Uneinigkeit erreichten einen solchen Grad, daß es nur der kraftvollen Stimme bedurfte, die aller Meinung aussprach und zum Kampf aufrief. Dieser Mann war Abul al Abbas, der sich in Palästina verborgen gehalten hatte, die Provinzen revolutionierte und die Unterstützung der schiitischen persischen Nationalisten gewann. Er rief sich 749 in Kufa zum Kalifen aus und rottete die Umayyadendynastie aus.

Abul al Abbas und das Kalifat der Abbasiden

Abul al Abbas begründete das Kalifat der Abbasiden. Sein Reich erstreckte sich vom Indus bis zum Atlantik und umfaßte Sind (Nordwestindien), Belutschistan, Afghanistan, Turkestan, Persien, Mesopotamien, Armenien, Syrien, Palästina, Zypern, Kreta, Ägypten und Nordafrika. Spanien und Sind strebten nach Selbständigkeit. Seine Residenz verlegte er in die Stadt Anbar nördlich von Kufa. Die Perser hatten ihn zur Macht gebracht, sie regierten auch den Staat. Aufgeklärte Kalifen aus dieser Dynastie förderten Wohlstand, Kunst und Wissenschaft, Literatur und Philosophie. Persien überwand kulturell seine Besieger. Von den siebenunddreißig Kalifen dieses Geschlechts hatten nur drei keine Sklavin zur Mutter. Konkubinat und Legitimität der Kinder aus solchen Ehen führten zudem dem muselmanischen Adel immer wieder neues Blut zu.

Der eigentliche Begründer der Dynastie war der zweite Abbaside Abu Dschafa, zubenannt al Mansur (= der Siegreiche) ein Mäzen von Kunst und Wissenschaft, der *Bagdad* zur glänzenden Hauptstadt ausbaute, Heer und Verwaltung erneuerte und den ganzen Herrschaftsapparat kontrollierte. Nach persischem Vorbild führte er das Amt des Wesirs ein. Ihm folgte sein Enkel Harun al Raschid nach. Der Vater al Mahdi (775–785) gab ihm die Aufgabe, die Griechen nach Konstantinopel zurückzutreiben. Kaiserin Irene schloß mit ihm Frieden und zahlte einen jährlichen Tribut von 70 000 Denar (784).

Harun al Raschid

Harun al Raschid (= Aaron der Aufrechte) führte die glänzendste Regierung der muselmanischen Geschichte. In das Gedächtnis des Orients und Okzidents ging er vor allem ein durch die Sagen von »Tausendundeiner Nacht«. Dieser kultivierte, despotische und großmütige Herrscher war ein frommer und entschiedener Muselman, der selbst alle zwei Jahre nach Mekka pilgerte. Seine elf Söhne und vierzehn Töchter stammten von Sklavinnen. An seinem Hof zu Bagdad versammelte er einen glanzvollen Kreis von Poeten, Rechtsgelehrten, Ärzten, Grammatikern und Rhetoren, Musikern, Tänzern, Künstlern und Witzbolden. Er führte den Vorsitz in seiner Hofakademie und war ein hinreißender Redner.

Seine Zeitgenossen, Karl den Großen, Kaiserin Irene von Byzanz, Tsüan Tsung in Changan, überragte er an Reichtum, Macht, Pracht und Kultur. Er war nicht nur ein großer Staatsmann und gewiegter Finanzier, sondern auch ein mutiger Feldherr. In seinem Reiche herrschten Ordnung und Sicherheit, blühten Handel und Verkehr, erlebten auch die Provinzen trotz hoher Steuern einen gewissen

Aufschwung. Er ließ die Söhne seines Erziehers und Wesirs Yahya Millionäre werden und in ihren Palästen ein Leben feiner Kultur führen, rottete die Sippe aber ohne Erbarmen aus, als sie zu mächtig wurde, und zog ihr Riesenvermögen ein. Durch harte Schläge, die er von seiner Residenz an der Nordgrenze Ragga aus führte, zwang er (806) Kaiser Nikephoros I. von Byzanz, die von Kaiserin Irene zugesagten Tribute weiter zu bezahlen. Im Westen wurde er berühmt durch eine Gesandtschaft an den Hof des Frankenherrschers Karl. Im ostiranischen Tus ereilte ihn 809 auf einem Feldzug der Tod. Sein Sohn al Mamun hatte harte Widerstände zu brechen, bevor er 818 als islamischer Gesamtherrscher wieder siegreich in Bagdad einziehen konnte.

Zerfall und Autonomie der Teile

Al Mansur, al Raschid, al Mamun heißt das große Dreigestirn der Kalifen aus der Abbasidendynastie. Als die Wirtschaft nach ihrer Herrschaft die Staatsaufgaben nicht mehr decken konnte, war es nicht mehr möglich, die Heere ausreichend zu entlohnen und zu kontrollieren. Langsam ersetzten die Türken die Araber im Heer, auch die Staatsspitze wurde durch Türken überfremdet, die allmählich die Kalifen ein- und absetzten. Die Provinzen waren immer mehr der Willkür ihrer Statthalter ausgesetzt. Spanien erklärte bereits 750 seine Unabhängigkeit, Marokko 788, Tunis 801, Ägypten 868. Dann bemächtigten sich 877 die ägyptischen Emire Syriens und beherrschten den größten Teil der Provinz bis 1076. Der größte Teil Persiens wurde von Statthalterdynastien regiert. Nordmesopotamien und Syrien mit den glanzvollen Kulturzentren Mosul und Aleppo kamen zwischen 929 und 944 in die Hände der schiitischen Hamdamiden. Häuptlingssöhne aus dem kaspischen Hochland eroberten die Städte Isfahan und Schiras und schließlich 945 Bagdad. Der Kalif sank zum Haupt des orthodoxen Islam herab.

Die Türken und Seldschuken

Die Türken eroberten 990 Buchara und stürzten 999 die Samanidenherrschaft. Im hinhaltenden Widerstand gegen die Westexpansion der Türken wiederholte sich dann der dreihundertjährige Kampf der Byzantiner gegen das arabische Vordringen nach Westen. Da die Ernährungsbasis unverändert war, die Bevölkerung aber stetig wuchs, blieben zeitweilig große Massenwanderungen das einzige Ventil für den Bevölkerungsdruck.

Um 1000 beherrschten die türkischen Seldschuken, ein hartes Kriegervolk, benannt nach ihrem Anführer Seldschuk, Transoxianien und Turkestan. Vor dem Sturmwind dieser Seldschuken brachen alle Zwergdynastien des asiatischen Islams zusammen und beugten sich wieder der Oberherrschaft von Bagdad.

Die Sultane

Die Seldschukenherrscher nannten sich fortan Sultan (= Meister) und drängten den Kalifen auf die rein religiöse Sphäre ab. Die seldschukische Eroberung gab dem Staat der Kalifen neue Kraft und erfüllte das orthodoxe Muselmanentum, den Islam, mit neuem Eifer. Sie übernahmen die Kultur der Vorgänger und faßten die auseinanderstrebenden Teile zu einem neuen Reich zusammen. Dadurch bestanden sie den langen Kampf zwischen Islam und Christentum im Zeitalter der Kreuzzüge.

Sie eroberten 1060 auch das Paßland Armenien zwischen Mesopotamien und dem Schwarzen Meer, das seit den Tagen der Achämenidenkönige Persiens umkämpft war, sich aber Unabhängigkeit und eine eigene Kultur bewahrte. Die Armenier hatten als erstes Volk seit 303 das Christentum als Staatsreligion, seit 491 bildeten die Bischöfe des früher monophysitischen Landes eine eigene Kirche unter einem Katholikos, hatten seit dem frühen 5. Jahrhundert ihre eigene Kirchensprache und

Bibelübersetzung. Von 642 bis 1046 gehörte Armenien zum Reich der Kalifen. Zentrum war die Hauptstadt Ani.

e) Der Beitrag des Islams zur Kultur der Mittelmeerländer und des Ostens

Zwar besteht keine vergleichbare Distanz zwischen Ost- und Westchristentum, gemessen an dem Verhältnis von arabischer und christlicher Kultur, aber der Beitrag des Islams zur Kultur der Mittelmeerländer und im weiteren Verlauf auch zur Kultur des Abendlandes ist kaum zu überschätzen, und zwar auf allen Gebieten menschlicher Tätigkeit.

Die Wirtschaft

Die Araber pflanzten als erste Baumwolle im mediterranen Bereich. Sie betrieben Plantagenwirtschaft mit Bewässerungsanlagen und Sklavenarbeit. Das freie Unternehmertum konnte das Kanalsystem allein nicht erhalten und bedurfte dazu der staatlichen Initiative. Euphrat und Tigris wurden abgeleitet und bei Bagdad durch einen großen Kanal verbunden. Durch Austrocknen von Sümpfen wurde Siedelland gewonnen. Ein hochentwickeltes, kunstfertiges Handwerk arbeitete für den Export. Persische, syrische, ägyptische Wirkereien erzeugten vollkommene Stoffe. Mosul war die Stadt des Musselins, Damaskus berühmt durch Damast und Klingen, Adens Wolle war begehrt. Die Glaswaren von Sidon und Tyrus waren unübertroffen; Bagdads Glas- und Töpferwaren, Rayys Keramiken, Nadeln, Kämme, Raggas Olivenöl und Seife, Fars Parfums und Teppiche waren beliebte Exportartikel. Westasien war in muselmanischer Zeit das industriell und kommerziell höchstentwickelte Land der ganzen mittelalterlichen Welt.

Der Handel konnte sich in einem geschlossenen Wirtschaftsgebiet bewegen, das im Rahmen der Reichsorganisation von der gemeinsamen Sprache und Religion Nutzen zog. Der Kaufmann stand bei den Arabern in hohem Ansehen; deshalb lief er auch bald den Christen, Juden und Persern den Rang ab.

Der Intensität von Handel, Verkehr, Industrie entspach eine Unzahl großer und kleiner Städte, auf deren Messen und Märkten und in deren Basaren sich Kaufleute, Käufer und Dichter trafen. Karawanen zogen nach China und Indien, arabische Schiffe stachen von Bagdad, Basra, Aden, Kairo und Alexandrien in See. Bis zu den Kreuzzügen beherrschte der arabische Handel das Mittelmeer; die Schiffe gingen von Syrien und Ägypten nach Tunis, Sizilien, Marokko und Spanien; sie schlossen Griechenland, Italien, Gallien (Frankreich) an dieses große Wirtschaftsgebiet an. Der arabische Handel kontrollierte von Äthiopien aus das Rote Meer, erreichte vom Kaspischen Meer aus die Mongolei und drang von Astrachan wolgaaufwärts bis Nowgorod, Finnland, Skandinavien, Deutschland vor, wie Münzfunde zeigen.

Arabischer Welthandel

Es kamen aber auch chinesische Dschunken nach Basra, arabische Daus nach Indien und Ceylon und bis nach Kanton (Kanfu), wo im 8. Jahrhundert eine arabische und jüdische Kaufmannskolonie bestand. Dieser Welthandel erreichte im 10. Jahrhundert seinen Höhepunkt. Westeuropa war damals weitgehend ohne Verbindung mit diesem Welthandelsgebiet, das vom Schwert des Muselmanen bewacht wurde. Lehnwörter in europäischen Sprachen wie Tarif, Trafik, Magazin, Karawane, Basar usw. zeigen, was Europa von den Muselmanen gelernt hat. Das Wort »Scheck« verrät, daß sie auch Lehrmeister im Geldverkehr gewesen sind (Scheck = arabisch sakk); ihre Münze waren Golddinar (= römisch denarius) und Silber (= Dirhan = griechisch drachme).

Im Jahrhundert nach Omar (nach 700) bildeten sich große Kapitalien in den Händen der grundbesitzenden und in Luxus lebenden Oberschicht, die eine große Anzahl von Sklaven beschäftigte. Der Kalif Mugtafi hinterließ ein Vermögen von 100 Millionen Dollar an Juwelen und Parfums, der berühmte Juwelier Ibnal-Dshassa war selbst nach der Enteignung von 16 Millionen Golddinar durch den Kalifen noch ein Krösus. Musa brachte aus Spanien 30 000 »Jungfrauen« und aus Afrika 300 000 Menschen als Gefangene heim, die er in die Sklaverei verkaufte. Neger aus Ost- und Zentralafrika, Türken oder Chinesen aus Turkestan, Weiße aus Rußland, Italien und Spanien waren die »Ware« auf den arabischen Sklavenmärkten. Der Orient erfuhr dadurch eine große Völker- und Blutsvermischung. Sklaven wurden in Stadt und Land als Hilfsarbeiter und Taglöhner, im Haushalt als Diener und Mägde, im Harem als Eunuchen oder Konkubinen verwendet.

f) Die muselmanische Stadt und die urbane Wissenschaft des Islams

Westasien war 500 Jahre lang (von 700–1200) der zivilisierteste Teil der mittelalterlichen Welt. Die Zivilisation ruhte auf agrarischer Grundlage, war aber ihrer Form nach städtisch-urban. Die muselmanische Stadt, meist befestigt, nicht sehr volkreich, hatte ihr Zentrum in der Moschee. Die heiligen Städte waren Pilgerzentren, die großen Handelsstädte und Verwaltungszentren, die repräsentativen Residenzstädte hoben sich weit hinaus über die Vielzahl mittlerer und kleinerer Städte, sie waren die Brennpunkte muselmanischer Kultur. In den reichen Pilgerzentren Mekka und Medina mit ihren gepflegten Adelspalästen waren Geist, Charme und Geschmack zu Hause. Jerusalem hatte schon im 8. Jahrhundert eine arabische Mehrheit und war eine heilige Stadt des Islams mit prachtvollen Moscheen. Abd al Malik errichtete hier 691 in syrisch-byzantinischem Stil den berühmten »Felsendom«, der bald als drittes der vier Weltwunder des Mohammedanismus gefeiert wurde (Omar-Moschee).

Jerusalem

Damaskus

Idrisi nannte Damaskus »die köstlichste aller Städte Gottes«. Hauptanziehungspunkt dieser urbanen Perle mit ihren 572 Moscheen waren der Kalifenpalast, die Große Moschee auf den Trümmern eines römischen Jupitertempels und die Täuferkathedrale des Kaisers Theodosius I. (379) als prachtvollstes Bauwerk des Islam, an dem indische, persische, byzantinische, ägyptische, libysche, tunesische und algerische Künstler und Handwerker gearbeitet hatten.

Ragga, Mosul und die Städte des Ostens

Harun al Raschids Hauptstadt Ragga lag am Euphrat, über dem Tigris die Stadt Mosul. Östlich des Kaspischen Meeres war im 10. Jahrhundert Gurgan ein kulturfreudiges Provinzzentrum, in dem der große Philosoph Avicenna lebte. Auf der Nordroute nach Osten reihten sich aneinander Nischapur, Maschhad, die mächtige Provinzhauptstadt Merw, Buchara und Samarkand. Im Süden des Gebirges war Ghazni mit großen Palästen ausgestattet. Im 11. Jahrhundert erblühten die Städte Herat, Schiras mit seinen berühmten Gärten, Yazd, Isfahan, Kaschan, Gasvin, Qum, Hamadan, Kirmanschah, Samana, alle im Iran, und die Großstädte Basra und Kufa im Irak.

Bagdad. Perle arabischer Stadtkultur

Bagdad aber war der Glanzpunkt arabischer Städtekultur, unweit des antiken Babylon. Seine Blüteperiode fiel in die Sassanidenzeit. Der Kalif al Mansur verlegte seine Residenz in diese Stadt, die auf dem Wasserwege mit allen Städten an Euphrat und Tigris und über den Persischen Golf mit allen Häfen der Welt in Verbindung stand. Im Zentrum der mit dreifachem Mauerring und einem Wassergraben umgebenen »Rundstadt« stand der Kalifenpalast mit der »Goldenen Pforte« und seiner strahlenden Kuppel. Die Vorstadt Rusafa auf der östlichen, persischen Seite des Tigris war durch zwei Schiffsbrücken mit der Rundstadt verbunden (768); dort nahmen die meisten Nachfolger Haruns Residenz. Bagdad war mit zwei Millionen Einwohnern im 10. Jahrhundert die größte Stadt der Welt, Konstantinopel vielleicht ausgenommen. Hier gab es auch ein übervölkertes Christenviertel mit Kirchen, Klöstern, Schulen der Nestorianer, Monophysiten und Orthodoxen. Luxus, Scherz, Kummer, Intrigen trieben in den Palästen dieser Stadt seltsame Blüten, hier herrschte ausgesuchte Höflichkeit im Umgang, erblühten Kunst und Wissenschaft. Auf diese Pracht war auch der kleine Mann stolz.

Geist und Schönheit fanden im östlichen Islam eine besondere Heimstatt. Bagdad hatte 891 über hundert Buchhändler, bei denen auch abgeschrieben wurde und literarische Zirkel tagten. Der Araber lernte von den Chinesen die Papierfabrikation und gab das Verfahren bis Frankreich weiter. Der Geld- und Geblütsadel bezahlte Dichter und Künstler, die nach seinem Geschmack dichteten und arbeiteten. Bei der Zerstörung durch die Mongolen hatte Bagdad sechsunddreißig öffentliche Bibliotheken; solche gab es auch anderswo fast in jeder Moschee. Man muß von einer Bücherleidenschaft des Islams vom 8. bis 11. Jahrhundert sprechen. Jeder Reiche hatte seine Privatbücherei, jeder Millionär wollte Mäzen von Kunst und Literatur sein. Von Córdoba bis Samarkand trafen sich in Moscheen oder wanderten auf den Straßen Geographen, Historiker, Gelehrte. Die Araber nahmen rasch die Kulturen der unterworfenen Völker an; ihre Toleranz hatte den Erfolg, daß die Mehrzahl nichtarabischer Dichter, Gelehrter, Philosophen das Arabische zu einer Weltsprache der Bildung und Literatur erhoben.

Arabisch Weltsprache von Bildung und Literatur

Bei den Arabern lebten die klassischen Werke griechischer Naturwissenschaft und Philosophie oft in syrischen Übersetzungen fort, die Juden und Nestorianer ins Arabische übertrugen. Hort dieses Geistes waren vor allem die Schulen von Alexandrien, Beirut, Antiochien, Harran, Nisibis, Dschund-i-Schapur.

Diese Kontinuität der Wissenschaft und Philosophie von Ägypten, Indien, Babylon über Griechenland und Byzanz bis zum östlichen und westlichen (spanischen) Islam und von da in das westliche Abendland bis Nordeuropa ist eine Tatsache von höchstem Gewicht in der Geschichte des menschlichen Geistes und seiner Einheit.

Kontinuität der Wissenschaft

Die Muselmanen trafen die griechische Naturwissenschaft in Syrien noch am Leben an und ließen sich von ihr ebenso beeinflussen wie von indischer Weisheit. Der größte Mathematiker war al Chwarizmi aus dem Land östlich des Kaspischen Meeres, dessen astronomische Tabellen jahrhundertelang das astronomische Standardwerk von Córdoba bis Changan waren. Er war der Verfasser geometrischer Tabellen, und zusammen mit 69 Gelehrten schrieb er eine geographische Enzyklopädie. Das arabische Original seiner »Berechnung des Integrals und der Gleichung« ging verloren, blieb aber in der lateinischen Übersetzung des Gerhard von Cremona (12. Jahrhundert) erhalten und wurde zum Hauptlehrbuch an Europas Universitäten bis zum 16. Jahrhundert. Dadurch kam das Wort Algebra (al dschabr) nach dem Westen.

In Europa und Westasien war 700 Jahre lang das astronomische Lehrbuch des Abu'l Farghani von Transoxianien (um 800) in Gebrauch. Der umfassendste muselmanische Gelehrte, ein Polyhistor und Universalgenie, Philosoph, Historiker, Forschungsreisender, Geograph, Linguist, Mathematiker, Astronom, Physiker und Dichter in einem, war al Biruni (973–1049), aus dem transkaspischen Raum. Sein Meisterwerk ist die 1030 veröffentlichte »Geschichte Indiens« (Tarich al Hind).

Die Araber haben Chemie zur Wissenschaft erhoben und wesentlich zum Aufbau einer mittelalterlichen Medizin beigetragen, indem sie den Schatz antiker Heilmittel vermehrten und neue pharmazeutische Präparate (Sirup, Julap, Rosenwasser usw.) einführten. Sie richteten die ersten Apotheken und Drogerien ein, begründeten die erste pharmazeutische Schule des Mittelalters und schrieben pharmakologische Bücher. Harun al Raschid ließ in Bagdad vielleicht nach persischem Muster das erste bekannte Krankenhaus einrichten, und 931 gab es dort schon ungefähr 860 zugelassene Ärzte. Der Übersetzer Hunain Ibn Ischaq verfaßte das älteste Handbuch der Augenheilkunde; bis ins 18. Jahrhundert wurde in Europa das Handbuch für Augenärzte des Ali Ibn Isa verwendet. Al Razi (844–926), im Westen als Rhazes bekannt, die größte Arztgestalt des Islams, ein Perser, schrieb 131 Bücher, die Hälfte davon medizinischen Inhalts. Sein »Kitab al Hasi« (= umfassendes Buch), als »Liber continens« ins Lateinische übersetzt, ist eine medizinische Enzyklopädie und war das meistgebrauchte medizinische Lehrbuch des Westens, eines der neun Werke, die 1395 die ganze Bücherei der medizinischen Fakultät der Universität Paris ausmachten. Von 1498 bis 1866 erlebte sein erstes Standardwerk über Infektionskrankheiten (Blattern und Masern) vierzig englische Auflagen. Am berühmtesten wurde al Razis »Kitab al Mansuri«, ein medizinisches Kompendium in zehn Bänden. In der lateinischen Übersetzung des Gerhard von Cremona war das 9. Buch »Nonus Almansortis« Europas beliebtestes Lehrbuch bis zum 16. Jahrhundert.

Avicenna der Universalgelehrte

Der größte Philosoph und berühmteste Arzt des Islams war Abu Ali al Husein Ibn Sina (= Avicenna 980–1037). In einem bewegten Leben schrieb er über alle Gebiete der Wissenschaft und Philosophie und war auch ein hervorragender Dichter. Er betrieb erstmals Forschungen über Bewegung, Kraft, Vakuum, Licht, Hitze und das spezifische Gewicht. Europas Gesteinskunde fußte bis zum 13. Jahrhundert auf Avicennas Abhandlung über Minerale. Er schrieb zwei gewaltige Enzyklopädien, den Kitab al Schifa (= Buch des Heilens, der Seele), ein Kompendium der Mathematik, Physik, Metaphysik, Theologie, Volkswirtschaft, Politik und Musik in 18 Bänden, und den »Qamun-fi-l-Tibb«, einen Kanon der Medizin, ein Lehrbuch der Physiologie, Hygiene, Therapie, Pharmakologie mit Exkursen in die Philosophie. Das 5. Buch des Qamun wurde seit dem 12. Jahrhundert in lateinischer Übersetzung das bedeutendste Lehrbuch der Medizin an Europas hohen Schulen bis in das 17. Jahrhundert.

Beitrag zur Wissenschaft der Welt

Avicenna war der größte Mediziner, al Razi der bedeutendste Geograph, al Biruni der hervorragendste Optiker, Dschabir der größte Chemiker des Mittelalters. Im Zeitalter der technischen Kultur und Naturwissenschaften ist es eine gewichtige Erkenntnis, daß diese fünf Großen und die Naturwissenschaften des Islams neue Gedanken, ja Wissenschaften zum geistigen Fortschritt der Welt beigesteuert, die experimentelle Methode entwickelt haben. Das Hauptverdienst arabischer Wissenschaft liegt in der Zusammenschau vorhandener Ergebnisse.

Vermittler der Philosophie der Griechen an den Westen

In der Philosophie war der Islam nicht schöpferisch, aber er übernahm vom christlichen Syrien das Erbe des heidnischen Griechenland und gab es über das muselmanisch-maurische Spanien an das Abendland weiter. Das arabische Denken war für viele Einflüsse offen, für die Weisheit der Inder, des Zarathustra und die jüdische Eschatologie wie für die christliche Häresie. Avicennas Denken beherrschte bis zuletzt Aristoteles. Seine Metaphysik nahm die Scholastik der Lateiner um 200 Jahre vorweg. Seine Werke sind ein Höhepunkt mittelalterlichen Denkens und eine Summe (= Zusammenschau) der Menschheitsgeschichte, wie sie Petrus Lombardus und die Großen von St. Viktor vor Paris im 12. Jahrhundert versuchten.

Der Einfluß Avicennas formte in Spanien Averroës und Maimonides und reichte in die lateinische Christenheit hinein bis zu Albertus Magnus und Thomas von Aquin. Mit Avicenna erlosch die arabische Philosophie – das spekulative Denken im Osten, das von 750 bis 1050 geblüht hatte. Sie wurde von der seldschukischen Strenggläubigkeit, dem Angstglauben der Theologen, der Mystik al Ghazzalis überwuchert.

Die Literatur des Islams nahm und gab in der Form der Kurzgeschichte, der Fabel, des Märchens. Tausendundeine Nacht ist ein Geschenk an die Welt gewesen. Die Fabeln kamen aus Indien nach Persien im 6. und wurden im 8. Jahrhundert in das Arabische übersetzt und dann in 40 Sprachen übertragen. Die erste europäische Übersetzung erschien 1704 und wurde von dem französischen Orientalisten Galland besorgt; nächst Bibel und Fabeln ist Tausendundeine Nacht das meistgelesene Buch der Welt geworden.

Die arabische Prosa, die eine gereimte Dichtungsgattung für Vortrag, zum Vorlesen und Vorsingen vor Kalif und Bauer war, hat zweifellos den Sieg des Reims in der europäischen Dichtkunst stark mitbegünstigt.

In den Wüsten und an den heiligen Stätten wurden die Troubadourmotive erfunden, die über Ägypten und Nordafrika nach Sizilien, Spanien, Italien und in die Provence wanderten. Nach der Selbstbefreiung Persiens von der Araberherrschaft wurde Firdausi zum Homer Persiens, indem er Prosageschichten in ein Nationalepos umwandelte, das Schachname (= Buch des Schahs), das zu einem der bedeutendsten Werke der Weltliteratur wurde.

3. Herrschaft und Kultur des Islams im westlichen Mittelmeer

a) Der Vormarsch nach dem Atlantik

Ägypten

Sieben Jahre nach dem Tode des Propheten brach Amr Ibn al As vom palästinensischen Gaza zur Eroberung Ägyptens auf und nahm 641 den Welthafen Alexandrien, wo er eine arabische Flotte zu bauen begann. Araber und Monophysiten begrüßten ihn als Befreier. Alexandrien hatte noch 4000 Paläste, 400 Thermen und 400 Theater, aber seine weltberühmte Bibliothek mit unermeßlichen Schätzen antiker Papyri und Handschriften war damals schon in alle Winde verstreut. Amr verkündete Glaubensfreiheit, ließ das Bewässerungssystem instand setzen und einen 130 Kilometer langen Kanal zwischen Nil und Rotem

Meer wiedereröffnen. Er legte auch den Grundstein zur späteren Stadt Kairo, dem Sitz des Statthalters von 661 bis 868.

Tunis Um der byzantinischen Gefahr zu begegnen, stieß ein muselmanisches Heer durch die Wüste bis Basra vor, 130 Kilometer südlich des heutigen Tunis begründete der mohammedanische Feldherr Okba Ben Nafi die Stadt Qairwan (Kairuan), eine der bedeutendsten Stätten des Islams.

Karthago wurde von den Byzantinern mit den Berbern zäh verteidigt und fiel erst 698. Mit ihm kam ganz Nordafrika bis zum Atlantik unter die Herrschaft des Islams; denn die Berber unterwarfen sich rasch. Nordafrika anerkannte hundert Jahre lang die Oberherrschaft des östlichen Kalifen.

Quairwan In Quairwan lösten die Fatimiden die Aghlabiden ab, die von den Berbern gestürzt worden waren. Im 9. Jahrhundert bauten die Eroberer drei Straßen in einer Länge von 3200 Kilometer durch die Sahara zum Tschadsee und nach Timbuktu und legten Häfen in Bône, Oran, Ceuta und Tanger an. Der Handel verband Mittelmeer und Sudan, Spanien und Marokko mit dem östlichen Islam. Fez war Hauptverkehrsplatz mit Spanien. Die Fatimiden eroberten 969 *Kairo* Ägypten und dehnten ihre Herrschaft über Arabien und Syrien aus; Gahira (Kairo) war ihre neue Hauptstadt. Ägypten vermittelte den Handel zwischen Asien und Europa und stellte Bagdads Reichtum weit in den Schatten. Nach *Fatimiden* dem Tode des Mustansir (1036–1094) zerfielen Reich und Armee der Fatimiden in die feindlichen Gruppen der Berber, Sudanesen und Türken. Marokko trennte sich, Palästina erhob sich, Syrien ging verloren. Saladin entthronte 1171 den letzten Fatimidenkalifen.

Von Syriens und Ägyptens Basen aus eroberten muselmanische Flotten Zypern und Rhodos, besiegten die Armada der Byzantiner mehrmals und nahmen zwischen 809 und 870 Korsika, Sardinien, Kreta und Malta in Besitz.

Seit 827 eroberten die Kalifen von Qairwan in aller Ruhe Sizilien, Palermo fiel 831, Messina 843, Syrakus 878, Taormina 902. Dann fiel Sizilien den Fatimiden zu, deren Statthalter Husein al Kolbi eine eigene Kalifendynastie begründete.

Als Herren des Mittelmeeres griffen die Sarazenen von Tunis und Sizilien aus *Süditalien* im 9. Jahrhundert die Städte Süditaliens an. Solche Fahrten dienten der Sklavenjagd und dem Seeraub. Bari, die wichtigste Flottenbasis der Byzantiner im südöstlichen Italien, fiel 841 in sarazenische Hände. Der langobardische Herzog von Benevent forderte sie zum gemeinsamen Kampf gegen Salerno auf; dabei verheerten die Sarazenen 842 die ganze italienische Westküste und plünderten Klöster und Äcker; 846 landeten sie in Ostia, zogen in die Vorstädte von Rom und plünderten St. Peter und San Paolo fuori le mura. Der Papst organisierte darauf einen Widerstand zusammen mit Amalfi, Gaeta und Neapel und brachte 849 einen zweiten Angriff auf Rom zum Scheitern.

Der fränkische Kaiser Ludwig II. trieb 866 die Muselmanen nach Bari und Tarent zurück; 884 war die Halbinsel wieder frei von Sarazenen, wenngleich Süditalien noch ein Menschenalter länger in panischem Schrecken vor ihren Überfällen lebte. Der Papst konnte 876 Rom nur durch ein Lösegeld vor der Einnahme schützen; Monte Cassino, das benediktinische Urkloster, ging 884 in Flammen auf. Erst ein gemeinsamer Angriff der griechischen, deutschen und italienischen Streitkräfte am Garigliano 916 beendete die furchtbaren Invasionen.

Sizilien

Sizilien, das alte Kulturland mit seinen vielen Sprachen, nahm wesentlich muselmanische Elemente in sein Leben und in seine Gewohnheiten auf. Palermo sah Sizilianer, Griechen, Langobarden, Juden, Berber und Araber in seinen Mauern, die sich alle religiös bekämpften. Um 970 standen dort über dreihundert Moscheen. Die Stadt wurde ein Hauptumschlagplatz der Waren Europas und Nordafrikas; es besaß eine Universität und bedeutende Ärzte, deren Medizin die Ärzteschule von Salerno befruchtete. Noch im normannischen Sizilien waren muselmanische Handwerker und Künstler tätig, wenn auch die normannischen Eroberer, die sich zwischen 1060 und 1091 der Insel bemächtigten, die Spuren der Sarazenen langsam verwischten. Städte im Inneren wie Salemi aber tragen heute noch muselmanisches Gepräge und Kuppeln schöner Kirchen; die Decke der Capella Palatina oder der Palast La Ziza in Palermo erinnern noch an die Sarazenen. Das sarazenische Ornament wurde dem Christengott dienstbar.

b) Das maurische und das christliche Spanien

Der maurische Vormarsch ins Rhonetal

Spanien wurde zuerst von Mauren unter Führung des Berbers Tariq erobert, an den noch heute der Felsen von Gebel al Tariq (Gibraltar) gemahnt. Tariq kämpfte im Solde des Statthalters von Nordafrika Musa Ibn Nusayr, der 712 Sevilla und Merida eroberte. Die Muselmanen drangen nordwärts über die Pyrenäen nach Gallien vor, wo sie der Hausmeier Karl Martell 732 in der siebentägigen Schlacht zwischen Tours und Poitiers zum Stehen brachte und zum Rückzug zwang. Sie wollten aus den westlichen Ländern eine Provinz des Kalifen von Damaskus machen.

Nach der Einnahme von Arles (735) und Avignon (737) plünderten sie ein zweites Mal das ganze Rhonetal bis Lyon. Erst König Pippin der Jüngere vertrieb die Sarazenen endgültig 759 aus dem südlichen Frankreich. Die Kalifen hatten die Widerstandskraft Spaniens unterschätzt und hielten bis 756 allein Andalusien fest in der Hand, das von Qairwan aus regiert wurde. Daß Westeuropa nicht unter die Herrschaft des Islams kam, hat seinen Grund in inneren Auseinandersetzungen, die die Muselmanen zwangen, ihre Invasionen nach Norden abzubrechen und Nordspanien aufzugeben.

Das Emirat von Córdoba

Die Iberische Halbinsel war vom 9. bis zum 11. Jahrhundert in einen muselmanischen und einen christlichen Teil aufgespalten. Im maurischen Spanien aber begründete mit Hilfe ergebener Araber der letzte Sproß der Umayyadendynastie, der dem Massaker der Abbasiden entkam, nach einer abenteuerlichen Flucht bis Marokko eine selbständige Herrschaft. Als Emir von Córdoba (756) besiegte er eine Armee al Mansurs und führte eine Zeit des Wohlstands und der Kunst herauf. Abd er Rahman II. (822–852) schmückte Córdoba mit herrlichen Palästen und Moscheen und förderte die Dichter.

Kalif Abd er Rahman III.

Abd er Rahman III. (912–961) war die glänzendste Figur dieser Dynastie, ein Grandseigneur, der mit fester Hand die aufständischen Städte und den arabischen Feudaladel zur Vernunft zwang, Männer verschiedenen Glaubens als Ratgeber heranzog, eine Politik des Ausgleichs nach innen und außen betrieb und ein glänzender Regent und Stratege war. Er brachte das Vordringen der Christen, die Einfälle des Sancho von Navarra, zum Stehen. So konnte er 929 den Titel eines Kalifen annehmen. Die Universität der Hauptstadt Córdoba wurde in der zweiten Hälfte des 10. Jahrhunderts zur führenden Bildungsstätte.

Abd er Rahmans Sohn Hakam II. (961–976) war ein großer Mäzen von Dichtern, Künstlern und Gelehrten; Andalusien wurde durch ihn »der große Markt der literarischen Erzeugnisse« der großen Welt. Die Staatsgeschäfte übertrug er dem jüdischen Minister Hasdai Ben Schaprut und die Heeresleitung dem skrupellosen Almansor. Der letztere, Sohn armer arabischer Eltern, schwang sich zum Beherrscher des Landes auf und herrschte seit 991 mit absoluter Gewalt.

Almansor

Almansor (Ibn Abi Amir) hielt Hof in der neuerbauten Stadt Zahira. Aus Berbern und Christen schuf er sich ein araberfeindliches Söldnerheer, das ihm treu ergeben war. Fast jährlich zog er gegen den ungläubigen Norden Spaniens. Er ließ die Hauptstadt von León dem Erdboden gleichmachen, zerstörte 997 die heilige Pilgerstadt Santiago di Compostella und ließ die weltberühmte Jakobskirche niederreißen. Die Bronzetore und Glocken der Kirche mußten christliche Gefangene im Triumphzug auf ihren Rücken mitschleppen. Aber das Schicksal wollte es, daß muselmanische Gefangene sie nach Compostella in gleicher Weise zurückbringen mußten.

Nach seinem Tode 1002 brach das Kalifat Córdoba zusammen.

In der Estremendura und im bergigen León erhoben sich die Berber gegen den arabischen Feudaladel, und in den Städten meuterte ein ausgepowertes Proletariat. Aber alle einte der Haß gegen die Familie der Almiriden. 1012 wurde Córdoba eine Stadt der Berber; nach deren Vertreibung 1023 waren dort Unruhen an der Tagesordnung. Die alte Kalifenstadt verlor ihre kulturelle Führerstellung an die Höfe von Toledo, Granada und Sevilla; Spanien zerfiel in dreiundzwanzig rivalisierende Stadtstaaten (taifas) und wurde eine leichte Zielscheibe für das siegreiche Vordringen des christlichen Spanien.

Grundherren und Bauern

Die Emire und Kalifen Spaniens, grausam und barbarisch zwar, aber auch gerecht, großzügig und von feiner Lebensart, waren die fähigsten Herrscher des Westens. Die westgotischen adeligen Grundherrschaften löste ein arabischer Großgrundbesitzer mit Pachtbauern ab, die nicht viel mehr als leibeigen waren. Durch Übertritt zum Islam konnten die Sklaven die Freiheit gewinnen. Die von der Regierung geförderte Ackerbauwissenschaft schuf ein bedeutendes Gefälle gegenüber dem christlichen Europa. Córdoba, Valencia, Granada wurden die »Gartenplätze der Welt«, ausgedehnte Handelsgärtnereien, Olivenhaine, Obstplantagen befanden sich in ihrem Umland.

Arabische Großgrundbesitzer und Handelsherren saugten den Reichtum des Landes aus. Die berberischen »Renegados« (zum Islam übergetretene Christen), die nichtmohammedanischen »Mozárbes« (die Lebensart und arabische Sprache der Muselmanen annahmen), Palasteunuchen, slawische Offiziere und Wachsoldaten, Haussklaven verwuchsen zu einem gefährlichen Proletariat in den Städten. Die Kalifen mußten ein Viertel ihres Grundeinkommens auf soziale Fürsorge verwenden, da ein Verbot der Ausbeutung das freie Unternehmertum zerstört hätte. Für fremde Bekenntnisse herrschte Kultfreiheit.

Das Christentum im maurischen Spanien

Die Christen lebten unter westgotisch-römischem Recht und hatten selbstgewählte Verwaltungsbeamte; sie zahlten eine Wehrersatzsteuer, da sie nicht kriegsdienstverpflichtet waren. Mischehen zwischen Christen und Muselmanen waren verbreitet, es gab gemeinsame christlich-mohammedanische Feiertage und Simultankirchen beziehungsweise -moscheen. Das Christentum als Religion und Kirche wurde bedrückt, während der Einzelchrist Freiheit genoß. Die Bischöfe ernannte

Segovia, Spanien,
Alcazar um 1080,
Zufluchtsstätte
König Alfons' VI.
vor den Mauren

elihisar am Bosporus,
Türkei,
ie Festung Europas"
um 1460

f der nächsten Seite:
Burg Hochosterwitz,
Kärnten,
Geschenk
König Ludwigs des
Deutschen,
860, an das
Erzbistum Salzburg

der Emir, der auch Konzilien einberief. Die gespannten kirchlichen Beziehungen erzeugten Religionshaß.

Mit zunehmendem Reichtum zersetzte seit dem 11. Jahrhundert Skepsis den religiösen Eifer der Muselmanen. Man bemühte sich um eine rein ethische Universalreligion.

Kulturland des Westens

Im 10. Jahrhundert war das muselmanische Spanien das höchststehende Kulturland des werdenden Europa und rangierte mit ganz wenigen an der Spitze der Weltzivilisation. Córdoba stand unter al Mansur Bagdad und Konstantinopel kaum nach. Córdoba und später Sevilla besaßen einen Alkazar, eine Mischung von Palast und Festung. Den Guadalquivir umsäumten kilometerweit Paläste.

Die »Blaue Moschee« in Córdoba zählte mit ihren elf Längs- und einundzwanzig Seitenschiffen und ihrem Wald von 1290 Säulen zu den Weltwundern ihrer Zeit. Ihr Vorgänger war ein römischer Janustempel, der in eine christliche Kirche umgewandelt worden war, die Abd er Rhaman I. abbrechen ließ; die Rekonquista verwandelte 1238 die Moschee in eine christliche Kathedrale zurück. Córdoba war im 10. Jahrhundert Sitz des spanischen Geisteslebens, Dichter, Gelehrte, Juristen, Ärzte drängten sich hier.

Almoraviden Almohaden

Der große Dichter – Emir al Mutamir – rief gegen den tapferen Alfons VI. von Kastilien, der 1085 Toledo und Sevilla angriff, die neue muselmanische Dynastie der Almoraviden zu Hilfe, die in religiösem Fanatismus ganz Marokko erobert hatten. Ihr König Yusuf Ibn Taschfin besiegte den christlichen Kastilianer bei Zalloka in der Nähe von Badajoz. Vom Proletariat freudig begrüßt, übernahm er 1089/90 die Herrschaft über das maurische Spanien (1090–1166), so daß Spanien zur afrikanischen Provinz wurde, die von Marokko aus regiert wurde und einen raschen Abstieg erlebte. Die katholischen Könige der Halbinsel gingen zum Angriff auf die Hauptstädte des maurischen Spanien über, das in Revolution stand, als die neue Sekte der Almohaden (1121) zusammen mit den Barbarenstämmen des Atlasgebirges die Almoravidenherrschaft in Marokko und Spanien stürzten und eine neue Dynastie begründeten. Diese konnte 1145–1184 die Ruhe in Andalusien wiederherstellen.

Zerfall seit 1212

Die vernichtende Niederlage des al Nasir (1199–1214) bei Las Navas de Tolosa (1212) leitete den Zerfall des Maurenreiches in kleine selbständige Fürstentümer ein, die nacheinander eine Beute der Christen wurden, Córdoba 1236, Valencia 1238, Sevilla 1248. Die Mauren zogen sich nach Granada in den Schutz der Sierra Nevada zurück. Dieses kleine Königreich konnte sich bis 1492 erhalten.

4. Der Islam seit dem 11. Jahrhundert

Die großen Bauten des maurischen Spanien, die Alhambra in Granada, der Alkazar und die Giralda in Sevilla sind im Moriskostil erbaut, der über Marokko aus Syrien und Persien kam, der aber auch den Tadsch Mahal in Indien schmückte. Hier obsiegte weiblich-zarte Feinheit über die männlichen Kraftformen, und hier stand der Bildhauer vor dem Baumeister. Maurische Kunst blühte im 12. Jahrhundert auch in den Palästen und Moscheen Nordafrikas (Marakesch, Fez, Tlemcen, Tunis, Fax und Tripolis).

Die Seldschuken brachten neue Elemente in die Kunst Ägyptens und des Ostens

Freitagsmoschee von Isfahan

(Ayyubiden, Mamelucken), die das Mausoleum Saladins in Damaskus vor allem zeigt. Ihr Meisterstück war die Freitagsmoschee in Isfahan; der »Heroismus« des Seldschukenstils hat die Architektur Kleinasiens, des Irak und Iran in der Zeit der französischen Gotik kräftig befruchtet.

Im Jahrhundert von 1030 bis 1130 genossen Dichter und Gelehrte dasselbe Ansehen wie die Künstler. Berühmte Schulen vermittelten reiches Wissen (Kairo, Alexandrien, Jerusalem, Baalbeck, Aleppo, Damaskus, Mosul, Emesa, Tus, Nischapur, allein in Bagdad einunddreißig). Zu Koran, Tausendundeiner Nacht und Bidpaifabeln traten jetzt die Maqamat (Unterredungen) des Abu Muhammad al Hariri (1054–1122) von Basra; in gereimter Prosa werden die Abenteuer des Schelms Abu Zaid erzählt. Persien war das dichterreichste Land der Welt.

Die Muselmanen, die Anhänger des Islams, hatten auch nach dem 11. Jahrhundert noch die Führung in der Wissenschaft der Welt. Der Fortschritt der exakten Wissenschaft gebar aus seinem Widerstreit zur Religion Skepsis und offenen Atheismus. Das rief den größten Theologen des Islams, Abu Hamil al Ghazzali (* 1058, † 1111) auf den Plan. Nach einer glanzvollen Vorlesungstätigkeit über Recht in Bagdad befreite er sich in der Einsamkeit aus der Qual der Glaubensskepsis. 700 Jahre vor David Hume führte er die Vernunft auf das Prinzip der Kausalität und die Kausalität auf die reine Abfolge zurück. Seit Augustinus (400) hatte keiner mehr Religion so machtvoll verteidigt und Frömmigkeit dargestellt.

al Ghazzali der Theologe

Im 12. Jahrhundert entwickelte der Islam das Mönchtum der Derwische und Fakire. Der Sieg der Orthodoxie verdrängte den Toleranzgedanken. An den Höfen der Herrscher aber fand Philosophie trotzdem noch eine zwar stets gefährdete Freistatt. Abu Bekr Ibn Tufail (1107–1185), in Europa Abubacer genannt, Leibarzt und Wesir des Kalifen in Marrakesch, der Almohadenmetropole Marokkos, Verfasser des aufsehenerregendsten philosophischen Liebesromans der mittelalterlichen Literatur, führte 1153 am Hofe seines Herrn den einflußreichsten Philosophen der islamischen Welt ein. Es war Abu al Walid Muhammad Ibn Ruschd (1126–1198), den Europa Averroës nannte. In der Bildungstradition von Cordoba aufgewachsen, ging er nach oberrichterlicher Tätigkeit in Spanien 1182 als Hofarzt zum Kalifen Abu Yaqub von Marrakesch; die Empörung des Volkes über seine Häresien erzwang seine Verbannung nach Lucena bei Córdoba 1194, doch wurde er 1198, seinem Todesjahr, wieder nach Marrakesch zurückberufen. Averroës war zugleich einer der bedeutendsten Ärzte seiner Zeit. Seine Enzyklopädie der Medizin in lateinischer Sprache wurde an christlichen Universitäten viel benutzt. Averroës schrieb, auf arabische Texte syrischer Übersetzer gestützt, zu jedem Hauptwerk des Aristoteles eine Zusammenfassung, einen Kurz- und einen Vollkommentar. In der muselmanischen Philosophie überragte ihn allein Avicenna. Averroës hatte eine größere Wirkung im Christentum als im Islam. Im Versuch, Religion und Philosophie zu harmonisieren, folgte ihm Maimonides. Die Kommentare des Averroës wurden in das Hebräische übersetzt und von da in das Lateinische übertragen.

Averroës der Philosoph

Maimonides

5. Der Mongolensturm und die Vernichtung der Kultur des Islams

Die harten und bedürfnislosen Mongolenvölker aus den Ebenen und Wüsten

Der Mongolensturm im Vorderen Orient

Nordwestasiens waren dem Wohlstand der Westvölker und Westkulturen weit überlegen. Unter der Führung Dschingis-Khans, des »Großen Königs« (1167 bis 1227) eroberten sie Innerasien von der Wolga bis zur Chinesischen Mauer; seine Hauptstadt war Karakorum. Da der Schah des Fürstentums Chwarizm einen Vertrag nicht einhielt, entfachte der Herrscher 1219 den Mongolensturm auf den Islam. Der geschlagene Schah floh nach Samarkand. Ein zweites und ein drittes Heer plünderte Ostar und brannte Buchara nieder, worauf sich Samarkand und Balch ergaben. Ein Sohn des Khans zog weiter durch Chorasan, äscherte mit der Stadt Merw auch deren berühmte Bibliothek ein und legte die bekannte Keramikstadt Ray in Trümmer. Ein türkisches Heer wurde am Indus überrannt und nach Delhi getrieben. In Herat wurden 60 000 Bürger hingerichtet – zur Strafe für eine Revolte gegen den mongolischen Statthalter. Die Grausamkeit war die unwiderstehliche Hauptwaffe der Mongolen.

Nach Dschingis-Khans Tod setzte dessen Sohn Ügetai bei nachlassender Gegenwehr die Invasion durch Aserbeidschan, Nordmesopotamien, Georgien und Armenien 1234 fort. Hulagu, ein Enkel des Khans, drang bis nach Bagdad vor, das er 1258 einnahm. Berichte sagen, daß er 800 000 Menschen umbringen ließ, unter ihnen Tausende von Gelehrten, Wissenschaftlern und Dichtern. Die größten Bibliotheken und Schatzsammlungen wurden brutal zerstört. Mit der Hinrichtung des letzten östlichen Kalifen gehörte das Abbasidenkalifat in Asien der Vergangenheit an.

Als die Mongolen nach Syrien vorstoßen wollten, versperrte ihnen in Ain Dschalut 1260 ein ägyptisches Mamelukenheer erstmals erfolgreich den Weg. Asien und Europa atmeten befreit auf. Aber erst eine Entscheidungsschlacht bei Damaskus 1303 bannte endgültig die mongolische Gefahr für Syrien, Byzanz und Südosteuropa.

Das Vernichtungswerk

In vierzig Jahren vollbrachten die Mongolen ein Vernichtungswerk sondergleichen und schleppten die Schätze des Ostens als Beute in die Mongolei. Im eroberten Land war die Wirtschaft tödlich getroffen, die Wissenschaft zerstört, die politische Herrschaft an den Rand des Abgrunds gebracht, der Geist des Volkes erschüttert. Korruption und Anarchie, physische und geistige Erschöpfung, religiöse Spaltung und Kulturfeindlichkeit hatten schon vor dem Mongolensturm Westasien um den Weltherrschaftsanspruch gebracht. Eine blühende Stadtkultur verfiel und erholte sich nicht bis heute.

Aufstieg und Verfall der Kultur des Islams ist eine Haupttatsache mittelalterlicher Weltgeschichte. Der Islam war von 700 bis 1200 in der damaligen Welt politisch, gesellschaftlich, wirtschaftlich, geistig-wissenschaftlich und religiös führend. Die Kathedralen Europas liefen seiner Architektur im 12. Jahrhundert den Vorrang ab. Das Volk hatte im Islam mehr Anteil an Kunst und Kultur als in der westlichen Christenheit. Diese Kultur erreichte im 10. und 11. Jahrhundert bereits ihren Höhepunkt, als es im Abendland noch weithin still war. Der Einfluß des Christentums beschränkte sich fast ganz auf Religion und Kriegführung (Mystizismus, Heiligenverehrung, Mönchtum). Der Islam war weithin die gebende und anregende Kraft. Das zeigt die Fülle arabischer Lehnwörter in europäischen Sprachen.

Die Kunst der Troubadours schöpfte aus Poesie und Musik des muselmanischen Spanien und des sarazenischen Italien. Die Araber entwickelten die Naturwissenschaften der Griechen weiter und gaben sie neu an die lateinische Welt. Diese weitgespannte und tiefgreifende Befruchtung erkennt nur eine weltgeschichtliche Betrachtung des sogenannten Mittelalters.

Islam und christliche Welt

Die Wege dieser Einflußnahme waren Kreuzzüge, Handel, Übersetzungen, Reisen von Gelehrten, Rittern, die tägliche Begegnung zwischen Christen und Mohammedanern in Syrien, Ägypten, Sizilien und Spanien, vor allem die biologische und religiöse Vermischung in den Kontaktzonen.

Freilich haben sich die beiden Kulturwelten nicht nur berührt und befruchtet, es trennte sie auch ein abgrundtiefer Haß, und die religiöse Rechtgläubigkeit schuf unüberwindbare Schranken. Der dreihundertjährige Vormarsch des Islams gegen die lateinische und die griechische Welt in Ost und West zerstörte den christlichen Handel und brandmarkte die Christen als Ungläubige. In den Kreuzzügen prallten beide Welten und Kulturen aufeinander, zwischen ihnen stand leidend und vermittelnd das Judentum. Die Kreuzzüge waren für den Westen politisch eine Niederlage. Die Christen mußten aus dem »Heiligen Land« weichen. Der Mongolensturm traf den Islam ins Mark zu der Zeit, da der Westen die Anregungen des Islams gierig aufnahm und in seine neue europäische Kultur schöpferisch einschmolz.

Der Mongolensturm um 1200 *Heimat Dschingis-Khans*

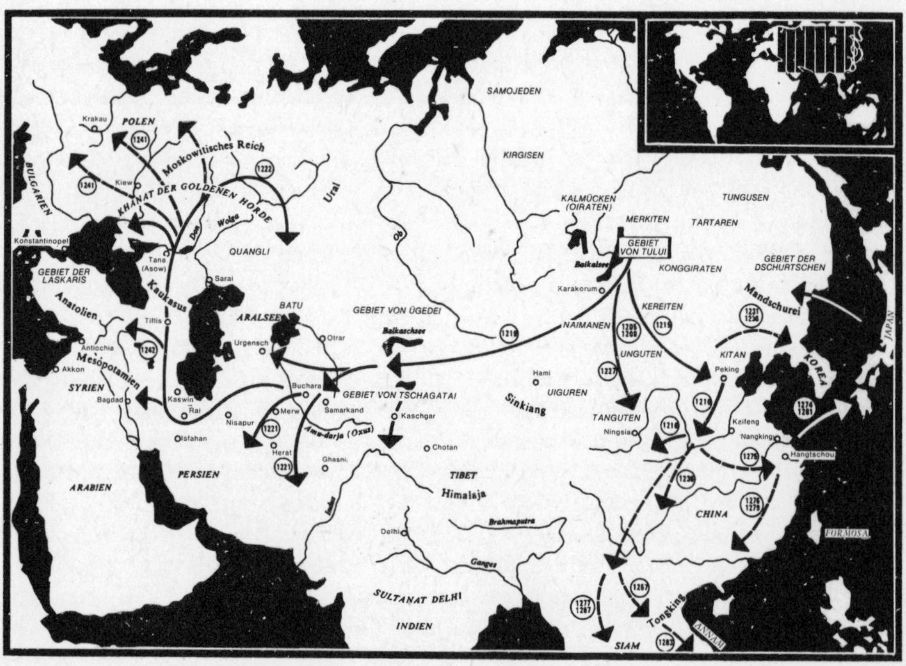

VIII

DIE JÜDISCHE DIASPORA IN DER OST-WESTLICHEN WELT

1. Die Zerstreuung seit dem 2. Jahrhundert

Die eigenartigste und eindrucksvollste Erscheinung in den Gesellschaftskörpern des Ostens und Westens während der Epoche, die wir Mittelalter nennen, ist das Judentum, das in alle Welt verstreut und ohne Staat im Talmud eine geistige Heimat und einen Lebensinhalt fand, die ihm nicht nur die Kraft zum Überleben, sondern zur Bewahrung seiner einzigartigen Kultur gaben. Die Juden gewannen zu allen Zeiten Kraft aus ihrer Religion, sie hatten ihre eigenen Gelehrten, Philosophen, Dichter, sie waren die großen Mittler zwischen den feindlichen Gruppen der Christen und Mohammedaner. Der Talmud ist ein großes Gesetzeswerk mit Kommentaren, das Schriftgelehrte und Rabbiner seit dem 1. und 2. Jahrhundert n. Chr. in einer babylonischen und einer palästinensischen Fassung zusammengestellt haben (Talmud = Lehre).

Religiöse Gesellschaft

Die Zerstreuung begann mit dem Aufstand des Bar Cocheba (132 – 135) in Palästina, der einer halben Million Menschen das Leben kostete und fast tausend Städte und Märkte in Schutt und Asche legte. Aus ihrer Hauptstadt ausgesperrt, verarmten die Juden. Seit Konstantins Bekehrung wurden sie vom Verkehr mit den Christen ausgeschlossen und dann so hart besteuert, daß sie ihre Kinder in die Sklaverei verkaufen mußten, um die Summen zahlen zu können. Ein neuer Aufstand 352 brachte das palästinensische Judentum auch um seine führende Stellung in der jüdischen Welt. Nur kurze Zeit eröffnete die Toleranzgesetzgebung Justinians die Möglichkeit der Heimkehr in das freigegebene Jerusalem, sein plötzlicher Tod aber warf sie wieder in dörfliche Armut zurück und ließ ihnen als Trost nur das Gebet; 614 verlor Palästina endgültig die Führung im Judentum.

Das palästinensische Judentum

Als Händler und reiche Bauern treffen wir Juden in Mesopotamien und Persien; Juden schlossen sich den alten Gemeinden in Kleinasien an oder gingen nach Konstantinopel trotz feindseliger Haltung von Kaiser und Patriarchen oder wanderten nach Arabien aus, wo sie Religionsfreiheit und die Möglichkeit einer Mission hatten, und gingen nach Abessinien, das seit 315 halb jüdisch war.

Alexandriens Weltschiffsverkehr war zur Hälfte in jüdischen Händen. Judengemeinden bestanden in Nordafrika, Sizilien, Sardinien und Italien, in Spanien und Gallien. Geduld und zäher Wille gab den Juden in der Diaspora die Kraft, alle Rückschläge zu überwinden und vorwärtszuschreiten.

Nach der Wiedereroberung Jerusalems 1187 durch Saladin gewährte dieser den Juden volle Religionsfreiheit, und sein Bruder al Adil nahm die dreihundert

Rabbiner auf, die 1211 aus England und Frankreich fliehen mußten. Im muselmanischen Syrien, in Babylonien und Persien dezimierten zwar Übertritte und Verfolgungen die Zahlen immer wieder, trotzdem hielten sich viele Juden und nahmen tätig an Wirtschaft und Kultur teil.

2. Juden in Europa seit dem 8./9. Jahrhundert

Nach Rußland zogen Juden auf zwei Wegen; der eine führte vom Irak und Persien über Transoxianien und den Kaukasus, der andere von Kleinasien entlang der Schwarzmeerküste nach Konstantinopel. Im byzantinischen Reich wurden sie vom 8. bis 12. Jahrhundert wohlhabend. Thessalien, Thrakien, Makedonien waren Tore zum Balkan, und auf der Donau kamen sie nach Ungarn.

Die Juden im Westen

Im 9. Jahrhundert bestanden in Deutschland Judengemeinden in Metz, Speyer, Mainz, Worms, Straßburg, Frankfurt und Köln. In Mainz begründete Gerschom Ben Jehuda (960–1028) eine rabbinische Akademie. Am Ende des 7. Jahrhunderts siedelten sich Juden in England an, jüdische Steuereinnehmer und Geldverleiher kamen 1066 mit Wilhelm dem Eroberer ins Land. Sie hatten Gemeinden in London, Norwich und York.

Galliens größere Städte beherbergten bis 600 jüdische Kolonien, die in den Verfolgungen der Merowinger eingingen. Karl der Große schützte sie, sie waren als Bauern, Handwerker, Kaufleute, Ärzte und Finanzleute tätig. Sein Sohn Ludwig übertrug den Judenschutz einem *magister judaeorum* und begünstigte sie wegen ihres Handelseifers.

Unter den zahlreichen Judengemeinden Italiens von Trani bis Venedig und Mailand gewann Padua eine führende Stellung. In Salerno, der ersten hohen Schule der Medizin in Europa, wohnten 600 Juden, darunter auch einige Ärzte; wir finden sie zu Foggia am Hofe Kaiser Friedrichs II. und an der Kurie unter Papst Alexander III. (1159 – 1181).

Die spanischen Juden begrüßten die Mauren 711 als Befreier vom westgotischen Joch. Ihrem Ruf zur Einwanderung folgten 50 000 jüdische Neusiedler aus Asien und Afrika, die sich in Städten wie Lucena niederließen, das halb jüdisch war. Vom 10. bis 12. Jahrhundert erlebte das spanische Judentum seine goldene Zeit; es hatte seine eigene geistige Führung.

Die jüdische Gemeinde in der westlichen Stadt

In den Städten des mittelalterlichen Europa lebte das Judentum meist in freiwilliger Isolierung, im *Getto*, dem Judenviertel, dessen Mittelpunkt die Synagoge, das Versammlungshaus, war. Bisweilen gab es im Getto neben Mietskasernen und Hütten auch Prachtbauten, aber außerhalb waren es meist Elendsviertel. Die Judengemeinde wirkte in einer aristokratisch-monarchisch verfaßten Herrschaftswelt wie eine halbdemokratische Insel mit selbstgewählten Beamten. Die Juden waren im christlichen Europa direkte Schutzuntertanen des Herrschers, der sie mit hohen Steuern belegte. Das jüdische Vermögen war in steter Gefahr der Beschlagnahme. Die Juden standen also in der mittelalterlichen Gesellschaft unter Ausnahmerecht; sie hatten weder einen Platz in der vorherrschenden Agrarstruktur, da sie ihr Geld nicht in Grundbesitz anlegen und Leibeigene erwerben durften, noch in der feudalen Lehensordnung, da sie den christlichen Treueid nicht schwören konnten. Deshalb konzentrierte sich die jüdische Diaspora auf die Städte, und zwar auf Gewerbe, Handel und Geldverleih als Beruf.

Sie waren durch ihr Sprachtalent und die Kenntnis fremder Sprachen dafür besonders geeignet; Hebräisch war ja selbst eine Weltsprache. Alle Judengemeinden der Welt standen unter gleichem Gesetz und Ritual, die zu Hilfe und Gastfreundschaft für den Glaubensgenossen verpflichteten.

Wirtschaftliche Führerstellung bis 1099

Erst die Einnahme Jerusalems 1099 und die Eroberung des Mittelmeeres durch die Flotten von Venedig und Genua brachten dem italienischen Kaufmann den Vorrang im Welthandel und beendeten die wirtschaftliche Führerstellung der Juden. Venedig und später die Hanse verschlossen ihnen ihre Häfen im Mittelmeer, in der Ost- und Nordsee.

Geldgeschäft und Steuern

Das führte zur Verlagerung der jüdischen Aktivität auf das Geldgeschäft. In einer feindlichen Umwelt waren bewegliche Werte sicherer. Sie begannen mit Geldwechsel, nahmen dann Geld für Geschäftsinteressen auf und liehen schließlich Geld auf Zinsen. Mit Nichtjuden war die Zinsleihe durch Pentateuch und Talmud nicht verboten. Ihr Geschäft blühte deshalb vor dem 13. Jahrhundert, weil Koran und christliche Kirche die Zinsgeldleihe verurteilten; Muselmanen und Christen, auch Geistliche, Kirchen und Klöster mußten sich jüdischer Darlehen bedienen, wenn sie Geld brauchten. Doch seit dem 13. Jahrhundert setzte sich der christliche Bankier durch und sammelte große Kapitalien. Juden wie Christen trieben Wucher und erpreßten Schuldner, der König sah zu, weil er Vorteile davon hatte. Papst Innozenz III. befahl zur Vorbereitung des 4. Kreuzzuges allen christlichen Königen den Nachlaß der von Christen an Juden geschuldeten Zinsen. Ähnliche Verfügungen erließ König Ludwig IX. der Heilige für seiner Seele Heil, desgleichen auch englische Könige. König Heinrich II. von England verfügte 1187 aus Anlaß einer Sonderbesteuerung seines Königreiches die Abgaben eines Viertels des jüdischen Besitzes, obwohl die Juden die Hälfte der Steuer bereits aufbrachten. Heinrich III. von England zog zweimal ein Drittel des beweglichen Judenvermögens ein. Zwischen 1252 und 1255 häuften sich solche Abgaben derart, daß die Juden Verzweiflung erfaßte. Man hinderte sie an der Auswanderung. Edward I. († 1307) ließ alle Juden verhaften, ihren Besitz einziehen, 280 allein in London hängen, rädern, vierteilen. Trotz allem und trotz der Verurteilung des Reichtums durch die Rabbiner kamen jüdische Bankiers zu großem Vermögen, das sie durch Wohltätigkeit ausglichen.

Die Juden waren die geschätztesten Ärzte des Mittelalters. Juden brachten die medizinische Wissenschaft nach Salerno. Benevenutus Grassus, ein Jude aus Jerusalem, Medizinprofessor in Salerno und Montpellier, schuf in der »Practica oculorum« das erste Lehrbuch der Augenheilkunde. Die Kirche sah die ärztliche Tätigkeit der Juden nicht gern, und 1267 wurde den jüdischen Ärzten die Praxis bei den Christen verboten. Aber Bonifaz VIII. ließ sich von dem jüdischen Augenarzt Isaak Ben Mordechlai behandeln. Die Juden waren die größten Reisenden des 12. Jahrhunderts, wie die Reisebeschreibungen des Regensburger Juden Petachya und des Benjamin von Tudela durch Europa und den Nahen Osten zeigen.

Maimonides Theologie und Philosophie

Hebräische Religion und muselmanisches Denken waren die Ansätze jüdischer Philosophie, die zumeist die Einheit von Dogma und Vernunftwahrheit beweisen wollte von Saadia bis Maimonides. Saadia rettete im 10. Jahrhundert die hebräische Theologie vor der Skepsis, die er erstickte. Auch jüdische Philosophie begann mit Neuplatonismus und Frömmigkeit und ließ sich von Aristoteles und Skepsis auf den Gipfel führen. Der größte jüdische Denker des Mittelalters war Maimonides (1135–1204), Sohn eines Richters in Córdoba, der sich mit Averroës messen konnte. Er schrieb zehn medizinische Bücher in arabischer Sprache. Sein bedeutendstes Werk war der »Führer der Unschlüssigen« von 1190, die größte Schrift des Judentums, zuerst arabisch abgefaßt, dann ins Hebräische und Lateinische übersetzt. Durch ihre Erörterung des göttlichen Wesens löste sie im 13. Jahrhundert den lebhaftesten Streit der Geister aus. Der Einfluß dieses Gelehrten reicht weit in den Islam und das Christentum hinein. Man benutzte ihn zu Montpellier, Padua und Paris. Alexander von Hales, Guillaume d'Auvergne, Albertus Magnus und Thomas von Aquin zogen ihn zu Rate und verwarfen seine Thesen.

3. Die Juden und die Christen

Antisemitismus und Toleranz

Die Feindschaft zwischen Juden und Nichtjuden hatte ihren Hauptgrund in wirtschaftlicher Rivalität und Eifersucht, die der religiöse Streit erhitzte. Die Juden anerkannten weder den Propheten des Islams noch die Göttlichkeit Christi. Je mehr Christen in den Fernhandel und das Geldgeschäft einrückten, die einst jüdisches Monopol waren, um so größer wurde der Haß, der sich zum »Antisemitismus« steigerte. Daneben aber gab es in Südfrankreich und Spanien auch Verständigung, Ausgleich, sogar Ehen. Im allgemeinen zeigten unter den Christen die Päpste die größte Toleranz, angefangen von Gregor dem Großen (600) bis Gregor VII. (1073–1085), der im Judenviertel Roms zu Trastevere geboren und ein Verwandter der jüdischen Pierleoni war, bis zum Gegenpapst Eugen III. (1153), dem die Juden die Thora beim Betreten der Kathedrale von Paris überreichten, die im Getto stand. Aus Rom und Avignon wurden die Juden niemals ausgewiesen.

Die Kreuzzugsparole Papst Urbans II. (1088–1099) schürte den Haß gegen die europäischen Juden, Gottfried von Bouillon (1096–1099) nahm das Kreuz mit dem Schwur, daß er Christi Blut an den Juden rächen wolle.

In Deutschland hatte im gleichen Jahr 1095 Kaiser Heinrich IV. den Juden Freiheitsbriefe ausgestellt; und Bischof Rüdiger von Speyer hatte sie in seinen Schutz genommen. Der rheinische Handel blühte gerade durch die Aktivität der Juden. Trotzdem wurden in Köln, Worms, Metz, Regensburg und Prag Gewalttaten an ihnen verübt.

Judenverfolgungen in Europa

Bernhard von Clairvaux (1090–1153) ergriff in Deutschland das Wort gegen die Hetzreden eines anonymen französischen Mönchs. Man warf den Juden Morde an Christen und Schändung des Altarsakramentes vor. In München, Würzburg und Nürnberg wurden um 1285 viele hundert Juden erschlagen und verbrannt, in Deutschland in einem Halbjahrhundert 140 jüdische Gemeinden völlig ausgerottet. Viele jüdische Familien wanderten 1286 aus Mainz, Worms, Speyer und anderen Städten Deutschlands nach Palästina, nach Polen und Litauen aus, wo es sich noch freier leben ließ. Auch in England, wo die Juden vor allem Händler und Finanzleute waren, wurden sie im 12. und 13. Jahrhundert verfolgt und von den Königen auch finanziell ausgepowert. In York begingen im Jahr 1090 mit ihrem Rabbiner 150 Juden Selbstmord, 350 wurden erschlagen. Im Jahre 1211 emigrierten 300 Rabbiner aus England und Frankreich nach Palästina. In den englischen Bürgerkriegspogromen wurden 1257 und 1267 die Judengemeinden in London, Canterbury, Northampton, Winchester, Worcester, Lincoln und Cambridge ausgerottet.

Das Judentum verarmte so sehr, daß die englischen Könige genau wie der Papst fortan bei den christlichen Bankiers von Florenz oder Cahors Geld aufnahmen.

In Frankreich ließ König Philipp August 1180 alle Juden unter der Anschuldigung der Brunnenvergiftung einkerkern und dann gegen hohes Lösegeld frei, 1181 verbannte er sie, zog ihren Besitz ein und übergab die Synagogen der Kirche; 1198 rief er sie wieder nach Frankreich zurück.

Die Weltgeschichte des Mittelalters ist erfüllt von Judenpogromen, seine Gesamtkultur aber profitierte vom Beitrag dieses fleißigen und geistvollen Volkes in der Diaspora, das das geistige Erwachen Europas mit angeregt hat.

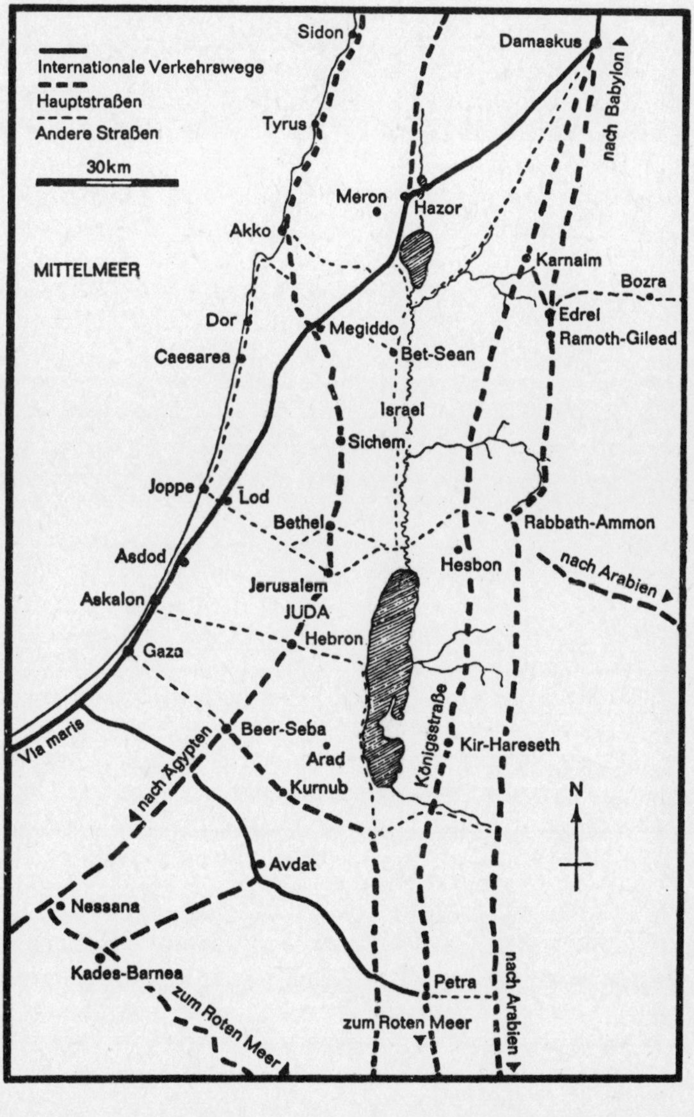

Handelswege in Palästina

IX

DER EINTRITT OSTEUROPAS IN DIE MITTELALTERLICHE WELT

Awaren Einige hundert Kilometer nördlich von Byzanz lag im frühen Mittelalter eine barbarische Welt. Hinter den Hunnen brachen um 560 die ihnen verwandten Awaren aus Turkestan und Südrußland bis an die Elbe und die Donau von Pannonien ein, zwangen 568 die Langobarden zur Auswanderung nach der Poebene, verwüsteten den Balkan, rotteten dessen lateinisch sprechende Bevölkerung fast aus und vernichteten seine städtische Zivilisation. Mit ihnen kamen die Slawen. Sie ließen sich in der Theißebene nieder. Um die Wende vom 8. zum 9. Jahrhundert schlug sie Karl der Große in einem konzentrischen Angriff mehrerer Heersäulen vernichtend.

1. Bulgaren

Die Bulgaren, ein hunnisch-ugrisch-türkisches Mischvolk, einst Teil des Hunnenreiches, begründeten nach Attilas Tod (seit 445) ein Reich an der Wolga um das heutige Kasan mit der Handelsstadt Bolgar als Hauptstadt, die im 13. Jahrhundert von den Tataren zerstört wurde. Ein anderer Teil dieser Völkergruppe wanderte im 5. Jahrhundert im Donaubecken ein, die Uiguren überschritten 679 die Donau und begründeten in der alten Römerprovinz Mösien ein zweites Bulgarenreich. Sie versklavten die dort siedelnden Slawen, nahmen aber deren Sprache und Brauchtum an. Seinen ersten Aufstieg erlebte dieses Reich unter Chagan oder Khan Krum um 802, als die Awaren von den Franken vernichtet wurden. Krum fiel in die byzantinische Provinz Makedonien ein, zerstörte Sardica, an dessen Stelle heute Sofia steht. Zur Vergeltung äscherte Kaiser Nikephoros 811 Krums Hauptstadt Pliska ein. 813 stand Krum in den Vorstädten von Konstantinopel und verheerte Thrakien, das die Byzantiner zur Hälfte seinem Sohn Omostag abtraten.

Das Reich von Kasan und in Moesien

Während die beiden Slawenlehrer Kyrill und Method eine römische Kirchenprovinz in Pannonien und Großmähren (einschließlich Slowakei) aufbauten und eine slawische Kultsprache einführten, trat der Bulgarenkhan Boris zum östlichen Christentum über und wurde Bulgariens erster Nationalheiliger (852–888). Seinen Sohn Wladimir setzte er 893 zugunsten seines jüngeren Sohnes Simeon (893–927) wieder ab.

Boris

Simeon dehnte sein Reich über Serbien bis an die Adria aus; dann suchte er sein Volk an die byzantinische Kultur anzuschließen und stattete seine Donauhauptstadt Preslaw mit Werken griechischer Kunst aus; Preslaw war im 13. Jahrhundert

Simeon

die größte Stadt des Balkans. Nach seinem Tode tobten Aufstände, Bogomilensektierer gewannen die halbe Bauernschaft für ihre pazifistisch-kommunistischen Ideen. *Preslaw*

Die Serben konnten sich 913 wieder selbständig machen. Von 1018 bis 1186 war Bulgarien wieder eine byzantinische Provinz.

2. Magyaren

Die Magyaren, Abkömmlinge ugrischer Reiternomaden an der Westgrenze Chinas, stark mit hunnischen und türkischen Stämmen vermischt und ihrer Sprache nach mit den Finnen verwandt, wanderten im 9. Jahrhundert durch den Ural und die Kaspischen Steppen in die Länder an Don, Dnjepr und Schwarzem Meer ein und ließen sich dort nieder. Sie betrieben vornehmlich Sklavenjagd auf Slawen, die sie an die Griechen verkauften. *Wanderweg bis Ungarn*

Nach einem Halbjahrhundert brachen sie wieder auf, stießen durch die Ukraine an die Ostgrenze des Karolingerreiches vor und eroberten 895 unter Arpad Ungarn. Von dort verheerten sie 899 Italien, legten Pavia in Schutt und Asche und zogen ein volles Jahr sengend durch die Apenninenhalbinsel; dann eroberten sie Pannonien, fielen in Bayern, Kärnten und Mähren ein, wo sie das Großmährische Reich der Swatopluksöhne mit dem Zentrum an der mittleren March zu Fall brachten.

In den folgenden Jahrzehnten jagten sie durch ihre blitzartigen Vorstöße nach Sachsen, Thüringen, Schwaben, Elsaß, Italien und Burgund ganz Europa einen panischen Schrecken vor diesen heidnischen Sklavenhändlern ein.

Der Sieg des deutschen Königs Heinrich I. 933 bei Riade an der Unstrut schreckte die Magyaren fortan vom Norden ab. Der Sieg König Ottos I. über sie auf dem Lechfeld bei Augsburg 955 zwang sie, ihre Invasionen endgültig einzustellen und in der Donauebene seßhaft zu werden.

Europa hatte seit 841 bis 955 unter furchtbaren Invasionen im Osten, Westen und Süden von Wikingern, Magyaren und Sarazenen zu leiden und einen harten Existenzkampf zu führen.

Die Magyaren nahmen 975 das Christentum in der römisch-lateinischen Form an, da ihr Fürst Geisa die byzantinische Expansion auf dem Balkan fürchtete und seine bulgarischen Nachbarn ostchristlich waren. Sein Sohn Stephan I. (997 bis 1038) wurde Ungarns größter König und Nationalheiliger. Seine Frau Gisela war eine bayerische Herzogstochter. Er soll Königtum und Krone aus den Händen von Papst Silvester II. entgegengenommen haben. *Stephan der Heilige*

3. Die Slawen und ihr Sprachgebiet

Die Heimat der Slawen wird in der Sumpfregion Rußlands zwischen Kiew, Mohilew und Brest-Litowsk oder zwischen Karpaten, Pripet und Dnjepr angenommen. Diese indogermanische Volksgruppe ging bei zunehmender Seßhaftigkeit zum Ackerbau über. Die Erobervölker machten unter ihnen ihre Sklavenjagden. So kamen viele Slawen in die byzantinische und muselmanische Welt, der sie im Osten vielfach erlagen.

Die Slawen splitterten sich in eine Vielzahl von Sprachen im Westen, Süden und Osten auf (Polnisch, Wendisch, Tschechisch, Slowakisch, Slowenisch, Serbokroatisch, Bulgarisch, Groß-, Weiß- und Kleinrussisch). Da diese Sprachen sich nicht stark voneinander unterscheiden, konnte sich ein Panslawismus des Brauchtums erhalten. Dies und eine natürliche Lebenskraft sowie die Weiträumigkeit ihrer Siedelgebiete haben den Volkscharakter der Slawen besonders geprägt.

Slawische Westbewegung in Europa seit 600

In die durch die Auswanderung der Germanen nach Italien und Gallien leergewordenen Räume Nordost- und Mitteldeutschlands sickerten seit dem Ende des 6. Jahrhunderts von Turkvölkern, Hunnen und Awaren vorwärtsgeschobene Slawen bis zur Elbe und Saale, weiter südlich über den Böhmerwald bis Naab, Obermain und Rednitz ein. Hier bildeten sich die späteren Völker der Polen, Wenden, Tschechen, Mähren, Walachen, Slowaken. Ungefähr gleichzeitig kamen slawische Einwanderer auch in das agrarische Griechenland und gaben dem hellenistischen Bauernvolk einen starken slawischen Zuschuß.

Die Germanisierung des Balkans und Griechenlands konnte Ostrom verhindern, aber nicht mehr eine gründliche Slawisierung. Zur selben Zeit erreichten Slawen auch die obere Wolga und durchstießen den breiten baltischen Völkergürtel.

In Pannonien und Illyricum siedelten um 640 die Srbi (Serben) und Chrobati (Kroaten); die ersteren wurden griechisch-orthodox, die letzteren römisch-katholisch. Serbien kam unter bulgarische Herrschaft. Die Küstenstädte des antiken Dalmatien, Zara, Spalato, Ragusa, Zadar, Split und Dubrovnik, blieben der Kultur und Sprache nach lateinisch, das übrige Serbien wurde slawisch. Im 12. Jahrhundert anerkannte es wieder die Oberhoheit von Byzanz.

Seit 800 wurde die riesige Ländermasse von den Ostgrenzen des Frankenreiches bis zur oberen Wolga und zum Dnjepr, von der Ostsee bis zur Adria geschlossenes slawisches Sprachgebiet. Um diese Zeit kamen auch die großen Wanderungen auf dem Kontinent zu einem Abschluß.

Das Karolingerreich und die Slawen

An der Westgrenze stießen die Slawen auf die starke Abwehrbereitschaft des Karolingerreiches, das eben alle Kontinentalgermanen unter einer Herrschaft geeint hatte und starke politische und kulturelle Einflüsse auf die West- und Südslawen auszuüben begann. Die Wirkungen des römischen Papsttums waren mehr ideell. Unterwerfung und Taufe waren in jener Zeit ein sich ergänzender Akt.

Einfluß von Byzanz auf die slawische und östliche Welt

Einen unwiderstehlichen Zauber übte auf diese Völker die Weltstadt Byzanz aus, vor deren Toren sie sich stauten. Von hier ging im Mittelalter eine starke Kulturmission über die Donau und das Schwarze Meer nach Osten und Westen. Dieses überragende Bollwerk des Christentums und seiner klassischen Restkultur und -bildung begann mit dem großen Photios (um 950) seine Wirkung auf die Slawen auszustrahlen.

Als Brückenkopf zwischen Europa und Asien war Byzanz der natürliche Vermittler zwischen dem Westen, den Kulturzentren des Nahen Ostens und den Handelsmetropolen jenseits des Schwarzen Meeres, in das die Ströme der osteuropäischen Tiefebene schon seit den Zeiten der griechischen Kolonisation die Rohprodukte des Nordens brachten. Der erste folgenreiche Anstoß auf die slawische Welt aber ging vom Westen mit der Vernichtung der Awaren aus (um 800).

4. Das Chasarenreich

Die Slawen waren das letzte Großvolk Europas, das sich in den fruchtbaren Steppen Rußlands mit seinen vielen schiffbaren Strömen häuslich einrichtete. Dieser Raum mit seinen unzugänglichen Wäldern war nach allen Seiten offen und verwundbar. Zu den alten Kulturländern hatte es am Schwarzen Meer ein offenes Tor; diesen Raum hatten schon die Griechen im 7. Jahrhundert v. Chr. in einer Reihe von Städten besiedelt und mit den Skythen im Hinterland gehandelt und Kriege geführt. Im 2. Jahrhundert v. Chr. vernichteten die gleichfalls iranischen Sarmaten diese blühenden griechischen Kolonialstädte. *Die Steppen Rußlands*

Vierhundert Jahre später gründeten die Ostgoten hier ein Reich, das die Hunnen 375 verknechteten. Es folgten nomadisierende Horden, die Bulgaren, Awaren, Slawen, Chasaren, Magyaren, Patzinaken, Kumanen und Mongolen.

Im 7. Jahrhundert gründeten vom Kaukasus her die türkischen Chasaren in Südrußland ein geordnetes Reich vom Dnjepr bis zum Kaspischen Meer. Ihre Hauptstadt Itil lag an der Wolgamündung nahe dem heutigen Astrachan. In natürlicher Abwehr gegen die islamischen und christlichen Nachbarreiche nahmen König und Adel die jüdische Religion an, gewährten aber allen anderen Religionen Glaubensfreiheit. So kamen Kaufleute der verschiedensten Bekenntnisse in den Chasarenstädten zusammen. Itil war im 8. Jahrhundert wichtigstes Handelszentrum zwischen Ostsee und Kaspischem Meer, eine Welthandelsstadt. Unter den Schlägen türkischer Nomaden zerbröckelte das Chasarenreich im 9. Jahrhundert.

5. Nordgermanen und Slawen im Kiewer Reich

Im 6. Jahrhundert waren slawische Wanderstämme siedelnd in das Dnjeprtal und das Donezbecken gekommen und hatten in schwachen Gruppen den Ilmensee im Norden erreicht. Dann erfüllten sie die Ebenen der Ukraine und das angrenzende Land. Bis heute ist die Expansion der Slawen noch nicht zu einem Stillstand gekommen. *Ukraine*

Seit dem frühen 9. Jahrhundert war der Nordwesten des slawischen Siedlungsgebietes das Ziel abenteuerreicher Raubzüge der Wikinger, die im Westen bis Island, Irland und Spanien drangen, im Osten Balten, Finnen, Slawen heimsuchten. Diese Waräger (Gefolgsleute eines Häuptlings) legten auf ihren Marschwegen ins Innere befestigte Posten an; so bildete sich allmählich, inmitten einer unterworfenen Bauernschaft, eine herrschende Minderheit bewaffneter Kaufleute, die Tribut forderten. Seit der Mitte des 9. Jahrhunderts waren sie Herren von Nowgorod (= neue Festung) und befanden sich im Vordringen auf den Süden und Kiew. *Wikinger* *Nowgorod*

Die Räume ihrer sehr losen, schwerpunktartigen Herrschaft an Straßen vereinigten sie zu einem Ros oder Rus, das heißt einem lockeren Herrschafts- und Wirtschaftsverband. Auf den großen Flüssen, die durch Kanäle und kurze Überlandstrecken verbunden waren, drangen diese todesmutigen Krieger-Händler bis zum Schwarzen Meer vor und boten in der christlichen Weltstadt Konstantinopel ihre Waren und Dienste an. *Kiew* *Rus*

Es entwickelte sich ein Dauerhandel, der auch die Muselmanen dnjepr-, wolchow- und dünaaufwärts mit Gewürz-, Wein-, Seide- und Gemmenfracht und -abwärts mit Pelzen, Bernstein, Honig, Wachs und Sklaven führte. Darum fand man in Skandinavien viele islamische Münzen. Seitdem die Muselmanen im Mittelmeer den europäischen Export über französische und italienische Häfen blockierten, Marseille, Genua, Pisa im 9. und 10. Jahrhundert absanken, da brachte der skandinavisch-slawisch-muselmanisch-byzantinische Welthandel auf der Ost- und Nordostroute die Handelsstädte Nowgorod, Smolensk, Tschernigow, Kiew und Rostow am Don zur Blüte; der Osthandel beschaffte, was auf der Westroute nicht zu bekommen war.

Nestorchronik

In der Sage von den »Drei Fürsten«, den drei Warägerbrüdern Rurik, Sineus, Truwor, die, von den streitenden Finnen und Slawen Nowgorods gerufen, den russischen Staat begründeten, hat die russische Nestorchronik des 12. Jahrhunderts die Erinnerung an die Warägerherrschaft bewahrt. Kiew, das Hauptzentrum, entsandte schon 860 eine Flotte von zweihundert Kriegsschiffen nach dem Bosporus. Die eigentlichen Gründer des Reiches von Kiew waren Askold, Oleg und Igor, die ersten Stadtherren dieses wirtschaftlichen und politischen Brennpunktes, und nicht Rurik in Nowgorod.

Zug zum Bosporus

Sechsmal versuchte Kiew zwischen 863 und 1043 Konstantinopel einzunehmen; dies war der Anfang des russischen Strebens nach den Dardanellen und einem freien Zugang zum Mittelmeer.

Wladimir (972–1015), der fünfte Großfürst von »Rus«, ließ sich 989 taufen und öffnete nach einem ganz kurzen westlichen Zwischenspiel damit sein Land dem byzantinischen Einfluß in Religion, Alphabet, Münzwesen und Kunst. Unter Jaroslow (1036–1054), dem Sohn Wladimirs, erlebte das Großfürstentum Kiew seine Glanzzeit. Vom Ladogasee und der Ostsee bis zum Kaspischen Meer und Schwarzen Meer und zum Kaukasus hob er Tribute ein.

Allmählich ging die hauchdünne Oberschicht nordgermanischer Herren im slawischen Volkstum auf. Die Führungsschicht war aristokratisch; der höhere Bojarenadel und der niedere Adel besorgte Verwaltung und Verteidigung. Das unter ihnen stehende Volk gliederte sich grob in Händler, Städter, halbleibeigene Bauern und Sklaven.

6. Die Slawen als Element Europas

Der Eintritt der Slawen in die Gemeinschaft der christlichen Welt und Kultur war eine Wegmarke in der Entfaltung und Weltgeschichte Europas. In der orthodoxen Großmacht Rußland, die sich seit Peter dem Großen (1682–1725) in zunehmendem Maße dem Westen zuwandte, fand das Slawentum eine überragende und überdauernde Ausdrucksform, die aber nicht die vorhergehenden Jahrhunderte gemeinsamen Schicksals vergessen lassen darf. Die slawischen Völker, in einer langen Periode aus eigenen Voraussetzungen gewachsen und seit dem 9. Jahrhundert unter zunehmendem Einfluß des Karolingerreiches und der Byzantiner, schienen zeitweise zu Vermittlern zwischen den lateinisch-westlichen und griechisch-östlichen Formen christlich-antiker Überlieferung berufen zu sein.

Das noch herrschende Bild von einer Trennung unseres geschichtlichen Erdteils in einen germanisch-romanischen und einen slawischen Sektor entstand durch das kirchliche Schisma, den Verfall des Dnjeprstaates von Kiew, den Tatareneinbruch mit seinem Reich »Der Goldenen Horde« (um 1250) und die jahrhundertelange Trennung Rußlands vom Westen, durch die Angleichung der Westslawen an die Kultur der germanisch-romanischen Völker. Aber das Fundament überdauerte die Tatarenherrschaft.

Moskau

In Nachfolge von Kiew trat das durch die Tataren gewandelte Moskau in Osteuropa das Erbe byzantinischer Tradition und die Verteidigung der Orthodoxie an. Das mit dem Westen wirtschaftlich-kulturell stärker verbundene Westslawentum Ostmitteleuropas gewann seit dem 12. Jahrhundert durch die deutsche Ostbewegung neue Anregungen und einen entschieden europäischen Charakter.

Die Westslawen und Europa

Die Slawen, die alle noch vor 1000 in die mittelalterliche Kulturwelt eintraten, sind ein konstruktives Element im Werden Europas.

Durch die Übernahme der christlichen Lehre wurden nicht nur die Herrschaftskräfte der Slawen verstärkt, sondern auch die slawischen Völker zwischen Elbe und Dnjepr, Ostsee und Adria in die Netze der Politik der christlichen Mächte eingespannt.

Wer den Slawen Mangel an staatsschöpferischer Leistung zur Last legt, der überschätzt die führende Rolle der germanischen Wikinger, die im Ostseeraum unbestritten war, aber er vergißt die Kontinuität der Herrschaft der Přemysliden, Piasten, Arpaden und Rurikiden, eine große Leistung in einem bis zum 9. Jahrhundert weder staatlich noch kulturell entwickelten Siedelgebiet.

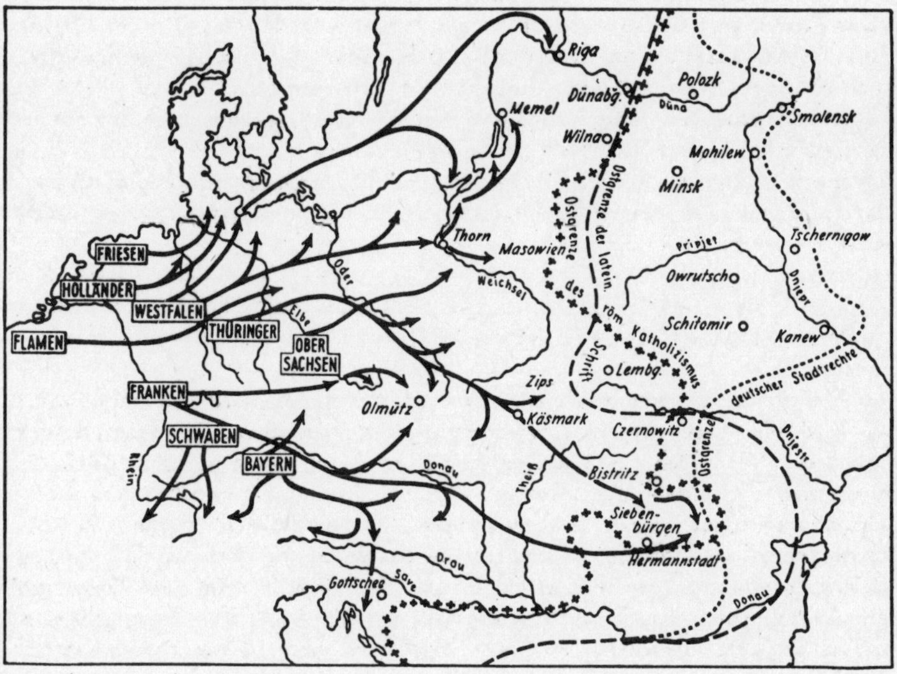

Ostwanderung im Mittelalter

X

DER NORDEUROPÄISCHE BOGEN VOM ATLANTIK BIS ZUM FINNISCHEN MEERBUSEN IN DER WELTGESCHICHTE UND IM WELTHANDEL DER ARCHAISCHEN ZEIT

1. Die Britischen Inseln

a) England, Däneninvasion. Alfred der Große. Die herrschaftliche Organisation des 10. Jahrhunderts

Nach der Schlacht von Deorham (577) war der Widerstand der Ureinwohner der Britischen Inseln gebrochen. Angeln, Sachsen und Jüten bauten in ihren Siedlungsgebieten feste »Herrschaften« auf, die Königreiche von Kent, Mercia, Northumberland, East Anglia, Wessex, Essex, Sussex (West-, Ost-, Südsachsen) und andere. Im Gegensatz zu den in lockeren Adelsclans bis zur Eingliederung in das Karolingerreich organisierten Festlandsachsen standen die Wandersachsen auf ihren Eroberungszügen unter Heerkönigen.

Teilreiche

König Egbert von Wessex errichtete 819 über die Kleinkönige eine Oberherrschaft, vermutlich unter dem Druck der Däneninvasion, die an Härte und Schrecken denen der Awaren und Magyaren in nichts nachstand. Nach der Angelsächsischen Chronik landeten die ersten Dänen 787 auf der Suche nach Siedelland – wie Jahrhunderte vorher die Angeln und Sachsen. Die Dänen verheerten 793 Northumberland, plünderten das berühmte Kloster Lindisfarne und töteten dessen Mönche. Das Jahr darauf raubten sie Wearmouth und Jarrow aus, wo der große Angelsachse Beda der Ehrwürdige im Jahrhundert vorher gewirkt hatte. East Anglia und Kent war ihr Ziel 838, und 839 ankerte eine dänische Flotte von 350 Schiffen in der Themsemündung; Canterbury wurde von ihren Gefolgschaftshaufen geplündert. Eine dänisch-schwedische Streitmacht eroberte Northumberland.

Däneninvasion

Diese Barbareneinfälle kosteten Tausenden das Leben. Die Klöster wurden geplündert und ihre Bibliotheken vernichtet. Die Schule von York, aus der Karls des Großen Hoftheologe Alkuin, einer der geistigen Väter einer neuen kontinentalen Bildung und Geisteskultur, hervorgegangen war, geriet in Verfall.

Die dänischen Eroberer beherrschten seit 871 England nördlich der Themse; doch hatten sie auch die Gegenwehr der angelsächsischen Könige herausgefordert. Das bekam Guthrums dänisches Heer beim Angriff auf Reading, die Hauptstadt von Wessex, zu spüren; König Ethelred und sein Bruder Alfred besiegten sie bei Ashdon. Freilich unterlag Ethelred in einer weiteren Schlacht bei Merton.

Alfred der Gesamtherrscher

In König Alfred, der 871 den Thron von Wessex bestieg, gewann nun die Insel einen tatkräftigen Gesamtherrscher. Er war zwar »illiteratus«, das be-

Auf der Vorderseite:
Granada, Alhambra (um 1300), Eingang in den Saal der Gesandter

Trani, Apulien
Westportal der Kathedrale (1179). Blick auf das Hohenstaufer Kastell Kaiser Friedrichs II.,
das spätere Gefängnis von König Manfreds Gattin Helena mit ihren vier Kindern

deutete, daß er kein Latein konnte, aber die ungeschriebene Bildung und Literatur des Adelskreises beherrschte dieser gewandte, kluge und begabte Herrscher und Krieger sehr wohl. 878 zwang er bei Ethandun (Edington) das halbe Dänenheer zum Abzug über den Kanal. Diese fielen dann in Frankreich ein, das fortan unter den Invasionen aus dem Norden schwer zu leiden hatte.

Den auf den Inseln verbliebenen Dänen wies Alfred der Große im Frieden von Wedmore Nordostengland, das spätere »Danelaw« als Siedelland zu. Dieser Erfolg gab ihm die Kraft, das eroberte East Anglia mit Mercia und Wessex zu einer Großherrschaft zu vereinigen und den Anfang mit der Errichtung eines starken Gesamtreiches zu machen. *Danelaw*

König Alfred von England schuf ein starkes Heer und eine Flotte, gab seinem Reich ein einheitliches Gesetz, erneuerte das Recht, förderte den Wiederaufbau zerstörter Siedlungen und die Neuanlage von Dörfern, ließ sich Armenfürsorge und Bildungswesen angelegen sein. Zu Reading erstand eine blühende Hofschule. Klöster unterstützten seinen Kulturaufbau in Seelsorge und Bildung. Alfred berief fremde Gelehrte in sein Reich, die antik-christliches Bildungsgut für eine Art Renaissance der Bildung aufbereiten sollten. Auch in seinem Bildungseifer hatte Alfred viele Züge mit Karl dem Großen gemeinsam; er förderte Volkssprachen und Volkslieder, ließ wichtige Bücher ins Englische übersetzen.

Am Ende seines Lebens bedrohte ein großer Bund der abenteuernden Dänen, der Dänen des Danelaw und der keltischen Walliser, nochmals sein Werk. Die Dänen waren 894 in einem Überfall bereits bis Kent vorgedrungen; doch konnte Alfreds Sohn Edward I. ihr Heerlager zerstören und sie 899 völlig zersprengen. Im Jahre 901 starb der um Englands Kultur, Wirtschaft und Verteidigung hochverdiente König. Alfred war die erste bedeutende Herrschergestalt auf den Britischen Inseln im vollen Licht der Geschichte. England hatte fast ein Jahrhundert Ruhe von auswärtigen Invasionen. Zu Beginn des 10. Jahrhunderts hatten ja die Wikinger auch an der Westküste Frankreichs, in der Normandie, ein größeres Siedelgebiet erhalten.

Die Nachfolger Alfreds des Großen, Edward I., Ethelstan und Edred hatten bis 954 die angelsäschsische Grenze wieder an den Fuß der schottischen Berge vorgeschoben. Northumberland und Mercia waren jetzt Wessex einverleibt. Krieg und Eroberung zwangen zu einer herrschaftlichen Organisation des gewonnenen Gebietes. Der Hundertschaftsbezirk blieb die Grundlage militärischer und maritimer Leistung. An der Spitze der alten Kleinkönigreiche stand der Ealdormen als erblicher Beamter. Aber das Großkönigtum von Wessex parallelisierte diese altangelsächsischen Organisationsformen durch neugeschaffene Oberbezirke über den Hundertschaften, die Skirshire; an deren Spitze stand der nichterbliche Skirgerefa, der nicht feudal war und seinen Amtscharakter bewahrte, der ein Werkzeug der zentralen Königsherrschaft gegen die Feudalaristokratie blieb. *Verfassung des Reiches*

Die englischen Könige wußten das Lehnrecht für den Aufbau einer straffen monarchischen Herrschaft einzusetzen. In den Ländern nördlich der Themse (Mercia und Northumberland) herrschte infolge des starken dänischen Elements größere Freiheit als im Süden, wo die harten Dänenkriege dem englischen Adel ein starkes Übergewicht gegeben hatten. Diese Aristokratie beherrschte

Edwig; sie besetzte die Kanonikerstifte und Bischofsstühle. Fernab vom Sitz des Papstes wurzelte der englische Klerus viel stärker als anderswo in Land und Volk; Erzbischof Dunstan von York führte mit Energie und Weitsicht die angelsächsische Geistlichkeit. Edwig mußte unter dem Druck des Nordens und der kirchlichen Reformpartei das Land nördlich der Themse seinem Bruder Edgar als Herrschaftsgebiet abtreten.

Dunstan

Zwar verschwand diese Teilung bei Edwigs Tod 959 wieder, doch verlagerte sich das Schwergewicht des Gesamtreiches von Wessex nach dem Norden; Dänen besetzten fortan die maßgeblichen Stellen. Zugleich gewann die Kirche starken Einfluß auf den König, Erzbischof Dunstan konnte kirchliche Ansprüche mit staatlichen Mitteln durchsetzen. Das alles bedeutete Schwächung der Königsgewalt und des westgermanischen Reiches von Wessex.

Seit Edgars Tod 975 brach der Gegensatz zwischen Nord und Süd immer stärker auf, die Kirchenreformpartei begegnete einer starken einheimischen Opposition, gegen das Übergewicht des Adels setzte der König Beamte aus unteren Schichten ein. Dies alles lockte die Wikinger zu neuen Einfällen an.

b) Nordgermanen – Wikinger. Das Reich Knuts des Großen (1016–1035)

Seit dem Ende des 10. Jahrhunderts begannen sich die bis dahin wenig differenzierten Völker des nordischen Umkreises von Europa in die drei Großstämme der Dänen, Norweger und Schweden (Goten) zu scheiden im Rahmen eines herrschaftlichen Einschmelzungsprozesses zum Großkönigtum. Dabei wuchsen die beiden dänischen Reiche in Jütland und Seeland zu einer Gesamtherrschaft zusammen, die auch die Landschaften Halland, Blekinge und Schonen in Südschweden einschloß. König Gorm der Alte († 935) teilte noch das Regiment mit Nebenherrschern, aber schon sein Nachfolger Harald Blauzahn war Alleinherrscher (965).

Das Königreich wurde nach dem Muster der englischen Skir in Syslar eingeteilt. In Norwegen entwickelte sich das Großkönigtum aus den Teilkönigreichen, die Harald Harfagr vor seinem Tode an seine Söhne gegeben hatte. Alle herrschaftlichen Konzentrationsbewegungen vollzogen sich unter harten Widerständen.

Die inneren Spannungen wuchsen noch, als seit 1000 das Christentum in Nordeuropa einzusickern begann und zur Waffe des norwegischen und schwedischen Großkönigs gegen seine kleineren Rivalen wurde. Viele Kleinkönige und unsichere Existenzen widmeten sich dem Seeraub und machten mit ihren Gefolgschaftshaufen die Nordsee unsicher. Zu Ende des 10. Jahrhunderts setzten die Einfälle in England wieder ein, und am Beginn des 11. Jahrhunderts suchten sie auch die sächsische und flandrische Küste heim.

Erneute Wikingerinvasion in England

England wurde eine leichte Beute des neuerstandenen Wikingertums. Norwegische Wikinger unter Olaf Tryvesson besetzten 991 die englische Küste, plünderten und besiegten die Engländer bei Maldon. König Ethelred II. (der Ratlose, 978–1013) kaufte sich mit hoher Summe von den Invasoren frei. Konflikte mit dem Adel zwangen Ethelred 1013 zur Flucht nach der Normandie. Daraufhin anerkannten die Angelsachsen den Dänenkönig Svein und nach dessen Tod ein Jahr darauf seinen Sohn Kanut den Großen als ihren Herrscher an.

Dieser vollendete die dänischen Eroberungen durch seinen Sieg über Ethelreds Sohn Edmund (Ironside = Eisenseite) bei Assandum 1016. England schien

Knut

zum zweitenmal einer politischen Großherrschaft über fast alle Randländer der Nordsee eingeordnet zu sein, dessen Schwerpunkt am östlichen Gestade jenseits des Meeres lag. Seit 1028 beherrschte König Knut der Große von Dänemark und England (1016–1035) auch Norwegen, dessen König Olaf der Heilige einem Bauernaufstand erlag. Dieses Reich um die Nordmeere sicherte Knut eine Stellung, die der des deutschen König-Kaisers ebenbürtig war.
Kanut oder Knut war Eroberer, Organisator, Staatsmann mit kulturellen Zielen. England machte er zum Zentrum seiner Großherrschaft, weil es höher entwickelt war als die Heimat. Er entließ das Dänenheer und berief Angelsachsen in die englische Verwaltung. Durch die Eheverbindung zu den Normannen war seine Herrschaft endgültig gesichert. Die Insel aber bewahrte er vor weiteren Einfällen. Knut wurde Christ.
In den vom Adel beherrschten Grafschaften setzte Knut Leute seines Vertrauens ein, und den erzbischöflichen Ratgeber der Krone löste er durch einen weltlichen Minister ab. Bei seinem Tode 1035 war der Däne zum Engländer geworden, obwohl er seit 1028 zu England und Dänemark auch Norwegen beherrschte. Die Residenz dieses Dreireiches war Winchester.

Invasionen und Völkermischung

Für die Britischen Inseln war die Dänenherrschaft ein Glied in der Kette der Invasionen, die sie erlebten, und der Völkermischung, die das englische Volk ausformten. Höhepunkt dieses Prozesses war die normannische Eroberung von 1066. Kelten, Gallier, Angeln, Sachsen, Jüten, Dänen und Normannen wuchsen zum neuen Volk zusammen, das die Welteroberer kommender Jahrhunderte hervorbrachte und der Nation die Liebe zum Meer gab.
Die Wikingereinfälle haben der Insel schweren Schaden zugefügt, die Knuts kurze Regierung nicht behob. Nach seinem Tode trennten sich England und Dänemark kraft germanischen Erbteilungsprinzips wieder, und in England selbst fiel das Süd-Themseland der Witwe Ethelreds und Knuts, das skandinavisch durchsetzte Nordgebiet den Söhnen Knuts zu. Die Macht aber lag bei den Eaorlen (earls), wie sich die Ealdormen seit Knut nannten.

c) Die normannische Eroberung

Godwin von Kent

Der einflußreichste der Eaorle war Godwin von Kent, der erste bedeutende weltliche Staatsmann der englischen Geschichte. Seine Tochter Edith wurde mit einem schwachen König verheiratet, der nach seiner Bildung, Sprache und Lebensart eigentlich ein französischer Normanne geworden war und seine normannischen Freunde nach England mitnahm und in hohe Stellen brachte. Sie erbauten normannische Burgen (Donjons), verachteten angelsächsische Sprache und Lebensform und bereiteten die normannische Eroberung vor. Nach Godwins Tod (1053) übernahm Harald als neuer Earl of Wessex die Machtstellung des Vaters. Er eroberte 1063 Wales für England (König Gruffyd) und erbaute 1060 die Abteikirche von Waltham.

Nationale Gegensätze

Godwin und Harald waren Vorkämpfer des angelsächsischen Elements gegen Nordfranzosen und Friesen am Hof, mit denen sich die römische Kirche, vorab Erzbischof Robert von Canterbury und Bischof William von London, die beide kuriale Reformideen verfochten, verband. So traf zum älteren Gegensatz zwischen Nord und Süd auf den Inseln der neuere zwischen den französischen Normannen und den National-Angelsachsen.

Nach Edwards Tod wählte ein Witenagemot (= Versammlung angelsächsischer Adeliger und Bischöfe) Harald zum König; aber Edwards Vetter, Herzog Wilhelm von der Normandie, erhob gleichfalls Anspruch auf den angelsächsischen Thron. In der Hoffnung, die angelsächsische Kirche dadurch Rom vollends unterzuordnen, versprach Papst Alexander II., vom Mönch Hildebrand beraten, dem Normannen Hilfe und Segen für eine Invasion. Um sein »Erbe« zu holen, landete Wilhelm Ende September 1066 mit einem Heer normannischer Lehnsleute und buntzusammengewürfelter Glücksritter an Englands Südostküste bei Pevensey. Harald mußte mit geschwächten Streitkräften dem Eindringling entgegentreten und unterlag bei Hastings am 14. Oktober 1066 mit dem Heer des Südens dem Normannen. Mit der Blüte des angelsächsischen Adels verlor er Sieg und Leben. England war in den Händen der Festlandsnormannen. Hildebrand und Gregor VII. schufen damit einen Präzedenzfall für den Anspruch der Päpste, über Throne zu entscheiden und Könige abzusetzen. Papst Innozenz III. und die Kurie machten 1213 diese Prärogative gegen den englischen König John Lackland (Johann ohne Land) geltend.

Normannische Eroberung 1066

d) *Irland und Wales. Die irische Mission*

Wales

Wales, 78 n. Chr. in das Römerreich eingegliedert, führte nach dessen Untergang (476) unter seinen Königen ein Eigendasein. Der Westen wurde im 5. Jahrhundert von Iren besiedelt, auf der Flucht vor den Angelsachsen kamen Tausende von Briten hierher. Sie beide vermischten sich mit den keltischen Ureinwohnern zum Volk der Cymri (Landsleute). Wie bei allen Kelten, den Bretonen, Kornen, Iren und den Gälen Nordschottlands war der Kern ihrer primitiven Gesellschaftsordnung Familie, Sippe, Clan (Stamm). Ihre Sagen wurden in der Bretagne in geschliffene Form gegossen. Die jetzige Form der keltischen Sagen stammt aus dem 10. Jahrhundert, aber die Stoffe sind heidnisch.

Das Christentum kam im 6. Jahrhundert in das Land, Kloster und Kathedralschulen waren seine Pflegestätten. Normannische Piraten fielen ins Land ein, wurden aber von König Rhodri (844–878) für immer vertrieben. Harald, damals noch Earl of Kent, eroberte 1063 Wales für England.

Irland

Irland war vom Tode des heiligen Patrick bis in das 11. Jahrhundert in sieben Königreiche aufgesplittert, die sich gegenseitig befehdeten. Seit dem 3. Jahrhundert siedelten Iren im westlichen Küstengebiet der Briten und griffen es an. Sie wurden Scotti (= Wanderer) genannt. Irland war wie Schottland romfreies Gebiet geblieben und bewahrte deshalb seine alte Lebens- und Rechtsordnung. Der Stamm, der aus Familien und Sippen zusammenwuchs, war die Form der umgreifenden Herrschaftsordnung, die auf einen göttlichen Stammesvater zurückgeführt wurde.

Das Christentum setzte sich zwischen 461 und 750 durch. Die Iren waren in dieser Zeitspanne wohl das hochstehendste Volk des europäischen Westens nördlich der Alpen. Gallische und britische Gelehrte waren im 5. Jahrhundert vor den germanischen Invasionen in Gallien und auf England nach der Grünen Insel ausgewichen, die Sicherheit vor Einfällen bis zum 9. Jahrhundert bot und mit Gallien wie Britannien in einem zunehmenden Handelsverkehr stand. Es entwickelte sich in dieser Geborgenheit eine eigenartige Klosterkultur, deren Zentren Schulen waren, in denen Philosophie und Theologie, lateinische und

Klosterkultur

griechische Literatur, gälische Grammatik und Literatur, Mathematik, Astronomie, Musik, Medizin und Recht studiert und gelehrt wurden zur Vorbereitung auf den Priesterstand. Das Christentum bekam in dieser Klosterkultur einen mystisch-individualistischen Zug und nahm etwas von der Phantasie der Kelten an. Die Priester führten Amt und Stellung der alten keltischen Druiden fort und pflegten die Mythen der Barden.

Die Mönche, deren Klöster als selbständige Zentren über das ganze Land verstreut waren, hatten ein höheres Ansehen als die Bischöfe und lehnten jede Herrschaft von außen ab. Sie lebten ursprünglich in Askese; im weiteren Verlauf betrieben sie gemeinsam Studien, schrieben Handschriften und begründeten Schulen. Letztere waren im 6. und 7. Jahrhundert Strahlungszentren christlicher Lehre und antik-christlicher Bildung nach den Inseln und dem Kontinent, wo das Christentum in einer Krise lag und antike Kultur und Bildung kaum noch überlebten. Eine große Zahl berühmter und gefürchteter »Heiliger« ergoß sich für lange Zeit nach Schottland, England, Gallien, Westgermanien und Italien und brachte neue Impulse für Christentum, Klosterkultur und Bildung des Kontinents.

Strahlungszentrum nach dem Kontinent

Die Wirkung dieser glaubenserfüllten Irenmissionare konnte nur flüchtig sein. Dauernd blieb sie nur, wo sie sich wie in Gallien mit herrschenden Elementen und Schichten verbanden.

Ihre führende Gestalt war Columban (* 543 in Leinster). Mit zweiunddreißig Jahren trat er durch Klostergründungen in den Vogesen, deren Zentrum Luxeuil war, ins Licht der Geschichte. Dieses Kloster zog das Interesse des fränkisch-germanischen Adels und vor allem der fränkischen Hofaristokratie auf sich und wurde die Pflanzstätte der neuen irofränkischen Mischregel, an der sich eine neue Mönchskultur entzündete, die wesentlich zur Entfaltung neuer geistig-geistlich-adeliger Lebensformen im Frankenreich beigetragen hat. Columban war kein Weltmann und verdarb es sich mit Bischöfen, Adeligen und Päpsten. Er wurde 609 aus Gallien ausgewiesen, weil er die Unmoral der politisch berüchtigten Königin Brunechilde angeprangert hatte. Das Schiff, das ihn nach Irland abschieben sollte, wurde an die französische Küste zurückverschlagen, so daß Columban nun das Land durchqueren und nach Alemannien ausweichen konnte, wo 613 ein irischer Landsmann die erste Gründung des Klosters St. Gallen südlich des Bodensees vornehmen konnte. Columban überquerte die Alpen und gründete ebenfalls 613 in der Lombardei das Kloster Bobbio, das zu einem Zentrum der Arianermission unter den Langobarden wurde. 615 starb Columban.

Columban

St. Gallen und Kloster Bobbio

Irlands Beitrag zu den Anfängen einer europäischen Kultur bestand in der Vermittlung christlicher Lehre und Klosterkultur, sodann in der Bewahrung des antik-christlichen Geisteserbes und in seiner Beschäftigung mit den Wissenschaften.

Der Norwegerhäuptling Olaf der Weise begründete 851 das Königreich Dublin, das bis in das 12. Jahrhundert unter normannischer Herrschaft blieb. In den Zeiten der Bedrängnis gelang Brian Bozu (941–1014), dem Bruder König Mahons von Munster und Haupt der Sippe der Dalgas, 1013 die politische Einigung der Insel. Die Brüder vernichteten 968 ein Dänenheer bei Tipperary und töteten jeden Normannen bei der Eroberung von Limerick. Im Jahre 1172 wurde die Insel abermals eine Beute von Abenteurern aus Wales und England. Mit Recht

Dublin

sagt man, daß diese »Insel der Heiligen und Doktoren«, ein Außenposten antikchristlicher Buchweisheit, mittelmeerischen Handels und Heimat einer sehr urtümlichen Volkskultur, der aufkeimenden Kultur Europas einen starken Impuls gegeben hat.

e) Schottland

Schottland, das antike Caledonia, wurde am Ende des 5. Jahrhunderts in seinem Südwestteil von gälischen Scotti aus Nordirland besiedelt, die dem Land nördlich des Tweed den Namen gaben. Diese vermischten sich mit den keltischen Pikten nördlich des Firth of Forth, den britischen Flüchtlingen vor der angelsächsischen Invasion, die zwischen dem Derwent und dem Firth of Clyde saßen, und den Angeln zwischen Tyne und Firth of Forth zur schottischen Nation, die englisch sprach, christlich wurde und das Feuer der Iren, den Realismus der Engländer, die Schlauheit und Phantasie der Kelten in sich trug. Auch hier herrschten die Clans. Dieses alte Piktenland blieb romfrei; das Weltreich hatte gegen sie den Hadrianwall zwischen Solway und Tyne und den 100 Kilometer weiter nördlich verlaufenden Wall des Antoninus Pius zwischen Firth of Clyde und Firth of Forth errichtet (140). Erst der sächsische König Edwin von Northumbrien nahm die Bergfeste der Pikten ein und nannte sie Ed(w)inburgh, das die seit 844 vereinigten Pikten und Skoten 954 wieder zurückeroberten und zu ihrer Hauptstadt machten. Malcolm II. eroberte 1013 Lothian, das Gebiet nördlich des Tweed, hinzu. Die Däneninvasion trieb viele Angelsachsen nach dem südlichen Schottland. Duncan I. (1034–1040) schuf das Vereinigte Königreich Schottland. Nach dessen Ermordung (1040) regierte Macbeth siebzehn Jahre. Shakespeares Drama führt uns in diese Zeiten der Kämpfe zurück. Schottland lebte in der steten Gefahr vor Invasionen der furchtlosen Wikinger; die Normannen eroberten die Orkneyinseln, die Faröer, die Shetlandinseln und die Hebriden.

Die Bildung der schottischen Nation

Duncan Macbeth

f) Kirche und Kultur in England

Am Ende des 6. Jahrhunderts waren die Jünger des Iren Columban von Iona nach Northumberland und der Mönch Augustin im Auftrag Papst Gregors I. von Italien zu den Angelsachsen gekommen, um sie zu bekehren. König Ethelbert von Kent hatte die christliche Merowingerprinzessin Berta geheiratet, obwohl er selbst Heide blieb. Dem römischen Missionar wies er Canterbury als Sitz zu. Aus Oberitalien und Burgund kamen noch weitere Glaubensboten nach. Der Italiener Paulinus stieß 627 in Northumberland auf die aus Schottland vordringende Irenmission, die im Ringen mit Rom hier unterlag. Um 660 setzte der Aufbau einer Kirchenorganisation in zwei Erzbistümern ein. Wie im Frankenreich wurde die Kirche ein Mittel der Beherrschung in einem weithin unentwickelten Land; dafür gewährte ihr der König reiche Belehnung und Schutz. Der Adel gründete Klöster. Beda, der Geschichtsschreiber aus dem Kloster Yarrow († 735), meinte, daß es zu viele steuerfreie Kirchenländereien und zu wenig zahlende Gutsbesitzungen zur Ausstattung von Kriegern für die Verteidigung des Landes gäbe. König Oswald von Northumbrien hatte den Mönchen von Iona die Insel Lindisfarne an der Ostküste Englands überlassen, wo Aidan 634 ein Kloster gründete, das durch die Pracht seiner illuminierten Handschriften berühmt wurde. Im Streit mit den irischen Mönchen des Nordens über Ritual,

Klöster Iona und Lindisfarne

Kalender und Osterzeitfrage entschied Wilfrith auf der Synode von Whitby 664 zugunsten des römischen Kalenders für die gesamte angelsächsische Kirche.
Irische und angelsächsisch-englische Mönche haben ihre Regel und Weisheit in das Westfrankenreich, den Glauben zu den Friesen in das Ostfrankenreich getragen. Der in Irland ausgebildete northumbrische Mönch Willibrord setzte um 690 mit seinen Gefährten über die Nordsee, gründete in Utrecht einen Bischofssitz und widmete sich vierzig Jahre lang der Friesenmission. Mit Hilfe des karolingischen Adels aus dem Maas-Mosel-Raum gründete er das Kloster Echternach (Luxemburg). Die Friesen, das große Händlervolk des aufgehenden Mittelalters, sahen in ihm ein Werkzeug des Hausmeiers Pippin des Mittleren zu ihrer Unterwerfung. Die Missionstätigkeit Willibrords setzte der adelige, angelsächsische Benediktiner Wynfrith (zirka 680–754) fort, dem Papst Gregor II. den Namen Bonifatius gab. Er wurde der große Organisator der ostfränkischen Kirche und ein zielbewußter, wenn auch nicht immer erfolgreicher Reformer der fränkischen Reichskirche. In seinem Gefolge kamen zahlreiche Angelsachsen auf den Kontinent.

Angelsächsische Mission und Klostergründung auf dem Kontinent

Friesen

Der englische König begünstigte die Kirche wie den fremden Kaufmann vom Festland und bot dem Abenteurer auf seiner Insel eine neue Existenz. Um den Königshof bildete sich ein neuer Lehens- und Dienstadel, der den alten Geburtsadel ersetzte. Diese Aristokratie übte mit Zustimmung des Königs auf den vom Eingriff des Königs befreiten Ländereien (Immunitäten) fast genau wie im Frankenreich Herrschaft über Land und Leute aus.

König, Kirche, Adel

Die Hälfte der Insel war ungerodet trotz Landesausbau durch Leibeigene und Sklaven. Bristol war Sklavenmarkt. Orte wie London, Exeter, York, Chester, Bristol, Gloucester, Oxford, Norwich, Worcester und Winchester entfalteten sich erst in der Zeit nach Alfred dem Großen (871–901). Die alte römische Hauptstadt London erhob sich seit dem 8. Jahrhundert wieder dank ihrer beherrschenden Lage an der Themse und wurde unter Knut dem Großen Hauptstadt seines Reiches. Die Abschließung durch das Meer hat auf den Inseln noch länger als auf dem Festland archaische Zustände erhalten, wenn auch nicht in dem Maße wie im germanischen Skandinavien. Träger einer höheren Bildung, die nicht aus dem Lande kam, waren und blieben die Klöster und ihre Schulen, so Wearmouth (gegründet 660), aus dem Beda hervorging. Erzbischof Egbert stiftete 735 in York eine Kathedrale mit Schule und Bibliothek, die ein Zentrum abendländischer Bildung in England wurde. Diese Bildung erreichte in Beda dem Ehrwürdigen (673–735) einen frühen personalen Höhepunkt. Berühmt ist seine »Kirchengeschichte des englischen Volkes« von 731, die auf Quellenmaterial von erster Hand beruht und das Niveau der Zeit weit überragte.

Wearmouth und York

Beda

2. Die Nordmannen – Wikinger

a) Die Nordlande und ihre Kultur vor 800

Jütland und Skandinavien, die beiden Halbinseln Nordeuropas, waren niemals Glieder des Römerreiches gewesen, doch standen die Römer entlang der Nordseeküste oder entlang der Weichsel und Oder, der alten Bernsteinstraße von der Adria an die Ostsee, mit ihnen in Verbindung. Sächsische Seeräuber, die seit dem 3. Jahrhundert den Ärmelkanal bis zur Loiremündung verheerten, wurden von den Römern an Galliens Nordküste angesiedelt. Der Abzug der Römer gab Britannien dem Einfall der Germanenhaufen aus Jütland, Schleswig, Niedersachsen, den Angeln, Sachsen und Euten, preis, die sich im ganzen 5. Jahrhundert im Mündungsgebiet des Rheins und an der Küste Nordgalliens drängten.

Germanen und Slawen in Jütland und Holstein

In die leergewordenen Siedelgebiete auf Jütland rückten Dänen und Friesen ein; Slawen drängten nach Ostholstein nach, so daß ein slawischer Wall die Nordgermanen Skandinaviens von den Festlandsachsen abschnitt. Das Meer trennte an sich Skandinavien und den dänischen Umkreis von der neuen Kultur des Frankenreiches ab, trotz des friesischen Handels mit Angelsachsen und Dänen, trotz der Raubzüge der Nordmannen (Wikinger) an die Südwestküste des Festlandes und trotz der Kriege der Merowinger mit Sachsen und Dänen.

Land der Seefahrer

So hielt sich im Norden alte Lebens-, Kultur- und Glaubensform. Der Name Skane (Schweden), Scandia (Skandinavien) bezeichnete den Siedelraum dreier verwandter Völker, der aber nicht die Urheimat der Urgermanen oder Indogermanen gewesen sein kann. Verwandte der Eskimos und Lappen müssen die Vorbevölkerung gewesen sein. Der karge Boden trieb die Bewohner immer auf die See auf der Suche nach Nahrung, Sklaven, Frauen und Gold. Die Norweger kamen nach Schottland, Irland, Island und Grönland; die Schweden drangen nach Rußland (Waräger) und an das Schwarze Meer bis Konstantinopel vor; die Dänen hielten England und Frankreich in Atem.

Archaische Religion

Religion war bei den Nordgermanen genauso wie bei allen Völkern dieser Kulturstufe »Kitt archaischer Staatlichkeit«. Bei ihnen scheinen sich am längsten Formen und Reste eines mythisch-vegetativen Königstums erhalten zu haben. Sein Sakralcharakter sicherte dem Volk Kindersegen, Fruchtbarkeit der Äcker, Sieg im Kampf. Ein darin untüchtiger König wurde den Göttern geopfert, von denen er wie der Stammesadel abstammte. Die Stammesverbände hatten gemeinsame Kultzentren, so ein Teil der Schweden auf der Insel Birka im Mälarsee, später in Upsala, die Seeländer in Laire bei Roeskilde. Hier trafen sich die Menschen zu Opfer, Gericht, Kauf und Tausch. Hier standen die kunstvoll geschnitzten Hochsitze der Könige in Holzhallen mit verziertem Gebälk. Hier saß und trank das Heergefolge.

Im fruchtbaren Dänemark gab es überwiegend Weidewirtschaft und Viehzucht. Die Nordländer waren auf Getreideeinfuhr angewiesen, die sie mit Pelzen, Häuten und getrocknetem Fisch bezahlten, die sie wieder bei den Lappen des hohen Nordens holten. Der Meeresarm am Kattegat und Skagerrak, Brücke zwischen Festland und großer Nordhalbinsel, und die Ostsee zwischen Schweden, Gotland, Aalandinseln einerseits, dem Festland der Finnen, Litauen und Slawen andererseits waren die Hauptzentren des Seeverkehrs. Entlang der Nordseeküste griffen die Nordmänner auf den Routen der sächsischen Seeräuber zu den römischen Küstenprovinzen nach Westen aus; doch gingen sie auch auf hohe See, um über Shetland- und Orkneyinseln an die britische und um 620 an die irische Küste zu gelangen.

b) Die Wikingerfahrten seit 780. Das nordische Großkönigtum

Im Gefolge innerer Umwälzungen in der Heimat gingen die »Nordmänner« zweihundert Jahre später in großen Fahrten auf See. Es war die Zeit, da das

Wikingerinvasion und -expansion seit dem 10. Jh.

Großkönigtum sich durchsetzte und die Kleinkönige mit ihrem Gefolge über See auswichen und neues Land suchten. 789 erschien eine Wikingerflotte an der englischen, 793 an der schottischen, 795 an der irischen Küste. Das war der Anfang der ersten großen Wikingerexpansion.

Karl der Große hatte mit den Dänen auf Jütland und den Wikingern an der französischen Küste zu tun, aber zu einer Gefahr für das Reich wurden sie erst unter seinen Nachfolgern. Die Fahrten, die auf Seeraub, Beute und Handel ausgingen, waren unter Führern gefolgschaftlich organisiert. Diese Piratenvölker kannten weder Kaufmann noch organisierten Handel.

Neues Siedelland

Die Wikinger legten meist an einer Insel in einer Flußmündung an und stießen flußaufwärts in das Landesinnere vor oder ritten weiter landeinwärts und kehrten zum Landeplatz wieder zurück. Je enger der Nahrungsspielraum zu Hause wurde, um so dringlicher wurde der Kampf um neues Siedelland. Um 820 gründeten die Wikinger ein nordisches Reich im irischen Dublin, auf dem Boden des Frankenreiches ein kurzlebiges normannisches Lehenherzogtum in Friesland. Dann verheerten sie von festen Standquartieren aus das Frankenreich.

Eine Wikingerflotte fuhr 859 entlang der spanischen Küste bis zur Mündung des Guadalquivir, suchte Marokko heim, fuhr in die Meerenge von Gibraltar ein, brandschatzte die Südküste Frankreichs sowie Lucca und Pisa in Nordwestitalien.

Der Ring der Wikingerflotten um Europa

Um 840 hatten schwedische Wikinger ihre Herrschaft über das russische Nowgorod begründet und begannen auf dem Weg zum Schwarzen Meer Stützpunkte zu errichten. 866 erschien eine Wikingerflotte vor Konstantinopel, wo »Waräger« als Leibgardisten im Dienste des byzantinischen Kaisers standen. So schlossen Wikingerflotten also den Ring um das europäische Festland im Mittelmeer.

Um die gleiche Zeit griffen sie England an und brachten den Norden in die Hand der Dänen (Danelaw). Neue Scharen gingen auf See 874, als die Berater des jugendlichen Königs Harald Harfagr ein norwegisches Großreich gründeten. Sie suchten Land auf der 860 von norwegischen oder dänischen Wikingern wiederentdeckten Insel Island. Auf den Faröern und den Shetlands saßen Skandinavier seit 700. Sie bauten eine aristokratische Herrschaft auf – keine Bauernrepublik, wie man so lange annahm. Im Jahre 1000 beschloß das Allthing der vier Provinzen formell die Annahme des Christentums. Der König von Norwegen blieb Oberherr der Insel. Gumbjörn Ulfsson, ein Norweger, sichtete 876 Grönland, und 895 gründeten Thorwald und sein Sohn Erik der Rote dort eine norwegische Kolonie; um 890 müssen Wikinger auch das Nordkap umsegelt haben auf der Suche nach neuen Beuteländern an den Küsten des Weißen Meeres. 986 entdeckte Bjerne Herjulfsson Labrador, und um 1000 landete Leif, der Sohn Eriks des Roten, auf dem amerikanischen Festland, das er »Winland« nannte, weil Grönland damals vom Golfstrom bespült war und Weinbau dort möglich war.

Labrador

Amerika

Unter Herzog Rollo gewannen die Normannen 911 neues Siedelland an der französischen Westküste, wo sie das Herzogtum der Normandie errichteten; noch mehrere Jahrzehnte danach suchten sie die Bretagne, die Loiremündung und Südfrankreich heim.

Großkönigtum und Christentum

In den Zeiten der Wikingerfahrten des 9. und 10. Jahrhunderts erstand das nordische Großkönigtum. Gorm (860–935) einte Dänemark, sein Sohn Harald Blauzahn (945–985) öffnete es dem Christentum. Gabelbart (985–1014) eroberte

England und machte Dänemark zur europäischen Großmacht. König Olaf Skottkonung (994–1022) gab das Christentum in Schweden frei und wählte Uppsala zur Residenz. Um 800 gab es in Norwegen einunddreißig Gaukönige. Halfdan der Schwarze unterwarf von seiner Königshalle zu Trondheim aus die meisten anderen und wurde Norwegens erster Großkönig. Aber erst nach zehnjährigem Kampf mit den Fjordhäuptlingen konnte sein Sohn Harald Harfagr (= Schönhaar) seine Alleinherrschaft über Norwegen aufrichten (860–933).
Seit 995 König in Norwegen, zerstörte Olaf heidnische Tempel und errichtete christliche Kirchen, ohne von der Vielweiberei zu lassen. Er wurde 1000 in einer großen Seeschlacht vor Rügen von den Königen von Schweden, Dänemark und dem Jarl Erik von Norwegen besiegt. Olaf der Heilige einte Norwegen und

Olaf der Heilige

vollendete die Christianisierung. Doch die Jarle vertrieben ihn, von Knut unterstützt, 1028 und besiegten sein Heer 1030 bei Stiklestad. Olaf, dem Nationalheiligen, erbauten die Nachfahren auf der Walstatt eine Kathedrale.

c) Das Leben der Wikinger bis zum 11. Jahrhundert

Familienordnung, wirtschaftliche Zusammenarbeit und religiöser Glaube bestimmten das Leben der Wikinger bis um 1100. Der freie Mann trieb von Jugend an Sport, Jagd, Fischfang, Kampf, Sang und Harfenspiel. Die weitverbreitete Holz- und Metallbearbeitung war auch Sache des freien Edlen. Bis in das 13. Jahrhundert gab es die Vielweiberei bei den Mächtigen. Familie und Sippe beherrschten das Denken und Tun. In den Urwäldern Schwedens und an den Berghängen Norwegens leistete das Volk harte Rodungs- und Pionierarbeit. Die Nordleute waren vor allem im Schiffsbau bewandert. Die Wikingerschiffe, die Ströme und Weltmeere befuhren, waren meist mit Rudern bewegt und liefen am Bug scharf zu, um den Feind rammen zu können. Das monarchisch-aristokratisch beherrschte Volk setzte sich aus den Jarlen, den königlichen Statthaltern, und den Bonden, den bäuerlichen Grundbesitzern, sowie den Sklaven und Leibeigenen zusammen. Um harte Krieger, die auf Abenteuer- und Erobererfahrt wie die Kauffahrer eigenen Normen folgten, in der Heimat an ein befriedetes Leben zu gewöhnen, mußten Gesetz und Recht im Frieden streng beobachtet werden. Im Glauben der Nordmannen wurden die Götter verehrt oder gefürchtet, die sowohl Naturgewalten verkörperten als auch große menschliche, kämpferische und königliche Leitbilder waren. In den Göttergestalten äußerte sich der Durchbruch eines personalen Denkens in den Führungsschichten, die ihre göttliche Abstammung und Legitimation dadurch unterstrichen. Skepsis löste sich in Christentum auf. Die nordische Mythologie ist in ihrer ältesten Form in einer Sammlung von Dichtungen erhalten, die wir Edda nennen. Sie wurde zwischen

Edda

8. und 12. Jahrhundert von unbekannten Dichtern in Norwegen, Island und Grönland geprägt und erstmals 1463 von einem Bischof in der Königlichen Bibliothek zu Kopenhagen entdeckt.
Die kraftvollsten Vertreter dieser rauhen Männerwelt sind die »Berserker«, ein menschliches Leitbild dieser einfachen Krieger- und Händlergesellschaft,

Berserker

die auf den Weltmeeren nicht mit einem Massenaufgebot an Kriegern wie Muselmanen und Magyaren auftraten, sondern in kleinen Gruppen, die aus Hunger nach Land, Frauen, Reichtum und Macht immer wieder kamen und die Welt als ihr Feld betrachteten.

Die Seeräuber wurden zu Staatengründern: Rollo in der Normandie, Wilhelm der Eroberer im angelsächsischen England, Roger II. gab Sizilien eine neue Ordnung, nachdem im 11. Jahrhundert die Normannen noch wie Barbaren in die feingliedrig byzantinische Kulturwelt Siziliens eingebrochen waren. Wikingerzüge und Normanneneinfälle beendeten die Barbareninvasionen, die 600 oder 700 Jahre früher von Germanien ausgegangen waren und das weströmische Reich in die Gebiete und Völker des zukünftigen Europa zerschlagen hatte. *Seeräuber und Staatengründer*

Die neue Kultur Europas aber zeigte sich erstmals in eigenem Gewande seit dem 11. Jahrhundert im Westen.

d) Nordischer Welthandel

Eine politische oder kulturelle Einheit gab es um die Nordsee nicht, aber eine Verkehrsgemeinschaft, die von Kiew am Dnjepr bis Dublin auf Irland reichte und in mächtigem Bogen Europa vom Osten über den Norden nach Westen halbkreisförmig mit den Flotten umspannte. Auf der gleichen Bahn bewegte sich auch der nordische Welthandel des Mittelalters. Dieser brachte dnjepraufwärts bis Nowgorod die Exportwaren der muselmanischen und byzantinischen Welt; in Nowgorod kamen die russischen Erzeugnisse Pelz und Wachs hinzu. Von da gingen diese Waren weiter nach der Ostseeinsel Gotland, Hauptumschlagplatz und Drehscheibe des Nordhandels. Dort mischten sich Tierhäute und Räucherfische Skandinaviens hinzu auf dem Wege nach Westen, nach York, Bristol, Chester, Dublin, wo Italiener Handelsgüter abnahmen und Handel mit Spanien und Südfrankreich getrieben wurde, aber auch mit Utrecht und Flandern, wo später skandinavische Kaufleute saßen. Aus dem Westen nahmen die Nordmannen zu Wasser und zu Lande Getreide, Sklaven, Eisenwaren in das Ostseegebiet mit. Mit der Ware wurde auch Kultur getauscht. Die Angelsachsen übernahmen die doppelschneidige Streitaxt; die Iren lehrten die Eroberer geregelte Schiffahrt, Hausbau, die Nordmannen aber brachten den Iren Korndarre, Dreschflegel, Metallbearbeitung, Steinschneidekunst. Angelsächsische Handwerker kamen nach Norden. Das Christentum faßte schwer Fuß. Der Zusammenhang mit den Nordländern hat die Angelsachsen in ihrer Eigenart gekräftigt und ihr Selbstbewußtsein bestärkt. *Nordische Verkehrsgemeinschaft*

Die Knotenpunkte des nordischen Welthandels waren Seewike (= Seehandelsplätze im Nord- und Ostseeraum), deren bedeutendste aber nicht zu Städten aufstiegen, da sie schon im 10. Jahrhundert wieder aufgegeben wurden. Die Seewike von Domburg im Südwesten bis Birka im Mälarsee und Grobin im Nordosten trieben nicht nur Küstenschiffahrt, sondern Seehandel über weite Entfernungen. Das gilt auch von Dorestad, Tiel, Emden, Bremen, Hamburg, Haithabu, Lillö und Kaupang, um die wichtigsten zu nennen. Eine Hauptquelle für diese Plätze ist die Vita Anskarii aus der zweiten Hälfte des 10. Jahrhunderts. *Seewike*

Erst in der Zeit der großen Normannenzüge der ersten Hälfte des 9. Jahrhunderts entwickelten sich die Wasserwege im europäischen Seengebiet. Haithabu ist im 9. Jahrhundert ein Knotenpunkt des Verkehrs, im Süden des Baltenlandes Truso (vermutlich bei Elbing), das norwegische Kaupang i Skiringssal. Im nördlichen Norwegen unweit Tromsö spielte die Landschaft Halogaland als Handelspunkt zu den pelzreichen Küstengebieten des Weißen Meeres, deren Pelze in Westeuropa begehrt waren, so lange eine Rolle, bis der norwegische *Haithabu, Truso, Kaupang, Tromsö*

Großkönig den Pelzhandel zum Königsregal (Monopol) erhob. Aus dem Walfang bezogen die Nordmänner *Elfenbein*, und aus der Haut der Wale schnitten sie Schiffstaue. Das Ostseebecken war im 9. Jahrhundert durch verschiedene Routen schon erschlossen.

Alt-Ladoga
Nowgorod

Seit dem 9. Jahrhundert verödeten die älteren Handelsstützpunkte, die in Gebieten ohne Verkehr mit Osteuropa lagen. Denn seitdem neuerdings die Nordmannen in die großen Flußsysteme des osteuropäischen Tieflandes eindrangen, erhoben sich an den Mündungen der Ströme neue Stützpunkte. Charakteristisch dafür war das Aufkommen von Alt-Ladoga und der Aufschwung von Nowgorod. Seit der Überwindung der Wasserscheide zwischen Ostsee, Mittelmeer und Kaspischem Meer wurden Wolga und Dnjepr wichtigste Verbindungslinien nach dem Südosten.

Quentovic
Rouen

Seit Beginn der Wikingerzüge belebte sich der Handelsweg nach dem Westen von der Eidermündung an der Nordseeküste zur Rheinmündung und weiter über Quentovic nach Rouen, der späteren Hauptstadt der Normandie. Seit 800 intensivierten sich vor allem die Beziehungen zu den Britischen Inseln und Irland. Nach Westen führte eine Süd- und eine Nordroute, letztere von Norwegen über Shetland- und Orkney-Inseln.

Seewege
der Normannen

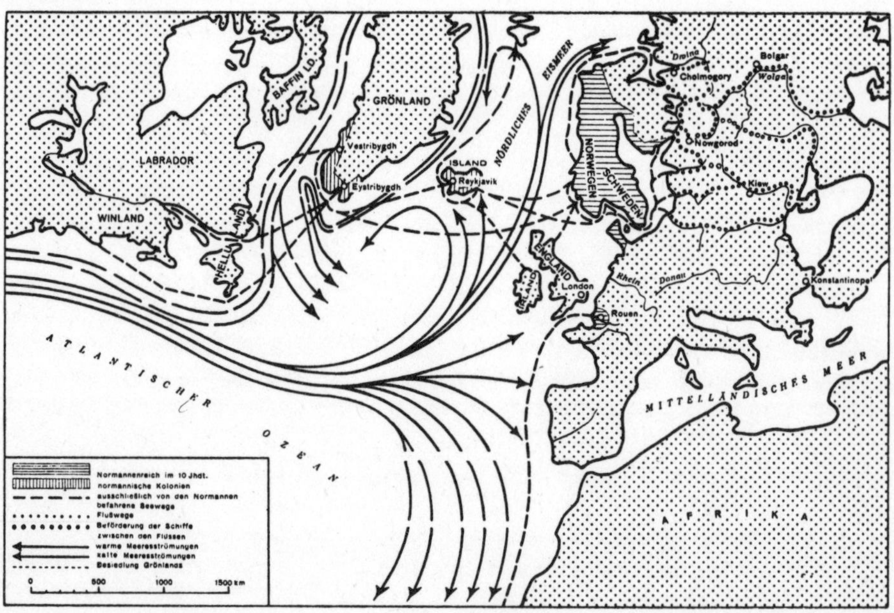

XI

DAS MITTLERE EUROPA NACH DEM ZERFALL DES KAROLINGERREICHES (850–1050)

FRANKREICH – DEUTSCHES REICH – GROSSMÄHRISCHES REICH

1. Frankreich und die Invasionen

Verdun 843

Die Söhne Ludwigs des Frommen teilten 843 im Vertrag von Verdun das Reich Karls des Großen endgültig auf. Daraus entstanden dann Frankreich, Deutschland und das Lotharingische Zwischenreich, ein uneinheitliches Herrschaftsgebilde von Holland bis zur Provence mit Einschluß (Reichs-)Italiens, das zum europäischen Kampffeld zwischen Deutschland und Frankreich wurde, im ganzen aber die Tradition des alten Burgund fortsetzte.

Anfänge des französischen und deutschen Volkes

Die drei Brüder teilten nicht Staaten, sondern Königsgüter, Eigenkirchen, Rechte, und trotzdem begann damit die politische Entfaltung West- und Mitteleuropas mit seinen zwei großen französischen und deutschen Volkstümern. Während sich die jüngeren Karolinger bis zum Ende des 9. Jahrhunderts um Macht und Herrschaft stritten, nagten an seinen Rändern im Nordwesten, Süden und Osten die Invasionen der Normannen, Sarazenen und Magyaren.

Die Plünderung von Rouen leitete 840 die Einfälle in der Normandie ein, die bis Nantes, Toulouse, Paris, garonne- und seineaufwärts vordrangen. Als die Sarazenen 846 Rom angriffen, eroberten die Normannen Friesland, plünderten Limoges, belagerten 847 Bordeaux und zerstörten es 848. Beauvais, Bayeux, St-Lô, Meaux, Evraux und Tours folgten 849. Paris wurde 836, 861 und 865 niedergebrannt. Orleans wurde 866 von Dänen erobert. Eine Norwegerflotte verheerte vom Mittelmeer aus 859 die Rhonestädte, ferner Lucca und Pisa.

Der letzte Gesamtkaiser

Die Sarazenen setzten sich 972 in den Besitz des größten Teiles der französischen Mittelmeerküste. Es kam zu keiner organisierten Gegenwehr. Zwar konnte Karl III., ein schwacher Herrscher, zum letzten Male 877–888 das ganze Karolingerreich in seiner Hand vereinen, aber gerade damals, 880, brandschatzten Wikinger Nymwegen, machten aus Courtrai und Gent normannische Festungen und überrannten ein Jahr später Lüttich, Köln, Aachen, Bonn und Prüm. Kaiser Karl III. kaufte um 700 Pfund Silber Paris frei, das sich unter Graf Odo (Eudes) und Bischof Gozlin heldenhaft gegen die Normannen verteidigte. Nach der Absetzung von Kaiser Karl wurde Graf Odo zum König von Frankreich gewählt und Paris zum Regierungssitz erkoren.

Graf Odo von Paris

Sein Nachfolger Karl der Einfältige (898–923) überließ 911 dem Normannenführer Rolf oder Rollo vertragsweise die bereits besetzten Gebiete. Er leistete den

Lehnseid, unterwarf sich damit formell, nahm mit seinem Volk die christliche Religion an und wurde seßhaft. So entstand die Normandie als ein Frankreich eingegliedertes Gebiet norwegischer Eroberung.

Von Osten her erreichte um 917 die Spitze der magyarischen Invasion Burgund und griff 937 auf die Klöster um Reims und Sens über, 951 auf die Aquitaine und 954 auf die Vorstädte von Cambrais, Laons und Reims.

Feudale Anarchie in Frankreich

Die Folge waren in Frankreich fast anarchische Zustände. Der Adel mußte die Verteidigung in eigene Hände nehmen, gewann dadurch aber an Macht. Es herrschte eine feudale Anarchie, da es an einer zusammenfassenden ordnenden Gewalt fehlte. Auch die Unterschichten befanden sich in tiefer gesellschaftlicher Gärung, verloren die alte Differenzierung ihrer Rechte und Stellung, wurden nivelliert. Die letzten französischen Karolinger, deren Herrscherhaus 987 ausstarb, waren schwache Könige. Adel und Klerus erhoben den Nachkommen eines neustrischen Markgrafen, Robert I. († 923), zum Herrscher. Sein Sohn Hugo der Große († 956) hatte das ganze Land zwischen Normandie, Seine und Loire unter seiner Lehnsherrschaft und war dadurch stärker als der neue König. Deshalb schlugen Erzbischof Adalbero von Reims und der große Gerbert von Aurillac Hugos Sohn Hugo Capet 987 zum König vor; die Wahl erfolgte einstimmig. Die Kapetingerdynastie hat direkt und in Seitenlinien Frankreich bis zur Revolution von 1789 regiert.

Kapetinger 987

Die französische Nation

Frankreich war unter Hugo Capet (987–996) eine Monarchie mit eigener Nation. Aquitanien und Burgund waren selbständige Herzogtümer und gehörten nicht dazu, Lothringen war an Deutschland angegliedert. Der Nordosten der Monarchie war stark germanisch gemischt (Flamen), die Normandie war nordgermanisch, die keltische Bretagne stand abseits, die Provence war nach Volkstum, Sprache und Recht noch stark römisch-gallisch geprägt, das französische Pyrenäengebiet gotisch und das an Frankreich angegliederte Katalonien (Gotalonien) ebenfalls.

Ile de France

Die Loire war eine starke Kultur- und Sprachscheide im französischen Raum. Die Macht des Königs war auf die Ile de France und das Orléanais beschränkt. Von hier aus erfolgte auch der Ausbau der gesamtstaatlichen Macht seit dem 12. Jahrhundert, die in der Ile de France ihre Zentrallandschaft gewann, durch die eine Vielfalt von Gewalten, Kulturen, Sprachen, Volkstümern zur Einheit und zur Nation zusammengeführt wurden.

2. Francia und Germania

Die Francia

Der Name »Francia«, Land der Franken, ist mit dem räumlichen Ausgreifen der Frankenherrschaft gewandert. Es gab am Ende eine Francia teutonica und eine Francia latina oder romana, während die Urheimat der Franken am Niederrhein die Francia antiqua wäre.

Ländernamen

Seit 843 verwendeten einige Schriftsteller die altrömischen Bezeichnungen wieder: Gallia für Frankreich, Germania für Deutschland, Belgia für Lothringen; im 9. Jahrhundert wurden damit vor allem Aquitanien (Gallia), Bayern (Germania), Aachen (Belgia) angesprochen. Gewöhnlich schrieb man einfach vom Reich Karls, Ludwigs oder Lothars. Dadurch daß das Reich Karls des Kahlen ausschließlich als »Francia« bezeichnet wurde, bekam es den Namen »Frankreich«.

Das Land am Rhein, wo die Nachkommen der alten Franken siedelten, und rechts des Stroms die alte Francia orientalis (Ostfranken) wurden darum seit dem 9. Jahrhundert »Germania« genannt. Der Name Franke verlor seinen volksmäßigen Sinn und wurde ein politischer Begriff. Galloromer und Franken wuchsen zu Franzosen zusammen.
Seitdem aber betrachtete sich die Germania weiter als fränkisches Reich und die Francia orientalis (Ostfrankenreich) behauptete sich als Begriff. Otto der Große ließ sich 951 zu Pavia, der alten langobardischen Residenzstadt, »Rex Francorum et Italicorum« (König der Franken und Italiener), 966 aber »Imperator Romanorum et Francorum« (Kaiser der Römer und Franken) nennen. Noch 1002 ließ Kaiser Heinrich II. in seinen Diplomen von der »renovatio regni Francorum« (= Erneuerung des Frankenreiches) schreiben. Mit diesen Formeln wollte man das Andenken an Karl den Großen wachhalten, als dessen Nachfolger sich die deutschen Kaiser fühlten. Die Germanen des Ostfrankenreiches benannte man schließlich nach ihrer Sprache, die sie als Volks- oder Vulgärsprache (lingua theodisca) bezeichneten. Diesen Namen gab man der Nation, den Deutschen von heute. Deutschland ist demnach das Land der Stämme der »lingua theodisca«, die Deutschen sind Leute, die diese volkstümliche Sprache sprechen.
Der Name »Francia« lebt als geographischer Begriff nur noch in der alten karolingischen Königsprovinz am Main weiter, die später Franconia genannt wurde (Frankfurt am Main). Ähnlich verengte sich auch der Begriff »Francia« auf dem Boden der Francia occidentalis, des Westfrankenreiches, zum Herzogtum Franzien, dem ursprünglichen Kronland der Kapetinger. Man sprach aber auch von einer »Ile de France« oder »Francia«, dem ersten Kernland des Königreiches, das heißt der Gegend zwischen Seine, Oise, Thêve (Nebenfluß der Oise), Beuvron (Nebenfluß der Marne) und der Marne. Dem Ausdruck «Ile de France» begegnet man erst seit dem 14. Jahrhundert.
Im Bedeutungswandel der Namen erfassen wir symbolisch den Übergang von der antiken Welt zum archaischen Europa, in dem die Franken führend wurden.

3. Ostfrankenreich und Deutschland

Die Ostgrenze des Karolingerreiches

Seit dem 6./7. Jahrhundert war die Elbe die Volksgrenze zwischen Slawen und Germanen. Westlich des Stromes saßen Sachsen und Thüringer, die Karl der Große seinem kontinentalwesteuropäischen Großreich einverleibte. Entlang dem Main hatte der weitschauende Staatsorganisator eine fränkische Königsprovinz eingerichtet, deren herrschaftliches Pfalzzentrum Salz an der Saale, deren kirchlicher Mittelpunkt Würzburg war. Das gleichgeschaltete Herzogtum Bayern hatte als Königsprovinz und als Stammesherzogtum die Aufgabe der Grenzsicherung und Expansion nach Südosten, wo der bayerische Metropolitanverband unter dem Erzbistum Salzburg die Mission bei Süd- und Westslawen durchführte.

Das Werden eines Volksbewußtseins der Deutschen

Karl der Große hatte den unterworfenen Stämmen rechts des Rheins trotz der Selbständigkeitstendenzen ihres Adels ein gemeinsames Volks- und Zusammengehörigkeitsbewußtsein gegeben. Dieses wurde politisch aktiv beim Aussterben des Karolingerhauses und unter Arnulf von Kärnten (887–899).

So wurde das 10. Jahrhundert, zentraleuropäisch gesehen, ein deutsches Jahrhundert. Das ostfränkische Teilreich hatte sich schon seit Ludwig dem Deutschen immer mehr abgekapselt und zusammengeschlossen, Regensburg wurde zu einer Art Hauptstadt, das Schwergewicht verlagerte sich nach Osten. Ostfrankens Hauptpfalz wurde Forchheim zwischen Nürnberg und Bamberg.

Seit dem Untergang der Awaren war der Weg nach Mähren und Pannonien offen, die Missionare Salzburgs kamen zu den Slawen, ein halbes Jahrhundert bevor die Slawenlehrer Kyrill und Method aus Thessalonike von Rom mit der Kirchenorganisation in Pannonien und Großmähren betraut wurden. Böhmen, Mähren, Slowakei (Nitra), Westungarn und Westjugoslawien wurden Einflußbereich und Interessenzone ostfränkischer Herrschaft und westlich-römischer Kirchenmacht, die hier bald in Konkurrenz mit der byzantinischen Ostkirche traten.

Ostmitteleuropa, der Balkan bekamen ein neues Profil, ein doppeltes Gesicht.

Das jüngere Stammesherzogtum

Der illegitime Karolinger Arnulf von Kärnten baute einen starken Widerstand gegen die Normannen im Westen und gegen das Großmährische Reich des Swatopluk auf. Unter seinem schwachen Nachfolger Ludwig (899–911) brachen die Magyaren in Bayern (900), Kärnten (901), Sachsen (906), Thüringen (908) und Alemannien (910) ein. In diesen Notzeiten scharte sich der Adel um die stärksten Männer in den Grenzprovinzen; diese begründeten das jüngere königsgleiche Stammesherzogtum.

Die Herzöge bauten mit Hilfe von Kirchengut (Säkularisationen) neue Lehnsheere auf oder errichteten, wie Herzog Heinrich in Sachsen, Grenzverteidigungsgürtel um Burgen mit Einlagerpflicht der umwohnenden königsfreien Bauern.

Dadurch entstanden starke Zwischengewalten zwischen Krone, Adel und Stämmen, die im stämmisch verfaßten Reich fortan wirkten. Adel und Geistlichkeit wählten 911 einen Großen aus dem mainfränkisch-hessischen Raum zum König. Dieser Konrad I. (911–918) konnte sich gegen die mächtigen Stammesherzöge kaum durchsetzen und designierte deshalb den stärksten unter ihnen, den Sachsenherzog Heinrich, zum Nachfolger, der erfolgreich gegen Wenden und Magyaren focht. Der bayerische und alemannische Stammesadel aber wählten den ebenso erfolgreichen Stammesherzog der Bayern Arnulf zum deutschen König. König Heinrich I. (918–936) setzte sich mit überlegener Diplomatie und weitgehenden Zugeständnissen an seine Rivalen durch (Kirchenhoheit in Bayern). So konnte das deutsche Teilreich sich als selbständige Macht bewähren und durchsetzen.

Das deutsche Reich der Ottonen

Otto I. (936–973), Heinrichs Sohn, hat den Reichsbau mit kräftiger Hand vollendet.

4. Das Grossmährische Reich. Die Slawenlehrer

Interessengebiet der Missionen

Salzburg hatte nach dem Awarensieg des großen Karl (798) jenseits March, Leitha und Drau unter Erzbischof Arno zusammen mit den anderen bayerischen Bistümern erfolgreich Missionsarbeit bis in die östliche Slowakei (Nitra) geleistet. Vor 863 wirkten im slowakisch-mährisch-pannonisch-slawonischen Raum fränkische, bayerische, griechische und römisch-italienische Geistliche. Die ostfränkischen Könige seit Ludwig dem Deutschen übten eine Art loser Oberherr-

Carcassone, Frankreich
Burgfestung der Westgoten, Turmanlage, 5. Jahrhundert, erweitert 1247

Auf der Vorderseite:
Oben: Marienburg an der Nogat, Polen,
seit 1274 Sitz des Hochmeisters des Deutschen Orden
jetzt in Bad Mergentheim
Unten: Avignon, Frankreich,
festungsartiges Schloß (12. Jahrhundert),
später Exil der Päpste, 1309 bis 1377

schaft über die westlichen Gruppen des Slawentums aus und ließen sich Tribute zahlen. Aber trotzdem waren diese Gebiete so selbständig, daß sie fränkischen Großen als Asyl dienten.

Rastislaw

Die Mährer und die in der Slowakei siedelnden Stämme waren schon vor 850 durch Rastislaw zum Großmährischen Reich zusammengeschlossen worden; gegen seine Selbständigkeitspolitik schloß Ludwig der Deutsche einen Pakt mit den Bulgaren. Diesen Ring durchbrach Rastislaw durch Anlehnung an Byzanz, das auf seine Bitte Kyrill und Method (seit 860) entsandte, die eine slawisch-byzantinische Kirche aufbauen sollten. Sie schufen eine Kultsprache, stellten die slawischen Schriftzeichen zusammen und schrieben mit einem Mitarbeiterstab liturgische Bücher für den Gottesdienst, die sie aus dem Griechischen in das Altslawische übersetzten. Die beiden »Lehrer« hatten leichtes Spiel, als sich die Bulgaren 864 dem östlichen Christentum anschlossen. Sie machten sich aber 866 auf den Weg nach Rom. Dort traten die Brüder in Beziehung zu Bischof Formosus, der 866 in Bulgarien gegen die Ostkirche gewirkt hatte. Method wurde zum Erzbischof geweiht und zum päpstlichen Legaten ernannt mit dem Auftrag, einen pannonisch-mährischen Metropolitanverband unter römischer Ägide zu errichten. Sein Sitz sollte die alte römische Provinzhauptstadt Syrmium (Mitrovica auf dem Amselfeld, Jugoslawien) sein.

Kyrill und Method

Römische Kirchenpolitik in Ostmitteleuropa

Ziel dieser römischen Politik war es, die Slawen für die römische Kirche zu gewinnen, Byzanz und seine Reichskirche auszuschalten, aber auch diese slawische Kirche von der ostfränkischen Reichskirche fernzuhalten, ein slawisches Ostmitteleuropa unter römischem Einfluß zu schaffen. Etwas mehr als hundert Jahre später hat das gleiche Rom sowohl Polen (Gnesen) wie Ungarn (Gran) zu autonomen Kirchenprovinzen frei von jeder Unterstellung unter die deutsche Reichskirche erhoben und damit die nationale Selbständigkeit Polens und Ungarns unterstrichen.

Bei der Errichtung des Bistums Prag 973 war das noch nicht gelungen, weshalb es dem Mainzer Metropolitanverband der deutschen Reichskirche zugeschlagen wurde.

Als Method in das Großmährische Reich einreisen wollte, nahmen ihn die bayerischen Bischöfe gefangen und brachten ihn für zwei Jahre ins Ostfrankenreich, woraus ihn erst ein energisches Einschreiten des Papstes befreite. Method mußte Pannonien aus seinem Auftrag streichen und sich auf das Mährerreich beschränken, wo ein starker Widerstand gegen die slawische Liturgie einsetzte, da Slawisch bislang nicht zu den Kultsprachen zählte.

Die Stellung Methods war unsicher und wurde es immer mehr, je stärker sich der Alemanne Wiching im slowakischen Nitra festsetzte und je enger sich Bulgarien an Byzanz anschloß. Method gab die Beziehungen zum byzantinischen Kaiser nicht auf, der ihn entsandt hatte.

Methods Wirken und das Schicksal seines Werkes

Method fühlte sich als Vermittler zwischen Ost und West und muß von einem universalen Kirchenbewußtsein getragen gewesen sein. Vielleicht wurde der 885 verstorbene Metropolit in der größten bisher ausgegrabenen römischen Basilika des Mährerreiches in Modra bestattet. Der von ihm vorgeschlagene slawische Schüler Gorazd sollte das Amt nicht antreten, bevor er sich nicht in Rom vorgestellt hatte. Die slawischen Priester wurden vertrieben, in die Sklaverei verkauft und in Venedig, damals einem der größten Sklavenmärkte neben Verdun, angeboten. Die Mehrzahl seiner Schüler konnte zu den Bulgaren fliehen. Das Wirken des Slawenlehrers blieb Episode; seine altslawisch-literarische Schule in Großmähren wurde mitsamt ihren Schätzen an Handschriften zerstört. Das Großmährische Reich überlebte Swatopluks Tod 895 nicht lange und ging im Ungarnsturm unter.

Die Premyslidenherrschaft in Böhmen

Mähren, um die Slowakei verkleinert, wurde ein Teil Böhmens und der Přemyslidenherrschaft unterworfen. Dort hatten sich Prag und die Burgherren der Stadt als Zentrum der Herrschaft über die verschiedenartigen Adelsherrschaften um Burgmittelpunkte, die über das ganze Land verstreut waren, durchgesetzt. Die Tschechen, die ursprünglich nur an der unteren Moldau saßen, haben dem Gesamtstamm, der sich hier im 9. und 10. Jahrhundert ausbildete, ihren Namen gegeben. Böhmen war im 10. Jahrhundert Missionsgebiet von St. Emmeram in Regensburg. Bischof Wolfgang von Regensburg gab sein Einverständnis zur Errichtung eines böhmischen Landesbistums mit dem Sitz in Prag (973); der Přemyslidenherzog und seine Schwester Mlada, der Papst, der deutsche König Otto I. und der Metropolit von Mainz waren daran interessiert.

Das Bistum Prag wurde unter Otto III. († 1002) an den Mainzer Metropolitansprengel angeschlossen und damit trotz weitester politischer Selbständigkeit des Landes ein Teil der deutschen Reichskirche. Erst Kaiser Friedrich II. übertrug 1220 dem Böhmenherrscher, der seit dem 12. Jahrhundert den Königstitel führte, die Kirchenhoheit im Lande, und Kaiser Karl IV. (1346–1378) erhob im 14. Jahrhundert Prag zum Erzbistum und verwandelte das Königreich in einen selbständigen Metropolitanverband.

Die sich im 10. Jahrhundert konsolidierende Přemyslidenherrschaft hat deutsche Oberhoheit wegen der engen politischen, kirchlichen, geistig-religiösen Bindungen an den Westen anerkennen müssen. Deshalb war der König von Böhmen im 13. Jahrhundert auch deutscher Kurfürst.

5. Das deutsche Reich der Ottonen (10. Jahrhundert). Reichskirche, Papsttum, Ostpolitik

Otto I. (936–973) beendete mit starker Hand die Selbständigkeit der jüngeren Stammesherzogtümer und setzte seine nächsten Verwandten, Brüder und Söhne, an deren Spitze. Doch waren diese um nichts zuverlässiger. Deshalb verlagerte er seine Königsherrschaft auf die Reichskirche und die hohe Geistlichkeit, der er durch reiche Schenkungen und zahlreiche Immunitäts-Privilegien ermöglichte, den zugewiesenen Dienst erfüllen zu können.

Reichskirchensystem

Diese deutsche Reichskirche hatte Hoffahrts-, Heerfahrts-, Herbergs- und Kanzleidienstpflicht zu leisten und trug wesentliche Aufgaben der Reichsverwaltung. Der Bischof mußte mit seinem Tafelgut den Aufwand des Königs und seines Gefolges, seiner Hoftage bestreiten, wenn er am Orte oder in dessen Nähe verweilte. Der König verbrachte die kirchlichen Hochfeste des Jahres gern an Bischofsitzen oder in Reichsklöstern. Die Kirche trug mit ihren Lehenskontingenten einen Gutteil der Kriegslasten des Reiches, sie unterstützte mit Rat und Hilfe den König an Hof- und Reichstagen und betrieb mit ihren Kaplänen und Notaren die Reichskanzlei, die oberste Reichsverwaltung.

Otto I. suchte die Ausübung der Kirchenvogtei von der königlichen Bannleihe abhängig zu machen, um damit die Verfügungsgewalt über das Kirchengut in der Hand zu behalten. Das deutsche Königtum war im Gegensatz zum französischen ein Wanderkönigtum ohne feste Residenz. Solange der König über das Kirchengut verfügte und Männer seines Willens zu Bischöfen und Äbten machen konnte, funktionierte dieses Reichskirchensystem. Das war solange möglich, als der deutsche König als Kaiser auch den Papst beherrschte oder von ihm nicht gestört wurde und das Lehenswesen die Rechtsbeziehungen zwischen König und Kirche nicht empfindlich störte.

In späterer Zeit hat der sogenannte Investiturstreit (bis 1122) in diesen Punkten die deutsche Reichsverfassung hart getroffen. Aber der hohe Klerus stand bis weit in das 12. Jahrhundert treu zum Kaiser, auch gegen den Papst.

Die großen Figuren der deutschen Reichspolitik waren vom 10. bis 13./14. Jahrhundert zum guten Teil hohe Kirchenfürsten. Die universale Reichskirche war eine wesentliche Klammer für das stämmisch gegliederte Reich, das im 10./11. Jahrhundert die Vormacht in Mittel- und Westeuropa war und die Sicherheit dieser Gebiete gegen Angriffe und Invasionen schützte. Freilich hat diese politische Aufgabe auch ein strenges Regiment im Innern erfordert, das sich aber als beharrende, sichernde Kraft und weniger als entwicklungsfördernde, dynamische Potenz im Gesellschaftsprozeß erwies. Deutschland blieb länger archaisch als Frankreich, wiewohl man die »Statik« seiner Verhältnisse auch nicht übertreiben darf.

Die deutschen Könige, Beherrscher eines in Stämme gegliederten Großreiches, betrieben gegen Osten eine teils defensive, teils expansive Politik. Man suchte die Wenden mit dem Schwert zum Christentum zu bekehren, man kämpfte mit dem Dänenkönig und den Herzögen von Polen und Böhmen. Otto I. besiegte 955 auf dem Lechfeld bei Augsburg die Magyaren entscheidend und zwang dieses brandschatzende Reitervolk, seßhaft zu werden und eine Dauerherrschaft zu begründen. Er konnte im Bewußtsein seiner Vormachtstellung die karolingische Großreichtradition wieder aufnehmen und die Kaiserwürde am 2. Februar 962 erneuern. *Kaisertum* Wie bei Karl dem Großen gab Anlaß dazu ein Hilferuf des Papsttums (Johann XII.) gegen den italienischen Kleinkaiser Berengar.

Bei der gleichzeitigen Ordnung des Kirchenstaates wurde dieser auf den Dukat von Rom und die Sabina beschränkt. Das übrige Mittel- und Norditalien wurde *Reichsitalien* ein Gebiet des Reiches (Reichsitalien).

Die deutschen Könige hielten Italien fortan für ein Stück ihres Erbes. Die Päpste folgerten, daß kein König ohne päpstliche Krönung Kaiser werden könne. Im übrigen entfalteten sich die Ideen und Ideologien weiter, die bei der Kaiserkrönung Karls des Großen schon bestanden haben. Um die Ansprüche des byzantinischen Ostkaisers nicht zu sehr zu verletzen, verheiratete Otto I. seinen *Byzanz* Sohn Otto II. mit der byzantinischen Prinzessin Theophano.

Otto I. gab durch die Gründung des Erzbistums Magdeburg 968 und des Bistums Prag 973 der nun einsetzenden deutschen Ostbewegung Form und Richtung. In ihr erfüllten sich Idee und Funktion der päpstlichen Kaiseridee, die dem Kaiser die Schirm- und Schutzherrschaft über die Kirche und die Pflicht zur Ausbreitung und Verteidigung des Glaubens zusprach.

Nach dem frühen Tode Ottos II. (973–983) führten die burgundische Großmutter Adelheid und die byzantinische Mutter Theophano für den unmündigen Otto III. (983–1002) lange die vormundschaftliche Regierung.

Otto III. wurde gut ausgebildet. Das zeigt sich an seiner Bibliothek, die durch Kaiser Heinrich II., seinen Nachfolger, an das von ihm begründete Reichsbistum Bamberg (1107) geschenkt und in dessen Bücherei eingestellt wurde. Otto III. stand seit dem Beginn seiner Selbstregierung 996 unter dem Einfluß Gerberts von Aurillac, den er zum Papst Silvester II. machte, und anderer Geistlicher wie des Willegis von Mainz und des Adalbert von Prag. Sie entwarfen eine Konzeption, in der Rom Hauptstadt eines erneuerten christlichen Römerreiches werden sollte, das Kaiser und Papst gemeinsam zu regieren hatten.

Erneuertes christliches Römerreich

Aus Angst vor einer deutsch-byzantinischen Herrschaft über Italien empörten sich Adel und Volk in der Lombardei. Der König schlug den Aufstand nieder und ließ dessen Haupt Creszentius hinrichten. Die Creszentier und die Tuskulaner Grafen gaben von 950 bis 1040 in Rom den Ton an und besetzten den Papststuhl mit Angehörigen ihrer Familien. Seine Liebe zur Witwe des Creszentius, Stephania, büßte der junge König Otto III. mit dem Tod. Er wurde in Viterbo (1002) vergiftet.

Realistische Politik Heinrichs II.

Der letzte Sachsenkaiser Heinrich II. (1002—1024) führte die realistische Seite der Politik Ottos III., die die Machtmittel des Kaisertums in ganz Italien zusammenfassen wollten, nicht fort, sondern verfolgte dieses Ziel in Deutschland. Er zog wie keiner die Kirche zum Reichsdienst heran. Er widmete seine ganze Kraft der kriegerischen Auseinandersetzung mit der vereinigten Macht Polens und Böhmens. Er unterhielt enge Beziehungen zur jungen Monarchie Ungarns, in deren Bereich 972 schon eine kaiserlich-deutsche Missionstätigkeit auf Initiative Ottos des Großen eingesetzt hatte, die einen bereits wirksamen byzantinischen Einfluß ausschaltete. Er entsandte sächsische, schwäbische und besonders lothringische Kleriker dorthin. König Geisa verheiratete seinen Sohn Stephan mit Gisela, der Tochter des Bayernherzogs Heinrich II.

Stephan I. (997–1038) wurde zum Landespatron und Schutzheiligen Ungarns als Ungarns größter König erhoben; er hatte Königtum und Krone im Jahr 1000 aus den Händen Papst Silvesters II. genommen.

6. Die deutschen Salierkaiser (ab 1024). Der Kampf mit dem Reformpapsttum um das Reich und die Welt

Die deutschen Salierkönige, die Nachfolger nach den Sachsenkönigen (919–1024), waren mit den Karolingern verwandt. Deutsches König- und Kaisertum erlebte unter ihnen seinen Höhepunkt und tiefen Absturz zugleich. Konrad II. (1024–1039), dessen Familie in Worms und in der Rheinpfalz begütert war und schon Herzöge für das seit 976 von Bayern getrennte und selbständige Herzogtum Kärnten gestellt hatte, befriedete Italien, indem er die kleinen Lehnsträger gegen die großen sicherte.

Das Königreich Burgund

Er gewann durch Lehnsvertrag Burgund. Dort hatten 879 die burgundischen Großen Boso, den Sohn eines lothringischen Grafen und Stiefbruders Karls des Kahlen, zum König gewählt.

Dieses Königreich, auch Provence genannt, ging 933 auf Rudolf II., den König der transjuranischen Burgundia, über (heutige Westschweiz mit der Aare als Basis und dem Paß von Bellegarde an der Rhone als Spitze, zwischen Alpen und Jura). Schöpfer dieses »Burgund trans« oder »ultra Juram« war Rudolf, der Sohn Graf Konrads von Auxerre, der sich 888 in der Basilika des heiligen Mauritius zum König hatte ausrufen lassen; in Toul weihte ihn der Bischof zum König von Lotharingien; er mußte aber Lothringen und das Elsaß auf Druck Arnulfs von Kärnten wieder herausgeben.

Das Burgund Rudolfs II. vergrößerte sich 950 gegen den Bodensee zu auf Kosten des Herzogtums Schwaben; es wuchs durch die Abtretungen Hugos von Vienne an Rudolf. Hugo strebte mit Erfolg nach dem Königreich Italien; Rudolf scheiterte in diesem Bemühen, wurde aber König des Reiches von Burgund und Arles, das die Mittelmeerküste von der Rhonemündung bis Ventimiglia umfaßte, das Tal von Aosta einschloß und an den Rhein reichte, westwärts die Pforte von Belfort übersprang und saôneabwärts in die Grafschaft Lyon reichte und von da bis zur Mündung die Rhone als Grenze hatte.

Dieses Burgund war ein politisches Gebilde. Die Könige residierten oft in Vienne, aber noch Kaiser Friedrich Barbarossa ließ sich 1178 in Arles zum König von Burgund krönen.

Die Herrschaft der Rudolfiner war sehr schwach, da die Erzbischöfe und Bischöfe von Vienne, Lyon oder Besançon, aber auch hohe weltliche Lehensträger, der deutsche und der französische König, das entscheidende Wort sprachen. Beim kinderlosen Tode Rudolfs III. 1032 trat der deutsche Kaiser Konrad II. das Erbe an. Die Kaiser hatten alle Mühe, sich hier durchzusetzen. Zielstrebigkeit und bedächtige Politik brachten dem König von Frankreich zuerst das Königreich Arles; dann überließ der Luxemburgerkaiser Karl IV. dem Dauphin, dem erstgeborenen Sohn Karls V., dem zukünftigen Karl VI., das Vikariat Burgund, ein Amt, das Kaiser Lothar III. geschaffen hatte.

Die Zähringer und Burgund

In den Händen der Herzöge von Zähringen, einem süddeutschen Fürstengeschlecht bei Freiburg i. Br., gewann im 12. Jahrhundert das helvetische Burgund eine neue Gestalt. Im Ringen mit den Staufern um das Herzogtum Schwaben erlagen die Zähringer; sie konnten sich auch in Kärnten nicht länger behaupten. Fürst Bertholds V. Tod verhinderte 1218, daß das »Rektorat Burgund« ein neues »Königreich Burgund« wurde. Statt dessen wurde daraus die Schweiz, und Bern wurde 1191 zur Reichsstadt erhoben.

Schweiz

Herzogtum Burgund

Aus der Auflösung des Karolingerreiches war neben dem Königreich auch ein Herzogtum Burgund hervorgegangen. Der erste Herzog war der Normannensieger Graf Richard von Autun (879–921), ein Bruder des Königs Boso. Dijon war die Hauptstadt. Als das Herzogsgeschlecht 1361 ausstarb, war die Bourgogne ein gut organisiertes Territorium mit einer eigenen Ständeversammlung zu Beaune. Unter den Valois wurde die Bourgogne zu einer europäischen Kulturmacht. König Johann der Gute vereinigte sie mit dem französischen Königreich und beließ ihr die Autonomie.

Alpenpässe

Burgund, von deutscher und französischer Seite stetem Druck ausgesetzt, war das europäische Paßland schlechthin; die zwei Hauptlinien westeuropäischen Verkehrs durchkreuzten es; in ihm lagen Rhein, Maas, Mosel, Saône und Rhone, die Pforte von Belfort, die Jurapässe und die großen Alpenpässe, der St. Gotthard, der Simplon, der Große St. Bernhard und der Mont Cenis.

Das mittelalterliche Deutsche Reich erklomm seinen Gipfel unter dem Salier Heinrich III. (1039–1056). Er beherrschte wie keiner die römische Kirche; er verhalf der Idee des »Gottesfriedens« zum Durchbruch, die das adelige Recht der Fehde, der legitimen Gewaltanwendung, beschränkte; er ordnete die Machtgrundlagen seines Reiches, das Königsgut vor allem, und errichtete gegen Böhmen und Ungarn Marken kleineren und wirksameren Umfangs mit Burgenketten. Dieser große Salier förderte die neuausgreifende Geldwirtschaft, hob das Bildungswesen, gründete Schulen und führte die großen romanischen Dome von Speyer (Salische Grablege), Mainz und Worms der Vollendung zu.

Heinrich III.

Das Ende der archaischen Epoche Europas

Kaum daß er die Augen schloß, ja schon unter seiner Regierung, begann der Atem einer neuen Zeit zu wehen, die archaische Welt fand ihre Grenzen, die erste geistig-kulturell-wirtschaftlich-gesellschaftliche Kraftentfaltung Europas setzte ein und machte so reiche schöpferische Kräfte frei, daß der Westen erstmals eine Form annahm und eine große Expansion nach innen und außen erlebte.

Diesen Sturm hatte Heinrichs Sohn zu bestehen, der mit vier Jahren zu Aachen zum König gekrönt wurde, Heinrich IV. († 1106). Den Sturm entfachte Papst Gregor VII. (1073–1085), vorher Archiadiakon Hildebrand des alten Pfalzdiakonenkollegiums, das seit langem die päpstliche Politik machte.

Heinrich IV.

Bis 1065 führten Heinrichs Mutter Agnes von Poitou und zwei Erzbischöfe die vormundschaftliche Regierung, verschleuderten viel Reichsgut und Königsmacht. Heinrich IV. suchte diese Machtmittel neu zu organisieren, vor allem in Sachsen um den Harz. Dabei stieß er auf den erbitterten Widerstand des Adels, der selbst mit Lehnsgut und Rodungsunternehmen territoriale Eigenherrschaften aufzubauen versuchte.

Das Ringen mit dem Adel, den der Papst auf seine Seite zog, schwächte das Königtum derart, daß der Herrscher den schon vorher einsetzenden Kampf um die Reichskirche nicht zu seinen Gunsten wenden konnte und gezwungen wurde, in höchst kritischer Situation und nach vielen Verlusten die Königsherrschaft auf neue Grundlagen zu stellen, und zwar im Wettlauf mit dem Adel, der auf kleinerer Ebene ein gleiches Ziel anstrebte.

Der Reformpapst und die Reichskirche

In dem Bestreben, die Kirche aus ihrer alten Substanz heraus zu reformieren, untersagte der Papst den Laien, den hohen Klerus in sein geistliches Amt einzuführen. Das bedeutete, daß der König keinen Einfluß auf die Besetzung der führenden Stellen in der Reichskirche haben sollte. Der Reichsklerus stand in diesem Kampf zum König, der Laienadel fiel ihm aber in den Rücken. Der Papst bannte den König und lud ihn vor sein Gericht; er drehte einfach das bisherige Verhältnis um, wie es noch Kaiser Heinrich III. auf der Synode zu Sutri (1046) handhabte, als er drei Päpste absetzte. Der Papst maßte sich erstmals das Recht der Entscheidung über die Eignung des Königs zu seinem Amte an. Seit Kaiser Heinrich II. war der König in den Augen der christlichen Welt *vicarius Christe* (= Stellvertreter Christi) auf Erden gewesen, seit uralten Zeiten war er im Glauben der Menschen Träger eines besonderen Königsheils.

Der Bann stieß jetzt den König aus der sakralen Höhe einer archaisch-religiösen Würde, die über der Kirche stand, hinab in die Tiefen einer verworfenen Laienschaft, die dem päpstlichen Machtgebot unterstand. Am Ende des archaischen

Zeitalters der europäischen Gesellschaft und Kultur tat sich ein Riß zwischen Geist und Macht, Kirche, Staat und Welt auf, die vorher unter einer Hülle zur Einheit gebunden oder nicht zum Widerstreit gereizt waren. Dieser Riß setzte erstmals eine weltliche Heiligkeit der Herrschaft, einen eigenen Bereich des Weltlichen und der Laien, eine kraftvolle Weltfreude und eine starke Häresie frei. *Dualismus*

Heinrich IV. (1056–1106) ging als Büßer nach Canossa; nur so konnte er Papst und deutschen Adel trennen, der ihn dann 1077 zu Forchheim trotzdem als König absetzte und einen Gegenkönig aufstellte (Rudolf von Rheinfelden). Der Papst bekämpfte den König weiter mit dem Schwert und mit dem Wort. Der Investiturstreit (1077) entfachte eine weite politische Propaganda und harte Auseinandersetzungen über das Recht der weltlichen und der geistlichen Gewalt und dann über Wesen und Inhalt der Gewalt überhaupt. *Investiturstreit*

Es begann die Zeit der Heiligen Kriege der Christenheit, der Kreuzzüge, die das Papsttum anregte, das die Idee der Streiterschaft Christi und der zwingenden Gewalt der Kirche entwickelt hatte.

Unter der Parole »Freiheit der Kirche« führte der konservative Revolutionär Papst Gregor VII., der das »Staatskirchentum« beseitigen oder reformieren wollte, die Welt und die Gesellschaft auf neue Bahnen, die aber das Papsttum nicht lange und niemals allein beherrschte. Ganz entsprechend dem religiösen Grundton der archaischen Zeit konnte nur ein religiöses Genie, wie es der Außenseiter der Gesellschaft, Gregor, war dem Fortschritt das Tor öffnen und ein neues Denken und Fühlen aussprechen. *»Freiheit«*

Gegen den Papst, der das Neue repräsentierte, trat der deutsche König Heinrich IV. als Repräsentant der alten, archaisch-religiös-herrschaftlich begründeten Ordnung, der Überordnung des Kaisers über die Kirche, in die Schranken. Wo zwei Welten in zwei repräsentativen Vertretern zusammenstoßen, da entwickelt sich ein dramatischer Kampf; hier rangen ein neues und ein altes Ordnungsprinzip um Europas zukünftige Gestalt. Dieser Kampf wurde vor allem in Deutschland und mit dem deutschen König ausgetragen. In Frankreich hatte das Königtum seine volle Kraft noch nicht gewonnen; in England war es unter anderen Voraussetzungen mit anderen Fragen beschäftigt. *Revolution und Archaismus*

Nach langem Hin und Her endete der sogenannte Investiturstreit, der Kampf um die Herrschaft in der Welt und um die deutsche Reichskirche, den eine durch Reform erstarkte Kirche entzündet hatte, unentschieden mit dem Wormser Konkordat von 1122. Der König führte in Deutschland den Bischof zuerst in sein weltliches Amt ein, bevor ihm die geistlich-kirchlichen Weihen erteilt wurden; in Italien und Burgund war der Vorgang umgekehrt. *Wormser Konkordat*

Das Ringen war so erbittert gewesen, daß der Sohn Heinrich V. (1106–1125) im Bunde mit dem Adel den Vater stürzte, seinen Leichnam aber jahrelang unbestattet in einer Nebenkapelle des Hausdomes der Salier zu Speyer aufbahren ließ.

Die Prälaten der deutschen Reichskirche weigerten sich, auf ihre weltliche Herrschaft zu verzichten, was der Papst vorschlug. So entstand im 12. Jahrhundert neben dem weltlichen ein geistliches Reichsfürstentum; beim Sturze Herzog Heinrichs (des Löwen) von Sachsen und Bayern 1180 trat dieser geistlich-weltliche Reichsfürstenstand erstmals gemeinsam politisch handelnd auf.

XII

DER AUFBRUCH EUROPAS AUS ARCHAISCHER RUHE ZU GEISTIGER BEWEGUNG (1070–1300)

1. Allgemeine Tendenzen

a) Vielheit, Einheit, Distanz und Selbstbewußtsein

Pluralismus

Im 11. Jahrhundert setzten gesellschaftliche Bewegung und geistiges, schöpferisches Erwachen, eine neue Dynamik und ein neuer Drang nach Expansion unter den sich differenzierenden Völkern Europas mit spürbarer Macht ein. Die archaische Einheit entfaltete sich zu einer Vielheit neuer individueller und nationaler Kräfte, die auf einem gemeinsamen Grunde ruhten und deshalb doch eine alles übergreifende Form der Kultur und Zivilisation ausprägten, für die Außenstehenden ein einheitliches Gesicht gewannen und bewahrten. Vielheit in der Einheit.

Das neu sich bildende Selbstbewußtsein erwuchs in drei Bewegungen, einer Distanznahme der Menschen von sich selbst, dann von den anderen Menschen und schließlich von den Sachen und Realitäten. Das vollzog sich in der sogenannten kluniazensischen Reform, die eine tiefere Humanisierung der adeligen Oberschicht einleitete, im Rittertum, das den Kreis der höfischen Gesellschaft absteckte und in den Kreuzzügen seiner nationalen und globalen Unterschiede gewahr wurde, und schließlich in der ersten Aufklärungs- oder Rationalisierungsbewegung, die wir Scholastik nennen, in der die neu sich bildende Intelligenz der Welt und den Dingen gegenübertrat, sie zusammenfaßte, kategorisierte, zu deuten und sie mit dem irrationalen Glauben zu harmonisieren versuchte.

Zunächst erweiterte sich der geographische und dann der geistige Horizont der Menschen, und im Zusammenhang damit formte sich auch ein neuer Mensch voll Wißbegierde, Interesse, Mitteilsamkeit, Gesprächigkeit, Gefühl, Fortschrittlichkeit, Aufgeschlossenheit, Sensationslust, Geld- und Geltungssucht, aber auch voll tieferer Religiosität, Innerlichkeit, selbstbewußterer und freierer Entschiedenheit, mit einem geschärften Gewissen.

b) Erweiterung des geographischen Horizonts durch Expansion nach innen und außen

Einbruch in die Welt von Byzanz und Islam

Das Abendland begann sich im frühen 11. Jahrhundert nach Süden in das Mittelmeer, die Domäne der Byzantiner und der Muselmanen auszudehnen. In den nächsten zwei Jahrhunderten wurde ein großer Teil Spaniens von der maurischen Kontrolle befreit. Die Balearen, Sardinien, Korsika wurden besetzt, Süditalien und Sizilien Byzanz und dem Islam entrissen. Die ersten Kreuzzüge eroberten Zypern, Palästina und Syrien, nach 1204 wurden Kreta, die Inseln der Ägäis und ein Teil des byzantinischen Reiches besetzt. Es erfolgte also ein großer Einbruch in die alte Kultur- und Herrschaftswelt von Byzanz und seines gesättigten islamischen Gegners.

Am Anfang des 13. Jahrhunderts beherrschte der Westen Wirtschaft und Verkehr des Mittelmeeres und seiner Küsten. Die normannische Eroberung bezog in derselben Epoche von Frankreich aus erst England und dann den größten Teil von Wales, Schottland und Irland in den engeren Bereich der kontinental-westlichen Kultur ein. Dasselbe geschah in Skandinavien, im Baltikum und in großen Teilen des östlichen oder mittelöstlichen Europa bis Westrußland hinein, und zwar religiös, wirtschaftlich und politisch.

Expansion nach außen

Am Anfang des 13. Jahrhunderts waren also die Grenzen des alten Karolingerreiches an der Elbe und Seine, an der Nordsee und in Mittelitalien nach allen Himmelsrichtungen weit vorgeschoben und umfaßten weit abgelegene Gebiete, die einst zu fremden Kulturen gehörten, Europa und das Abendland wurden »Welt« oder wenigstens zu einem ihrer hervorragenden Zentren im globalen Sinn. Sie begannen nach außen zu wirken.

Siedlung und Kolonisation gewannen neue Wirkungsfelder. Die Rekonquista in Spanien machte neue Räume für bäuerliche Siedlung in Aragon und Kastilien frei. Deutscher Adel und Kirche zogen über die Elbe und begegneten dort den Slawen und Balten; sie zogen Bauern aus dem Westen nach, unter ihnen die in der Urbarmachung von Land- und Sumpfgebieten und Meeresküsten erfahrenen Flamen und Holländer, die das freie Land neben den Slawen besiedelten. Die normannische Eroberung löste eine gleiche bäuerliche Siedlerbewegung in Südwales, Schottland unter der Highland-Linie und in Irish Pale aus. Der normannische Adel dehnte seinen Einfluß in entlegene Teile der Britischen Inseln aus.

Glücksritter und Feudalherren im Mittelmeer

In Süditalien und Sizilien, im byzantinischen und islamischen Bereich überdeckte zwar keine Massenkolonisation die einheimische Bevölkerung mit Fremdsiedlung, aber es kamen Glücksritter, Adelige und abenteuernde Kaufleute dorthin, die sich als hauchdünne herrschaftlich-wirtschaftliche Oberschicht über alle lagerte und den Reichtum dieser Länder in ihre Taschen leiteten. Italienische und provenzalische Kaufleute traten in Konstantinopel und in den Seestädten Syriens auf, französischer, provenzalischer, deutscher und italienischer Adel errichtete in Ost- und Süditalien wie in Sizilien, Griechenland und Kleinasien Feudalherrschaften.

Landesausbau

Die Expansion drang nicht nur über die Grenzen nach außen, sondern sie erfaßte auch die noch unbesiedelten Binnengürtel und intensivierte die Besiedlung des innereuropäischen Raumes. Dadurch rückten die Menschen näher aneinander, die vorher durch Wälder, Sümpfe, Marschen, Ödländer voneinander getrennt gewesen waren. Grund dafür waren Bevölkerungsvermehrung und Bevölkerungsdruck. Diese Großtat des europäischen Bauern zwischen 1000 und 1250, Folge und Prozeß einer großen horizontalen Mobilität, legte die großen Waldgebiete und Ödländereien Englands, Nordfrankreichs, Belgiens, Deutschlands, Skandinaviens und des slawischen Osten nieder und schuf viele neue Bauernstellen, die mehr Menschen ernährten und mehr Nahrungsmittel für die wachsenden und entstehenden Städte erzeugten.

Wanderbewegung

Diese Binnenkolonisation war begleitet von einer starken Wanderbewegung der bäuerlichen und der nichtagrarischen Unterschichten, die sich erstmals in großer Zahl und aus eigenem Entschluß von Scholle und Heimat, von Herrenhof (= Salhof), Siedel- und Nachbarschaftsverband, von der Gemeinde lösten und über weite Strecken in neu aufgemachtes Siedel- und Rodeland oder in die wachsenden Städte der näheren und weiteren Umgebung strömten. Erstmals wurden der archaisch-primitive Lokalismus und Regionalismus im Inneren überwunden. Hand in Hand mit der horizontalen ging auch eine sehr intensive vertikale gesellschaftliche Mobilität. Es trat auf breiterer Front eine Steigerung und Besserung des allgemeinen Lebens- und Gesellschaftsniveaus ein. Ohne die Steigerung der Beweglichkeit und Freizügigkeit der bäuerlichen wie der nichtagrarischen Menschen (Handwerker, Kaufleute) hätte sich die europäische Stadt seit dem 11. Jahrhundert nicht zu einer ersten Blüte urbanen Lebens entfalten können. Europa hatte vom 11. bis 13. Jahrhundert seinen »Pionier«, seinen »Grenzer« oder »Grenzgänger«.

Horizontale und vertikale Mobilität der Gesellschaft

Neue Mineralien, neue Technik, neuer Verkehr

Von wirtschaftlich entscheidender Bedeutung wurde es, daß sich seit dem 11. Jahrhundert der Abbau von Mineralvorkommen, von Salz, Silber, Zinn, Zink, Kupfer und Eisen, in Großbritannien, Frankreich, Deutschland, Italien, Böhmen, Skandinavien sehr beschleunigte. Neue Methoden und technische Verbesserungen wurden in der Bergwerksindustrie angewandt. Für den Handel wurden jetzt die reichen Zimmer- und Schiffsholzvorräte Englands, Skandinaviens und des Baltikums verfügbar. Der Seefischfang wurde wesentlich gesteigert, besonders vor den Küsten Irlands und Norwegens; die Heringe des Baltikums kamen auf die kontinentalen Märkte.

c) Aufschwung von Wirtschaft und Verkehr

Die Erschöpfung des Altsiedellandes, der unternehmerische Herrschaftswille des Adels und ein spürbarer Bevölkerungsdruck haben den Neugewinn von Siedelland durch Binnenkolonisation gebracht; das bedingte eine große Zunahme von Handel, Verkehr und Gewerbe, eine Verdichtung der nichtagrarischen Siedlungszentren.

Stadt

Die Städte traten allmählich aus dem Schatten und der Verfügungsgewalt der Grund- und Stadtherren heraus und entwickelten eine eigengeprägte Bevölkerung mit besonderem Lebensstil und -rhythmus, individueller Erwerbs- und Arbeitsgesinnung und mit besonderem Recht. Aus neuen Wurzeln erstand eine europäische Stadtkultur und Urbanität.

Güteraustausch, Geldverkehr

Neues Land, neue Menschen wurden in die Produktion einbezogen. Der neuaufgetane Metallbau, die Fischerei, der zunehmende Fernhandel beschleunigten und vermehrten den Geldumlauf. Die reine Naturalwirtschaft hatte auch in der archaischen Zeit niemals bestanden, und Geld in Barrenform war immer im Umlauf gewesen. Die schnelle Vermehrung des gemünzten, handlichen Geldes ist auch nicht Folge und Ausdruck eines totalen wirtschaftlichen Strukturwandels, aber Anstoß und Hilfsmittel einer bedeutenden Intensivierung und Verdichtung des lokalen und regionalen Güteraustausches.

Unternehmertum

Europa war zwar auch in archaischer Zeit nicht isoliert, aber erst jetzt trat es in den vollen Strom von Welthandel und Weltverkehr ein. Dabei entwickelte sich ein selbständiges, vorab bürgerlich-patrizisches Unternehmertum aus; der Gewinn

stieg, Geld häufte sich an, und seine Besitzer gewannen zunehmend Einfluß und Prestige; die Vorformen des Frühkapitalismus entwickelten sich.
Neben Grund und Boden wurde jetzt auch Geld Wert- und Besitzobjekt. Die reichgewordenen Unternehmerschichten stiegen in den Städten auf, befreiten sich von Lasten und Merkmalen der Unfreiheit und gewannen größere Freizügigkeit und größeren Spielraum des Handelns. Es entstand die städtische bürgerliche Freiheit, wenn auch die alten Elemente der Stadtherrschaft noch lange an ihnen klebten. Sie war es ja auch gewesen, die in Deutschland durch die Befreiung des Stadtbewohners vom Leibeigenendienst gegen einen gestaffelten Jahreszins (Wachszins) indirekt ein neues Arbeitsethos und eine neue Arbeitsmoral anregte. Wer aber über seine Arbeitskraft und seinen Arbeitsertrag selbst verfügen kann, hat andere Antriebe zur Arbeit und Leistung als der, der nur für den anderen seine gebundene Arbeitskraft einsetzen kann. Hand in Hand mit dem Wachsen des Unternehmergeistes geht die Entwicklung einer neuen Arbeitsgesinnung. »Arbeit« war bis in das 12. Jahrhundert sozial diffamierend und machte unfrei.

Freiheit

Arbeit

d) Ein neues europäisches Weltbild

Vom 11. bis zur Wende des 14. Jahrhunderts verdichtete sich auf allen Gebieten die Substanz und das Potential dessen, was man europäische Kultur nennt. An neugegründeten Schulen und Universitäten wurden römisches Recht, Medizin, Philosophie und Theologie gelehrt. Die Romanik blühte auf und die Gotik erstand, Troubadour-, Ritter- und Fabliaux-Literatur (Schwankerzählungen, meist in Versen) keimten auf.
Mit dem geographischen weitete sich auch der geistige Horizont der Europäer. Sie wurden gesprächiger und schrieben mehr, weil sie mehr wußten, näher zusammenrückten und einander mehr mitzuteilen hatten. Die Fülle neuer Tatsachen, die ins Blickfeld der Europäer traten und ihnen bewußt wurden, erforderten Sammlung und kritische Sichtung, Analyse und Deutung. Dadurch erstand erstmals ein neues europäisches Weltbild.

Geistige Bewegung

Die größere Dichte des zwischenmenschlichen Verkehrs verlockte die Leute, Briefe zu schreiben. Briefsteller gaben Anleitungen dazu. Dabei trat der Einzelmensch aus seiner Anonymität, er sah sich den anderen Menschen und den Dingen der realen Welt gegenübergestellt. Das zwang ihn zu nüchternem und rationalem Denken, zur Abstraktion und zu praktischem, formalem Handeln. Daraus ist der rationale Trend zu erklären, der sich seitdem im wissenschaftlichen Denken und im wirtschaftlichen Handeln zeigte, der auf politischer und rechtlicher Ebene eine Industrialisierung und eine Verrechtlichung zur Folge hatte.

Rationalität

So gab man die symbolische Deutung der Wirklichkeit auf und forschte nach den Seinsgrundlagen; man wollte deshalb auch die Glaubensinhalte rational begründen, Glaube und Religion gingen zum zweiten Male einen ungemäßen Bund mit der Philosophie ein. Der rationale Trend war eine Folge des geistigen Erwachens und der sich regenden Vernunft. Er zeigte sich im Regieren und Verwalten, er entwickelte neue Herrschaftsmethoden, er differenzierte zwischen der Person des Herrschers und den Beherrschten einerseits, transpersonalen und abstrakten Staatsideen und -ideologien andererseits. Die alte Form des Personenverbandes lebte weiter, aber sie wurde zunehmend in einen »Staat« eingeordnet, dessen Grundlage ein sich schließendes Territorium und Institutionen wurden.

Aufklärung

e) Der Strukturwandel der Gesellschaft

Seit dem 12./13. Jahrhundert ging die Blütezeit der feudalen Gesellschaft zu Ende. Das Herrschaftsmonopol der schwerttragenden Oberschicht mit Riesenanteilen an Land und Leuten und in einem extremen Dualismus zwischen Herrschaft, Besitz, Prestige auf der einen, Unterwerfung und Dienst auf der anderen Seite wurde aufgeweicht und verdünnt durch fortschrittlichere Herrschaftsmethoden mit stärker zentralisierender Wirkung. Der übergroße Abstand zwischen Herrschaftsträgern und Dienenden wurde durch den sozialen Aufstieg neuer Gruppen aufgefüllt.

Sozialer Aufstieg

Das Bürgertum bildete sich als Mittelschicht, im Freibauerntum erfuhr die leibeigene agrarische Unterschicht eine Besserstellung, die oberen Gruppen der Unterschicht stiegen zum Sonderstand der Ministerialität auf, die sich gesellschaftlich, politisch und herrschaftlich der Aristokratie anglich und zum Niederadel wurde.

Leibeigenschaft

Die adelige, die freie und die unfreie Leibeigenschicht erlebten damals eine bedeutende, ja sprunghafte Verbesserung ihres Lebensstandards und ihres Prestiges. Die sich institutionalisierende Herrschaft, die Ausweitung und Intensivierung von Handel, Verkehr und Produktion nichtagrarischer und agrarischer Güter sowie die weitgreifende Binnenkolonisation haben diesen sozialen Aufstieg veranlaßt.

Wandel in Stadt und Land

Die Städte wurden neue politische Einheiten, sie entwickelten neue städtische Einrichtungen, um den Bedürfnissen der Neuankömmlinge zu genügen und den Anforderungen des Zusammenlebens einer größeren Menschenmenge auf engerem Raum, dem ersten Massenproblem, gewachsen zu sein. Auch auf dem Lande blieb nicht alles beim alten; denn es verwandelte sich allmählich das Grundherrschaftssystem, aus dem alten Salhof- und Fronhofverband wurde vielfach eine Rentengrundherrschaft mit Pachtbauern.

Um 1250 war das Bauerntum im Westen überall im Wachsen; die alte Leibeigenschaft verbesserte sich im Westen zusehends zur größeren Freiheit eines Pächterstandes, in Deutschland erlebte sie zuerst eine Nivellierung in der sogenannten Lokalleibeigenschaft, die aber ein Einrücken in die bessere Stellung der freien Unfreien brachte, die gleichzeitig zu Ministerialen und Bürgern wurden.

Verrechtlichung der Kirche

Das Papsttum stieg erst jetzt zu europäischer und internationaler Bedeutung empor, nachdem es sich endgültig institutionalisiert, in der Kanonistik die Kirche verrechtlicht, im Decretum Gratiani sich ein Gesetz gegeben, ein dogmatisches Lehrgebäude errichtet und ein großes internationales Verwaltungssystem ausgebildet hatte.

Auf lokaler, regionaler, nationaler und internationaler Ebene herrschte seit dem 11. Jahrhundert in Wirtschaft, Gesellschaft, Herrschaft, Staat, Politik und Kultur Bewegung und Fortschritt in einem bislang unbekannten Ausmaß.

f) Ständische Bewegung und Ständegesellschaft seit dem 13. Jahrhundert

Ständeentwicklung

Seit der Mitte des 13. Jahrhunderts treten auffallende Veränderungen und Rückbildungen ein. Es beginnt sich die europäische Ständegesellschaft in West und Ost auszubilden, Europa nimmt auf den Bahnen des ersten Aufbruchs zwar weiterschreitend ein neues Gesicht an, das von Unruhe, Unsicherheit, Unentschiedenheit geprägt ist. Es hört das Wachstum der städtischen Gemeinwesen auf, die auf deutschem Boden ihren Idealtyp von 1150 bis 1250 entwickeln. Doch gilt das nicht durchweg. In Italien machen Florenz und Venedig und einige andere Signorien eine Ausnahme, in Spanien Barcelona, in Süd- und Norddeutschland eine Reihe von Städten; im Osten trat nach dem Untergang des Kiewer Reiches (1240) und seit der Tatarenherrschaft der Goldenen Horde das große Handelszentrum Lemberg die Rolle Kiews im internationalen Handel zwischen Ostsee, Schwarzem und Mittelländischem Meer an.

Bürgerliche Schichten

In den Städten des Westens differenziert sich das Bürgertum in ein Patriziat der Verwaltung, des Handels und Bankgeschäfts, in die Handwerkerberufsgruppen der Zünfte und in eine handwerkliche Unterschicht der Gesellen und Lohnarbeiter, die erst allmählich ein Proletariat werden und zum Pauperismus führen. Venedigs Goldenes Buch von 1298 läßt eine wirtschaftlich-soziale Aufspaltung in Klassen erkennen; in Florenz schieden sich *popolo grosso* und *popolo minuto* (= große und kleine Leute) und ersetzten dabei sachgemäßer die alte politische Gruppierung in Ghibellinen und Quelfen (Welfen); auch Flandern erlebte Auseinandersetzungen solcher Art.

Löhne und Preise

Im Bauerntum setzte ein Rückschlag ein und bildete sich eine neue wirtschaftliche Ober- und Unterschicht in den Dörfern und ländlichen Gemeinschaften heraus. Im 14. Jahrhundert ging es nicht mehr um Bauernfreiheit, sondern um den Preis der Lohnarbeit. Man spricht von der Lohn- und Preisschere. In Bauernaufständen machte sich soziale und wirtschaftliche Unzufriedenheit Luft. Vor 1250 treffen wir etwa in Bayern ein reiches, selbstbewußtes, bramarbasierendes Hof- und Großbauerntum an (Meier Helmbrecht).

Schwächung aller Mächte

Die alten politischen Mächte und Kräfte waren am Ende der Aufbruchsepoche geschwächt, erschüttert, ins Mark getroffen, ausgestorben. Besonders in Deutschland und Italien löste sich seit 1250 die ältere Herrschaftsordnung auf, das zentrale Königtum verlor die Kraft staatlicher Integration, wenn es auch auf einem allgemeineren Gebiet seine ideele Wirkung nicht einbüßte. Auf jeden Fall wurde es kein Prinzip rationaler Staatlichkeit, sondern eine mehr oder minder starke Klammer bündischen Zusammenschlusses relativ selbständiger Territorien.

Auf der Iberischen Halbinsel verbrauchten dynastisch-familiäre Streitigkeiten die Kraft der vorher siegreichen Herrscher. In Frankreich dagegen entwickelte sich die gehobene Monarchie Ludwigs IX. des Heiligen (1226–1276) zunehmend zu einem Despotismus in den Händen Philipps des Schönen und seiner Minister. In England löste das strenge Regiment Edwards I. (1272–1307) die schwache Regierung Heinrichs III. ab. Auch in Ostmitteleuropa und in Ungarn folgten auf eine relative Beständigkeit Unruhe, Bewegung, Unordnung.

Neue Bewegung

Der Sturz der Hierokratie und seine Folgen

Das selbstherrlich-hierokratische Papsttum geriet in der »Babylonischen Gefangenschaft« zu Avignon (ab 1309) unter die Kontrolle einer nationalen Königsherrschaft, der Frankreichs, nachdem und weil es die einzige adäquate und ebenbürtige, nicht universale, aber länderübergreifende Macht, das Kaisertum des deutschen Königs, zu Tode geschwächt, diffamiert und sich selbst an dessen Stelle zu setzen versucht hatte. Die Folgen dieses Sturzes von der Höhe hierarchischer Weltherrschaft in einen Strudel von Beschränkungen und Schwierigkeiten waren konziliare Bewegung gegen die Alleinherrschaft des Papstes, Schisma, das heißt Teilung der päpstlichen Spitze der Kirche, der Ruf nach Reform und schließlich Reformation und Verlust der Glaubenseinheit in Europa.

Alles in allem gesehen, folgten auf die erste Kraftentfaltung auf allen Gebieten nach 1250 Unstabilität, Desintegration, Differenzierung. Das zeigte sich besonders am deutschen Königtum und Kaisertum, das zeigte sich auch in den deutschen Landesstaaten, wo der Prozeß der inneren Festigung begleitet war und verlangsamt wurde von der landständischen Bewegung, die zugleich eine europäische Erscheinung war und auf eine Beschränkung von Macht und Herrschaft durch Mitsprache besonders bei Steuerbewilligung und Repräsentation der Landesgemeinde und der gemeinsamen Staatszwecke zielte. Eine neue zukunftsweisende, positive Erscheinung, Vorläufer demokratischer Repräsentation im Konstitutionalismus und Parlamentarismus.

Ständische Bewegung

Höfische Gesellschaft

Die höfische Gesellschaft und das Rittertum wurden allmählich fragwürdig, als neue Kräfte und Formen sich rührten, als sie nicht mehr allein die Kultur bestimmten. Deshalb verlor die Ritterdichtung nördlich der Alpen ihre Aussagekraft und allmählich auch ihr Publikum, als Jean de Meun den idealistischen Rosenroman mit einer bürgerlichen Welt erfüllte.

Der Staat als Gesellschaft

Die Scholastik, erste »Aufklärung« in Europa, verlor ihre geistig bindende Kraft und Funktion, als die Synthesen der Augustiner-Chorherren von St-Viktor bei Paris (1200), des Summisten Petrus Lombardus, des Thomas von Aquin (1225 bis 1274), des Albertus Magnus (1193–1280) und des Bonaventura durch die nominalistische Logik William Occams und des Duns Scotus zerstört, als mit Marsilius von Padua und Johann von Jandun in einem christlichen Aristotelismus der Staat als in sich geschlossene Gesellschaft verstanden und Stimmen des Konziliarismus laut wurden, als man über das Wesen der Macht, ihre Begründung und Verteidigung nachdachte und diskutierte.

g) Ursachen der europäischen Regression seit 1250 und ihre Auswirkungen

Der mannigfaltige Wandel in Wirtschaft, Gesellschaft, Politik und Kultur, der aber nicht grundstürzend ist, sondern weiterführt, hat eine Reihe von Gründen größerer Reichweite: den aufsteigenden Kapitalismus in den Städten Flanderns, Südfrankreichs, Italiens West- und Süddeutschlands; sodann die Folgen der Kämpfe zwischen den deutschen Stauferkaisern und den Päpsten, die Entfaltung der nationalen Königsherrschaften in England und Frankreich und ihren Sieg über Papst Bonifaz VIII. (1294–1303), die Entwicklung der Territorien in Deutschland. Der Schwarze Tod und der Hundertjährige Krieg (ab 1337) haben Europa in schwere Sorgen gestürzt.

Territorialer Rückzug

Das Abendland war seit 1250 territorial im Rückzug, seine expansiven Kräfte waren erschöpft. Darum konnten die Mauren das gebirgige Königreich Granada hinter der Bergrampe der Sierra Nevada zurückgewinnen.

Im östlichen Mittelmeer verloren die Kreuzfahrerdynastien die syrische Küste an die Moslems, und 1261 nahm Michael Porphyrogenetos den Lateinern Konstantinopel wieder ab. Als westliche Stützpunkte auf diesem Schauplatz behaupteten sich unter dem Schutz der italienischen Flotten Zypern, Kreta, die Ägäischen Inseln und Fürstentümer in Südgriechenland.

Der italienische Kaufmann beherrschte weiter das Mittelländische und das Schwarze Meer, wie die Weltreisen eines Marco Polo nach dem Osten zeigen. Trotzdem war Europa seit 1250 im Orient in die Defensive gedrängt, die osmanisch-türkische Großmacht war bereits kraftvoll auf die Bühne getreten. Ein Schrumpfungsprozeß im Inneren war mit dem Aufhören der Ostbewegung in Osteuropa eingetreten; die wachsende Macht der norddeutschen Hanse und des Deutschordens hielten ihn seit dem zweiten Viertel des 14. Jahrhunderts auf. *Hanse*

In Böhmen brachte die Herrschaft der westlichen Luxemburger (ab 1300) einen neuen zeitweisen Aufschwung. Aber im ganzen gesehen, setzten Byzantiner, Moslems, Slawen und Balten dem westlichen Druck einen immer härter und erfolgreicher werdenden Widerstand entgegen und gingen eines Tages zum Angriff über.

Schrumpfung der Reichtumsquellen

Es versiegten aber auch im Innern Europas der Reichtum an Land und das Wachstum des Bauerntums. Der Zuwachs an Nutzland war begrenzt, und damit hörte eine Quelle des Reichtums für Klöster, Ritter, Bauern, für die westliche Gesellschaft zu fließen auf. Es versickerten aber auch die Reichtümer, die Herrscher, Ausbeuter, Kaufleute aus Byzanz, aus Ländern des Islams und anderswoher genommen hatten. Beide Erscheinungen zusammen sind wohl ein Hauptgrund der Krisen und Wandlungen nach 1250 gewesen; die geballte unternehmerische Kraft verlor weite Felder ihrer Tätigkeit und kehrte sich fortan nach innen.

Wirtschaftliche Depression

In den Bauernerhebungen des 14. und 15. Jahrhunderts lösten sich Unzufriedenheit und Spannungen aus über die Einschränkungen bäuerlicher Freiheit. Das Nachlassen der bäuerlichen Kaufkraft hemmte die Prosperität der städtischen Wirtschaft. Die Zeiten eines mühelosen Erwerbs von Grund und Boden und Reichtum waren vorbei, und die von außen einströmenden Gewinne wurden immer geringer; deshalb gingen Montpellier, Marseille und Pisa durch eine wirtschaftliche Depression hindurch. Eine weitere Folge war das Aufhören des Baues von Kathedralen in Westeuropa als Ausfluß schwindenden Geldüberhangs und ehrgeiziger Baulust. In den Städten fand der unzufriedene Überschuß der Landbevölkerung keine Aufnahme mehr, und die stadtnahen Bauerndörfer konnten ihren Überschuß an Agrarprodukten nicht mehr auf dem Markt der bislang wachsenden Städte absetzen.

Nachlassen der sozialen Mobilität

Diese Stockung in der Zirkulation von Menschen und Gütern führte ein ländliches Proletariat herauf, dessen bittere Not Pierre Plowman enthüllt. Es schrumpfte der städtische Markt, und die gewerbliche Produktion fiel für den Fernhandel aus. Der soziale Aufstieg und die steigende Kurve des Lebensstandards kamen zum Stillstand in Stadt und Land. Landesausbau und Binnenkolonisation stagnierten, aber auch die Einnahmen des Adels aus Rodungsherrschaften und Ausbaugütern; die Hoheitsrechte des Adels vergrößerten sich nicht mehr. Er verlor zudem die Chance, als »Abenteurer« in Übersee Reichtümer und Macht zu erwerben. Darum drängte sich der Adel im 14. und 15. Jahrhundert in zunehmendem Maße an die Höfe der Könige und Fürsten, um dort erneut sein Glück in bevorzugten Stellungen zu machen. Der Verlust an Möglichkeiten zu unternehmender Expansion und darum auch an wagendem Optimismus betraf Adel, Bürger und Bauern in gleicher Weise.

Päpstliche Macht

Aber auch die Päpste und die Herrscher des Westens litten darunter. Die Päpste hatten sich im Investiturstreit, in den Kreuzzügen, in den Kämpfen mit den deutschen Kaisern um die Herrschaft in Italien, in den Häretikerkämpfen als eine große moralische, religiöse und politische Macht gezeigt. Das 13. Jahrhundert aber zwang sie bereits zu Geldgeschäften mit den Bankiers von Florenz, und in Avignon waren sie vor die größten finanziellen Schwierigkeiten gestellt. Dadurch entfachten und steigerten sie Kritik an Kirche und Papsttum; beide wurden als korrupt und erpresserisch angeprangert und setzten sich dem Vorwurf aus, sie seien allein am Geld interessiert. Dies löste harte innerkirchliche Opposition und Rebellion aus; diese wurde von den Franziskaner-Spiritualen getragen, die, unter Berufung auf die evangelischen Räte, das System der päpstlichen Annaten und Expektanzen schärfstens angriffen. Die Könige von England, der Oxforder Wiclif († 1384) und der Prager Johannes Hus († 1415) spannen dieses Thema weiter. In einer Zeit der abnehmenden Konjunktur hatten die Europäer wenig Lust, die Kosten einer teuren kirchlichen Verwaltung zu bezahlen. Deshalb ergriff das Papsttum von Avignon Zwangsmaßnahmen, um die hohen Verwaltungskosten zu bestreiten, die Kurie und Kirchenstaat funktionsfähig hielten. Dies bereitete die Reformation und den Verlust der kirchlichen Einheit vor.

Innerkirchliche Opposition

Der Einnahmenschwund bedrückte seit 1250 auch die westeuropäischen Könige und nicht nur sie; die Erträgnisse der Königsgüter und der Lehnsgelder reichten nicht mehr aus, einen teuren Apparat und die hohe Politik zu bezahlen. Deshalb streckte König Philipp IV. der Schöne von Frankreich (1285—1314) seine Hand nach den reichen Städten Flanderns und nach den Gütern des Templerordens aus. Finanziell überforderte Regierungen griffen nach dem klassischen Mittel der Münzverschlechterung. In Frankreich, Skandinavien und Böhmen wurden neue Steuern entwickelt. Die Herrscher appellierten an Adel, Bürger und Bauern und forderten die Bewilligung von Steuern. Gerade das führte in ganz Europa zum politischen Aufstieg der korporativ sich zusammenschließenden Stände, die für sich das Recht der Repräsentation des Landes gegenüber dem Herrscher, der Teilnahme an seinen politischen und wirtschaftlichen Entscheidungen sowie der Beschränkung fürstlicher Macht und Willkür forderten. Das Zeitalter der Ständeherrschaft (besonders in Böhmen und Mähren), des dualistischen Ständestaates und der altständischen Gesellschaft Europas kam heran.

Staat und Finanzen

Ständische Repräsentation

h) Der unverwechselbare Charakter der neuen europäischen Kultur

Der erste Aufbruch Europas nach der relativen archaischen Ruhe und Übernahme des Fremden löste eine große Kraftentfaltung auf allen Gebieten menschlicher Kultur aus und schuf im Endergebnis trotz aller Vielfalt so viele neue gemeinsame Züge, daß daraus der unverwechselbare Charakter der europäischen Kultur entstand. Ein neues Menschen- und Lebensideal, ein personaleres und rationaleres Sein, kurzum eine schöpferische Epoche Europas formten sich aus. Sie ruhten zwar auf karolingischen und in gewissem Ausmaß auch auf ottonischen Grundlagen, aber der Lebensrhythmus, die innere Bewegung, das Denken und Wollen, das Ethos und die Ziele waren gesteigert oder neu.

In der Mitte des 13. Jahrhunderts war deshalb das Abendland die Völkergemeinschaft geworden, als die sie in der Geschichte weiterlebte und weiterwirkte. Gesellschaft und Kultur bewahrten fortan trotz aller weiteren Differenzierungs-, Auflösungs- und Entwicklungsprozesse ihren eigentümlichen Charakter bis in das 18. Jahrhundert, das die alten Grundstrukturen zersetzte und Neues schuf. Im 12. Jahrhundert war der Kreis abendländischer Völker ausgebildet.

Völkergemeinschaft des Abendlandes

Neben die Hegemonie des deutschen König-Kaisers und an seine Stelle trat seit dem endenden 11. Jahrhundert das Reformpapsttum und sein Anspruch auf die Führung in der Ausgestaltung Europas; es faßte dabei alle früheren Tendenzen

König Ludwig IX.
der Heilige von
Frankreich
(1226 bis 1276)
Maineville, Kirche,
um 1300

Schloß Friedberg bei Volders in Tirol, 13. Jahrhundert

der religiösen und sittlichen Reform der Klöster, der Seelsorgegeistlichkeit, der Christenheit zusammen und trat mit neuen epochemachenden Forderungen und Maßnahmen auf den Plan. Die innere Christianisierung des Abendlandes war vollendet. Ein Jahrhundert geballter und neuer religiöser Energie begann und löste Energieströme verschiedener Art nach innen und außen aus; diese entluden sich sowohl innerhalb wie außerhalb der Kirche.

Christianitas und päpstliche Hierokratie

Zu gleicher Zeit wurde aber auch eine neue Weltlichkeit entbunden. Diese wurde vorbereitet durch den mäßigenden Einfluß der Reform von Cluny auf den Adel, besonders in Frankreich, dessen Daseins-, Lebens- und Gesellschaftsformen dadurch humanisiert wurden. Diese Entbindung einer bewußten laikalen Weltlichkeit war gewissermaßen die Reaktion auf eine betont asketische Kirchenreform, die die religiös-kirchlichen Kräfte zwar vom Übergewicht des Herrschaftlich-Politischen freisetzte, aber das Weltliche auch bewußt machte, von sich distanzierte und auf eigene Wege wies.

Neue Weltlichkeit

So entstand ein Riß, der zunächst nur durch die äußere Fassade ging, ohne die innere neugewonnene Einheit vorerst ernstlich zu gefährden. Dieses Ergebnis ist der Tatsache zuzuschreiben, daß die Reformpäpste Persönlichkeiten von europäischem Rang waren, daß am Anfang der Reihe der religiöse Genius eines Gregor VII. stand, der mit seiner Parole von der »Freiheit der Kirche« (libertas ecclesiae) nicht nur der große, für seine Zeit moderne Widerpart des eine alte archaische Lebens- und Machtordnung vertretenden König-Kaisers, sondern der Exponent der lebendigen geistig-gesellschaftlichen Kräfte, des Fortschritts in einem der entscheidenden Jahrhunderte der europäischen Geschichte war.

Die Trennung in einen geistlichen und weltlichen Bereich des abendländischen Menschseins zählt ebenso zu den Grundtatsachen abendländischer Existenz wie die Freiheit und der rationale Trend unseres Denkens und unserer Entwicklung.

Dualismus

2. Das neue System der politischen Machtordnung. Dualismus – Universalismus – nationales Königtum

a) Einheit durch Über- und Unterordnung

Das Reformpapsttum setzte an die Stelle der alten Zweieinigkeit der Gewalten ihre Rivalität und Konkurrenz, ihren Dualismus. Zunächst gelang es der geistlichen Gewalt, eine hierokratisch-geistliche Hegemonie teilweise durchzusetzen. Europa kannte in der Periode des Aufbruchs noch kein europäisches Staatensystem; es gab also auch noch kein europäisches Gleichgewicht, obwohl Papst Gregor VII. († 1085) es in einfachsten Formen gegen die Hegemonie des deutschen König-Kaisers zu organisieren versuchte, es gab auch noch kein politisches Zusammenspiel der beteiligten Staatengruppen. Erst die Kreuzzüge scheinen Bündnissysteme und Mächtegruppen seit der Mitte des 12. Jahrhunderts angebahnt zu haben. Noch standen sich die Herrschaften auf der Weltbühne von damals isoliert gegenüber und führten ein Sonderdasein. Das Verhältnis von Völkern und Herrschaften untereinander war noch durch Über- und Unterordnung geregelt.

Isolierung der Mächte

Der stärkste Ausdruck dafür war die Ausweitung des Lehenswesens auf die zwischenstaatlichen Beziehungen; nach außen zeigte diese Form eine scheinbar ehrenvolle Gegenseitigkeit, ein Vertragsverhältnis an. Die universalen Ideen hatten nicht die Durchschlagskraft von Ideologien, sie sprachen aber auch die Realitäten nicht deutlich an. Zwar maß der am alten Rom orientierte Reichsgedanke dem deutschen König-Kaiser den höchsten weltlichen Rang in der Christenheit zu, aber keine Weltherrschaft; diese blieb literarische Geschichtstheologie; denn die Völker des Abendlandes anerkannten sie nicht und die Kaiser des Westen forderten sie nicht. Die realen Machtgrundlagen des deutschen Königs gaben ihm eine schwankende hegemoniale Würde. Über die Länderdreiheit Deutschland, Italien, Burgund hinaus wirkte er nur als Vogt und Schirmherr der Kirche.

Hegemonie

Trotz ihres universalen Führungsanspruches, der zunächst religiös und kirchlich gemeint war, und trotz ihrer Versuche einer juristischen Begründung konnten die Päpste ihre geistliche Obrigkeit letztlich nicht in eine Weltherrschaft umwandeln. Der für Deutschlands altes Herrschaftssystem katastrophale Investiturstreit (1074) verhinderte das richtige Verhältnis zwischen der auf Königsheil, Geblütsrecht und Designation begründeten Macht des alten hochpriesterlichen Königs und dem erstarkten Papsttum. Die Päpste tasteten die Heiligkeit seiner Person und Weihe an, bestritten ihm das Amt des »Vicarus Christi« und stießen ihn aus einer Heils- und Machtordnung zugleich; sie konnten sich zunächst unter Innozenz III. sogar politisch an die Stelle des Kaisers setzen und auch in die Staaten hineinregieren, doch gaben sie damit ebenso ein Beispiel, eines Tages die Heiligkeit ihrer eigenen Person in Frage zu stellen, ihre universale Macht wie sogar ihre religiöse Autorität abzulehnen. Darüber zerbrach die Einheit der christlichen Kirche des Westens.

Geistliche Oberhoheit

b) Entgeistlichung des Königtums. Dualismus der Gewalten

Das entgeistlichte und entsakralisierte Königtum und Königsamt verlor im Glauben der Menschen jedoch noch lange seinen Rang nicht, ja es betonte im 12. Jahrhundert stärker als vorher seine eigenständige Heiligkeit und seinen göttlichen Ursprung neben dem Papst, wie es in alten Denkformen der Königstraktat des englischen Anonymus von York tat. Aber Entheiligung und Dualismus führten den Staat auf die Bahn einer eigenen naturrechtlichen Begründung seiner Existenz und leiteten die spätere Säkularisierung des Staatlich-Politischen ein. Es ging die Zeit der »politischen Religiosität« langsam zu Ende.

Ende einer politischen Religiosität

Die alte Einheit von Welt und Kirche konnte deshalb noch nicht zerbrechen, weil die Menschen zumeist noch in den engsten Grenzen von Haus und Heimat lebten und es auch im Glauben der Menschen kein direktes Einheitssystem gab. Papst Gregor VII. wollte sie nicht einmal zerbrechen, sondern neu begründen, indem er die altkirchlichen Traditionen wieder zu beleben versuchte. Nicht seinem Wollen, aber seiner Wirkung nach wurde er ein konservativer Revolutionär, der scheiterte.

Sein Gegner, der deutsche Kaiser Heinrich IV. († 1106), verfocht dagegen die alte Gottunmittelbarkeit des Königs, die alte Macht- und Lebensordnung, die auf anderen vitalen und handgreiflichen Grundlagen aufbaute; er trat gegen die neue Zeit, die sich nun vergeistigte und nach Vernunftgründen suchte, in die Schranken.

Gottunmittelbarkeit des Königs

Der Dualismus äußerte sich darin, daß die päpstliche Idee der Einheit der alten königlichen gegenübertrat, die auch von Gott abgeleitet war. Beide Gewalten versahen auf Erden ihr Amt vollkommen unabhängig voneinander. Im Streit um die rechte Ordnung in der Welt wurde die Zurückdrängung der Laien in der Kirche ein Grundthema abendländischer Geschichte. Den Laien aber wurde das Grundgesetz einer Mönchsmoral auferlegt, das sie von der Mitsprache in der Kirche ausschloß und zum Gehorsam verpflichtete.

Die rechte Ordnung

In Frankreich und England konnte der große Streit, der im Grunde das deutsche Königtum als staatsbildende Kraft zerbrach, durch ein Kompromiß geschlichtet werden, das auf der von Ivo von Chartres vorgelegten Scheidung von weltlichem und geistlichem Bereich beruhte; im schwergeprüften Deutschland aber kam es zu spät zu einer Einigung, die die weltliche Herrschaft zwar nicht aus ihren religiös-kirchlichen Aufgaben entließ, aber ihrer geistlichen Würde entkleidete, die Geistlichkeit jedoch befähigte, nach Übernahme von Lehen in die Reihen der obersten Reichsfürsten und der Teilhaber an Staat und Reich aufzusteigen. Da die hohen Kirchenstellen weiterhin von der Aristokratie besetzt wurden, war der das Königtum lähmende Adel der eigentliche Gewinner in dieser grundstürzenden Auseinandersetzung.

Sieg des Adels

c) Die »zwei Körper« des Königtums – Theokratie und feudales Lehnsrecht

Herrschaft und Staat lebten bis zur Säkularisierung des Geistes im 18. Jahrhundert nicht nur aus geistig-geistlich-rationalen Ideen, sondern aus älteren sakral-mythischen Urseinsschichten der Menschlichkeit. Aus dieser Frühzeit stammen die Ordnungen, die sich um Familie, Sippe, Haus, Hof und Herrschaft gebildet haben. Das Königtum des sogenannten Mittelalters trägt in sich zwei Seinsschichten und übt zwei an sich entgegengesetzte Funktionen aus, es hat »zwei Körper«.

Der König ist demnach sowohl theokratischer Herrscher wie auch oberster Lehnsherr.

Der theokratische Herrscher

Der theokratische Herrscher übt eine durch göttliche Übertragung verliehene Amtsgewalt aus: Rex Dei gratia (= König von Gottes Gnaden). Das Volk hat ihm keine Gewalt und keine Pflicht übertragen; die Wahl des Königs durch das »Volk« war nicht konstitutiv (entscheidend); das Volk hat dieses Amt nicht geschaffen, hat es darum auch nicht zu vergeben. Das Volk ist dem König anvertraut. Im Rahmen der theokratischen Auffassung des Königs gibt es darum kein Widerstandsrecht, auch wenn er Tyrann ist; es gibt ebensowenig eine Mitwirkung des Volkes an der Herrschaft; der König steht außerhalb des Volkes und gehört ihm nicht zu. Das Volk nimmt das vom König gewiesene oder gesetzte Recht an.

Auf der anderen Seite war aber der König auch oberster Lehnsherr und hatte hier ganz andere, entgegengesetzte Funktionen und Pflichten; es war die menschliche Seite des Königtums. Das Lehnsverhältnis wurde durch ein rechtliches Band, den Lehnseid, begründet, der Lehnsherrn und Lehnsmann band.

Der oberste Lehnsherr

Dieses Rechtsverhältnis kam durch beiderseitigen freien Entschluß zustande und konnte darum nicht einseitig aufgekündigt werden. Der theokratische Herrscher konnte mit dem ihm anvertrauten Volk keinen Herrschaftsvertrag schließen, sein Verhältnis zum Volk war ein Gewaltverhältnis. Als Feudalherr aber wurde er Mitglied des Volkes mit Rechten und Pflichten, die im Rahmen des Rechts ge-

setzt und erzwungen werden konnten. Der König stand also auch innerhalb der feudalen Gesellschaft, und diese war beherrscht vom Gesetz des Vertrages.
Diese Doppelfunktion brachte den König oft in schwierige Lagen; denn es war menschlich genug, daß der Herrscher sich in bestimmten Situationen den lehnsrechtlichen Bindungen zu entziehen suchte und sich auf seine theokratische Stellung und Würde zurückziehen wollte, weil er hier die Zustimmung des Volkes nicht brauchte.
Der französische König vermochte es, durch geschickte Ausnutzung seiner feudalen Stellung seine theokratische Funktion erfolgreich zu behaupten.
Dasselbe versuchte der englische König Johann ohne Land (John Lackland), zwang jedoch durch seine Ungeschicklichkeit die Barone (den hohen Adel), ihre alten feudalen Rechte in Anwendung zu bringen. Sie zwangen den König,

Magna Carta in England

in der *Magna carta libertatum* (= Großer Freiheitsbrief), von 1215, ihre »Freiheiten« zu bestätigen, ihnen Freiheit von Person und Eigentum, das Recht der Teilnahme an wichtigen Entscheidungen (Krieg, Heirat, Seereise) und das Bündnis- und Widerstandsrecht gegen den vertragswidrig und ungerecht handelnden König zu bestätigen und zu garantieren.
Im Feudalrecht wurden also die einfachsten Prinzipien der modernen Grundrechte eines jeden Bürgers und der Repräsentation des »Volkes« bereits grund-

Vasallenrecht und moderne Grundrechte

legend verankert. Die Barone wollten um ihre Zustimmung bei wichtigen Entscheidungen gebeten werden, doch wollten sie noch keine Regierung nach dem Willen der Regierten, wie das in den modernen Verfassungen auf der Grundlage der Volkssouveränität der Fall ist; sie vertraten auch mit der Forderung ihrer Zustimmung zu jeder einzelnen Steuererhebung noch nicht den großzügigen und neuen Grundsatz: »No taxation without representation or consent« (= Keine Steuerbewilligung ohne Vertretung oder Zustimmung der Besteuerten).
Der englische König des 13. Jahrhunderts hat also eine Doppel- oder Zwitterstellung; er ist »Souverän« ohne Gleichgestellte und ohne übergeordnete Obrigkeit, ein wahrer »vicarius dei«, Stellvertreter Gottes, dessen Verfügungen unabdingbar sind. Er steht aber andererseits ebenso unter dem Gesetz, er kann kein Recht ohne Mitwirkung und Zustimmung der Barone schaffen.
Im Gegensatz dazu hat Deutschland kein wirkliches Königsrecht entwickelt;

Der deutsche Landesstaat

sein Königtum verfiel, als es seiner Machtmittel beraubt wurde. Deshalb verlagerte sich die Entfaltung einer modernen Staatlichkeit seit dem 13. Jahrhundert in die Landesstaaten. Der Bund der Länder machte fortan das Reich aus, König war und konnte fortan kraft Wahl nur der stärkste Landesherr sein.

d) Personenverband · Transpersonale Staatsidee · Versachlichung der Herrschaft

Lehnsrecht als Staatsrecht

Seit dem 12. Jahrhundert brachen sich Versachlichung und Systematik im Denken der Menschen, in der Ausübung staatlicher Herrschaft und in der Auffassung von der Welt Bahn. Während in Deutschland der Personenverband im Gewande eines rational nicht weiterentwickelten Lehnsrechts bis in das 18. Jahrhundert in den Reichsherrschaften kräftig weiterlebte, konnte Frankreich an seine altrömischen Traditionen (das geschriebene Recht, das im Süden neben dem Gewohnheitsrecht weiterlebte) wieder anknüpfen und rationalere Methoden für die Überwindung der Vielfalt im staatlichen Leben entwickeln. Es gibt in Deutschland kaum etwas, das dem normannisch-englisch-französischen Lehnsrecht und dem Treuevorbehalt zugunsten des Königs bei allen Lehensverbindungen vergleichbar wäre.

In Frankreich wurde der Staat auf den König als Oberlehnsherrn so hingeordnet, daß sich der Satz durchsetzte: »Nulle terre sans seigneur« (= kein Land ohne Lehnsherrn). Das bedeutete, daß es eine eigenwurzelige Herrschaft des Adels außerhalb des Lehnswesens, dessen Spitze der König war, nicht mehr gab.

Ostmitteleuropäischer Landesbegriff

Trotzdem aber gab es in Ostmitteleuropa auch Königreiche, in denen sich ein von der Person des Herrschers weitgehend unabhängiger Landesbegriff und eine Staatsideologie ohne Lehnsrecht frühzeitig entwickelt haben. Das war in den Ländern der Stephans- und der Wenzelskrone, in Ungarn und Böhmen, der Fall. Dort war die Herrschaftsform im wesentlichen bedingt durch die einheitliche Struktur des Landes, die seit dem 10. Jahrhundert kaum mehr ernstlich gefährdet war und ein starkes Königtum (Herzogtum) möglich machte. Der Stephans- und der Wenzelskult gaben dem Landesbegriff schon früh eine unvergleichliche Stabilität und religiöse Weihe. Kirche und weltliche Herrschaft trennten sich nicht wie in Deutschland; in Böhmen konnte sich die hohe Geistlichkeit der Landeskirche erst im 13. Jahrhundert stärker vom Königtum emanzipieren.

Im 11. Jahrhundert wurden in Böhmen Land und Tschechen (Böhmen) bereits identifiziert, im 13. Jahrhundert Land und Adelsgemeinschaft gleichgesetzt. Seit den Anfängen des 11. Jahrhunderts war der heilige Wenzel Landespatron und auch Symbolfigur auf den Siegeln geworden, die die stabile, unveränderte Institution des Landes repräsentierte. Versachlichung der Herrschaft durch Gleichsetzung mit einer personal gedachten, aber dem praktischen Leben entrückten Idealfigur, die aber dann später mit einem Kollektiv, der Adelsgemeinschaft identifiziert wurde.

Der Begriff der »Krone«

Der luxemburgische Böhmenkönig und deutsche Kaiser Karl IV. (1376–1378) hat Wenzel mit seinem Begriff der »Krone« verbunden. Er versuchte damit, den ganzen Bereich der luxemburgischen Herrschaft zusammenzufassen und so das böhmische Königtum zu überhöhen, indem er es in einen größeren Bereich, eben den der »Krone Böhmens« einordnete. Er wollte durch eine in Verbindung mit dem Landespatron Wenzel geheiligte »Staatsidee« den böhmischen Hochadel, dessen Gemeinschaft vorher Wenzel repräsentiert hatte, an seine Dienstpflicht gegenüber der gemeinsamen Sache erinnern, die nichtböhmischen Stände aber vor einer Überstimmung durch die Böhmen schützen.

e) Wege und Werkzeuge der Verstaatung des deutschen Königreiches und ihr Scheitern unter den Staufern

In Deutschland konnte sich der Begriff einer echten sachlichen Treue nicht entwickeln. In Frankreich erhielt sich das nichtadelige Lehen über die Karolingerzeit hinaus, es blieb deshalb auch der mit ihm verbundene Dienstgedanke stärker gewahrt. Da sich dieser beim deutschen Adel schon seit dem 10. Jahrhundert stark verflüchtigte, wurde es in Deutschland nötig, neue Schichten für den Dienst für König und Herrschaft heranzuziehen. So entstand die Ministerialität als eine sozial-berufständisch-politische Institution, die sich aber unter den deutschen Verhältnissen und nach dem Modell des Hochadels zur Genossenschaft und zur

Korporation weiterentwickelte. Die aus der »adeligen Unfreiheit« aufsteigenden Dienstmannen waren die Hauptwerkzeuge der deutschen Spätsalier- und Frühstauferkaiser bei dem Versuch, aus den Machtmitteln des Königtums einen institutionell organisierten, territorialen deutschen »Königsstaat« aufzubauen. Weil das Lehnsrecht aber in Deutschland nicht zu einem Staatsrecht weiterentwickelt werden konnte, deshalb wurde das Dienstrecht der Ministerialen zum Lehnsrecht, das heißt Herrenrecht deutscher Prägung erweicht. Die Ministerialen wurden auf diese Weise, weil der Hochadel zum großen Teil im 12. und 13. Jahrhundert ausstarb, die weniger starken und reichen Träger der ständisch-korporativen Bewegung, deren Vorkämpfer sie waren.

Verlust der deutschen Hegemonie

Das Königtum machte alle Anstrengungen, das Rennen mit den Kräften des Fortschritts in Wirtschaft, Gesellschaft und Geist zu gewinnen; da dies nicht gelang, fiel Deutschland politisch weit hinter Frankreich und England zurück, es verlor ideel wie real seine Vormachtstellung in Europa.

Konservation Deutschland

Während Frankreichs König seine integrierende Kraft voll entfalten konnte und im Lehnsrecht ein wertvolles Mittel dazu gewann, blieb in Deutschland das personale Denken und die bewahrende Gewohnheit in Recht, Staat und Gesellschaft noch lange herrschend. Man kann die deutschen Staufer, vorab Friedrich Barbarossa, darob nicht heillose Reaktionäre schelten; gemessen an Frankreich, wo der geistige Fortschritt seine besondere Heimstatt fand, war das deutsche Königreich weit weniger fortschrittlich.

Frühstaufische Städte- und Finanzpolitik

Die Staufer (seit 1138) waren es vor allem, die die Entwicklung vorantrieben, während Städte und Bürgertum Norditaliens in Auseinandersetzungen mit den alten bischöflichen Stadtherrn aus eigener Kraft vorwärtsschritten. In Deutschland hat Kaiser Friedrich Barbarossa mit aller Kraft den städtischen Aufschwung (um 1160) angekurbelt und unterstützt. Er hat in erster Linie neue Herrschaftsformen in Italien auf der Grundlage des römischen Rechts entwickelt, um die Finanzkraft der Städte auszunutzen und von dort auch nach Deutschland neue Wege der Münzpolitik (Haller Pfennige, Heller) gebracht.

Daß Friedrich Barbarossa kein Reaktionär war, zeigt auch seine höchst geschmeidige und maßvolle Politik mit den lombardischen Städten und dem Papsttum gegenüber, nachdem er in harten Auseinandersetzungen erkannt hatte, daß der Krieg nicht zum Ziele führte.

Reichsländer. Institutioneller Flächenstaat

In der Territorialisierung des Reiches durch den Ausbau von »Reichsländern« suchte er dem Aufbau adeliger Landesherrschaften zuvorzukommen und gab zugleich ein Modell des institutionellen Flächenstaates dafür. Man kann auch in der Staatspolitik der Staufer den realistisch-rationalen Hauch der kommenden »Staatsraison« schon verspüren. Jedenfalls gilt der sizilianische Staat des Barbarossaenkels Friedrich II. († 1250) als der erste wesenhaft moderne Staat Europas. Er war es, der die dort entwickelten zentralistischen, administrativen, wirtschafts- und kulturpolitisch planenden Regierungsformen auch auf die Reichsgebiete Norditaliens, Österreichs und Südwestdeutschlands zu übertragen suchte.

Sizilianisches Nationalbewußtsein

Die Staufer waren noch nicht lange ausgestorben, als im modernen sizilianischen Staat die erste große Woge eines nationalen Bewußtseins hochging und sich revolutionär am Rande der großen Mächte in der Sizilianischen Vesper (1282) entlud.

Die Politik der Staufer war von ihrem Planen her nicht reaktionär, sondern verlief eingebettet in das gemeineuropäische Strombett ihrer Epoche. Die Länder des Reiches waren im 12. Jahrhundert noch auf einem gleichgerichteten Wege wie Frankreich, England und der süditalienische Normannenstaat.

Das Scheitern der Staufer

Daß die Bemühungen der Staufer um die deutsche Monarchie und das Kaisertum scheiterten, hat mehrfache Gründe, zu denen der überraschende Tod Kaiser Heinrichs VI. (1198) und das allzu starke Engagement seines Sohnes Friedrich II. im italienischen Süden ebenso zählen wie die in Deutschland erschütternde Wirkung des Investiturstreits, der Kräfteverschleiß, die Übermacht vieler Gegengewalten, der niedrige Stand der allgemeinen Kulturentwicklung – gemessen an Frankreich und Italien – und ein längeres Verhalten in alten, zum Teil archaischen Formen.

f) Christenheit. Staatliche Vollgewalt. Nationale Königsstaaten. Ausgleich der Kräfte

Das Wesen der Gewalt

Der Investiturstreit entfachte ein hartes und unerbittliches Messen der Kräfte zwischen weltlicher und geistlicher Gewalt; letztere hat die universalen Ideen der ersteren erst in wirkliche Universalität umgesetzt. Das löste die Diskussion über das Wesen der Gewalt, der herrschaftlich-staatlichen Vollgewalt zunächst im Kreise der Kirchenrechtslehrer und dann Staatsrechtslehrer überhaupt erst aus.

Christenheit und universales Papsttum

Es entsprach dem Gesamtcharakter ihrer Zeit, daß die drei großen Staufer noch des Glaubens waren, daß neben dem universalen Papsttum mit seiner Auffassung von der *christianitas* (= Christenheit) und in der Wirklichkeit des *populus christianus* (= christlichen Volkes) noch ein gleich universales und gleich gottunmittelbares Kaisertum möglich sei. Ein Kompromiß zwischen beiden Gewalten, den die Kaiser suchten, mußte scheitern, weil die Päpste aus der inneren Logik ihrer seit Gregor VII. ausgebauten Stellung heraus ihre Überzeugung von der alleinigen Mittlerschaft des römischen Bischofs zwischen Gott und Welt nicht aufgeben, weil sie zudem ihre eigene politische Freiheit in Italien erhalten wollten. Gerade letztere aber war durch das imperiale Streben Kaiser Heinrichs VI. (1190–1197) nach einer Alleinherrschaft über Italien bedroht.

Der Sieg der Päpste im Kampf um ihren Kirchenstaat und ihre Freiheit hat die politische Einigung Italiens bis 1866 verhindert, hat Wege zu einem intensiveren Ausgleich der Kräfte in ganz Europa verschüttet, hat dem späteren Trennungsdenken und der ungehemmten Entfaltung nationaler Königsstaaten die Wege geebnet und sich selbst damit religiös und politisch am meisten geschadet. Europa konnte darum nur geistig-kulturell und auch geistlich, aber nicht auch politisch näher zusammenwachsen. Die Einheit Europas konnte bis heute politisch niemals verwirklicht werden.

Vielheit der Nationen

Im 14. Jahrhundert schied deshalb das deutsche Königtum aus dem Ringen aus, die Rolle des Kaisers übernahm die Vielheit der christlichen Herrscher, die für sich einzeln im 13. Jahrhundert beanspruchten, »Kaiser im eigenen Königreich« zu sein. Was der Papst dem deutschen König-Kaiser versagt hatte, erzwangen die nationalen christlichen Herrscher: die Gottunmittelbarkeit ihrer Stellung und Würde. Sie entbanden damit die abendländische Souveränitätsidee, die in der frühen Neuzeit zur Reife kam.

Das Ringen zwischen geistlicher und weltlicher Gewalt, zwischen Kirche und Staat, hat einen grundlegenden Wesenszug europäischer Eigenart, Geschichte

und Kultur entwickelt. In ihm spricht sich aber auch ein allgemein menschliches Problem aus, die durchdringende Auseinandersetzung zwischen Religion und Welt, Geist und Materie. In diesem Streit konnte es keinen Sieger, nur einen Ausgleich von Spannungen, ein Gleichgewicht geben. Indem die europäische Gesellschaft diese Spannungen bestand, entfaltete sie schöpferische Kräfte; diese entwickelten die für Europas geistige Existenz bezeichnende »Freiheit«.
Das Abendland kannte darum keine Alleinherrschaft, keinen beharrenden Monopolismus, keine Herrschaft des Staates über die Kirche, aber auch keine kirchliche Hierokratie über den Staat. Seit der Periode des »Aufbruchs« herrschte darum in Europa das freie, schöpferische Spiel der Kräfte, das mit Not, Unrast, Trennung, Isolierung immer wieder bestanden und erkauft werden mußte.

3. Der »Mensch« der Aufbruchszeit (12./13. Jahrhundert)

a) Die neue Erregbarkeit der Menschen

Neues Welt- und Lebensgefühl

Das Ausmaß der Bildung und die Zahl der Gebildeten nahm im 12./13. Jahrhundert ständig zu, und die geistige Kommunikation zwischen den Menschen wuchs an. Man gewann Interesse an der menschlichen Umgebung, und auch die Welt der Dinge, die Realien, traten kritisch in das Bewußtsein der Denker. Man suchte darum die Welt der Fakten zu ordnen und daraus ein Weltbild abzuleiten. Der auf gesellschaftlichem Gebiet aufbrechenden neuen Freude an der Form und dem neuen Maß der Bildung im Rittertum entsprach im 12. Jahrhundert eine vielgestaltigere, leichtere und lockere Form des Erzählens. Ein neuer Geist in alten Formen und besonders in der alten Literatur- und Kultsprache des Latein äußerte sich in Poesie und Prosa. Zeugnis des personalen Empfindens und eines weicheren Gemüts waren Lyrik und religiöse Haltung. Im religiösen Denken und im sichtbaren Ausdruck, den es in der Kunst fand, trat an die Stelle des allmächtigen, majestätischen Gottes der menschliche, menschennahe Gott. Der starre Schauer archaischer, alttestamentarischer Frömmigkeit wurde überwunden und durch die Zwiesprache des Menschen mit Gott abgelöst. Das hat viele rhythmische Sentenzen und Hymnen in der religiösen Dichtung ausgelöst. Das »Klagelied der sündigen Seele« des Hildebert von Le Mans kündigte den Gesang über das »Jüngste Gericht« des Franziskaners Thomas von Celano an *(dies irae, dies illa)*. Im Kreis um Adam von St-Viktor erstand eine religiöse Lyrik von höchster Musikalität, Reimfülle, Ausdruckskraft und Überlegenheit. Und daneben ergoß sich die ganze enthemmte Fülle des Erlebens und Empfindens in die weltliche Vagantenlyrik, die in ganz ungewöhnlicher Weise von Diesseitsfreude, Liebeslust und Liebesleid, von irdischen Freuden und Genüssen, menschlicher Sorge und Ausgelassenheit, Scherz und Ernst, Klage, Schimpf und Spott sang, die des Dichters Herz übermächtig bewegten. In der »Vagantenbeichte« des Archipoeta, der am Hofe des Kölner Erzbischofs Rainald von Dassel lebte, ist ein Höhepunkt dieser Erlebnis- und Gefühlslyrik erreicht. Diese starke innere Erregbarkeit ist auch ein guter Nährboden für politische Leidenschaft und Begeisterung. Davon zeugen sowohl der »Kaiserhymnus« des Archipoeta (Salve, mundi domine, Caesar noster, Ave) wie die politischen Sprüche Walthers von der Vogelweide.

b) Ein neuer geistiger Menschentyp. Universalismus – Individualismus

Abélard und Hugo von St-Viktor

Die großen Meister jener Zeit sind ebenso wie die Herrschergestalten und geistigen Großen Kinder ihrer Epoche und Künder ihrer Eigenart. Das neue, erfülltere und vollere Menschsein prägte am stärksten der Bretone Pierre Abélard († 1142), der große Pariser Magister (= Universitätsprofessor) aus. Durch seine bestechende Lehrweise, seine große Gelehrsamkeit, durch die Kühnheit seiner Gedanken und sein persönliches Schicksal übte er eine ähnliche Anziehungskraft auf die geistigen Menschen aus wie Hugo von St-Viktor († 1141) durch die Universalität und Harmonie seines Willens, seine Systematik, seinen pädagogischen Ernst, durch die überzeugende Innigkeit seiner Gottsuche, die mystisch und scholastisch war.

Abélard und Hugo haben in erster Linie dazu beigetragen, daß Paris ein geistiges und kulturelles Zentrum ersten Ranges für ganz Europa wurde, an dem die bildungsbeflissene, geistige Welt des Westens zusammenströmte, um sich Weisheit zu holen.

Bernhard von Clairvaux

Im Grunde gleichgeartet, nur scheinbar verschieden, war eine andere ganz große Gestalt der Epoche, der viel tiefere, aber ebenso universale Bernhard von Clairvaux (1090–1153), als Typus auch Kind seiner Zeit. Dieser große Organisator des Mönchtums war ein Mann der Tat und der Kontemplation zugleich, ein Mahner von Klerus und Laien, ein mutiger Sprecher auch vor den höchsten Gewalten, der die Menschen weit über Frankreichs Grenzen hinaus aufrüttelte, ein stolzer, machtbewußter Mensch und Prediger, aber auch ein demütiger Mönch und Beter, streitbar in den Angelegenheiten von Kirche und Welt, ein ebenso leidenschaftlicher Gottsucher, Herr seiner Sprache, seines Stils und seiner Gedanken, traditionsbewußt, gleichermaßen lebensnah und aufgeschlossen.

Große Denker

Daß es so große Gestalten in dieser Epoche gab, und zwar nicht wenige, wenn auch von verschiedener Intensität, das ist das stärkste Zeugnis ihres Aufbruchcharakters. Zu Abélard gesellte sich die universale Ausgeglichenheit und schöpferische Harmonie des Niedersachsen Hugo von St-Viktor, zu Bernhard der große Verfasser von Sentenzwerken und enzyklopädischen Summen, Petrus Lombardus, ein Oberitaliener, der in der verarbeitenden Sammlung des gelehrten Wissensstoffes seiner Zeit wahrhaft Großes geleistet hat. Neben ihnen steht der Aristokrat John of Salisbury, der große Schüler von Chartres und Paris, »Humanist« und glänzender Stilist, ein selbständiger Denker und universaler Schriftsteller, ein scharfer, kritischer Beobachter seiner Gegenwart, Verfasser des großen Fürstenspiegels »Polycraticus«, in dem er die Staatsphilosophie seines Jahrhunderts niederlegte.

Nebeneinander von Geistlichem und Weltlichem

Als Typus stand sein Pariser Lehrer Gilbert de la Porée zu allen geschilderten idealtypischen Formen des geistig gebildeten Menschseins seiner Zeit in einem gewissen Kontrast. Paris war das kosmopolitisch-internationale Zentrum europäischen Geistes geworden. Dort tummelte sich eine staunenswerte Fülle kraftvoller Geister, die intellektuelle Jugend des Abendlandes. Sie alle verkörperten die geistige Struktur der Epoche, die geistlich und laienhaft-weltlich zugleich war, obwohl ihre Träger, vom Rittertum und vom Adel abgesehen, Kleriker waren. Eine Dissonanz tat sich noch nicht auf. Die vielfache Komplexität dieser Menschen äußerte sich in Diesseitsfreude und Jenseitsstreben, in dialektischer Schärfe des Verstandes, in mystischer Verinnerlichung und menschlicher Tiefe.

Neben dem Universalismus brach ein erster differenzierter Individualismus auf, der aber noch die gültige Form anerkannte.

Individualismus

Die menschliche und intellektuelle Weite der Wirkung dieser Kräfte erklärt sich daraus, daß sie ihre wissenschaftlichen Erkenntnisse auch zusammenfaßten und vulgarisierten, daß sie sich nicht wie früher die Mönche auf ihre gelehrte Studierstube beschränkten, sondern auf den Lehrkanzeln der alten und neuen Universitäten öffentlich ihre Ergebnisse vortrugen und zur Diskussion stellten. Ihre Wirkung und ihren Geist verspürt man in den Geschichtswerken Frankreichs und des anglonormannischen Westens, in der Memoiren- und Kreuzzugsliteratur, in den Länder-, Dynasten-, Bistums- und Klostergeschichten, in der Biographie und Autobiographie. Aus einer bislang unbekannten Lust am Erzählen und geschult an antiken Vorbildern, teilten diese Menschen persönliche Erinnerungen, Begegnungen, Beobachtungen ihren neugierigen und wißbegierigen Zeitgenossen mit.
In einer Fülle mittellateinischer Versdichtungen drängten sich starke Erotik und tiefes religiöses Empfinden vor. Hohn und Satire zerrten Menschen, Ereignisse, Einrichtungen in das Rampenlicht der Öffentlichkeit und gaben Stoff zu Gespräch, Debatte, Klatsch. Die irdische Liebe zeigte sich offen in Klage- und Jubelliedern, Tanz und Lebensgenuß forderten ihr Recht in der Gesellschaft, wurden als die andere wesentliche Seite des Menschseins bewußt. Die Vaganten und Goliarden, meist wandernde Klerikerstudenten, die von Schule zu Schule, von Kloster zu Kloster Unterhalt heischend zogen, dichteten und sangen diese welterfüllten Verse.
Diese überschäumende Kraft, die Schule und Leben, Wissen und Forschen, Phantasie, Gemüt, Versenkung, Verzückung, Askese, Lebensgenuß, Gegenwart, Vergangenheit und Zukunft in eine einzige menschliche Form und in eine neue Auffassung vom Menschsein zusammenband und ausglich, brach in England ebenso auf wie in Frankreich. In einer langen archaischen Zeit der Ruhe und Sammlung konnte diese schöpferische Kraft heranwachsen, die viel Spannung und Gegensatz schuf, aber auch auszugleichen vermochte.
Im Grunde spielte sich hier das gleiche ab wie auf politischem Felde, wo Herrschaft und Kirche zwar auseinandertraten und eigene Wege zu gehen begannen, aber im Religiösen vereint blieben. In der Zukunft ging es darum, welche Richtung diese Kräfte einschlugen und wer Menschen und Welt stärker zu beeinflussen und zu beherrschen wußte.

c) Geistige Bewegung in Deutschland

Geistiges Beharren in Deutschland

Ein interessantes Feld der Beobachtung ist Deutschland, das am Ende der archaischen Epoche lange Zeit ein relativ starkes Gebiet konzentrierter politischer Macht gewesen war. In den Bibliotheken der Klöster und Domstifte Mitteleuropas war viel Traditionsgut angewachsen, aber es rührte sich kein neuer schöpferischer Geist in den alten Bildungsstätten auf der Reichenau und in St. Gallen, in Fulda und Corvey und auch nicht in Bayern. Es waren zwar neue Zentren geistiger Bildung hinzugekommen, Hildesheim, Bamberg, St. Blasien, Engelberg; auch alte Stätten wie St. Emmeran in Regensburg, Freising und Tegernsee, Corvey erlebten eine gewisse Erneuerung durch einzelne schöpferische Geister. Trotzdem blieben Beharren auf dem Übereinkommen und das Beruhen im Bodenständigen die vorherrschenden Züge.

Bewegung aus dem Westen und Süden

Von Frankreich und Italien her kam aber neue Bewegung an den Rhein und nach Süddeutschland; Bayern wurde davon besonders erfaßt, wo die Augustinerchorherren (12. Jahrhundert) nicht nur Träger einer nach der Gregorianischen Reform erneuerten Seelsorge für die Menschen, aber auch besondere Vermittler der neuen Wissenschaft in Paris und der italienischen Anregungen auch in der Kunst wurden. Viele junge Deutsche gingen nach Paris, um dessen berühmte Lehrer zu hören. Seitdem wanderten deren Werke und Handschriften auf schnellstem Wege über den Rhein und in die Klosterbibliotheken Bayerns und Österreichs. Zisterzienser, Karthäuser, Prämonstratenser breiteten sich vom Westen her immer stärker in Deutschland aus, Bernhard von Clairvaux predigte hier, und die zahlreichen Schriften des Honorius Augustodunensis erschienen an der Donau.

Otto von Freising

Den neuen Geist des Westens verkörpert in Deutschland am eindrucksvollsten der Hocharistokrat Otto von Freising, Student in Paris, dann Zisterziensermönch in Morimund, Onkel des Stauferkaisers Barbarossa, Babenberger von Geburt († 1158), Theologe, Geschichtsphilosoph, Historiker in einem. Nach den persönlichen Erfahrungen seiner Pariser Studienzeit trat er aus innerer Erschütterung in das Zisterzienserkloster Morimund ein, wo er eine Zeit geistiger Sammlung und mystischer Versenkung erlebte. Aber dann trat er als Reichsbischof wieder auf eine bewegte politische Bühne. In seinem Werk hat die mittelalterliche deutsche Historie und nicht nur sie ihren Höhepunkt erreicht.

Gerhoh von Reichersberg

Ein süddeutsches »Original« war der Augustinerchorherrenpropst Gerhoh von Reichersberg. Sein geistiges Schaffen läßt erkennen, wie eigenartig schwer und schöpferisch zugleich sich inmitten einer archaischen Gesellschaft auf der Grundlage eines stark traditionsgesättigten Geisteslebens Übernahme und Einschmelzung fremder Anregungen vollzog.

Wanderprediger

Damals regte sich in bayerischen Landen urbanes Leben, Kaufleute und Bauleute durchzogen das Gebiet von allen Seiten. Mit ihnen und den geistlichen Studenten wanderten die Ideen, die Handschriften, die Kunsteindrücke und Kunstfertigkeiten. Augsburg stieg langsam auf, Regensburg war schon die große Handelsmetropole Süddeutschlands mit Verbindungen über Prag und Krakau nach Kiew, nach Byzanz, nach Venedig, Lucca und Mailand, nach den Messen der Champagne (Troyes, Provins) und nach Paris. Von dort brachten die Welfen die Chansons de Geste (Ritterepik) an ihre Regensburger Pfalz, die ein Zentrum geistlichen und weltlichen und auch geistigen Lebens war, das Vorbild setzte und Nachahmung fand. Regensburg hatte eine italienische Kaufmannskolonie; in der Stadt wirkten die Ideen der italienischen Patariabewegung, die Ideale der französischen Wanderpredigerbewegung eines Abregisl, die eine hierarchisch-feudale Welt sozialzerstörenden Gedanken eines Berengar von Tours offenbar sehr nachhaltig.

Religiöse Bewegungen

Gerhoh von Reichersberg muß in den Bann dieser unter- und oberschwellig umlaufenden Ideen dieser Stadt gekommen sein, da er wegen seiner Anhängerschaft an die Sakramentenlehre des Berengar von Tours beinahe exkommuniziert worden wäre. Zeitlebens hat er den Einfluß der Ketzerei auf seine jungen Mannesjahre nicht mehr ganz abgestreift. Er wurde ein harter, konservativer Zeitkritiker, der aus dem »Schmollwinkel« des Innklosters Reichersberg heraus trotz allen Bemühens nicht mehr den Anschluß an die große Welt und ihre Ideen fand, die nicht mehr gregorianisch waren wie Gerhoh selbst.

Regensburg

Der süddeutsche Geist

In Regensburg wirkten damals Bauleute aus Italien, es bestand großes Interesse an mailändischer Liturgie, die Stiftskirche von Obermünster zeigte einst italienische Einflüsse, und noch heute kündet das Oktogon der Allerheiligenkapelle im alten Domkreuzgang von ravennatischen Beziehungen. Am Welfenhof, der französischer Lebensform und Dichtung aufgeschlossen war, erblühte eine nationale mittelhochdeutsche Dichtung, die Vorbild und Vorläufer der deutschen Ritterepik wurde. Otto von Freising und Gerhoh von Reichersberg sind inmitten ihrer süddeutschen Umwelt zwei Idealtypen süddeutscher Geistigkeit und Haltung zu Welt und Leben.

d) König Heinrich II. von England und Thomas Becket

Der König und sein Kanzler

Emigrant und Märtyrer für die Rechte der Kirche

Das Verhältnis von Königtum und Kirche hat in England zum Schicksal eines großen Kämpfers geführt. Lanfranc von Bec und der große Frühscholastiker Anselm, beide nacheinander Erzbischof von Canterbury, hatten sich entschieden gegen die Wahl der Bischöfe durch den König gestellt. Englands größter hochmittelalterlicher König, Heinrich II. (1154–1189), der die Dynastie der Plantagenets begründete und eine feste Königsherrschaft aufbaute, zerbrach an Thomas Becket (1118–1170), dessen Wille so unbeugsam wie der seine, dessen Kirche aber damals stärker als das Königtum war. Beckets Familie gehörte dem normannischen Mittelstand an, er selbst war in London geboren, hatte aber im französischen Auxerre Rechte studiert. Er wurde Erzdiakon in Canterbury und bewährte sich als fähiger Politiker und Diplomat. Als Kanzler gewann er das Vertrauen des Königs, mit dem er die Freude am ritterlichen Leben teilte. Thomas war ein Weltmann, dessen Hang zum Luxus in Paris Aufsehen erregt hatte. Die Erhebung zum Erzbischof von Canterbury 1162 aber verwandelte diesen Mann der Tafelfreuden, diesen leidenschaftlichen Krieger und Strategen völlig; er wurde zum Asketen und unbeugsamen Verteidiger der Rechte, Freiheiten und Güter der Kirche. Thomas protestierte 1164 gegen die Konstitution von Clarendon, durch die unter dem Druck des Königs viele geistliche Immunitäten aufgehoben, vor allem das »privilegium fori« der Geistlichkeit beseitigt werden sollte, das heißt das Recht der Kleriker auch für ihre Verbrechen nur vor einem geistlichen Gericht abgeurteilt werden zu dürfen, also vom weltlichen Gericht immun, das heißt frei zu sein. Becket blieb bei seiner Weigerung; auch als die Bischöfe gegen ihn Stellung nahmen, appellierte er an den Papst, floh in das Kloster St-Omer auf französischen Boden und wurde Zisterzienser in Pontigny. In Vezelay sprach er 1164 den Bann über die königshörige Geistlichkeit Englands von der Kanzel aus. Unter dem Druck Heinrichs II. mußte Thomas die schützenden Klostermauern von Pontigny verlassen und eine Zeitlang als Bettler in Sens sein Leben fristen. Aus Avanches holte ihn sein König 1169 wieder auf den heimischen Erzbischofsstuhl zurück; der König von Frankreich, Ludwig VII. (1137 bis 1180), hatte sich für ihn eingesetzt. Gegen die Bischöfe blieb Becket hart. Vielleicht mit Wissen Heinrichs II. töteten ihn vier Ritter 1170 am Altar der Kirche von Canterbury. Der König war angeblich erschüttert, die öffentliche Meinung des Westens verurteilte ihn; aber er setzte die Konstitution von Clarendon wieder außer Kraft. Das Volk verehrte Thomas Becket als Heiligen und pilgerte an sein Grab, vor dem sich der Herrscher reumütig zu Boden warf und sich von Mönchen geißeln ließ.

e) Franz von Assisi (1182–1226). Der Protest gegen Macht und Reichtum. Eine neue Frömmigkeit und neue Orden

Auf den hocharistokratischen Reichsbischof Otto von Freising, der den Ideen seiner Zeit aufgeschlossen war, aber das konservative Welt- und Geschichtsbild in der vollendetsten Form zeichnete, folgte die zeitgemäßeste und gesellschaftlich wie religiös wirksamste Erscheinung der Aufbruchsperiode: Franz von Assisi. Das bürgerliche Zeitalter kündigte sich auf höchster Ebene neben dem bürgerlichen Erzbischof Thomas Becket im bürgerlichen Papst Alexander III. (1159 bis 1181) an. Die bürgerliche Religiosität verkörperte sich am ausdrücklichsten im »Poverello« von Assisi. Dort wurde er 1182 als Sohn eines reichen Kaufmanns, der mit der Provence Handel trieb, und der Französin Pica Giovanni de Bernadone geboren. Als junger Mann genoß er das Leben in vollen Zügen. Er hatte keine formelle Schulbildung erhalten; sein Vater mag ihm damals von den südfranzösischen Waldensern und Albigensern und ihrem Bekenntnis zum Evangelium der Armut erzählt haben.

Der bürgerliche Geist

In der Begegnung mit einem aussätzigen Außenseiter der damaligen Gesellschaft empfing er den entscheidenden Anstoß zu religiöser Besinnung. Von da ab wollte er dem wahren Christus nachleben und predigte seitdem das Evangelium der Armut Christi. Ihn peinigte das Entsetzen vor der skrupellosen Gewinnsucht seiner Zeit und vor dem Luxus und Reichtum mancher Geistlicher. Sein Leben und seine Predigt zündeten so stark, daß sich ihm Männer anschlossen, die mit ihm täglich mittellos zur Predigt auszogen. Daraus erwuchs der neue Orden der Minderbrüder (Frates Minores), der späteren Franziskaner.

Franz von Assisi verkündete die Widerstandslosigkeit gegen Gewalt und Spott. Ihn durchglühte eine ekstatische Frömmigkeit. Seine Liebe galt den Menschen, die er als Brüder in Christo sah, wie der ganzen Natur. Die »Fioretti« (= Blümlein), eine italienische Erweiterung des lateinischen Werkes »Actus beati Francisci« (1323), ein großes Dokument europäischer Frömmigkeit, erzählen von seinen Begegnungen mit der Natur.

Gewaltlosigkeit
Frömmigkeit
Natur

Diese naturhafte, in einer Blütezeit von Gesellschaft und Kultur reaktionäre wie reformerische Religiosität unterwarf sich 1214 der päpstlichen Hierarchie. Rings um die Kapelle Santa Maria degli Angeli (= Portiuncula = Portiönchen) erbauten die Brüder Hütten, das erste Minderbrüderkloster. Clara Sciffi, ein Mädchen aus reichem Hause, gründete 1212 den zweiten Orden des heiligen Franziskus für Frauen, den Clarissinenorden in Assisi, und erbaute ein Kloster um die Damianskapelle in Assisi. Im Jahre 1221 erstand der dritte Orden der in der Welt lebenden Tertiaren.

Die drei Orden

Die unruhige und unsichere Welt von damals packte der stille und widerstandslose Protest gegen die Machtgier der feudalen Aristokraten, gegen den Reichtum der bürgerlichen Menschen, gegen Wissensdünkel und Hoffart der neuen Scholastiker. Franzens Predigt und Leben waren die wirksamste Selbstkritik seiner Zeit; er hielt eine spannungsreicher und wissender werdende Welt von Ketzerei und Verweltlichung fern. Seine Versuche, die Muselmanen und den Sultan Syriens zu bekehren, in Spanien Maurenmission zu betreiben und die Kreuzfahrer zu unterstützen, scheiterten. Vor Dalmiette (Ägypten) ergriff ihn das Entsetzen vor der Bestialität der westlichen Kreuzfahrer, die die muselmanischen Stadtbewohner sinnlos hinmordeten; er kehrte als kranker Mann zurück.

Während seiner Abwesenheit hatte die Zahl seiner Anhänger sprunghaft zugenommen, was eine Milderung der harten Regel erforderlich machte, die nur Ekstatiker befolgen konnten. In äußerster Einsamkeit, innerlicher Betrachtung und Askese bereitete sich der große Mystiker vor, die Wundmale Christi zu empfangen. Den Stigmatisierten, der sein Augenlicht verloren hatte, pflegte Clara Sciffi im Damianskloster wieder gesund und sehend. In der Freude über das wiedergewonnene Augenlicht dichtete Franz 1224 in nationaler italienischer Prosa seinen unsterblichen »Sonnengesang«. Mit einem Psalm auf den Lippen schied er am 3. Oktober 1226 aus dem Leben, und die Kirche sprach ihn 1228 heilig.

Sonnengesang

Franz von Assisi hat in einer reichen, aufgeklärten Welt Armut und Unwissenheit zwar übertrieben betont, aber doch damit die mächtige, veräußerlichte Kirche gerettet. Er führte sie zum einfachen Geist Christi und den evangelischen Lehren zurück und überzeugte die Menschen von dieser Hauptaufgabe von Kirche und Religion. Die Welt von damals übersah diese Empfehlung noch einige Jahrhunderte, so daß der hohe Klerus bis hinauf zum Papst der Macht und dem Reichtum ergeben blieben, bis das 16. Jahrhundert daraus die letzten Konsequenzen zog, allerdings noch in einer religiösen Reform.

Die Aufgabe der Kirche

Franz von Assisi trug keine Tiara und war mächtiger als jeder Papst. Bei seinem Tode zählte der Orden etwa 5000 Mitglieder auch in Ungarn, Deutschland, England, Frankreich und Spanien; er war ein Vorkämpfer der Kirche bei der Rückgewinnung des häretischen Norditalien.

Verbreitung des Ordens

Im Jahre 1280 lebten in 8000 Klöstern 200 000 Minoriten (Franziskaner). Sie waren die großen Volksprediger ihrer Zeit und leiteten auch die Weltgeistlichen dazu an. Aus diesem Orden kamen Heilige wie Bernhardin von Siena und Antonius von Padua, Gelehrte wie Roger Bacon, Philosophen wie Duns Scotus, William Occam und Alexander von Hales. In fernen und fremden Ländern trieb der Orden Mission unter großen Gefahren. In der großen Basilika auf dem Berge von Assisi haben bedeutende Künstler wie Cimabue und Giotto durch ihre Malereien den lang anhaltenden Einfluß des Heiligen auf die Kunst und die Menschen in Italien und in Europa unterstützt und noch vertieft.

Dominikus

Wie Franz von Assisi begründete der 1170 geborene Kastilianer Dominikus einen großen Orden, den der Dominikaner, die sich ebenfalls nicht in der Abgeschiedenheit mit ihrem eigenen Seelenheil allein beschäftigten, sondern durch Predigt und Vorbild in der Welt wirken und sich der Mission unter Christen und Ungläubigen widmen wollten. Sie beide lernten von den Ketzern, gewannen dadurch ihre stärksten Waffen, Predigt und Armut, und retteten damit die Kirche.

Predigt und Armut

Domingo de Guzmán, Augustinerdomherr an der Kathedrale von Osma, kam 1201 nach Toulouse, dem Zentrum der Albigenserbewegung; dort faßte er den Entschluß zu freiwilliger Armut und zur Predigt unter dem Volk. Er predigte 1205–1216 in der Languedoc und sammelte Helfer um sich, deren Gemeinschaft Papst Honorius III. als Orden anerkannte.

Bekehrung und Inquisition

Von Rom aus beseelte Dominikus die schnell wachsende Zahl seiner Ordensbrüder mit einem fanatischen Eifer für die Bekehrung von Heiden und Christen in allen Teilen Europas bis Kiew und in ferne Länder. Sie wirkten als wandernde Bettelmönche und beteiligten sich nicht immer gewaltlos an der kirchlichen In-

quisition gegen die Ketzer. Aus diesem Orden kamen die Häupter der scholastischen Wissenschaft, Thomas von Aquin und Albertus Magnus, letzterer ein Deutscher aus der Umgebung von Lauingen, der kurze Zeit Bischof von Regensburg war und an der Universität Köln lehrte. Sie beide verchristlichten den Aristoteles.
Bettelorden und Herrenorden, Dominikaner, Franziskaner, Karmeliten, Augustiner und Benediktiner revolutionierten das alte Klosterleben; sie sahen ihre Aufgabe in der Volksseelsorge und gaben dadurch im 13. Jahrhundert dem Mönchtum eine Bedeutung, die es vorher nie besessen hatte. *Volksseelsorge*

f) Die Frauen. Das neue Arbeitsideal

Die Epoche des Aufbruchs, ihre soziale Mobilität hat nicht nur neue Gesellschaftsschichten nach oben geführt, sondern auch die Stellung der Frau innerhalb einer nach außen bislang männlich erscheinenden Kultur, wenn auch nicht emanzipiert, so doch differenziert und bewußter gemacht. Im höfischen Lebenskreis nimmt sie ideell eine zentrale Stellung ein, und neben der hohen Minne wird auch die niedere Minne literarisch bewußt und anerkannt. In der Kirche treten im 12. Jahrhundert Frauen in den Vordergrund, und in der Wanderpredigerbewegung Frankreichs spielen die Frauen eine führende Rolle. Im Glauben der Menschen tritt immer mehr die Wirkung der kirchlichen Lehre zurück, daß durch eine Frau, Eva, die Erbsünde in die Welt gebracht worden sei; anstatt dessen aber fällt von der Marienverehrung immer helleres Licht auf die Frau und ihre Stellung im Heilsgeschehen wie im religiösen und praktischen Leben; denn durch eine Frau, Maria, ist auch das Heil, die Erlösung, in die Welt gekommen. *Die Frau in der Gesellschaft*
Auch die Frau gewinnt neben dem Mann zunehmend an Prestige und Einfluß. In allen Bettelorden werden Frauenzweige begründet, und um 1300 ist die Zahl der Frauen in ihnen genauso groß wie die der Männer. In Deutschland waren die Frauenklöster vielfach Heimstätten eines tiefen Mystizismus, in dem eine Vertiefung des individuellen Gefühls durchbricht; in Frankreich und England waren sie ausgeprägter Zufluchtsort adeliger Damen, die der Welt enttäuscht den Rücken kehrten; darum herrschte dort auch nicht immer ein ideales asketisches Leben.
Entscheidend wurde es, daß nach den Hirsauerklöstern des 11./12. Jahrhunderts und der Neufassung des Gebotes der Arbeit (= Handarbeit) in der Zisterzienserregel auch in den Frauenklöstern die Handarbeit zu Ehren kam, die in der hochfeudalen Gesellschaft als entwürdigend und sozial deklassierend gegolten hatte. Wenn aber seit dem 13. Jahrhundert Töchter aus mächtigen und reichen Adels- und Bürgerhäusern ein Leben der Armut und Arbeit wählten, dann kündigte sich darin eine Umwertung von Macht und Herrschaft an. Die beispielhaften Leitbilder der archaischen, feudalen Adelsgesellschaft begannen zu verblassen und fragwürdig zu werden. Da sie nicht mehr überzeugten und an Kredit verloren, schwand allmählich auch der Glaube der Beherrschten an die Legitimität und hohe Würde der alten Elitegruppen. *Arbeitsideal* *Umwertung der Leitbilder*
Der Aufstieg der Dienstmannen, Bürger und Bauern stellte erstmals die Monopolstellung des alten Hochadels und seine Leitbildhaftigkeit in Frage. Das neue Arbeitsideal der bürgerlichen »Massen« und der rodenden Bauern erzeugten Skepsis gegen die alleinige Macht des Schwertes und auch des Geldes. Die alten Führungsschichten mußten darum zeigen, daß auch sie das neue Lebensideal

überzeugend darzustellen vermochten; nur so konnten sie ihre Führerstellung weiter legitimieren. In einer Gesellschaft der Zweifaltigkeit mit Weltlichkeit und Innerlichkeit war ein zweifacher Weg zur Wahrung des Prestiges geboten; man mußte sich auf beiden Ebenen bewähren. Deshalb schlugen die Töchter hoher und reicher Häuser Macht, Reichtum und Ehe mit einem hochmögenden Manne aus und zogen ein Leben der Armut, Keuschheit und Arbeit vor; deshalb wurden auch so viele Männer Bettelmönche und gewannen damit die Welt neu für die Kirche.

g) Die Mystiker und die Reaktion auf die erste Aufklärung

Das Gegenstück zur Machtkirche war die religiöse Versenkung der Mystiker um die Wende vom 13. zum 14. Jahrhundert. Wort, Bild, Skulptur, Farbe, Zeremoniell hatten damals die Einbildungskraft der Menschen so erregt, daß sie die Grenzen von Natur und Übernatur zu überschreiten vermeinten. Die von Sünde unbelastete und im Gebet zu Gott emporgehobene mystische Seele erhoffte die Gnade der Vereinigung mit Gott. Sinne, Vernunft, Wissenschaft, Philosophie konnten diese Beseelung nicht bieten, weil sie nicht zu Kern, Macht und Einheit des Weltalls vorzudringen vermochten. Die Befreiung von selbstsüchtiger Individualität und trügerischer Vielfalt ermöglichte die höchste Konzentration von Fassungskraft und Liebe auf Gott, den rein geistigen Blick auf das Ewige.

Konzentration

Jede Zeit, jedes Land, jede Religion haben ihre Mystiker. Anselm von Canterbury und Bernhard von Clairvaux verteidigten gegen Roscelin und Abélard den Weg der Mystik; von Abélards Logik aus Paris vertrieben, gründete Wilhelm von Champeaux 1108 in einer Vorstadt die Augustinerchorherrenabtei St-Viktor; dort begründeten Hugo und Richard die Religion auf das mystische Erlebnis der Gegenwart Gottes.

Im leidenschaftlichen Italien entsprang aus der Mystik die Revolution. Auf einer Palästinafahrt vom Elend des Volkes erschüttert und nach einer Vision auf dem Berge Tabor, gründete der kalabresische Edelmann Giovanni dei Giochini de Fiori (Joachim von Fiore, † 1202) in Kalabrien den Orden von Fiore mit einer Regel der Armut und des Gebetes. Seine 1254 unter dem Titel »Ewiges Evangelium« mit einem Kommentar veröffentlichten und von der Kirche verbotenen Werke übten eine starke Wirkung auf das ketzerische und mystische Denken Italiens und Frankreichs von Franziskus von Assisi bis Dante aus, der Joachim in das Paradies versetzte.

Joachim von Fiore

Ein religiöser Büßerwahn erregte 1259 von Perugia aus ganz Norditalien und sprang nach Deutschland und Böhmen über. Diese neue mystische Frömmigkeit der Flagellanten (Geißler) drohte ganz Europa abseits der Kirche zu überschwemmen. In Flandern gründete 1184 Lambert de Bégne ein Heim für Frauen ohne Klostergelübde, aber in gemeinsamem Leben mit gemeinsamer Arbeit in Wollweberei und Spitzenklöppelei, die Beginen, denen auch Gotteshäuser für Männer, Begharden, folgten. Diese Menschen verurteilten die reiche Kirche ebenso wie die Waldenser und lebten in freiwilliger Armut. Seit 1262 verbreiteten sich von Augsburg aus in den Städten am Rhein die »Brüder vom freien Geist«. Gegen diese Bewegungen kämpften Staat und Kirche gemeinsam an.

Beginen Begharden

Der beste Nährboden für den Mystizismus im Westen war Deutschland. Hier

Canaervon, Wales,
England,
ell der Normannen-
könige,
in dem seit 1284
„Prinz von Wales"
ernannt wird

Trogir (ital. Trau),
Adria, Jugoslawien,
stell der Dogen von
Venedig um 1230

f der nächsten Seite:
Lübeck
Iolstentor" um 1470

CONCORDIA DOMI FORIS PAX

lebte und wirkte die »Rheinische Sibylle« auf dem Ruppertsberg, Hildegard von Bingen (1099–1179), die große Ärztin und Heilige, die mit Päpsten und Herrschern im Briefwechsel stand und eine lateinische Prosa von männlicher Kraft schrieb. Sehertum, Pietismus, Radikalismus, Dichtung und Wissenschaften lebten in der Seele dieser Frau, die schon früh in den Büchern über die Visionen heftige Kritik am Reichtum und der Korruption der Kirche übte. *Hildegard von Bingen*

Hundert Jahre später gab Elisabeth von Thüringen (1207–1231), eine ungarische Königstochter mit bayerischem Andechser Blut, ein Beispiel asketischer Heiligkeit, das sie als wandernde Pietistin in der Armenpflege vorlebte. Am Ende der Aufbruchsepoche ging die mystische Woge in Deutschland ganz hoch. Meister Eckart (1260–1327) brachte 1326 seinen mystischen Pantheismus zur vollen Reife und regte darin seine Schüler Tauler und Seuse an. Aus dieser Frömmigkeit floß auch der Reformation eine Quelle zu. *Elisabeth* *Meister Eckart*

Der anarchische Individualismus der Mystiker war eine große Kraft für die Kirche, auch wenn er sie oft in Unruhe und Angst versetzte; trotz seiner heftigen Kritik an ihr mußte sie ihn gewähren lassen, weil er von einer tiefen Religiosität getragen war. Die phantastischen Offenbarungen der Mystiker bedrohten den Kern des mittelalterlichen Geistes im ganzen; sie waren eine Reaktion und Begleiterscheinung der ersten Aufklärung, ein echtes Zeugnis für das erste tiefe Erwachen europäischer Individualität und Freiheit, welche die Ordnung oft gefährdeten, sie aber auch in echter Bindung lebendig erhielten.

h) Der kanonische Hierokrat. Die Herrschaftsideologie des Papsttums

Zwischen rationaler Theologie und religiöser Schau in der Mystik stand der kanonische Hierokrat, dessen Prototyp Papst Innozenz III. (1198–1216), der französische Grafensohn Lothar von Segni (* 1161), war. Er genoß eine kultivierte Erziehung, studierte in Paris Philosophie und Theologie und in Bologna ziviles und kanonisches Recht. Dieser Meister der Diplomatie und Theologie erlebte einen raschen Aufstieg und war bereits 1198 Papst zu einer Zeit, da nach dem plötzlichen Tode Kaiser Heinrichs VI. 1197 die Herrschaft Italiens dem Beherrscher der Kirche zufiel. Es leuchteten damals nicht nur die Sterne für diesen Hierokraten, er scheint auch der beste Kopf seiner Zeit gewesen zu sein. *Innozenz III.*

Dieser unerbittliche Verfechter von Dogma und Ethik verfaßte vier theologische Werke, schrieb in seinen amtlichen Dekreten eine klare, gedankentiefe Sprache und beherrschte treffsicher das Wort.

Papst Innozenz III. fühlte sich als Schutzherr der christlichen Welt auch mit dem Schwerte; ja er glaubte an seine Sendung als Weltherrscher in der Nachfolge Christi und duldete keine gleichberechtigte Autorität neben sich. Er beanspruchte nicht die höchste Autorität in den irdischen und weltlichen Dingen, aber er forderte die Überlegenheit der geistlichen Macht dort, wo sie mit der weltlichen in Konflikt geriet. Die Könige sollten ihren Platz in einem vom Papst geführten Weltstaat haben, der Papst aber Schiedsrichter in Rechts-, Moral- und Glaubensfragen sein. *Schutzherr und Schiedsrichter*

Seit der endgültigen Trennung der Ost- und Westkirche im Jahre 1054 war durch den lateinischen Kreuzzug und die Eroberung Konstantinopels 1204 das »Gewand der Kirche wieder nahtlos«. Die griechische Kirche unterwarf sich dem Bischof von Rom, Serbien und das ferne Armenien beugten sich. Innozenz brachte das Recht der Ernennung der hohen Geistlichkeit ganz in seine Hand und machte die Bischöfe zu Werkzeugen des Papstes. Europa mußte die geistliche Herrschaft und Schiedsrichterrolle des Papstes anerkennen. Trotzdem konnte er in Italien dem Krieg der Stadtstaaten nicht Einhalt gebieten, leistete ihm König Sverre von Norwegen (1184–1202) trotz Interdikt und Kirchenbann erfolgreichen Widerstand, versagte sich König Philipp II. August von Frankreich (1180–1223) seinem Befehl, mit England Frieden zu schließen. Aber Portugal, Aragon, Ungarn und Bulgarien anerkannten die Lehnsoberhoheit des Papstes in jährlichen Tributen, und Johann ohne Land, König von England, wurde durch Interdikt und Diplomatie gezwungen, sein Land als Lehen aus der Hand des Papstes zu nehmen, als er den vom Papst ernannten Langton als Erzbischof von Canterbury nicht anerkennen wollte.

Innozenz III. beherrschte nicht nur indirekt das Deutsche Reich, als er den Welfen Otto IV. von Braunschweig gegen den Staufer Philipp von Schwaben, dann Philipp gegen Otto und schließlich Otto gegen den jungen Staufer Friedrich II. und diesen wieder gegen den Welfen Otto ausspielte; Innozenz III. errang gewaltige Zugeständnisse und befreite den Kirchenstaat vom Alpdruck der Einkreisung (1210).

Herrschaftsideologie des Papsttums

Innozenz sah sich nicht nur als »Petrus«, sondern auch als Nachfolger Kaiser Konstantins. Seine Herrschaftsideologie gipfelte in der Überlegung, daß ein Papst die Kaisergewalt von den römischen Kaisern auf die Franken übertragen habe, Karl der Große also nur durch päpstliche Krönung und Salbung Kaiser geworden sei, darum auch der Papst wieder zurücknehmen könne, was er gegeben habe.

Dieser Papst, der Jurist, Theologe, Organisator, Reformer, Gesetzgeber, Herrenmensch und »Weltenherrscher« zwischen Kirche und Welt war, hob das geistige und soziale Niveau des Klerus, ordnete das innere Leben der Kirche durch Gesetze, machte aus der Kurie eine leistungsfähige Körperschaft von Ratgebern, Verwaltern, Richtern; sie wurde zur besten Regierung dieser Zeit und trug wesentlich zur Entwicklung von Kunst und Technik der europäischen Diplomatie bei.

Das IV. Laterankonzil von 1215, dem er vorsaß, gab ihm Weltruf als Papst, Gesetzgeber, Jurist. Vor diesem Weltforum kirchlicher Macht und Intelligenz rief er die Nationen der Christenheit zum Kreuzzug gegen die Albigenser auf, der mit aller Grausamkeit geführt wurde. Innozenz III. († 1216) wurde nicht heiliggesprochen, aber dieser überlegenste Staatsmann seiner Zeit hat die Weltkirche auf den Gipfel ihrer weltlich-geistlichen Macht geführt, den Traum vom kirchlichen Weltstaat nahezu verwirklicht. Seine Nachfolger haben ihn nicht mehr erreicht. Gregor IX. (1227–1241) führte den Krieg zwischen Kaisertum und Papsttum mit fanatischer Hartnäckigkeit und schuf die Inquisition; darin folgte ihm Innozenz IV. (1243–1254), der Friedrich II. vernichtete, und Clemens IV. (1265–1268), der den Untergang der Staufer und des alten kaiserlichen Deutschland besiegelte. Gregor X. (1271–1276) brachte nach der Rückeroberung von Konstantinopel durch die Griechen Karl von Anjou von seinem ehrgeizigen Plan ab, Byzanz zurückzugewinnen. Deshalb unterwarf der wiedereingesetzte griechische Kaiser Michael Paläologos die Ostkirche der römischen Herrschaft.

Weltkirche

i) Der neue Typ der Monarchen – die Könige von Frankreich und Unteritalien

Der Hierokrat Innozenz III. war die bedeutendste Herrscherfigur seiner Zeit. Neben ihm erreichten die führenden Könige der Epoche nicht seine umfassende Größe, prägten aber doch Charakter und Geist der Aufbruchszeit als die höchsten Laien in ganz besonderer Weise aus.

Frankreich am Ende des 12. Jh.s

Frankreichs Glücksfall war es, daß drei bedeutende Herrscher zwischen 1180 und 1314 es zur stärksten Vormacht Europas erhoben. Philipp II. August (1180 bis 1223) und Ludwig IX. der Heilige (1226–1276) regierten miteinander fast hundert und Philipp IV. der Schöne (Le Bel) fast dreißig Jahre (1285–1314). Beim Regierungsantritt Philipps II. war die französische Königsherrschaft zwar schon im Aufstieg, aber noch durch viele innere Schwierigkeiten gehemmt. Die Normandie, Bretagne, Anjou, Tourraine und Aquitaine, alle zusammen dreimal so groß wie das vom französischen König beherrschte Gebiet, gehörten zu England, der größte Teil von Burgund war ein Land des deutschen Reiches, das reiche Flandern eine fast autonome Grafschaft, wie auch die Grafschaften Lyon, Savoyen und Chambéry, die wein-, obst-, öl- und dichterreiche Provence mit Arles und Avignon, Aix und Marseille es wurden; die Dauphiné, das Land um Vienne, war als Teil Burgunds zu Deutschland geschlagen. Frankreich selbst zerfiel in Herzogtümer, Grafschaften, Seigneurien, Senechaussées und Baillages. Um 1180 war Paris, die Hauptstadt dieses lockeren Gefüges, das man seit dem 9. Jahrhundert »Francia« nannte, baulich wenig entwickelt.

Aufbau der Königsmacht durch Philipp II. August

Philipp II. August begann eine Politik, die Frankreich zur politischen, geistigen und moralischen Führungsmacht Europas erhob. Ludwig der Dicke (1108 bis 1137) hatte den Frieden im Lande gesichert. Sein Freund Abt Suger von St-Denis (1108–1151) entwarf die frühesten und schönsten Meisterwerke des gotischen Stiles im Abendlande; seine Berichte über sein Werk und seine Ministertätigkeit haben ihm den Ruf eines Richelieu seiner Zeit eingetragen. Ludwigs VII. (1137 bis 1180) Gemahlin Eleonore von Aquitanien gab nach ihrer Scheidung Hand und Herzogtum dem König Heinrich II. von England.

Den Aufbau Frankreichs begann sein Sohn Philipp II., ein Mann der praktischen Vernunft, ein Förderer der Bildung ohne eigenes Bildungsstreben. Durch seine Lage zwischen England und dem starken Deutschland der Staufer war Frankreichs Entwicklung gefährdet. Mit Vorsicht und Schlauheit, Mut und Umsicht, Temperament und Mäßigung, mit großzügiger Frömmigkeit und Unnachgiebigkeit gegen kirchliche Forderungen, mit Geduld und Beharrlichkeit meisterte er die schwierige Lage.

Bis 1204 eroberte er die Normandie von England zurück, gewann Bretagne, Anjou, Maine, Touraine und Poitou hinzu und konnte nun seine zentralisierende Herrschergewalt im Inneren Frankreichs durchsetzen. Die Verbündeten des seiner französischen Länder beraubten Johann ohne Land, Otto IV. von Braunschweig sowie die Grafen von Boulogne und Flandern, stellte er 1214 bei Bouvines nahe Lille zum Kampf; der Sieg, den er erfocht, machte Ottos Stellung als deutscher König unhaltbar und zwang die flandrischen Grafen, sich dem französischen König zu unterwerfen. Dieser gewann in Nordostfrankreich die Städte Amiens, Douais, Lille und St-Quentin. Johann ohne Land mußte auf Grund des Verlustes der englischen Besitzungen in Frankreich die Magna Carta Libertatum von 1215 unterzeichnen, die dem Adel bedeutende Rechte zubilligte.

Im Gegensatz zu Deutschland und England obsiegte der französische König über den Lehnsadel mit Hilfe von Bürgertum und Stadtgemeinden. Philipp ersetzte die Geistlichen in Staatsrat und Regierung durch Laien aus dem Stand der Rechtsanwälte; Städte und Kaufmannschaft förderte er durch Privilegien, die Judenvermögen zog er ein, den Lehnsdienst wandelte er in Geldzahlungen um und verfügte damit über bare Finanzen. In seiner Regierungszeit erstand die berühmte Fassade von Notre-Dame in Paris, zur Bewachung der Seine wurde der Louvre gebaut.

Ludwig IX. der Heilige und Blanche von Kastilien

Philipps Enkel, Ludwig IX. der Heilige, (1226–1276) hatte Blanche von Kastilien zur Mutter, die eine Enkelin Heinrichs II. von England und der Eleonore von Aquitanien war. Als Regentin stärkte diese schöne, energische, feste und gewandte Frau die Macht der Krone in Südfrankreich; sie beteiligte sich an den brutalen Albigenserkriegen, unterstützte die Kirche und war sehr wohltätig. Die Barone hielt sie mit Diplomatie und Geduld in Schach, mit England schloß sie einen günstigen Waffenstillstand.

Beim Regierungsantritt Ludwigs IX. war Frankreich ein starkes und blühendes Reich in Frieden. Er war die Idealfigur eines eleganten, lebensfrohen Ritters voll Freude an Jagd und Sport. In der Königswürde sah er das Mittel nationaler Einheit und Festigkeit, die Schutzmacht für die Armen und Schwachen. Er schränkte Fehderecht und Privatfehde, das heißt das Recht legitimer Gewaltanwendung des Adels ein und beherrschte seine Vasallen. Die Lehnsgerichte wichen dem Königsgericht, der Zweikampf dem Zeugenverhör; das zentrale Königsgericht wurde Appellationsinstanz für alle Lehnsgerichte. Lehnsrecht wurde zum Staatsrecht weiterentwickelt. Sicherheit, Wohlstand und Reichtum Frankreichs fanden ihren glanzvollsten Ausdruck in der Hochgotik, vor allem in der Kathedrale von Chartres.

Königsmacht

Ludwigs Politik war bewaffnete Verteidigung, sein oberstes Ziel die Sicherheit des Landes. Man fürchtete seine Gerechtigkeit. Ludwig IX. war religiös unduldsam, er unterstützte die Inquisition in Frankreich und war hart gegen die Opfer des Albigenserkreuzzuges. Befangen, leichtgläubig und unwissend trat er den Muselmanen entgegen; sein Kreuzzug gegen sie war schlecht überlegt, seine Feldzüge in Tunis und Ägypten waren erfolglos. Seine Staatskasse füllte er mit den beschlagnahmten Geldern von Ketzern und Juden; aber er gründete auch Krankenhäuser, Altersheime, Klöster, Pilgerherbergen, ein Blindenheim, ein Heim für reumütige Prostituierte. Seit dem Feldzug von 1242 in den Sümpfen der Sainfonge litt er an Malaria und Anämie, dazu schwächte er durch Selbstkasteiungen ständig seinen Körper.

Religiosität

Ludwig war ein Freund der Bettelorden und wollte selber Minorit werden. Diesen ungewöhnlichen asketischen König beherrschten Wunder- und Aberglaube. Er kaufte 1236 von Balduin II. von Konstantinopel, der Gold für sein schwaches Königtum brauchte, um etwa 8,5 Millionen Mark die Dornenkrone, die Christus bei der Passion getragen haben soll. Reliquienverehrung war ein besonderes Zeichen spätmittelalterlicher Frömmigkeit.

Reliquienverehrung

Es kennzeichnet ihn aber wie alle Könige der Zeit, daß er kein Werkzeug in der Hand des Klerus war. Für alle Stände, Bürger, Laien, Kleriker setzte er das gleiche Recht durch. In der Pragmatischen Sanktion von 1268 beschränkte er die Macht des Papsttums in Frankreich und ließ ihm nur den Einfluß auf kirchliche Er-

König und Kirche

nennungen und Steuererhebungen. Der Mönch auf dem Thron wahrte Würde und Majestät der Monarchie.

Seinen ersten Kreuzzug trat er 1248 barfuß im Büßergewande an. Er geriet in ägyptische Gefangenschaft, aus der ihn die Mutter Blanche löste, die zu Hause das Reich verweste. Bei der Rückkehr 1252 mußte der Geschlagene den Tod seiner großen Mutter beweinen. Krank brach er 1270 nach Tunis auf, wo er verstarb. Seinen Bruder Karl von Anjou hatte er mit einem Heer nach Italien entsandt, um dort die deutsche Herrschaft zu brechen und das sizilianische Sprungbrett für einen Einfall in Tunis zu gewinnen.

Kreuzzug

Karl von Anjou

Die Regierung dieses von der Kirche kanonisierten Königs war das goldene Zeitalter Frankreichs. Von seinem Geist kündet die stolze bewehrte Hafenstadt Aiquemortes in der provenzalischen Camarque, die er erbauen ließ.

Philipp IV. war ein gerissener Staatsmann, der rücksichtslos Risiken einging, ein Mann aus anderem Holz als der heilige König. Sein innerpolitisches Ziel war eine allgemeine, intensive Königsherrschaft über Adel, Klerus, Bürger und Leibeigene, Frankreichs Wohlstand auf Handel und Gewerbe, nicht auf Ackerbau zu begründen, die Grenzen seiner Herrschaft nach außen bis an Atlantik, Pyrenäen, Mittelmeer, Alpen und Rhein vorzuschieben. In sein Gefolge und in den königlichen Rat berief er Juristen, die am Reichs- und Staatsgedanken des römischen Rechts geschult waren. Bei der Erneuerung des Rechtswesens berieten ihn zwei skrupellose Leute, Pierre Flotte und Wilhelm von Nogaret; sie halfen ihm, das Feudal- durch das Königsrecht zu ersetzen und zu erneuern. Philipp der Schöne brach die Macht des Papsttums und setzte den Papst in seinem Palast zu Anagni gefangen.

Philipp IV.

Königsrecht

Sein Gegner war ein bedeutender Papst, Bonifaz VIII., der aber die Hierokratie ins Unwirkliche übersteigerte. Durch Heirat und Kauf erwarb der König die Champagne, Brie und Navarra, Chartres, die Franche Comté, das Lyonnais und einen Teil Lothringens.

Bonifaz VIII.

Stets in Geldverlegenheit wie alle Herrscher dieser Zeit, ersann er ein ausgeklügeltes Steuersystem, entwertete die Münzen, erzwang aber die Steuerzahlung in gutem Geld. Er verbannte Juden und Lombarden (italienische Geldwechsler und Bankiers) und vernichtete den Templerorden, wohl um seiner Reichtümer habhaft zu werden. Er verbot die Ausfuhr von Edelmetallen aus Frankreich, erhob von Import, Export und Verkäufen schwere Abgaben, zog von jedem Pfund Privatvermögen einen Sou Kriegssteuer ein, belegte das Kirchenvermögen, das in Liegenschaften ein Viertel des französischen Grundvermögens ausmachte, mit Steuern.

Es kam die Zeit, da das Geld eine Macht wurde, im Dienste der weltlichen und geistlichen Herrschaft, des avignonesischen Papsttums, das ein ausgeklügeltes Finanzsystem entwickelte. Philipps Agenten und sein rollendes Geld setzten die Wahl des französischen Papstes Clemens V. und die Übersiedlung nach Avignon (1309) durch, wo noch heute die Kolossalarchitektur des Papstpalastes steht. Mit der Universalgewalt des Kaisertums vertrug sich das Papsttum nicht, darum wurde es zum Knecht einer nationalen Königsherrschaft, die allerdings für sich in Anspruch nahm, universale Macht zu werden. Ein Jahr nachdem der Großmeister des Templerordens den Scheiterhaufen bestiegen hatte, starben der König und sein Papst.

Geldmacht

Den Mut und die Hartnäckigkeit Philipps des Schönen bewunderten die Franzosen, seine Geldgier verachteten sie; denn seine Münz- und Finanzpolitik störten die Wirtschaft des Landes, das Volk verarmte, das Gewerbe konnte sich nicht entwickeln, der Handel entbehrte seiner jüdisch-lombardischen Vermittler, die großen Messen verfielen und verloren ihre internationale Bedeutung. Das Volk zahlte die Zeche für die Siege dieses Meisters der juristischen und diplomatischen Kniffe.

Haus Valois

Im Jahre 1328 bestieg mit Philipp VI. ein Seitenzweig, die Valois, den französischen Königsthron. Mit Philipp dem Schönen sterben die Capetinger aus.

Bei einer Gesamtbevölkerung Frankreichs von etwa 2,5 Millionen Menschen zählte im Jahre 1314 Paris 200 000 Einwohner. Ein florentinischer Emigrant in Frankreich, Brunetto Latini, erzählt von der Wirtschaftsblüte dieser Großstadt unter Ludwig IX. Händler und Handwerker waren so reich und mächtig, daß sie in die Generalstände auf Geheiß Philipps IV. 1302 berufen wurden. Sie gaben ihm finanzielle und moralische Hilfe im Kampf mit Papst Bonifaz VIII. Die allgemeinen Sitzungen der drei Stände, Adel, Geistlichkeit, Kommunen, standen unter juristischen Staatsräten des Königs. Ludwig IX. bestellte das Parlément de

Stände

Paris (Kollegium von meist 94 Juristen und Geistlichen) zum Obersten Gerichtshof. In den politischen Traktaten aus der Zeit Philipps des Schönen zittert die Erregung von Menschen, die sich vom Alten lösten und zu Neuem drängten.

Pierre Dubois und das französische Königtum

Pierre Dubois (1255—1312) forderte, daß die Kirche vom Staate keine finanzielle Unterstützung mehr erhalte, da die französische Kirche eine romfreie Landeskirche und das Papsttum seiner weltlichen Macht entkleidet sei und die höchste Autorität dem Staate zuerkannt werde.

Dubois wollte den französischen König an der Spitze eines geeinten Europa sehen, ein internationaler Gerichtshof sollte die Streitigkeiten zwischen den einzelnen Völkern schlichten, jede gegen Christen kriegführende Macht mit Wirtschaftsboykott belegt werden. Er dachte sich in Rom eine Schule für orientalische Studien, und für Frauen forderte er die gleichen Bildungsmöglichkeiten wie für Männer.

Literatur und Bildung

Unter der Regierung der drei Könige sangen die Troubadours in der Provence und die Trouvères im Norden, wurden die Chanson de Roland und Chanson de geste gelesen, die Geschichte von Aucassin und Nicolette und der Rosenroman geschrieben, waren die großen französischen Geschichtsschreiber Villchardouin und Joinville am Werke, erwachte die Karlstradition in Frankreich wieder und verband sich mit der Königsidee. Es blühten die großen Universitäten Paris, Orleans, Angers, Toulouse und Montpellier. Der Gegenaufschwung begann mit Roscellin und Abélard und führte zum Höhepunkt der scholastischen Philosophie, der ersten Aufklärung in Europa. Die Gotik feierte ihre Triumphe in den Domen zu St-Denis, Chartres, Notre-Dame zu Paris, Amiens und Reims, ihre höchste Vollendung erfuhr sie in der Plastik. Im Lande begann ein Nationalstolz die Menschen zu einen, das Chanson de Roland singt zärtlich von der »douce France« (= dem süßen Frankreich). Frankreich war unter diesen drei Königen der

Nationalstolz Kulturherd

westliche Kulturherd Europas geworden. Italien holte erst nach dem 13. Jahrhundert auf.

Die drei französischen Könige waren nicht nur persönliche Herrscherindividualitäten und prägten nicht nur den zwei- und dreifältigen Geist ihrer Epoche aus, sie waren Idealtypen herrscherlichen Seins und Wirkens in einer entscheidenden Epoche Europas. Philipp der Schöne wandte sich am stärksten einer wandelnden Welt zu, die vom kalten Hauch der Staatsraison und vom Geld getragen war.

Der Stauferkaiser Friedrich II. König von Sizilien

Mit Vorrang zählt zu den vielschichtigsten Herrscher- und Laienfiguren auf den Höhen dieser Aufbruchszeit der staufisch-normannisch-sizilianische Kaiser Friedrich II., (1212–1250), dessen Sarkophag neben dem seines Vaters im Dom zu Palermo steht, ein Denkmal der europaweiten Bedeutung dieses Geschlechts. Die zweiundvierzigjährige Mutter Konstanze von Neapel mußte ihr einziges Kind vor aller Augen auf dem Marktplatz gebären, damit jeder Zweifel an seiner Ebenbürtigkeit ausgeschlossen war. Schon im dritten Lebensjahr wurde Friedrich, halb Deutscher, halb Normanne, 1197 in Palermo zum König von Sizilien gekrönt. Er wurde zur faszinierenden Herrschergestalt des sogenannten Mittelalters und nicht nur wegen seiner vielschichtigen Anlagen und der Härte seines Schicksals. Seine Jugend stand im Schatten des Hierokraten Papst Innozenz III., seines Vormundes und des Oberlehnsherrn und Regenten von Sizilien.

Friedrich II. war nicht systematisch ausgebildet, aber in der geistigen Umgebung und Kultur der Stadt Palermo lernte er in jungen Jahren Arabisch und Griechisch und eignete sich manches aus dem Talmud an. Er gewann so eine tolerante Haltung gegen fremde Völker, Sitten, Religionen. Schön gewachsen, mit langem rotem Lockenhaar, besaß dieser Freund des Reitsports und der Jagd von Anfang an einen selbstsicheren Geist. Mit 15 Jahren heiratete er Konstanze von Aragon und schickte sich an, die Kaiserkrone seines Vaters zu holen.

Innozenz III. und seine politischen Ziele

Innozenz III. tat alles, um diesen gefährlichen Rivalen um die Macht in Italien loszuwerden. Er finanzierte deshalb 1212 Friedrichs Reise nach Deutschland unter der Bedingung, daß er die Lehenstreue Siziliens gegen den Papst wahre, weiter Tribute an ihn zahle, die Unantastbarkeit des Kirchenstaates achte, die beiden Sizilien (Insel und Unteritalien) vom Reich getrennt halte, als Kaiser in Deutschland Residenz nehme, seinem unmündigen Sohn Heinrich das Königreich beider Sizilien unter der Regentschaft des Papstes übertrage, alle Rechte der Geistlichen achte, die Ketzer bestrafe und einen Kreuzzug durchführe.

Friede in Deutschland

Als die Schlacht von Bouvines 1214 auch über den deutschen Thronstreit entschieden hatte und der Widerstand des Welfen Otto IV. zusammenbrach, konnte sich Friedrich II. 1215 in Aachen feierlich zum deutschen König krönen lassen. Aber er wollte sich gar nicht so stark in die Reichspolitik vertiefen, wie der Papst meinte, ihm lag am nächsten seine sizilische Heimat. Von seinen 56 Lebensjahren verbrachte er nur acht in Deutschland. Für das Schicksal der deutschen Königsherrschaft wurde das entscheidend. Um sich den Rücken frei zu halten, brauchte er in Deutschland Frieden um jeden Preis. Deshalb gab er den geistlichen und weltlichen Landesherren weitgehende Privilegien, nahm die aufsteigenden Königsstädte in seinen Schutz. Mit der Regentschaft in Deutschland betraute er den Erzbischof von Köln und Hermann von Salza, den Großmeister des Deutschen Ordens.

Unteritalien Kreuzzug

In Italien hielt sich Friedrich II. nicht an die Versprechen, die er 1212 dem Papst gegeben hatte. Nach seiner Kaiserkrönung ging er nicht auf den Kreuzzug, sondern zog sich in seine Herrschaft im Süden zurück. Auf päpstlichen Wunsch heiratete er nach dem Tode seiner ersten Frau Konstanze die Thronerbin des

Königreiches Jerusalem, Isabella. Ein erstes Kreuzzugsunternehmen scheiterte schon in Brindisi. Trotz Bannes durch den ungeduldigen Papst führte er 1228 ein erfolgreiches Kreuzzugsunternehmen durch. Der Papst aber führte in der Heimat Krieg gegen den Abwesenden und brachte große Teile Siziliens und Unteritaliens in seine Hand. Durch Verhandlungen mit al Kamil, dem Oberbefehlshaber der sarazenischen Armee, erreichte der mit arabischer Sprache, Wissenschaft und Literatur vertraute Kaiser freien Einzug in Jerusalem. In der Grabeskirche krönte sich Friedrich II. mit eigener Hand zum König der Heiligen Stadt. Daraufhin wurde auch sie mit dem Interdikt belegt. Kaum in Brindisi gelandet, fegte er die päpstlichen Okkupanten aus seinem südlichen Reiche in Windeseile. An der Grenze des Kirchenstaates schloß er mit dem Papst den Frieden von San Germano.

Friede von San Germano

Man kann vermuten, daß Friedrich II. bereits erkannte, daß das 13. Jahrhundert nicht mehr den Deutschen, sondern den Franzosen und Italienern gehöre. So ließe sich seine nachgiebige Politik in Deutschland am besten verstehen. In seinem Südreich erwies er sich als überragender Regent und politischer Organisator. Seinen Hof hielt Friedrich im apulischen Foggia. In dieser bunt zusammengesetzten Welt herrschte er wie ein Despot und führte die Glanzzeiten seines Ahnen Roger II. wieder herauf. Er gewann nach harten Kämpfen in den Bergen die aufständischen Sarazenen zu seinen treuesten Soldaten. Städte wie Alcamo haben bis heute ihren arabischen Charakter bewahrt. Palermo wurde die große Hauptstadt des Reiches, geziert mit der Capella Palatina des Palazzo Reale, mit dem großen Bilderbuch der Königsabtei Monreale, mit den Kuppeln früherer Moscheen, die wie San Giovanni degli Eremiti in christliche Kirchen umgewandelt wurden und so ihre Gestalt bewahrten.

Friedrichs Herrschertum

Hier im Süden schuf der letzte große Staufer den ersten modernen Staat Europas. In Foggia ließ er 1223 mit dem Bau einer großen Burg beginnen. Dort wurde unter der Leitung des Petrus de Vinea der junge Adel für den hohen Beamtenberuf ausgebildet. Petrus hatte in Bologna Rechte studiert und war Staatssekretär des Kaisers. Siebzig Jahre vor Frankreich wurden hier Geistliche durch Juristen ersetzt und ein weltlicher Staat vor Roms Südtoren errichtet. Friedrich, der orientalische Ideen gut kannte, war ein konsequenter Verfechter einer zentralistischen Regierung; Ordnung der Gesellschaft stand ihm höher als Freiheit des Volkes. Nach dem Rat des Petrus gab er 1231 seinem Reich im Liber Augustalis das erste wissenschaftliche Rechtssystem seit Justinian.

Der erste moderne Staat

Friedrich entwickelte eine merkantil anmutende Staatswirtschaft; er verstaatlichte die Produktion von Salz, Eisen, Stahl, Hanf, Teer, gefärbten Tuchen, Seidenstoffen, er förderte die Landwirtschaft durch Musterhöfe, durch den Anbau von Baumwolle und Zuckerrohr, durch Waldpflege, Straßen- und Brückenbau; er bemühte sich um den »gerechten Preis«. In königlichen Textilfabriken arbeiteten sarazenische Sklavinnen mit Eunuchen als Vorarbeitern. Eine Staatsflotte betrieb den Außenhandel, die Binnenzölle waren sehr reduziert.

Durch die weltliche Würde und Majestät der römischen Cäsaren stellte sich Friedrich seinem Volk und der Welt als gotterfüllter, gerechter Herrscher dar. Doch war sein Versuch einer Belebung der Antike verfrüht und wurde von der Gotik weggespült.

Der Hof zu Foggia

Auf seinem Hof zu Foggia herrschte heiterer Lebensgenuß, den ein Heer von meist sarazenischen Sklaven möglich machte. Seine dritte Gemahlin Isabella von England (seit 1235) hatte für diesen Lebensstil kein Verständnis und zog sich zurück; der Herrscher suchte Zerstreuung mit Mätressen in halborientalischem Stil; er unterhielt einen exotischen Tierpark mit sarazenischen Wärtern. Für seinen illegitimen Sohn Manfred schrieb der Kaiser einen wissenschaftlichen Traktat über die Falkenjagd.

Sein besonderes Vergnügen war das »delicato parlare« mit einer gebildeten Umgebung, in der er durch scharfen Witz und Schlagfertigkeit, durch seinen überlegenen kultivierten Geist, mit seinen lateinischen, griechischen, arabischen Sprachkenntnissen brillierte. An seinem Hof herrschte dank Petrus de Vinea ein fast humanistischer klassischer Stil. Hier las man die Liebesdichtungen des Islams und der Provence. Mit den Jahren traten Wissenschaft und Philosophie im Interessenkreis des Kaisers immer mehr in den Vordergrund, wobei sich in Sizilien das Geisteserbe des Islams von selbst anbot. Muselmanische und jüdische Gelehrte verkehrten an seinem Hofe. Der Herrscher ließ die griechischen und islamischen Klassiker in das Lateinische übersetzen. Mathematik interessierte ihn so sehr, daß er sich vom Sultan von Ägypten den berühmten Mathematiker al Hanifi ausborgte; er war mit dem größten Mathematiker der Christenheit Leonardo Fibonacci befreundet. Bei dem Polyhistor Michael Scot studierte Friedrich die okkulten Wissenschaften, Chemie, Metallurgie und Philosophie. Mit ägyptischen, arabischen, syrischen und irakischen Gelehrten stand er in wissenschaftlichem Meinungsaustausch. Als Zoologe betrieb er gern Züchtungsversuche.

Der »Freidenker« und die Religion

Ohne kirchliche Sanktion veranlaßte er 1224 die Gründung der Staatsuniversität Neapel, die die Landeskinder zu Politikern und Beamten ausbilden sollte. Bildung und Kultur des Islams übten einen tiefen Einfluß auf das Denken des eigenartigsten Herrschers dieser Epoche aus. Da sein Handeln und sein Hofleben das nicht verbargen, kam er in den schwierigsten Jahren am Ende seines Lebens in den internationalen Ruf eines »Freidenkers«, der sicher verschiedene Grundlehren des Christentums bezweifelte. Aber alle Kultfreiheit und Toleranz für verschiedene Religionen hielten ihn nicht davon ab, seinen Staat ohne jedes Zugeständnis christlich zu führen. In den Zeiten intensivster Herrscheridee gab es noch keine Gedanken- und Redefreiheit; die gab es nur in seinem engsten Kreis. Er wußte, daß in jenen Tagen Religion das Gerüst der Gesellschaftsordnung war und verfolgte darum auch die Ketzer als Störenfriede einer einheitlichen Lebensordnung. Man darf die vielschichtige Natur dieses Herrschers nicht mit modernen Begriffen und Vorstellungen zeichnen. Sein Hof stand zwischen Byzanz, Ägypten (Syrien), Rom und dem Abendland. An Byzanz erinnert das überwältigende Fresko des Christos Pantokrator im Dom zu Cefalu und in Monreale.

Der Kampf um Italien mit Lombardenbund und Papst

Friedrichs höchstes politisches Ziel war die Ausdehnung seiner Herrschaft auf ganz Italien, die Vereinigung Italiens mit Deutschland in einem erneuerten Römischen Reich mit Rom als vermutlicher politischer Hauptstadt des Westens. Durch die Einladung zu einem Reichstag des Adels und der Städte Italiens in Cremona 1226 deckte er seine Karten auf und stieß überall auf Ablehnung, ja forderte geradezu die militärische Allianz des zweiten Lombardenbundes heraus, an dem Mailand, Turin, Bergamo, Brescia, Mantua, Bologna, Vicenza, Verona, Padua und Treviso beteiligt waren. Den Aufstand seines mit diesen

Städten verbündeten Sohnes Heinrich schlug er 1234 mit einer prallen Geldkatze nieder, die auch die Kurie und die großen Herrscherhöfe zu erobern begann. Mit einem meist deutschen Heer erfocht der Kaiser 1237 den Sieg von Cortenuova über das Aufgebot des Städtebundes, ohne Mailand und Brescia in die Knie zu zwingen. Der Papst verband sich mit den Lombarden, freilich nicht um ihre autonomen Städteherrschaften zu erhalten, sondern um politisch zu überleben.

Papst Gregor IX. schloß 1238 eine Allianz mit Venedig, Genua und dem Städtebund. Seine giftigste Waffe war die Propaganda; er bezichtigte in einer Enzyklika den Staufer des Atheismus, der Blasphemie, des Despotismus und der Kirchenfeindschaft und wiegelte 1239 mit dem Bann die Untertanen zum Ungehorsam auf. In einem Rundschreiben an die Könige Europas wies Friedrich II. den Vorwurf der Ketzerei zurück und beschuldigte Gregor IX. der Absicht, das Reich zu zerstören und alle Herrscher dem Papst zu unterwerfen. Der Kampf zwischen Kaiser und Papsttum, der zwischen Heinrich IV. und Gregor VII. begonnen hatte, trat jetzt in sein Endstadium.

Endstadium des Ringens zwischen Papsttum und Kaisertum

Die Könige Europas begriffen, daß es dabei auch um ihre Sache ging; aber die Last des Krieges überließen sie dem Kaiser allein. Diesmal trat auch der Adel Deutschlands und Italiens auf Friedrichs Seite, da er an der Unterwerfung der Städte interessiert war. Der alte Gegensatz Welf und Waibling italienisierte sich nach Form und Inhalt zu Ghibellinen und Quelfen, die zunächst die Anhänger des Kaisertums und des Papsttums meinten. In den folgenden Jahren kreiste der Staufer den Kirchenstaat ein und fing einen genuesischen Geleitzug von französischen, spanischen und italienischen Kardinälen, Bischöfen und Äbten auf der Fahrt nach Rom ab. Freilich ließ sich damit Rom nicht unter Druck setzen, sondern verschrie den Staufer nun als Antichrist in ganz Europa.

Ghibellinen und Quelfen

Die Flucht Innozenz' IV. nach Lyon gab Italien und den Kirchenstaat zwar frei, aber das nach Lyon einberufene Konzil bannte 1245 den Kaiser und sprach seine Absetzung aus. Auf päpstliche Initiative wurden in Deutschland der Landgraf Heinrich Raspe von Thüringen und dann Wilhelm von Holland zu Gegenkönigen gewählt. Der Papst rief zum Kreuzzug gegen den Staufer und seinen Lieblingssohn Enzio auf.

Absetzung und Gegenkönigtum

Diese übertriebene Machtpolitik der Kirche nahm der kaiserlichen Politik jede Alternative. Friedrich II. beschuldigte in seinem »Römischen Manifest« die Geistlichen, der Welt und ihren Genüssen ganz ergeben zu sein und durch ihren Reichtum die Frömmigkeit erstickt zu haben. In den Städten Italiens herrschte Aufruhr – er wollte ja die Reichsherrschaft erneuern. Der Kaiser schlug hart und grausam den Aufstand nieder. Zu allem Überfluß beschuldigte man seinen Kanzler Petrus de Vinea der Teilnahme an der Verschwörung; dieser wurde geblendet. Und dann traf den Kaiser Schlag auf Schlag. Ludwig IX. von Frankreich, der in muselmanische Gefangenschaft geraten war, forderte den Papst auf, sich mit dem Herrscher auszusöhnen, damit dieser ihn befreie. Friedrich II. erlag der Ruhr, innerlich zermürbt. In der Kutte eines Zisterziensermönchs starb er am 13. Dezember 1250 in Fiorentino.

Mit Friedrich II. stieg das Reich als Großmacht ins Grab, ein starkes Element europäischer Einheit und Gemeinsamkeit schied aus dem großen Spiel der Kräfte. Diese Tatsache hat die Entwicklung der europäischen Staatenwelt mehr gefördert, als eine nur insulare Betrachtungsweise erkennen kann. Deutschland

Ende des Reiches

zerfiel in Territorien, in Landesherrschaften mit verschiedenen Graden der Staatlichkeit, und in Reichsstädte, Italien in autonome Stadtherrschaften und Signorien, die unter der Tyrannei ihrer Herzöge und Condottieri litten, die vom Stauferkaiser Sittenlosigkeit, Geistesfreiheit und Mäzenatentum für Kunst und Literatur übernahmen.

Friedrichs II. bezaubernder Charme lebte in anderer, rauherer Form in der virtù (= mannhafte, skrupellose Verstandeskraft) der Renaissancedespoten fort. Am Hofe des Staufers waren neben die Bibel die Klassiker, neben den Glauben die Vernunft, neben Gott die Natur, neben Vorsehung das Kismet (unabänderliche Notwendigkeit im Islam) getreten; hier verwandelten sich Gläubigkeit und strenge Kirchlichkeit zu Humanismus und Philosophie der Renaissance. Trotzdem war Friedrich II. nur ein Vorläufer, der weit vorauseilte. Scheinbar gescheitert, war er doch Künder eines neuen Lebens- und Herrschaftsstils voll tiefer Anregung für die Zukunft.

Humanismus und Renaissance

k) Die Menschen der Epoche und ihr Weltbild

Im 11. Jahrhundert ergriff eine starke innere Bewegung die Menschen. Ihre Prototypen wurden Papst Gregor VII. und der mystisch-reformerische Kardinal Petrus Damiani. Vor allem im deutschen Reich entlud sich die europabestimmende Krise. Zu gleicher Zeit setzte machtvoll die städtisch-urbane Entwicklung ein, begleitet vom Einbruch der Normannen in die uralte byzantinische Kulturwelt in Süditalien wie in die archaisch-angelsächsische Welt auf den Britischen Inseln, die ihr hochentwickeltes Lehnswesen und neue Kulturelemente gewann. Aus dem Schoße einer tiefen Gärung stiegen die Gottes- und Landfriedensbewegung empor, die Führungsschichten wie Volk ergriffen und religiös, sozial und politisch erschütterten; es ging um neue, friedvolle und gebändigte Formen des Zusammenlebens, die den archaischen Barbarismus der Willkür zähmten und neue rationale Formen nötig machten. In dieser religiös-geistigen Erneuerung vollendete sich die Christianisierung Europas. Diese geistige Kraft wurde politisch in das europäische Unternehmen der Kreuzzugsbewegung umgesetzt, die einen religiösen Enthusiasmus erzeugte.

Geistige Erneuerung

Im Zuge dieser Entwicklung überwanden die Menschen des Westens auch Seßhaftigkeit und Schollegebundenheit, durchstießen die Grenzen des lokalen, häuslich-herrschaftlichen und hofrechtlichen Geistes und gingen in »Massen« auf die Straßen, suchten eine neue Heimat. Eine große Wanderbewegung führte weit entfernte Menschen zusammen und förderte Gedanken- und Kulturaustausch. Zum ersten Male tat sich ein Raum öffentlichen Lebens auf und rührte sich ein neuer Geist, der sich der Weite der Welt bewußt wurde – der geographische, menschliche und geistige Horizont wurde größer. Seit dem 11. Jahrhundert will man nicht mehr belehren, sondern überzeugen, überreden, verspotten, vernichten. Man hielt noch am Latein fest, aber der Kreis der Schriftsteller und Leser, das Publikum, weitete sich, selbst das starre Latein wurde persönlicher und impulsiv. Es regten sich neben der heiligen Kultsprache der Kirche, dem Latein der Wissenschaft und Bildung, die nationalen Sprachen; das persönliche Erleben suchte persönlicheren Ausdruck in der Lyrik und Epik in eigener Sprache. Die Menschen gewannen Abstand von sich, von den anderen, von den Dingen. Ein neuer kritischer Geist erwachte, erarbeitete ein neues Weltbild.

Das Interesse galt der Naturlehre und Medizin (Salerno, Monte Cassino), man schaute über die eigenen Grenzen. Der Streit um Einfluß und Macht auf höchster und mittlerer Ebene weckte das Interesse an Fragen des weltlichen und geistlichen Rechts. Gregor VII. gab seinem Freunde Anselm von Lucca den Auftrag, die Frage der weltlichen Macht und der Entscheidung über Krieg und Frieden für die Kirche zu klären. Ivo und Fulbert von Chartres dachten über das französische Königsrecht nach. Die bislang in Tradition und Symbolismus verankerte Theologie und Philosophie wurden in Frankreich von der geistigen Unruhe ergriffen und prägten die erste europäische Aufklärung aus. Es kündigte sich ein leiser Zweifel an der alleinigen Autorität der alten Glaubenslehren und ihrer Begründungen an. Die französischen Wanderprediger und ihre Anhänger, aber auch Gerhoh von Reichensberg beruhigten sich im 12. Jahrhundert nicht allein mehr mit der Frage der gültigen Spendung des Altarsakramentes, sondern setzten zur Zeit- und Sozialkritik an.

Soziale Mobilität und Massenbewegung

Neue Schichten mit selbständigem Gewissen und Glauben setzten sich von der feudalen Herrschaftswelt geistlichen und laikalen Typs ab. Eine große Massenbewegung der Mittel- und Unterschichten, eine neue soziale Mobilität stieg aus den Tiefen der europäischen Menschheit empor und stellte die Existenzberechtigung der in die Weltlichkeit verstrickten kirchlichen Heilsanstalt in Frage. Und die Nachfahren der Wanderprediger, die Katharer und Albigenser Italiens und Südfrankreichs, verließen die offizielle Amts- und Heilskirche und sprengten die innerreligiöse Einheit Europas, weil die Kirche ihrer Zeit der Forderung nach der reinen Lehre und nach der Armut im Sinne der evangelischen Räte nicht zu entsprechen vermochte. Sie entwickelten das linke Reis am Baum europäischen christlichen Glaubens, die Seelsorger (Augustinerchorherren, Zisterzienser, Prämonstratenser) wandten sich ihnen zu. Da aber diese nicht tief genug gingen und die Menschen nicht erfaßten, gingen Franz von Assisi und Dominikus, ihre Minoriten und Dominikaner, radikale Wege und suchten durch die Predigt die Seele des Volkes zu faszinieren und durch das drastische Vorleben der Armut zu beeindrucken; sie zwangen dadurch auch die führenden Schichten, sich dem harten Gesetz der Askese, Armut und Arbeit zu unterwerfen, wie uns das Leben Ludwigs IX. des Heiligen zeigt.

Die schnelle Ausbreitung der Häresie, die erregten Pilger- und Geißlerzüge, die Mystik und die Volkspredigten des Minoritenbruders Berthold von Regensburg oder David von Augsburg vor Tausenden von Menschen sind ein deutliches Zeugnis dafür, daß die Heilssuche und Heilsunsicherheit eine tiefe Krise des Glaubens hervorrief und diese die weltliche Herrschaftskirche gefährlich bedrohte. Die Menschen liefen dieser Kirche einfach davon.

Krise des Glaubens

Die neuen Prediger redeten nicht nur in der Sprache des Volkes, sondern schrieben auch in ihr und hoben damit auch eine nationale Prosa aus der Taufe. Das »Volk«, bislang im Schatten der Gesellschaft, der Kirche, erwachte und schrieb zuerst der Kirche das Gesetz der Seelsorge vor und brachte sich dann in der ständischen Bewegung und in Aufständen auch der weltlichen Herrschaft in Erinnerung. Das erwachte und aufgeklärtere »Volk« forderte in Europa ein religiöses und menschliches Recht. Die Kirche überbrückte die bewußtgewordenen sozialen Gegensätze mit ihrer Lehre, daß vor Gott alle Menschen gleich seien ohne Unterschied der Stellung und des Berufes, daß Differenzierung in der Ge-

Das aufgeklärte Volk und sein Recht

sellschaft gottgewollt sei und im Jüngsten Gericht ausgeglichen werde, wo allein nach Schuld und Verdienst entschieden werde. Wenn dann Dante Päpste und Kleriker im Höllenpfuhl des Inferno schmoren ließ, so war dies die tiefe Wirkung der Zeit- und Moralkritik der breiten Massen und der gelehrten Geister.

Eine neue Religiosität und ein geschärftes Moralbewußtsein waren seit dem 11. Jahrhundert aufgebrochen, aber auch ein neues rationales Denken, das sich in der Beweisführung der Traktate und in einer Dialektik zeigte. Das ist eine Folge der Erweiterung des politischen Horizonts in Europa, vor allem aber der Begegnung und Berührung mit fremden Kulturen und andersgearteter Geistigkeit, die in Friedrich II. eine besondere Verkörperung fand. Gerade das steigerte die Vielfalt großer geistiger und künstlerischer Leistungen im 12. und 13. Jahrhundert.

Nationale Sprachen und Literatur

Am Ende des 12. Jahrhunderts erlebte das Abendland den ersten Frühling der altfranzösischen und mittelhochdeutschen Literatur und Hochsprache in einer nationalen Epik und Lyrik. Aber auch die lateinische Kultur und Geistigkeit Europas breitete nochmals ihren ganzen Reichtum in staunenswerter Fülle und Farbenpracht aus. Dieser letzten großen Entfaltung der lateinischen Universalität auf dem Kontinent folgte ein Siegeszug der Nationalliteraturen in den europäischen Volkssprachen. Dem Sieg des von Arabern und Juden übernommenen Aristoteles folgte auf vielen Gebieten der Wissenschaft eine Verengung des Geistes durch die notwendige Verchristlichung seiner Ideen (Alexander von Hales, Bonaventura, Thomas von Aquin, Albertus Magnus, Roger Bacon).

Mit dem Zurücktreten des Lateins im 13. Jahrhundert und dem siegreichen Vordringen der Nationalliteraturen verlor ein Hauptausdrucksmittel des universalen Geistes im Mittelalter seine einende Wirkung. Neben den Latein sprechenden und schreibenden Kleriker trat der nationale Ritter mit seinem zur Hochsprache aufsteigenden Volksidiom. Freilich machten ihn seine gemeineuropäische Lebens-, Gesellschafts- und Rechtsform noch zum internationalen Stand und zum ersten Laienträger einer europäischen Haltung und Lebensauffassung.

Kaum seiner mannigfaltigen Einheit bewußt geworden, lebte sich Europa seit der Wende vom 12. zum 13. Jahrhundert auseinander, ohne ein gemeinsames, aktives Ziel gefunden zu haben; denn die Kreuzzüge waren defensiv zur Abwehr gedacht; als die Europäer die Welt des Islam kennengelernt hatten, gerade da entfalteten sie vor den Küsten des Heiligen Landes ihre nationalen Interessen. Aber der nationale Individualismus war ein Zeichen ihrer Stärke und Schöpferkraft.

4. Die Kreuzzüge als europäische Begegnung mit dem Islam (ab 1100)

a) Die Voraussetzungen

Der Heilige Krieg um Menschenseelen und Handelsprofite

Nach langem friedlichem Gespräch zwischen Christen und Moslems entlud sich in einem fast zweihundertjährigen »Heiligen Krieg« um die Stätten des Lebens und Leidens Christi die Expansion von Glauben und Handel des christlichen Abendlandes, der tiefste Enthusiasmus, die ganze Kraft und Pracht des feudalen

Rittertums. Ziel war der Gewinn von Menschenseelen und Handelsprofiten. Der Islam hatte seinen »heiligen« Fanatismus längst abgelegt und war zu Toleranz und Religionsfreiheit gegenüber den Christen übergegangen. Christliche Pilger hatten freien Zutritt zu den heiligen Stätten und kamen auch in großer Zahl.

Die Schwäche von Byzanz

Seit der Eroberung Jerusalems durch die Seldschukentürken 1076 wurden über den neuen Herrn im Abendland Greuel verbreitet und ein Hilfegesuch des dortigen Patriarchen Simeon an den Papst (1088) kolportiert. Zur selben Zeit war das byzantinische Bollwerk am Kreuzweg zwischen Europa und Asien durch inneren Streit, durch Häresien und die Trennung vom Westen seit dem Schisma von 1054 geschwächt; Patzinaken, Kumanen, Russen berannten seine Tore, die Türken aber nahmen ihm seine asiatischen Provinzen ab. Das byzantinische Heer war 1071 bei Manzikert fast aufgerieben worden, nach der Einnahme von Edessa, Antiochien (1085), Tarsos, Nikaia standen die Türken am Bosporus; Kaiser Alexios I. (1081–1089), der einen Schmachfrieden schließen mußte, rief in verzweifelter Lage Papst Urban II. und den lateinischen Westen um militärische Hilfe zur Vertreibung des Feindes an. Das war deshalb ein Verzweiflungsakt, weil die italienischen Städte Pisa, Genua, Venedig und Amalfi ihre steigende Handelsmacht weiter ausdehnen wollten.

Der Kampf um das östliche Mittelmeer und dessen Absatzmärkte

Seitdem die Normannen die Sarazenen aus Sizilien vertrieben hatten (1060–1091) und seit dem Beginn der christlichen Rekonquista in Spanien (1085) war das westliche Mittelmeer für den Handel wieder frei geworden. Deshalb wünschten die großen und reichen Seehafenstädte Italiens, den Muselmanen auch die Osthälfte streitig zu machen, um die Märkte des Vorderen Orients für den europäischen Warenstrom zu öffnen. Das Mittelmeer, jahrhundertelang die breite Straße aus dem Osten, sollte wieder zum europäischen Meer werden. Wir wissen zwar, daß Gregor VII. Beziehungen zu diesen mächtigen Handelsstädten hatte, aber ihr Einfluß auf die Kurie läßt sich nicht abschätzen.

b) Kreuzzugsidee und Kreuzzugswirklichkeit. Das Königreich Jerusalem

Der päpstliche Kreuzzug und ein päpstliches Europa

Die Idee zum ersten Kreuzzug kam von Papst Urban II. (1088–1099) selbst. Er wollte damit dem Westen eine christliche Aufgabe stellen, er konnte so Europa und Byzanz vor dem Islam retten und vielleicht die Ostkirche der päpstlichen Herrschaft unterstellen wie auch die auf diese Weise geeinte Christenheit der päpstlichen Theokratie unterordnen. Mit dem Rufe »Dieu li volt« (= Gott will es) entfachte er 1095 in Norditalien und Südfrankreich durch seine flammenden Kreuzzugspredigten eine gewaltige religiöse Volksbewegung unter Adeligen, Mönchen, Bauern und Städtern. Als »Streiter Christi« sollten sie unter dem Banner des päpstlichen Stellvertreters Christi auf Erden für die Dauer des Heiligen Krieges der kirchlichen Rechtsprechung unterstehen, für die Dauer ihrer Abwesenheit bischöflichen Schutz ihres Eigentums genießen und Aufschub der Rechtsprechung durch einen Gottesfrieden gewinnen. Der Papst sah sich an der Spitze einer gemeineuropäischen Streitmacht, er war Herr des christlichen Abendlandes.

Große Versprechen und vielseitige Propaganda führten Massen von Menschen unter die päpstlich-kirchlichen Fahnen; es fanden sich Abenteurer, Landstreicher, Arme in großer Zahl zusammen. Adelssöhne und Ritter hofften im Osten ihr Glück zu machen und Herrschaften zu gründen, Kaufleute errechneten sich große

Gewinne auf neuen Märkten. Abenteuerlust, Gewinnstreben und religiöser Idealismus flossen hier zusammen.

Als ungeordnetes Volksheer aus Frankreich und Deutschland, das plündernd, hungernd und sterbend vom Rhein donauabwärts gegen Byzanz zog, den Bosporus überquerte und vor Nikaia durch ein gutausgebildetes Türkenheer ein jämmerliches Ende fand, sowie davon getrennt als Streitmacht der Lehnsherren, vor allem Frankreichs, unter Führern, wie Gottfried von Bouillon (Belgien), Graf Bohemund von Tarent, dem Sohne des Normannenherzogs Robert Guiskard, seinem Neffen Tankred von Hauteville, dem Ideal eines christlichen Ritters, dem Maurenkämpfer Graf Rainer von Marseille, traten die Kreuzfahrer an. Die Könige von Deutschland, Frankreich und England waren gebannt und nahmen am Unternehmen nicht teil.

Das Urteil der Byzantiner

Voll Verachtung sahen die Byzantiner auf die halbbarbarischen Ritter aus dem Westen herab, die vor Neid erblaßten, als sie den Luxus und Reichtum des Ostens in den Kirchen und auf den Märkten Konstantinopels sahen. Kaiser Alexios I. ließ sich für Nachschub von den adeligen Kämpfern den Lehnseid schwören, für den Fall, daß sie nicht nur auf Jerusalem, sondern auch auf seine Hauptstadt Appetit bekamen. Das Ritterheer, 30 000 Mann stark, überrannte Nikaia und Antiochien und besetzte Teile von Armenien und Edessa. Der Osten war uneinig, die Fatimiden Südsyriens, die Seldschuken Nordsyriens und die rebellierenden Armenier standen gegeneinander.

Das lateinische Königtum von Jerusalem

Balduin von Hauteville begründete 1098 in Edessa das erste lateinische Fürstentum des Ostens. Hunger, Durst, Hitze und Tod hielten unter den Kämpfern eine reiche Ernte, besonders während der achtmonatigen Belagerung von Antiochien. Mit allgemeiner Zustimmung wurde Bohemund Fürst von Antiochien, formell als Lehnsmann des byzantinischen Kaisers.

Am 14. und 15. Juli 1099 erstürmten 12 000 »Franken«, wie die Kleinasiaten die Kreuzfahrer nannten, unter Führung Tankreds und Gottfrieds die Heilige Stadt Jerusalem. Raimund von Aigles erzählt von Greueln, die unter der tausendköpfigen Fatimidenbesatzung und unter den Einwohnern von Jerusalem verübt wurden; die Juden wurden in die Synagogen getrieben und bei lebendigem Leib verbrannt. Der Sieg war unter schwersten Opfern erkauft. Der rechtschaffene Herzog Gottfried von Bouillon wurde zum lateinischen König Jerusalems erhoben. Die griechische Kirche wurde aufgelöst, ein italienischer Primas bestellt, die Gemeinden beugten sich der lateinischen Herrschaft des Papstes.

Unter Fiesko von Anjous (1131–1143) umfaßte das Königreich Jerusalem den größten Teil von Palästina und Syrien, aber Aleppo, Damaskus, Emesa waren noch in der Hand der Muselmanen. Das Königreich bestand aus vier Lehnsfürstentümern, deren Zentren Jerusalem, Antiochien, Edessa und Tripolis waren. Der von den Feudalherren gewählte König unterstand unmittelbar der kirchlichen Hierarchie des Papstes. Als Preis für die Flottenhilfe sicherten sich die Seestädte Venedig, Pisa und Genua die Häfen von Jaffa, Tyrus, Akkon, Beirut, Askalon. Aufbau und Recht regelten die Assissen von Jerusalem durch eine konsequente Kodifizierung der Lehnsherrschaft. Der Grundbesitz kam in die Hände der Lehnsherren, die früheren Inhaber wurden verknechtet. Die einheimischen Christen sehnten sich wieder nach dem goldenen Zeitalter der Muselmanenherrschaft.

Ritterorden

Mönchisch organisierte Ritterorden wurden die Hauptstütze dieses schwachen Herrschaftsgebildes. Sie entwickelten sich aus Gemeinschaften um Hospitäler. Zuerst entstand um 1120 der Johanniterorden, dann bildete sich aus der Gemeinschaft eines Hauses nahe dem Salomotempel der Templerorden. Von Schutz und Pflege der Pilger gingen beide Ritterorden zu Angriffen auf Sarazenenfestungen über und erwarben sich den Ruf hervorragender Krieger. Sie waren auf Grund großer Schenkungen sehr reiche Grundherren geworden, errichteten mächtige Burgen in Syrien und ergaben sich dem Luxus in zunehmendem Maße. Die Deutschen gründeten 1190 den Deutschritterorden und errichteten dafür ein Hospital nahe Akkon.

Das Abenteuer des zweiten Kreuzzuges

Nach der Rückkehr der Kreuzfahrer befand sich das Königreich Jerusalem in schwieriger Lage. Die Byzantiner warteten auf den rechten Augenblick für die Rückgewinnung von Antiochien, Edessa und anderen Städten. Die Muselmanen waren so gereizt, daß für sie die Befreiung Jerusalems aus den Händen der Ungläubigen zum religiösen Kampfruf wurde. Die erfolgreiche Einnahme von Edessa 1144 erregte das christliche Europa von neuem, das sich nun zum Abenteuer des zweiten Kreuzzuges (1146–1148) rüstete. In Bernhard von Clairvaux fand dieses Unternehmen seinen packendsten und überzeugendsten Prediger, der Skepsis und Zweifel überwand, die der Gedanke an den ersten Kreuzzug schon lange genährt hatte. In Vezelay riß er 1146 die Massen mit sich fort und gewann den französischen wie den deutschen König mitsamt seinem Adel.

Das Heer brach 1147 mit weiblichem Gefolge auf; Königin Eleonore von Frankreich mit Minnesängern, die Gräfinnen von Flandern und Toulouse waren dabei. Der byzantinische Kaiser Manuel Komnenos suchte es von Byzanz fernzuhalten. Die Türken schlugen den deutschen König Konrad III., den ersten Stauferherrscher, bei Dorylaion vernichtend und rieben 1148 das französische Heer in Attilia völlig auf. König Ludwig VII. von Frankreich entkam mit den Frauen über Antiochien nach Jerusalem. Das neuaufgestellte Heer der Überlebenden belagerte Damaskus, stob aber auf die Kunde vom Heranrücken der Emire von Aleppo und Mosul auseinander.

Der Heilige Krieg der Muselmanen

Dieses schmachvolle Fiasko weckte tiefe Zweifel und verwandelte den heiligen Angriffskrieg in einen blutigen Abwehrkampf gegen den Einbruch fremder Religionen oder des Unglaubens. Bei den Muselmanen erwachte die Leidenschaft für den Heiligen Krieg wieder. Umgekehrt entwickelte sich in Syrien und Palästina eine muselmanisch-jüdisch-christliche Mischkultur durch starke Annäherung, tolerante Haltung und Freundschaft von christlicher Seite aus. Die Muselmanen überwanden in den fünfzig Friedensjahren nach 1148 ihre innere Spaltung. Sultan Saladin vereinigte 1175 Ägypten und Syrien.

Saladin

Die Handelsherren von Genua, Pisa und Venedig störten durch ihre eigene Handelsrivalität den Frieden im östlichen Mittelmeer. Um die Königskrone Jerusalems tobte heftiger Streit. Saladin aber wurde in den Tiefen seiner Frömmigkeit und seines religiösen Gewissens getroffen, als Reginald von Chatillon über das Rote Meer nach Medina und Mekka vorstoßen und die Kaaba zerstören wollte. Er besiegte 1183 die Lateiner auf der Ebene von Esdrelon. Reginald brach einen 1185 auf vier Jahre geschlossenen Waffenstillstand schon 1186 durch den Überfall auf eine reiche muselmanische Karawane und die Gefangennahme der Schwester Saladins. Daraufhin rief Saladin zum Heiligen Krieg auf.

Die Christen und ihre Führer verloren 1187 bei Hittin, nahe dem See Tiberias, Sieg und Leben. Saladin erbeutete das wahre Kreuz Christi und sandte es dem Kalifen nach Bagdad. Jerusalem kapitulierte und zahlte Lösegeld, Saladin machte es wieder zu einer freien Stadt mit ungehindertem Zugang. Sein Bruder al Adil ließ tausend Sklaven aus den noch nicht freigekauften Armen frei; dasselbe taten Balian, der Christenführer, und der Patriarch. Die 15 000 Christen, die kein Lösegeld aufbringen konnten, wurden in die Sklaverei verkauft, 45 000 Gefangene konnten sich loskaufen. Saladin ließ König Guy von Jerusalem mit seinen Damen gegen das Versprechen frei, Gott sowie die Menschenfreundlichkeit und Ehre Saladins überall zu preisen. Er mußte einen Eid leisten, niemals mehr gegen Saladin die Waffen zu erheben.

Der Kaiserliche Kreuzzug

Aber noch beherrschten die italienischen Flotten das Mittelmeer und standen zum Transport von Kreuzfahrerheeren nach Palästina bereit. Noch waren Tyrus, Antiochien und Tripolis in der Hand der Christen und konnten als Angriffsbasen dienen. Erzbischof Wilhelm von Tyrus predigte in Italien, Frankreich und Deutschland persönlich den Kreuzzug. Der 67jährige deutsche Kaiser Friedrich Barbarossa trat diesmal an die Spitze der Kreuzzugsbewegung. Sein Heer umging 1189 beim Übersetzen über den Bosporus Konstantinopel; doch schnitten ihm dann die Türken die Nachschublinien ab – viele mußten Hungers sterben. Der Kaiser fand 1190 den Tod bei einem Bad im Fluß Kalykadnos (Saleph). Nur wenige schlugen sich bis Akkon durch und beteiligten sich an dessen Belagerung.

Der englische und der französische König auf Kreuzzugfahrt

Der englische König Richard Löwenherz und der französische König Philipp II. August zogen gemeinsam nach dem Heiligen Land, da sie einander nicht trauten, wenn einer von ihnen zu Hause blieb. In Vezelay, der großen Wallfahrtskirche, nahmen sie beide das Kreuz aus der Hand des Erzbischofs Wilhelm von Tyrus. Von Marseille und Genua aus stachen sie in See und vereinigten sich 1190 in Sizilien, wo sie zunächst Messina einnahmen, dessen Freigabe sich Richard Löwenherz mit 40 000 Unzen Goldes bezahlen ließ. Auf der Weiterfahrt eroberte er mit seinen normannischen Rittern (Engländer waren nicht dabei) die Insel Zypern und übertrug sie dem heimatlosen König von Jerusalem Guy de Lusignan. Beide Heere trafen 1191 vor Akkon ein, dessen Belagerung schon neunzehn Monate dauerte.

Als die Sarazenen die Verteidigung aufgaben, forderten die Christen ein Lösegeld von 4 Millionen Mark, 1600 ausgewählte Gefangene und die Rückgabe des Kreuzes. Der französische König kehrte darauf heim und ließ 10 000 Streiter zurück, der englische König übernahm das Kommando über die Kreuzzugsarmee. Brutale Gefechte, grausame Strafaktionen, Komplimente und diplomatische Höflichkeiten wechselten einander in bunter Folge ab. Richard Löwenherz wollte seine Schwester Johanna mit Saladins Bruder al Adil verheiraten; die Kirche verweigerte aber ihre Zusage. Die Deutschen kehrten heim, die Franzosen wollten dem englischen Oberbefehl nicht mehr gehorchen. Lasterleben, Schlemmerei und Wollust hatten das Kreuzfahrerheer in Akkon völlig demoralisiert.

Richard Löwenherz

Richard von England war allen überlegen durch seine Feldherrnkunst, seine geschickten Manöver und seine anfeuernde persönliche Tapferkeit. Zu Jaffa unterzeichneten 1192 Richard Löwenherz und Saladin einen Friedensvertrag, der die Küstenstädte von Akkon bis Jaffa den Lateinern freigab und den Christen und Muselmanen freie Einreise in die gegenseitigen Territorien gewährte. Jerusalem blieb in muselmanischen Händen, aber die Christen hatten freien Zugang; die Häfen waren den Handelsherren wichtiger als die Heilige Stadt. Bei der Heimfahrt fiel Richard Löwenherz in die Gefangenschaft des deutschen Kaisers Heinrich VI., der ihn auf Dürnstein in der Wachau und dann auf der südpfälzischen Reichsburg Trifels festsetzte. Durch Maßhalten, Geduld und Gerechtigkeit hatte Saladin über den scharfsinnigen und mutigen Kriegshelden Richard obsiegt. Die kürzeren Nachschubwege gaben den Türken eine entscheidende Überlegenheit über die Seeherrschaft der Italiener. Saladin starb 1193.

Der religiöse Fanatiker ging mit aller Schärfe gegen Johanniter und Templer vor. Im täglichen Umgang einer langen Belagerung lernten sich die maßgeblichen europäischen Nationen kennen und wurden sich dabei ihrer Eigenart bewußt. So kehrten sie von einem gemeineuropäischen Unternehmen des christlichen Abendlandes mit gestärktem Nationalbewußtsein zurück.

c) Vierter Kreuzzug. Venetianische Handelsmacht und lateinisches Kaisertum

Die Interessen am 4. Kreuzzug

In zunehmendem Maße überwucherten aber die Handelsinteressen der Italiener die religiöse Idee des Kreuzzugs. Der vierte Kreuzzug (1202–1204) und die Errichtung des lateinischen Kaisertums in Byzanz machten dies offenbar. Selbstbewußtsein und religiöses Gewissen der Westler waren durch die Vorgänge und nach dem dritten Kreuzzug (1189–1193) schwer getroffen, zuletzt durch den Streit zwischen Johannitern und Templern sowie durch den Ausbruch des Krieges zwischen England und Frankreich. Aber Saladins Tod und die Zersplitterung seines Reiches schienen doch neue Aussichten zu eröffnen. Zwar zogen die Kreuzzugsprediger des Fulkor von Neuilly nicht mehr, aber Innozenz III. (1198–1216) ließ nicht locker und gewann schließlich Venedig, ihm gegen Barzahlung einen Schiffsraum für 4500 Ritter und Pferde, für 9000 Knappen und 20.000 Fußsoldaten zur Verfügung zu stellen und Nachschub für neun Monate in Fracht zu nehmen. Der Papst wollte von den Kornkammern Ägyptens aus Jerusalem zurückerobern. Venedig versprach, gegen die Hälfte der Kriegsbeute fünfzig Kriegsgaleeren zu stellen.

Venedigs Handelsinteresse

Aber an einer Kriegsaktion gegen das Nilland war die Seestadt völlig uninteressiert, denn sie verdiente jährlich Millionen an der Eisen-, Holz- und Waffenausfuhr nach und aus Ägypten; außerdem war das Ägyptengeschäft fast ein Monopol Venedigs. Sie sicherten deshalb 1201 insgeheim dem ägyptischen Sultan Sicherheit vor jeder Invasion zu und fuhren das zumeist französische Kreuzfahrerheer nicht in das Heilige Land, sondern nach Konstantinopel.

Das geschah auf seltsame Weise. Als Ersatz für 34 000 Silbermark, die noch an der vereinbarten Summe fehlten, bot der erblindete Doge von Venedig, Enrico Dandolo, den Kreuzfahrern an, sie sollten den wichtigsten Adriahafen Venedigs an der dalmatinischen Küste, Zara, zurückerobern, der in ungarischen Händen war. Das Geld war stärker als die Proteste des Papstes, der nach dem Sieg auch noch um die Beute geprellt wurde.

Byzanz und das Lateinische Kaisertum

Venedigs Hauptziel war die Eroberung von Konstantinopel. Byzanz gewann durch die Kreuzzüge die Hälfte Kleinasiens zurück und sah es nicht ungern, daß sich Islam und Westen in gegenseitigen Kämpfen abnutzten. Kaiser Manuel Kommenos, der alte Ansprüche auf der Apennineninsel wieder geltend zu machen suchte, hatte Tausende von Venetianern verhaften lassen und der Lagunenstadt alle Handelsvorteile in seiner Hauptstadt 1171 entzogen, Isaak II. Angelos (1185–1195) hatte sich sogar mit den Sarazenen verbündet. Des letzteren Sohn floh vor dem kaiserlichen Bruder Alexios III. nach Deutschland und ging 1202 nach Venedig, das er um Hilfe für seinen Vater anging. Dandolo und die französischen Barone machten mit ihm einen Kuhhandel; der junge Alexios sicherte 20 000 Silbermark, die Heeresausrüstung für 10 000 Mann zum Dienst in Palästina sowie die Unterwerfung der griechisch-orthodoxen Kirche unter den Papst zu. Die Aussicht auf die Eroberung der reichsten Stadt der christlichen Welt ließ alle Proteste und Gewissensbisse verstummen.

Plünderung von Byzanz

Die venetianische Armada erschien nach einer fast zehnmonatigen Fahrt am 24. Juni 1203 vor Konstantinopel. Die Westler eroberten nun das stolze Konstantinopel (1204) und plünderten es maß- und schonungslos aus. Um horrende Preise verkauften sie die aus den Kirchen entwendeten Reliquien. Der Schaden, den die Türken später der Haghia Sophia zufügten, war nicht größer als der, den die kreuzfahrenden Barbaren anrichteten. Die Venetianer aber suchten das Wertvollste unter der Beute aus: Statuen, Stoffe, Sklaven, Edelsteine. Neun Zehntel der Kunstsammlungen, die später den Schatz der Markuskirche in Venedig ausmachten, stammten aus diesem Raub. Byzanz wurde zum ersten Male kulturell nach dem Westen entleert. Bei der Plünderung der Bibliotheken mit ihren wertvollen Handschriften überlebte nur eine kleine Zahl von Dramen des Sophokles und Euripides. Tausende der bedeutendsten Kunstwerke wurden gestohlen, beschädigt, vernichtet. Eine Kulturbarbarei ersten Ranges im Handelsinteresse Venedigs!

Der europäische Adel wählte 1204 Graf Balduin von Flandern zum Herrn des lateinischen Kaiserreiches von Konstantinopel, dessen Staatssprache fortan französisch sein sollte. An die Spitze der Lehensherrschaften, in die das Reich aufgeteilt wurde, traten lateinische Adelige. Zur Sicherung seiner Handelsrouten besetzte Venedig drei Achtel der Hauptstadt, Hadrianopel, den Epeiros, Akarnamien, die Jonischen Inseln, einen Teil des Peloponnes, Euboia, die Ägadischen Inseln und Gallipoli. Dabei verloren die Genuesen ihre byzantinischen Faktoreien und Außenposten.

Die Mehrzahl der Kreuzfahrer kam mit reicher Beute nach Hause; der Papst protestierte, der Doge nannte sich Herr eines Viertels und eines Achtels des Römerreiches. Das byzantinische Reich aber erholte sich von diesem Schlag nicht mehr; daran änderte auch die Tatsache nichts mehr, daß das lateinische Kaiserreich 1261 wieder ein Ende nahm.

d) Das Ende der Kreuzzüge

Kinderkreuzzug

Der Skandal dieses Handelskreuzzuges erregte das Abendland so stark, daß 30 000 Kinder, meist zwölf Jahre alt, von Köln über die Alpen nach Genua zogen, wo sie die reichen Pfeffersäcke nur auslachten; die meisten Kinder kehrten nicht mehr in die Heimat zurück. Von den 20 000 französischen Jünglingen, die von Marseille aus auf sieben Schiffen in See stachen, kamen die einen auf der Höhe von Sardinien im Meer bei einer Havarie ums Leben, die anderen wurden in Tunesien und Ägypten in die Sklaverei verkauft. Kaiser Friedrich II. ließ die Reeder aufhängen.

König Andreas von Ungarn

Nach diesen Kinderkreuzzügen eroberte der fünfte Kreuzzug unter Führung des ungarischen Königs Andreas mit Rittern aus Deutschland, Österreich und Ungarn die Stadt Damiette an der östlichen Nilmündung, erreichte aber nicht Palästina, sondern endete mit dem Abzug aller Kreuzritter aus dem Nilreich des neuen Sultans Malik al Kamil. Obwohl gebannt und ohne Hilfe der Christen, unternahm Kaiser Friedrich II. 1228 den sechsten Kreuzzug. Der Kenner arabischen Geistes und islamischer Wissenschaft erreichte 1229 in klugen Verhandlungen, daß al Kamil Akkon, Jaffa, Nazareth, Bethlehem und den größten Teil Jerusalems mit Ausnahme des mohammedanischen Stadtteiles um den Felsendom, wo Salomons Tempel stand, abtrat. Die Christen Palästinas jubelten, der blamierte Papst Gregor IX. erklärte diesen Erfolg als eine Beleidigung der Christenheit.

Die erfolgreiche Aktion Friedrichs II.

Im Jahre 1244 verbündete sich der christliche Adel Palästinas nach der Wegnahme Jerusalems durch die chwaraznischen Türken mit dem muselmanischen Herrscher von Damaskus gegen den Sultan von Ägypten. Der Papst ließ damals gerade den Kreuzzug gegen den Kaiser Friedrich II. predigen; er verhandelte über den Mönch Giovanni de Piano Carpini mit dem Großen Khan über ein Bündnis von Mongolen und Christen gegen die Türken.

Die Unternehmungen Ludwigs IX. von Frankreich

Ludwig IX. von Frankreich unternahm trotzdem mit einem französischen Ritterheer den siebenten Kreuzzug und wurde mit zehntausend seiner Kämpfer dabei gefangengenommen. Gegen ein schwindelnd hohes Lösegeld wurde er freigelassen. Nach vierjähriger Belagerung von Akkon kehrte er 1254 nach Frankreich zurück.

Sein letzter, der achte Kreuzzug brach in Tunis zusammen. Mit den Worten »Jerusalem« verschied der König 1270. Unterdessen hatten Kriege der Venetianer und Genuesen 1256–1260 in den syrischen Häfen dem ägyptischen Sklavensultan Baibars die Gelegenheit geboten, die christlichen Küstenstädte, Caesarea, Safad, Jaffa, Antiochien (1268) zu erobern. Gewaltunternehmen christlicher Abenteurer gegen Karawanen und Städte führten das Ende herbei. Sultan Chalil eroberte Akkon, den stärksten Außenposten der Lateiner im Osten, und gab 1291 sechzigtausend Gefangene zur Tötung oder zum Verkauf in die Sklaverei frei. Es fielen Tyrus, Sidon, Haifa und Beirut. Landlose Potentaten nannten sich noch eine Zeitlang Könige von Jerusalem, Abenteurer und Enthusiasten trieben sich noch zweihundert Jahre in diesen Gebieten herum. Aber die Kreuzzugsbewegung war tot.

e) Das Ergebnis

Überlegenheit des Islams

Die Kreuzzüge hatten ihr Ziel nicht erreicht, aber die muselmanische Welt war unduldsam geworden. Der italienische Handel verlor die Häfen Syriens und Palästinas. Bildung, Kultur und Kriegführung des Islams hatte sich der christlichen Welt überlegen gezeigt. Die päpstliche Politik einer Befriedung Europas war gescheitert, das Nationalbewußtsein war erwacht, Feudalismus und Lehenswesen wurden durch die fehlgeschlagenen Kreuzzüge geschwächt, das europäische Rittertum verlor seinen Glanz als Söldnertruppe des venezianischen Handelsimperialismus. Ständig in Geldnot, mußten die Kreuzritter ihren Besitz und ihre Rechte in der Heimat verkaufen oder verpfänden. Gerade dadurch aber wuchsen Macht und Reichtum der französischen Krone, während die beiden Kaiserreiche an Ansehen einbüßten. Auch der Islam wurde geschwächt und erlag um so leichter der mongolischen Welle.

Weiterleben der Ritterorden

Die Ritterorden erlebten schwere Schicksale. Bis 1522 herrschten die Johanniter auf Rhodos und wichen dann vor den Türken auf Malta aus; 1799 wurden sie als Malteserorden aufgelöst. Die Deutschherren fanden in Preußen ein neues Tätigkeitsfeld (Marienburg). Die Templer reorganisierten sich in Frankreich und wurden die Geldgeber Europas zu niedrigerem Zinsfuß als bei Juden und Lombarden. Ihr Reichtum und ihre selbständige Herrschaft reizten die Begehrlichkeit der französischen Krone. Mit dem unmenschlichsten Methoden legalisierte Philipp IV. der Schöne die größte Säkularisierung von Ordensgut und erreichte die Aufhebung des Ordens 1310, der der Papst zu Avignon 1312 zustimmte. Der letzte Großmeister wurde in Gegenwart des Königs verbrannt.

Macht und Ansehen des Papsttums wurden durch die ersten Kreuzzüge in ganz Europa bedeutsam gesteigert; sie verdichteten durch ihre reisenden Legaten ihre Beziehungen zu den einzelnen Ländern. Die Geldsammlungen für Papsttum und Kurie wurden seitdem Brauch. Die Ablaßgelder machten die Kirche reich, erregten die Herrscher und wurden eine Zielscheibe des Spottes für die aufblühende Satire. Gregor IX. führte den Endkampf gegen Friedrich II. mit Geldern, durch die sich 1241 die ungarischen Kreuzfahrer von ihrem Gelübde losgekauft hatten. In der Provence war man erbost über die gleichen Ablässe für den Albigenserkreuzzug, die man dem Heiligen Land versagte. Der Fehlschlag der Kreuzzüge traf letzten Endes das Ansehen der Kirche sehr hart; ihr Reichtum erregte Haß, Neid, Spott in ganz Europa. Man begann an der Stellvertretung Christi durch einen verweltlichten Papst zu zweifeln.

Während der Glaube geschwächt wurde, gewann der Aufstieg von Handel und Gewerbe immer tieferen Einfluß auf das Leben in Europa. Die Ritter verloren Palästina, aber die italienischen Handelsflotten beherrschten das Mittelmeer gegen den Islam und Byzanz. Der Handel Venedigs, Genuas, Pisas, Amalfis, Marseilles und Barcelonas mit den Muselmanen ging gerade während der Kreuzzüge sprunghaft in die Höhe. Seit der Römerzeit hatte es keine solche Ausweitung des geographischen Horizonts, des Handels und Verkehrs mehr gegeben. Der Westen nahm die Luxuswaren des Ostens auf; das Aufblühen italienischer und flämischer Gewerbe sowie das Wachstum von Stadt und Bürgertum waren indirekt auf die Kreuzzüge zurückzuführen. Der agrarische Feudalismus germanischer Prägung und eine ursprüngliche Religiosität hatten sich im Zeitalter der Kreuzzüge bedeutsam gewandelt. Tiefgehende wirtschaftliche Umwälzungen kündigten die Renaissance an.

XIII

DIE POLITISCHE UND KULTURELLE ENTWICKLUNG DER SLAWISCHEN VÖLKERWELT IM SPANNUNGSFELD ZWISCHEN WESTEUROPA, BYZANZ UND DEN MONGOLEN VOM 11. BIS 14. JAHRHUNDERT

1. Byzanz, Russland und die Mongolen

a) Der byzantinische Sieg über die Westler · Kleinarmenien

Teilreiche In Kleinasien hatten sich einige byzantinische Teilreiche gebildet, in Nikaia 1206 die Exilregierung des Theodoros Laskaris, eines Schwiegersohnes Alexios' III. Anatolien mit den reichen Städten Prusa, Philadelphia, Smyrna und Ephesos unterstützte ihn. Im östlichen Trapezunt entstand ein zweites, in Epeiros ein drittes. Johannes Dukas Batatzes (1222–1254), Schwiegersohn und Nachfolger des Laskaris, eroberte 1246 Saloniki und machte sich daran, das Reich um Nikaia, eine der reichsten und schönsten Städte des 13. Jahrhunderts, wieder zu einen. Daran hinderten ihn die Verhandlungen Papst Innozenz' IV. mit dem Großkhan der Mongolen, der entschieden ablehnte.

Michael Paläologos An der Spitze des unzufriedenen Adels und mit Unterstützung Genuas nahm der aller Untugenden bezichtigte Usurpator (Thronräuber) von Nikaia und Herr über den Epeiros, Michael Paläologos (1259—1282), die Hauptstadt Konstantinopel den Franken und Venetianern wieder ab und ließ sich dort 1261 zum Kaiser krönen. König Balduin und die lateinische Geistlichkeit hatten in panischem Schrecken die Flucht ergriffen. Das totgeglaubte Byzanz entfaltete noch einmal Leben und Kraft, die griechisch-orthodoxe Kirche wurde abermals selbständig. Das Reich der Byzantiner überdauerte noch fast zweihundert Jahre als Schatzhaus und Vermittler antiker Bildung und sogar noch als schwächeres Bollwerk gegen den Islam, der alles Land ringsum eroberte. Erst durch die türkische Eroberung Konstantinopels wurde Byzanz überflutet, 1453 ihm der Todesstoß versetzt.

Kleinarmenien Als Heimstätte der Baukunst, Miniaturmalerei, einer autokephalen Form des Katholizismus neben Byzanz und Rom blühte das Reich Kleinarmenien im Osten seit seiner Begründung durch Emigranten in Kilikien 1080. Sie flohen vor der Seldschukenherrschaft aus dem eigentlichen Armenien, ihrer alten Heimat, in der Türken, Kurden und Mongolen regierten. Sis war die Hauptstadt Kleinarmeniens, das sich 300 Jahre behauptete, mit dem Kreuzfahrern paktierte und durch Handel mit Genuesen und Venezianern zu Wohlstand kam. Hethum I. (1226–1270) verbündete sich mit den Mongolen und erlebte 1240 die Vertreibung der Seldschuken aus Altarmenien. Nach 1303 zerstörten die zum Islam bekehrten Mongolen Kleinarmenien; 1235 eroberten es die Mamelucken.

b) Das Reich von Kiew

Rußland war in seinem Süden während des 11. Jahrhunderts von Kumanen, Bulgaren, Chasaren, Polowzen und Patzinaken besiedelt und besetzt. Der mittlere und nördliche Teil war von 64 Herrschaften regiert. Die bedeutendsten waren Kiew, Wolhynien, Nowgorod, Susdal, Smolensk, Rjasan, Tschernigow und Perejaslawl. Eine gewisse Hegemonie übte der Großfürst von Kiew aus. Jaroslaw hatte 1054 seine Herrschaften an seine Söhne verteilt, die sich gegenseitig beerben sollten. Dies und eine weitere Aufteilung in Apanagen begründete eine Art lehensrechtlicher Ordnung der Herrschaft. Neben dem Fürsten fungierten die »Weche« als eine Art Volksversammlung und die »Bojarskaja Duma« als Adelsrat. *Großfürstentum Kiew*

Träger der Bildung war die Geistlichkeit, die nach byzantinischen Mustern und Texten Literatur und Gesetze, Religion und Kunst in Rußland schuf. Unter Jaroslaw wurde das Russische Recht (Ruskaja Prawda) formuliert und um 1160 endgültig kodifiziert. Die volle Gerichtsbarkeit über Religion, Geistlichkeit, Ehe, Gesittung, Nachlaßwesen wurde der russischen Kirche übertragen; sie besaß auch über Sklaven und Gutspersonal unbeschränkte Befehlsgewalt. In Rußland erreichte der Sklavenhandel seinen Höhepunkt im 12. Jahrhundert.

Die Rivalitäten der Fürstentümer sprengten fast das Reich von Kiew. Es herrschten tiefste soziale Gegensätze, die sich 1113 zu Kiew in einer Revolution des ausgesaugten und unterdrückten Volkes entluden. Die Stadtversammlung rief Fürst Monomach von Perejaslawl zu Hilfe. Dessen Aktion mußte scheitern, da er die Forderungen der Erhebung nicht erfüllen konnte, ohne die Oberschicht zu verstimmen. Da er die politische Einheit des Reiches und die Sicherheit im Innern nicht garantieren konnte, wanderte ein Großteil des Handels ab, der zwischen Islam beziehungsweise Byzanz und Baltikum die russischen Flüsse benutzt hatte.

Der alte Rußlandhandel verlagerte sich auf die Routen des Mittelmeergebietes und umging die Herrschaftsgebiete von Fremdvölkern am unteren Djnepr, Djnestr und Don und die Seeherrschaft der italienischen Städte am Schwarzen Meer und Mittelmeer. *Auslandhandel*

Kiew, das nicht nur seinen Reichtum, sondern auch seine Konkurrenzfähigkeit verlor, wurde 1169 durch Andrej Bogoljubsky so gründlich ausgeplündert, seine Bevölkerung derart versklavt, daß das »Herz Rußlands« beinahe zu schlagen aufhörte. Seit 1204 beherrschten Venezianer und Franken den Handel in und mit Konstantinopel. Das bereitete den Zusammenbruch ebenso vor wie die Mongoleneinbrüche von 1229 und 1240.

Nach 1150 hatten die Großrussen um Moskau und entlang der Wolga den Kleinrussen der Ukraine die Führung im Osten abgenommen. Das 1156 gegründete Dörfchen Moskau war ursprünglich ein Grenzposten des Fürstentums Susdal auf der Straße von Wladimir nach Kiew. Der genannte Fürst von Susdal, Andrej Bogoljubsky (1157–1174), wollte sein Fürstentum zur Vormacht Rußlands machen; er fiel auf einem Feldzug gegen Nowgorod, das er Kiew unterwerfen wollte.

c) Nowgorod

Nowgorod, blühende Handelsstadt an beiden Ufern des Wolchow unweit dessen

Austritt aus dem Ilmensee, hatte dadurch eine günstige Verkehrslage, daß der Wolchow nördlich in den Ladogasee mündete, aus dem Ilmensee Flüsse nach Süden und Westen strömten und die Ostsee über den Ladogasee erreichbar war. Diese Stadt wurde zum östlichen Stützpunkt des Handels der norddeutschen Hanse. Nowgorod handelte über den Dnjepr mit Kiew und Byzanz, über die Wolga mit der Welt der Muselmanen. Es beherrschte den russischen Pelzhandel von Pskow im Westen bis zum nördlichen Eismeer und zum Ural. Nowgorod war beherrscht von einer mächtigen Händleraristokratie, neben der seit 1196 die Volksversammlung nichts bedeutete. Das Oberhaupt wurde gewählt. Ihren Höhepunkt erreichte diese Handelsmetropole unter Fürst Alexander Newsky (1238–1256), gegen den Papst Gregor IX. zum Kreuzzug aufrufen ließ, in der Hoffnung, das orthodoxe Rußland für die Westkirche zu erobern. In der Nähe des heutigen Leningrad besiegte Alexander 1240 ein schwedisches Heer an der Newa. Der mächtige Fürst wurde gestürzt, aber aus der Verbannung zurückgeholt, als die Deutschen auf ihrem Kreuzzug Pskow eroberten und bis auf 30 Kilometer an Nowgorod heranrückten. Der Russenfürst schlug 1242 die Deutschordensritter auf dem Peipussee. Doch mußte er sich mit seinem Volk unter das Joch der Mongolen beugen.

Händleraristokratie

Alexander Newsky

d) Der Mongoleneinbruch

Die Mongolen brachen im 12./13. Jahrhundert von Turkestan über den Kaukasus herein und plünderten die Krim. Kumanen und Russen, jahrhundertelang Feinde, traten ihnen am Kalkafluß nahe dem Asowschen Meer gemeinsam entgegen und wurden geschlagen. Dann zogen sich die Eindringlinge plötzlich wieder in die Mongolei zurück und betrieben die Eroberung Chinas. Aber 1237 kehrten sie unter Führung des Batu, eines Großneffen des Dschingis-Khan, mit 500 000 Mann zurück und vernichteten bzw. zerstörten die Wolgabulgaren und ihre Hauptstadt Bolgar. Sodann unterwarfen sie die Reiche von Rjasan und Susdal, steckten Moskau und das belagerte Wladimir ebenso in Brand wie Susdal, Rostow und viele andere Dörfer (1238), verheerten Tschernigow und Perejaslawl, brachen den Widerstand Kiews und ließen dessen Einwohner über die Klinge springen. Die Bauern auf dem Lande wurden niedergemetzelt oder in die Sklaverei verkauft. Als der päpstliche Gesandte Giovanni da Piano Carpini 1244 dorthin kam, war Kiew ein Nest mit 200 Hütten.

Bolgar

Die russischen Fürstentümer

Auf ihren weiteren Zügen erreichten die Mongolen Schlesien. Dort kehrten sie um und gründeten an einem Nebenarm der Wolga Sarai als Hauptstadt einer autonomen tatarischen Herrschaft, der »Goldenen Horde«, die sich 240 Jahre über den größten Teil Rußlands erstreckte. Die Fürsten huldigten dem Khan der Horde oder dem Groß-Khan im mongolischen Karakorum und zahlten Tribut, der als Kopfsteuer eingezogen oder mit Sklaverei bezahlt wurde. Russen und Mongolen vermischten sich allmählich. Rußland, jetzt Kolonialgebiet einer asiatischen Macht, blieb dadurch lange vom Westen und der europäischen Kultur abgeschnitten. Im späteren Titel des Herrschers im Moskowiterreich »Selbstherrscher aller Reussen« flossen mongolischer Absolutismus und byzantinischer Cäsaropapismus zur Ideologie von Moskau als dem dritten Rom zusammen.

»Goldene Horde«

Das dritte Rom

Zur Unterstützung ihrer Herrschaft schlossen die mongolischen Khane Frieden mit der russischen Kirche, schützten deren Geistlichkeit und Besitz, befreiten sie von der Steuer und bestraften den Religionsfrevel mit dem Tode. In der Not der Zwangsherrschaft wurden viele Russen Mönche und hingen ihrer Kirche, die in der allgemeinen Not reich wurde, mit aller Liebe an. Rußland wurde unter dem Despotismus der Mongolenherrschaft zu einer breiten Schutzmauer Europas gegen asiatische Eroberung. Die Slawen, Russen, Polen, Tschechen, Mährer, Slowaken und Magyaren hatten den Sturm aus dem Osten auszuhalten. Erst 1380 wird erstmalig der Khan besiegt, und hundert Jahre später nennt sich Iwan III. (1462–1505) »Zar von ganz Rußland«.

Kirche

Schutzwall des Westens

2. Die west- und südslawischen Völker. Das Werden Ostmitteleuropas zwischen Baltikum und Adria

a) Völker und Reiche auf dem Balkan im 12./13. Jahrhundert

Auf dem Balkan erstarkte im Kampf mit übermächtigen Nachbarn ein individueller Volkscharakter in Baukunst, Tracht, Musik und Folklore. Äußere Einflüsse und innere Bewegungen trafen sich hier. Nach 168jähriger Unterwerfung erhoben sich 1186 die Bulgaren und Walachen unter der Führung der Brüder Johann und Peter Asen. In einer denkwürdigen Szene in der Demetriuskirche zu Tirnowo riefen sie das Volk zur Freiheit unter dem Schutz des heiligen Demetrius auf. Die Brüder teilten das neue Bulgarenreich; Johanns Sitz war Tirnowo, Peters Hauptstadt Preslawa. Die größte Figur dieser Dynastie und vielleicht der bulgarischen Herrschergeschichte überhaupt war Johann II. Asen (1218). Er eroberte Thrakien, Makedonien, den Epeiros und Albanien. Seine Gerechtigkeit gewann auch die griechischen Untertanen, gegen Byzanz gewann er Rückhalt bei den Päpsten, die er sich durch einen Treueid und Klostergründungen geneigt machte. Seine großen Leistungen lagen vor allem in seiner Kulturpolitik. Mongoleneinbrüche (1292–1295) schwächten das Königreich derart, daß es im 14. Jahrhundert unter serbische und dann türkische Herrschaft kam.

Bulgarenreich

Auch die Serben wurden erst 1159 durch den Zupan (Häuptling) Stephan Nemanja in einem Königreich geeint. Seine Dynastie regierte 200 Jahre lang. Als Erzbischof und Staatsmann erwarb sich sein Sohn Sava den höchsten Ruf der Heiligkeit im Volke. Der große Hafen Ragusa (Dubrovnik) konnte sich als selbständiger Stadtstaat behaupten, mußte sich aber 1221 der Herrschaft Venedigs beugen. Serbiens Kunst, von Byzanz angeregt, entwickelte einen individuellen Stil, den man an den Wandmalereien der St. Panteleimonkirche zu Nerez (um 1164) vor allem studieren kann; in der Technik eilen sie den Italiern Duccio und Giotto weit voraus. Byzanz konnte damals keine Individualisierung aufweisen, wie sie die Königsbilder serbischer Wandgemälde zeigen. Ketzertum und Verfolgung haben die Einheit des Landes untergraben.

Serben

Bosnien, das unter Ban (König) Kulin (1180–1204) seine mittelalterliche Blütezeit erlebte, wurde 1254 von den Ungarn unterworfen.

Ungarn selbst war das Ziel deutscher Kaiserpolitik, die es sich einzuverleiben versuchte. Kaiser Heinrich III. (1038–1056) errichtete zwischen Fischa und Leitha eine Ungarische Mark. Nach Stephans I. Tod (1038) stürzten heidnische Magyaren das Land in Unruhe. König Andreas I. wehrte sich erfolgreich gegen

Ungarn

den Kaiser, und Geisa I. trug seine Krone Papst Gregor VII. zu Lehen an. Verschiedene Thronbewerber sahen sich im 12. Jahrhundert gezwungen, große Landvergaben an ihre Parteigänger zu machen. Dadurch wurden Lehnswesen und Adelsmacht überstark gefördert. Die Aristrokratie zwang 1212 König Andreas II. eine »Goldene Bulle« ab, die ähnliche Freiheiten gewährte wie die drei Jahre jüngere englische Magna Carta. Zwar wurde die Erblichkeit der Lehen in Ungarn abgeschafft, aber jährlich wurde ein Reichstag einberufen, es wurde Steuerfreiheit der Güter von Adel und Kirche proklamiert und der Gerichtsstand des Adels vor dem König festgelegt. Für 700 Jahre wurde diese Goldene Bulle die Grundlage der ungarischen Adelsfreiheit.

Mongoleninvasion

Für Europa war es ein Glück, daß der Groß-Khan der Mongolen, Ügetai, der 1235 drei Heere auf einmal nach Korea, China und Europa entsandt hatte, starb und der Führer des dritten Heeres, Batu, zur Wahl eines neuen Khans nach Karakorum zurückkehrte. Batu hatte, wie schon gezeigt, Südrußland überrannt, dann sein Heer in zwei Teile geteilt, deren einer durch Polen über Krakau und Lublin bis nach Schlesien vordrang, wo er ein deutsches Heer bei Liegnitz 1241 schlug, deren anderer aber unter Batus persönlicher Führung die Karpaten durchzog, den Einmarsch in Ungarn erzwang und ein ungarisch-österreichisches Heer bei Mohi schlug, 1241 Pest und Esztergom eroberte, den ungarischen König Béla IV. über die Donau jagte und bis an die Adria verfolgte.

Nach seiner Rückkehr baute Béla IV. Pest wieder auf und besiedelte es mit Deutschen; seine Residenz aber verlegte er 1247 auf das jenseitige Donauufer nach Buda. Die Wirtschaftsstruktur dieses Reiches wurde durch große Adelsherrschaften mit untertänigen Hirten und Bauern bestimmt. Deutsche Bergleute aus dem Erzgebirge erschlossen den Bergsegen Siebenbürgens. Im ganzen Raume lebten viele Volkstümer und Sprachen, viele Stände und Religionen bekämpften einander, aber Arbeit und Sorge um das Leben einte sie wieder.

b) Das Königreich Böhmen vom 10. bis 14. Jahrhundert

Am weitesten nach Westen erstreckt sich noch heute der westslawische Staat der Tschechen, die mit den Mährern im Königreich Böhmen vereinigt waren und im 20. Jahrhundert durch die Gründung des Staates Tschechoslowakei (1919) auch die Slowaken einbezogen.

Ehedem in verschiedene Kleinstämme unter adeligen Führern aufgesplittert, scheint der Herr der Prager Burg (Hradschin) sie alle im 10. Jahrhundert zu einem Großstammesverband unter herzoglicher Führung zusammengeführt zu haben. Schon seit Karl dem Großen standen diese Herzöge in der fränkischen Einflußzone und erschienen 844/845 in der Pfalzstadt des Ostfrankenreiches, Regensburg, vor König Ludwig dem Deutschen zur Taufe und Unterwerfung in lehnsrechtliche Formen.

Großmährisches Reich

Aber der Prager Burgherr befand sich vor dem Ende des 9. Jahrhunderts unter der Botmäßigkeit des Großmährischen Reiches und seines Herrschers Swatopluk. Dieses Reich, das Rastislaw aufgebaut hatte, umfaßte auch die heutige Südslowakei mit dem Berg- und Bischofssitz Nitra und hatte sein Zentrum an der mittleren March im Raum von Miculčice, Staře Mesto, Velehrad. Dieses Reich ging beim Einbruch der Magyaren zugrunde.

Der erste historisch greifbare Gesamtherrscher Böhmens und Mährens, Wenzel I.

(928–935), wurde von seinem Bruder Boleslaw I. (935–967) ermordet. Wenzel wurde der große Landesheilige des böhmischen Staates. In seiner Gestalt gewann zuerst das »Land« und dann seit dem 13. Jahrhundert die das Land repräsentierende »Adelsgemeinde« eine transpersonale Verkörperung und eine eigene Ideologie. Ähnlich war es in Ungarn mit dem zum Landesheiligen aufsteigenden König Stephan I. In beiden Königreichen verdichtete sich der Kult der Landesheiligen zum repräsentativen Begriff und zur Staatsideologie der »Krone«.

Die Landesheiligen Wenzel und Stephan

Boleslaw I. mußte sich dem deutschen Kaiser Otto I. (960) unterwerfen, aber Boleslaw II. (967–999) konnte sein Land in einem eigenen Landesbistum kirchlich organisieren. Damit schied Böhmen aus dem Missionsverband des bayerischen Bistums Regensburg aus; aber das mit Hilfe des Papstes und der sächsischen Kaiser 973 neugegründete Bistum Prag wurde dem Mainzer Erzbistum und damit der deutschen Reichskirche eingegliedert. Trotzdem behielt Böhmen weitgehend seine Selbständigkeit und erreichte im 11. Jahrhundert schon eine beachtliche Geschlossenheit und Einheit unter der straffen Herrschaft seiner Herzöge, die seit dem 12. Jahrhundert Könige waren.

Bistum Prag

Der zweite Bischof von Prag war Adalbert aus dem von Boleslaw II. grausam ausgerotteten Uradelsgeschlecht der Slawnikniger, ein naher Freund Kaiser Ottos III. Die beiden Boleslawe und Břetislaw (1037–1055) eroberten Mähren und Schlesien und unterwarfen sich auch Polen, das Břetislaw unter militärischem Druck Kaiser Heinrich II. (1002–1025) wieder räumen mußte. König Ottokar I. (1197–1230) vermochte seinem Lande größtmögliche Unabhängigkeit zu verschaffen, vor allem gewann er volles Recht über seine Landeskirche, deren Geistlichkeit sich im 13. Jahrhundert von der königlichen Bevormundung zu befreien wußte.

König Ottokar II. (1253–1278) rief Deutsche in das Land, um Handel, Gewerbe, Bergbau und Landesausbau dadurch zu fördern und in einem stärkeren Mittelstand ein Gegengewicht gegen den mächtigen Landesadel zu gewinnen, der nach dem Untergang des Uradels durch Königsdienst aufgestiegen war und sich im 13. Jahrhundert als adelige Landesgemeinde kraftvoll durchsetzte. Ein Großteil der Städte im Reiche Ottokars II. waren Gründungsstädte, mit deutschem Stadtrecht vielfach ausgestattet und von zahlreichen Deutschen bewohnt. Auch in der Hauptstadt Prag war eine deutsche Händler- und Handwerkerkolonie. Die Silberbergwerke von Kutna Hora (Kuttenberg) wurden eine Hauptgrundlage böhmischen Wohlstandes. Gemünztes und ungemünztes Silber war eine Hauptexportware des Königreiches.

Ottokar II.

Böhmen war schon im 13. Jahrhundert einer der am intensivsten institutionalisierten »Flächenstaaten« Mitteleuropas und darum sehr fortschrittlich entwickelt. Deshalb konnte Ottokar II. in der kaiserlosen Zeit Deutschlands (1254–1272) und nach dem Aussterben der Babenbergerherzöge Österreichs (1246) sowohl Österreich wie Steiermark und Kärnten erobern und sogar die deutsche Kaiserkrone anstreben; denn der Böhmenkönig war deutscher Kurfürst. Ottokar II. erklärte 1274 an König Rudolf von Habsburg den Krieg, mußte aber seine Eroberungen wieder herausgeben, da ihm der Landesadel die Heeresfolge verweigerte. Bei Dürnkrut auf dem Marchfelde nordöstlich von Wien verlor er 1278 Sieg und Leben. Sein Sohn Wenzel II. mußte den Lehenseid erneuern, mit seinem Enkel starb 1306 die bedeutende Dynastie der Přemysliden aus.

Großmachtpolitik

Ende der Premysliden Luxemburger

Der böhmische Landesadel wählte den Sohn des deutschen Kaisers Heinrich VII., Johann von Luxemburg, zum König (1310–1340), ließ sich aber von ihm seine alten Freiheiten ausdrücklich bestätigen und errichtete so ein ähnliches Instrument der Adelsvorrechte und Adelsherrschaft, wie es die englische Magna Carta von 1215 und die ungarische »Goldene Bulle« von 1212 waren. Böhmen wurde im 15. und 16. Jahrhundert bis zur Schlacht am Weißen Berg bei Prag 1620 das klassische Paradefeld ständisch-adeliger Repräsentation des Landes in ganz Europa.

Karl IV.

Johanns Sohn Karl IV. (1347–1378), der als deutscher Kaiser seine Krone auf der böhmischen ausruhen ließ, der auch sein böhmisches Kernland zu hoher politischer, wirtschaftlicher, geistiger und kultureller Blüte führte, erhob Prag nicht nur zum Erzbistum, sondern gründete dort 1348 die erste deutsche Universität. Unter dem Begriff der »Corona regni Bohemiae« (= Krone Böhmens) versuchte er ideologisch den ganzen Bereich der luxemburgischen Herrschaft zusammenzufassen.

c) Polen und die Slawen an der Ostsee

Böhmen, Mähren, Polen, die Großstämme und Völker, in denen die Einzelgruppen der westslawischen Wanderung seit zirka 600 integriert wurden, traten im ostmitteleuropäischen Raum dem Deutschen Reich direkt gegenüber und gerieten auch teilweise unter seine Oberherrschaft. Böhmen aber überholte seit dem 13. Jahrhundert den deutschen Vorsprung. Unter den slawischen Völkergruppen südlich der Ostsee ragten die Polanie (Feldvolk) im Wartheland und Odergau, die Masuren entlang der Weichsel und die Pomorzanie (An der See), die Pommern den Namen gaben, heraus.

Polnisches Reich

Der polnische Fürst Miezko I. unterstellte Polen 963 dem Schutze der Päpste, um der deutschen Eroberung einen Riegel vorzuschieben. Seitdem schloß sich sein Land in steigendem Maße dem Westen und dem römisch-katholischen Christentum an. Miezkos Sohn Boleslaw I., der Tapfere (992–1025), eroberte Pommern, Breslau und Krakau und machte sich zum ersten König des großpolnischen Reiches. Durch Teilung des Reiches unter seine vier Söhne schwächte Boleslaw III. (1102–1139) die Einheit der Königsherrschaft. Der Adel gewann dadurch immer mehr die Oberhand. Polen schwebte zwischen Selbständigkeit und Unterwerfung unter Deutschland oder Böhmen.

Deutsche Ostbewegung

Nachdem der Mongolensturm 1241 das Land überflutete und die Hauptstadt Krakau dem Erdboden gleichgemacht hatte, drang die deutsche Ostbewegung in Westpolen ein und übte einen Einfluß auf Sprache, Recht und Volkstum aus. Boleslaw V. nahm 1246 vor Verfolgung aus Deutschland fliehende Juden auf, siedelte sie an und förderte so die Entwicklung von Handwerk und Geldwesen in seinem Land.

Verhältnis zu Böhmen und Ungarn

Der Böhmenkönig Wenzel II. gewann 1289 Oberschlesien, dann Krakau und Sandomir 1292 und wurde 1300 König von Polen. Schon vorher war ihm das Egerland und das Pleißenland (Sachsen) verpfändet, und 1298 war er zum Reichsvikar in der Mark Meißen bestellt worden. Als er aber nach dem Aussterben der Arpaden seinen Sohn Wenzel III. zum König von Ungarn krönen ließ, verletzte er kuriale und habsburgische Interessen. Um Polens willen verzichtete Wenzel III. freiwillig auf Ungarn. Nach seiner Ermordung 1306 fiel Polen an den

Piasten Wladislaw Lokietek zurück; Böhmen verlor seine Erwerbungen nördlich des Erzgebirges.

d) Die Baltischen Lande und der Deutschordensstaat vom 12. bis 15. Jahrhundert

Die Baltischen Lande an der Ostseeküste waren ein Gebiet der Auseinandersetzung mit fremden Herren und der Durchdringung mit westlicher Kultur. Die Finnen, entfernte Verwandte der Magyaren und Hunnen, saßen in der archaischen Zeit Europas an der oberen Wolga und Oka. König Erik IX. von Schweden unterwarf sie, um ihre andauernden Überfälle auszuschalten. Er setzte zu Uppsala den Bischof Heinrich ein. Dieser konnte ihnen aber christliche Zivilisation nicht vermitteln, weil sie ihn erschlugen. Später erhoben sie ihn jedoch zum Schutzpatron des Landes. Die Finnen haben durch die Rodung ihrer Wälder, die Entwässerung ihrer Sümpfe, durch den Bau von Kanalverbindungen zwischen ihren »zehntausend« Seen und als Pelzjäger den Ehrennamen »Pioniere« im besten Sinne des Wortes wie wenige verdient.

Finnen

Esten, Liven, Letten und Litauer, Borussen (Altpreußen) haben südlich vom Finnischen Meerbusen die gleiche harte Arbeit getan. Mit Ausnahme der Esten behielten sie die Religion der Väter bis in das 12. Jahrhundert bei. Dann brachten ihnen die Deutschen das Christentum mit Feuer und Schwert. Die Liven erschlugen die Missionare, die mit dem Glauben auch ihre Herrschaft brachten. Darum verkündete Papst Innozenz III. (1198–1216) den Kreuzzug gegen sie; Bischof Albert drang mit 23 Kriegsschiffen in die Düna ein, gründete zusammen mit Kaufleuten aus Gotland die Stadt Riga und machte 1201 Livland zum deutschen Herrschaftsgebiet. Die deutsche Unterwerfung der Baltischen Lande war im ganzen das Werk des von Bischof Albert gestifteten Livländischen Schwertbrüder- und des Deutschherrenordens. Die einheimische Bevölkerung wurde getauft und zur Leibeigenschaft herabgedrückt. Die beiden Ritterorden bauten große Grundherrschaften auf. Die Deutschherren büßten ihren Versuch, vom Baltikum aus Nordwestrußland bis Nowgorod zu erobern, mit der erwähnten Niederlage am Peipussee 1242.

Schwertmission und Schwertbrüder

Der Deutschherrenorden, ursprünglich eine nach romanischem Vorbild gegründete Hospitalbrüderschaft Bremer und Lübecker Kaufleute zu Akkon, war nach einem kurzen Aufenthalt im siebenbürgischen Burzenland 1225 in der Landschaft Masowien ansässig geworden. In Verhandlungen mit dem gefangenen König Waldemar von Dänemark sicherte der Hochmeister dem Orden freie Seeverbindungen von Lübeck aus. Um eine dänische Missionspolitik im Baltikum auszuschalten, ließ er 1224 die zur Bekehrung bereiten Völker Livlands, Estlands, Samlands, Preußens und Semgallens vorsorglich unter des Reiches Schutz nehmen; dasselbe tat auch der Papst, dessen besonderes Interesse schon seit Jahrhunderten der ostmitteleuropäische Raum war, wo er mit der deutschen und byzantinischen Mission rivalisierte. In der Goldbulle von Rimini (1226) gewährte Kaiser Friedrich II. dem Orden für seine künftigen Eroberungen das Recht zur Herrschaft in dem zur »monarchia imperii« (= Reich) gehörigen Land, jedoch ohne Dienst und Verpflichtung für das Reich. Das war die entscheidende Grundlage für die Selbständigkeit des Ordensstaates.

Deutschherren

Goldbulle von Rimini

Herzog Konrad von Masowien und Bischof Heinrich von Preußen übereigneten 1230 den Deutschherren das Kulmer Land. Papst Gregor IX. nahm 1234 das

Kulmer Land

Ordensgebiet als »Recht und Eigen des heiligen Petrus« in seinen Schutz. Auf solchen Voraussetzungen errichtete der vierte Hochmeister Hermann von Salza einen autonomen Ordensstaat, der von beiden Universalmächten anerkannt wurde. In der »Kulmer Handfeste« von 1233 gab er nach Magdeburger Vorbild ein Standrecht für Kulm und Thorn, durch ein günstiges Siedler- und Lehnsrecht sowie einheitliche Münz- und Maßordnung lud er Adel, Bürger und Bauern aus dem Westen in das neueröffnete Siedlungsland ein. Die Deutschherren eroberten Pomesanien, erreichten 1237 das Frische Haff, gründeten gemeinsam mit Lübecker Kaufleuten Elbing und beteiligten sich 1255 an der Gründung von Königsberg und an der Gründung Memels. Deutschorden und Ostseehandel, der später den Warenexport übernahm, wirkten zusammen.

Ordensstaat

Ostseehandel

Hermann von Salza gliederte nach einer vernichtenden Niederlage, die ihm die Litauer 1236 bei Saule beigebracht hatten, die Reste der Schwertbrüder (Fratres militiae Christi) seinem Ritterorden ein, und zwar unter Anerkennung der Lehnshoheit des Rigaer Bischofs über das Ordensland. Der päpstliche Legat aber erzwang die Übergabe Estlands an die Dänen. Seit 1242 war der Peipussee die östliche Grenze der Ordensherrschaft. Eine Erhebung der rasch christianisierten Preußen an der Weichsel, in Pomesanien, Ermland und Natangen 1242, die Herzog Swantopolk von Pomerellen stützte, brachte ihnen dank päpstlich-kurialer Verwaltung 1249 persönliche Freiheit und Gleichberechtigung mit den Deutschen. Da König Ottokar II. von Böhmen dem Orden beim Vordringen im Samland half, erhielt Königsberg 1254/1255 seinen Namen.

Bistümer

1243 hatte der päpstliche Legat Wilhelm von Modena Bischöfe für das Kulmer Land, Pomesanien, Ermland und Samland bestellt; ihnen mußte der Orden ein Drittel des Landes überlassen. Deutschordenspriester waren meist Bischöfe und saßen in den Domkapiteln. Das 1255 erhobene Erzbistum Riga war Sitz des baltischen Metropolitanverbandes. Von Livland aus wurde Kurland erobert und Memel gegründet. Der litauische Gesamtherrscher Mindowe, der für seine Bekehrung (1250) vom Papst den Königstitel erhielt, war bereit, dem Orden Samaiten abzutreten; aber seine Rückkehr zum Heidentum brachte den aufständischen Preußen, Kuren und Semgallen zeitweise wieder die Freiheit. Das selbständige und altgläubige Litauen schob sich wie ein Keil zwischen das preußische und livländische Ordensgebiet und trotzte dem Deutschorden noch weitere hundert Jahre. Als es christlich wurde und sich mit Polen vereinigte, war aber die militärische Kraft des Ordens schon gebrochen.

Litauer

Piasten

Nach dem Aussterben seiner Herzöge (1294) gewann der Deutschorden Pomerellen und sicherte damit die Verbindung seiner Weichselstellung mit Deutschland ab. Er vertrieb die Brandenburger aus Danzig und entschädigte sie mit Geld. Kaiser Heinrich VII. und sein Sohn Johann bestätigten 1310 den Gewinn. Trotzdem suchten die Piasten Polens durch Prozesse an der Kurie in Rom den Orden aus Pomerellen und dem Kulmer Land wieder zu verdrängen; doch mußte König Kasimir 1343 im Kalischer Frieden zustimmen, obwohl der größte Teil Pomerellens zum polnischen Bistum Leslau gehörte und überwiegend von Preußen besiedelt war. Erst 1309 verlegte der Hochmeister seinen Sitz von Venedig in das Ordensland auf die Marienburg.

Marienburg

Durch die planmäßig vom Orden durchgeführte Ansiedlung von Deutschen in Zinsdörfern auf Neuland und in Städten erwuchsen allein rechts der Weichsel

1000 neue Dörfer, und 1410 waren 93 neue Städte entstanden. Die einheimischen Preußen wurden weder ausgerottet noch planmäßig germanisiert, aber umgesiedelt und auf Dienst- und Freigütern im unbesiedelten Grenzland angesetzt. Die Aufnahme in Städte war ihnen versagt, und auch an der deutschen Dorfsiedlung nach Kulmer Recht wurden sie erst spät beteiligt. Die ersten Siedler kamen meist aus den Kolonialgebieten Meißen, Schlesien und an der Ostsee, und bald entsandten auch die Weichseldörfer Kolonisten in die Grenzwildnis. Die größte Leistung des Ordens bestand in der Organisation einer wirksamen Dauersiedlung und im Aufbau einer straffen, fortschrittlichen Verwaltung.

Dem Tüchtigen war Gelegenheit zum Aufstieg in die Reihe der fünf Großgebietiger (Großkomtur, Marschall, Tressler, Trappier, Spittler), ja zur landesfürstlichen Stellung des vom Großkapitel auf Lebenszeit gewählten Hochmeisters gegeben. Zentren der Verwaltung waren die Komtureien. Jeder Ritterbürtige, der sich zum Kriegsdienst zu Pferd verpflichtete, erhielt ein Dienstgut. Im reichsten lateinischen und deutschen Schrifttum des Ordens im 14. Jahrhundert und in den gotischen Backsteinbauten seiner Burgen und Kirchen enthüllt sich auch die geistige Leistung dieses Ritterordens. Der Remter (Versammlungssaal) des Hochmeisterpalastes der Marienburg ist ein steinernes Zeugnis der kulturellen Leistung der Deutschherren.

Handel mit Getreide und Holz

Ihr Reichtum beruhte auf dem Zinsertrag der Neudörfer, dann auf ihrem Handel, den die Küstenstädte Elbing, Braunsberg, Königsberg, vor allem aber Danzig betrieben. Hier wurden Getreide und Holz nach Skandinavien, England und Flandern exportiert. Den Handel nach Polen, Ungarn, Rußland betrieben die Binnenstädte Thorn und Kulm. Sie alle traten der Hanse bei, nahmen am Krieg gegen Dänemark teil und gewannen 1370 im Stralsunder Frieden einen eigenen Fischhandelsplatz auf Schonen. Da diese Städte zu reich und selbständig wurden, übernahm der Orden seit 1350 Handel und Geldgeschäft in eigener Regie. Seine »Großschäffereien« in Marienburg und Königsberg verkauften nach Flandern, Frankreich und England den Bernstein, dessen Gewinnung Monopol des Ordens war, aber auch die Naturalerzeugnisse der Zinsbauern.

Winrich von Kniprode

Zum Schutze dieses Handels trat der Orden seit dem Hochmeister Winrich von Kniprode (1351–1382) zeitweilig in der Nord- und Ostsee kräftiger auf als die Hanse. Er nahm den Vitalienbrüdern 1398 Gotland ab und gab 1407 diese Insel an Dänemark als Entschädigung für das 1346 abgetretene Estland. Riga unterwarf er 1330 trotz seines Bündnisses mit den heidnischen Litauern, und 1393/1394 kaufte er von der Kurie auch die Oberhoheit über das Erzstift Riga. Die feindlichen Vettern Witold von Litauen und Jagiello von Polen sprachen ihm Samaiten zu. Von König Sigismund als Markgrafen von Brandenburg nahm der Orden die Neumark zum Pfand, um die Brücke vom Ordensland zum Reichsgebiet zu sichern.

Union der Polen und Litauer

Als sich aber 1386 Polen und Litauen zur großen Union verbanden, da waren der Expansion des Deutschordens endgültige Grenzen gesetzt. Die Niederlage von Tannenberg 1410 leitete einen allgemeinen Abfall vom Orden ein. Der polnisch-litauischen Übermacht mit ihrem russisch-tatarischen Hilfsvölkern war das diszipliniierteste Ritterheer nicht mehr gewachsen. Zunächst huldigte das Kulmer Land dem polnischen König. Dann verlor der Orden seine innere Kraft und Disziplin. Städte und Adel gingen eigene Wege, schlossen 1440 den

Preußischen Bund, verbündeten sich nach dreizehnjähriger Rebellion mit König Kasimir IV. von Polen, der 1457 in Danzig einmarschierte und die Marienburg verpfändete. Der Sitz des Hochmeisters wurde nach Königsberg verlegt. Der zweite Thorner Friede von 1466, den Reich und Kurie niemals anerkannten, gab Pommerellen, das Kulmer Land, Ermland mit Elbing und Marienburg an die Krone Polens in Personalunion. Auch für sein verbliebenes Ordensland mußte der Hochmeister dem polnischen König wie dem Papst Treueid und Heeresfolge leisten. Dadurch verlor der Orden die reichen Städte im Westen, verarmte und war zu Neusiedlungen im litauisch-masowischen Grenzgebiet gezwungen.

e) Das historische Profil Ostmitteleuropas

Das historische Profil Ostmitteleuropas ist dadurch geworden und charakterisiert, daß die West- und Südslawen nach verschieden wirkenden byzantinischen Einflüssen seit dem 10. Jahrhundert nach Europa hineingewachsen sind und dies vor allem in Begegnung und Auseinandersetzung mit dem Deutschen Reich geschah. Vielfache dynastische Verbindungen mit den Königshäusern und Adelsfamilien Deutschlands und umgekehrt mit den slawischen Herrscherfamilien haben entscheidend dazu beigetragen; dabei trat allmählich an die Stelle vasallischer Bindung rechtliche Gleichstellung. Ausgangsbasis dieser Wendung zum Westen war der Übertritt der slawischen Dynastien zum Christentum.

Adelskirchen

Die Adelskirchen Polens, Böhmens, Ungarns hatten keine Entsprechung in der Ostkirche; das war ein Haupthindernis für das Hereinwirken der byzantinisch-orthodoxen Ostkirche. Die genannten Tatsachen machten aber andererseits die deutsche Ostbewegung wirtschaftlich und gesellschaftlich erst möglich.

Die westlich europäische Tendenz verstärkte sich in der dritten Epoche ein zweites Mal durch die Ausbildung der Stände, indem sich die politisch führenden Schichten mit dem Staat identifizierten und die Königskrone zum Symbol der Herrschaft und Mitherrschaft der Stände wurde. In Polen reichte europäische Zivilisation so weit, als Adel und Königtum im Widerstreit zueinander standen.

Das lange abseits stehende Litauen, das im 14. Jahrhundert weite Gebiete mit griechisch-orthodoxer Bevölkerung gewann, konnte nach 1385 durch die Verbindung mit Polen doch noch in den Westen und das Abendland hineinwachsen.

Späte Christianisierung Litauens

Die dort nun im Gefolge der deutschen Ostbewegung einsetzende Ständebildung trennte den Großfürsten von der bäuerlichen Bevölkerung. Schließlich bekam der orthodoxe Adel dieselben Freiheiten wie der polnisch-römisch-katholische. Kirchlich, politisch, sozial und agrarisch wurde die Westorientierung Litauens für ganz Nordostmitteleuropa bedeutsam. Ein Ereignis von europäischem Rang aber war bereits die Hussitische Revolution in Böhmen, deren Gewinner der ständische Hochadel war.

Auf der Vorderseite:
Vitré bei Rennes, Frankreich,
Burg der Bretonen, 14. Jahrhundert, Königtum Bretagne war bi
zur Vermählung Königin Annas von der Bretagne mit Karl VIII
von Frankreich, 1491, selbständig

Mont St-Michel, Frankreich,
befestigte Benediktinerabtei, gegründet 709

XIV

DER NÖRDLICHE UND WESTLICHE UMKREIS UM DEN EUROPÄISCHEN KONTINENT VOM 10. BIS 14. JAHRHUNDERT

1. Skandinavien, seine Herrschaftsstruktur und seine Kultur

a) Dänemark, Norwegen, Schweden

Dänemark

Die Entstehung der skandinavischen Reiche liegt noch im Halbdunkel der Geschichte. Seit den Anfängen des 10. Jahrhunderts kennen wir ein Dänisches Reich. König Godfred griff Karl den Großen an und fiel in Friesland ein. Er ließ die Grenzbefestigung des Danewerks in Schleswig bauen. Seine Nachfolger beherrschten auch Südostnorwegen. Doch verschwindet dieses Reich noch am Ende des gleichen Jahrhunderts aus den Quellen. Im Handelsplatz Haithabu bei Schleswig saßen Könige aus Schweden, die von den Norwegerherrschern Gorm und Harald vertrieben worden waren. Auf dem großen Runenstein von Jellinge rühmte sich Harald Blauzahn, ganz Dänemark gewonnen und Norwegen erobert zu haben (zweite Hälfte des 10. Jahrhunderts). Dessen Sohn Sven Gabelbart gewann auch England.

Haithabu

Norwegen

Norwegen war am Ende des 9. Jahrhunderts vom Wikingerkönig Harald Schönhaar unterjocht worden. Seine Nachfolger konnten sich nur als Teilkönige behaupten. Der genannte Dänenkönig Harald Blauzahn schwang sich zum Herrscher Norwegens auf und kontrollierte Westland wie Tröndelag durch Ladejarle. Am Ende des 10. Jahrhunderts aber gewannen die norwegischen Wikingerhäuptlinge Olaf Trygvason und 1015 Olaf Haraldson noch einmal die Herrschaft über das Land für kurze Zeit.

Schweden und Dänemark vereinigte Magnus der Gute nach dem Tode des in anderem Zusammenhang behandelten Knut (Kanut) des Großen und dem Zerfall seines Nordseereiches. Sein Stiefneffe Harald der Harte fiel 1066 auf einem Eroberungszug gegen England bei Stamford Bridge. Seine Nachfolger waren Könige in Norwegen und anerkannten Sven Estridson als selbständigen König in Dänemark.

Schweden

Die Legende des heiligen Ansgar erwähnt schwedische Könige, die um 850 zu Birka im Mälarsee saßen und zeitweilig auch Kurland beherrschten. Ende des 10. Jahrhunderts zogen schonische Häuptlinge, darunter ein Hunding, gegen Uppsala und Zentralschweden zu Felde. Nach seinem Sieg über diese unterwarf sich König Erik der Siegreiche Dänemark und vertrieb zeitweise Sven Gabelbart, den Begründer der Dänenherrschaft über England. In den dänisch-norwegischen Kriegen der ersten Hälfte des 11. Jahrhunderts standen die Schwedenkönige meist auf der Seite der Schwächeren. Sie beherrschten das ganze schwedisch-gautische Land, das heutige Schweden ohne Schonen und Blekinge, die Westküste und das nördliche Noreland.

Stammesgebiete Die Stammesgebiete Dänemarks, Norwegens und Schwedens lebten im Mittelalter als Provinzen fort, die erst im 13. / 14. Jahrhundert zu rechtlichen Einheiten verschmolzen (Slesvig, Jütland, Fünen, Seeland, Schonen in Dänemark, Soitjord, Westgautland, Ostgautland und die Insel Gotland in Schweden, Westfold, Rogaland, Hordaland, Möre und Tröndelag in Norwegen). Diese Stammesländer hatten eine relativ geschlossene Besiedlung. Während Dänemark zusammenhängend besiedelt war, waren die Kulturländer Schwedens und Norwegens von riesigen Ödwäldern umgeben. Allein in jenen bildeten sich eine primitive agrarische Gesellschaft und politische Einheit aus.

Im 13. Jahrhundert entwickelte sich ein Netz von Landverbindungswegen, das die Waldgebiete durchzog und die Kulturländer erstmals verband. So setzte sich eine dauernde starke Königsherrschaft bei den Bauerngemeinden durch. Die Schwedenkönige des 12. Jahrhunderts residierten meist auf der kleinen Insel Visingsö im Wettersee; von dort konnten sie die beiden Gautländer und Nordsamland leicht kontrollieren.

b) Das Wikingerkönigtum. Die frühe und die spätere Kriegsorganisation der Reiche

Die skandinavischen Länder waren in Ledungen (Verwaltungsbezirke) eingeteilt:
Schiffsaufgebot Härade, Hundertschaften oder Skipreidor; diese wieder in die Kleinsteinheiten Hafner oder Lider, von denen jeder einen Krieger mit Waffen und Proviant zu stellen hatte. Die Landesgesetze des 12./13. Jahrhunderts und das sogenannte Grundbuch des Königs Waldemar II. von Dänemark zeigen diese einheitliche Kriegsorganisation des Landes, die das Aufgebot der Bauern als Mannschaft auf Kriegsschiffen regelte; aber sie reicht kaum in die Wikingerzeit zurück und wurde im 13. Jahrhundert zur Steuerorganisation umgebildet.

In den Kriegsschiffen ruhte die militärische Macht Skandinaviens. Die Skalden der Wikingerzeit sangen von Schiffen der Könige, Jarle oder Häuptlinge. Das Ledungssystem des 12./13. Jahrhunderts trägt aristokratische Züge. Die Bauern eines Folklands leisteten den Edlingen der Umgebung Folge, die auch das Thing beherrschten.

Wikingerburgen Die Entdeckung der dänischen Wikingerburgen aus der Zeit um 1000, der Trelleborg am Großen Belt, der Aggersborg am Limfjord und von Fyrkat am Hobrofjord, beide im nördlichen Jütland, und Nonnebakken am Odensefjord (auf Fünen) haben uns die Organisation des reichsgründenden Wikingerkönigtums enthüllt. Es waren wallumzogene, streng geometrisch geplante Kasernen, die an militärische Anlagen der Kalifen in Bagdad erinnern und je tausend bis viertausend Mann beherbergen konnten.

Das ländliche Ledungsaufgebot war grundverschieden vom Wikingersystem, das von den Silbervorräten der Könige abhängig war. Harald der Harte war Hauptmann der kaiserlichen Warägergarde in Konstantinopel gewesen; er brachte große Schätze nach Hause, die ihm zur Krone Norwegens verhalfen.

Seekönige Die Wikingerkönige mußten ihre Söldner mit Silber bezahlen und konnten sie nur so lange halten, als das Silber reichte. Sie häuften darum in ihren Burgen gerade für diesen Zweck Schätze auf. Das Wikingerkönigtum war ein primitives

Heerkönigtum. Die Macht dieser Könige lag im Norden auf der See und in Dänemark in den Kasernen an den Fjorden. Die Konjunktur des Fernhandels im 9./10. Jahrhundert, der Silberstrom aus Byzanz und dem Kalifat nach Norden und von dort auf Langschiffen nach dem Westen hatten diese Herrschaftsform möglich gemacht.
An den Zentren des Handels errichteten die Wikinger ihre festen Punkte; sie lebten von den Seerouten wie von den Marktplätzen. Nach dem Absinken der Handelshochkonjunktur lohnten sich die Expeditionen nicht mehr. Darum mußten sich die Seekönige die Bauerngemeinden des Binnenlandes unterwerfen. um neue Finanzquellen zu erschließen. Es begannen die »Bürgerkriege«, das heißt, die Warägerkönige gingen an Land.

c) Geistige Ströme aus England, Frankreich, Rom und Deutschland

Bei diesem Schritt kam den Wikingern wie den Merowingern und Karolingern oder den Königen Ostmitteleuropas eine neue Macht, die Kirche, zu Hilfe.
Mission und Aufbau einer Kirchenorganisation erfolgten aber erst im 11./12. Jahrhundert. Dadurch wurden die Skandinavier an Europa und seine Kultur herangeführt. Das hatte politisch zur Folge, daß den Königen die Eingliederung der urwüchsig starken, freien Bauerngemeinden und ihrer lokalen Führer in die Königsherrschaft gelang. Dieser kriegserfüllte Prozeß ging erst im 13. Jahrhundert zu Ende. Die Bauern wurden mit Steuern belegt und von der neuen Aristokratie der ritterlichen Königsmannen auf den Schlössern kontrolliert. Der Bau neuer Landwege war eine Voraussetzung dafür. Die Kirche Schwedens arbeitete im 12. Jahrhundert für Weg- und Brückenbau, sie errichtete Herbergen in den großen Waldgebieten. Der Strom kirchlicher Einflüsse nach Norwegen wechselte mehrmals seinen Ausgangspunkt; auf eine frühe angelsächsische folgten eine französische und dann eine spätmittelalterliche deutsche Kulturphase; die erste war am ausgeprägtesten.

Ströme aus Hamburg – Bremen und England

Die Initiative dazu kam vor dem Investiturstreit nicht von Rom, sondern von den Erzbistümern am Rande, von Hamburg-Bremen und von der angelsächsischen Kirche. Dem 831 errichteten Missionserzstift Hamburg-Bremen (Patriarchat) des Nordens wurde der ganze heidnische Norden unterstellt; doch seine Missionare erreichten nur Dänemark und Schweden, selten Norwegen. Dänemark war im 10. Jahrhundert schon so weit christianisiert, daß nun dänische Missionare nach Südnorwegen gingen. Diese Einflüsse überlagerten bald die westliche Mission, die von den politisch-wirtschaftlichen Verbindungen Norwegens nach den Britischen Inseln vom 9. bis 13. Jahrhundert getragen war. Die führenden Schichten hatten nur schwache Verbindungen über Dänemark nach Norddeutschland.
In England, Irland und Frankreich hatten zahlreiche heidnische Norweger im 10. Jahrhundert eine organisierte Kirche unter der Leitung angesehener Bischöfe und Äbte kennengelernt. Norwegens schnelle Christianisierung (995–1030) und ihr angelsächsisches Gepräge waren das Ergebnis eines engen Bundes zwischen Königsmacht und Christentum. In England lebten 995 und 1015 die Söhne des alten norwegischen Königsgeschlechts, während zu Hause die Jarle unter dänischer Oberhoheit walteten. Die Königssöhne wurden Christen und waren entschlossen, nach der Heimkehr ganz Norwegen zu

christianisieren, um auf diese Weise eine dauerhafte Herrschaft zu begründen. Der Zwangschristianisierung vor 1030 folgte erst am Ende des Jahrhunderts eine feste Bistumsorganisation. Auch die angelsächsischen Bischöfe mußten sich jedoch im zuständigen Erzbistum Hamburg-Bremen weihen lassen, da ihm schon lange der ganze Norden mit allen Inseln im Atlantischen Meer von Irland bis Island zugesprochen worden war.

Der erste Bischof der Diözese Stavanger Reinold kam 1112 aus England, seine Domkirche weihte er dem Heiligen von Winchester, St. Swithun. Mönche aus dem Fountain-Kloster bei York gründeten 1146 Lyse-Kloster in Hordaland; Hovedöy-Kloster bei Oslo wurde 1147 von Zisterziensern aus Kirkstead in Lincoln besiedelt. Der 1030 ermordete König Olaf der Heilige wurde Landespatron Norwegens und ganz Nordeuropas. Spanische Pilger reisten zu seinem wundertätigen Schrein in Nidaros.

Olaf der Heilige

Die Rolle des Bistums Hamburg-Bremen übernahm 1104 das Erzbistum Uppsala, dessen Bischöfe der König ernannte. Der Papst faßte 1152 Norwegen, Island, Grönland und die westlichen Inseln (Orkney und Hebriden) in einer Kirchenprovinz Nidaros (Trondheim) zusammen. Und jetzt war die Kirche stark genug, sich von der Königsmacht zu emanzipieren und die gregorianischen Freiheiten auch in Norwegen durchzusetzen. Der Papst und der englische König unterstützten sie dabei. Nach dem Freiheitsbrief, den 1151 König Stephan der englischen Landeskirche gegeben hatte, wurde vermutlich auch das norwegische Kirchenprivileg von 1152 abgefaßt. Damit war auch die englische Frühepoche der norwegischen Kirche zu Ende.

Nidaros

Seit der Mitte des 12. Jahrhunderts bestanden die Hauptkontakte nach Frankreich und Rom. Das wirkte sich im Kirchenbau und in der Kirchenpolitik aus. Im Gegensatz zum jungen König Magnus Erlingsson, der das Reich vom heiligen Olaf, das heißt von der Kirche zu Lehen nahm, eröffnete sein Rivale und Nachfolger Sverre den Kampf um die alten Königsvorrechte mit der Kirche, der hundert Jahre währte. Er drängte damit die norwegische Kirche auf die Seite des Papstes.

Frankreich und Rom

Den größten geistigen Einfluß strahlte das große Augustinerchorherrenstift St-Viktor in Paris aus, wo 1160/1161 Norwegens erster Erzbischof Öystein Erlendsson länger verweilte. Viele Norweger gingen zum Studium dorthin, und im Lande wurden sechs Chorherrenklöster gegründet. Norwegens geistige Führungsschicht war am Ende des 12. Jahrhunderts von St-Viktor und seinen großen Meistern direkt und indirekt geprägt. Dieser französische Einfluß dauerte im 13. und 14. Jahrhundert an.

St-Viktor in Paris

Am Ende des 14. Jahrhunderts war die norwegische Kirche sehr verarmt, und die Bischofsstühle waren ein Handelsobjekt zwischen König und Papst. Norwegen erhob seine Stimme nicht, als die europäischen Klagen über Mißbrauch, Unmoral, Verschwendungssucht und Verweltlichung der Kirche immer lauter wurden. Die Kirche war geschwächt, wenn auch stärker als der sterbende, dänisierte Adel. Die Bischöfe waren das stärkste nationale Element im kraftlosen Reichsrat Norwegens. Päpste und Unionskönige arbeiteten oft zusammen. Vom Ende des 14. Jahrhunderts ab verlagerte sich das europäische Kontaktzentrum Norwegens auf deutschen Boden, vorab nach der Universität Rostock, dessen Kaufleute in engen Handelsbeziehungen zu Norwegen standen.

Kirche und Adel in Norwegen

Mit Erzbischof Ansgar von Hamburg-Bremen (seit 831) hatte der mächtigste Kulturstrom in der Geschichte Dänemarks eingesetzt; Jahrzehnte vor Norwegen war dort die Bistumsorganisation um 1070 abgeschlossen, während sie in Schweden in den Hauptzügen erst 1164 feststand. Lund in Südschweden, bis 1658 zum östlichen Dänemark gehörig, war seit 1103 Sitz eines erzbischöflichen Metropolitanverbandes, dessen Sprengel auch Schweden und Norwegen umfaßte, bis in Trondheim (1152) und im schwedischen Uppsala (1164) Erzstühle errichtet wurden.

Neben dem breiten Kulturstrom aus Deutschland blieben auch die seit der Wikingerzeit bestehenden Verbindungen zu England in Dänemark noch erhalten. Das Domstift Odensee auf Fünen wurde um 1100 von englischen Mönchen aus Evesham besiedelt. Zisterzienser und Prämonstratenser brachten französische Einflüsse auch in die Ostseeländer, besonders aus St-Viktor und der Universität in Paris. Der erste Abt der Zisterze Oin (Clara Insula) im mittleren Jütland (1165 gegründet) war ein Engländer, der zweite ein Deutscher, der dritte ein Franzose aus der Normandie, und dann kamen lauter Dänen. Seit 1140 macht sich die dänische Kirche vom König frei, in Schweden später. Um 1200 war die Kirche Dänemarks in die westliche Gesamtkriche integriert. Sie beteiligte sich mit den Deutschen an der Mission im Baltikum; 1169 wurde Rügen erobert und dem Bistum von Seeland einverleibt, 1219 Nordestland dem Bistum Lund inkorporiert.

König und Kirche

Der dänische König Waldemar der Sieger (1202–1241) hatte sich in den deutschen Thronstreit eingemischt und dadurch für einige Jahrzehnte Norddeutschland und die Wenden beherrschen können. Kaiser Friedrich II. anerkannte dies auch in einer Goldbulle. Nach der Emigration des königlichen Kanzlers Niels Stigsen, Bischofs von Roskilde, brach der Kampf zwischen König und Kirche 1254 über die strittigen Fragen der Heerespflicht, der Immunität, des Geistlichen Rechts, der Besetzung der Kirchenämter aus. In den nordischen Ländern flossen die Einkünfte der Bischöfe aus den Zehnten; die Bischöfe waren wie die englischen keine Herrschaftsträger deutschen Stils. Seit 1245 verstärkte sich der Einfluß der römischen Kurie im Inselreich. Deutschen Einfluß aber brachten die Bettelmönche nach dem Norden; er zeigte sich im gotischen Kirchenbau, im Heiligenkult, in der Klosterorganisation.

d) Das nordische Königtum. Die Stände und der Einfluß der Hanse in den Ostseeländern

In den Städten Skandinaviens wirkte sich der bedeutende Wirtschaftsaufstieg der Hanse auch kulturell aus. Schon seit Heinrich dem Löwen (1180), Herzog von Sachsen, waren die wirtschaftlichen Bindungen dichter geworden. Deutsche Fernhändler kamen schon in vorhansischer Zeit nach Gotland. Der Norden war umworben. Schweden trat in den Kreis der abendländischen Kirche etwa zur gleichen Zeit ein, in der auch Handelsbeziehungen zu Lübeck, der Stadt Heinrichs des Löwen, geknüpft wurden.

Gotland

Gefolgschaft und Feudalismus im Norden

Der nordische Kirchenkampf des 13. Jahrhunderts hatte mit dem Investiturstreit nichts mehr gemein; hier wurde der Konflikt der Weltkirche mit den aufsteigenden nationalen Monarchien akut. Diese nordischen Königsherrschaften beruhten auf dem fast ausschließlichen Gefolgschaftsmonopol des Königs, das zunächst die rivalisierenden Häuptlinge in die Königsgefolgschaft einbezog und schließlich alle Adeligen umfaßte. Deshalb hat sich der Feudalismus in den nordischen Ländern nicht voll durchgesetzt. Feudalismus ist keine notwendige Durchgangsstufe der Gesellschaftsentwicklung der Völker, aber der Gedanke einer ständischen Repräsentation ist fast überall in Europa seit dem Ausgang der Aufbruchsperiode im Wachsen.

Folkunger-dynastie

Den Höhepunkt seiner politischen Macht erreichte Dänemark unter König Waldemar II. Die Stadt Kopenhagen wurde 1167 von Erzbischof Absalon von Lund als Markt- und Kaufhafen gegründet. Nach Waldemars festem Regiment ertrotzte der dänische Adel 1282 von Erik Glipping, den »Danehof« (Versammlung des Adels) als nationale Ständevertretung anzuerkennen. Jarl Birger, der Gründer von Stockholm um 1255, der den Ton in der schwedischen Politik angab, brachte seinen Sohn Waldemar auf den Schwedenthron und begründete so die Dynastie der »Folkunger« (1250–1365).

Danehof

Die reichste Stadt Norwegens war Bergen, wo die Hanse ein Kontor einrichtete; es war das Hauptausfallstor für den Handel Norwegens. Wisby auf Gotland war Hauptvermittler des Handelsverkehrs zwischen Schweden und der deutschen Hanse. Literarisches Zentrum des skandinavischen Bereichs war im 13. Jahrhundert Island.

Dänemark kontrollierte durch den Besitz der Halbinsel Schonen politisch wie wirtschaftlich den Eingang in die Ostsee und den ertragreichen Heringshandel. Als Schonen in der frühen Hansezeit Teil des Königreiches Schweden wurde und Magnus von Schweden (1319–1365) die norwegische Krone erbte, da bekriegte letzteren der tüchtige Waldemar IV. von Dänemark. Dieser nahm Schonen weg und eroberte Gotland und die Handelsstadt Wisby. Die Hanse kam dem bedrängten Schwedenkönig zu Hilfe, eroberte Kopenhagen und diktierte 1370 den Frieden von Stralsund, der ihr freie Durchfahrt durch den Sund und freien Handel in ganz Dänemark sicherte. Die Hanse erwirkte sich auch ein Zustimmungsrecht bei der Königswahl. Waldemars († 1375) Tochter Margarethe brachte während ihrer langen Regierungszeit (1387–1412) die Kalmarer Union der drei nordischen Staaten 1397 zustande. Norwegen blieb seitdem bis in die neueste Zeit mit Dänemark vereinigt.

Kalmarer Union

Der Städtebund der Hanse steigerte Macht und Reichtum durch ständige Erweiterung seiner Handelsprivilegien. Das entfachte stetig die Feindschaft zwischen den Ostseestaaten. Diese Handels- und Machtrivalität begünstigte ebenso ihren Niedergang seit dem 14. Jahrhundert wie die entscheidende Verlagerung des Handels nach Westen und Süden. Hansestädte und italienische Stadtstaaten blühten so lange, als Ostsee und Mittelmeer voneinander getrennte Regionen waren. Die Seehäfen am Atlantik stiegen empor, als beide Binnenmeere durch neue Seewege miteinander verknüpft wurden.

Hansestädte und italienische Stadtstaaten

2. Die Britischen Inseln seit 1066. Ihre kontinentale Politik und Kulturbeziehung

Die normannische Invasion 1066 und Wilhelm der Eroberer rückten die Britischen Inseln näher an den Kontinent heran. Es begann der französische Kulturherd über den Kanal auszustrahlen, Sprache und Ethos Englands zu verwandeln. Dann wurde das englische Königtum durch seine französischen Besitzungen für einige Jahrhunderte eng mit dem Kontinent und seiner Politik verknüpft.

England und der Kontinent

a) Die Königsherrschaft Wilhelms des Eroberers. Englands Volkstum und Gesellschaft

Wilhelm errichtete eine feste Königsherrschaft, besonders in Nordengland, verlehnte das Land an seine Normannen, förderte den Bau von Zwingburgen gegen die feindselige Bevölkerung und verwandelte weite Gebiete in sein Königsgut.

Königsherrschaft

Er begünstigte vor allem die Entwicklung des Lehnswesens und Lehnsrechts, die bisher in England nur schwach ausgebildet gewesen waren. Dadurch wurde der König zum Obereigentümer des ganzen Bodens, dessen Bauern leibeigen waren. Wilhelm ließ den ganzen Besitzstand 1085 in dem berühmten »Domesday Book«, einer Art Grundkataster, aufzeichnen und sich 1086 den Lehnseid schwören, womit er die Kriegsdienste der Vasallen gewann. Gegen Papst Gregor VII. setzte er das Recht der Ernennung geistlicher Würdenträger durch. Vor allem verstand er es, alle Quellen für Abgaben an den König zu erschließen. Nirgendwo im Westen scheint das Steuerwesen so früh entwickelt gewesen zu sein wie im England des 12. Jahrhunderts. Die in Klöstern versteckten Adelsschätze ließ Wilhelm der Eroberer aufspüren und an die Königskasse abführen.

Er erhob Lanfranc von Bec, Erzbischof von Caen, auf den Erzbischofstuhl von Canterbury und bestellte ihn zum Ersten Minister. Auf den Rat dieses strengen Reformers der Kirche setzte der König die Trennung von geistlichem und weltlichem Gericht durch und behielt sich die Genehmigung des Umlaufs und der Befolgung päpstlicher Bullen in seinem Land vor; auch erhielten Beschlüsse kirchlicher Nationalsynoden nur durch den König Gesetzeskraft.

Kirchenherrschaft

Die normannische Eroberung hat Englands Volkstum und Gesellschaft neu geprägt. Die Normannen selbst waren im 10. Jahrhundert Franzosen geworden; französisches Brauchtum und Sprache brachten sie nach England, dessen offizielle Sprache und Sitte auf dreihundert Jahre dadurch französisch wurde. Es dauerte lange, bis sich die angelsächsischen und keltischen Elemente im Volkstum und in der Sprache der Briten wieder durchsetzten.

Französisch-normannischer Kultureinfluß

Mit Wilhelm dem Eroberer kamen jüdische Geldverleiher auf die Inseln und belebten Handel und Gewerbe. Es kam auch viel literarisches und künstlerisches Ideengut vom Kontinent; die normannische Baukunst errang in England ihre höchste Vollendung; der normannische Adel brachte neue Gesittung und Lebensformen, eine bessere Wirtschaftsform und Staatsverwaltung mit zentralisierender Kraft. England ging einer langen Friedenszeit entgegen und erlebte seitdem keine Invasion mehr.

Kelten, Angelsachsen, Dänen und Normannen sind zum englischen Volk zusammengewachsen, keltische, germanische und romanische Elemente vermischten sich in seiner Kultur.

Das englische Volk

b) Das englische Königtum und die Barone im 12./13. Jahrhundert

Wilhelms ältester Sohn Robert erhielt die Normandie als selbständiges Königreich, sein anderer Sohn Wilhelm der Rote (1087–1100) wurde König von England, sein dritter Sohn Heinrich I. folgte ihm in England (1100–1135). Letzterer berief Anselm, den berühmtesten Frühscholastiker, auf den Erzbischofstuhl von Canterbury zurück, von dem ihm Wilhelm I. schon einmal vertrieben hatte, weil er Widerstand leistete. In der Schlacht von Finchebrai gewann er 1106 die Normandie für England wieder zurück.

Nach Heinrichs Tod wurde sein Enkel Heinrich II. (1154–1189) zunächst übergangen, da ein Enkel Wilhelm des Eroberers, Stephan von Blois, den Thron Englands usurpieren konnte.

Plantagenets Heinrich II.

Heinrich II., der mit Eleonore von Aquitanien verheiratet war, begründete die englische Dynastie der Plantagenets. Als Mann von brennendem Ehrgeiz und kalter Berechnung baute er einen zentralen Lehnsstaat auf und errichtete eine nationale Monarchie. Das von wallisischen Freibeutern besetzte und ausgepowerte Irland brachte er unter englische Herrschaft. An Thomas Becket zerbrach der Stolz dieses großen Herrschers. Obwohl er zunächst die Konstitutionen von Clarendon (1164) zurücknehmen mußte, lag es doch im Zuge der Zeit, daß die Rechtsprechung der weltlichen Gerichte allmählich auch auf die geistlichen Untertanen des Königs ausgedehnt wurde. Heinrich II. leitete durch die Befreiung des englischen Rechtswesens von lehnsherrlichen und geistlichen Beschränkungen eine Entwicklung ein, die das englische Recht zu einer der bedeutendsten Rechtsschöpfungen nach dem römischen machte.

Das englische Recht

Der von ihm gebeugte Adel erhob sich kräftig unter seinem Sohn Johann. Sein erster Sohn und Nachfolger, Richard Löwenherz, der die mütterlichen Domänen in Aquitanien verwaltete und dort die skeptische Kultur der Provence und den frohen Sinn der Troubadours (Minnesänger) in sich aufnahm, bewährte sich vor allem auf dem dritten Kreuzzug als großer Abenteurer. Herzog Leopold von Österreich, den er in Kleinasien beleidigt hatte, setzte ihn bei der Heimfahrt auf der Burg Dürnstein bei Wien gefangen und lieferte ihn 1193 an den Stauferkaiser Heinrich VI. aus. Mit Mühe brachte die Königinmutter Eleonore, die mit Erzbischof Hubert von Canterbury unterdessen die Regierung führte, das horrende Lösegeld von zirka 60 Millionen Mark auf.

Richard Löwenherz

Johann ohne Land

Ihm folgte 1199–1216 sein Bruder Johann, benannt ohne Land (John Lackland), ein scharfsinniger, skrupelloser Opportunist von hohen politischen Qualitäten. Nach der Scheidung von Isabella von Gloucester (1199) und der Heirat mit Isabella von Angoulême, zitierte ihn König Philipp II. August von Frankreich, sein oberster Lehnsherr für die englischen Besitzungen in Frankreich, nach Paris vor das oberste Lehnsgericht. Da er dort nicht erschien, wurde er seiner Lehen für verlustig erklärt. Graf Arthur von der Bretagne, Enkel Heinrichs II., erhielt Normandie, Anjou und Poitou daraufhin übertragen; dazu ging auch noch die Tourraine an die französische Krone über.

König Johann, aus Frankreich vertrieben, überwarf sich zu allem Überfluß auch noch mit Papst Innozenz, der ihn unterstützt hatte. Der Streit brach über der Besetzung des Erzbischofstuhls von Canterbury aus, für den der Papst 1207 den Pariser Professor Stephan Langton bestimmt hatte. Der Papst erklärte 1213 den König für abgesetzt. Der König von Frankreich marschierte an die

Kanalküste, um sich gemäß der päpstlichen Aufforderung in den Besitz der Königsgüter zu setzen. Aus Angst vor einer Invasion aber verweigerte ihm der englische Adel die Heeresfolge. Der Papst lenkte daraufhin ein, Johann mußte aber 1213 Krone und Reich als tributpflichtiges Lehen aus den Händen des Hierokraten nehmen. Der Adel aber tat nicht mit.

Magna Carta

Nachdem Johann der französische Sieg von Bouvines 1214 seiner deutschen und sonstigen Bundesgenossen beraubt hatte, zwang ihn der über unerhörte Steuerforderungen und verlorene Kriege erboste Hochadel der Barone zum Erlaß der Magna Carta Libertatum von 1215. Darin wurden die Rechte von Adel und Klerus abgegrenzt und festgelegt. Die Stände (das Parlament) erhielten, die Macht über den Staatssäckel. Der Papst hob die Carta wieder auf, aber der Adel kümmerte sich nicht darum.

Englisches Geld in päpstlicher Kasse

Über neuausbrechenden Kämpfen starb der König 1216. Seinen unmündigen Sohn Heinrich III. (1216–1271) krönte ein päpstlicher Legat, die Regentschaft führte der Earl of Pembroke. Langsam ging trotz hoher Steuerforderungen der Adel auf seine Seite. Aus England aber bezogen die Päpste Geld für ihren Kampf gegen Friedrich II. von Deutschland. Noch Wiclif und König Heinrich VIII. erinnerten sich an diese Geldforderungen bei ihren Entscheidungen.

Edward I. (1272–1307) führte eine Heeresreform durch und baute eine große Streitmacht auf, mit der er Wales eroberte, Schottland gewann und verlor; er schaffte die päpstliche Lehnshoheit über England wieder ab. Unter seiner Herrschaft entwickelte sich das Parlament.

c) *Die Ständegesellschaft*

Bracton

Das normannische Feudalrecht hat die Rechtseinheit Englands geschaffen. Henry Bracton vollendete zwischen 1250 und 1256 die fünf Bände der Gesetze und Rechtsgewohnheiten Englands, die erste systematische Gesetzessammlung. Die großen Geldbedürfnisse des Königs beschleunigten die ständische Bewegung und das Parlament. Neben Baronen und Prälaten berief Heinrich III. je zwei Ritter aus jedem Distrikt zur großen Ratsversammlung. Als sich Simon von Montfort, Sohn eines berühmten Albigenserkreuzritters, gegen ihn erhob, suchte Heinrich III. 1264 den Mittelstand für sich zu gewinnen, indem er nun auch zwei Bürger aus jeder Stadt einlud, mit Baronen und Rittern an der Nationalversammlung teilzunehmen. Wenn man ihr Geld haben wollte, mußte man die reichen Kaufleute auch befragen. Edward I. berief 1295 das »Musterparlament«, in dem zwar die Commons (später Unterhaus) noch nicht die gleichen Rechte wie der Adel hatten; aber 1297 wurde vereinbart, daß Steuern nur noch mit Zustimmung des Parlaments erhoben werden dürften. Mit der Kaufmanns-Carta von 1283 und der von 1303 setzte auch ein fortschrittliches Handelsrecht ein. In England wurden seit dem 12. Jahrhundert sowohl nationale Königsherrschaft als auch fortschrittliche Formen der Beteiligung des Volkes an der Herrschaft entwickelt.

Musterparlament

Um 1300 war England ein Agrarland mit einer größeren Zahl von Städten und der Großstadt London mit 40 000 Einwohnern, die aber an Wohlstand und Ausbau hinter Paris, Brügge, Venedig, Mailand, Konstantinopel, Palermo und Rom weit zurückstand. Das Wahrzeichen der Stadt war bereits der Tower, den Wilhelm der Eroberer als Zitadelle und Gefängnis für vornehme Gefangene erbauen ließ. Für die innere Einheit dieses Reiches wurde es entscheidend, daß die normannischen Familien nach dem Abfall der Normandie in Britannien vergaßen, daß sie daher stammten und daß sie mit ihrer neuen Heimat, deren Volkstum, Sprache und Lebensart verwuchsen, die sie selbst wesentlich geprägt und verwandelt hatten.

Normannischer Adel

d) Englischer Friede in Irland – Britische Freiheit in Schottland

John of Salisbury kam im Auftrag des englischen Königs 1154 mit der Frage nach Rom, ob der Papst es seinem Herrn gestatte, Friede und Ordnung in Irland wiederherzustellen. Die Kurie widersprach nicht; im gleichen Jahr wurde der Engländer Nikolaus Breakspear Papst. Heinrich II. benutzte den Streit der Könige von Leinster und Brefui mit dem Hochkönig, um 1171 mit Unterstützung des irischen Klerus den Lehnseid von ganz Irland zu erhalten. Aber das Besatzungsheer plünderte und versklavte das Land so hemmungslos, daß die Iren ein Jahrhundert lang Guerillakrieg führten, bis sich 1315 einige irische Führer herbeiließen, Irland an Schottland abzutreten.

Kurie und Irland

Robert Bruce hatte dort eben die Engländer bei Bannockburn geschlagen. Das Jahr darauf (1316) landete sein Bruder Edward in Irland und wurde entgegen allen päpstlichen Drohungen zum König von Irland gekrönt. Zwei Jahre darauf wurde er erschlagen, Irland aber versank in Armut und Verzweiflung und verlor seine Freiheit unter Wahrung seines Volkstums. Schottland wurde britisch, blieb aber frei. In den Niederungen dieses Landes ließen sich Angeln, Sachsen, Normannen nieder. Königin Margarethe, aus angelsächsischem Geblüt, verhalf der englischen Sprache am schottischen Königshof zum Sieg und führte mit Hilfe englischer Geistlicher die englische Lebensart ein.

Englische Kultur in Schottland

Unter David I. (1124–1153) wurde Schottland ein englischer Staat. Es entstanden Klöster, in denen Englisch gesprochen wurde. Die Kirche war hier ein Werkzeug königlicher Macht. Unter König Alexander III. (1249–1286) erlebte Schottland sein goldenes Zeitalter. Er gewann die Hebriden von England und stand mit England in guten Beziehungen. Der Versuch des englischen Königs Edward I., den Streit zwischen Robert Bruce und John Balliol – beide Nachkommen König Davids I. – 1292 zur Errichtung einer englischen Oberhoheit auszunützen, scheiterte am Widerstand des schottischen Adels und Episkopats und endete 1314 in der englischen Niederlage von Bannockburn; der Sieger war Robert Bruce, der vorher Edinburgh erobert, in Northumberland eingefallen und Durham eingenommen hatte. England, das durch seine Kriege mit Frankreich gehindert war, mußte 1328 Schottland wieder freigeben.

Bruce und Balliol

Bannockburn

Seit 1301 trägt der englische Thronfolger den Titel »Prince of Wales«. Wales hatte Edward I. 1284 mit der englischen Krone vereinigt.

XV

DAS ZEITALTER DER UNRUHE, KRITIK, SPANNUNG, DER STÄNDISCHEN BEWEGUNG, REFORMEN, RELIGIOSITÄT IM 14. UND 15. JAHRHUNDERT

1. Grundzüge und Tendenzen

a) Machtordnung

Nachdem die erste schöpferische Kraftentfaltung Europas um 1300 ihren Schwung zu verlieren begann und die großen geistigen Entdeckungen sich durchgesetzt hatten, nachdem die soziale Mobilität der europäischen Gesellschaft sowohl in die Breite wie in die Höhe abebbte und eine bestimmte Erstarrung und Verfestigung in der werdenden Ständegesellschaft zutage trat, kamen auf allen wesentlichen Gebieten in den zentralen Landschaften Europas Krisen und Unsicherheit, Unentschlossenheit und zunehmende kritische Haltung auf; es ertönte laut der Ruf nach Erneuerung und Reform. Dieser Ruf richtete sich vor allem an die beiden Universalgewalten, die versagt hatten, die uneinig waren und sich bekämpften, die deshalb auch den Egoismus der nationalen Herrschaften großgezüchtet hatten, der sich und sein Machtstreben gar oft hinter europäisch-universalen Parolen und Ideen versteckte.

In dieser tiefen politischen und geistigen Krise der Welt traten die Laien und die rationale Staatsgewalt stärker in den Vordergrund; am Hofe des deutschen Kaisers Ludwig des Bayern (1314–1347) konzentrierte sich der Widerstand gegen die Prärogativen des im Joche Frankreichs gehenden Papsttums zu Avignon; Marsilius von Padua, Magister zu Paris, und William Occam, englischer Franziskaneremigrant, der aus Avignon zum Kaiser flüchtete, überdachten zu München die Gedanken und Dispute des 13./14. Jahrhunderts über das Problem der Macht und ihre Einordnung in das in Bewegung geratene Gedankengebäude des Mittelalters. Beide trafen sich dabei mit der sich in ständische Korporationen verfestigenden Gesellschaft, die dem Herrscher Grenzen seiner Machtausübung setzte, sie trafen sich mit den veränderten Machtverhältnissen in Europa, die nicht zuletzt gerade vom hierokratischen Papsttum im 13. Jahrhundert provoziert worden waren; sie regten damit zugleich die große Reformbewegung innerhalb der Kirche an, die wir als Konziliarismus bezeichnen. Marsilius, der einen verchristlichten Aristotelismus in das politische Denken der ständischen und bürgerlichen Welt als Modell einführte, wie auch Occam regten die Kritik an den Mächten der Gegenwart so stark an, daß man sie beide nicht ganz zu Unrecht als Wegbereiter nicht nur des Konziliarismus, sondern auch der Reformation, des Pluralismus und des Verlustes der kirchlichen Einheit bezeichnet hat.

Das Problem der Macht

b) Religion und Kirche

Stillstand der Bewegung und Folgen

Sowenig wie die Reformation das sogenannte Mittelalter beendete, sondern in religiösem Verstande erst seinem Höhepunkt entgegenführte, indem sie der Heilsuche der Menschen, der Sorge um ein rechtes individuelles Christenleben frei von Machtspruch und festliegendem Dogma, entgegenkam und aussprach, daß jedes einzelmenschliche Tun Gott gefällig sei, wenn es im festen Glauben geschieht, sowenig rührten Krise, Kritik und Wandel des sogenannten Spätmittelalters an die Grundstruktur von Gesellschaft und Kultur. Sie waren Ergebnis und Folge des Aufhörens der Expansion im Aufbruchzeitalter und der dadurch veranlaßten Intensivierung, Konzentration und Verdichtung des Lebens auf dem gewonnenen Raum, des Zwanges, dieses Leben neu zu ordnen, ihm Gesetz und Ordnung zu geben, wo es aus den Fugen geraten und über die Ufer getreten war. Ein Vorgang, der überall dort sichtbar wird, wo eine kraftvolle Bewegung zum Stillstand kommt und sich die Kräfte nach innen kehren, sich im Raume stoßen und die alten Mächte abtreten, wo sich neue aber mit anderen Zielen und Methoden durchsetzen.

Da das kirchliche Lehrgebäude damals noch weithin offen war, darf man den Gegensatz zwischen orthodoxen, das heißt innerhalb der Kirche wirkenden Reformern und häretischen, das heißt außerhalb der einen Kirche tätigen Neuerern nicht überschätzen. Der böhmische Magister Jan Hus (1369–1415) ist auf dem Konzil von Konstanz als Ketzer hingerichtet worden, aber Petrus von Versailles, einer der angesehensten Kirchenväter dieser Versammlung, erklärte, daß Hus niemals überführt oder verurteilt worden wäre, hätte er einen Advokaten gehabt. Hus wurde im Grunde nur darum verurteilt, weil er keine Konzilsautorität und keine Bindung der Versammlung an den unfehlbaren Heiligen Geist anerkennen wollte, weil er nur die rationale Widerlegung gelten ließ. Er forderte die Geistkirche und lehnte die Funktionsfähigkeit unwürdiger Priester ab.

Alle religiösen Reformbestrebungen um die Wende vom 14. zum 15. Jahrhundert, ganz gleich ob orthodox oder häretisch oder unentschieden, zielten auf den Kirchenbegriff, der nur juristisch, aber nicht dogmatisch festgelegt war. Das war der Inhalt der konziliaren Bewegung, die diese Epoche beschäftigte. Ihre Kraft gewann sie aus dem Gleichklang mit Tendenzen und Strömungen in der politischen Ordnung und der ständischen Gesellschaft jener Epoche. Neben dem Konziliarismus, der das Generalkonzil als höchste Autorität der Kirche neben oder über den Papst stellte, wurde die radikale Forderung nach der evangelischen Armut erhoben; sie geriet in Konflikt mit der Kirche als institutionalisierter, verrechtlichter und machtpolitischer Heilsanstalt, als der Begriff der unsichtbaren Geistkirche ihr die Gegenposition zu jener sichtbaren Kirche schuf. Juristen, Volksprediger, Philosophen, Reformgruppen und Sektenzirkel sprachen in verschiedener Weise über Konzilskirche, Armutskirche, Geistkirche mit einer aktiven Erregung, für die die offizielle Kirche kein Organ und kein Verständnis hatte; in ihnen kam auch die Religiosität der Unterschichten zum Ausdruck, für die die Adelskirche zu wenig sorgte.

Evangelische Armut

Näher standen ihrer Kontrolle die Laienorden der Beghinen und Begarden sowie die intellektuelle Bewegung der »Devotio moderna« (innerweltliche Frömmigkeit), vor allem in den Niederlanden und in Böhmen; mystische

Selbstheiligung und wahre Nachahmung Christi bedeuteten ihr Ersatz für die sakramentale Amtskirche und eröffneten Wege zur geistkirchlichen Häresie. Daß diese Bewegungen europaweit wurden, dafür sorgten die ständig zunehmende Dichte des Verkehrs und die sich intensivierenden Bindungen einer immer weltoffeneren Intelligenz und Intellektualität. Die Forderung nach der armen, der geistigen, der unsichtbaren Kirche, wie sie vor der Wende zum 15. Jahrhundert der englische Reformer Wiclif aussprach, und der häretische Angriff gegen den unwürdigen Priester trafen Hierarchie und kirchliche Heilsanstalt an der Wurzel. *Geistkirche*

c) Chiliasmus und Pauperismus

In der Verbindung des radikalen Bekenntnisses zur Geisteskirche, wie es die Nachfahren des joachitischen Chiliasmus (Joachim von Fiore) aussprachen, mit dem Ideal der freiwilligen Armut fand auch der spätmittelalterliche Pauperismus eine Ausdrucksform, der im hussitischen Chiliasmus von 1419/1420 und seiner bewaffneten Aktion ganz Europa aufhorchen ließ. Der Chiliasmus bot den Massenbewegungen aus den Unterschichten der Gesellschaft die Parole und die Alternative zur bestehenden Weltordnung bis hin zur Weltrevolution und zur Wiederkehr Christi (Endzeitalterstimmung); er machte die Parias zur Elite. Der intellektuelle, elitäre, joachitische Chiliasmus wandelte sich zur hussitischen Massenpropaganda, deren Verbindung zu den Brüdern vom freien Geist in den Niederlanden, Belgien und Nordfrankreich heute bekannt ist. *Pauperismus und Massenbewegung*

Die hussitische Revolution des 15. Jahrhunderts ging weit über den Konziliarismus hinaus. In den bekannten vier Prager Artikeln forderte sie das apostolische Leben der Geistlichen, Predigtfreiheit, den Laienkelch, die Bestrafung der sündhaften weltlichen Obrigkeit; sie lehnte damit die Lehrautorität der Kirche ab, verlangte Demokratisierung der Kirche (Kelch auch für Laien) und verlangte gerechte Herrschaft, womit sie vermutlich auf einen völligen Umsturz der ständischen Ordnung abzielte. *Hussitismus*

d) Die vertikale Dynamik im ständischen Ordnungsgefüge

In der spätmittelalterlichen »pluralistischen« Gesellschaft war die Kirche nur ein gesellschaftliches Organisationsmodell neben anderen. Neben dem Ruf nach Reform der Kirche ertönte der nach Reform des Reiches. Im Konziliarismus ist zum letzten Male in europäisch-abendländischem Rahmen über den christlichen Universalismus diskutiert worden. Selbst in den Nationalmonarchien, die den alten Kaisergedanken ablehnten, sprach man von der Rolle des römischen Königs als eines Vogtes der Christenheit. *Christlicher Universalismus*

Der Gedanke einer Verbindung von Kirchen- und Reichsreform wurde nur in Deutschland verfochten, aber in den westlichen und östlichen Nationalmonarchien wurde im Rahmen der Nationalkirche ebenso darüber gesprochen. Der Klerus bildete in der Ständegesellschaft einen Fremdkörper, weil er sich nicht nach dem Geburtsstand, sondern dem kirchlichen Amte gliederte und sich die Ämterhierarchie von der ursprünglichen Bindung an die Adelshierarchie zusehends zu lösen begann. Die Kirche selbst hat den ständischen Aufbau der Laienwelt akzeptiert und teilweise begründet. *Ständischer Aufbau der Laienwelt*

In der Zeit der großen Konzilien des 15. Jahrhunderts war – ebenso bedeutsam wie der Konziliarismus selbst – eine folgenschwere vertikale Dynamik im ständischen Ordnungsgefüge als Folge großer politischer Machtverschiebungen aufgebrochen. Im Konziliarismus wie in der ständischen Bewegung erhebt sich ein Widerstand der Mächtigen gegen den Alleinherrscher. Darin liegt die Krise der päpstlichen Universalherrschaft wie des europäischen Königtums und deutschen Landesfürstentums gleichermaßen beschlossen. In Ungarn, Böhmen, Polen, Skandinavien, England, Frankreich, Aragon, Kastilien erheben sich die Barone und Magnaten gegen den einen Herrscher und beschränken seine Machtausübung, binden sie an ihren Willen, geben sich als Repräsentanten des Landes und der ganzen Landesgemeinde. In Deutschland entfaltet das Kurfürstenkollegium seine größte Macht. Thronkämpfe, Königsgefangenschaft, Königsmord beherrschen die politische Szene.

Auf dem Konstanzer Konzil (1414–1418) spricht man darum ausgiebig über den Tyrannenmord und meint damit das Bündnisrecht und die Selbsthilfe der Großen gegen den Usurpator und vertragsbrüchigen ungerechten Herrscher (Souverän), den gerechtfertigten Krieg gegen ihn, seine Absetzung. In alledem ist aber nicht eine Herrschaft nach dem Willen der Beherrschten erstrebt worden, was im Prinzip der Volkssouveränität ausgedrückt ist, sondern nur eine Mitsprache der Großen bei der Regierung des Landes.

König und untere Stände

Am hochadeligen Widerstand gegen den König entwickelte sich das Bündnis zwischen König und unteren Ständen, vor allem dem ständischen Mittelstand, wie sich besonders deutlich in Paris und Prag zeigte. Böhmen war durch den Tod Wenzels nach dem ersten Aufruhr in Prag im August 1419 plötzlich ein königloses Land, eine Republik geworden, die sich ständisch regieren mußte. Dabei konnten sich die politischen Ansprüche der einzelnen Ständegruppen besonders entfalten, vornehmlich die der Städte unter Führung Prags entwickelten eine ständig wachsende Dynamik.

Eine ähnliche Situation schuf fast gleichzeitig die temporäre Geisteskrankheit König Karl VI. in Frankreich für den höchsten Adel des Landes.

Reichsstädte

In Deutschland wurden erst am Ende des 15. Jahrhunderts die Reichsstädte ständige Mitglieder des Reichstages, volle Reichsstände. In Bern, der erfolgreichsten deutschen Reichsstadt, wurde 1414 ein enger Bund zwischen Stadtbürgertum und König eingegangen und zeitigte seine Früchte.

e) Pluralismus: Nationen, Glaubensüberzeugungen, Landesstaaten. Reform des Hauptes, nicht der Glieder

Neben Kirche, Reich, Königtum, Landesfürstentum, Ständeherrschaft trat in dieser Epoche die Nation immer stärker als Organisationsform der zeitgenössischen Gesellschaft hervor. Der spätmittelalterliche »Nationalismus« wollte keine Ersatzreligion sein und orientierte sich nicht am einfachen Mann aus dem Volke wie der moderne, der nachromantische und liberale. Ihn trug zwar das Stadtbürgertum, aber dieses richtete sich nach dem adeligen Menschenbild, dessen Wortschatz Begriffe wie »edle Nation« lieferte. Treibende Kräfte dieser Bewegung waren das nationale Königtum, die nationale Kirche, die nationale Reaktion und Revolution (Sizilianische Vesper) gegen eine feindliche Umwelt und Fremdherrschaft (Sizilien, Schottland, Irland, Flandern).

Die spätmittelalterlichen Konzilien sind vom 13. Jahrhundert an nach Nationen organisiert worden. Die Sprache war, von Böhmen abgesehen, nur ein Unterscheidungsmerkmal neben anderen. Nationale Eigenart wurde damals begründet in einer Herleitung aus der Antike, aus der Geschichte, aus biblischen Abstammungssagen. Messianische Elemente lagen dem schon genannten Werke des normannischen Legisten Pierre Dubois (um 1300) zugrunde, sie beflügelten den royalistischen Nationalismus der Jeanne d'Arc, die vom heiligen Königreich Frankreich sprach.

In der hussitischen Revolution kam ein extremer, ungewöhnlicher Nationalismus zum Ausbruch. Nationalismus aber war damals Reformidee, weltliches und kirchliches Reformprogramm.

Frömmigkeit

In Deutschland war die nationalkirchliche Tendenz viel weniger theoretisch vorbereitet und untermauert als anderswo; hier galt das Interesse der Reformer mehr der Frömmigkeit als der kirchlichen Hierarchie. Frömmigkeit und Kirchlichkeit sind nicht ein und dasselbe; die Ketzer waren zumeist frömmer als die kirchlichen Orthodoxen. Die Deutschen des 15. Jahrhunderts waren fromm und rechtgläubig zugleich. In Deutschland hatte der Ketzerprozeß nach den Hussitenkriegen keine Zukunft mehr, um so mehr kam der Hexenprozeß auf. Der Deutsche liebte die Kirche, kritisierte und haßte die Schwächen und Laster des Klerus und stieß mit dem Kirchenrecht zusammen. Die Kirche war den Deutschen nicht kirchlich genug, Rom und der Papst erschienen als Antichrist in chiliastischem Verstande, in der Erwartung des tausendjährigen Reiches Christi auf Erden. Aus dem äußeren Ereignis der 1378 eingetretenen Spaltung der Papsttümer war ihnen die Notwendigkeit der Reform alter Mißstände bewußt geworden; aber über der Einheitsfrage vergaßen sie gar bald die Reformforderung, wenigstens auf den Konzilien von Konstanz und Basel.

Religiöser Erneuerungswille, mystische Theologie, fromme Glut führten nur zu einer Reform der kirchlichen Verfassung. Ein Deutscher forderte ein Reformprogramm, das Kirche und Reich umfaßte. Die Kirche sollte internationalisiert, das Kardinalat nicht nur ein Monopol der Italiener und Franzosen sein, auch andere Nationalitäten, vor allem Deutsche und Engländer sollten einziehen; zudem sollten die Griechen mit der Kirche ausgesöhnt werden.

Deutsche Reformforderungen

Im vordergründigen Kampf um Beschränkung oder Behauptung des päpstlichen Primates sahen Deutsche das Heil der Kirche in einer Reform des kirchlichen Stellenbesetzungsrechtes, in einer Einschränkung der päpstlichen Vorbehaltsstellen, welche die bischöflichen Ernennungsrechte, die Patronatsrechte, die Wahlrechte der Kapitel und Konvente ersetzen und dem päpstlich-kurialen Einfluß überall Eingang verschaffen sollten.

Sieg des Papsttums

Der Kampf gegen den fiskalisch überanstrengten päpstlichen Zentralismus wirkte sich vor allem in der Reform des Hauptes, nicht der Glieder aus. Nach dem Sieg über Konzil und Konziliarismus und der Behauptung des Herrschaftsmonopols in der Kirche, also seit dem Jahre 1440 und nach der Beendigung des Basler Konzils, arrangierte sich das Papsttum abermals mit den weltlichen Herrschaften, den Nationalmonarchien, in den Konkordaten, wurde selbst zur weltlichen Macht, zur »Großmacht« in Italien und fügte sich den Normen und Formen der weltlichen Gesellschaft und Herrschaft; das Papsttum fiel damit in den Augen der Welt, der Deutschen vor allem, als die geistliche Macht der Seelsorge und Heilsweisung vollends aus und machte die Reformation notwendig.

f) Das Anliegen der inneren Kirchenreform

Landeskirchen

Das Anliegen der eigentlichen inneren Kirchenreform – nur die Universitäten hielten den Gedanken des Konziliarismus noch hoch – übernahmen die einzelnen Bistümer, Stifte, Klöster und vor allem der deutsche Landesstaat, die Landesherren, die bei aller frommen Gesinnung primär ihre Landesherrschaft, die moderne Staatlichkeit ihrer Territorien festigen und intensivieren wollten.

Ansehen der Kirche in der Welt

Einer durchgreifenden Reform des religiösen Lebens und Geistes standen in Deutschland und anderswo uralte Traditionen und Strukturen, neuformierte und organisierte alte Kräfte entgegen, welche die Verstrickung der Kirche in die Welt zum Dauerzustand gegen ihr Stifterideal und ihre Lehre machten und sie um Ansehen und Glaubwürdigkeit im Urteil der Welt, der Laien- und Ständegesellschaft brachte. Der Adel beherrschte weiter personell die Hochkirche und ihre Führungsstellen, die Bischofssitze und Domherrenstellen, wenn sich auch die Klöster selbst der alten Orden langsam zu verbürgerlichen begannen.

Bürgertum und Adelskirche

Bischöfe und Äbte waren Landesherren und bei aller adeligen Frömmigkeit in die Weltlichkeit des landesherrlichen Rechtstreites verfangen. Die »Weltlichkeit« der Prälaten ärgerte die Frommen. Obwohl im 15. Jahrhundert das Ordensleben einen großartigen Aufschwung nahm, spaltete das Adelsprinzip gesellschaftlich den Klerus in maiores, minores, infimi (= hohen, mittleren, unteren) und die Kirche in eine Hoch- und Niederkirche. Die Leute auf dem Lande fanden sich damit gerade noch ab, jedoch der wache Geist des Bürgertums in den Städten nahm tiefen Anstoß daran, um so mehr als ihr Reichtum und ihre Aktivität den Adel wie auch die Adelskirche längst finanziell und wirtschaftlich in ihre Abhängigkeit gebracht hatte. Wahre Kirchenreform wurde auch verhindert oder verwässert durch den stiftenden Laien, der den Zweck der Stiftung bestimmte, damit die kirchliche Ordnung störte und das kirchliche Ämterrecht außer Kraft setzte. Mit ihren übermäßigen Stiftungen förderten die Laien den Klerikalismus im 14. und 15. Jahrhundert und züchteten in den Städten den Antiklerikalismus.

Im religiösen Verstande ist für den mittelalterlichen Menschen das Leben zweiteilig, die einen beten und führen ein vorbildliches Leben nach dem Evangelium, die anderen herrschen, arbeiten, verdienen, wirken. Im 11. Jahrhundert drängte der Adel zur Reform, im 14. und 15. forderte das Volk der Laien, arm und reich, zur Regelerneuerung.

Der Klerus

Die persönlichere Frömmigkeit des Volkes, der Stadtbürger, suchte in den Ängsten des Tages, in der Furcht vor der Pest, Seuchen, Mißernte, Mißerfolg, in der Sorge um das jenseitige Heil privateren Anschluß an die Heiligen, die ebenfalls nach Ständen differenziert wurden. Ihren Höhepunkt erreichte diese egoistische Frömmigkeit in der massenhaften Stiftung täglicher Messen und der dazugehörigen Bestellung eines Meßpriesters, der ausschließlich dazu verpflichtet und darum oft schlecht bezahlt war. Das zeitigte einerseits ein unwürdig lebendes geistliches Proletariat, andererseits das Streben des Bürgertums, sich in die Dinge der Kirche einzumischen, Verwaltung und Leben der Kirche zu bestimmen. Die Laien ärgerten sich über das Konkubinat der Geistlichen, das immer mehr die Formen einer Ehe einnahm. Vor allem brachte den Klerus seine Unbildung bei den Humanisten und beim geistig geweckten Stadtbürgertum in Mißkredit. Humanismus empfahl sich dem Bürgertum deshalb, weil er zwischen der Einfalt des Herzens,

Blick von der Kaiserburg auf die Stadt Nürnberg,
Reichsstadt unter Kaiser Heinrich III. (1039 bis 1056)
und Burggrafsitz der Hohenzollern seit 1191

Auf der Vorderseite:
Kiew, Sophienkathedrale, UdSSR,
seit 1017 geistiges Zentrum von Osteuropa

Denkens und scholastischer Gelehrsamkeit die Mitte hielt. Der Bürger verlangte die gute Predigt, um sich zu bilden, die Kirche aber sah in Weihe und Priestertum, das heißt in der richtigen Verwaltung der Sakramente und in der richtigen Feier der Messe, eine höchste Forderung.

Mit dem wachsenden Bildungsbedürfnis der Bürger hielt das noch immer festgehaltene, aber entleerte alte Bildungsmonopol des Klerus nicht mehr stand. Dadurch entstand auch ein tiefes Bildungsgefälle zwischen Stadt und Land, das die reformatorischen Prädikanten auf dem Lande mobilisierten und revolutionierten.

Bildungsgefälle

Mythische, bäuerliche, adelige, städtische, rationale, theoretische, intellektuelle, herrschaftliche Elemente und Formen prägen und bestimmen das Leben der Menschen seit der zweiten Hälfte des 14. Jahrhunderts in ungeordnetem Nebeneinander und Pluralismus, erzeugen Unsicherheit und Angst, aber auch Kritik mit zunehmender Intellektualisierung, Theoretisierung und Diskussion. Alle Volksschichten gewannen allmählich Zugang zu dem großen gesellschaftspolitischen Gespräch jener Zeit, auch die Unterschichten. Es brach sich eine »intensive Urbanität« neben altadeliger Tradition im 14./15. Jahrhundert Bahn und formte auch letztere um.

Intensive Urbanität und altadelige Tradition

2. Deutschlands Weg zur lehnsrechtlich legalisierten Fürstenpolitik. Vom Universalismus zu Enge und Stagnation

Abstieg des Kaisertums

Gleichzeitig mit dem Aufstieg Frankreichs und seines Königtums zur europäischen Großmacht mit universalen Ansprüchen stieg das deutsche Königtum vom Gipfel seines Kaisertums und seiner Vormachtstellung in Deutschland wie in Europa herab. Sieger im Streit um die Verfügungsgewalt über die hohen, entscheidenden Kirchenstellen, den Papst und Kaiser ausfochten, waren die Aristokratie und die sich ihr angleichende hochkirchliche Hierarchie in Deutschland. Das Lehnsrecht vermochte hier die Königsherrschaft nicht zu intensivieren und die Teile staatlich zu integrieren, es wurde zur legalen Klammer einer relativ autonomen Fürstenpolitik und Landesherrschaft ganz im Gegensatz zu England und Frankreich. Deutschland verlor im 13. Jahrhundert die Machtgrundlage für die Behauptung einer europäischen Hegemoniestellung.

a) Die Staatspolitik Friedrich Barbarossas und sein Kampf um Reichsitalien

Beim Tode des letzten Salierkaisers Heinrich V. (1106–1125) verwarf der Reichsadel das Prinzip des Erbrechts und wählte den erfolgreichen Sachsenherzog Lothar von Supplinburg (1125–1138) zum König, um dann wieder auf den mit den Saliern verwandten Staufer Konrad III. (1138–1152) überzuwechseln. Dagegen aber griff der Welfenherzog Heinrich X. der Stolze zu den Waffen. Welfen und Staufer hielten sich in der Folgezeit machtmäßig oft die Waage.

Barbarossa

Friedrich I. Barbarossa (1152–1190) war ein Herrscher mit zähem Willen und organisatorischer Begabung, der Idealtypus der ritterlich-höfischen Gesellschaft in seinem Reich, aufgeschlossen für die neuen Kräfte in Wirtschaft und Gesellschaft, aber belastet mit einem administrativ unterentwickelten Erbreich, traditionellen Bindungen und Machtansprüchen, die ihn naturnotwendig zum Reaktionär und Imperialisten für alle die stempelten, die nicht beachteten, daß sich in jedem Menschsein und in jeder Epoche Erbe und Fortschritt zumeist die Waage halten. Seine Bemühungen um den Landfrieden in Deutschland und um den Aufbau einer zentralen Königsmacht durch den Ausbau ergebener Reichsländer zeigen seine fortschrittliche Haltung. Seine Lehenspolitik brachte ihm zwar eine teilweise Verfügung über das Reichskirchengut zurück, aber seine Lehnsordnung (Heerschild) trennte den König vom Großteil der Bewohner seines Reiches, die Untertanen des Adels und der Kirchen, später auch der Reichsstädte wurden, verband ihn aber nur mit den höchsten Lehensträgern, die der König dann im 14. Jahrhundert gegen das dynastische Teilungsprinzip und die ständische Bewegung selbst schützen mußte, um dem Reich noch einen äußerlich legalen, lehnsrechtlichen Rahmen und eine dezentralisierte Machtgrundlage im Kurfürstenstaat zu sichern.

Reichsfürstenstand

Der Kampf gegen den welfischen Rivalen um die Macht, mit Heinrich dem Löwen (XII.), endete zwar 1180 erfolgreich mit dem Entzug der reichslehenbaren Herzogtümer Sachsen und Bayern, aber die Gewinner waren Hocharistokratie und Hochkirche, die just im gleichen Jahr als Reichsfürstenstand proklamiert wurden und die »Beute« unter sich verteilten.

Kurfürsten

Aus diesem Kreis schälte sich die besonders gehobene Gruppe der Königswähler (Kurfürsten) heraus, die nicht nur die mächtigsten Teilgewalten waren, sondern im Reichstag wie im spätmittelalterlichen Reichsregiment den Ton angaben. Zu ihnen gehörten die drei rheinischen Erzbischöfe von Köln, Mainz und Trier, die zugleich die Erzkanzler der drei Länder waren, deren »Trias territorial« seit dem 11. Jahrhundert das deutsche Reich ausmachte. Dieses nannte sich dann seit dem 15. Jahrhundert in Verengung seiner Macht und Stellung »Heiliges Römisches Reich Deutscher Nation«, nachdem Burgund und Reichsitalien verloren waren. Damit war das Reich gemeint, soweit es deutscher Nation war. Die weltlichen Königswähler waren der Pfalzgraf vom Rhein, der Herzog von Sachsen, der Markgraf von Brandenburg und der König von Böhmen.

Kaiser und Papst

Der mit Beatrice, der Erbin der Grafen von Burgund, verheiratete Kaiser Friedrich I. mußte dem englischen Papst Hadrian IV. Breakspeare nicht nur Hilfe gegen die aufständischen Römer und die unbequemen Normannen versprechen, sondern sich auch zu einem symbolischen Akt der Unterwerfung, dem Steigbügel- und Zügelhalten für den reitenden Pontifex bequemen, als er die Kaiserkrone erstrebte, die der Papst als sein Recht und seinen Verfügungsbesitz betrachtete. Den weiteren Versuchen der Kurie, auch den deutschen König-Kaiser als Lehnsmann des Papstes auszugeben, widersprach der Staufer kräftig und sprach fortan vom »Heiligen Römischen Reich«, betonte dessen weltliche Heiligkeit und leitete seine »Stellvertreterschaft« von Gott und nicht vom Papst ab.

Mobilisierung der Steuerkraft

Seine Rechte als Träger der alten langobardisch-italienischen Eisernen Krone machte Barbarossa beim Neuausbau der deutschen Herrschaft in Reichsitalien und bei der Mobilisierung von dessen Finanz- und Steuerkraft geltend. Er setzte in die Städte kaiserliche Gewalthaber und berief 1158 Abgeordnete aller lombardischen Städte auf den Reichstag von Roncaglia, wo der diesen durch Bologneser Juristen römisches Recht, Kaiserrecht und Untertanenpflicht »weisen« ließ. Eine

Nebenabsicht war es, die italienischen Ausgangspunkte des deutschen Handels mit dem Osten in die Hand zu bekommen. Die italienischen Gemeinden waren nach der Abschüttelung der bischöflichen Stadtherrschaft und unter adeliger Führung schon so mächtig geworden, daß sie sich der kaiserlichen Aufforderung widersetzten, um so mehr, als sie die Unterstützung des »Bürgerpapstes« Alexander III., eines Juristen, gewannen, der den Kaiser bannte.

Lombardenbund

Nach zweijähriger Belagerung ließ Barbarossa 1162 das stolze Mailand niederbrennen und provozierte damit die Gründung des lombardischen Städtebundes (1167), der Verona, Vicenza, Padua, Treviso, Ferrara, Mantua, Modena, Bologna und Mailand zu geeintem Widerstand zusammenführte. Der Bund besiegte den Kaiser bei Legnano und erzwang einen sechsjährigen Waffenstillstand. Barbarossa zog darauf die Konsequenz und ging zu einer geschmeidigen Politik der Anpassung an eine veränderte Gesellschaft und Welt über. Er schloß mit dem Papst den Frieden von Venedig (1177) und gestand im Konstanzer Frieden (1183) den Städten Selbstverwaltung zu.

Städtepolitik

Gegenüber Polen, Böhmen und Ungarn machte der Staufer seine Macht geltend, auch die Reichskirche brachte er in aller Stille unter seinen Einfluß und betrieb selbst eine intensive Städtepolitik, der wirtschaftlichen Kraft des Bürgertums seit der Begegnung mit den Lombarden, aber auch des Fehlens moderner »Staatseinkünfte« wohl gewahr.

Im Glanze seiner neugewonnenen Stellung feierte er zu Mainz 1184 ein berühmtes Ritterfest, auf dem er sich der Welt als strahlender Ritter inmitten seiner Paladine, Lehnsträger und Dienstmannen zeigte. Seine Hoffnung, an der Spitze eines Kreuzfahrerheeres des Westens Ost und West wieder vereinigen zu können, vereitelte sein jäher Tod im Flüßchen Saleph (1190).

Mag dieser bedeutende Kaiser auch seine Kräfte für ein in einer gewandelten Welt nicht mehr erreichbares Ziel überanstrengt haben, fest steht, daß er in Deutschland und Italien Gerechtigkeit, Frieden, Ordnung schuf und den Kampf aller gegen alle beendete. Jedenfalls hinterließ seine Regierung einen so starken Eindruck, daß kommende Zeiten ihre nationalen Sehnsüchte auf ihn vereinigten und die Sage seine Wiederkehr verkündete.

b) Von der europäischen Vormachtstellung Heinrichs VI. zum Interregnum

Italienpolitik Heinrichs VI.

Barbarossas Sohn Heinrich VI. (1190–1197) eroberte mit Hilfe der Seestädte Genua und Pisa, Süditalien und Sizilien von den Normannen. Damit beschwor er eine tödliche Gefahr für den Kirchenstaat in Mittelitalien herauf, der eingekreist war, da sich nun ganz Italien der Stauferherrschaft beugte. Das Kaisertum des deutschen Königs stand im Zenit seiner Vormachtstellung, da die Provence, die Dauphiné Burgund, Elsaß, Lothringen, die Schweiz, Holland, Deutschland, Österreich, Böhmen, Mähren und Polen neben Italien unter seiner Herrschaft vereint waren.

England anerkannte für kurze Zeit den Kaiser als Lehnsherrn, die Almohaden Afrikas zahlten Tribute, Antiochien, Kilikien und Zypern baten um Aufnahme in den Reichsverband, und auch Frankreich, Spanien und Byzanz rückten für den kaiserlichen Herrn des *regnum utriusque Siciliae* (Unteritalien und Sizilien) in die Reichweite seiner politischen Pläne. Sein plötzlicher Tod — auf einem Zug nach dem Osten starb er an Ruhr — machte alle hochfliegenden Entwürfe zunichte und stürzte das Deutsche Reich, dessen innere Ordnung unfertig und dessen zentrale Macht noch nicht gefestigt war, in eine Katastrophe und in das Chaos des Streites der Gewalten.

Das Schicksal aber wollte es, daß ausgerechnet nach dem Scheitern der Ausgleichsverhandlungen mit dem Papsttum der größte Hierokrat, Innozenz III., den Stuhl Petri bestieg, in die kaiserliche Stellung als Vormund des unmündigen Kaisersohnes Friedrich II. (1212/1215–1250) und als Schiedsrichter im deutschen Thronstreit und in Italien einrückte und damit die päpstliche Macht in der christlichen Welt souverän verband.

Deshalb entbrannte, nachdem Friedrich II. mündig geworden war und die Herrschaft angetreten hatte, mit zunehmender Heftigkeit die letzte Auseinandersetzung zwischen den beiden universalen Gewalten, Kaisertum und Papsttum, auf italienischem Boden.

Interregnum

Es folgte bald die kaiserlose, schreckliche Zeit des Interregnums (1254–1273), in der die Kurfürsten den Thron an jeden Schwächling verkauften, wenn er sie nur beim Ausbau ihrer Landesstaaten nicht störte, nachdem der letzte jugendliche Staufer Konradin von den Anjous 1268 auf dem Marktplatz zu Neapel hingerichtet wurde.

c) Die Verlagerung des Schwergewichts nach dem Osten

Als Graf Rudolf von Habsburg 1273 zum König gewählt wurde, begann sich das Schwergewicht des Reiches vom Westen nach dem Osten zu verlagern, nachdem auch die Machtstellung und Aspirationen des Böhmenkönigs Ottokar II. in diesem Raum auf dem Schlachtfeld von Dürnkrut durch Rudolf vereitelt worden waren (1278).

Österreich und Wien

Der Graf aus der schweizerischen Südwestecke des Reiches baute sich auf dem Boden des österreichischen Herzogtums der ausgestorbenen Babenberger eine starke Grundlage seiner Haus- und Königsmacht auf und machte Wien zur Hauptstadt seiner Länder. Fortan konnte sich als König nur mehr ein starker Landesherr durchsetzen, besonders nachdem Rudolfs und seines Sohnes Albrecht I. Bemühungen um die Wiedergewinnung des alten Reichsgutes gescheitert waren und die zu ähnlichem Zwecke ausgebauten Reichslandvogteien nicht zum Ziele führten. König Rudolf I. (1273–1292) stellte in Deutschland Ruhe und Ordnung (Landfrieden) wieder her, wurde aber selbst nicht Kaiser, obwohl er 1279 eine Erklärung unterzeichnete, in der er die völlige Unterordnung der kaiserlichen unter die päpstliche Gewalt anerkannte und auf alle Ansprüche auf Unteritalien und Sizilien verzichtete.

Der König als Landesherr

Den letzten Versuch, Deutschland und Italien zu vereinigen, unternahm der luxemburgische Kaiser Heinrich VII. (1308–1313). Als er mit einem Heer wallonischer Ritter und geringer Unterstützung der deutschen Fürsten nach Italien zog, da begrüßten die lombardischen Städte nun diesen schwachen König enthusiastisch, denn sie erwarteten von ihm Hilfe in ihren inneren Klassenkämpfen und Stadtfehden untereinander und gegen die politische Tyrannei der Kirche. Italiens größter Dichter Dante begrüßte ihn feierlich, begründete in seinem Werk »Monarchia« die Unabhängigkeit der weltlichen von der geistigen Gewalt und forderte Heinrich auf, Italien von der Papstherrschaft zu befreien, die eine nationale Einigung der Halbinsel bis in das 19. Jahrhundert verhinderte und sich

Dante

im 15./16. Jahrhundert selbst zur Vormacht in Italien aufschwang. Aber die kaiserfeindlichen Quellen im finanzgewaltigen Florenz gewannen die Oberhand, die in Kämpfe untereinander verwickelten Signorien (Stadtherrschaften) mußten dem Kaiser die Unterstützung versagen.

d) Die deutsche Ostbewegung

Deutschlands Herrschaftsansprüche in Südeuropa ließen sich nicht verwirklichen; hier wirkten ihm die universale Papstherrschaft, der von ihr gerufene Anjou-Nationalismus, die Wirtschaftsmacht der Gemeinden und das frühentwickelte Finanzkapital von Florenz entgegen, das die Päpste seit Kaiser Friedrich II. in ihren Dienst stellten. Es gelang ihm aber die Expansion nach Osten, der die Verlagerung des politischen Schwerpunktes des Reiches folgte, so daß Wien, Prag, Brandenburg, Königsberg Zentren der innerdeutschen Herrschaftsgewalt wurden.

Präurbane Stadtsiedlung der Slawen und deutsches Stadtrecht

Die deutsche Ostbewegung traf auf eine präurbane Stadtsiedlung der Slawen; sie brachte das Modell des deutschen Stadtrechts und der deutschen Rodungssiedlerfreiheit im grundherrschaftlichen Verband und im Rahmen der Landesherrschaft. Diese Anregungen haben Ostmitteleuropa in starkem Maße an Europa und den Westen herangeführt, haben die Slawen neben Germanen und Romanen zur dritten Völkersäule Europas gemacht.

Deutscher Einfluß im Osten

Die Deutschen kamen als Einwanderer, Kolonisatoren, Grundherren, Eroberer und Spekulanten, als Kaufleute und Handwerker, Bergleute und Intellektuelle nach dem östlichen Mitteleuropa. Kinderreiche deutsche Familien zogen donauabwärts nach Ungarn und Rumänien (Siebenbürgen); deutsche Kaufleute gründeten Messen und schufen sich Absatzmärkte in Frankfurt an der Oder, Breslau, Prag, Krakau, Danzig, Riga, Reval, Dorpat, errichteten Handelsstationen von der Nord- und Ostsee bis an die Alpen und zum Schwarzen Meer, tauschten nicht nur Waren, sondern vermittelten auch ihren Geist, Geschmack, ihr Arbeits- und Unternehmerethos, ihren Lebensstandard und ihre Bildung als Anregung.

Piasten, Premysliden und Deutsche

Slawische Dynasten wie die schlesisch-polnischen Piasten und die tschechischen Premysliden riefen deutsche Siedler, Kauf- und Bergleute ins Land und gewährten ihnen besondere Privilegien; doch gab es daneben seit dem 10. Jahrhundert auch harte Eroberung. In den ostmitteleuropäischen Randstaaten erblühten Wirtschaft und Kultur; das fällt am stärksten im Premyslidenstaat in die Augen, der vor allem eine eigenschöpferische Kraft entfaltete.

e) Die Territorialisierung und Urbanisierung des Reiches

Landesstaaten, Ständemacht

In Binnendeutschland setzten sich Adels- und Fürstenmacht seit dem 11./12. Jahrhundert in zunehmendem Maße durch; bei den bäuerlichen Unterschichten bildete sich eine totale Lokalleibeigenschaft aus, die aber eine soziale Besserstellung und einen höheren gesellschaftlichen Standard gegenüber der archaischen Gesellschaft darstellte. Die Bischöfe und Äbte wurden ebenso reiche und mächtige Reichsfürsten wie die verwandten Laienfürsten. Die Kurfürsten beschränkten die Macht des Königs, bestimmten seine Politik, hielten sich an Reichsgut und Reichsrecht schadlos, gaben aber Deutschland keine bündische Einheit.

Struktur des Reiches

Es gab noch keine deutsche Nation, nur deutsche Stämme, Sachsen, Schwaben,

Franken, Bayern. Ein funktionierender Reichstag gewann erst nach 1338 Gewicht und Bedeutung; um so stärker entwickelten sich die Landtage (landständischen Versammlungen) in den Territorien. Die seit dem 10./11. Jahrhundert von den Königen entwickelte Reichsministerialität funktionierte zeitweise als bewährtes und kundiges Beamtentum im Entwicklungsprozeß der Herrschaftsgestaltung und garantierte auch Beständigkeit und Dauer der territorialen Staatspolitik der Könige, ja sie bestimmten die Reichspolitik. Deutschland hatte noch keine feste Hauptstadt, keinen eigenen Gesetzeskörper. Rechtsaufzeichnungen, wie der Sachsen- (1225) oder Schwabenspiegel (1275), hatten nur regionalen Charakter oder verzeichneten nur altes, überkommenes Recht.

In der Ottonen- und Salierzeit (10./11. Jahrhundert) hatte das Reich eine europäische Funktion, in der Stauferzeit holte es kulturell-zivilisatorisch auf, entband eigene schöpferische Kräfte und strahlte diese aus. Seine Bauern und Handwerker waren fleißig und gewandt, seine Kaufleute unternehmend und wagemutig, sein Adel war mächtig und kultiviert; die Welfen hatten europäische Geltung und machten europäische Politik mit den Päpsten, England und im Nordosten; die Andechser verheirateten am Ende des 12. Jahrhunderts ihre Töchter an die Könige von Frankreich und Ungarn und die Herrscher Kroatiens, an die schlesischen Piastenherzöge, besetzten die Landgrafschaft Burgund, den Patriarchensitz von Aquileja und den Bischofsstuhl von Bamberg zur selben Zeit. Der Dom zu Bamberg, an dem französische Baugesinnung mitwirkte, ist ein leuchtendes Zeugnis dieses Hochadelsgeschlechts von international-europäischem Rang. Der deutsche König gebot um die Wende vom 12. zum 13. Jahrhundert noch von der Weichsel bis Niederrhein und Rhone, vom Rhein bis zur Drau, von der Ostsee bis zur mittleren Donau, von der Nordsee bis Sizilien. Im deutschen Reich blühten Stadtwirtschaft und entwickelte sich Städtemacht durch Bündnispolitik. Reichtum und Kulturpflege nahmen ständig zu; die Hanse und die oberdeutschen Städte zeugten vor allem für diese fortschrittliche Entwicklung.

f) Das Werden des dualistischen Ständestaates und des institutionellen Flächenstaates

Seit dem 13. Jahrhundert konnten auch starke Persönlichkeiten das Königtum nicht mehr zur beherrschenden Zentralmacht erheben. Es gab in Deutschland keine Entsprechung zum englischen »privy council« (ständigen Rat des Monarchen), aber die Kurfürsten diktierten die Politik des Kaisers. Zwar beeinflußte das sich ausbildende Kurfürstenkollegium nur ganz kurz das Reichsregiment, aber es wurde die erste Kurie des sich entwickelnden Reichstages; die Hoftage wurden seit dem Interregnum zu echten Reichstagen, an denen die Fürsten kraft eigenen Rechts und nicht mehr in Erfüllung einer Lehnspflicht teilnahmen. Erst am Ende des 15. Jahrhunderts erkämpften sich die königlichen und gefreiten Städte die dauernde Reichsstandschaft mit dem Recht der Teilnahme am Reichstag und wurden dadurch erst Reichsstädte. Das Reich wurde ein dualistischer Ständestaat seit dem 14. Jahrhundert genauso wie die Territorien auch, wie Frankreich, Ungarn oder Böhmen und England. Der Kaiser verkörperte die schrumpfende Zentralgewalt, der Reichstag repräsentierte die autonome territoriale Fürstenmacht. Das Reich wurde kein Gesamtstaat, das staatliche Leben entwickelte sich in den Territorien.

Stände in Reich und Ländern

»Kaiser und Reich«

Trotzdem konnten die Fürsten das Reich nicht außer Kurs setzen, und so blieb es bis 1806 am Leben. »Kaiser und Reich«, die geläufige Formel, drückte nicht Einheit, sondern Widerspiel zwischen Oberhaupt und Fürsten aus. Es entwickelten sich größere starke und kleinere Territorialstaaten auf Reichsboden aus, Bayern, Österreich, Sachsen, Brandenburg, und nahmen den Charakter institutioneller Flächenstaaten mit stetig zunehmender Intensität der Fürstenmacht trotz dynastischer Teilungen und landständischer Beschränkungen an.

In den Territorien gelang die Weiterentwicklung des Lehnsverbandes zum zentralen Verwaltungs- und Beamtenstaat. Die Landesstaaten waren das eigentliche Feld ständischer Repräsentation in Deutschland; in ihren Ständeversammlungen waren weltlicher und geistlicher Adel, Ritterschaft, teilweise Städte und sogar Bauern vertreten. Das Königtum förderte diese Entwicklung als Gegengewicht gegen die territoriale Selbstverwaltung im Reich und verbot schon 1231 durch Reichsgesetz den Landesherren, ohne Zustimmung der Mächtigen und Gehobenen im Lande, der adeligen Landsgemeinde, den Untertanen Leistungen, Steuern und körperliche Arbeiten, aufzuerlegen.

Das Steuerbewilligungsrecht wurde das Hauptmittel ständischen Machteinflusses; aber dieser erschöpfte sich darin nicht; die Stände fühlten und gaben sich als die Vertreter der gemeinsamen Interessen, des Gemeinwohls aller und als Repräsentanten der Herrschaftsberechtigten und Untertanen gegenüber der Macht des Landesherrn und Souveräns.

g) Die Luxemburger und Ludwig der Bayer. Die Anfänge der Donaumonarchie

Nach der Ermordung König Albrechts I. von Habsburg wurde mit Hilfe seines Bruders, des Erzbischofs Baldewin von Trier, Graf Heinrich von Luxemburg zum deutschen König gewählt. Er versuchte durch die römische Kaiserkrone ein ideelles, durch den Erwerb Böhmens nach dem Aussterben der Přemysliden ein tatsächliches Übergewicht in Deutschland zu schaffen.

Böhmens Macht

Als Herren Böhmens und seines Reichtums an Edelmetall waren die Luxemburger ein Jahrhundert lang die stärkste Territorialmacht in Deutschland neben den Habsburgern, deren Aufstieg zunächst verhindert war.

Wittelsbachische Territorialpolitik

Heinrichs Nachfolger, der Wittelsbacher Ludwig der Bayer (1313–1347), mußte sich zuerst mit den habsburgischen Rivalen um die Königskrone auseinandersetzen und dann eine starke Territorialmacht aufbauen; er erwarb Brandenburg, Holland, Seeland, Hennegau, Tirol, das seit der Mitte des 13. Jahrhunderts landesherrliche Grafschaft war. Nach der Ernennung eines Generalvikars in Oberitalien (1322) wollte er dieses Land fest mit Bayern verbinden; die Wittelsbacher sollten die stärkste Territorialmacht Mitteleuropas werden.

»Volks-Kaiser«

In angstvoller Sorge um seine Herrschaft in Italien erhob das avignonesische Papsttum noch einmal seinen Anspruch auf Oberherrschaft und auf sein Schiedsrichteramt im deutschen Thronstreit.

Rhense

Kaiser Ludwig III. ließ sich in Rom 1327 vom römischen Volk zum Kaiser proklamieren und von einem kaiserlichen Papst krönen. Gegen das gefangene Papsttum in Avignon aber ließ er eine große Propaganda anlaufen, deren Zentrale an seinem Münchener Hof war. Die deutschen Kurfürsten erklärten 1338 zu Rhense südlich Koblenz (Kurverein) ein päpstliches Bestätigungsrecht (Approbation) für einen ordnungsgemäß gewählten König für hinfällig; ein zu Frankfurt erlassenes Reichsgesetz fügte hinzu, daß allein die Wahl Kaisertitel und Kaiserrecht begründe. Ludwigs Territorialpolitik erregte Verdacht und Eifersucht der Kurfürsten; sie wählten den Sohn König Johanns von Böhmen, den Luxemburger Karl IV., auf päpstliches und französisches Betreiben zum Gegenkönig.

Karl IV. (1346–1378) war der bedeutendste deutsche Herrscher des sogenannten Spätmittelalters. Dieser hochgebildete Diplomat und Realpolitiker, der mehrere Sprachen beherrschte, verband ritterlich-höfische Kultur und bürgerlichen Unternehmungsgeist in seiner Person und bewegte sich im romanischen und deutschen Milieu gleich sicher. Durch die Goldene Bulle von 1356 sicherte er die Sonderstellung der Kurfürsten und ihrer Territorien und sanktionierte damit einen föderalen Aufbau des Reiches.

Goldene Bulle

Genau wie die Fürstengesetze Kaiser Friedrichs II. schlug auch die Goldene Bulle einen scharfen Ton gegen Städte und Bürgertum an, verbot Städtebündnisse und Einigungen, um das Fortschreiten städtischer Selbstverwaltung aufzuhalten.

Das »Pfahlbürgertum« wurde verboten, das heißt, daß Leute, die außerhalb der Stadtmauern wohnten, sich dem Stadtregiment unterstellten, um damit in den Genuß der städtischen Freiheiten zu gelangen.

Aber der Fortschritt in Wirtschaft und Gesellschaft ging über diese reaktionäre Gesetzgebung und Verfassung hinweg. Karl IV. förderte im deutschen Westen die Zersplitterung und versuchte sich in Landfriedensbündnissen eine Schiedsrichterrolle zu wahren.

Im Osten aber entwickelte er Böhmen zum Kernland seiner Territorialmacht und suchte es nach Bayern, Franken, Schlesien, Lausitz und Brandenburg hin zu erweitern. Prag, das er mit prächtigen Bauten schmückte, wurde seine Residenz. Er erhob in Italien selbst keine Herrschaftsansprüche, spielte aber die politischen Mächte gegeneinander aus. Er forderte entfremdetes Reichsgut vom französischen König zurück und ließ sich 1356 als letzter Deutscher zum König des Arelat (Burgund) krönen. Als Frankreich schwach war, verhalf Karl dem avignonesischen Papsttum zur Lösung von der französischen Nationalmonarchie.

Cola di Rienzi

Nachdem der Machtrausch des römischen Volkstribunen Cola die Rienzi verflogen war, kehrte Papst Urban V. 1367 wieder in die Tiberstadt zurück. Karls größter Triumph war die Wahl seines Sohnes Wenzel zum Nachfolger noch bei seinen Lebzeiten.

Wenzel

König Wenzel (1378–1400) konnte weder den Ausbruch offenen Kampfes zwischen Städtebünden und Territorien verhindern noch sich im Streit mehrerer Päpste um die Herrschaft in der Kirche zum Schiedsrichter aufwerfen. Seinen Bruder Sigismund ließ er als Generalvikar schalten. Die Kurfürsten setzten ihn ab, taten aber dem Reich durch die Wahl des pfälzischen Wittelsbachers Rupprecht I. (1400–1410) nichts Gutes. Schließlich stritten sich drei Luxemburger um die Kaiserkrone; den Sieg trug Sigismund (1410–1437) davon.

Anfänge der Habsburgermonarchie

Dieser Kaiser gewann durch die Einberufung eines Generalkonzils nach Konstanz (1414–1418) ein starkes moralisches Prestige in Europa. Seine atemberaubende Außenpolitik konnte aber die innenpolitischen Schwächen nicht verdecken.

Er wurde durch die Verheiratung seiner einzigen Tochter mit Albrecht V. von Habsburg zum Wegbereiter der Habsburger Monarchie.

Nach dem Aussterben des Herrscherhauses der Arpaden in Ungarn 1301 (fünf Jahre vor dem Aussterben der Přemysliden in Böhmen) war eine Nebenlinie der französischen Anjous dort zum Zuge gekommen. Ludwig I. trug seit 1370 die ungarische und die polnische Königskrone. Das Vordringen der Türken auf dem Balkan wurde seit der Mitte des 14. Jahrhunderts für das Land der Stephanskrone immer bedrohlicher, da sie der Abwehr aus eigener Kraft nicht gewachsen war. Deshalb zielte die Politik Sigismunds, der 1387 als Schwiegersohn König Ludwigs den Thron geerbt hatte, auf den Ausbau einer starken Donaumonarchie, und darum verheiratete er seine Tochter mit dem Habsburger.

Anjous in Ungarn

Sigismund

Sigismund gewann auch Böhmen, befriedete religiös das vom Hussitensturm aufgewühlte Land. Sein Plan war es auch, den Venezianern Dalmatien, Friaul und die Ostlombardei abzujagen; in die verfallende, vom Aufstieg der polnischen Großmacht bedrohte Mark Brandenburg setzte er 1415 das schwäbische Geschlecht der Zollern, Burggrafen von Nürnberg. In Rom 1433 zum Kaiser gekrönt, starb Sigismund 1437 auf einem Ungarnzug.

Dann kam das Geschlecht der Habsburger in der Herrschaft über Mitteleuropa zum Zuge. Damit aber wandelte sich die innere und äußere Form Deutschlands und Europas.

h) Fürstentum und Stände

Jetzt erkannten auch die Zeitgenossen, daß das Reich nur noch lehnrechtlicher Rahmen für eine Vielzahl fürstlicher Herrschaften war. Das Fürstentum setzte sich damals gegen den König wie gegen die schwächeren Stände, Reichsstädte und Ritterschaften durch. Seit dem Regierungsantritt Friedrichs III. (1440—1490) wandelte sich die Reichsreform und gewann auch in den Landfriedenstexten Ausdruck. Die »Reformation Kaiser Friedrichs« von 1441 gab den Versuch der Landfrieden seit Karl IV. auf, den Rechtsstreit der Reichsunmittelbaren untereinander zu schlichten und den Prozeß zwischen Herren und Städten zu regeln; aus Verfassungsreform wurde reine Strafrechtsreform. Diese entpolitisierte Reichsreform wurde nun ein Werkzeug der bayerisch- und pfälzisch-wittelsbachischen, der böhmischen, der burgundischen Fürstenpolitik; ihr Ziel war es, ein Gegengewicht gegen die habsburgische Kaisermacht aufzubauen. Die kleinen Stände, Ritter und Städte mußten sich selbst helfen und schlossen sich in Bündnissen zusammen, da ein Zusammengehen mit dem König gegen die Fürsten unmöglich geworden war. Sie entwickelten die juristische Form der rechtlichen »Erbietung«, die viele Dörfer vor Raub und Brandschatzung bewahrte, das Werk ritterschaftlicher und städtischer Schreiber.

Reichsreform

Die zum Staat sich integrierende Herrschaft stieß mit dem armen Mann zusammen, der sich im Bundschuh und im Armen Konrad organisierte und dann im Bauernkrieg losschlug. Gelehrte und tüchtige Beamte der Fürsten führten eine genaue Verwaltung und entwickelten eine nüchterne Sachlichkeit; gerade das aber drückte den armen Mann, daß der Landesherr zum Unternehmer und der Verdienst, den man errechnete, nun zum Wertmesser wurde. Trotz allem aber war für die Fürsten und Herren die Herrschaft immer noch Genuß.

3. Städtelandschaften und Wirtschaftszentren Europas

a) *Die Anfänge der mittelalterlichen Stadt*

Die Ausbildung von Stadt und Bürgertum setzte in Europa fast völlig neu ein ohne direkte Verbindung zur antiken Stadtkultur. Als sich seit dem 10. Jahrhundert Handel und Verkehr belebten, aus Karawanenhandel im Auftrage des Leib- und Grundherrn genossenschaftliche oder individuelle Unternehmungen wurden, das Handwerk sich aus dem agrarischen Fronhofsverband löste und in den Bischofs- und Burgstädten verselbständigte, entstanden neue Gründungen oder erwachten die Reste antiker Städte zu neuem wirtschaftlichen, gesellschaftlichen, rechtlichen Leben.

Neue Urbanität

Stadtgründungen

Die mittelalterliche Stadt erstand neben den Römer- und Bischofsstädten, als Nachbarsiedlung zu Klöstern, Pfalzen und Burgen. Besonders rechts des Rheins und weiter östlich wurde sie von Grund- und Stadtherren regelrecht neu gegründet und mit Immunitätsrechten ausgestattet, aus ihrer Umgebung als Sonderbezirk herausgehoben. Unter günstigen Voraussetzungen konnten um diese urbanen Zentren sich Stadtstaaten bilden und die Körperschaften der Stadt zum Territorialherrn werden.

Der älteste deutsche Name für diese nichtagrarische Siedlung ist »Burg«, ihre Einwohner heißen darum »Bürger«. In Frankreich wurde, dem Namen »ville« (=Stadt) nach zu schließen, die Villa (Gutshof, Landsitz, dörflicher und präurbaner Stadtverband) der Ausgangspunkt der mittelalterlichen Stadtentwicklung. Das französische »cité«, das angelsächsische »city«, das italienische »cittá« halten die Erinnerung an die römische »civitas« wach, während das englische »town« (Zaun) an Etter und Stadtmauern erinnert.

b) *Stadtherr und Bürgergemeinde*

Den Ton gab in der europäischen Stadt dieser Epoche zunächst der Stadtherr an; daneben entwickelte sich ein kaufmännisches Gewohnheitsrecht; die Städte des Königs spielten in Deutschland, Frankreich, Böhmen und anderswo eine führende Rolle. Königsrecht und Königsschutz förderten ihre Entwicklung auch zur Stadt- und Bürgerfreiheit hin. Geführt von den reichen Kaufleuten und Geldverleihern, aber auch von der verwaltenden Ministerialität des Stadtherrn setzte sich die Einwohnerschaft als rechtlich selbständig handelnde Körperschaft gegenüber dem Stadtherrn durch, erlangte Selbstverwaltungsrechte, bildeten einen eigenen militärischen Verband zur Verteidigung des Gemeinwesens; es entstand die Bürgergemeinde mit einem gegliederten Rat und einem Bürgermeister an der Spitze, der neben königlich-grundherrlichen Burggrafen, Stadtvogt, -propst, -schultheiß, podestá und andere trat. Diese Entwicklung fördert der durch Fernhandel rasch wachsende Reichtum und die dadurch gegebene Finanz- und Steuerkraft der Bürger, die sich die Stadt- und Landesherren zunutze machten, indem sie sie in ihre fiskalische Tasche leiteten, und für deren Wachsen und Gedeihen sie auch günstige Voraussetzungen, Möglichkeiten selbständiger Initiative schaffen und Sonderrechte gewähren mußten.

Selbstverwaltung

Dieser Aufstieg wurde aber auch dadurch beschleunigt, daß die ursprünglich Leibeigenen durch Ergebung an den Heiligen eines Klosters in und neben der alten Stadt gegen einen gestaffelten Jahreszins Verfügungsfreiheit über ihre

Arbeitskraft und ihren Arbeitsertrag gewannen, zunächst aus unfreier Unfreiheit in freie Unfreiheit und dann in persönlich-körperliche Freiheit ohne allen personenrechtlichen Zwang – nicht nur ohne Verpflichtung zu willkürlich bemessener körperlicher Leistung für den Herrn – aufstiegen. *Befreiung der Arbeitskraft*

c) Neues Arbeitsethos und Lebensgefühl

Innerhalb von Stadtzaun und -mauer entstand so ein neuer Geist, ein neues Arbeitsethos, eine neue am Geld, am Nutzen und am selbständigen Arbeitsprodukt orientierte Wirtschaftsgesinnung. Arbeit, Gewerbefleiß und Gelderwerb schändeten und deklassierten seit dem 12./13. Jahrhundert nicht mehr wie vorher in der archaisch-hochfeudalen Gesellschaft. Es entstand ein unfeudales, vom Adel verschiedenes, rationaleres und engeres Lebensgefühl, auch ein neues religiöses Empfinden; rationales Rechnen und Handeln setzten sich gegen instinktsicheres, naives Schalten und Walten durch. Durch das Zusammenleben innerhalb der Stadtmauern erwachte ein neues Gemeinschaftsgefühl, Ordnungs- und Selbstbewußtsein, entstanden aber auch neue soziale Probleme und Pflichten und erstmals auch ein Massenproblem und Massenbewußtsein, auf das sich eine neue Seelsorge durch die Massenpredigt einstellte. *Wirtschaftsgesinnung*

Neben Aristokratie und Rittertum, der sich die städtische Oberschicht anzugleichen versuchte, von der sie auch Leitbilder und Lebensformen übernahm, entwickelte sich so ein Mittelstand über den Unterschichten und dem agrarischen Land und wurde eine wesentliche neue Komponente europäischer Gesellschaft und Kultur.

Die Umbildung der alten grundherrlichen Fronhofs- und Sallandwirtschaft (mittelalterliche Form des Herrenhofs mit eigener Landwirtschaft) nach dem Prinzip der Selbstgenügsamkeit in Rentenbetrieb und Pachtsystem mit Ablösung der Naturalleistungen und körperlichen Dienste in festgesetzten Geldzinsen, die Zunahme des gemünzten Geldumlaufs an Stelle des Barrengeldes, die Zähmung der Nordsee und Atlantik verheerenden Piraten, die Seßhaftwerdung der Magyaren, die Wiedereroberung des Mittelmeers für den italienischen Handel, die Aufschließung der Levante durch die Kreuzzüge und der starke Auftrieb, den die Berührung des Westens mit Byzanz und dem Islam anregten, schufen seit dem 11. Jahrhundert günstige Voraussetzungen für eine bedeutende Erweiterung von Handel und Verkehr, für eine Intensivierung gewerblicher Produktion und die Entfaltung urbanen Lebens. Dieser materielle Aufschwung ermöglichte die kulturelle Blüte und die Entfaltung einer neuen »Staatlichkeit« und Politik im 12. und 13. Jahrhundert. *Ursachen der Erweiterung von Handel und Verkehr*

Die Gottesfriedensbewegung des 11. Jahrhunderts schuf gesicherte Zeiten für den Reiseverkehr und ein neues geistiges Klima, die Landfriedenspolitik der Könige schränkte das adelige Recht legitimer Gewaltanwendung, auch die Entwicklung des Geleitsregals, zusehends ein. Förderlich wurde die Einführung einheitlicher Maße und Gewichte. Die wachsende Königsmacht beschränkte und regulierte die Zölle, ja hob sie zur Zeit der großen Messen auf bestimmten Straßen und Märkten sogar völlig auf. *Gottes- und Landfrieden*

Der mittelalterliche Kaufmann lebte vor allem von den Jahrmärkten bei Salhöfen (Sala–Herrenhof) und Burgen, in der Umfriedung von Kirchen oder in den damaligen »Großstädten«. Der Lokalmarkt versorgte das flache Land mit

Fertigwaren, nahm dessen Erzeugnisse auf und leitete sie an Groß- und Transithandel und die regionalen Märkte weiter. Die Regionalmärkte fanden zu bestimmten Zeiten an vielen Orten statt. Die berühmten Jahrmärkte und Messen der Champagne wechselten in sechs- bis siebenwöchigem Rhytmus ab und bildeten so das ganze Jahr hindurch einen intensiven Markt.

Europas intensivere Handels- und Verkehrseinheit

Im Laufe der Entwicklung gewann der billigere Transport und Verkehr zu Wasser einen immer größeren Vorsprung vor dem Landverkehr. Das wirkte sich auch politisch aus. Als Sardinien (1022), Sizilien (1090) und Korsika (1091) den Sarazenen entrissen und die Straße von Messina sowie das mittlere Mittelmeer für westliche Schiffe wieder frei waren, als die Kreuzzüge alle Mittelmeerhäfen bis auf die südlichen in die Hände der Christen gebracht hatten, da wurde der Handel das wichtigste Bindeglied für die Länder Europas, die er mit einem ständig sich verdichtenden Netz von Handelswegen verknüpfte. Darüber hinaus stellte er internationale Verbindungen zu den Christen Vorderasiens, zum Islam Afrikas und Asiens, zu Indien und dem Fernen Osten her. Gewerbe, Handel und Verkehr haben wesentlich zur mittelalterlichen Einheit Europas beigetragen und den Zugang zu einer größeren Welt mit verschiedenen Religionen und Kulturen freigelegt.

d) Der Mittelmeerhandel

Italiens Handelsmacht

Durch seine geographische Lage zog Italien den größten Vorteil aus Europas Mittelmeerhandel mit Byzanz, Palästina und dem Islam. Florenz war der Bankier der Handelsstädte und der Mächte. Arno und Po trugen einen Teil des Imports landeinwärts. Rom und die Kurie schöpften durch Zehnten und Abgaben den Reichtum Europas ab; die religiöse Verehrung der Europäer für die christlichen Kultstätten brachte allüberall und besonders in der Hauptstadt der westlichen Christenheit klingende Münze ein. Siena und Bologna beherrschten Kreuzungspunkte im Landesinneren.

Den Handel über die Alpen nach den Donauländern und in das Rheintal kontrollierten Mailand, Como, Brescia, Verona und Venedig. Von dem durch seine venetianischen Kriege geschwächten Genua übernahmen die Mittelmeerhäfen Südfrankreichs und Spaniens einen Teil des Seehandels. In harten Konkurrenzkämpfen mit Montpellier, der Stadt der Gallier, Muselmanen und Juden, arbeitete sich Marseille empor. Alte, nach der Rekonquista zurückgebliebene jüdische Handelsfamilien brachten Barcelona zu hoher Wirtschaftsblüte. Entlang der Küste des Atlantik fuhren die Schiffe nach Rouen, London und Brügge.

e) Handel und Verkehr am Atlantik

Da der Alpenverkehr seit 1300 zu schrumpfen begann, verlagerte sich das Schwergewicht des Handels nach den Ländern und Städten am Atlantik, der durch die Entdeckung der Seewege nach Amerika und Asien um die Wende vom 15. zum 16. Jahrhundert zur Hochstraße des Welthandels und Weltverkehrs wurde. Frankreichs Ströme befruchteten Handel, Verkehr und Landwirtschaft. Britannien stand noch abseits, aber die fünf Kanalhäfen (»cinque ports«) zogen den

Themse

Verkehr an. Die Themse war schon im 12. Jahrhundert von Docks eingesäumt, und Wolle, Tuche, Zinn wurden dort gegen Gewürze, Seide, Pelze und Weine aus Arabien, China, Rußland und Frankreich ausgetauscht.

Brügge

Brügge, Wirtschaftszentrum und Ausfallstor des reichen Agrar- und Industrielandes Flandern, hatte den lebhaftesten Handel im ganzen Westen; es lag am Kreuzungspunkt des europäischen Nord-Süd- und West-Ost-Handels. Dieses Brügge machte mit zunehmender Sicherheit und durch die Senkung der Frachtsätze des Hochseeverkehrs den Champagnemessen ihre dominierende Stellung im europäischen Handel streitig und wurde zum größten Geldmarkt, zur Hauptbörse des spätmittelalterlichen Europa.

Flandern

Um 1300 beherrschten in Flandern die Grafen die Städte und trieben über die Amtsträger der großen Gemeinden, die den obersten Gerichtshof der Grafschaft bildeten, eine fast selbständige Außenpolitik. Zweihundert Jahre vor England hatte Flandern ein einheitliches Münz- und Maßsystem.
Die volkreichen Städte waren Schauplatz großer sozialer Gegensätze, die Klassenkampf erzeugten und die innere Geschlossenheit zermürbten. Die Grafen unterstützten das an Zahl, Macht und Leidenschaft zunehmende Proletariat; das Großbürgertum wandte sich darum an den französischen König Philipp II. August, der seinerseits Flandern beherrschen wollte. Weil das Land Hauptmarkt für englische Erzeugnisse, besonders Wolle, war, verbündete sich der englische Monarch mit den Grafen von Flandern und Hennegau, dem Herzog von Brabant und dem deutschen König Otto IV. von Braunschweig gegen Frankreich. Der französische Sieg von Bouvines 1214 sprengte die Koalition, der König unterwarf sich den Grafen und förderte das Selbständigkeitsstreben der Kaufleute.

Sporenschlacht von Courtrai

Der Griff Frankreichs nach dem »Weltmarkt« Brügge provozierte einen Aufstand der kleinen Bürger gegen die mächtigen Kaufherren und ihren französischen Bundesgenossen. Philipp IV. der Schöne wandte Vergeltungsmaßnahmen an und reizte die Arbeiter der Städte zur Rebellion; diese besiegten Ritter und Söldner 1302 in der berühmten Sporenschlacht von Courtrai. Die militärisch-taktische Bedeutung der Panzerreiterheere ging zu Ende; auf den Schlachtfeldern Europas entschied fortan die Infanterie. Lehnsgraf und Arbeiterschaft in Flandern waren für ein Jahrzehnt vom inneren und äußeren Druck befreit.

Niederlande

Die Städte der Niederlande waren nicht so lebendig wie die flandrischen, aber Handel und Gewerbe waren wohlgeordnet. Landesherr war der Graf von Holland, der zuerst zu Haarlem, dann zu Delft, seit zirka 1250 in Den Haag saß. Dordrecht war die reichste, Utrecht die gebildetste Stadt der Grafschaft. Die Anfänge Amsterdams gehen auf das Schloß eines Lehensherrn an der Amstelmündung zurück (1204). Dieses Holland zählte zu den großen Wirtschaftsmächten Europas, und sein Reichtum förderte auch die kulturelle Blüte der Lande am Niederrhein.
Nordfrankreich, Flandern, Holland und Brabant entwickelten sich seit dem 11. Jahrhundert zur eigentlichen großen Städtelandschaft Europas, wenn wir von den Städten Italiens und dem Bereich der Hanse absehen.

f) Die Schweizer Eidgenossenschaft. Städtische Unabhängigkeit und bäuerliche Freiheit gegen Habsburg und Burgund

Die alten Reichs- und Königsherrschaften auf dem Boden der späteren Schweiz, das Herrschafts- und Interessengebiet der Zähringer und dann der Habsburger in ihrem nördlichen Teil, entwickelten sich nach dem Untergang der Staufer allmählich zur Eidgenossenschaft.

Unter adeliger Führung schlossen sich zuerst die Bauern der Talschaften, die politischen Verbände und Gemeinden zur Aufrechterhaltung des Landfriedens zusammen und bildeten die Urkantone Uri, Schwyz und Unterwalden um den Vierwaldstätter See. An den Alpenstraßen entstanden die großen Städte Genf, Freiburg, Bern und Basel.

Dadurch verlagerten sich Handel, Verkehr und Wirtschaft nach der Westschweiz, während die Pässe Graubündens vor allem eine politische Bedeutung besaßen und bewahrten. Der Kampf gegen die Grafen von Habsburg, vor allem gegen den habsburgischen König Rudolf I. und seine territoriale Expansion führte 1291 die drei Waldstätten zur beschworenen Einung des »Ewigen Bundes«, der ein Landfriedensbund und ein gegenseitiges Schutz- und Trutzbündnis war.

»Ewiger Bund«

Seine Kraft gewann der Bund aber erst durch den Beitritt der Städte Luzern, Zürich, Glarus, Zug und Bern. Bei Morgarten besiegte das Fußvolk der Schwyzer und Urner 1315 das habsburgische Ritterheer. Durch die Erneuerung des gegenseitigen Hilfsversprechens der drei Urkantone im gleichen Jahr entstand die Schweizer Eidgenossenschaft, die noch gewisse lehnsrechtliche Bindungen an das Reich und die Oberherrschaft des Kaisers anerkannte. Bei Sempach (1386) und Näfels wies das erstarkte Gemeinwesen von Bauern und Bürgern nochmals die Angriffe zurück, die Herzog Leopold III. von Österreich zur Wiedereroberung unternahm. Der Friede von 1388 garantierte die dauernde Unabhängigkeit der Schweiz.

Städtisches Unabhängigkeitsstreben und bäuerliche Freiheitsbewegung, die beiden fortschrittlichen Kräfte der Zeit, gaben sich eine genossenschaftliche Regierungsform. Die Gebirgsbauern verbündeten sich mit den Zünftlern von Zürich und den Patriziern von Bern gegen fürstlichen Herrschaftsanspruch.

Gegen Habsburg und Burgund

Als die Habsburger ihre vorderösterreichischen Herrschaften zerfallen sahen, übertrugen sie vertragsweise dem Herzog von Burgund das Elsaß und die Schutzherrschaft über Tirol. Die Versuche Herzog Karls des Kühnen (1466 bis 1477), des Sohnes des souverän erklärten Herzogs Philipp, seinen Machtbereich durch Elsaß und Lothringen abzurunden, stießen auf Widerstand; am Niederrhein wies ihn Kaiser Friedrich III. 1475 zurück, am Oberrhein besiegte ihn ein verbündetes Heer der Schweizer, des Herzogs Sigmund von Tirol und des Herzogs René von Lothringen. Das Schweizer Fußvolk fügte den Burgundern eine Doppelniederlage 1476 bei Granson (Kanton Waadt) und Murten (Kanton Freiburg) bei. So konnten die Habsburger beim Tode Karls des Kühnen in der Schlacht von Nancy (1477) die Niederlande und die Freigrafschaft Burgund, zwei Reichslehen, für sich behaupten.

Landesherrschaft

Die Bauernkommunen der Urkantone der Schweiz hatten sich unterdessen unter der Führung der Städte zu einer Landesherrschaft weiterentwickelt. Ihre politische Macht war vom Oberrhein bis an die Grenzen des Mailänder Stadtstaates wirksam. Zürich war eines der stärksten Mitglieder des Bundes. In der »Ewigen Richtung« von 1474 anerkannten die Habsburger den Besitzstand dieses bäuerlich-bürgerlich-bündischen Territoriums. Im Frieden von Basel bestätigte Kaiser Maximilian I. 1499 seine volle Unabhängigkeit. Offiziell sprach erst der

Westfälische Friede 1648 die endgültige Lostrennung der Schweiz vom Deutschen Reich aus.

g) Städte und Signorien Italiens

In ganz besonderer Weise entfaltete sich die staatsbildende Kraft von Stadt und Bürgertum im wirtschaftlich hochentwickelten Italien. Nach dem Untergang der Staufer verlor die Apenninenhalbinsel die letzte Möglichkeit einer herrschaftlichen Einigung. Der Süden war das klassische Land der Fremdherrschaft, angefangen von den Byzantinern und Sarazenen zu den Normannen, die mit dem Papsttum verbündet waren, den sie beerbenden Staufern, dem spanischen Hause Aragon und den französischen Anjous. Amalfi, Salerno, Palermo waren hier Brennpunkte eines regen Handelsverkehrs mit sämtlichen Mittelmeerhäfen. *Unteritalien*

Der große Normannenherrscher Roger II. (1101–1154), der Palermo zu seiner Residenzstadt erhoben hatte, kämpfte gegen Päpste, deutsche Kaiser, Byzantiner, Muselmanen Nordafrikas. Mit Hilfe von Sarazenen, Juden, Griechen baute er eine vorzügliche Verwaltung auf, förderte Handel und Industrie, gewährte den Fremden Religionsfreiheit und Kulturautonomie. *Roger II.*

Der mittelitalienische Kirchenstaat mit den Städten Anagni, Tivoli und Rom erstreckte sich bis Perugia in Umbrien. Die Stadt Rom war arm und hatte kaum 40 000 Einwohner. Sie war nicht viel mehr als eine agrarische Siedlung mit Gärtnereien, Weinbergen, Viehweiden innerhalb der Aurelianischen Mauer. Die Unterschichten lebten vom Handwerk oder päpstlichen Almosen. Der Mittelstand setzte sich aus Kaufleuten, Juristen, Lehrern, Bankiers, Studenten und Priestern zusammen. Die Oberschicht bildeten der hohe Klerus und der grundbesitzende Adel, der abwechselnd die Päpste stellte, deren »Nepotismus« diese Geschlechter besonders begünstigte. Jedes dieser Geschlechter hatte einen festungsartigen Stadtsitz (Geschlechterturm), wie sie andere Städte Italiens, zum Beispiel San Gimigniano, Florenz, Bologna, aber auch deutsche Städte wie Regensburg oder Magdeburg zierten und heute noch schmücken. Päpstliche Theokratie, kaiserliche Autokratie, adelige Oligarchie und bürgerliche Demokratie stießen sich in dieser Stadt hart. *Rom und seine Gesellschaft*

Der Augustinermönch Arnold von Brescia († 1155), der in Frankreich die Lehren der Wanderprediger vernommen hatte, rief 1145 die Stadtrömer auf, die Herrschaft des Papstes abzuschütteln und die Republik auszurufen. Arnold und die Massen bauten das Kapitol wieder auf, machten aus der Peterskirche eine Festung, besetzten den Vatikan und erhoben von den Pilgern Steuern. Zehn Jahre beherrschte die Comune di Roma das Feld. Kaiser und Papst gingen gegen ihn vor und lieferten ihn dem Henker aus. *Arnold von Brescia*

In Bologna, das zeitweise zum Kirchenstaat gehörte, setzte sich ein starkes Gemeinwesen unter der Leitung der Universitätsjuristen durch; in der Regierung standen sich anfänglich der kaiserliche Podestá und der von den Popolari (Volkspartei) gewählte Capitano gegenüber, den die Kaufleute stellten. *Bologna*

Mittel- und Norditalien waren während und nach dem Untergang der Staufer das klassische Feld der nationalen Stadtstaaten und Signorien, die keine Fremdherrschaft mehr dulden wollten. Dieses Gebiet war ein europäisches Handels-, Verkehrs- und Wirtschaftszentrum, neben Frankreich ein kultureller Brennpunkt allerersten Ranges. Venedig, eine Handelsoligarchie, stieg durch die Eroberung Konstantinopels zur beherrschenden Seemacht im östlichen Mittelmeer und im Schwarzen Meer auf. Die führende Stellung im Mittelmeer- und Südosthandel ging von Byzanz auf Venedig über.

Venedig Genua

Als aber die Genuesen 1261 den Griechen zur Rückeroberung ihrer Hauptstadt verhalfen und dadurch eine Vorzugsstellung im byzantinischen Handel gewannen, verlor Venedig zeitweise die Seehegemonie. Doch die Lagunenflotte schlug 1264 die Genuesen auf der Höhe von Sizilien, und Venedig gewann seine alte Vorrangstellung in Byzanz wieder zurück. Eine zweite Revolution der oligarchischen Führungsschicht unter dem Dogen Gradenio schloß 1297 die große Volksmehrheit von allen Staatsämtern aus; die exklusive Oberschicht wurde zum Geburtsadel, dessen Lebensdaten im Goldenen Buch verzeichnet wurden. Diese Oligarchie baute die wirksamste Kommune Italiens auf und beherrschte sie auch.

Lombardei

Mailand

Zwischen Po und Alpen breitete sich die berühmte Stadtlandschaft der Lombardei aus. Das trotzige häresien- und ketzerreiche Mailand zählte im 13. Jahrhundert 200 000 Einwohner. Die reiche und mächtige Stadt ließ keine Gemeinde neben sich hochkommen, sie zwang die Warenzüge, Kurs auf Mailand zu nehmen, und beherrschte am Ende den ganzen Handel der Lombardei.

Florenz und sein Finanzkapital

Neben Venedig, Mailand und Genua trat als Herrin des Geldes in Italien und Europa Florenz am Arno und am Straßenkreuz zwischen Rom und Frankreich auf. Hier gab es die großen Wollzünfte. Die großgewerbliche Wirtschaft war hier sowohl verlags- wie manufakturmäßig organisiert. Kapitalinvestitionen brachten Handel und Gewerbe zur Blüte.

Im Wettbewerb um die Herrschaft standen bald die Bankiers obenan. Bereits im 13. Jahrhundert hatten die Florentiner Banken das Monopol über die päpstlichen Finanzen in Italien; deshalb waren die Bankiers die Hauptverfechter der päpstlichen Sache in Florenz gegen Kaiser und Adel. Sie finanzierten die Invasionen Karls von Anjou in Italien, indem sie Papst Urban IV. Geld vorstreckten. Dafür bekamen sie das Recht der Münzprägung, der Steuererhebung, des Handels mit Waffen, Seide, Öl, Wachs, Korn, der Waffenlieferung für das Königreich Neapel. Vom Anfang des 14. bis zum 17. Jahrhundert beherrschten italienische Finanzleute das französische Geldwesen.

Die großen Geschlechter brachten auch ihre Rivalitäten mit nach Florenz. Die reicheren Kaufleute bildeten einen Neuadel und besetzten die Staatsämter. Die tatsächliche Regierungsgewalt übten seit 1282 sechs von den höheren Zünften gewählte Zunftvorstände in der Stadt aus.

Siena

Mit Florenz stritt Siena lange Zeit um die Herrschaft über die Via Francesca, die große Heer- und Pilgerstraße aus dem Norden. Die Glanzzeit dieser Stadt, die gegen Florenz auf kaiserlicher Seite stand, fällt zwischen 1260 und 1360. Damals wurden der Dom, der wuchtige Palazzo Publico auf dem Campo und der berühmte Campanile erbaut. Karl von Anjou verhalf dem mächtigen Florenz zu einer gnadenlosen Herrschaft über Siena.

Die Signorie

Italiens Geschichte im 13. und 14. Jahrhundert war die Geschichte seiner Städte. Diese mächtigen Wirtschaftszentren wehrten sich gegen jeden Versuch einer Einheit. Die Führung lag bei den Städten der Toskana und der Poebene, da sich auch der Kirchenstaat seit dem Exil von Avignon in autonome Städte und kleine

Signorien auflöste. In den Stadtrepubliken herrschten wenige Familien. Ihre Kriege führten Söldnerheere unter der Führung von Condottieri (Berufsfeldherren). Durch Usurpation oder Übertragung ging die Macht in vielen Städten an Diktatoren über, die oft die Nachkommen von Reichsbeamten waren. Diese Männer waren skrupellos in der Wahl ihrer Mittel, aber sie förderten Kunst und Literatur.

h) Gesamteuropäische Verflechtung der Wirtschaft

Marktlandschaft von Brügge

Seit der Wende vom 14. zum 15. Jahrhundert vollendete sich eine gesamteuropäische ökonomische Verflechtung. Am deutlichsten zeigte sich das in Brügge, das nun als europäischer Markt und Mittelpunkt einer ganzen Marktlandschaft seinen Höhepunkt erreichte. Der trendbestimmende Wirtschaftszweig der Epoche war die Exportproduktion von Textilien (Tuche, Leinwand, Barchent, Seide), die von Metallwaren stand zurück. Damals verlagerten sich die Handelsinteressen in das westliche Mittelmeer, das mit dem Kanal und dem westlichen Nordseegebiet über die Straße von Gibraltar intensiv verknüpft wurde. Hauptproduktionszentrum wurde das Dreieck Barcelona–Valencia–Mallorca. Im europäischen Nordwesten gewannen die Stapelkaufleute nahezu ein Monopol der englischen Wollausfuhr auf das europäische Festland (über Calais); dadurch verfestigte sich der Charakter Flanderns als Marktlandschaft. Der englische Händler verdrängte die fremden Kaufleute aus der englischen Tuchausfuhr.

Frankfurt am Main

In Mitteleuropa und Deutschland stieg Frankfurt am Main zum führenden Umschlagplatz für Tuche aus Brabant, Hessen-Nassau und vom Mittelrhein auf; es wurde auch der Hauptverteiler für den italienischen und kleinasiatischen Warenstrom über die Alpen nach Mittel-, Nord- und Ostdeutschland. Am Ende des 15. Jahrhunderts aber trat die mittel- und osteuropäische Montanproduktion (Silber, Kupfer) in den Vordergrund und wurde trendbestimmend. Das war die Folge wichtiger technologischer Neuerungen in der Verhüttung (Silversaige-Verfahren, Stücköfen). Gleichzeitig verdichtete sich die wirtschaftliche Verflechtung immer stärker, ein engmaschiges Netz von lokalen, regionalen und überregionalen Märkten entstand. Brügge verlor seine europäische Geltung und sank zum regionalen Markt herab; Antwerpen erlebte seinen Aufstieg und rückte in Brügges Funktion ein. Die englische Wollausfuhr nach Italien kam zum Erliegen, und die Galeerenfahrt der Florentiner (1480) und Genuesen wurde eingestellt.

Antwerpen

i) Die Hanse

Nordeuropäische Marktlandschaft

Im Bilde europäischer Urbanität und Stadtlandschaften fehlt noch die norddeutsch-nordeuropäische, die von der Hanse geprägt wurde. Zum Schutze internationaler Zusammenarbeit gegen auswärtige Konkurrenz, der eigenen Kaufleute im Fernhandel, zur Abwehr der Piraterie und gegen Währungsschwankungen, gegen zahlungsunwillige Schuldner, Steuereinnehmer und Zölle schlossen sich im 12. Jahrhundert die Handelsstädte Nordeuropas zu Bünden zusammen, die den deutschen Namen »Hanse« (Geleit oder Schar) annahmen.

Lübeck

London, Brügge, Ypern, Troyes begründeten die Londoner Hanse. Lübeck, als Vorposten deutscher Expansion und deutschen Handels nach Skandinavien (Gotland) 1158 von Heinrich dem Löwen gegründet, ging 1210 mit Hamburg,

1252 mit Brügge einen gleichen Bund ein; Danzig, Bremen, Nowgorod, Dorpat, Magdeburg, Thorn, Berlin, Wisby, Stockholm, Bergen und London schlossen sich allmählich an.

Hanse

Die Hanse beherrschte die Mündungen der großen Ströme, Rhein, Weser, Elbe und Weichsel, auf denen die Waren Mitteleuropas nach der Nord- und Ostsee kamen. Sie kontrollierte den Handel Nordeuropas von Rouen bis Nowgorod, besaß zeitweilig das Monopol der Heringsfischerei in der Ostsee und des Handels zwischen dem Kontinent und England. Sie trug die Streitigkeiten ihrer Mitglieder vor eigenen Gerichtshöfen aus.

Als politische Macht führte sie Kriege, regelte durch Gesetze Handelsverkehr und Handelsbrauch, boykottierte Städte, die sich dem Bund nicht unterordneten, und verfügte Strafen für Versäumnisse, Unehrlichkeit oder Kauf gestohlener Waren. Sie war eine höchst wirksame Organisationsform und Integration der wirtschaftlichen und gesellschaftlichen Aktivkräfte im ganzen nordeuropäischen Raum zur Zeit des sogenannten Spätmittelalters. Sie sorgte für Ordnung und Sicherheit in Ost- und Nordsee, schützte die Bürgerschaft gegen Stadt- und Landesherren und unterstützte ihre Freiheit. Sie trug deutschen Handel, Sprache und Kultur in die baltischen Länder. Sie kontrollierte Preis und Qualität der Handelsware und gewann dadurch so hohes Ansehen, daß die englische Bezeichnung *Easterlings* (= Osterlinge) für die Hanseaten in der Form *sterling* (= vollwertig, echt, gediegen) englisches Lehnwort wurde und als Eigenschaftswort Vertrauenswürdigkeit und Echtheit von Silber und Pfund (Pound Sterling) ausdrückte.

Handwerker und Arbeiter fürchteten und haßten die Hanse als Herrin der Monopole und als Konkurrentin. Seit 1160 beherrschte die Hanse die schwedische Insel Gotland, auf der sie Wisby als Bollwerk ihres Ostseehandels ausbaute. Sie gewann Einfluß auf Handel und Politik von Dänemark, Polen, Norwegen, Schweden, Finnland und Rußland. In der hanseatischen Zentrale für Rußland, zu Nowgorod am Wolchow, lebten die Hansen in einer bewaffneten Garnison; die Peterskirche war als Kaufmannskirche auch ihr Warenlager.

Kontrolle über den Rhein

Die Hanse zwang Köln und seinen Städtebund zum Anschluß und gewann damit die Kontrolle über den rheinischen Handel. Der Weg nach Süden war durch den Rheinischen Städtebund versperrt, den 1254 Köln, Mainz, Worms, Speyer, Straßburg und Basel geschlossen hatten.

Süddeutscher Italien- und Donauhandel

Den süddeutschen Italienhandel beherrschten Regensburg, Augsburg, Nürnberg, Ulm; ihr Kontor hatten sie im Fondaco dei Tedeschi am Canale Grande zu Venedig. Den Donauhandel beherrschten Regensburg und Wien.

k) Großgewerbliche Produktion

Am europäischen Handel waren neben den Europäern viele Juden, Syrer, Armenier und Griechen beteiligt. Der Fernhändler ging als bewaffneter Kaufmann auf lange Reisen und verkaufte en gros. Den Handel konnte nur der wagende Abenteurer betreiben, der alle Risiken auf sich nahm. Im Kampf um Ordnung und Sicherheit und um ihr Recht überwanden sie die Schranken des Hof- und Landrechts und setzten ein nationales und internationales Handels- und Seerecht durch, das dem Gesetzbuch der Hanseaten mit seinen Vorschriften für die Schiffahrt zur Grundlage wurde.

Die Ausweitung des Handels steigerte den Umfang der gewerblichen Produktion, die von den Absatzmärkten wiederum abhing. Das Bergwesen (Gold und Silber) erlebte in ganz Europa einen bedeutsamen Aufschwung. Deutschland wurde Hauptlieferant Europas für Edelmetalle; Eisen wurde im Harz, in Westfalen, in der Oberpfalz und in der Steiermark, in den Niederlanden, England, Frankreich, Spanien, auf Sizilien und Elba gewonnen. Denbyshire förderte Blei, Devon, Cornwall und Böhmen Zinn, Spanien Quecksilber und Silber, Italien Blei und Alaun, Bayern und Salzburg Salz. Der Bergsegen war in England und Deutschland königliches Regal, das an Grundherren und bürgerliche Unternehmer privilegienweise vergeben wurde.

Im 13. Jahrhundert nahm die Textilproduktion Flanderns und Italiens einen halbkapitalistisch-industriellen Charakter an. Tausende von männlichen und weiblichen Arbeitern produzierten Waren für einen allgemeinen Markt und schufen Gewinne für Geldgeber, die nicht mehr unter ihnen tätig waren. Tuchgroßhändler erzeugten in eigenen Fabriken auf eigene Rechnung ihre Handelsware. Hauptform industrieller Arbeit war aber sonst die Heimarbeit mit Vertrieb.

Englands Wollmonopol

England hatte fast ein nordeuropäisches Wollmonopol; es lieferte dieses Rohprodukt nach Flandern und verpflichtete dieses dadurch politisch. Seide kam aus arabischen Ländern nach Sizilien und Italien, wo Lucca sie in kapitalistischem Großbetrieb erzeugte. Seidenexperten arbeiteten auch in Zürich, Paris, Köln, Regensburg. Seit der Antike wurden in Italien Töpferei, Ziegelei, Glasbläserei betrieben. Hamburg besaß im 14. Jahrhundert 500 Brauereien.

l) Der Aufschwung des Geldgeschäftes

Die Ausweitung von Handel und Gewerbe wirkte revolutionierend auf das Geldwesen; denn der Handel brauchte einen stabilen Wertmesser, ein gangbares Tauschmittel und die Möglichkeit von Kredit und Darlehen. Geld und Zivilisation gehen Hand in Hand. Byzanz behielt seine höchst begehrte Goldwährung.

Münzsysteme

Kaiser Friedrich II. ließ 1228 die ersten Goldmünzen Westeuropas prägen (Augustalen), dann folgten Genua und Florenz, deren Gulden (Florentinus, Florinus) dem Wert eines Pfund Silbers gleichkamen. Alle größeren Reiche des Westens mit Ausnahme Englands besaßen 1284 ein Geldmünzsystem. Größter Geldgeber und größte Finanzmacht der Christenheit war die Kirche; Klöster (Zisterzienser) waren die ersten Bankiers des Mittelalters; die Templer betrieben wohl das umfangreichste Hypothekargeschäft im 13. Jahrhundert.

Der kommerzielle Kredit aber fand seine Form im Commenda-Vertrag, durch den eine Person oder Familie einem Unternehmer Geld »anvertraute« und sich stille Teilhabe am Gewinn damit sicherte. Aus der Familiengenossenschaft wurde die Gesellschaft mehrerer Teilhaber an mehreren Unternehmen. Das 14. Jahrhundert kannte sogar schon die Aktiengesellschaft.

Banken

Den Aufschwung des italienischen Handels im 12. Jahrhundert trug vor allem die »Gesellschaft«. Aus Geldwechsel und Geldverleih entwickelte sich das Bankgeschäft, der Berufsbankier, der sein Geld in Unternehmen anlegte oder an König, Adel, Kirche auslieh. Der Geldmarkt, die Börse von Brügge, war ein Hauptzentrum des Geldgeschäftes in Europa. Seinen größten Aufschwung verdankte im 13. Jahrhundert das Geldgeschäft den Lombarden. Große Familien beherrschten den Geldmarkt. Ihre Kunden waren Päpste und Könige, für die sie die Steuern eintrieben, Münzstätten leiteten, deren Finanzen sie ordneten, deren politische Ratgeber sie waren. Fast alle Funktionen der modernen Bank waren im 13. Jahrhundert in Florenz, Genua und Venedig schon entwickelt. Bargeldloser Zahlungsverkehr wurde getätigt, Kreditbrief und Wechsel waren im Gebrauch. Im Sieg des Kreditsystems wurden geistige Schranken überwunden, zeigte sich die wachsende Sicherheit in Europa.

Zinsverbot

Freilich hinderte das kirchliche Zinsverbot die rasche Fortentwicklung des Bankwesens, aber man erfand Umwege und indirekte Formen. Trotzdem wurden Geld und Kapital zur europäischen Macht.

m) Gilden und Zünfte

Organisation des Handwerks

Der Aufschwung von Handel, Verkehr und Gewerbe begründete seit dem 11. Jahrhundert die Zünfte, die in Italien am höchsten ausgebildet waren, wo man an die Tradition der antiken Zunft anknüpfen konnte. Florenz hatte im 12. Jahrhundert schon eine Vielzahl solcher »arti«, die offenbar ein byzantinisches Vorbild hatten. In Frankreich und Flandern erschienen sie als *caritates* (= Charités), *frairies* (= Bruderschaften) oder *compagnies* (= Genossenschaften.)

Funktion der Zünfte

Aus religiösen Schwurbruderschaften erwuchsen die deutschen Gilden der Kaufleute; die Handwerkerzünfte hatten auch eine religiöse Wurzel oder waren religiös organisiert. Zünfte waren gegen Konkurrenz gerichtet, sie erstrebten ein lokales oder gesamtstaatliches Monopol von Gemeinde oder König. Die größeren Zünfte waren mächtige Körperschaften, die die Rohstoffe en gros einkauften, mit vielen Waren handelten, gegen Verluste versicherten, die Lebensmittelversorgung aufrechterhielten, die Müllabfuhr besorgten, Straßen pflasterten, Häfen ausbaggerten, Dockanlagen bauten, Landstraßen anlegten und polizeilich bewachten, Märkte kontrollierten, Löhne, Preise, Arbeitszeit, Arbeitsbedingungen regelten. Später übernahm die städtische Selbstverwaltung diese Aufgaben.

Zünfte, besonders Kaufmannsgilden, beherrschten den Rat der Stadt und spielten eine führende politische Rolle in der Gemeinde. Sie beteiligten sich mit Geld und Arbeit am Bau und Schmuck von Kirchen. Sie errichteten später Spitäler, Asyle, Waisenhäuser, Schulen. Die frühen Zünfte waren meist Kaufmannsgilden; die Handwerker schlossen sich erst seit dem 12. Jahrhundert zusammen. Als Zünfte im eigentlichen Sinn waren sie im Europa des 13. Jahrhunderts überall entwickelt.

Die Handwerkerzünfte waren das Gegengewicht gegen die oligarchischen Kaufmannsgilden, bildeten aber auch in ihren eigenen Reihen eine Handwerkeraristokratie aus, die auf Exklusivität drängte. Die Aufnahmefähigkeit des lokalen Marktes setzte im 14./15. Jahrhundert dem Volumen der Meistertätigkeit Grenzen; der Weltmarkt mit seinen Schwankungen durch Wünsche ferner Geldgeber oder Aufkäufer oder Wechsel von Hochkonjunktur und Wirtschaftsdepression hatte aber dafür keinen Einfluß auf ihn.

n) Gesellschaft und Kultur

Die Stadt war seit dem Aufschwung im 11./12. Jahrhundert alleiniger Träger wirtschaftlichen, gesellschaftlichen und kulturellen Fortschritts. Die größte politische Macht errangen die Städte Norditaliens, deren Handelsbürger ungeahnten Wohlstand erwarben, Mäzene von Kunst und Literatur wurden, alle Bande des Lehnsrechtes sprengten. Der Adel, der lange von seinen Burgen im Lande aus die Städte bekämpft hatte, wurde schließlich gezwungen, sich in ihren Mauern anzusiedeln und der Stadtgemeinde den Treueid zu schwören. Die Päpste halfen mit, die bischöflichen Stadtherren in der Lombardei zu entmachten, weil sie kaiserlich gesinnt waren. Der Stadtstaat fand hier seine klassische Form. In Frankreich tobte ein langer und harter Kampf um Stadtfreiheit gegen die bischöflichen Stadtherren. Die Könige Englands sicherten sich die Hilfe der Bürger gegen den Adel, indem sie ihnen beschränkte Selbstverwaltung gewährten.

Bischof, Adel, Bürger

Das Ringen um Freiheit war in Westeuropa am Ende des 12. Jahrhunderts auf seinem Höhepunkt. Fortan beherrschte das kaufmännische Bürgertum das politische und wirtschaftliche Leben der Gemeinde.

Hort der Freiheit

Die Reichen hatten das Monopol der Führung und hielten die Ärmeren von Gemeindeversammlungen und Ämtern fern. Die Kaufmannsplutokratie versuchte den Zusammenschluß der Handwerker zu verhindern. Trotz aller Kontrolle von Handarbeit und Bauernschaft, aller Monopolisierung der Handelsgewinne, aller Besteuerung der Gemeinden, aller inneren Zwiste und äußeren Kämpfe gegen Rivalen um neue Märkte, die die Reichen, die Großbürger, die Großkaufleute und Bankiers auferlegten, war die europäische Stadt in jener Gesellschaft und Kultur ein »Hort der Freiheit«, einer Freiheit, die dem modernen Menschen nicht mehr verstehbar und gemäß ist. Diese Freiheit war an stärkste Bindungen und Verpflichtungen geknüpft, sie traf und engagierte den einzelnen Bürger, der sie jährlich beschwor, aber sie sicherte auch Recht, Existenz, »gerechten Preis« in einer noch nicht durchorganisierten, normierten Welt, die der Willkür und dem Herrschaftswillen der Großen noch viele, oft alle Möglichkeiten offenließ.

Die Bürgergemeinde ist ein Kind der Aufbruchsperiode Europas und wurde im Zeitalter der Stände ein entscheidender Träger von Wirtschaft, Gesellschaft, Kultur und Macht – und das auch zahlenmäßig durch das Wachstum ihrer Bevölkerung.

Der Wirtschaftsaufschwung steigerte vor allem die Nachfrage nach Arbeitskräften und hob deren Wert. Man gewann sie in den Städten durch die Garantie der persönlichen Freiheit und den Schutz gegen den Leibherrn, auf dem Lande, vorab in den Neusiedelgebieten, durch Sicherung einer neuen Heimat mit freier Erbzinsleihe des Gutes und ein freizügigeres Kolonistenrecht. Die auf der ererbten Scholle zurückgebliebenen Leibeigenen verbanden sich zu *confrèries*, *conjurations*, analog den Zünften, zur Durchsetzung von Abgabenfreiheit. Um das Fortlaufen von der Scholle aufzuhalten, wandelten die Grundherren allmählich die alte Sallandwirtschaft in Rentenbetrieb mit Pachtzins und größerer Freizügigkeit um, wohl nach muselmanisch-byzantinischem Vorbild in manchen Teilen des Kontinents.

Da die Geldrente niedrig blieb, führte dieser Wandel der Wirtschaftsform zu einer Verarmung des Adels, der Ritter, des deutschen Niederadels, der sich darum eine neue Stellung an den Höfen, in den Verwaltungen und in den sich allmählich durchsetzenden Söldner-, Fuß- und stehenden Heeren aufbauen mußte.

Dieser Entwicklungsprozeß vollzog sich vom 12. bis zum 16. Jahrhundert westlich der Elbe mit verschiedener Intensität und zu verschiedenen Zeiten.

Das 13. Jahrhundert war auch eine Zeit bäuerlichen Wohlstands und der Ausbildung einer bäuerlichen Dorfgemeinde analog der Stadt. Solange sich Handel und Gewerbe ausdehnten, blieben Freizügigkeit und Beweglichkeit der Arbeitskraft erhalten.

Bürger als politischer »Stand«

Der Aufstieg des bürgerlichen Mittelstandes zwischen Adel und Geistlichkeit einerseits, Bauern und Unterschicht andererseits veränderte das Verhältnis und die Stimmung innerhalb der archaisch-feudalen Gesellschaft ganz entscheidend. Zwar hatte das Bürgertum im 13. Jahrhundert noch kaum einen Einfluß auf die Politik in den großen und mittleren Herrschaften; erst allmählich setzte es sich als politisch wirksame Korporation, als Land- und General- bzw. Reichsstand neben Adel und Prälaten durch und gewann Eingang in das englische Parliament, den deutschen Reichstag, die spanischen Cortes, die niederländischen »Generaltaaten« und in das selten einberufene nationale Parlément von Frankreich.

Adel, Bürger, Arbeiter

In der gewandelten Gesellschaft vergrößerten sich die Spannungen. Der Adel sah im Besitze der Macht verächtlich auf Städter, Händler und Geldleute herab, obwohl er stetig von ihnen abhängiger wurde. Die reichen Kaufleute in den Städten schielten ihrerseits mit Neid nach dem adeligen Geburtsstand und seine ritterlich-höfische Exklusivität. Der Reichtum gab ihnen zusehends Macht und erlaubte ihnen ein aufwendigeres Leben und größeren Luxus, als sich der Adel leisten konnte. Bei dem trotz Pest und Epidemien ungehinderten Wachstum der Bevölkerung und einer langsam durch Krisen gehemmten Expansion der Wirtschaft nahm die Arbeitslosigkeit zu, die den Handarbeiter an den bürgerlichen Unternehmer auslieferte.

Es wuchs ein »Proletariat« der Diener, Lehrlinge und Gesellen heran. So entwickelten sich seit dem Ende des 13. Jahrhunderts Klassenkampfsituationen aus dem Neid der Stände. In Frankreich hatte jedes Menschenalter seinen Bauernaufstand, und in seinen Gewerbestädten wiederholten sich Streiks und bewaffnete Aufstände der Handwerkerzünfte gegen das Wirtschaftsmonopol und die politische Diktatur der Kaufleute. Philipp IV. der Schöne von Frankreich löste 1295 und 1307 Arbeiterbünde wegen politischer Verschwörung auf. Die Handwerkerzünfte erzwangen sich Zutritt zum Rat und zu den Ämtern vor allem in südfranzösischen Städten. In Flandern häuften sich Weberaufstände, und die Werktätigen griffen dort gegen König Philipp zu den Waffen und besiegten ihn 1302 bei Courtrai.

Die erbittertsten Kämpfe fanden in Italien statt, wo Kaufmann und Handwerker zunächst gegen den Adel zusammenstanden, sich im 14. Jahrhundert aber Großkaufleute beziehungsweise -unternehmer und Handwerker erbittert befehdeten.

Aber alle diese Spannungen führten nicht zu Zerreißproben, und alle Erhebungen berührten nur die Oberfläche der Gesellschaft und Herrschaft, es waren nur Krisen unter wechselnden Voraussetzungen. Die Herrschaft konsolidierte sich trotz und durch Landstände zu modernerer, rationalerer Organisation. Deshalb

Städtebünde

konnten sich auch die Städte zumeist nicht zu autonomen Bünden zusammenschließen, die dem Königtum trotzen konnten. Erfolge hatten nur die Städtebünde Deutschlands; und eine Ausnahme bildete die norddeutsch-nordeuropäische Hanse. Doch auch sie mußte den erstarkenden Landesherren weichen.

Die von Bürgertum und Stadt getragene wirtschaftliche Umwälzung des 13. Jahrhunderts beendete die Blütezeit des Feudalismus. An die Stelle des unbeweglichen Wohlstandes der Aristokratie traten die flüssigen Geldmittel einer großräumigeren Wirtschaft, die im 15. Jahrhundert die europäischen Beziehungen intensivierte. Der Fortschritt in Handel und Gewerbe lockerte die archaische dualistische Starrheit der Gesellschaft, intensivierte die Macht, förderte die Zivilisation, die Aufklärung und das Wissen der Europäer.

4. Laienkultur und Rittertum als gesamteuropäische Erscheinung

a) Standesethos – Laienmoral – Laienbildung

Rittertum als Ethos und Lebensform

Eine europäische Gesamterscheinung seit dem 12. Jahrhundert ist die Gesellschaftsform des Rittertums, das ein neues Standesethos, eine eigene Lebensform der adeligen Laienoberschicht entwickelte und der europäischen Gesellschaft bis in das 18. Jahrhundert Leitbilder für menschliches Handeln gab.

Das Rittertum und seine Verbindung mit dem Fürstenhof bildete die erste »Kollektivgesellschaft« und zugleich die erste literarisch bewußte Laienkultur und -bildung unserer Geschichte aus. Wie Scholastik und Gotik ist auch die Ausformung dieses Idealtyps im Kulturherd Frankreich erfolgt, wenn auch verschiedenste Elemente hier zusammengeflossen sind. Im Rittertum fanden zusammen und glichen sich aus deutscher freier und unfreier Adel (Herrenstand und Ministerialität), Groß- und Kleinvasallen in anderen Ländern; am Herrenhof, vor allem am Königshof, entwickelte sich eine gemeinsame Lebensform. Rittertum bedingte Verantwortung, Gerechtigkeit und Pflichterfüllung.

Laienethik

Es entstanden eine höfische Etikette, Spielregeln der Ritterlichkeit und Höflichkeit, Normen weltlicher und geistlicher Ethik. Fernab von Scholastik und Patristik entwickelte sich eine laikale Schuld- und Gewissenslehre, die dem Geist religiöser Laienbewegungen, der Wanderprediger, Katharer, Albigenser bis hin zu den Mystikern sehr nahekam. In der Weltanschauung der Ritterkultur mischen sich altgermanische, kriegerische Initiationsriten, sarazenische Einflüsse aus Persien, Syrien und Spanien, christliche Vorstellungen der Hingabe und des Sakraments und romanischer Formensinn und Rethorik.

Der adelige Junker mußte eine harte Schule bestehen, um Ritter zu werden, er mußte sich im Dienste und am Hofe eines Herrn als Page und Knappe im Gebrauch der Waffen des Lehnskriegers und Panzerreiters üben. Am Ende der Ausbildungszeit wurde er in einer Zeremonie voll sakramentaler Feierlichkeit und Symbolik in den Stand und Kreis der Ritter aufgenommen. In symbolischen Handlungen, die Umkehr, Reinigung und Buße ausdrückten (analog der Aufnahme in den Mönchsorden), bereitete sich der Knappe unmittelbar auf die Schwertleite (Ritterschlag) vor.

Laienmoral spricht aus der Frage des Lehnsherrn an den Knappen, ob er in den Ritterstand eintreten wolle, um reich zu werden, tatenlos zu leben, um der Ehre und nicht der Mehrung der Ritterehre willen. Solche Motive entsprächen der Simonie, dem Kauf geistlicher Ämter, und schadeten dem Ritterstand ebenso wie letztere dem geistlichen Stande. Der Ritter übte Kraft und Geschicklichkeit im ritterlichen Kampfspiel, dem Turnier, das vor allem in Frankreich entwickelt

Festkultur wurde; der Ritter sollte darin Selbstbeherrschung und Maß lernen. Als Teil ritterlich-höfischer Festkultur, die schon auf reiche Tradition zurückging, gewann das Turnier zentrale Bedeutung, auch deshalb, weil an ihm jeder ehrliche Ritter vom König bis zum jüngsten Vollmitglied dieser Kollektivgesellschaft teilnehmen und sich bewähren konnte. Die Sieger in diesen Spielen, die meist zu Ehren hoher Gäste oder bei einer Hochzeit aufgeführt wurden, feierte man in Liedern und Gedichten.

Ritterideal Der Idealritter sollte Held, Edelmann und Heiliger zugleich sein. Archaisch-heidnische und archaisch-christliche Vorstellungen verbanden sich in diesem Typus mit den Reformgedanken von Cluny, des kirchlichen Gottes- und des weltlichen Landfriedens. Dem Ritter war es aufgegeben, die Wahrheit zu sagen, die Kirche zu verteidigen, die Armen zu schützen, den Frieden im Lande zu wahren und die Ungläubigen zu verfolgen (Ketzerkrieg). Das war seit alters her christliche Königspflicht. Der Ritter schuldete Treue dem Lehnsherrn, den Frauen gegenüber sollte er Hüter der Keuschheit sein, allen Rittern brüderliche Hilfe gewähren und den Gefangenen wie einen Gast behandeln. Das Rittertum hat den Kampf mit der Waffe geadelt und ihm eine Idee gegeben. Mannhaftigkeit wurde zur Tugend im Ehrenkodex des Ritters.

Das stellte ein Gegenbild zu den weiblichen Tugenden auf, welche die Kirche predigte, setzte Weltlichkeit gegen Kirchlichkeit. Diese Ideale und Leitbilder wiesen den Mitgliedern der führenden hohen und niederen Adelsschicht, und nicht nur ihnen, ein ethisches Ziel und trugen dadurch bei, ein höheres Niveau der Gesittung und Lebensführung anzustreben. Was alle Ritter einte, war Verachtung der Handarbeit, die in ihren Augen unfrei machte.

b) Frau und Mann

Barbarismus und Unkultur der reitenden Herrenschicht haben Frau und Kirche, aber auch Dienst für ein Ganzes gemildert. Die Kirche lenkte diese Kraft in *Minne* den Heiligen Krieg, den Kreuzzug, ab, die Frau, deren Stellung zunehmend durch den religiösen Hinweis auf die Mutterschaft Mariens gewann, veredelte Seele und Sinne des Ritters durch Geist und Gestalt. Zu allen Zeiten entsprang die romantische Liebe, die den Geliebten idealisiert, der Spannung zwischen Sehnsucht und Erfüllung. Ritterliche Minne stand der Ehe fern.

Abstammung, Besitz, Herrschaft, Standesgrenzen entschieden über die Verheiratung der Frau; Zuneigung und Bewunderung gehörten einem anderen als dem Gatten. Liebhaber und Angebetete waren standesmäßig oft so weit voneinander getrennt, daß selbst die heißesten Liebesgesänge Komplimente blieben.

Es gab sehr kraftvolle Frauen und in großer Zahl solche, die regierten, die ihre Männer in der Verwaltung der Güter und Herrschaften ersetzten, wenn diese monate- und jahrelang auf Kriegsfahrt und in fernen Ländern weilten.

Die Trennung von Liebe und Ehe stellte viele Fragen der Moral und Etikette. *Liebe und Ehe* Andreas Capellanus, ein Geistlicher, entwickelte in seinem Traktat über die Liebe und ihr Heilmittel Gesetze und Grundsätze höfischer Minne und beschränkte sie auf den Adelskreis. In seinen Augen war die Liebe des Ritters zur Frau des anderen in Huldigung, Dienst, Unterwerfung des Mannes gegenüber der Frau gerechtfertigt. Wachsender Reichtum und Einschränkung von Kampf und Fehde durch Gottes- und Landfrieden, durch Lehnsrecht und

Müßiggang zeitigten eine Liebesromantik und Liebesetikette, die uns in den Liedern der Troubadours, Trouvères und Minnesänger begegnen.

c) Adeliges Leitbild

Aussterben des Adels – Weiterwirken des Leitbildes

Seine höchste Entfaltung fand das Rittertum im 13. Jahrhundert. Die Grundzüge des Adelsideals, wie es im Rittertum lebendig wurde, sind im lateinischen Schrifttum Deutschlands im 10. Jahrhundert schon voll entwickelt. Ritterliche Lebensformen wirkten trotz Aufstieg der ganz anders gerichteten bürgerlichen Welt im 14. und 15. Jahrhundert noch kräftig fort, wenn auch der Elan verflog und die Wirklichkeit den romantischen Schimmer dieses Leitbildes zerzauste oder vulgarisierte. Die Spärlichkeit ausländischer Kriegsfahrt, der Wandel der Wirtschaft durch das Aufkommen von Stadt und Bürgertum, ein neues und entgegengesetztes Lebensideal und Leitbild. Das Aussterben des alten Dynastenadels in Deutschland (zwischen 1180 und 1250), die Verluste in den Kreuzzügen und dann im Hundertjährigen Krieg zwischen England und Frankreich, das Massaker der englischen Rosenkriege im 15. Jahrhundert haben die politische und gesellschaftliche Stellung des Rittertums geschwächt. Trotzdem wirkten seine Vor- und Leitbilder auch in die bürgerliche Welt sehr stark hinein und lebten in den Gesellschaftsformen, in Bildung, Gesittung, Literatur, Kunst und Wortschatz auch des neuzeitlichen und modernen Europa nach.

In England, Frankreich, Deutschland, Italien und Spanien entstanden Ritterorden in großer Zahl. Der Hosenbandorden, der Bathorden und der Orden vom Goldenen Vlies zählen zu den bedeutendsten. Das Rittertum gab dem Elitegedanken eine gesellschaftlich-ethische Form. Es war die erste literarisch bewußte Laienkultur Europas, die Leitbilder setzte und ein eigenes Ethos formte.

5. Bildung – Wissenschaft – Universität

a) Der Klerus als Stand der Gebildeten

Seit Karls des Großen Initiative eröffneten und unterhielten Domkirchen, Klöster und Gemeindekirchen Schulen für eine gehobene Allgemeinbildung von Knaben und Mädchen fast ausschließlich der vermögenden Oberschicht. Ein Bildungsaufstieg war dem Kind der Unterschichten nur über Kloster und Mönchsgelübde, später über Weltpriesterweihe und Klerikerstand möglich.

Der Geistliche war der Monopolträger der literarischen Bildung und Kultur, er hatte das Monopol der Bibelauslegung und empfand sich als eigener, abgeschlossener Stand. Bildung und Wissenschaft waren rezeptiv bis in das 11. Jahrhundert. Familie, Kirche und Schule waren Träger von Tradition und Kultur. Sittliche Erziehung war das Ziel auf Kosten verstandesmäßiger Aufklärung. Die wirtschaftliche Umwälzung berührte Schule und Bildung weniger als der erste Aufbruch der Vernunft in der Scholastik und die Ausweitung des geographischen und geistigen Horizonts der Menschen.

Es nimmt nicht wunder, daß die erste Universität des Mittelalters in Italien (Bologna) gegründet wurde, daß es dort viele weltliche Schulen gab, daß Italiens Geist und Kultur überhaupt weniger kirchlich orientiert waren als dies im übrigen Europa der Fall war. Es gab dort freilich auch bedeutende Domschulen.

b) Bologna und das Recht

Studium

Bologna hat als erste Stadt Europas ein »studium generale« (Universität) eingerichtet. Seit Irnerius 1088 dort den juristischen Unterricht aufnahm, führte die Rechtsschule Bolognas in Europa. Mit ihm und seinem Glossar begann eine Glanzzeit der Jurisprudenz. Sein Schüler Gratian wandte die am Corpus Justinians gewonnenen neuen Methoden auf die Kirchengesetzgebung an und schuf im »Decretum Gratiani« (1139) das erste Gesetzbuch des Kirchenrechts. Für die

Kirchenrecht

Organisation der europäischen Gesellschaft in einem rationalen und institutionellen Staat wurde der Sieg des römischen Rechts entscheidend, das ein Modell und Muster anbot, das nicht nur spekulativ erdacht, sondern aus einer Realität entstanden war.

Römisches Recht

Das Papsttum aber bekämpfte den Vormarsch des römischen Rechts, weil es aus der Religion eine Funktion des Staates (Staatskirchentum) machte. Trotzdem riß der Strom vor allem deutscher Studenten in Bologna nicht ab; denn das neue Rechtsstudium entsprach dem kühlen Rationalismus und dem bewußtwerdenden Laientum des 12./13. Jahrhunderts, es förderte das Gespräch der Menschen und ordnete die Angelegenheiten und Schwierigkeiten des sich ver-

Artes Liberales

dichtenden täglichen Lebens. Die Juristen erweiterten die Autorität des Staates und schränkten die Rolle der Kirche ein. Neben der Rechtsschule entstand zu Bologna auch eine Schule der sieben freien Künste (Artistenfakultät) und eine berühmte Ärzteschule. Die Professoren schlossen sich zu einem Kollegium zusammen.

c) Die Universität als Element europäischer Gemeinsamkeit

Horizontale Mobilität

Die Wanderungen von Studenten und Professoren zwischen den Universitäten und Ländern haben die horizontale Mobilität der sich entfaltenden europäischen Gesellschaft, die Ausbreitung der neuen Ideen und eines neuen Geistes, ein Element europäischer Gemeinsamkeit und einer sich angleichenden Menschlichkeit, Bildung und Erziehung zunächst im Süden und Westen mit starken Wirkungen nach Mitteleuropa und dann Ostmitteleuropa befördert.

Eine Stiftung Kaiser Friedrichs II. war die Universität Neapel. Die Päpste richteten 1244 eine Schule für den diplomatischen Dienst der Kirche ein, und Bonifaz VIII. begründete die Sapienza, die eigentliche römische Universität (1303). Stiftungen der Könige waren die Universitäten in Spanien, wo seit dem 13. Jahrhundert Salamanca an Ruhm und Gelehrsamkeit Bologna und Paris nicht nachstand. Aber die Führung im europäischen Geistesleben des 12./13. Jahrhunderts besaß unbestritten Frankreich, dessen Kathedralschulen bereits seit dem 11. Jahrhundert internationalen Ruf genossen.

In Paris erwachte die Vorstellung der Lehrkunst als eines Berufes mit Meistern und Lehrlingen. Darum sprach 1214 der Engländer Mathäus Paris von einer »Genossenschaft hervorragender Meister«, einer »universitas« (was jede Gemeinschaft an sich bezeichnen kann), die in Paris schon lange bestünde. 1250 war sie in vier Fakultäten, der Theologie, des Kirchenrechts (Recht), der Medizin, der Artes (Philosophie, Philologie, Künste), aufgeteilt.

Im 12. Jahrhundert fanden die Vorlesungen in den Kreuzgängen von Notre-Dame, St-Geneviève (heute in die Sorbonne eingegliedert) und des berühmten Augustinerchorherrenstiftes St-Viktor statt, im 13. Jahrhundert dagegen in

Privaträumen, die für Vorlesungen gemietet wurden. Die meisten Studenten lebten in Herbergen. Robert de Sorbon, Kaplan Ludwigs IX. des Heiligen, stiftete 1254 die Sorbonne mit einem Stipendium für 16 Theologiestudenten, aus deren Stiftshaus die heutige Pariser Universität erwuchs. *Sorbonne*

Die Universität war im 12./13. Jahrhundert eine Macht in Kirche und Staat, im 14. ein Hort freier Spekulation, im 15. eine Hochburg der Rechtgläubigkeit und konservativen Denkens. Sie spielte eine bedeutende Rolle bei der Verurteilung der Jeanne d'Arc.

Oxford

Das englische Oxford mit seinen vier Fakultäten im 12. Jahrhundert zählte 1209 an die 3000 Lehrer und Studenten. Die Universität war im 13. Jahrhundert ein Verband von Kollegien unter einer »Universitas«, einer Lehrerzunft mit selbstgewählten Regenten und einem Kanzler, die beide dem Bischof von Lincoln und dem König unterstanden. Um 1300 hatte Oxford an Geist und Einfluß Paris fast erreicht.

Hort der Freiheit und Gemeinsamkeit

Wie die Stadt war die Universität Hort und Vorkämpfer der Freiheit und Autonomie; sie erkannte Gelehrsamkeit ohne Rücksicht auf Herkunft an in einer Zeit, da Rang und Stand alles galten. Die Universitäten hatten erheblichen Anteil an der Gemeinsamkeit der Bildung, der lateinischen und nationalen Literatursprache, der Kirche, an der geistig-kulturellen Einheit Europas. Aber die Weltlichkeit ihres Geistes und ihre Lehre trieben auch die Entwicklung vorwärts.

Prag

Erst in der Mitte des 14. Jahrhunderts (1348) enthob die Gründung der Universität Prag, der ersten in Mitteleuropa, die Deutschen und Böhmen des Zwanges, zum Studium der Theologie und Rechtswissenschaft nach Paris und Bologna zu gehen. Bei der Stiftung wirkten Papst Clemens VI. und Kaiser Karl IV., ein rationaler Geist und moderner Staatspolitiker, zusammen. Dieses große Kulturinstitut, das vor 1409 schon an die 11 000 Studenten zählte, holte für die Mitte des Kontinents nach, was Westen und Süden schon über 200 Jahre besaßen, und hob den Ausbildungsstand der Geistlichen und Beamten in den Ländern östlich des Rheins und nördlich der Donau. Und dieses Beispiel zündete, kurz nacheinander wurden Universitäten zu Krakau, Wien, Erfurt, Heidelberg und Köln gegründet, die alle irgendwie dem Prager Modell verpflichtet waren.

Frühe Universitäten

Die Universitäten haben sich dem Fortschritt, dem Wandel des Geistes anzupassen verstanden; sie waren Stätten der Wissensvermittlung, der Ausbildung der Urteilskraft, der Forschung, viel weniger der Charakterbildung.

6. Die Verlagerung des politischen Schwergewichts nach dem Westen. Aufstieg, Krise, Konsolidierung der nationalen Monarchien in Westeuropa

Kulturherd Frankreichs

Frankreich entwickelte in den Jahrhunderten von 1050 bis 1350 nicht nur eine staunenswerte Schöpfer- und Strahlkraft, sondern stieg gleichzeitig zur europäischen Großmacht auf. Zwar ballten sich im ostmitteleuropäischen Raum neue politische Kräfte in der Mark Brandenburg, im Deutschordensstaat, der Hanse, in Böhmen und den Erblanden der Habsburger zusammen, aber das politische Schwergewicht Europas verlagerte sich doch zusehends nach dem Westen. Die Kontinentsmitte zerfiel staatlich in kleinteilige Territorien und wurde immer schwächer als Ganzes, reicherte sich staatlich und kulturell aber in den überschaubaren Teilen an, die nur durch die Idee des Reiches und die schwankende Territorialmacht des Königs lose zusammengehalten wurden.

a) Frankreichs Aufstieg

Die normannische Eroberung Englands von 1066 gefährdete Frankreich dadurch, daß ein französischer Kronvasall zum mächtigen König aufstieg. Die Gefahr einer normannischen Expansion und englischen Vorherrschaft auf dem Kontinent führte die Grafen von Flandern und Anjou an die Seite des französischen Königs. Wilhelm der Eroberer wurde 1087 gezwungen, seinen normannischen Besitz zu teilen.

In steter Auseinandersetzung mit dem Adel festigte der französische König zuerst seine innere Stellung, entwickelte ein modernes Beamtentum, erweiterte ständig seine Krondomäne durch Erwerb kleinerer Herrschaften, drängte die Aristokratie aus der zentralen Ile de France, förderte den Aufstieg der nordfranzösischen Städte und half auch der Landbevölkerung. Er unterband die Entwicklung des Gebietsfürstentums zur Landesherrschaft. Der Investiturstreit (1088) wirkte sich in Frankreich nicht zu einer Katastrophe der Königsherrschaft aus wie in Deutschland, da der Papst den französischen König als Gegengewicht und Bundesgenossen gegen den deutschen Kaiser brauchte und weil es keine Reichskirche wie in Deutschland gab.

Nordfrankreich

In Nordfrankreich konzentrierten sich Wohlstand, Bildung, Religiosität; hier war die Heimat der Gotik, hinter welcher der fortschrittliche Geist des Bürgertums und des zentralistischen Königtums stand.

Ein Ziel König Ludwigs IX. und seiner Vorgänger war es stets, England auf dem französischen Festland zurückzudrängen. Einen großen Erfolg in dieser

Bouvines

Politik hatte die mehrfach erwähnte Schlacht von Bouvines 1214 gebracht. Die Berufung Ludwigs IX. zum Schiedsrichter im Streit zwischen dem englischen König Heinrich III. (1216–1272), den Baronen und der sich formierenden Einheitsgruppe von Kleinadel und Bürgertum der großen Städte (London) steigerte das Ansehen der französischen Krone ganz bedeutend.

Kleinadel und Bürgertum in England

Da Ludwig für den König entschied und die Opposition sich nicht fügte, versammelte sich 1265 erstmals in England ein Parlament, in dem Kleinadel und Bürgertum die Rolle des späteren Unterhauses spielten. Der baroniale Hochadel verlor durch den Aufbau eines königlichen Beamtenapparats an Einfluß auf die Regierung des Landes, Kleinadel und Bürger setzten sich gesellschaftlich und politisch weiterhin durch, die Bürger drangen immer stärker in das Parlament ein und eroberten sich eine Stellung in der zentralen Staats- und Hofverwaltung. Beamtentum und Parlament wurden so in England die Wegbereiter einer nationalen Königsherrschaft.

Ludwig IX. von Frankreich hatte dasselbe Ziel im Auge. Zwar gab es in Frankreich eine dem deutschen Kurfürstenkollegium entsprechende Körperschaft, die »Pairs de France«, die sich aus dem Kreis der Kronvasallen zusammensetzten. Der Unterschied bestand aber darin, daß in der Thronfolge das Erbrecht galt. Es war der Krone abträglich, daß die Pairs das oberste Gericht für ihre Standesgenossen selbständig ausübten; da sie aber uneinig waren, konnte der Herrscher als Schiedsrichter über sie dominieren.

Frankreichs politische Einheit wurde vor allem dadurch gesichert, daß sich der oberste Gerichtshof, das »Parlement«, durch die Rechtlichkeit seiner Urteile und die Autorität des Königs allmählich gegen die lokalen Gerichte der Lehnsfürsten durchsetzte und zur obersten Berufungsinstanz wurde. Dabei verdrängte das Königsgesetz die lokalen und regionalen Gesetze und Rechtsgewohnheiten. Ein oberster Rechnungshof überwachte nach normannischem Vorbild die Einnahmen des Königs. Das Vasallenheer wurde nach Erfahrungen wie denen der »Sporenschlacht« (Reiterschlacht) von 1302 allmählich zum Söldnerheer umgewandelt.

Europäische Großmacht Frankreich

Seit dem Untergang der Staufer und dem Fehlen der alten weltlichen Universalmacht stieg Frankreichs Ansehen ständig, vor allem nahm seit Papst Urban II. sein Einfluß auf die Kurie ständig zu. Im Dienste Frankreichs bewarb sich neben Richard von Cornwallis auch Alfons von Kastilien im deutschen Interregnum um die deutsche Königskrone. Es war das Ziel Frankreichs, die hegemoniale Autorität in Europa und die Herrschaft über die Kurie für dauernd an sich zu binden. Man erinnerte sich an das Vorbild Karls des Großen und wollte sein Reich erringen. Der englisch-französische Friede von 1259 gab Westeuropa für ein Menschenalter Ruhe.

Charlemagne als Symbol

b) Aragon und Anjou

Westliches Mittelmeer

Zur selben Zeit tobte im Süden ein Kampf zwischen Aragon, Anjou und Sizilien um die Herrschaft im westlichen Mittelmeer. In Spanien hatten sich nach der Rekonquista drei größere Königreiche entwickelt, die Landmacht Kastilien, die Seemächte Aragon und Portugal. Der Zerfall des westlichen (maurischen) Kalifats in mehr als 20 selbständige Staaten (1031), die sich ständig befehdeten, hatte den muselmanischen Teil Spaniens für die Rekonquista, die Rückeroberung durch den christlichen Norden, reif gemacht.

Rekonquista

Spanien

Der spanische Einheitsgedanke lebte am stärksten in Asturien (León), dessen Herrscher sich Kaiser nannten. Kastilien aber war der Führer im Kampf gegen die islamischen Herrschaften, die nach und nach bis auf das Königreich Granada beseitigt wurden. Daneben entwickelte Aragon immer größere Expansionskraft. Die Mozaraber (Christen unter islamischer Herrschaft) lebten ohne Bedrückung unter maurischer Herrschaft, waren aber von Heer und Verwaltung ausgeschlossen. Juden und Araber konnten sich im christlichen Norden frei bewegen. Die Rekonquista begann nicht mit fanatischen Glaubenskämpfen und Kreuzzügen; der Kampf gewann seine leidenschaftliche Erbitterung erst durch das Eingreifen der afrikanischen Berber.

Portugal

Portugal löste sich aus León (Kastilien) und wurde durch die Anerkennung des Papstes aus einer Grenzgrafschaft zu einem selbständigen Königreich (1179).

Aragon und Anjou

Durch seinen Griff nach der Provence und Sardinien verletzte Aragon französische Interessen. Karl von Anjou durchkreuzte diese Pläne und machte dem jungen König Peter III. (1276–1285) im eigenen Reich Schwierigkeiten. Dagegen mobilisierte Peter die antifranzösischen Kräfte auf Sizilien. Mit stillschweigender Unterstützung Papst Nikolaus' III. wurden am 30. März 1282 in der sogenannten »Sizilianischen Vesper«, dem ersten nationalen Volksaufstand der europäischen Geschichte, die Franzosen blutig vertrieben.

Sizilianische Vesper

Peter von Aragon ließ sich zum König von Sizilien krönen. Als dann ein neuer französischer Papst Sizilien als päpstliches Lehen einem Sohn des französischen Königs übertragen wollte, wurde der Adel mit einem der englischen Magna Charta ähnlichen Privileg gewonnen, so daß nun bis 1409 eine Nebenlinie des Hauses Aragon in Sizilien herrschen konnte. Kastilien gewann 1265 durch die Eroberung von Cadiz Anschluß an das Mittelmeer, konnte aber keine Seemacht wie Portugal werden, das eine große Flotte baute und sich rüstete, die ersten entscheidenden Schritte in den Atlantik hinaus zu tun.

c) Frankreichs Expansion unter Philipp IV. (1285–1314) und sein Sieg über die päpstliche Hierokratie

Politische Neuorientierung

Nach dem Verlust der Schlüsselstellung im Mittelmeer wandte sich Philipp IV. der Schöne von Frankreich dem Westen und dem Osten in einer politischen Neuorientierung zu. Es entbrannte zwischen 1290 und 1297 ein erbitterter Krieg mit England, das durch Unruhen in Wales an entscheidenden Schritten damals gehemmt war. Englands Verbündete, der Graf von Flandern und seine aufstrebenden Handelsstädte, waren deshalb isoliert und wurden als französische Kronlehen eingezogen. Die brutalen französischen Übergriffe in der Behandlung der reichen Tuch- und Handelsstädte brachten Philipp von Frankreich 1302 die Niederlage von Courtrai (Kortryk) ein. Er verstärkte seinen Druck gegen die deutsche Westgrenze.

Die Habsburger suchten am Oberrhein französische Einbrüche zu verhindern. In zähen Kämpfen gliederte Frankreich die Grafschaft Champagne ein, erweiterte stetig seinen Einfluß im herrenlosen Arelat und gewann 1349 Lyon und die Dauphiné. Nur die Bergfestung von Savoyen behauptete ihre Selbständigkeit. Unterdessen war aber auch eine andere Frucht französischer Mittelmeer- und Italienpolitik gereift.

Die Mißerfolge der päpstlichen Sizilienpolitik brachten den antifranzösischen Kräften im Kardinalskollegium Aufwind und führten 1295 zur Papstwahl des Bologneser Juristen Bonifaz VIII., eines schroffen und leidenschaftlichen Mannes ohne staatsmännische Besonnenheit. Genau wie die Legisten (Juristen) am französischen Königshof nahm dieser Träger der Tiara die römischen Imperatorenrechte für sich in Anspruch und berauschte sich inmitten großer Pilgermassen, die zum Jubeljahr 1300 nach Rom gekommen waren, an seiner Herrenstellung über Europa. Obwohl er in einer Bulle die Besteuerung der Kirche durch weltliche Fürsten verbot, gab der König von Frankreich seinem und des englischen Königs Protest Nachdruck durch Verhängung einer Sperre der Gold- und Silberausfuhr aus Frankreich; die päpstliche Verordnung war lahmgelegt. In einer Bulle verkündete Bonifaz als Antwort die absolute Herrschaft des Nachfolgers Petri über die Fürsten Europas und forderte von Philipp IV. und dem französischen Klerus Rechenschaft.

Kirchensteuer

Einheit Frankreichs gegen Rom

Anders als zweihundert Jahre früher in Deutschland traten Klerus, Adel, Bürger in der ersten Versammlung der Generallandstände 1302 geschlossen hinter den König. Das große Zeitalter der ständischen Repräsentation brach an. In falscher Einschätzung der Folgen von Courtrai forderte Bonifaz VIII. in seiner berühmten Bulle mit den Anfangsworten »Unam sanctam« schroff die Unterordnung der weltlichen Gewalt. Die Pariser Legisten parierten den Angriff, indem sie den Papst schwerer kirchlicher und sittlicher Verfehlungen bezichtigten. Philipp IV. brach alle Beziehungen zu Rom ab, entsandte die Wortführer seiner Legisten nach Italien, um dort alle antipäpstlichen Kräfte zu mobilisieren. Bonifaz VIII. starb bald danach, und mit ihm stieg die weltliche Herrschaft der Kirche über das Abendland ins Grab. Clemens V., früher Erzbischof von Bordeaux und Vasall des englischen Königs (1305—1314) fand sich bereit, nach dem provenzalischen Avignon zu übersiedeln, wo nun das Papsttum unter französischer Kontrolle stand.

Bulle Unam Sanctam

d) Der Hundertjährige Krieg (1340–1453). Nationalbewußtsein in England und Frankreich

Die Seeschlacht, die 1340 den Hundertjährigen Krieg zwischen England und Frankreich eröffnete, leitete das Zeitalter der Wirtschaftskriege, Blockaden und Kontinentalsperren ein. Dieser Kampf sah England als geeinte Nation. Sein einziger Ausfuhrartikel, die Wolle, war seit langem in Flandern zu hochwertigem Tuch verarbeitet worden. Philipp IV. griff nach der flandrischen Industrie und veranlaßte England, einen Teil seiner Wolle selbst zu verarbeiten. Edward III. rief dazu flandrische Weber ins Land, doch scheiterte der Aufbau einer englischen Tuchindustrie daran, daß französische Schiffe die Transporte abfingen und Frankreich die Schotten gegen England aufwiegelte.

Edward III. war lange zu schwach, um einzugreifen. Seine Mutter Isabella, Tochter Philipps IV. des Schönen, war nach dem Tode ihres Bruders Erbin der Krone Frankreichs geworden. Um Edward an der Thronbesteigung zu hindern, wurde in Frankreich Philipp VI. von Valois, ein Neffe Philipps IV., zum König erhoben (1328–1350). Edward III. rüstete auf und sperrte 1337 die englische Wollausfuhr, um das flandrische Tuchgewerbe zu schädigen und die Mißstimmung gegen Philipp VI. anzuheizen. Dann nahm er 1340 den Titel eines Königs von Frankreich an, baute Befestigungen, trieb in Flandern gezielt antifranzösische Propaganda und schloß mit dem deutschen Kaiser Ludwig dem Bayern ein Bündnis.

Einkreisung Frankreichs

Seine Diplomatie war auch in Norwegen, Kastilien und Savoyen am Werk. Er kreiste Frankreich systematisch ein und brachte ganz Europa dagegen auf.

Frankreich sah diesen Kriegsvorbereitungen mit einer gewissen Ruhe entgegen im Vertrauen auf seine innere Geschlossenheit, seine Reserven, seinen Reichtum, die Wirtschaftskapazität Flanderns, die religiöse Autorität des verbündeten Papsttums. Die moderne Staatspolitik Philipps des Schönen hatte aber eine Reaktion im Lande wachgerufen und den Feudalismus wieder gestärkt. So unterlagen die französischen Reiterheere den leichtbeweglichen englischen Fußtruppen. Frankreich wurde 1346 zu Crécy geschlagen und verlor 1347 Calais.

Erschöpfung Frankreichs

Der englische Thronfolger, »Schwarzer Prinz« genannt, nahm im siegreichen Gefecht von Maupertuis 1356 sogar den französischen König Johann II. den Guten (1350–1364) gefangen. Frankreichs Kräfte waren erschöpft, Pest und Söldnerbanden wüteten in den vom Krieg verschobenen Gebieten.

Bauernunruhen

Das schwer heimgesuchte Bauerntum erhob sich gegen den König, gegen Adel, Kirche, Städte und verlangte Mitregierung. Unter Führung des Bischofs von Laôn und des Hauptes der Kaufmannschaft von Paris, Etienne Marcel, vertrieben die Bauern den jungen Dauphin (Kronprinzen) aus der Hauptstadt, verscherzten sich aber bald die Sympathien des Volkes. Dieser Bauernaufstand brach schnell zusammen. Karl konnte nach Paris zurückkehren und 1360 durch einen eiligen Friedensvertrag der Einnahme der Hauptstadt durch die Engländer zuvorkommen. England beherrschte ein geschlossenes Gebiet zwischen Loire und Pyrenäen bis fast an das Mittelmeer; dafür anerkannte es den schwachen Karl V. (1364 bis 1380) als französischen Monarchen.

In dieser Not erstarkte Frankreichs nationaler Geist. Die Generalstände beschlossen eine Heeresreform nach englischem Vorbild. Ein Aufruhr in Aquitanien ließ 1369 die Kriegsflamme erneut aufflackern. Kaiser Karl IV. und die Seeflotte Kastiliens traten auf Frankreichs Seite. Dadurch wurden Englands Verbindungen mit Südfrankreich bedroht. Frankreichs Heer ging einer Entscheidungsschlacht aus dem Wege und drängte die Engländer an die Küste ab. Der Papst vermittelte 1375 den Frieden von Brügge, der die französischen Bodengewinne sicherte.

Englands Lage

Englands Pläne waren vereitelt, seine Kräfte verbraucht. Daher stand die Regierung König Richards II. (1377–1399) im Zeichen dieser Mißerfolge.

Am härtesten waren in England die Bauern betroffen; sie hatten unter dem Druck ihrer Grundherren die Steuerlast zu tragen, waren aber ohne Vertretung im Parlament. Es war zwar eine eigene Tuchindustrie entstanden, und es blühte der Handel auch nach den festländischen Märkten, es wurden an das avignonesische Papsttum keine Kirchensteuern mehr bezahlt; trotzdem war ein recht- und besitzloses Proletariat entstanden, das von Unternehmern brutal ausgebeutet wurde. Das englische Nationalgefühl wandte sich gegen Richard II., einen Herrscher normannischen Zuschnitts und Schwiegersohn Karls VI. von Frankreich, der den Krieg durch Zugeständnisse beenden wollte. Eine Adelsfronde unter Heinrich von Lancaster zwang ihn zur Abdankung. Sein Nachfolger, Heinrich IV. (1399 bis 1421), war ein gewählter König; trotzdem fanden König, Barone und Parlament nicht zu gemeinsamem Handeln zusammen. In Frankreich führten für den

Kronvasallen Frankreichs

geisteskranken Karl VI. (1380–1422) die großen Kronvasallen, die Herzöge von Burgund, Anjou, Berry und Bourbon, das Regiment. Flanderns reiches Industriebürgertum, das der Herzog von Burgund erheiratet hatte, bot zwar Frankreich wirtschaftlich Rückhalt, sympathisierte aber mit England.

Orleans und Burgund

Um diese Gefahr zu bannen, versuchte Ludwig von Orleans, mittlerweile Reichsverweser für seinen in Zeitabständen geistesgestörten Bruder Karl VI., den Einfluß der Burgunder am Hofe auszuschalten. Nach seiner Ermordung (1407) inszenierten die Burgunder in Paris eine wüste Pöbelherrschaft, die Ludwigs Sohn und die Grafen von Armagnac niederwarfen. Diesen Augenblick wählte Heinrich V. von England (1413–1422) für die Landung in der Normandie, wo er die Franzosen bei Azincourt vernichtend schlug. Nach der Gefangennahme Karls VI. übernahm Bernhard von Armagnac die Führung, mußte aber 1420 einen Frieden schließen, der Heinrich V. zum Erben Frankreichs und zum Regenten für Karl VI. machte, den Dauphin Karl VII. aber nicht für erbberechtigt erklärte. Paris fiel in englische Hand, das letzte Heer Frankreichs war vernichtend geschlagen und Orleans wurde belagert.

Paris in englischer Hand

In höchster Not gewann das französische Nationalbewußtsein eine faszinierende Verkörperung in dem einfachen Bauernmädchen Jeanne d'Arc, das in die Geschichte einging; ihr gelang es, die Truppen zu begeistern und den Dauphin zum Kampf zu ermutigen. Ihr religiöses Sendungsbewußtsein, das sie in eine Reihe mit anderen heiligen Frauen des Spätmittelalters stellt, vermochte die

Unterfalkenstein an der Drau, Kärnten,
Trutzburg gegen den Süden um 1200

Auf der Vorderseite:
Granada, Torre des Comares, Blick auf die Gemächer Kaiser Karls V.

Jeanne d'Arc

Wende herbeizuführen. Sie entsetzte Orleans und führte den Kronprinzen zur Krönung nach Reims. Bei Compiègne fiel sie den Engländern in die Hände und wurde 1431 zu Rouen als Ketzerin und Hexe verbrannt. Ihr Tod entfachte erst recht den Widerstandsgeist der Franzosen.

Burgund, durch Johannas Eroberungen vom englischen Bundesgenossen abgeschnitten, schloß 1435 zu Arras einen Vergleich, der den Herzog als unabhängigen Souverän anerkannte und ihm Gebiete an der Somme zusprach. Paris wurde entsetzt, die Engländer auf engen Raum zusammengedrängt. Das Inselreich wurde mürbe und friedenswillig.

Karl VII. von Frankreich erhob ohne Widerspruch der Großen des Reiches Steuern und stellte ein neues Heer auf. Seit 1440 wurden die Stände nicht mehr zur Steuerbewilligung einberufen, die Macht des Königs stieg.

Als 1449 der Kampf nochmals einsetzte, war Frankreich so stark gerüstet, daß es in einem Jahr die Normandie mit Rouen zurückeroberte und den englischen Widerstand in Aquitanien brach. Der Hundertjährige Krieg endete 1453 ohne Friedensschluß und beließ die Engländer nur im Besitz des Brückenkopfes Calais (bis 1558).

e) Der Ausbau des zentralen Staates gegen die Macht der Barone

Der Krieg hatte Frankreich zu einem zentralistischen Staat gemacht, der dem Absolutismus zustrebte. Der Adel hatte sich ausgeblutet, und die Krone war stark genug geworden, sich nun auch gegen die Kronvasallen durchzusetzen. Der Klerus wurde immer mehr vom König abhängig. Was die Kriege in England nicht zuwege gebracht hatten, vollendeten die Adelskriege der Roten und Weißen Rose. In den mörderischen Kämpfen zwischen den Häusern Lancaster und York ging das altaristokratische-baronial-feudale England unter. Mit Edward IV. (1461—1483) obsiegten die Yorks.

Englands Isolation

Die englische Krone zog den großen Lehensbesitz des aussterbenden Hochadels ein; der Adel sank zu einer unbedeutenden Schicht von Großgrundbesitzern und Höflingen herab. Das Königtum erhob weiter die Kriegssteuern. Trotzdem stand das Bürgertum zu ihm, weil allein der König dem steigenden Handel Frieden und Sicherheit garantieren konnte. Heinrich VII. (1485–1509), aus dem Hause Tudor, der mit Hilfe der Lancaster regierte, vertrat als erster König Englands eine Politik der Nichteinmischung in kontinentale Spannungen.

Die englische Tuchindustrie war indessen zur ersten Konkurrentin Flanderns geworden, und der Aufschwung der englischen Flotte gab den Kaufleuten den Rückhalt, auf den Märkten Westeuropas den Konkurrenzkampf mit der Hanse zu bestehen. Das vom Festland verdrängte England besann sich auf seine eigene Kraft und wandte sich dem Meere zu, auf dem zunächst wirtschaftlich und dann politisch seine Zukunft lag. Dies setzte kraftvoll in mit der Entdeckung der Neuen Welt durch Spanien und Portugal.

XVI

VIELFALT IN DER EINHEIT. DIE MENSCHEN DES 14. UND 15. JAHRHUNDERTS.

Alte Welt des Universalismus

Nationale Königreiche und universale Kräfte, der Westen und das Reich, französische und italienische Kultur hatten im 13. Jahrhundert um Christentum und Papsttum gerungen. Dante hatte in seiner »Divina Comedia« noch einmal den geistigen Kosmos einer älteren Welt gezeichnet. Im realistischen 14. Jahrhundert wandten sich Occam und seine Schule den exakten Wissenschaften zu. Petrarca, Sproß einer Florentiner Emigrantenfamilie und Geistlicher am Hof zu Avignon, diesseitsfreudiger Hofmann und weltschmerzlicher Einsiedler (Vaucluse) in einem, zeigte einen neuen Menschentyp, gab der aus der Fülle italienischen Volkstum aufsteigenden Renaissancekultur die Wendung zum Humanismus, der die Antike als Mittelpunkt eines neuen Seelenlebens in ganz persönlichem Stil entdeckte und erweckte.

Die Menschen des 14. und 15. Jahrhunderts lebten in seelischer Spannung zwischen vitalem Naturalismus und übernatürlich orientiertem, asketischem Christentum und hielten diese Spannung aus. Ihr Leben schwang zwischen radikaler Auslegung des Evangeliums und zügelloser Weltlichkeit. Eine heimliche Sehnsucht nach einem schöneren Leben, nach Heldentum und Liebe erfaßte die Menschen, aber die Triebfeder ihres Handelns war die Schau des Todes. Das Ritterideal war noch beherrschend, aber man begann es schon als Illusion zu empfinden. Kraftvoller Symbolismus wich in Kunst, Literatur, Lebensart einer blassen Stilisierung, religiöses Denken schwelgte in einer »Romantik der Heiligkeit«. Der Adel büßte seine Monopolstellung ein. Die Menschen wurden pessimistisch und romantisch. Etikette, Eleganz, Kreuzzugsromantik, Reichsidee, rationaler Staat ersetzten Sitte, Schönheit, Kreuzzug, reales Reich und vitale Herrschaft mit politischer Religiosität.

Katharina von Siena

Die heilige Katharina von Siena hatte Papst Gregor 1377 nach Rom zurückgeholt, das in Anarchie verfallen war. Die zwiespältige Wahl über seinem Grabe erbrachte einen italienischen und einen französischen Papst und spaltete Europa in zwei Lager (Urban VI., Clemens VII.).

Päpstliche Freiheit

Als nach dem Tode der zwei das 1. Konzil von Pisa Johannes XIII. kreierte und zwei nachgewählt wurden, gab es eine päpstliche Dreifalt. Der deutsche König Sigismund und der französische Herrscher bereiteten ein Generalkonzil der westlichen Christenheit zum Zwecke der Kirchenreform vor (2. Konzil). Es trat zu Konstanz 1414 zusammen und dauerte bis 1418.

Konzil von Konstanz

Radikale Armutsbewegung, Inquisition, Häresien, Enttäuschung, Mystik hatten große Unzufriedenheit ausgelöst. John Wiclif hatte der Entartung des Primates die erlösende Macht Christi als das priesterliche Mittleramt, die Autorität der Bibel dem Lehramt der Kirche gegenübergestellt und die Wesensverwandlung der Messe geleugnet. Seine Predigt in der Volkssprache hatte die Lollardenbewegung ausgelöst, die sich 1381 als soziale Revolution entlud und von Heinrich IV. Lancaster ausgerottet wurde. Böhmische Studenten in Oxford, unter ihnen Hieronymus von Prag, hatten Wiclifs Schriften an die Moldau gebracht. Der Prager Magister, das Prager Bürgertum und die Brüdergemeinden wirkten in der Bewegung zusammen, die in Jan Hus ihren Märtyrer gewann. Seine Verurteilung und Hinrichtung auf dem Konzil und König Wenzels Politik lösten die Revolution des Hussitensturmes aus, dessen politischer Gewinner in Böhmen der Adel war. Das Konzil aber stellte nur die Einheit der Kirche und ihrer Leitung wieder her, indem es den Colonnapapst Martin V. kreierte, ließ aber die Fragen der religiösen und kirchlichen Reform unerledigt.

John Wiclif und die Lollarden

Hieronymus von Prag
Hus

Das 3. Konzil, das 1431–1449 zu Basel tagte, konnte trotz mancher Erfolge in der Hussitenfrage die Autorität des Konzils nicht zum Siege führen. Deshalb wuchs die Überzeugung, daß die Reform des Glaubens außerhalb und gegen die Kirche erfolgen müsse. Das verweltlichte siegreiche Papsttum löste 1449 das Rumpfkonzil auf und arrangierte sich in der Folge als die Großmacht Italiens mit den anderen nationalen Großmächten in Konkordaten, in denen es Rechte freiwillig preisgab gegen die Anerkennung seiner weltlichen Herrschaft.

Sieg des verweltlichten Papsttums

Im Osten zogen große Gefahren für die westliche Christenheit herauf, der Vormarsch der osmanischen Türken vor und nach der Eroberung von Konstantinopel 1453, die das heilig-unheilige byzantinische Reich beendeten. Noch im Verlöschen spendete es seine geistigen Schätze durch seine Emigranten dem Westen und förderte ein zweites geistiges und persönliches Erwachen im Humanismus. Der aber füllte sich nördlich der Alpen mit christlichen Idealen an und bereitete den Weg zur Reformation.

Europa wandte sich dem Westen, neuen Meeren und Weltteilen zu, welche die Portugiesen, Spanier, Engländer, Niederländer, Franzosen, die Völker und Staaten Westeuropas am Atlantik, entdeckten. Darüber vergaßen sie allmählich Europa als Idee und Einheit und verbrämten, nur ihren nationalen Egoismus, obwohl im Osten der Kontinent zu verteidigen war.

Wendung Europas zum Westen

Europa war in tausend Jahren keine politische Einheit geworden. Für Europa hatte sich niemand aktiv eingesetzt, immer wurde es nur verteidigt, und nach dem Verschwinden der Gefahr war es wieder vergessen. Und trotzdem war es Weltgeschichte nicht nur als göttlicher Heilsplan im gläubigen Selbstverständnis seiner Menschen und Völker, sondern in Begegnung mit fremden Völkern und Kulturen und als eine unverwechselbare Gesellschaft und Kultur mit vielfältig differenzierten Zügen und von außen her gesehen einheitlicher Physiognomie und Grundstruktur, deren stärkstes Element das Christentum war.

Das Problem der Einheit und Weltgeschichte Europas

Der Beitrag, der von außen kam, ist in seinen Ausmaßen noch nicht genügend erkannt, aber gerade er würde es rechtfertigen, zu sprechen von einer

WELTGESCHICHTE DES MITTELALTERS

Germanen

300

Franken und Alemannen am Rhein

Goten, Sueben und andere Germanen an der Donau

350

Hunneneinfall in Europa

Schlacht bei Adrianopel (378)

Westgoten im Reich

Aufstieg Alarichs

400

Franken, Alemannen, Burgunder, Wandalen, Sueben gehen über den Rhein nach Gallien

Angeln und Sachsen in Britannien

Westgoten in Gallien (412)

Der Westgote Wallia erobert Spanien

Geiserich nach Afrika (419)

	Angelsachsen	Wandalen	Westgoten	Franken	Alemannen	Burgunder
	Britannien	Afrika Geiserich	Südgallien	Nordgallien, Salier und Ripuarier	Elsaß und Oberdonau	Rhonetal
450	Beginn der Dauersiedlung	(† 477)	und Spanien Theoderich	Chlodwig (481–511)		
	Kleinkönigreiche	Eroberung durch Justinian im 6. Jh.	Eurich (466–484) Spanisches Reich bis 711	Soissons (486) Bekehrung	Unterwerfung durch die Franken	Unterwerfung durch die Franken im 6. Jh.

DES MITTELALTERS

Römisches Reich		Kirche	Wissenschaft Kunst	
Diokletian (284–305) Konstantin (306–337) Milvische Brücke (312) Gründung von Konstantinopel		Toleranzedikt Arianismus Konzil von Nizäa (325) Antonius in Ägypten Pachomius († 346)		300
Julian (361–363) Valentinian (364–375) Valens (364–378) Theodosius (379–395) Arbogast 395		Papst Damasus (366—384) Ambrosius († 397)	Vulgata des Hieronymus Gotische Bibel des Wulfila († 383) Ammianus Marcellinus Confessiones Augustins	350
West: Honorius	Ost: Arkadius			
Stilicho († 408) Eroberung Roms (410) Aetius († 454)	Einbruch der Hunnen unter Attila († 453)	Nestorianismus Leo der Große (440—461) Monophysitismus	Symmachus, Capella, Macrobius Hieronymus († 420) Augustinus († 430) Civitas Dei Codex Theodosianus Orosius	400
Katalaunische Felder (451) Schattenkaiser (455–476) Rikimer († 472) Odoaker (476–493) Ostgoten Theoderich (493–526)	Aufstieg Theoderichs	Konzil von Chalcedon (451) St. Patrick († 461) Schisma zwischen Ost und West	Byzant. Architektur im Osten und Ravenna Sidonius Apollinaris († 488) Lerins	450

WELTGESCHICHTE

	Fränkisches Reich	Italien	Britische Inseln, Spanien und Afrika
500	Chlodwig († 511) Eroberung Aquitaniens Söhne Chlodwigs (511–531) Eroberung von Burgund, der Provence, Alemanniens, Bayerns u. Thüringens	Theoderich († 526) Justinians Eroberung (535–553)	Angelsächsische Herrschaft in England Wandalen in Afrika Westgoten in Spanien Justinian erobert Afrika und Teile von Spanien zurück
550	Enkel Chlodwigs Verfall der Merowinger Krieg Austrasiens gegen Neustrien	Exarchat von Ravenna Einbruch der Langobarden (Alboin) Politisches Chaos Papst Gregor der Große (590–604) Aufstieg des Papsttums	St. Columba († 597) St. Columban († 615) zieht nach Gallien Mission Augustinus nach England (597)
600	St. Columban († 615) Dagobert († 639)	Langobardische Teilfürstentümer Nachlassen des byzantinischen Einflusses	Übergewicht Northumbrias Byzanz verliert die spanische Küste Araber erobern Ägypten
650	Amt des Majordomus im Frankenreich Willibrords Mission in Friesland		Arabische Feldzüge in Tripolis und Tunis Araber erobern Nordafrika
700	Pippin der Mittlere, Majordomus in Neustrien und Austrasien († 714) Karl Martell (714–741) Befriedung Aquitaniens, Burgunds, Alemanniens, Bayerns, Thüringens und Frieslands Pippin der Jüngere (741–768)	Luitprand, König der Langobarden (732–744), greift Ravenna an Papst Gregor III. († 741) appelliert an Karl Martell König Aistulf (Langobarden, 750–756)	Übergewicht von Mercia Moslems erobern Westgotenreich Moslemeinfälle in Gallien Schlacht von Tours (Poitiers) (732)

DES MITTELALTERS

Byzantinisches Reich	Asien und die Araber	Wissenschaft und Kunst	
Justin I. (518–527) Justinian (527–565) Theodora Belisar Narses	Persische Offensive Nestorian. und monophys. Kirchen	Lex Salica St-Martin in Tours Boethius († 524) Cassiodor (Variae) St. Benedikt der Ordensgründer. Regula Codex Justiniani Höhepunkt Ostroms	500
Konzil von Konstantinopel Kriege mit Awaren und Persern	Awareneinfall in Europa, Unterwerfung d. Slawen und Bulgaren, Eroberung des Balkans	Architektur Hagia Sophia Prokop Gregor von Tours († 594) Historia Francorum Gregor der Große	550
Verlust des Balkans an Awaren und Slawen Heraklius (610–641) Offensive gegen Persien (622—629) Yarmuk (636)	Mohammed († 632) Predigt des Islams Hedschra (622) Kalifat Abu Bekr Omar Eroberung von Syrien, Persien, Ägypten Othman (644–655)	Isidor von Sevilla († 636) Etymologiae Koran	600
Zusammenbruch der byzantinischen Macht. Verlust von Syrien, Ägypten, Nordafrika, Spanien, Mittelmeerinseln, des größten Teiles von Italien und der Balkanhalbinsel Verteidigung von Kleinasien und Konstantinopel	Ali (655–661) Omajaden-Kalifat in Damaskus (bis 750) Eroberungen in Asien und Nordafrika Kontrolle des Mittelmeers	Nachleben der antiken Wissenschaft in irischen Klöstern Bilderhandschriften	650
Wiederaufstieg Leo III. der Isaurier (717–740) Bilderstreit Schisma zwischen Ost und West	Belagerung von Konstantinopel (718) Fall der Omajaden (750)	Beda († 735), angelsächsische Kirchengeschichte Missionare bringen die Wissenschaft u. Bildung irischer und angesächsischer Klöster nach dem Kontinent Bonifatius († 754), Organisator der Kirche in Deutschland	700

	Frankenreich	Italien
750	Pippin der Jüngere König mit Unterstützung des Papsttums (751) Karl der Große (768–814) Eroberung des Langobardenreiches und Sachsens Eingliederung Bayerns Besiegung der Awaren Marken im Osten und Spanien	Aistulf erobert Ravenna Papst Stephan II. (751–757) Fränkische Intervention Pippinische Schenkung Kirchenstaat Langobardenkönig Desiderius (757–774) Papst Hadrian I. (772–795) Papst Leo III. (795–816)

Kaiserkrönung Weihnachten 800

	Karolingerreich
800	Karl der Große († 814) Kaiser Ludwig der Fromme (814–840) Kaiser Streit unter den Söhnen Verdun (843)

Karl der Kahle (840–877)	Lothar (844–855)	Ludwig der Deutsche (840–876)

	Frankreich	Mittelreich	Ostfrankenreich
850	Wikingerzüge Ansiedlung in der Normandie Feudale Zersplitterung Große Herzogtümer Karolinger (877—885) Karl der Dicke	Kaisertum Teilung (855) Papst Nikolaus I. (858–867) Pontifex imperator Teilung in Italien Provence Lothringen Karl der Dicke Kaiser (881)	Wikingerüberfälle Stammesherzogtümer Karl der Dicke (876–887)
	Odo von Paris (888–898)	Abgesetzt (887)	Arnulf von Kärnten (887–899) Kaiser (896)

Politische Auflösung – Innere Streitigkeiten –
Einfälle der Wikinger, Ungarn und Sarazenen
Großmährisches Reich

DES MITTELALTERS

Britische Inseln	Byzanz und die Araber	Kunst und Wissenschaft	
	Religionskrieg Bulgarischer Krieg Rückgang des Einflusses in Rom und Norditalien Abbasidenkalifat in Bagdad bis 1258 nach dem Fall der Omajaden (750) Harun al Raschid (768–809)	Arabische Wissenschaft Übersetzungen aus den griechischen Bibliotheken Sarazenische Architektur	750
Wikingerüberfälle auf die Küsten Englands und Irlands		Karolingische Renaissance Alkuin († 804) Paulus Diaconus	
Übergewicht von Wessex Einbruch der Wikinger in die Britischen Inseln	Auflösung unter schwachen Herrschern Aufstieg Bulgariens Kalif al Mamun (813–833)	Einhard († 840) Hrabanus Maurus Johannes Scotus Karolingische Minuskel	800
		Romanische Sprachen (lingua romana)	
Wikinger erobern Ostirland und Westirland, sodann	Auflösung des arabischen Reiches	Arabische Kultur: Literatur Musik	
Northumbria, Mercia und East-Anglia	Wikingerzüge am Dnjepr und Schwarzen Meer Russen Makedonisches Haus in Byzanz Seemacht afrikanischer Emire Einnahme von Sizilien, Kreta, Sardinien, Korsika und Balearen	Handel Erdkunde Mathematik Astronomie Medizin	850
Alfred König von Wessex (871–901)	Basilius I. (867–886)	Deutsche Sprache (*Lingua theodisca*)	
Wessex vereinigt das ganze Gebiet südlich der Themse u. West-Mercia	Religionsfriede zwischen Ost und West Bulgaren nehmen das griechisch-orthodoxe Bekenntnis an Araber an den europäischen Küsten Großmährisches Reich	Cyrill, Lehrer der Mährer, erfindet das slawische Alphabet, das von den Bulgaren übernommen wird Method, Legat, Erzbischof	

WELTGESCHICHTE

	Deutschland—Ostmitteleuropa	Italien	Frankreich und Spanien
900	Ludwig das Kind (899–911) Konrad I. (911–918) Sächsische Kaiser Heinrich I. (919–936) Deutsches Königreich Lothringen Schlacht a. d. Unstrut (933) Otto der Große (936–973) Kampf gegen die Stammesherzöge	Abstieg des Papsttums Herrschaft des Adels in Rom Aufstieg Venedigs als freier Stadtstaat Otto der Große wird König	Karl der Einfältige (898–923) Herzogtum Normandie (911) Könige aus dem Haus Paris (922–936) Könige aus dem Karolinger Haus (936–987)
950	Ungarnschlacht auf dem Lechfeld (955)	der Lombardei (951) P. Johann XII. (955–963)	Spanien: Höhepunkt des Kalifats Córdoba Fünf christliche Staaten im Norden: León, Kastilien, Navarra, Aragon und Katalonien Hugo Capet (987–996) Robert (996–1031)
	Kaiserkrönung (962) Heiliges Römisches Reich		
	Otto II. (973–983) ∞ Theophano (byzant.) Přemysliden in Böhmen Bistum Prag Christianisierung Ungarns unter Stephan I. (997–1038) Polen unter Boleslaw (992–1025)	Otto III. (983–1002) Rom Mittelpunkt Papst Sylvester (Gerbert) (999–1003)	
1000	Otto III. († 1002) Heinrich II. (1002–1024) Slawische Angriffe unter Führung Polens Deutsche Herrschaft über Böhmen Salier Konrad II. (1024–1039) Königreich Burgund (1032) Heinrich III. (1039–1056) Kirchenreform Herrschaft über Papsttum Höhepunkt des Heiligen Römischen Reiches	Schwäche des Papsttums Kluniazensische Reform Pisa und Genua Führer im Kampf zur See gegen die Moslems Aufstieg der oberitalienischen Komunen Vier deutsche Päpste Papst Leo IX. (1048–1054)	Feudale Anarchie in Frankreich: Schwäche des Königtums – Übergewicht der großen Kronvasallen (Normandie) Aktivität des normannischen Adels in Italien und England Heinrich I. (1031–1060) Christliche Offensive in Spanien Fortschritte von León, Kastilien und Aragon
1050	Heinrich IV. (1056–1106) Regentschaft bis 1066 Befreiung des Papsttums Kardinalskollegium Robert Guiskard Normannenherzog von Apulien (1059–1085) Sachsenkrieg Investiturstreit Krieg Staatsreform Ministerialen, Bürger, Bauern	Reformkonzilien Bund mit den Normannen Papst Nikolaus II. (1058–1061) Papst Alexander II. (1061–1073) Papst Gregor VII. (Hildebrand) (1073–1085) Canossa (1077) Einnahme Roms (1084) Papst Urban II. (1088–1099) Roger (bis 1101) erobert Sizilien	Philipp I. (1060–1108) Kirchenversammlung zu Clermont (1095) Verkündigung des 1. Kreuzzuges

DES MITTELALTERS

England	Byzanz, Araber, Türken	Kunst und Wissenschaft	
Edward der Ältere (901–925)	Makedonische Dynastie in Byzanz	Blütezeit arabischer Kultur	900
Eroberung des Danelag	Innerer Niedergang des Kalifats in Bagdad		
	Ungarn in Pannonien		
	Bulgarisches Reich und Zar Simeon, dann Verfall		
	Aufstieg Rußlands und des Fürsten von Kiew		
	Angriff auf Konstantinopel und Bulgarien	Angelsächsische Literatur Beowulf	
Königreich England		Chronik Übersetzungen	
Edgar (959–975)	Byzantinische Offensive in Kilikien (Antiochien, Zypern)	Ottonische Renaissance Schulen	950
	Nikephorus Phokas (963–969)	Widukind von Corvey Hrotswitha von Gandersheim	
Aethelred (979–1016)	Johannes Tzimisces (969–976) besiegt die Russen	Thietmar, Chronicon Regenburger Miniaturmalerei unter byzantinischem Einfluß	
	Basilius (976–1025)		
Erneute dänische Überfälle	Die Russen nehmen unter Wladimir († 1015) das griechisch-orthodoxe Christentum an	Beginn der russischen Kultur	
Dänenherrschaft	Auftauchen der seldschukischen Türken	Otloh von St. Emmeram Eckbasis captivi	1000
Knut der Große (1016–1035) König von Dänemark, Norwegen und England			
Söhne Knuts (1035–1042)			
Edward der Bekenner (1042–1066)	Türkischer Vormarsch in Persien		
Wachsender normannischer Einfluß	Endgültiges Schisma zwischen Ost und West (1054)	Westeurop. Kulturanstieg Nominalismus-Realismus	1050
Normannische Eroberung	Verlust von Süditalien und Kleinasien	Frühscholastik Roscellinus	
Wilhelm der Eroberer (1066–1087)	Türken erobern Bagdad (1055), Persien und Armenien, Kleinasien und Syrien	Berengar von Tours Ivo von Chartres Romanische Baukunst	
Lehnswesen Französische Kultur			
Domesday book	Alexios Komnenos (1081–1108)	Teppich von Bayeux	
Wilhelm II. (1087–1100)	1. Kreuzzug	Rolandslied	
Anselm Erzbischof von Canterbury	Einnahme von Antiochien (1098), Einnahme von Jerusalem (1099)		

WELTGESCHICHTE

	Deutschland	Italien	Frankreich—Spanien
1100	Heinrich IV. († 1106) Heinrich V. (1106–1125)	Roger II. (1101–1153) Erbe von Sizilien	Synode von Troyes (1107) (Konkordat) Ausbau der Königsdomänen Komunen und privilegierte Städte. Suger († 1131) Ludwig VII. (1137–1180) Aufstieg der Anjou Geoffrey Plantagenet 2. Kreuzzug
	Streit zwischen Kaisertum und Papsttum Beendigung des Investiturstreits durch das Wormser Konkordat (1122)		
	Lothar III. (1125–1137) Krieg: Welfen gegen Hohenstaufen Konrad III. (1138–1152) Heinrich der Löwe 2. Kreuzzug (1147)	Roger II. erwirbt Apulien und Kalabrien König von Sizilien Antikirchliche Bewegung Arnold von Brescia Peter Waldo–Katharer	
1150	Friedrich Barbarossa (1152–1190) Italienische Feldzüge Konflikt mit Papsttum und oberital. Komunen Innerer Aufbau: Städte-Territorialherzogtümer Reichsministerialität Fall Heinrichs des Löwen (1180) Sizilianische Heiratsverbindung Heinrich VI. (1190–1197)	Papst Hadrian IV. (1154–1159) Papst Alexander III. (1159–1181) Fall von Mailand (1162) Lombardischer Städtebund Legnano (1176) Friede von Konstanz (1183) Papst Innozenz III. (1198–1216)	Eleonore von Aquitanien (Scheidung 1152) Anerkennung des Königreichs Portugal durch Papst (1179) Graf von Barcelona erwirbt die Krone von Aragon (1150) Philipp August von Frankreich (1180–1223) erwirbt Picardie 3. Kreuzzug Krieg Anjou geg. Kapetinger
	Erwerb des Königreiches Sizilien		
1200	Otto IV. gegen Philipp von Schwaben Philipp († 1208) Otto IV. verdrängt 1215 Friedrich II. König von Sizilien, 1212–1215 deutscher König (1220 Kaiser, † 1250) Kreuzzug (1228–1229) Streit mit Papst Gregor IX. Italienischer Krieg Landesherrschaft in Deutschland	Höhepunkt der Weltherrschaft des Papsttums, Laterankonzil (1215) Franziskanerorden Dominikaner Erneuerung des Lombardischen Städtebundes Papst Gregor IX. (1227–1241) Kanonisches Recht Inquisition Cortenuova 1237 Papst Innozenz IV. (1243–1254)	Eroberung der Normandie, Anjou, Poitou usw. Bouvines (1214) Albigenser-Kreuzzug (1208–1229) Ludwig VIII. (1223–1226) Ludwig IX. (1226–1276) Erwerb d. halb. Languedoc Kreuzzug (1248–1254) Spanien: Endgültige Vereinigung von Léon und Kastilien unter Ferdinand III. (1230) nimmt Murcia, Córdoba, Sevilla
1250	Konrad IV. (1250–1254) Doppelwahl (1257): erstmals Kurfürstenkollegium Interregnum bis (1273) Rudolf von Habsburg (1273–1291) Ottokar von Böhmen verliert Österreich Entstehung der Schweizer Eidgenossenschaft (1291) Albrecht I. (1298–1308)	Manfred, Regent und König v. Sizilien (1258–1266) Pabst Urban IV. (1261 bis 1264), Papst Clemens IV. (1265–1268) Karl von Anjou, König von Sizilien (1266—1285) Zerstörung von Pisa Aufstieg von Florenz Sizilianische Vesper (1282) Aragon erwirbt Sizilien Papst Bonifaz VIII. (1294–1303) Clericis Laicos 1296 (Bulle)	Friede mit England (1259) Philipp III. (1270–1285) Erwerb der ganzen Languedoc Philipp IV. (1285–1314) ∞ Erbin der Champagne Krieg mit Edward I. (1294–1298)

DES MITTELALTERS

England	Osteuropa—Türken	Kunst und Wissenschaft	
Heinrich I. (1100–1135) Konkordat von Westminster (1107) Krönungs-Charta Ausbau der Staatsverwaltung Exchequer Privilegierte Boroughs Anjouverbindung Stephan von Blois (1135–1154) Anjoukrieg	Alex. Komnenos († 1118) Rückeroberung der kleinasiatischen Küste Ungarn beherrscht Kroatien Schwäche Polens - Vordringen der Deutschen im Nordosten Ergebnisse der Kreuzzüge: Latein. Königreich von Jerusalem, Fürstentümer von Edessa, Antiochien, Tripolis	Idrisi Averroes Anfang der Universitäten Scholastik Abélard - Petrus Lombardus Kanon. Recht, Gratian Römisches Recht Griechische und arabische Übersetzungen Johann von Salisbury	1100
Heinrich II. (Plantagenet) (1154–1189) Verfassungsreform Common law, Steuern Thomas Becket († 1170) Normannisches Vordringen nach Wales Irland Richard I. Löwenherz (1189–1199) Johann (1199–1216)	Templer, Hospitaliter Handelskonzessionen für Pisa, Genua, Venedig 2. Kreuzzug (1147–1149) Deutsche Nordostbewegung Heinrich der Löwe gründet Lübeck Rußland zerfällt Bulgarien wieder unabhängig Saladin Sultan von Ägypten (1171–1193) 3. Kreuzzug (1190–1192)	Bernhard von Clairvaux Nationalliteratur Chansons de Geste Troubadour Minnesang Chretien de Troyes Epos Isländersagas Cid, Goliarden Übergang zur Gotik Plastik - Glas	1150
Verlust Normandie usw. Streit mit Papst (1207 bis 1213) Magna Charta (1215) Heinrich III. (1216–1272)	Deutschordensritter 4. Kreuzzug. Lateinisches Kaisertum (1204–1261) Seeherrschaft von Venedig Deutschorden in Preußen Einigung mit Schwertbrüdern (1237) Aufstieg d. Mongolen unter Dschingis-Khan (1206 bis 1227) erobert Innerasien, Persien und Rußland (Zerstörung von Kiew) Invasion Böhmens und Ungarns (Liegnitz)	Franziskus von Assissi Fabliaux Nibelungenlied Walther von der Vogelweide Wolfram von Eschenbach Gottfried von Straßburg Salimbene	1200
Provisionen von Oxford (1258) Simon von Montfort Krieg der Barone (1264/1265) Edward I. (1272–1307) Eroberung von Wales (1282–1284) Schottischer Krieg Model Parliament (1295)	Fall von Jerusalem Ägyptischer Kreuzzug Ludwigs IX. Mongolen beenden das Kalifat von Bagdad (1258), aufgehalten v. d. Mamelucken in Syrien Kublai-Khan (1259–1294) Reisen Marco Polos Aufschwung Nowgorods Michael Palaeologus (1261 bis 1282) stellt d. byzant. Reich wieder her. 2. Bulgarisches Reich	Albert der Große Thomas von Aquin Roger Bacon Universitäten Romance de Rose	1250

WELTGESCHICHTE

	Deutschland	Italien	Frankreich
1300	Kriege der Habsburger, Luxemburger, Wittelsbacher Heinrich VII. (1308–1313) Ludwig der Bayer (1314 bis 1347) Morgarten (1315) Aufstieg der Schweizer Eidgenossenschaft Aufstieg der Hanse Fürsten und freie Reichsstädte Karl IV. (1347–1378)	Bulla Unam Sanctam Anagni (1303) Papst Clemens V. (1305 bis 1314) Papst Johann XXII. (1314 bis 1334) Streit mit Franziskanern und Ludwig dem Bayern Päpstliche Steuern *Der schwarze Tod*	Philipp IV. († 1314) Etats generaux Kortrijck (1302) Templerprozeß (1307 bis 1314) Haus Valois Philipp VI. (1328–1350) *Beginn des Hundertjährigen Krieges* (1337) Erwerb der Dauphiné
1350	Aufgabe Italiens Goldene Bulle (1356) Kurfürstenkollegium Krieg der Hanse mit Waldemar von Dänemark Friede von Stralsund (1370) Höhepunkt der Hanse Wenzel (1378–1400) Sigismund, sein Bruder König von Ungarn (1387 bis 1437) Sempach (1386) Wenzel, abgesetzt, bleibt König von Böhmen	Mystik Brüder vom gemeinsamen Leben Katharina von Siena Papst Gregor XI. (1371 bis 1378) kehrt nach Rom zurück Das große Schisma (1378 bis 1417)	Johann (1350–1364) Jacquerie (1358) Sieg Karls V. (1364–1380) Anfänge der absoluten Monarchie Karl VI. (1380–1422) Philipp von Burgund erwirbt Flandern (1384) Orleans gegen Burgund
1400	Ruprecht von der Pfalz (1400–1410) Predigt des Hus in Böhmen Sigismund (1410–1437) Konzil von Pisa (1409) Konzil von Konstanz (1414–1418) Verbrennung von Hus (1415) Konzil von Basel (1431 bis 1449) Friede mit Hussiten (1434) 1437 Deutschland und Böhmen an Habsburg Friedrich III. (1440–1493)	Konzil von Konstanz (1414–1418) P. Martin V. (1417–1431) Wiederherstellung der Autorität des Papsttums P. Eugen IV. (1413–1447) Streit mit dem Konzil von Basel Papst Nikolaus V. (1447 bis 1455)	Bürgerkrieg Friede von Troyes (1420) Karl VII. (1422–1461) Jeanne d'Arc (1429–1431) Friede von Arras (1435) Wiederherstellung der Regierung Karls VII.
1450	Versagen der Konzilsbewegung **Burgund** Philipp der Gute († 1467) vereinigt die Niederlande Krieg mit Ludwig XI. Karl der Kühne (1467 bis 1477) (Elsaß-Lothringen) Sieg der Schweizer Maria von Burgund ∞ Maximilian (1477) Aufstieg Habsburgs	Sieg des Papsttums Renaissancepäpste **Spanien** Isabella von Kastilien ∞ Ferdinand von Aragon (1469) Eroberung von Granada (1492)	Ende des Hundertjährigen Krieges (1453) Ludwig XI. (1461–1483) Péronne (1468) Erwerb von Burgund, Provence usw. Karl VIII. (1483–1498) ∞ Erbin der Bretagne

DES MITTELALTERS

England	Osteuropa und Türken	Kunst und Wissenschaft	
Edward I. († 1307) erobert Schottland Edward II. (1307–1327) Unabhängigkeit Schottlands Edward III. (1327–1377) Beginn des Hundertjährigen Krieges (1337) Crécy (1346)	Osmanen (1299–1326) Johann König von Böhmen (1310–1346) Anjous in Ungarn (1309) Orkhan (1326–1359) Serbisches Reich Verfall Bulgariens Karl IV. König von Böhmen Universität Prag (1348)	Duns Scotus Wilhelm von Ockham Marsilius von Padua Italienische Literatur: Dante, Divina Comedia († 1321) Bartolo Petrarca († 1374) Sonette Boccaccio († 1375) Decameron Humanismus	**1300**
Poitiers (1356) Antipäpstliche Statuten Fast alle Engländer aus Frankreich vertrieben Richard II. (1377–1399) Große Revolution (1381) Lollarden	Polens Wiedergeburt Casimir der Große (1330 bis 1370) Türken in Europa (1356) Niederlage der Serben Jagiello von Litauen König von Polen (1386) Union von Calmar (1397)	Malerei: Giotto († 1336) Miniaturenmalerei Flamboyantstil der Gotik Deutsche Hallenkirche Weltliche Bauten in Italien und Flandern Englische Literatur: Chaucer († 1400) Canterbury Tales	**1350**
Haus Lancaster Heinrich IV. (1399–1413) Parlament Heinrich V. (1413–1422) Heinrich VI. (1422–1461) Niederlage in Frankreich	Wenzel König von Böhmen († 1419). Sigismund König von Ungarn, König von Böhmen († 1437) Sieg Timurs (1405) Tannenberg (1410) Mohammed I. (1413–1421) Hussitenkriege (1420 bis 1436) Habsburger in Deutschland und Böhmen (1437) Ladislaus König von Polen und Ungarn. Aufstand der Türken (Balkan)	Wycliffs Bibel Langland Piers Plowman Pierre d'Ailly Jean Gerson Renaissance-Kunst Malerei: Van Eyck, Masaccio († 1428) Plastik: Guiberti († 1455), Donatello († 1466) Baukunst: Bruneleschi († 1466)	**1400**
Haus York Edward IV. (1461–1483) Warwick: Königsmacher Beseitigung der Lancaster Richard III. (1483–1485) Haus Tudor Heinrich VII. (1485–1509) Königlicher Absolutismus Krieg der Roten und der Weißen Rose	**Fall von Konstantinopel (1453)** Mohammed II. (1451 bis 1481) Wiedergeburt Rußlands und der Fürsten von Moskau Friede von Thorn (1466) Polnische Herrscher in Preußen Zeitalter der Entdeckungen Entdeckung Amerikas (12. Okt. 1492)	Humanistische Studien in Italien Poggio († 1459) Buchdruck Gutenberg Hexen-Bulle Innozenz' VIII. (1484) Malleus Maleficarum (1486)	**1450**

STAMMBAUM

Stammbaum des Herrscherhauses

Die Karolinger

- Pippin der Mittlere Hausmeier († 714)
  - Karl Martell († 741)
    - Karlmann († 754)
    - **Pippin König** (751–768)
      - **Karl der Große** (768–814)
        - Karl († 811)
        - Pippin König von Italien (781–810)
        - **Ludwig I. der Fromme** (814–840)
          - **Lothar I.** (818[840]–855)
            - **Ludwig II.** (855–875)
            - Lothar II. König v. Lotharingien († 869)
          - Gisela
            - Berengar I. König v. Italien (888–923)
          - **Pippin König v. Aquitanien** († 838)
          - **Ludwig der Deutsche** (840–876)
            - Karlmann († 880)
              - **Arnulf von Kärnten** (887–899)
                - Zwentibold († 900)
                - **Ludwig das Kind** (900–911)
            - Ludwig III. († 882)
            - **Karl III.** (876–887/888)
          - **Karl der Kahle** (840–877)
            - Ludwig II. (877–879)
              - Ludwig III. (879–882)
              - Karlmann (879–884)
              - **Karl III.** (893–929)
                - **Ludwig IV.** (936–954) ∞ Gerberga (Ottonen)
                  - **Lothar III.** (954–986)
                    - **Ludwig V.** (986–987)
      - Karlmann († 771)

Oxford, Magdalen College, England,
eines der ältesten Colleges der Welt, 1470

Auf der Vorderseite:
Ottenstein bei Zwettl, Niederösterreich,
Trutzburg gegen den Norden (1177 bis 1520)

Sachsen- und Salierkönige

Heinrich I. (912–936)

- **Otto I. der Große** (K) *) (936–973)
  - Ludolf Herzog von Schwaben
  - **Otto II.** (K) ∞ Theophano (973–983)
    - **Otto III.** (K) (983–1002)
  - Liutgard ∞ Konrad d. Roten Herzog v. Lothringen
    - Otto
      - Heinrich
        - **Konrad II. der Salier** (K) (1024–1039)
          - **Heinrich III.** (K) (1039–1056)
            - **Heinrich IV.** (K) (1056–1106)
              - **Heinrich V.** (K) (1106–1125)
              - Agnes ∞ Herzog von Schwaben Staufer
- Heinrich Herzog von Bayern
  - Heinrich der Zänker Herzog von Bayern
    - Heinrich II. der Heilige (K) (1002–1024)
- Bruno Erzbischof von Köln

Fortsetzung
Herrscherhaus der Staufer, Seite 308

*) (K) = Kaiser

Die Kapetinger in Frankreich
(bis 1328)

Robert von Neustrien

Odo (888–898) — Robert (922–923)

Hugo der Große

Hugo Capet (987–996)

Robert der Fromme (996–1031)

Heinrich I. (1031–1060) — Robert Herzog von Burgund

Philipp I. (1060–1108) — Kapetinger-Haus in Burgund bis 1361

Ludwig VI. (1108–1137)

Ludwig VII. (1137–1180) ∞ Eleonore von Aquitanien

Philipp II. August (1180–1223)

Ludwig VIII. (1223–1226) ∞ Blanca von Kastilien

Ludwig IX. der Heilige (1226–1270) — Robert — Alfons v. Poitiers († 1271) ∞Erbin v. Toulouse — Graf Karl v. Anjou († 1285) ∞Erbin d. Provence

Haus Anjou in Sizilien und Neapel

Philipp III. (1270–1285) — Robert

Haus Bourbon

Philipp IV. (1285–1314) ∞ Erbin der Champagne und von Navarra — Graf Karl von Valois

Philipp VI. (1328–1350)

Ludwig X. (1314–1316) — Philipp V. (1316–1322) — Karl IV. (1322–1328) — Isabella ∞ Eduard II. von England

Eduard III.

Die Könige von England

(1066–1485)

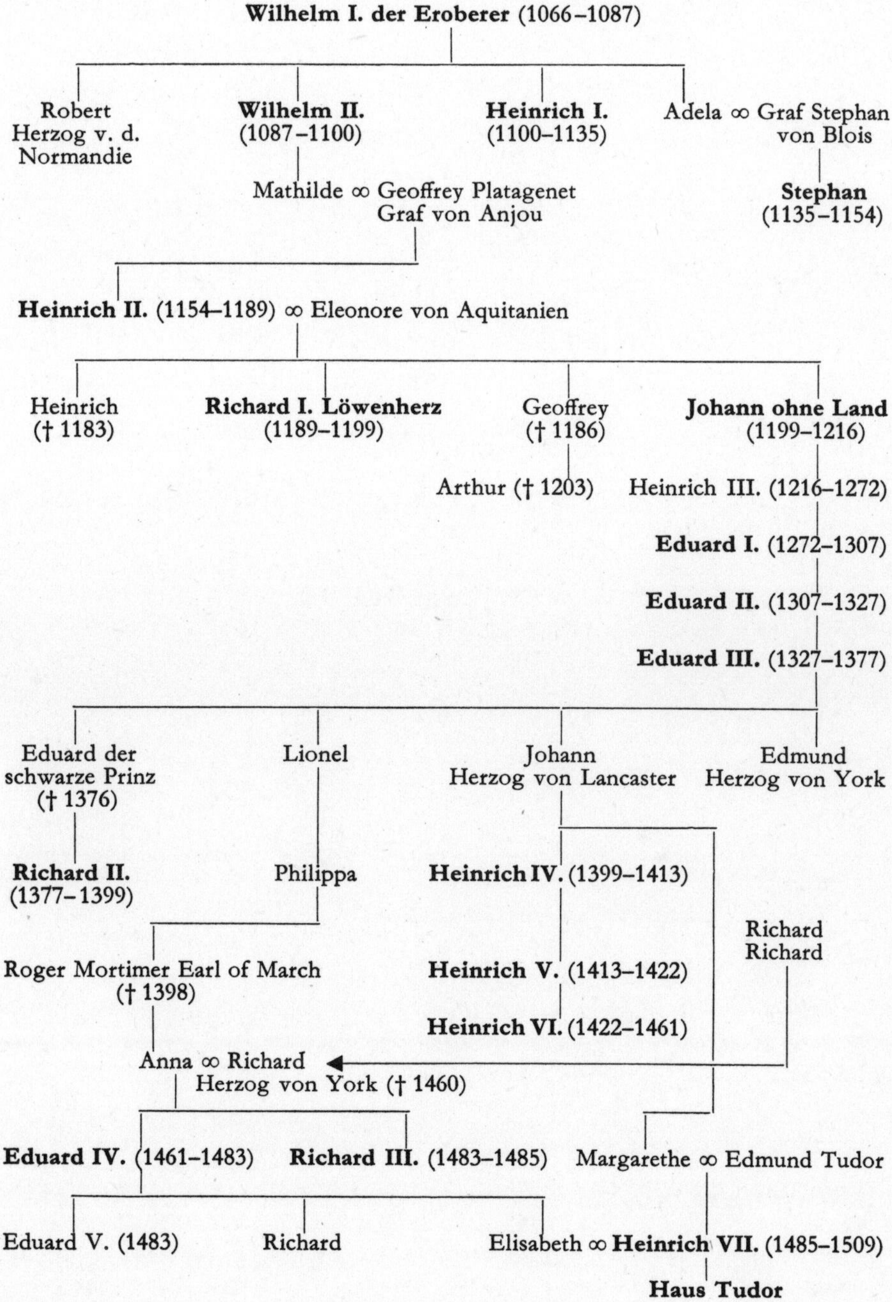

Stauferkaiser und Normannenkönige

NORMANNENKÖNIGE

- Tankred von Hauteville
  - Wilhelm
  - Drogo
  - Humphrey
  - Robert Guiskard, Herzog von Apulien († 1085)
    - Bohemund, Fürst v. Antiochien
    - Roger, Herzog von Apulien
  - Roger I. Graf von Sizilien († 1101)
    - **Roger II.** Graf und König von Sizilien (1101–1154)
      - Roger, Herzog v. Apulien
        - Tankred (1189–1194)
      - **Wilhelm I.** (1154–1166)
        - **Wilhelm II.** (1166–1189)
      - Konstanze ∞ **Heinrich VI.** (1190–1197)

STAUFERKAISER

- **Heinrich IV.** Salierkaiser 1056–1106
  - Friedrich von Staufen ∞ Agnes ∞ Leopold Markgraf von Österreich
    - Friedrich von Staufen, Herzog von Schwaben († 1105) ∞ Agnes:
      - Friedrich, Herzog v. Schwaben
        - **Friedrich I. Barbarossa** (1152–1190)
          - **Heinrich VI.** (1190–1197) ∞ Konstanze
            - **Friedrich II.** König von Sizilien (1197–1250), Deutscher Kaiser (1211–1250)
              - Heinrich
              - **Konrad IV.** (1250–1254)
                - Konradin († 1268)
              - Manfred, König von Sizilien († 1266)
                - Konstanze ∞ Peter III. v. Aragon
                  - Haus Aragon in Sizilien
          - **Philipp von Schwaben** (1197–1208)
      - **Konrad III.** (1138–1152)
    - Leopold Markgraf von Österreich ∞ Agnes:
      - Heinrich Jasomirgott, Herzog von Österreich

Haus Valois in Frankreich

- **Philipp VI.** (1328–1350)
  - **Johann** (1350–1364)
    - **Karl V.** (1364–1380)
      - **Karl VI.** (1380–1422)
      - Ludwig, Herzog von Orleans († 1407)
    - Ludwig, Herzog von Anjou
    - Johann, Herzog von Berry
    - Philipp der Kühne, Herzog von Burgund (1361–1404) ∞ Erbin von Flandern
      - Johann der Furchtlose (1404–1419) ∞ Erbin von Holland usw.

Luxemburger und Habsburger

LUXEMBURGER

Heinrich VII. (1308–1313)
- Johann König von Böhmen († 1346)
  - **Karl IV.** (1346–1378), König
    - **Wenzel** (1378–1400)
König von Böhmen
bis 1419
    - **Sigismund** († 1437)
König von Ungarn (1387)
König v. Deutschld. (1410)
König von Böhmen (1419)

HABSBURGER

Rudolf von Habsburg (1273–1291)
- König **Albrecht I.** (1298–1308)
  - Friedrich der Schöne
Gegenkönig gegen Ludwig
den Bayern
  - Albrecht II.
    - Albrecht III.
      - Albrecht IV., König
        - **Albrecht V.**
(1438–1439)
König Albrecht II.
    - Leopold
(Sempach 1386)
      - Herzog
Ernst d. Eiserne
        - **Friedrich III.**, Kaiser
(1440–1493)
          - **Maximilian I.**
Kaiser
(1493–1519)

Karl der Kühne
- Maria von Burgund ∞ **Maximilian I.**
  - **Philipp I. d. Schöne** ∞ Johanna d. Wahnsinnige von Kastilien
König von Kastilien
(1478–1506)
    - Habsburg
Spanische Linie
Kaiser Karl V. (I.) ∞ Isabella von Portugal
(1500–1555)
    - Habsburg
Österreichische Linie
Kaiser Ferdinand I. ∞ Anna von Böhmen und Ungarn
(1503–1564)

LISTE DER PÄPSTE

von Silvester I.—Klemens VII.
(Papstnamen in Kursiv sind Gegenpäpste)

Silvester I. 314—335 *(Römer)*
Markus 336 *(Römer)*
Julius I. 337—352 *(Römer)*
Liberius 352—366 *(Römer)*
Felix II. 355—365
Damasus I. 366—384 *(Spanier)*
Ursinus 366—367
Siricius 384—399 *(Römer)*
Anastasius I. 399—401 *(Römer)*
Innozenz I. 401—417 *(Albano bei Rom)*
Zosimus 417—418 *(Grieche)*
Bonifaz I. 418—422 *(Römer)*
Eulalius 418—419
Cölestin I. 422—432 *(Campania)*
Sixtus III. 432—440 *(Römer)*
Leo I. d. Gr. 440—461 *(Tuszien)*
Hilarius 461—468 *(Sardinien)*
Simplicius 468—483 *(Tivoli bei Rom)*
Felix III. 483—492 *(Römer)*
Gelasius I. 492—496 *(Afrikaner)*
Anastasius II. 496—498 *(Römer)*
Symmachus 498—514 *(Sardinien)*
Laurentius 498—505
Hormisdas 514—523 *(Frosinone, südlich Rom)*
Johannes I. 523—526 *(Tuszien)*
Felix IV. 526—530 *(Samnium, zwischen Rom und Neapel)*
Bonifaz II. 530—532 *(Römer)*
Dioskur 530
Johannes II. 533—535 *(Römer)*
Agapet I. 535—536 *(Römer)*
Silverius 536—537 *(Campania)*, bgr. Insel Ponza
Vigilius 537—555 *(Römer)*
Pelagius I. 556—561 *(Römer)*
Johannes III. 561—574 *(Römer)*
Benedikt I. 575—579 *(Römer)*
Pelagius II. 579—590 *(Römer)*
Gregor I. d. Gr. 590—604 *(Römer)*
Sabinian 604—606 *(Blera in Tuszien)*
Bonifaz III. 607 *(Römer)*
Bonifaz IV. 608—615 *(Marsergebiet)*
Deusdedit oder Adeodat I. 615—618 *(Römer)*
Bonifaz V. 619—625 *(Neapel)*
Honorius I. 625—638 *(Campania)*
Severinus 640 *(Römer)*
Johannes IV. 640—642 *(Dalmatien)*
Theodor I. 642—649 *(Grieche)*
Martin I. *(Todi)*, ab 653 in Verbannung, bgr. Sebastopol
Eugen I. 654—657 *(Römer)*
Vitalian 657—672 *(Segni)*
Adeodat II. 672—676 *(Römer)*
Donus 676—678 *(Römer)*
Agathon 678—681 *(Sizilien)*
Leo II. 682—683 *(Sizilien)*
Benedikt II. 684—685 *(Römer)*
Johannes V. 685—686 *(Syrer)*
Conon 686—687 *(unbekannter Herkunft)*
Theodor 687
Paschalis 687
Sergius I. 687—701 *(Syrer)*
Johannes VI. 701—705 *(Grieche)*
Johannes VII. 705—707 *(Grieche)*
Sisinnius 708 *(Syrer)*
Konstantin I. 708—715 *(Syrer)*
Gregor II. 715—731 *(Römer)*
Gregor III. 731—741 *(Syrer)*
Zacharias 741—752 *(Grieche)*
Stephan II. (III.) 752—757 *(Römer)*
Paul I. 757—767 *(Römer)*
Konstantin 767—769
Philipp 768
Stephan III. (IV.) 768—772 *(Sizilien)*
Hadrian I. 772—795 *(Römer)*
Leo III. 795—816 *(Afrikaner)*
Stephan IV. (V.) 816—817 *(Römer)*
Paschalis I. 817—824 *(Römer)*
Eugen II. 824—827 *(Römer)*
Valentin 827 *(Römer)*
Gregor IV. 827—844 *(Römer)*
Johannes 844
Sergius II. 844—847 *(Römer)*
Leo IV. 847—855 *(Römer)*
Benedikt III. 855—858 *(Römer)*
Anastasius 855
Nikolaus I. d. Gr. 858—867 *(Römer)*
Hadrian II. 867—872 *(Römer)*
Johannes VIII. 872—882 *(Römer)*
Marinus I. 882—884 *(Gallese in Tuszien)*
Hadrian III. 884—885 *(Römer)*, bgr. in Nonantola
Stephan V. (VI.) 885—891 *(Römer)*
Formosus 891—896 *(vorher Bischof von Porto)*
Bonifaz VI. 896 *(Römer)*
Stephan VI. (VII.) 896—897 *(Römer)*
Romanus 897 *(Gallese in Tuszien)*
Theodor II. 897 *(Römer)*

Johannes IX. 898—900
(Tivoli)
Benedikt IV. 900—903
(Römer)
Leo V. 903 *(Ardea bei Rom)*
Christophorus 903—904
Sergius III. 904—911
(Römer)
Anastasius III. 911—913
(Römer)
Lando 913—914 *(Sabina bei Rom)*
Johannes X. 914—928
(Imola, Italien)
Leo VI. 928 *(Römer)*
Stephan VII. (VIII.) 928—931
(Römer)
Johannes XI. 931—935
(Römer)
Leo VII. 936—939
(Römer)
Stephan VIII. (IX.) 939—942
(Römer)
Marinus II. 942—946
(Römer)
Agapet II. 946—955 *(Römer)*
Johannes XII. 955—964
(Römer)
Leo VIII. 963—965 *(Römer)*
Benedikt V. 964—966
(Römer)
Johannes XIII. 965—972
(Römer)
Benedikt VI. 972—974 *(Römer)*
Bonifaz VII. 973—974
Benedikt VII. 974—983
(Römer)
Johannes XIV. 983—984
(Pavia)
Bonifaz VII. zum zweiten Male 984—985
Johannes XV. 985—996
(Römer)
Gregor V. 996—999
(Deutscher)
Johannes XVI. 997—998
(Grieche)
Silvester II. 999—1003
(Franzose aus der Auvergne)
Johannes XVII. 1003 *(Römer)*
Johannes XVIII. 1004—1009
(Römer)
Sergius IV. 1009—1012
(Römer)
Benedikt VII. 1012—1024
(Römer)
Gregor 1012
Johannes XIX. 1024—1032
(Römer)
Benedikt IX. 1032—1044
(Römer)
bgr. in Grottaferrata?
Silvester III. 1045 *(Römer)*
Benedikt IX. (zum zweiten Male)
Gregor VI. 1045—1046
(Römer)
Klemens II. 1046—1047 *(aus sächsischem Adel)*, bgr. Bamberg
Benedikt IX. 1047—1048
(zum dritten Male)
Damasus II. 1048 *(aus fränk.-bayr. Adelsgeschlecht)*
Leo IX. 1048—1054 *(Elsaß)*
Viktor II. 1055—1057
(Deutscher), bgr. Ravenna?
Stephan IX. (X.) 1057—1058
(Lothringen), bgr. Florenz
Benedikt X. 1058
Nikolaus II. 1059—1061
(Burgund), bgr. Florenz?
Alexander II. 1061—1073
(Baggio bei Mailand)
Honorius 1061—1072
Gregor VII. 1073—1085
(Tuszien), bgr. Salerno
Klemens (III.) 1080—1100
Viktor III. 1086—1087
(Benevent), bgr. Montecassino
Urban II. 1088—1099 *(Franzose aus Châtillon-sur-Marne)*
Paschalis II. 1099—1118
(Bieda bei Ravenna)
Theodorich 1100—1102
Albert 1102
Silvester IV. 1105—1111
Gelasius II. 1118—1119
(Gaeta), bgr. Cluny
Gregor VIII. 1118—1121
Kalixtus II. 1119—1124
(Burgund)
Honorius II. 1124—1130
(Fiagnano bei Imola)
Cölestin (II.) 1124
Innozenz II. 1130—1143
(Römer)
Anaklet II. 1130—1138
Viktor (IV.) 1138
Cölestin II. 1143—1144 *(Città di Castello, Italien)*
Lucius II. 1144—1145
(Bologna)
Eugen III. 1145—1153 *(Pisa)*
Anastasius IV. 1153—1154
(Römer)
Hadrian IV. 1154—1159
(Engländer aus Abbot's Langley)
Alexander III. 1159—1181
(Sicha)
Viktor IV. 1159—1164
Paschalis (III.) 1164—1168
Kalixtus (III.) 1168—1178
Innozenz (III.) 1179—1180
Lucius III. 1181—1185
(Lucca, Italien), bgr. Verona
Urban III. 1185—1187
(Mailand), bgr. Ferrara
Gregor VIII. 1187 *(Benevent, Italien)* bgr. Pisa
Klemens III. 1187—1191
(Römer)
Cölestin III. 1191—1198
(Römer)
Innozenz III. 1198—1216
(Gavignano bei Rom)
Honorius III. 1216—1227
(Römer)
Gregor IX. 1227—1241
(Anagni, Italien)
Cölestin IV. 1241 *(Mailand)*
Innozenz IV. 1243—1254
(Genua), bgr. Neapel
Alexander IV. 1254—1261
(Anagni, Italien), bgr. Viterbo
Urban IV. 1261—1264
(Franzose aus Troyes)
bgr. Perugia
Klemens IV. 1265—1268

(Franzose aus St. Gilles), bgr. Viterbo
Gregor X. 1271—1276 *(Piacenza)*, bgr. Arezzo
Innozenz V. 1276 *(Champigny, Savoyen)*
Hadrian V. 1276 *(Genua)*, bgr. Viterbo
Johannes XXI. 1276—1277 *(Lissabon, Portugal)*, bgr. Viterbo
Nikolaus III. 1277—1280 *(Römer)*
Martin IV. 1281—1285 *(Franzose)*, bgr. Perugia
Honorius IV. 1285—1287 *(Römer)*
Nikolaus IV. 1288—1292 *(Ascoli, Italien)*
Cölestin V. 1294 *(Iseria, Italien)*, bgr. Ferentino
Bonifaz VIII. 1294—1303 *(Anagni, Italien)*
Benedikt XI. 1303—1304 *(Treviso, Italien)*, bgr. Perugia
Klemens V. 1305—1314 *(Franzose)*, bgr. Uzeste
Johannes XXII. 1316—1334 *(Franzose aus Cahors)*, bgr. Avignon
Nikolaus (V.) 1328—1330
Benedikt XII. 1335—1342 *(Franzose aus Saverdun, Languedoc)*, bgr. Avignon
Klemens VI. 1342—1352 *(Franzose)*, bgr. La Chaîse-Dieu
Innozenz VI. 1352—1362 *(Franzose aus Monts bei Beyssac)*, bgr. Villeneuve-les-Avignon
Urban V. 1362—1370 *(Franzose aus Grisac bei Mende)* bgr. Marseille
Gregor XI. 1370—1378 *(Franzose aus Maumont)*
Urban VI. 1378—1389 *(Neapel)*
Bonifaz IX. 1389—1404 *(Neapel)*
Innozenz VII. 1404—1406 *(Sulmona, Italien)*
Gregor XII. 1406—1415 *(Venedig)*, bgr. Recanati
Klemens (VII.) 1378—1394
Benedikt (XIII.) 1394—1424
Alexander V. 1409—1410
Johannes (XXIII.) 1410—1415
Martin V. 1417—1431 *(Römer)*
Eugen IV. 1431—1447 *(Venedig)*,
Felix V. 1439—1449
Nikolaus V. 1447—1455 *(Sarzana, Italien)*
Kalixtus III. 1455—1458 *(Jativa bei Valencia, Spanien)*
Pius II. 1458—1464 *(Corsignam, später Pienza bei Siena)*
Paul II. 1464—1471 *(Venedig)*
Sixtus IV. 1741—1484 *(Celle bei Savona, Italien)*
Innozenz VIII. 1484—1492 *(Genua)*
Alexander VI. 1492—1503 *(Jativa bei Valencia, Spanien)*
Pius III. 1503 *(Siena)*
Julius II. 1503—1513 *(Albisola bei Savona, Italien)*
Leo X. 1513—1521 *(Florenz)*
Hadrian VI. 1522—1523 *(Utrecht, Holland)*
Klemens VII. 1523—1534 *(Florenz)*

PERSONENREGISTER

BILDNACHWEIS